W0098707

BARBRA STREISAND

James Spada

BARBRA STREISAND

EINE BIOGRAPHIE

WILHELM HEYNE VERLAG
MÜNCHEN

Titel der amerikanischen Originalausgabe:
STREISAND, HER LIFE
Ins Deutsche übertragen von
Anita Krätzer und Bernd Rullkötter

Umwelthinweis:
Dieses Buch wurde auf chlor- und säurefreiem Papier gedruckt.

Die Originalausgabe erschien 1995 im Verlag Crown Publishers, New York
Copyright © 1995 by James Spada
Copyright © 1996 der deutschen Ausgabe
by Wilhelm Heyne Verlag GmbH & Co. KG, München
Bildquellen für Textseiten – Titelei: Osamu Honda/AP;
Teile 1 und 3: Richard Giammanco Collection;
Teile 2 und 5: Chris Nickens Collection;
Teil 4: Sammlung des Autors; Teil 6: Bob Scott;
Epilog: Arthur Pollock/*Boston Herald*
Barbra Streisands Rede über die *Woman in Film* am
27. Juni 1992 © 1992 by Barbra Streisand
Barbra Streisands Rede anläßlich der Verleihung der *APLA Commitment
to Life Awards* am 18. November 1992 © by Barbra Streisand
Barbra Streisands Rede an der John F. Kennedy School of Government,
Harvard University, am 3. Februar 1995 © 1995 by Barbra Streisand
Umschlaggestaltung: Christian Diener, Berlin
Satz: Leingärtner, Nabburg
Druck und Bindung: Wiener Verlag, Himberg
Printed in Austria

ISBN 3-453-11518-X

*Für Laura Van Wormer
und
Glen Sookiazian,
meine ganz besonderen Freunde.*

INHALTSVERZEICHNIS

ERSTER TEIL   Mieskeit   9

ZWEITER TEIL   Jede Menge Talent   107

DRITTER TEIL   Der Filmstar   205

VIERTER TEIL   Sehr zeitgemäß   265

FÜNFTER TEIL   Ihre eigenen Visionen   365

SECHSTER TEIL   Diva   505

Epilog   541

Danksagung   550

Quellenangaben   552

Filmographie   559

Diskographie mit Erläuterungen   563

Bibliographie   575

Register   577

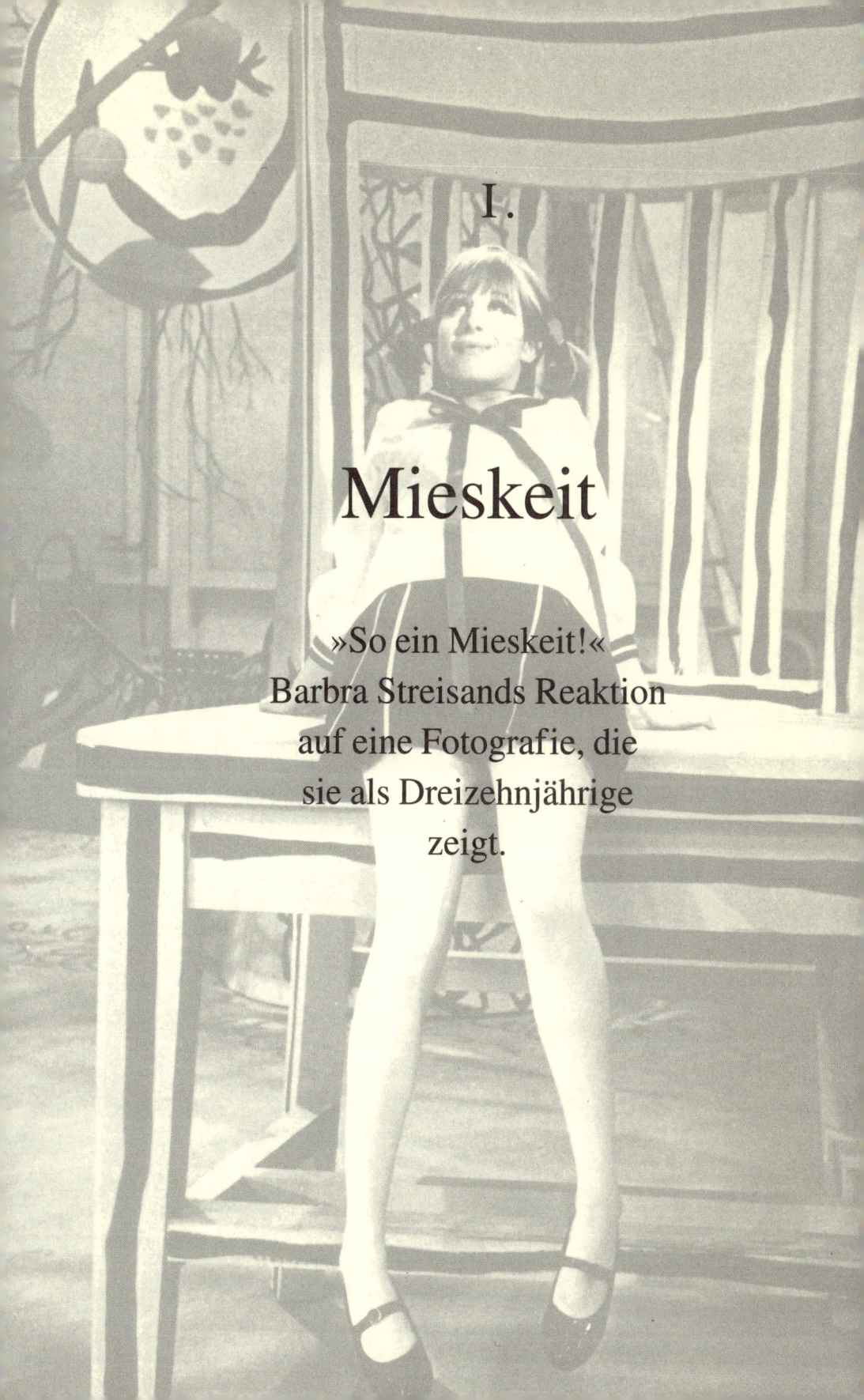

I.

Mieskeit

»So ein Mieskeit!«
Barbra Streisands Reaktion
auf eine Fotografie, die
sie als Dreizehnjährige
zeigt.

KAPITEL 1

Überglücklich geben
Mr. und Mrs. Emanuel Streisand
die freudig erwartete Geburt von
Barbara Joan
(in aller Bescheidenheit: Sie ist ein süßes
kleines Ding, das 3316,95 Gramm netto wiegt)
am Freitag, dem 24. April 1942, um 5.04 morgens
bekannt.
Nach zehntägigem Aufenthalt an ihrem Geburtsort,
dem Jewish Hospital in Brooklyn, New York,
ist sie in die Schenectady Avenue 457 in Brooklyn, New York,
umgezogen, wo sie bei ihren stolzen Eltern und ihrem
ganz besonders stolzen Bruder Sheldon Jay wohnt.

Die Welt draußen befand sich auf dem Höhepunkt einer Katastrophe. Fünf Monate zuvor waren die Vereinigten Staaten in den Krieg gegen Deutschland, Italien und Japan eingetreten, und Zehntausende junger Amerikaner zogen in die Schlacht. 1938 waren Hitlers Truppen in Österreich einmarschiert, aus dem Emanuel Streisands Vater 1898 emigriert war. Nun wurden die dort lebenden Juden, zu denen einige der nicht ausgewanderten Mitglieder der Familie Streisand gehörten, systematisch in Konzentrationslagern umgebracht. Auch Rußland, die Heimat von Mrs. Streisands Eltern, geriet seit Monaten zunehmend in den eisernen Klammergriff der Nazis.

Aber in ihrer gepflegten Wohnung im ruhigen Brooklyner Viertel East Flatbush führten Manny und Dinah Streisand ein friedliches Leben, und in ihrer kleinen Welt war weitgehend alles in Ordnung. Manny, der bei der Geburt seiner Tochter vierunddreißig Jahre alt war, wurde wegen seines Alters, seiner Vaterschaft und der Tatsache, daß er den ungewöhnlichen Beruf eines Lehrers für verhaltensauffällige junge Männer gewählt hatte, nicht zum Militärdienst eingezogen.

Der Erstgeborene eines Mannes, der des Englischen noch immer kaum mächtig war, wurde 1941 von der *Science Press* ins Verzeichnis führender Pädagogen aufgenommen. Als Lehrer für Schulschwänzer und Vorbestrafte an der Brooklyner Sonderschule hatte er ein passables Auskommen, und er besserte sein jährliches Gehalt in Höhe von 4500 Dollar zusätzlich dadurch auf, daß er während des Schuljahres spätnachmittags an der Jeschiwa und während der Sommerferien in Ferienlagern unterrichtete.

Manny Streisand arbeitete hart – zu hart, wie Dinah oft dachte –, aber er wollte seiner Frau, seinem siebenjährigen Sohn und seiner neugeborenen Tochter ein möglichst gutes Leben bieten – frei von der entsetzlichen Not, die seine Eltern Isaak und Anna hatten erleiden müssen.

***

Isaak Streisand stand, umringt von seinen Schwestern und Eltern, auf dem Bahnsteig von Lwow. Er trug mehrere Schaffelle übereinander, die ihn vor der eisigen Luft schützen sollten. Man schrieb den 1. Januar 1898, und für den kräftigen Siebzehnjährigen begann in diesem Augenblick ein neues Leben. Er verließ die rauhe Welt des jüdischen Schtetl des Dorfes Brzezany, das in Ostgalizien lag, einem unter österreichisch-ungarischer Herrschaft stehenden Gebiet, das im Nordwesten an Polen, im Osten an Rußland und im Süden an Österreich-Ungarn grenzte. Er war auf dem Weg nach Amerika, einem Land mit offenbar unbegrenzten Möglichkeiten: In den letzten zwanzig Jahren war dort ein ehemaliger Zeitungsjunge aus Ohio namens Thomas Alva Edison reich und berühmt geworden, weil er neben vielem anderen die Glühbirne, den Phonographen sowie die Filmkamera und das Projektionsgerät erfunden hatte.

Der *konduktor* blies das schrille Abfahrtssignal für den Schnellzug, und man hörte eine Reihe dröhnender und stampfender Geräusche, bevor sich die Maschine langsam in Bewegung setzte. Isaak nahm seine drei riesigen Bündel und sagte ein letztes Lebewohl. Die mühsam aufrechterhaltene Selbstbeherrschung seiner Mutter brach zusammen, und sie brach in Tränen aus, als sie ihren einzigen Sohn umarmte, den sie nie wiedersehen sollte. Mali Feldman Streisand und ihr Ehemann Kesriel waren in Brzezany geboren worden, und sie würden dort auch bleiben. Es war Aufgabe der Jungen, sich auf die Suche nach einer besseren Welt zu machen.

Die Verhältnisse in Galizien erzwangen Isaaks Abreise. Das Land gehörte zu den kargsten Gegenden Europas und konnte die Bevölke-

12

rung kaum ernähren. Die meisten waren einfache Bauern, die keinerlei Möglichkeit hatten, ihre Produkte außerhalb des Dorfes zu verkaufen. Das Dorf bestand aus zwei Reihen strohgedeckter Hütten,
die eine unbefestigte, schlammige Straße säumten. Neben jeder
Hütte türmte sich ein großer Misthaufen, den Isaak und seine Schwestern jeden Sommer mit Erde vermengten und dann durchkneteten,
um Briketts daraus zu formen. Diese wurden anschließend in der
Sonne getrocknet und im folgenden Winter als Brennstoff gegen die
oft auf fünfunddreißig Grad unter den Gefrierpunkt sinkende Kälte
verwendet.

Die jüdische Minorität, die zehn Prozent der galizischen Bevölkerung ausmachte, litt außer unter Armut auch unter Verfolgung und
Hoffnungslosigkeit. Zwei Jahre bevor Isaak Streisand Brzezany verließ, waren die jüdischen Dorfbewohner von ihren slawischen Nachbarn nachts mehrfach überfallen und ausgeplündert worden. Danach
hatten die Juden jeden Lebensmut verloren.

Ihre Not erregte weltweit Aufsehen, was ihnen aber wenig nützte.
Daher waren unter den jüdischen Emigranten, die zwischen 1880
und 1930 nach Amerika auswanderten und ein Drittel aller osteu-
ropäischen Juden ausmachten, Tausende von Galiziern. Zu ihnen
gehörten mehr als ein Dutzend Mitglieder der Familie Streisand aus
Brzezany und den umliegenden Dörfern. Nun sollte sich ihnen auch
Isaak anschließen.

Kesriel Streisand half seinem Sohn in den Zug. Dann blieb er stehen und sah zu, wie das lange schwarze Ungetüm rasselnd und
stampfend aus dem Bahnhof hinausrollte. Die Fahrt dauerte fast eine
Woche, denn der Schnellzug fuhr mit nur knapp fünfundzwanzig
Stundenkilometern in nordwestlicher Richtung durch Polen und
Deutschland nach Bremen. Dort hievte Isaak seine Bündel am Sams-
tag, dem 8. Januar, an Bord der *H. H. Meier*, eines mittelgroßen
Dampfschiffs, das der Norddeutschen Lloyd gehörte. Das gleiche
taten dreihundertsechzig andere Emigranten, die alle in die engen
Quartiere im Zwischendeck gepfercht wurden.

Der Dampfer fuhr die Weser hinunter zur Nordsee und von dort zum
Atlantik, den er in zwei quälend langen Wochen überquerte. Die
feuchte Kälte, die unhygienischen Zustände an Bord sowie verdor-
bene Nahrungsmittel forderten mehrere Todesopfer; die Leichen wurden ins Meer geworfen. Als das Schiff schließlich Ellis Island erreichte, waren viele der zusammengekauerten Passagiere schwach
und entmutigt. Aber der Anblick der Freiheitsstatue ließ die Hoffnung,
die sie nach Westen getrieben hatte, erneut in ihnen aufflammen.

Isaak durchlief am Freitag, dem 21. Januar, die Einwanderungsprozedur in Ellis Island. Zuerst untersuchte ihn ein Arzt, dann schrieb ein deutschsprachiger Übersetzer seine Antworten auf die Standardfragen nieder. Schließlich schob er sich mit Hunderten anderer auf eine der Fähren, die rund um die Uhr Einwanderer von Ellis Island nach Manhattan transportierten. An einem Anlegeplatz an der Lower East Side verließ er den Landungssteg, um einer unsicheren Zukunft entgegenzugehen.

**

Während der nächsten neun Jahre lebte sich Isaak in der Lower East Side von Manhattan, einem dichtbevölkerten Einwandererviertel, nach und nach ein. Er verrichtete Gelegenheitsarbeiten für seine deutschsprachigen Nachbarn und war daher kaum gezwungen, Englisch zu lernen, das er sein Leben lang nur gebrochen sprach. Im Jahre 1905 wanderten dann auch seine drei Schwestern über Ellis Island ein.

Gegen Ende 1906 stellte Rachel Streisand ihrem siebenundzwanzigjährigen Bruder ein lebhaftes, schönes, fünfzehnjähriges Mädchen mit blauen Augen vor. Sie hieß Annie Kesten und war ein Jahr zuvor mit ihrem Vater Max, ihrer Mutter, der geborenen Dreijzie Cohen, und ihrer Schwester Berthe aus Galizien nach Amerika gekommen. Am 1. Mai 1907 wurden Isaak und Annie vom Friedensrichter Elias Friedman getraut.

Die Neuvermählten zogen in eine kleine Wohnung in der East 7th Street 248, für die sie monatlich 15 Dollar Miete bezahlen mußten. Fast genau neun Monate später, am 5. Februar 1908, wurde ihr erstes Kind, Emanuel, geboren. Im Abstand von jeweils ungefähr zwei Jahren gebar Annie dann Maurice (der Murray gerufen wurde), Herman (Hy) und Philip. 1916 brachte sie eine Tochter zur Welt, die nach Annies Mutter Daisy genannt wurde, aber schon bald starb. 1918 wurde das letzte Kind der Streisands geboren: Molly.

Nach und nach arbeitete sich Isaak Streisand empor. Er zog von Haus zu Haus, um seine Schneiderdienste anzubieten. Molly Streisand, die jetzige Mrs. Nat Parker und Isaaks einziges noch lebendes Kind, erinnerte sich daran, daß ihr Vater »immer eine Nähmaschine auf dem Rücken mit sich herumtrug. Er verdiente so um die elf Dollar pro Woche. Er hatte nicht viel, aber wir aßen immer ziemlich gut.«

Die Familie Streisand lebte bis 1919 in der engen Wohnung an der

7th Street, als Annie auf der wackeligen, mit Geröll übersäten Innentreppe des Hauses stolperte, hinfiel und sich verletzte. Sie verklagte den Vermieter Henry R. Stern auf Zahlung der Arztkosten in Höhe von 166 Dollar. Am 8. Dezember verurteilte ein Richter Stern dazu, für die Arztrechnung aufzukommen, aber er gab zugleich Sterns Gesuch statt, daß die Streisands ihrerseits bis zum Monatsende aus dem Haus auszuziehen hätten.

Das war Isaac (der seinen Namen inzwischen mit »c« schrieb) nur recht, denn er hatte sich entschlossen, in ein neues Geschäft einzusteigen. In Brooklyn hatte er zu ungewöhnlich günstigen Bedingungen einen Laden gefunden, den er dank einiger Ersparnisse, die er während der letzten Jahre mühsam zusammengekratzt hatte, anmieten konnte. Und so zogen Isaac und Annie Streisand mit ihren fünf Kindern am 1. Januar 1920 nach Brooklyn, wo sich Isaac als Fischhändler niederließ.

***

Sie wohnten nun in einem Mietshaus in der Stockton Street 196–198, die zum Brooklyner Bezirk Williamsburg gehörte. Das Haus war kaum vier Block von der Hochbahn entfernt, die den Broadway entlang und dann über die Williamsburg Bridge nach Manhattan fuhr. Die Kinder teilten sich eines der beiden Schlafzimmer. Sie teilten sich auch Kleidung, Spielsachen und die Hausarbeit.

Da Emanuel der Älteste und außerdem noch ein Junge war, hätten seine Geschwister ohnehin zu ihm aufgeblickt. Aber im Alter von zwölf Jahren hatte er bereits außerordentliche Führungsqualitäten entwickelt. Er sah gut aus, hatte wache, eng beieinanderstehende haselnußbraune Augen und volles braunes Haar. In der Schule fiel er durch seine Intelligenz auf. Besonders in den Fächern Englisch und Geschichte erbrachte er hervorragende Leistungen, und er übersprang zwei Klassen. Auch im Sport zeigte er sich begabt, und er spielte zu einer Zeit Handball und Tennis, als, wie seine Tochter später voller Stolz betonen sollte, »jüdische Jungen solche Sachen nicht machten«. An den meisten Tagen beaufsichtigte Manny außerdem nach der Schule seine Geschwister, während seine Eltern etwa neun Häuserblocks entfernt in ihrem Fischgeschäft in der Sumner Avenue 175 arbeiteten.

Donnerstags half Manny im Geschäft mit aus, indem er die Fische säuberte und zerlegte. Denn an diesem Tag vor dem jüdischen Sabbat, der freitags mit dem Sonnenuntergang beginnt, gab es immer viel zu tun. Als seine jüngeren Brüder älter wurden, packten auch sie mit an, während Molly ihrer Mutter dabei half, den Boden und die Wände des Geschäfts nach Ladenschluß zu putzen. »Der Laden war stets blitzblank«, berichtete Molly. »Meine Eltern gingen nie aus. Sie arbeiteten immer nur.«

Im September 1920 war der noch nicht dreizehnjährige Manny auf die High-School in der Marcy Avenue umgeschult worden, die fünfzehn Blocks südlich der elterlichen Wohnung lag. In den vier Jahren, die er diese Schule besuchte, zeichnete er sich durch seinen Lesehunger, seine Fähigkeiten im Fach Englisch und seine Begabung aus, weniger beschlagene Schüler zu unterrichten. Gegen Ende seiner High-School-Zeit beschloß er, Lehrer zu werden.

Im Herbst 1924 begann der Sechzehneinhalbjährige sein Studium am City College in New York (CCNY). Er studierte Englisch und Pädagogik als Hauptfächer und bekam ein Teilstipendium. Zum College, das in der 139th Street in der Bronx lag, fuhr er täglich mit der Subway. Er war das erste Mitglied der Familie Streisand, das studierte, und sein Vater platzte fast vor Stolz. »Er ist so klug, daß er Präsident werden könnte«, meinte Isaac strahlend.

Im Juni 1928 beendete Manny sein Pädagogikstudium als Bachelor of Science mit Auszeichnung. Im Herbst erhielt er eine Stelle als Englischlehrer an einer Elementary-School in Manhattan, und im Jahr darauf unterrichtete er bereits an einer Junior-High-School. Abends besuchte er Kurse, um seinen Magister am CCNY machen zu können, und während der nächsten zwei Sommersemester besuchte er zusätzliche Kurse an den Universitäten Cornell, Hunter und Columbia. 1930 legte er sein Magisterexamen ab, und im Herbst bekam er eine Stelle an einer Berufsschule. Als Junglehrer verdiente er sehr wenig, und seine Ausbildung hatte viel gekostet. Daher wohnte er auch weiterhin bei seinen Eltern, die inzwischen in eine Wohnung über dem Fischladen in der Sumner Avenue umgezogen waren.

Manny hatte den festen Willen, sein Studium fortzusetzen, um auch noch den Dr. phil. zu machen, und er arbeitete bereits auf dieses Ziel hin. Aber er sollte nie promovieren, denn 1928 zog eine zierliche, hübsche, blauäugige Neunzehnjährige mit Namen Diane Rosen seine Aufmerksamkeit auf sich. »Manny hatte viele Freundinnen«, erinnerte sich Molly. »Er begann sich schon in frühen Jahren mit Mädchen zu verabreden, und die waren ganz verrückt nach ihm. Es waren sehr nette Mädchen. Aber ich glaube, Diana hatte etwas ganz Besonderes an sich.«

***

16

Sie wurde am 10. Dezember 1908 als Ida Rosen geboren und war das dritte Kind von Louis Rosen, einem dreißigjährigen Einwanderer, und seiner Frau, der früheren Ida Friedland, die ebenfalls dreißig Jahre alt war und aus Rußland stammte. Später nannte sie sich Diane, dann Dinah und schließlich Diana. Ihre drei Geschwister und sie lebten gemeinsam mit ihren Eltern in der Pitkin Avenue 1554 im Osten Brooklyns.

Louis Rosen arbeitete in einem Geschäft in Manhattan als Schneider, und gelegentlich fungierte er als Vorsänger in seiner Synagoge. »Mein Vater war ein tiefreligiöser Mann«, erklärte Diana. »Er war sehr spirituell, ein starker Mann. Er legte sich den Gebetsschal um und sang bei uns zu Hause religiöse Lieder. Ich glaube, daß die Musikalität in unserer Familie von meinem Vater kommt. Ich habe sie von ihm geerbt, und Barbra hat sie von mir geerbt.

Ich bin genau wie Barbra mit Gesang aufgewachsen. Mein größtes Vergnügen bestand damals darin, dem Gesang aus unserem Grammophon zu lauschen. Ich habe immer gern gesungen – aber meine Eltern hätten nicht im Traum daran gedacht, es mich beruflich tun zu lassen. Ich weiß noch, wie ich mich als Siebzehnjährige zusammen mit meiner Freundin für den Chor der Metropolitan Opera einschreiben ließ. Aber wir haben nur einmal an den Proben teilgenommen. Wir kamen zu spät nach Hause, und unsere Eltern machten sich Sorgen. Also schlugen wir beide uns die Sache aus dem Kopf.« Aber auf Partys konnte man Diane und ihre Freundin auch weiterhin stets am Klavier finden, wo sie mit den anderen Mädchen und Jungen sangen. »Ich war viel zu schüchtern, um allein vor einem Publikum zu singen, aber in einer Gruppe tat ich es sehr gern.«

Obwohl sie eine gute Schülerin war, dachte Diane nie an ein Studium. Ebenso wie die meisten jungen Frauen ihrer Generation hatte sie nur ein Ziel: einen netten jungen Mann mit soliden Berufsaussichten kennenzulernen, ihn zu heiraten und ihren Eltern Enkel zu schenken. In dem großen, dunkelhaarigen, gutaussehenden Emanuel Streisand, der gerade zwanzig Jahre alt geworden war, fand sie diesen Mann.

»Es war Liebe auf den ersten Blick, und ob!« sagte Diana Jahre später über jenen Augenblick, als ihr Manny Anfang 1928 in der Wohnung einer ihrer Freundinnen vorgestellt wurde. Sie gingen ein Jahr lang miteinander aus; er überraschte sie mit Liebesgedichten und galanten Aufmerksamkeiten und bezauberte sie mit seiner Ausgelassenheit. Manny war ernsthaft und ehrgeizig, aber er hatte auch eine alberne Seite. »Mein Bruder gab auf Partys gern Parodien zum besten«, erzählte Molly. »Er hatte einen fabelhaften Sinn für Humor.«

Ein Jahr nach ihrer ersten Begegnung wuchsen sich ein Mißverständnis und ein verpaßtes Rendezvous zu einer fast einjährigen Trennung aus. Keiner von beiden konnte seinen Stolz überwinden und den anderen anrufen. »Wenn er mich wirklich liebt«, verkündete Diane, »dann wird er mich auch anrufen.« Als er es schließlich Ende 1929 an einem Samstagvormittag tat, war sie in eine Kino-Matinee gegangen und nicht zu sprechen. Sie entschloß sich, auch weiterhin die Unnahbare zu spielen, und rief nicht zurück. Aber ein paar Tage später erfüllte sich ihr Schicksal, als sie mit Manny an der Hochbahnstation zusammenstieß. Er war gerade auf dem Weg zur Schule. »Ich war sprachlos«, erzählte sie. »Wenn das keine göttliche Fügung war, dann gibt es keine.« Manny entschuldigte sich verlegen, daß er so lange nicht bei ihr angerufen hatte, und rechtfertigte dies recht unglaubwürdig mit der Belastung durch sein Magisterstudium. Gerührt über seine Verlegenheit, verzieh ihm Diane, und die Liebe der beiden erwachte neu.

**

An einem schönen Frühlingstag im Jahre 1930 standen Diane und Emanuel unter der *chuppa*, dem traditionellen jüdischen Hochzeitsbaldachin, der von Emanuels Brüdern Murray und Hy getragen wurde. Während sich Dutzende von Verwandten und Freunden ins festlich herausgeputzte Wohnzimmer in der Sumner Avenue drängten, steckte Manny Diane einen schlichten Ring an den Finger, und sie wurden Mann und Frau.

Da sie sich keine richtige Hochzeitsreise leisten konnten, fuhren die Streisands in Mannys klapprigem alten Ford nach Manhattan, um sich eine Show anzusehen und die Nacht in einem schönen Hotel zu verbringen. Auf dem Heimweg nach Brooklyn bremste ein Fahrer vor ihnen plötzlich scharf, und Manny konnte seinen Wagen nicht mehr rechtzeitig zum Stehen bringen. Er fuhr auf seinen Vordermann auf und schlug mit der Stirn an die Windschutzscheibe, so daß das Glas zersplitterte.

Als Molly anschließend ihren Bruder sah, rief sie: »Was ist denn mit dir passiert?« Mannys Kopf war bandagiert, und er hatte blaue und schwarze Blutergüsse um die Augen. »Er sagte allerdings nicht viel dazu. Diana war ebenfalls verletzt. Sie hatte irgend etwas mit ihrem Bein.«

Kurz danach begann Manny unter Schwindelanfällen und stechenden Kopfschmerzen zu leiden. »Er schluckte große Mengen Aspirin«, wußte Molly zu berichten. »Aber er gehörte zu den Menschen, die sich nie beklagen. Ich glaube nicht, daß meine Mutter überhaupt etwas von dem Unfall erfahren hat.« Nach und nach ließen die Kopfschmerzen nach, und obwohl sie nie gänzlich verschwanden, traten sie doch so selten auf, daß ein disziplinierter Mann wie Manny sie ignorieren konnte.

In den nächsten dreizehn Jahren schien ein Segen auf Emanuel Streisands Leben zu liegen. Dinah und er führten eine glückliche Ehe. Sie war eine zugängliche, unkomplizierte, anspruchslose Frau – glücklich damit, Mrs. Emanuel Streisand zu sein, ihr Heim blitzblank zu halten und ihren Mann mit gutem, koscheren Essen zu verwöhnen. Das einzige, was ihr fehlte, war ein Baby. Aber Manny erklärte seiner Frau, die Wirtschaftskrise, die Amerika seit dem Börsenkrach von 1929 heimsuchte, mache ihre Lage zu unsicher für die durch ein Baby entstehende finanzielle Belastung. Er versprach ihr, so viel Geld wie möglich zu verdienen, damit sie sich in ein paar Jahren Nachwuchs leisten konnten.

Während der ersten beiden Jahre ihrer Ehe wohnten Manny und Dinah bei seiner Familie über dem Fischgeschäft. Aber 1932 erhielt er ein attraktives Angebot als pädagogischer Mitarbeiter im Elmira Reformatory, einer Jugendstrafanstalt im Westen des Staates New York. Die Bezahlung war besser als bei allen früheren Angeboten, und so zogen Dinah und er nach Elmira und gründeten einen eigenen Hausstand.

Im Jahr darauf wurde Manny zum stellvertretenden Anstaltsleiter ernannt, und im Sommer 1934 fühlte er sich abgesichert genug, um Nachwuchs zu planen. Dinah wurde im August schwanger, und am 12. Mai 1935 brachte sie in Elmira Sheldon Jay Streisand zur Welt. Nun hatte Emanuel Streisand eine Frau, ein Baby und beruflichen Erfolg als Lehrer. Er schien ein Glückspilz zu sein, auch wenn er diese Kopfschmerzen nicht loswurde …

Ein paar Monate nach Sheldons Geburt rief die völlig aufgelöste Dinah Mannys Mutter in Brooklyn an. Manny hatte einen Anfall gehabt. Er war zu Boden gestürzt, hatte sich in unkontrollierbaren Krämpfen gewunden und war ohnmächtig geworden. »Bitte komm, Anna, bitte komm«, flehte Dinah. Nach ihrer Ankunft stand Anna mit Dinah an Mannys Krankenhausbett, wo ein Arzt ihnen mitteilte, daß Manny einen epileptischen Anfall gehabt habe, der auf die fünf Jahre zurückliegende Kopfverletzung zurückzuführen sei. Man könne nichts dagegen tun und müsse jederzeit mit einem weiteren, möglicherweise gefährlichen Anfall rechnen. Er erläuterte den beiden Frauen, was in einer solchen Situation zu tun sei.

Nun bedrohte eine furchteinflößende, unberechenbare Krankheit den ansonsten glücklichen, starken, sportlichen Manny Streisand. Und in jener in diesen Dingen noch weniger aufgeklärten Zeit galt sein Leiden als etwas Peinliches – als etwas, das es zu verheimlichen galt. Nur seine nächsten Angehörigen wußten Bescheid.

Als sich Manny erholt hatte, bat ihn Dinah inständig, nach Brooklyn zurückzukehren, wo sie näher bei ihren beiden Familien wären, falls er erneut »krank« würde. Er war einverstanden, nachdem er eine gutbezahlte Stelle – er bekam 2500 Dollar jährlich – als Sozialkundelehrer an der Sonderschule in Brooklyn ergattern konnte. Die Schule befand sich in der Concorde Street, einer unterhalb der Brooklyn Bridge gelegenen Verlängerung der Flatbush Avenue. Im Juli 1935 zog er mit seiner Familie in eine großzügige Zweizimmerwohnung in einem schönen sechsstöckigen Gebäude mit einer erkerverzierten Fassade in der Ocean Avenue 163 in Flatbush – direkt gegenüber der Straße, die zum Prospect Park in Flatbush führte.

1942 wurde Manny, nachdem er ein Handbuch für Lehrer (*Individual Instruction in English*, Einzelunterricht in Englisch), verfaßt hatte, in das Verzeichnis führender Pädagogen (*Leaders in Education*) aufgenommen. Sein Gehalt belief sich nun auf 4500 Dollar, wie ein Kollege, Leonard Boyer, schätzte. Damit meinten Manny und Dinah, sich ein weiteres Baby leisten zu können. Ende August stellte Dinah fest, daß sie seit ungefähr einem Monat schwanger war. Manny und sie waren begeistert, und beide hofften auf ein Mädchen.

Angesichts des erwarteten Nachwuchses zogen Dinah und Manny zehn Blocks weiter nach Osten, in ein beeindruckendes sechsstöckiges Backsteinhaus in der Schenectady Avenue 457. Und am 24. April 1942 erweiterte sich die Familie um das gesunde kleine Mädchen, das von seinen Eltern den Namen Barbara Joan erhielt.

***

Sie war ein munteres, stets zum Lächeln bereites Baby und so fasziniert von ihrer Umgebung, daß sie nur selten weinte. Ihr Kopf war ein wenig zu groß für ihren Körper, und seine Größe schien noch dadurch unterstrichen zu werden, daß er bis zu ihrem zweiten Lebensjahr keinerlei Haare aufwies. Aber jeder schloß sich dem Urteil ihrer Eltern in ihrer Geburtsanzeige an, daß sie »ein süßes kleines Ding«

20

sei. Manny Streisand ließ in der Schule kaum eine Gelegenheit ungenutzt, um mit seiner neugeborenen Tochter zu prahlen und seinen Kollegen Fotos von ihr zu zeigen.

Mit dem Kind kamen zusätzliche Ausgaben, und Manny nahm jede Möglichkeit wahr, nebenbei Geld zu verdienen. Gleich nach der Schule eilte er zur Jeschiwa in der Willoughby Avenue 656, wo er Förderkurse gab. Im Jahr nach Barbaras Geburt arbeitete er außerdem als Berater und Lehrer in einem Jugendcamp im Norden des Staates New York.

Im darauffolgenden Jahr nahm er das Angebot seines Lehrerkollegen Nathan Spiro an, in dem von Spiro geleiteten Camp Cascade in Highmount im Staate New York als Chefberater zu arbeiten. Der ängstlichen und chronisch pessimistischen Dinah widerstrebte die Vorstellung, den Sommer im Camp Cascade zuzubringen. »Ich weiß auch nicht, was es war, aber irgend etwas ließ mich nervös werden.« Doch sie war eine gehorsame Ehefrau, und in der letzten Juniwoche des Jahres 1943 fuhren Manny, Sheldon, das Baby Barbara und sie in die Catskill Mountains.

Mannys Arbeit war überaus anstrengend. Er machte mit den Kindern Wanderungen, fungierte bei Softball-Spielen als Schiedsrichter, leitete Schwimmwettkämpfe, unterrichtete Studiengruppen und beaufsichtigte das gesamte Personal. Im Juli wuchs seine Belastung noch, als einige Mitarbeiter plötzlich kündigten. Nach den meisten seiner nun achtzehnstündigen Arbeitstage war er ungewohnt erschöpft.

Am Mittwoch, dem 4. August 1943, einem stickig-heißen Tag, erwachte Manny mit Kopfschmerzen. Am späten Vormittag, nachdem er einen Schwimmwettkampf beaufsichtigt hatte, verstärkten sich die Schmerzen so sehr, daß ihm übel wurde. Manny teilte Nathan Spiro mit, daß er in sein Cottage zurückgehen und sich für eine Weile hinlegen müsse. Er ging ins Schlafzimmer und bat Dinah, ihn eine Stunde später zu wecken. Als ihr dies nicht gelang, rannte sie hinaus zu Spiro, der einen Krankenwagen kommen ließ.

Während sie auf medizinische Hilfe wartete, lief Dinah am Fußende von Mannys Bett unruhig auf und ab und hielt dabei ihr Kind, das ganz still verharrte, in den Armen. Der Atem ihres Mannes war flach, und eine entsetzliche Angst bemächtigte sich ihrer. »Es wird alles gut«, murmelte sie vor sich hin. »Es wird alles gut.«

Spiros Frau begleitete Dinah ins Fleischmanns Hospital, ein kleines, in der Nähe gelegenes Krankenhaus, während seine Tochter auf Barbara aufpaßte. Bevor sie das Camp verließ, schickte Dinah noch

21

ein Telegramm an Anna und Isaac, das am Nachmittag im Fischgeschäft eintraf. Es lautete: MANNY SEHR KRANK. KOMMT SOFORT.

Als Anna im Fleischmanns Hospital eintraf, war ihr Sohn bereits tot. Manny hatte kurz nach seiner Einlieferung einen Anfall gehabt. Ein Arzt hatte ihm Morphium ins Genick injiziert, um die Krämpfe zu lösen, und Manny hörte innerhalb weniger Minuten auf zu atmen. Es ist nicht bekannt, ob die Dosis zu hoch war oder ob er allergisch auf das Morphium reagierte, jedenfalls wurde Emanuel Streisand um vierzehn Uhr fünfundvierzig für tot erklärt. Als Todesursache gab man Atemstillstand an.

Die fassungslose Dinah saß wie gelähmt im Warteraum des Krankenhauses. Anna war geistesgegenwärtig genug, die notwendigen Vorbereitungen zu treffen. Der jüdische Glaube verlangte, daß Manny innerhalb von vierundzwanzig Stunden beerdigt wurde, aber er besaß keine Grabstätte. Anna rief zu Hause an, und der bestürzte Isaac bat seine Freunde in der Synagoge sofort um Hilfe. Diese veranlaßten, daß Manny auf dem Mt. Hebron Cemetery in Queens beerdigt werden konnte.

Als der Körper ihres Mannes in die Erde gesenkt wurde, flüsterte Dinah ihrem achtjährigen Sohn zu: »Jetzt bis du der Mann in der Familie.« Unmittelbar danach begann die siebentägige Trauerzeit. Dinah verbrachte die Schiwa bei ihren Eltern, während sich die Streisands in ihre Wohnung über dem Fischgeschäft zurückzogen. Nach einer Woche verließen die Trauernden zum erstenmal wieder ihre Wohnungen und gingen um den Block, um damit symbolisch ihren Schmerz abzuwerfen.

Die folgenden Monate verbrachte Dinah meistens weinend in ihrem Bett; die Leere, die sie umgab, drohte sie zu verschlingen. Ihre Mutter und ihre Schwester halfen ihr, die Kinder zu betreuen, aber ihre Situation war trostlos. Mannys Pension betrug nur einen Bruchteil seines Gehalts, und die Mietzahlung für September rückte näher. Louis Rosen half jedoch, indem er seine Tochter und ihre Kinder in seiner bescheidenen Wohnung in den Philip Arms aufnahm, einem vierstöckigen Backsteingebäude in der Pulaski Street 365 in dem Brooklyner Bezirk Bedford Stuyvesant.

Hoffnungslos, deprimiert und verängstigt, verkaufte Dinah Streisand ihre Möbel, packte ihre Habseligkeiten zusammen und zog wieder bei ihren Eltern ein. Verzweifelt fragte sie sich, ob ihre vaterlosen Kinder und sie noch eine Zukunft hatten.

KAPITEL 2

Die zweieinhalbjährige Barbara stapfte in das Schlafzimmer ihrer Großeltern und kletterte auf einen Stuhl, der neben einer niedrigen Spiegelkommode stand. Irgendwie gelang es ihr, die Kommode zu erklimmen. Sie setzte sich hin und starrte ihr Spiegelbild an, griff nach einem Lippenstift und schmierte sich leuchtend rote Streifen über Wangen und Stirn. Dann nahm sie den Zipfel einer Decke und verteilte die Farbe im ganzen Gesicht. Als sie sich zurücklehnte, um ihr Kunstwerk zu bewundern, wäre sie fast von der Kommode gefallen. Aber genau in diesem Augenblick ging Dinah an der Schlafzimmertür vorbei, sprang zu ihrer Tochter herein, packte sie und bewahrte sie so vor einem Mißgeschick.

Sobald die kleine Barbara krabbeln konnte, kundschaftete sie alles aus, und bei jeder neuen Entdeckung funkelten ihre lebhaften Augen vor Freude und Begeisterung. Eines Nachmittags beobachtete Dinah, wie Barbara zum Fenster robbte, auf einen Stuhl kletterte und sehnsüchtig auf die Straße hinabblickte. Es zerriß ihr fast das Herz, als ihr klar wurde, daß die Kleine auf die Heimkehr ihres Vaters wartete.

Dinahs Vater gab keinen sonderlich geeigneten Ersatzvater für seine Enkel ab. Übergewichtig und gesundheitlich angegriffen, wollte der siebenundsechzigjährige Louis Rosen eigentlich nur noch seine Ruhe und seinen Frieden haben. Aber die Zahl der Personen in seinem Haushalt hatte sich jetzt mehr als verdoppelt, und seine Wohnung war einfach zu klein für fünf Menschen. Rosen und seine Frau schliefen in dem einzigen Schlafzimmer, Dinah und Barbara in dem zum Schlafzimmer umfunktionierten Wohnzimmer, und Sheldon übernachtete auf einem Klappbett im Eßzimmer. Dinahs Bett nahm den Platz der Wohnzimmercouch ein, und Barbara wuchs mit der Vorstellung auf, daß Sofas etwas »für reiche Leute« seien. Obwohl der Zweite Weltkrieg vorbei war und Amerikas zwei Jahrzehnte dauernder Erholungsprozeß von der Weltwirtschaftskrise eingesetzt hatte, verhinderten die Umstände, daß die Familie Rosen-Streisand am Aufschwung teilhaben konnte.

Louis Rosen bewies wenig Geduld gegenüber dem vorpubertären Jungen und dem Kleinkind in seiner Wohnung. Im Rückblick meinte Sheldon: »Es gab keine Liebe in dem Haus. Ich erinnere mich noch, daß im Eßzimmer ein riesiger Tisch stand und daß Barbara und ich uns oft darunter verkrochen, um nicht geschlagen zu werden.«

Ihre ganz in ihren Kummer versunkene Mutter erwies ihnen wenig Zuneigung oder Aufmerksamkeit. »In emotionaler Hinsicht hat meine Mutter mich zum gleichen Zeitpunkt verlassen [wie mein Vater]«, erzählte Barbra später. »Sie lebte in ihrem eigenen Trauma.« Bald war Dinah auch körperlich abwesend, als der finanzielle Druck sie zwang, zum erstenmal seit ihrer Heirat wieder arbeiten zu gehen. Sie bekam eine Stelle als Buchhalterin, und während der ersten Monate der Berufstätigkeit ihrer Mutter brach Barbara jeden Morgen in Tränen aus, wenn Dinah die Wohnung verließ: »Ich hatte schreckliche Angst, daß ihr etwas passieren könnte und ich ganz allein auf der Welt sein würde.«

Wenn es irgend etwas Positives am Leben in der Pulaski Street für Barbara gab, dann war es die Musik. In der Wohnung befand sich zwar weder ein Radio noch ein Plattenspieler, aber Louis Rosen sang auch weiterhin an jedem Sabbat und an Festtagen zu Hause die traditionellen religiösen Lieder. »Er sang mit den Kindern«, erzählte Diana. »Natürlich verstand Barbara die hebräischen Worte in den geistlichen Liedern nicht, aber sie erfaßte ihre Musikalität. Ich habe ihr auch etwas vorgesungen, aber hauptsächlich Schlager.«

Im Herbst 1947 begann Barbara, die Jeschiwa in der Willoughby Street zu besuchen, wo ihr Vater einst unterrichtet hatte. Sie erwies sich als hervorragende, aber schwierige Schülerin. »Ich hatte sehr gute Noten«, erinnerte sich Barbra, »aber mein Betragen wurde immer ziemlich schlecht beurteilt. Ich war so ungeduldig. Ich saß da und hob meine Hand, und wenn mich der Lehrer überging, redete ich trotzdem. Wir studierten die Bibel, und ich fragte dauernd: *Warum, warum, warum?* Ich kam nicht gut an.«

An der Jeschiwa erfuhr Barbara zum erstenmal die Grausamkeit anderer Kinder. Sie war kein hübsches Kind. Ihr extrem magerer und ungelenker Körper schien sich oft in verschiedene Richtungen gleichzeitig zu bewegen. Ihr Kopf war noch immer zu groß für ihre zarte Gestalt, und ihr träges linkes Auge drohte ständig einwärts in Richtung Nase zu gleiten, die weit stärker als das übrige Gesicht zu wachsen begann. Sie wurde zur Zielscheibe für Spott und Hohn. »Hakennase«, nannten die Kinder sie und »Schielauge« und »Mieskeit«, ein jiddisches Wort, das einen häßlichen Menschen bezeichnet. Um sich zu schützen, nahm sie ein arrogantes, abwehrendes Verhalten an, das ihre Quälgeister allerdings nur noch zusätzlich anstachelte.

***

Tobey Wander Borokow war eine warmherzige, liebevolle österreichische Einwanderin, die zusammen mit ihrem Mann und ihrem sechsjährigen Sohn Irving im Erdgeschoß der Philip Arms wohnte. Sie schloß das merkwürdige kleine Mädchen, das zwei Stockwerke höher lebte, in ihr Herz, als Barbara und Irving im Treppenhaus miteinander zu spielen begannen. Tobey nannte Barbara zärtlich Bubele, und sie war wahrscheinlich die erste Erwachsene, die dem Kind eine dauerhafte, vorbehaltlose Zuneigung entgegenbrachte.

»Meine Mutter war ein ausgesprochen freundlicher, extravertierter Mensch«, bezeugte Irving Borokow. »Sie war Barbara gegenüber sehr mütterlich und hatte möglicherweise einen engeren Kontakt zu ihr als ihre eigene Mutter.« Eine Nachbarin, Anna Lopatton, beobachtete, wie Tobey »Barbara zu sich in die Wohnung nahm, sie umarmte und ihr Kosenamen gab, und ich habe nie erlebt, daß ihre Mutter oder ihre Großeltern so etwas taten«. Als Tobey feststellte, daß Barbara statt einer Puppe nur eine Wärmflasche besaß, mit der sie spielen konnte, strickte sie ihr eine Jacke für die Flasche. »Es hört sich schrecklich an«, gestand Barbra später, »aber wenn ich sie mit Wasser füllte, war sie wie dieses warme menschliche Wesen. In ihr steckte weit mehr Leben und Gefühl als in einer normalen Puppe.«

Tobey bot sich an, Barbara nach der Schule zu beaufsichtigen, bis Dinah von der Arbeit heimkam. Sie strickte Pullover oder kochte Kohlrouladen, Plinsen und Nudelpudding, während Barbara und Irving gebannt vor dem rund achtzehn Zentimeter breiten Fernsehschirm der Borokows saßen. »Wir sahen jeden Tag Laurel and Hardy [Dick und Doof] in dem winzig kleinen Fernseher, vor dem ein riesiges Vergrößerungsglas angebracht war«, berichtete Barbra. Aber wenn Irvings Vater Abe nachmittags um fünf nach Hause kam, war es Zeit aufzubrechen. Irving meinte dazu: »Mein Vater war das genaue Gegenteil von meiner Mutter. Er hatte am liebsten seine Ruhe und ging nicht gern mit Kindern um.«

»Immer wenn er kam«, erinnerte sich Barbra, »sagte Irving zu mir: ›Du mußt jetzt gehen.‹ Das hat mich um Jahre zurückgeworfen.« Wieder, so schien es Barbara, war sie von einer Vaterfigur zurückge-

25

wiesen worden. »Sie hatte immer Sehnsucht nach ihrem Vater«, sagte Irving. »Das war offensichtlich, selbst als wir noch Kinder waren.«

***

Ihre Mutter regte sich ständig über Barbaras Appetitlosigkeit auf. Dazu Irving Borokow: »Ein jüdisches Kind mußte kugelrund sein, und Barbara war dünn wie ein Zahnstocher. Darum versuchte ihre Mutter ständig, sie vollzustopfen.« An ein Gemisch, das Barbara von ihrer Mutter verabreicht wurde, konnte sich Irving noch gut erinnern. »Es hieß ›Guckelmuckel‹, eine Art Milchshake mit Schokolade und einem rohen Ei. Es sollte sie dicker machen.«

Aber die Zwangsfütterungen durch ihre Mutter hatten keinen Erfolg. Dinah war schließlich derart frustriert über den Spatzenhunger ihrer Tochter, daß sie Barbara oft aufrecht ins Bett setzte und sie wie ein kleines Kind Löffel für Löffel fütterte. Bei solchen Gelegenheiten genoß Barbara sowohl das Essen als auch die seltene Aufmerksamkeit ihrer Mutter. »Wenn ich Liebe von meiner Mutter haben wollte«, sagte Barbra, »gab sie mir etwas zu essen.«

Während der Sommermonate in Barbaras sechstem und siebtem Lebensjahr (1948 und 1949) griff Dinah zu einem anderen Mittel, nachdem sie von einem Arzt erfahren hatte, daß ihre Tochter anämisch sei: Sie sandte Barbara in »Gesundheitscamps« im Norden des Staates New York. »Diese Camps waren die schrecklichste Erfahrung meines Lebens«, meinte Barbra. Wieder schickte ihre Mutter sie fort, und diesmal zu völlig fremden Leuten. »Ich fuhr da hin, und sie tauchten mich in die Badewanne ... als ob ich ein Stück Dreck wäre.« Die Betreuer schrubbten sie ab, wuschen ihr Haar mit einem Läusevernichtungsmittel und steckten sie in die mausgraue Camp-Uniform.

Als Barbara Ende August wieder nach Hause zurückkehrte, hatte sie kaum zugenommen. »Das Essen in diesem Lager, das mich angeblich gesund machen sollte, war so entsetzlich, daß ich es unter den Tisch warf, um es von meinem Teller zu bekommen.«

***

Barbra erinnert sich, daß sie zum ersten Mal mit etwa fünf Jahren den Wunsch verspürte, Schauspielerin zu werden. Das war ungefähr zu jener Zeit, als sie anfing, jeden Nachmittag mit Irving Borokow fernzusehen. Sie war begeistert von den flimmernden Bildern, die jener winzige Bildschirm durch das Vergrößerungsglas schickte; sie liebte das Gelächter und die Emotionen – die Flucht aus der Wirklichkeit –, die durch die alten B-Filme aus Hollywood, in den späten vierziger Jahren Hauptbestandteil des Nachmittagsprogramms, erzeugt wurden.

Aber die Erholungspausen von ihrem eintönigen, lieblosen Familienleben, die ihr durch diese Filme vergönnt wurden, umfaßten nur die paar Stunden pro Woche, die sie bei den Borokows verbrachte. Für ein kleines Mädchen, das sich häßlich und vernachlässigt fühlte, war das nicht genug. Sie wollte sich eine eigene Phantasiewelt schaffen. Oder mit den Worten ihrer Mutter: »Sobald sie mit dem Fernsehen anfing, war alles klar. Sie wollte sich in diese Leute auf dem Bildschirm verwandeln.«

Sie sang leidenschaftlich gern. »Barbara begann zu singen, sobald sie sprechen konnte«, erklärte Diana. Und dabei wurden die Philip Arms zu ihrer Bühne. »Ich sang immer in den Treppenhäusern in der Pulaski Street. Das Gebäude hatte großräumige Flure mit Messinggeländern, und die Decken waren sehr hoch, und es gab ein starkes Echo.« Sie setzte sich auf die Treppen und sang die Lieder, die sie in Tobeys Radio gehört hatte. Einige Nachbarn ärgerten sich darüber, andere fanden es schön.

Aber Barbara bekam schon bald einen Vorgeschmack vom Beifall eines wirklichen Publikums. Im Frühjahr 1949 – sie war gerade sieben Jahre alt geworden – hatte sie ihren »ersten öffentlichen Gesangsauftritt« im Rahmen eines Elternabends. »Sie war furchtbar aufgeregt deswegen«, erinnerte sich ihre Mutter, »und sie übte wie ein Teufel. Aber als der Tag endlich kam, hatte sie eine schwere Erkältung. Ich packte sie ins Bett und sagte ihr, sie solle den Elternabend vergessen, aber sie wurde zornig und wollte nichts davon wissen. Sie sprang aus dem Bett, zog ihr neues Kleid an, das wie ein Lumpen an ihr herunterhing, weil sie so mager war, und ging zu der Versammlung. Erkältung hin oder her, sie sang. Diese Art von Entschlossenheit war typisch für sie. Ich mußte sie wieder ins Bett stecken, als wir nach Hause kamen, aber sie hatte ihren Augenblick des Ruhmes gehabt und war zufrieden.«

Eine Fotografie von jenem Ereignis zeigt, wie Barbra es formulierte, ein »seltsam aussehendes, O-beinig dastehendes und äußerst mageres Kind mit Schleifen im Haar«. Aber sie scheint sich angesichts des wohlwollenden, von der Schulleiterin Miss Weisselburg angeführten Beifalls zu freuen.

27

Barbara rannte von der Bühne und fragte atemlos: »Ma, wie fandst du das?«

»Deine Arme sind zu dünn«, antwortete Dinah.

»Ich glaube, damals fing ich an zu essen«, erinnerte sich Barbra. Aber es war noch immer nicht genug, um ihrem Körper die nötige Fülle zu geben. Im Sommer 1949 schickte ihre Mutter sie in ein jüdisches Gesundheitscamp, und Barbara fand es genauso scheußlich wie das vorherige. Doch dieses sollte für sie mit einer besonders unangenehmen Erinnerung verbunden bleiben, denn hier lernte sie ihren künftigen Stiefvater Louis Kind kennen.

Die inzwischen vierzigjährige Dinah wollte wieder heiraten, bevor es zu spät war. Sie war noch immer hübsch, keck und gelenkig, auch wenn sie dicker wurde, und so fiel es ihr nicht schwer, Partner zu finden, als sie ihre verlängerte Trauerzeit beendete.

Barbara haßte jeden dieser Männer. Einer war Schlachter, und sie entsann sich, wie er Dinah küßte. »Ich dachte, er bringt sie um. Aber sie lachte.« Barbara schrie und weinte jedesmal, wenn ein Freier kam, um Dinah abends auszuführen, denn sie war fest davon überzeugt, daß ihre Mutter nie mehr zurückkommen würde. Alle anderen Männer blieben schließlich weg, nur Louis Kind kam auch weiterhin.

Kind war groß, stattlich, elegant und sechzehn Jahre älter als Dinah. Er lebte von seiner Frau Ida und seinen drei Kindern getrennt, war 1893 geboren worden und 1898 mit seinen jüdisch-orthodoxen Eltern, einem Bruder und einer Schwester aus Rußland nach Amerika eingewandert. Die längste Zeit seines Lebens arbeitete er als Akkord-Näher in der Bekleidungsindustrie. Später besaß er mehrere Logierhäuser; die Mieten bildeten seine Haupteinkommensquelle.

Er war über alle Maßen charmant, während er die Witwe Streisand umwarb, die er Diana nannte, womit ihr Name ein viertes – und letztes – Mal geändert wurde. Sie berichtete, daß er »nette Einfälle hatte und kleine Geschenke mitbrachte«, und er schien ein fast perfekter Freier zu sein. Dank seiner europäischen Manieren und seiner Erfahrungen in der Bekleidungsindustrie verstand er sich gut mit Dianas Vater. Am wichtigsten aber war, daß er Diana versicherte, er möge Kinder. Laut seinem Sohn Merwyn war er ein Mann, der »sehr liebevoll mit Kindern« umging. »Die Familie stand für ihn an erster Stelle. Er war nicht annähernd so streng wie meine Mutter.« Als Diana ihm erzählte, daß sie Barbara im Camp besuchen wolle, bat Kind, sie begleiten zu dürfen. Diana war davon sehr angetan.

Im Gegensatz zu Barbara. Sie wußte, daß die Beziehung zwischen diesem Mann und ihrer Mutter ernst war, wenn er sie bei solch einem

Besuch begleitete, und der Gedanke an eine Wiederverheiratung ihrer Mutter erschreckte sie. Kein Mann konnte den Platz ihres Vaters einnehmen! Sie sah Kind kaum an, als ihre Mutter ihn ihr vorstellte, und blieb während des gesamten Besuchs mürrisch.

Als sich das Paar erhob, um sich zu verabschieden, schrie Barbara hysterisch: »Ihr werdet hier nicht ohne mich weggehen! Ich will nicht mehr hierbleiben!« Diana versuchte, sie zu besänftigen, aber am Ende hatte sie keine andere Wahl, als die Sachen ihrer Tochter einzupacken und sie ins Auto zu setzen. Während ihrer Heimfahrt nach Brooklyn lastete ein grimmiges Schweigen auf den dreien. Louis Kind, so Barbra, »haßte mich von jenem Zeitpunkt an. Ich muß ziemlich abscheulich gewesen sein.«

Barbaras vage Hoffnung, daß Louis Kind verschwinden würde, schmolz allmählich dahin, denn er setzte seine Werbung um ihre Mutter fort. Aber als Diana ihm klarmachte, daß sie eine Heirat wollte, weigerte sich Kind. Er hatte bereits eine gescheiterte Ehe hinter sich (er war gerade geschieden worden) und verspürte keinerlei Neigung, mit seinen siebenundfünfzig Jahren noch die Verantwortung für eine Frau und zwei kleine Kinder auf sich zu nehmen.

Selbst als Diana ihm Ende April 1950 mitteilte, daß sie ein Kind erwartete, heiratete er sie nicht, und damit geriet sie in eine ebenso demütigende wie böse Lage. Sie verheimlichte ihren Zustand, solange sie konnte, aber als dies nicht mehr möglich war, bewahrheiteten sich ihre schlimmsten Befürchtungen: Ihr tiefreligiöser Vater forderte sie auf, seine Wohnung zu verlassen.

Angesichts Kinds fortgesetzter Weigerung, sie zu heiraten, zog Diana im Juni mit ihren Kindern in eine kleine Wohnung in der Newkirk Avenue 3102, Ecke Nostrand Avenue, in Flatbush. Das Haus gehörte zu den Vanderveer Estates, einem neuerrichteten Gebäudekomplex aus Stahl und dunklem, grob behauenen Stein in einer gutbürgerlichen Gegend. Die Gebäude wirkten nicht sonderlich einladend, aber sie waren neu und sauber, und die Mieten waren erschwinglich. Dianas Wohnung kostete 105 Dollar im Monat.

Barbara, die sich vor Veränderungen fürchtete und wegen der Trennung von den Borokows niedergeschlagen war, wachte nach ihrer ersten Nacht in der neuen Wohnung mit einem knackenden Geräusch in den Ohren auf. Diana meinte nur: »Na, dann schlaf doch auf einer Wärmflasche«, und ließ es damit bewenden. »Von dem Tag an«, verriet Barbra, »kapselte ich mich völlig ab und führte mein eigenes Leben. Irgend etwas stimmte nicht mit mir – ich hatte dieses Knacken in den Ohren.«

Diana drohte unter dem Druck ihrer Situation zusammen-
zubrechen. Sie fürchtete sich vor der Peinlichkeit, ein uneheliches
Kind zu haben. Da sie nicht sonderlich viel verdiente, konnte sie sich
nur die allernotwendigsten Anschaffungen für ihre neue Wohnung
leisten. Sie hatte auch kein Geld, Barbara weiterhin auf die Jeschiwa
zu schicken. Aber die Staatsschule 89 lag auf der anderen Straßenseite, der neuen Wohnung direkt gegenüber, und Barbara mußte nun
eben dort im September als Viertkläßlerin eingeschult werden. Aber
was sollte Diana bloß tun, wenn das Baby im Januar geboren wurde
und die zusätzlichen Ausgaben auf sie zukamen?

Schließlich, am Samstag, dem 23. Dezember 1950, tat Louis Kind
seine Pflicht und heiratete Diana Streisand. Sie fuhren nach New Jersey, wo ein Friedensrichter sie zu Mann und Frau erklärte. Zweieinhalb Wochen später, am 9. Januar 1951, wurde ihre Tochter Rosalind
(die man später Roslyn rief) geboren.

Jetzt fühlte sich Barbara noch unglücklicher und einsamer. Nun
gab es zu Hause ein Baby, das alle Aufmerksamkeit ihrer Mutter und
alle Liebe ihres Stiefvaters auf sich zog. Seinem Sohn Merwyn zufolge hielt Kind »Rozzie für das wunderbarste kleine Mädchen der
Welt. Vielleicht lag es daran, daß er bei ihrer Geburt bereits in
fortgeschrittenem Alter war. Jedenfalls konzentrierte er sich ausschließlich auf sie.«

Falls Diana geglaubt hatte, daß sich ihre Lebensbedingungen
durch ihre Heirat mit Louis Kind verbessern würden, so wurde sie
schon bald eines Besseren belehrt. Kind behauptete, er habe nicht genug Geld, um ihnen einen Umzug in eine größere Wohnung zu ermöglichen, und die Wohn- und Schlafsituation glich jener, die sie aus
der Pulaski Street kannten: Barbara schlief auf der Wohnzimmercouch und Sheldon wieder auf einem Klappbett im Eßzimmer.

Louis Kind konnte Barbara immer weniger ausstehen. Er fand sie
schrill, ungezogen, enervierend und häßlich. Jahre später sollte sie
voller Bitterkeit sagen: »Ich glaube nicht, daß ich mich je mit diesem
Mann unterhalten habe. Ich glaube nicht, daß mich dieser Mann in
den sieben Jahren, die wir zusammenlebten, jemals gefragt hat, wie
es mir geht.« Doch das war, wie sich herausstellte, noch nicht das
Schlimmste.

Maxine Eddleson, eine gleichaltrige ehemalige Nachbarin, die
sich kurz nach Barbaras Umzug in die Newkirk Avenue mit ihr an-
freundete, erzählte, daß Louis Kind »sehr häßlich zu Barbara« gewesen sei. »Sie schien sich die größte Mühe zu geben, ihm zu gefallen.
Zu jedem anderen war er ausgesprochen liebevoll, freundlich und

charmant, aber Barbara beschimpfte er dauernd. Im Beisein ihrer Freunde brüllte er sie an, sagte gemeine Dinge zu ihr und kritisierte ihre Kleidung.«

Doch obwohl Kind sie derart schlecht behandelte und obwohl sie fand, daß er die Rolle ihres Vaters gewaltsam an sich gerissen hatte (sie weigerte sich, seinen Nachnamen anzunehmen), war Barbara derart erpicht darauf, für »normal« gehalten zu werden, daß sie vorgab, Kind sei ihr leiblicher Vater. »Als ich sie fragte, warum sie einen anderen Nachnamen hatte, antwortete sie: »Oh, er benutzt diesen Namen für geschäftliche Zwecke«, wußte Maxine zu berichten. »Sie versuchte zu verheimlichen, daß er ihr Stiefvater war. Erst als wir Teenager waren, erwähnte sie ihren leiblichen Vater.«

***

Barbara empfand sich als Opfer. Warum mußte ihr Vater sterben? »Ich hatte stets das Gefühl, daß da ein tiefes Loch war, daß etwas fehlte.« Nachts lag sie wach und stellte sich vor, ein Fremdling vom Mars zu sein. Sie betrachtete sich als auserwählt, als etwas Besonderes. »Ich konnte spüren, was andere dachten. Ich konnte die Wahrheit sehen.«

Sie versenkte sich völlig in ihr eigenes Ich. Ihre Mutter beschrieb es folgendermaßen: »Barbara war ein äußerst kompliziertes Kind. Sie sah alles immer nur unter dem Aspekt der möglichen Auswirkungen auf sich selbst. Sie verschloß sich vollkommen. Vielleicht wäre alles einfacher gewesen, wenn sie mir ihre Gefühle hätte mitteilen können, aber das tat sie nicht.«

***

Die Ehe zwischen Diana und Louis Kind, die von Anfang an unter keinem glücklichen Stern gestanden hatte, verschlechterte sich rasch. Kind blieb der Wohnung oft tagelang fern, und wenn er nach Hause kam, stritt er sich heftig mit Diana. Er beschimpfte sie, Sheldon und Barbara auf übelste Weise. Nachdem Sheldon herangewachsen war und die gemeinsame Wohnung verlassen hatte, vergriff sich Kind immer häufiger auch körperlich an Diana. Apartment 4G wurde zu einem Ort der Angst und des gegenseitigen Abscheus.

Zwei Jahre nachdem sie zum erstenmal das Knacken in ihren Ohren gehört hatte, erwachte Barbara nach einer Nacht voller Geschrei und Gewalt mit einem schrillen Geräusch im Kopf. Es war, als wolle

31

ihre Seele all das Häßliche um sie herum ausschalten und nichts mehr hören als den hellen Laut. (Dieser als Tinnitus bekannte Zustand kann psychische Ursachen haben.) Das Geräusch verschwand nie mehr. »Ich kann nie die Stille hören«, bedauerte sie. »Es gab Zeiten in meinem Leben, in denen ich sehr unglücklich war und es mich verrückt machte.«

Die Geräusche bildeten ein weiteres Geheimnis in ihrem geheimen Leben. Aber aus ihren Bühnen-Ambitionen machte sie kein Hehl. Wenn Louis Kind Barbaras Leben überhaupt bereicherte, dann durch den Fernseher, den er mitbrachte. Barbara hockte davor, wann immer sie konnte. Das Fernsehen hatte sich seit den späten vierziger Jahren erheblich weiterentwickelt. Nun konnte sie Milton Berle, Jackie Gleason, Bob Hope, Lucille Ball und vor allem Ed Sullivan bewundern, der seinem Publikum die besten Sänger und Komiker der damaligen Zeit präsentierte.

Sie verschlang alle Sendungen mit großer Begeisterung, selbst die Werbespots. Wenn sie allein in der Wohnung war, stellte sie sich vor den Badezimmerspiegel – den einzigen Spiegel in der Wohnung – und imitierte, was sie gesehen hatte. Sie putzte sich mit strahlendem Lächeln die Zähne oder rauchte mit abgeklärter Arroganz eine Zigarette. »Zwischen meinem zehnten und zwölften Lebensjahr habe ich geraucht«, berichtete sie. »Ich ging ins Badezimmer und blies den Rauch zum Fenster hinaus. Meine Mutter rauchte auch, aber sie tat das mit einer schrecklichen Pose, und ich sagte zu ihr: ›Nein, Ma, du mußt sie *so* halten!‹ und ich zeigte ihr, wie.«

Barbara experimentierte auch mit Make-up – so wie sie es höchst unbeholfen mit zweieinhalb Jahren versucht hatte – und veranstaltete dabei meist eine wilde Schmiererei. »Ich stellte lustige Lippenstifte her. Mein Bruder war Künstler, daher hatte er Stifte, blaue Stifte. Und dann gab es diese weiße Hautpaste, Zinkoxid, und meine Mutter benutzte purpurroten Lippenstift, wie er in den fünfziger Jahren üblich war. Also erfand ich was und stellte wie ein Chemiker Mixturen aus pupurrotem Lippenstift und weißer Creme her und schminkte mir einen pinkfarbenen Schmollmund und mit den Maluntensilien meines Bruders blaugetönte Augen. Danach imitierte ich die Zigarettenwerbung.«

Sheldon Streisand erinnerte sich, daß sie stets »spitzbübisch, experimentierfreudig und neugierig« war. »Ich werde nie vergessen, wie sie die ganze Ölfarbe aus meinen Maltuben herausdrückte. Und ich hatte mir 1,75 Dollar für den Kasten zusammengespart!« Sheldon war damals sechzehn, und er empfand seine neunjährige Schwester als wahre Nervensäge. »Ich mußte den Babysitter für sie spielen, und sie lief ständig hinter mir und meinen Freunden her. Aber wir hatten auch viel Spaß miteinander. Mit das Größte war, wenn wir fernsahen und dabei Weißbrot mit rohen Zwiebelscheiben und Hühnerschmalz aßen.«

Barbara konnte im direkten Gespräch entsetzlich schüchtern sein, aber wenn es um eine Vorführung ging, war sie kein bißchen gehemmt. Für sie war es die beste Möglichkeit, ihre Gefühle zum Ausdruck zu bringen und die Aufmerksamkeit zu erringen, die sie brauchte. Sie saß auf der Vortreppe ihres Mietshauses und sang mit den anderen Kindern Joni James' Hit »Have You Heard?«. Louis Kind beschrieb die Szene: »Ich sehe sie vor mir, wie sie die Lieder, die sie im Radio gehört hatte, mit ihrer Kleinmädchenstimme sang, die sogar damals schon erstaunlich ausdrucksstark und gefühlvoll war. Die Nachbarn steckten ihre Köpfe aus dem Fenster, klatschten laut und riefen: ›Mehr, Barbara, Zugabe!‹ Sie folgte der Bitte nur zu gern. Dann, geschmeidig, wie sie war, legte sie sich für eine Extra-Zugabe auf den Bürgersteig, griff ihre beiden Füße, zwängte sie sich hinter den Nacken und rollte wie ein menschlicher Ball los!«

***

»Barbara hatte große Angst davor, eine staatliche Schule zu besuchen«, erklärte Maxine Eddleson. »Sie machte sich Sorgen, auf was für Menschen sie dort treffen würde, und sie bekam Magenprobleme. An der Jeschiwa war sie sehr behütet gewesen. Und als sie in die vierte Klasse der Staatsschule 89 ging, war ich eine Zeitlang ihre einzige Freundin.«

Barbara war so verschlossen, daß ihre Mitschüler ihre Schüchternheit für Arroganz hielten. Aber schließlich begann Barbara, Freundschaften zu knüpfen, und ihr schauspielerisches Talent wurde an der gesamten Schule bekannt. Phyllis Zack berichtete, daß Barbara »damals schon Schauspielerin werden wollte, und sie war wirklich gut. Ich weiß noch, wie einige der Kinder einen Lehrer, den sie mochten, mit einem Geschenk überraschen wollten. Darum gab Barbara vor, ohnmächtig zu werden, während sie in einem anderen Raum war. Der Lehrer lief zu ihr, und während er draußen war, stellten die Kinder das Geschenk auf sein Pult. Barbara hatte ihre Rolle überzeugend gespielt.«

Nachdem sie einige Jahre auf die Staatsschule 89 gegangen war, lernte Barbara die umgänglichen, dunkelhaarigen Zwillingsschwe-

33

stern Marilyn und Carolyn Bernstein kennen. »Wir empfanden es als unsere Pflicht, uns um sie zu kümmern«, meinte Carolyn. »Wir hatte viele Freunde, und sie tat uns irgendwie leid, weil sie immer so einsam schien. Ich glaube, sie war wegen ihres Aussehens unsicher.«

Barbara und die Zwillinge wurden enge Freundinnen, und nach kurzer Zeit bildeten sie eine Gesangsgruppe, die sie »Bobbie and the Bernsteins« nannten. »Barbara war natürlich Bobbie, und wir begleiteten sie«, erläuterte Carolyn. »Wir sangen die jeweils aktuellen Schlager in der Turnhalle und auf dem Schulhof. Es war nichts Dolles. Barbara hatte sogar damals schon eine ganz besondere Stimme. Natürlich ist sie kräftiger geworden, aber sie hatte ganz sicher dieselbe Qualität.«

Carolyn wußte auch noch, daß Barbara damals häufig von ihrer Absicht sprach, Sängerin zu werden. »Sie erzählte uns von ihren Träumen, und sie hat immer betont, daß sie unbedingt singen wollte.« William Corride, ein weiterer Klassenkamerad, merkte allerdings an, daß Barbara nach dem Geschmack einiger Kinder ein wenig zuviel sang. »Ihre Stimme war damals noch nicht so toll – sie war noch nicht ausgereift. Wir sagten immer zu ihr: ›Barbara, bitte sing nicht mehr.‹«

***

Von ihrem zehnten Lebensjahr an lag Barbara Diana ständig in den Ohren, sie zum Ballett- und Gesangsunterricht zu schicken, sie Probeaufnahmen für den Film machen oder öffentlich auftreten zu lassen. Mrs. Kind hatte aus zwei Gründen etwas dagegen: Zum einen glaubte sie nicht, daß ihre Tochter das für einen Kinderstar erforderliche Aussehen aufwies. Zum anderen schreckte sie vor den Unterrichtskosten zurück.

Aber Barbara war nicht jemand, der sich mit einem »Nein« abspeisen ließ. »Als kleines Mädchen war sie ein echter Teufel«, fand Diana. »Ich konnte sie nie davon abhalten, zu tun, was sie wollte, denn wenn sie sich einmal etwas in den Kopf gesetzt hatte, war ihr jedes Mittel recht, es auch allein durchzusetzen.«

Als Barbara zehn Jahre alt war, verbrachte die Familie einen zweiwöchigen Urlaub im Barbary Hotel in South Fallsburg im Staat New York. Zu dem Hotel gehörte ein Casino, in dem zweimal pro Woche eine Talentshow für Jugendliche abgehalten wurde. Barbara sang und tanzte in den Shows und genoß erneut den wohlwollenden Beifall des Publikums.

Mit elf erfuhr sie von einem Vorsingen für Nachwuchstalente, das vor Ort vom Metro-Goldwyn-Mayer-Studio abgehalten wurde. Diana gab widerstrebend nach, als Barbara ihr erklärte, daß sie einen Vertrag bekommen und ziemlich viel Geld verdienen könne. »Ich sang ›Have You Heard‹ in einer Glasbox«, erinnerte sich Barbra. »Draußen war nichts zu hören – sie mußten auf einen Knopf drücken, um mit einem zu sprechen.« Als sie ihren Song beendet hatte, war sie sich sicher, daß »man mich unter Vertrag nehmen würde. Aber sie sagten bloß: ›Vielen Dank‹, und das war's.« Immerhin hatte Barbara die Talentsucher so beeindruckt, daß sie Barbara in ihre Ausbildungsklassen aufnehmen wollten, aber Diana hielt nichts davon. »Als sie sagten: ›Keine Bezahlung‹, sagte ich: ›Kein Kind‹.«

Dennoch fand Barbara weitere Auftrittsmöglichkeiten. Im Sommer 1955 nahm Diana Roslyn und sie zu einer weiteren Urlaubsreise in den Norden des Staates New York mit. Diesmal verbrachten sie eine Woche im Coronet Hotel in Glen Wild. Die ehrgeizige und wettbewerbsfreudige Barbara gewann den Ping-Pong- und den Ruder-Wettbewerb. Sie siegte auch im Talent-Wettbewerb, und anschließend wurde sie von zwei Gästen gefragt, ob sie auf Hochzeiten singen könne, die jeweils an den folgenden beiden Wochenenden stattfinden würden. Dafür sollte sie eine kleine Gage erhalten. Barbara rief: »Ja!« und flüsterte ihrer Mutter zu: »Siehst du, Ma, ich kann Geld damit verdienen!«

Auf einer der Hochzeitsfeiern erklärte ein Pianist aus Brooklyn den beiden, Barbara habe eine derart gute Stimme, daß es sich lohnen würde, eine Demo-Schallplatte mit ihr zu machen. Er nannte ihnen ein Studio, wo sie für ein paar Dollar eine Acetat-Pressung herstellen lassen konnten, und bot sich als Begleitung für die Aufnahme an.

Barbara konnte sich vor Aufregung kaum bremsen, und Diana murmelte eine vage Zusage. Aber Mrs. Kind war mit ihren Gedanken ganz woanders. Ihr einwöchiger Urlaub in den Catskills würde bald vorüber sein, und dann würde sie wieder nach Brooklyn zurückkehren und ihrem Ehemann gegenübertreten müssen.

KAPITEL 3

Die Spätsommerluft lastete schwer und drückend, während sich Barbara auf der schmalen Wohnzimmercouch unruhig hin und her wälzte. Es war drei Uhr morgens, und noch immer brannte im Schlafzimmer ihrer Mutter Licht, das unter der geschlossenen Tür hindurchdrang: Ihr Stiefvater war noch nicht nach Hause gekommen. Immer häufiger blieb Lou Kind nun bis in die frühen Morgenstunden fort, und Diana beklagte sich später vor Gericht darüber, daß er häufig wochenlang nicht nach Hause gekommen sei und seine Familie ohne Vater und ohne Geld zurückgelassen habe. Barbara graute vor dem, was geschehen würde, wenn er durch die Tür trat.

Die Gerichtsunterlagen malten ein düsteres Bild von dem Leben im Apartment 4G. Immer wenn ihr Mann schließlich heimkam, so sagte Diana aus, habe er mit seinen Beziehungen zu anderen Frauen geprahlt, sie mit obszönen Beschimpfungen überschüttet, sie bedroht und sie häufig tätlich angegriffen. Kind konterte, Diana habe ständig an ihm herumgenörgelt, Lügen über ihn verbreitet, aus heiterem Himmel Wutanfälle bekommen, mit Gegenständen um sich geworfen und ihn geschlagen. Ihre Auseinandersetzungen wurden so laut, daß sich die Nachbarn gestört fühlten.

Man kann sich leicht vorstellen, wie sich all dies auf die sensible dreizehnjährige Barbara auswirkte. »Ich hatte ein schlechtes Verhältnis zu meinem Stiefvater«, gestand sie. »Ich wurde mißhandelt.« Kind sprang mit Barbara fast so übel um wie mit ihrer Mutter. Wenn Barbara die Glocke des Eiswagens draußen hörte und Kind um 15 Cent für eine Tüte Eis bat, antwortete er: »Nein, du bist nicht hübsch genug.« Wann immer er Roslyn mit Barbara verglich, nannte er sie »die Schöne und das Biest«. Barbara hatte Angst vor ihm, und wenn er sich, nur mit T-Shirt und Shorts bekleidet, freitags abends die Boxkämpfe im Fernsehen anschaute und dabei ein Bier nach dem anderen trank, kroch sie flach am Boden an ihm vorbei, um ihm nicht die Sicht zu verstellen.

Für diese Gefangenschaft in einer engen, trostlosen Wohnung mit einem verhaßten Mann machte Barbara vor allem ihre Mutter ver-

antwortlich. »Ich war schrecklich wütend, weil sie das alles zuließ.«
Sie zog sich mehr und mehr in ihre Phantasiewelt voller Glanz und
Ruhm zurück, aber es gelang ihr nicht, der Wirklichkeit völlig zu entfliehen. Wenn sie hilflos den entsetzlichen Streitereien zwischen ihrer Mutter und ihrem Stiefvater lauschte, mußte sie an ihren leiblichen Vater denken, und sie spürte, wie ein heftiger Zorn in ihr aufstieg. »Ich dachte dann beispielsweise: ›Warum bist du gestorben
und hast mich allein gelassen?‹«, sagte sie. »›Was habe ich falsch gemacht? War ich vielleicht ungezogen? Oder mochtest du mich
nicht?‹«

***

Barbaras erster Tag an der High-School – Montag, der 12. September
1955 – brachte eine gewisse Entlastung mit sich, aber die Erasmus
Hall High School hatte ihre eigenen Schrecken. Allein die Dimensionen überwältigten sie. In der Staatsschule 89 war Barbara Mitglied einer hundertsechsunddreißig Schüler zählenden Klassenstufe
gewesen; in der Erasmus gehörte sie zu einer Gruppe von mehr als
dreizehnhundert Anfängern. Die Anlage glich eher einer Universität
als einer High-School und muß die staunenden Neuankömmlinge
mit ehrfürchtigem Schauer erfüllt haben.

Gleichwohl hatte Erasmus ein hohes Ausbildungsniveau, und Barbara gehörte von Anfang an zu den Leistungsbesten der Schule.
Durch ihren IQ von 124 kam sie automatisch in die Spitzenkurse.
Während ihres ersten Trimesters widmete sie sich dem Unterricht
mit solchem Fleiß, daß ihr Klassenbetreuer sie als »ausgesprochen
strebsam« beschrieb. Sie erzielte hervorragende Noten und gehörte
mit einem Punktedurchschnitt von 93,5 zu den oberen drei Prozent
ihres Jahrgangs.

Sie hätte vielleicht »Miss Erasmus« werden können, aber sie war
nicht sehr gesellig; die meisten ihrer Mitschüler hielten sie für »eine
reservierte Einzelgängerin«. Eine Klassenkameradin, Diane Hirschfeld, berichtete, daß nach dem Mittagessen »alle in Gruppen beiein-
anderstanden und noch etwas plauderten, bis die Pausenglocke läutete und wir wieder reingehen mußten, nur Barbara hielt sich immer
abseits. Meine deutlichste Erinnerung an sie ist, wie sie allein dasteht
und wartet, ihre Bücher im Arm.«

»Ich wußte nicht, mit wem ich sprechen sollte«, erklärte Barbra
später. »Ich war gescheit, aber die anderen gescheiten Kinder, die
Halbschuhe und Brillen trugen, würdigten mich keines Blickes, und

mit den dummen Kindern wollte ich nichts zu tun haben. Daher war ich eine echte Außenseiterin.«

Sie machte keinerlei Anstrengungen dazuzugehören. Während die meisten der »coolen Kids« mittags in Garfield's Cafeteria auf der gegenüberliegenden Straßenseite gingen (wo ein Mittagessen mindestens 25 Cent kostete), aß Barbara im Speisesaal der Schule. Während viele Schüler Clubs beitraten und nach der Schule noch an Freizeitveranstaltungen teilnahmen, arbeitete Barbara im China-Restaurant der Choys.

Jimmy und Muriel Choy wohnten eine Etage höher als Barbara. Als das Kind sie 1953 zum erstenmal sah, erschienen sie der wißbegierigen Elfjährigen wunderbar exotisch, und sie stellte ihnen endlose Fragen über ihre chinesische Herkunft, ihre fremden Sitten und ihre Kultur. Ihre Wärme und Offenheit nahm Barbara schnell für sie ein, und die beiden wurden, ebenso wie es zuvor die Borokows gewesen waren, zu ihrer zweiten Familie. »Ich liebte sie«, sagte Barbra.

Für 35 Cent die Stunde paßte sie auf die beiden Töchter der Choys auf, die fünfjährige Debbie und die zweijährige Pam. Ihre Reife und Verläßlichkeit beeindruckten Jimmy und Muriel derart, daß sie Barbara im folgenden Jahr trotz ihres kindlichen Alters fragten, ob sie sonntags im Restaurant aushelfen wolle. Es hieß *Choy's Chinese* und lag in der Nostrand Avenue, dem Wohngebäude gegenüber.

Alles Chinesische faszinierte Barbara. Sie trug chinesische Seidengewänder, sie steckte ihr Haar zu einem Knoten hoch und schob kreuzweise Häkelnadeln hindurch, ließ ihre Nägel zweieinhalb Zentimeter lang wachsen und malte sie knallrot an. »Barbara war sehr erpicht darauf, chinesische Worte zu lernen«, verriet Jimmy Choy, »und wir brachten ihr bei, auf chinesisch zu bestellen.«

Daneben entwickelte Barbara eine Vorliebe für chinesische Speisen, die soviel delikater, soviel aufregender waren als das fade koschere Essen bei ihrer Mutter. Sie war hingerissen von den Frühlingsrollen, dem Chow Mein und dem Moo-Shu-Schweinefleisch und genoß jeden Bissen des verbotenen Fleisches, so wie sie es genossen hatte, in der Jeschiwa »Fröhliche Weihnachten!« zu rufen. Es war wahrscheinlich Muriel Choy, die Barbara zu einer passionierten Esserin machte. Wenn Barbara Essen schon als Liebesersatz hinnehmen mußte, dann sollte es wenigstens gut schmecken.

Sie arbeitete vier Jahre lang im *Choy's Chinese* und sprach ständig von ihrer Sehnsucht, Schauspielerin zu werden. »Wir alle wußten von ihren ehrgeizigen Plänen«, bestätigte Muriel. Übrigens waren es die Choys, die Barbara Streisand zum erstenmal auf Celluloid festhielten: 1956 probierte Jimmy Choy auf der Geburtstagsfeier einer seiner Töchter seine neue 8-Millimeter-Filmkamera aus. Auf dem Film sieht man lachende Kinder mit Papierhüten, eine kerzengeschmückte Geburtstagstorte – und die vierzehnjährige Barbara, die eine blaue Wolljacke mit weißem Pelzbesatz und ein dunkles Kleid trägt; ihre Haar ist zu einem Pferdeschwanz zurückgebunden. Jedesmal wenn die Kamera auf sie gerichtet wird, senkt Barbara ihren Kopf und schlägt die Hände vors Gesicht.

***

Barbara stand aufgeregt vor Cosimo DePietto, dem musikalischen Leiter der Schule, und sang aus vollem Herzen. Sie hoffte, in den Erasmus Choral Club aufgenommen zu werden, die Gruppe der besten Sänger der Schule, die jedes Jahr denkwürdige Weihnachts- und Osterkonzerte in der Schulkapelle aufführten.

DePietto schien ihre Darbietung nicht zu beeindrucken. Sie mußte mühsam die Tränen unterdrücken, als sie den Raum verließ, und ein paar Tage später teilte er ihr mit, was sie bereits wußte: daß sie nicht in den Chor aufgenommen wurde. DePiettos offizielle Begründung lautete, daß sie keine Noten lesen könne, aber Jahre später gab er zu: »Ich empfand sie nie als besonders begabt.«

Wie sie es ihr Leben lang tat, wenn sie zurückgewiesen wurde, blieb Barbara auch diesmal hartnäckig. Ein paar Monate später sang sie erneut vor – mit dem gleichen enttäuschenden Ergebnis. Daraufhin entwickelte sie einen Plan. Wenn sie DePietto nicht direkt für sich gewinnen konnte, dann vielleicht über einen Umweg. Barbara erinnerte ihre Mutter an den Klavierspieler aus den Catskill Mountains, der ihnen von dem Studio erzählt hatte, wo man eine Schallplatte machen lassen konnte. Sie bat Diana, sie ins Studio zu begleiten. Eine solche Schallplattenaufnahme, argumentierte sie, werde ihrem Musiklehrer imponieren und ihr Zugang zum Choral Club verschaffen.

Diana stimmte schließlich zu, weil sie laut Barbra »selbst Sängerin werden wollte«. In den Weihnachtsferien trafen sich Mutter und Tochter mit ihrem Pianisten im Nola Recording Studio in Manhattan. Als erstes sang Diana, und zwar »One Kiss« sowie eine Operetteneinlage im Stil von Jeanette MacDonald, wie sie es als junges Mädchen gern getan hatte. Was Barbara beunruhigte, war die Tatsache, daß der Pianist nach Dianas erster Strophe eine zweiminütige Soloeinlage gab, bevor Diana die Möglichkeit hatte, ihr Lied zu beenden. Dabei waren die Schallplatten nur drei Minuten lang.

Als die Reihe an ihr war, forderte Barbara den Mann auf: »Könnten Sie Ihren Part bitte kürzen? Ich möchte das ganze Lied singen ...«

Als erstes sang Barbara »Zing! Went the Strings of My Heart«, dann »You'll Never Know«. Sie hatte vorgehabt, die ursprüngliche Version zu singen, aber am Schluß intonierte sie plötzlich: »You'll never know if you don't know ... oh ... oh ... now.«

Sie war selbst überrascht. »Ich fragte mich: Wer war das? Woher kam das? Es war wie im *Exorzist* ... Ich glaube, man könnte es Inspiration nennen. Es ist ein schönes Gefühl, wenn es passiert. Wenn man solch einen Augenblick erlebt, braucht man nur die Musik durch sich hindurchströmen zu lassen und zu tun, was sie will.«

Jetzt war Barbara mit einer professionellen Schallplattenaufnahme ausgerüstet, und als sie ein drittes Mal vor Mr. DePietto erschien, spielte sie ihm die Platte vor. Vielleicht war er von ihrem Unternehmungsgeist beeindruckt, oder vielleicht hatte er sich durch ihre Beharrlichkeit zermürben lassen, jedenfalls nahm er sie in den Choral Club auf, wenn auch nicht gerade mit offenen Armen. Eine Mitschülerin, Adele Lowinson, erinnerte sich: »Barbara mußte in der hintersten Reihe stehen, wo man sie kaum sehen konnte.«

Zu Barbaras Bestürzung erlaubte ihr DePietto nie, ein Solo zu singen. Barry Tantleff, der ebenfalls zum Choral Club gehörte, urteilte, daß DePietto »offenbar nicht sonderlich gut mit Barbara klarkam. Er zog ihr deutlich ein Mädchen namens Trudy Wallace vor. Sie war es, die bei unseren Schulfesten sämtliche Soli sang. Das ist möglicherweise der Grund dafür, daß Barbara den Choral Club nach zwei Jahren verließ. Vielleicht war sie enttäuscht, weil sie nicht anerkannt wurde.«

»Ich glaube nicht, daß Barbara je in mir eine Rivalin gesehen hat«, meinte Trudy Wallace, die heute gelegentlich als Vorsängerin in einer Synagoge in Manhattan fungiert. »Wir waren miteinander befreundet. Zum Beispiel gingen wir jeden Tag nach der Schule zusammen zur Bushaltestelle. Ich glaube, Barbara begriff, daß Mr. DePietto mich nur deshalb bevorzugte, weil ich eine helle, gefällige Opernstimme hatte. Das war alles.«

Carolyn Bernstein, Barbaras Freundin aus der Staatsschule 89, hatte Barbara während der Aufführungen des Choral Club beobachtet. »Sie schien dauernd davon zu träumen, daß sie eines Tages allein sein und alles selbst machen würde.«

***

Am 22. April 1956 erlaubte Diana ihrer Tochter zu deren vierzehntem Geburtstag, mit ihrer Freundin Anita Sussman nach Manhattan zu fahren und sich eine Sonntags-Matinee von *The Diary of Anne Frank* (Das Tagebuch der Anne Frank) anzusehen. Die Titelrolle des von Garson Kanin inszenierten Broadway-Hits spielte Susan Strasberg, die siebzehnjährige Tochter von Lee Strasberg, dem Chef des Actors' Studio.

Die Aufführung rief höchst widersprüchliche Gefühle bei Barbara hervor. Während die Dramatik des Stückes sie mitriß, empfand sie die »Trostlosigkeit« des Dachbodens, auf dem sich die Familie Frank versteckte, als äußerst bedrückend. Ihr eigenes Leben war freudlos genug, und darum hätte ihr die strahlende Phantasiewelt eines farbenfreudigen Musicals mehr zugesagt. Andererseits war sie geradezu überwältigt von den Ähnlichkeiten zwischen Anne Frank und sich selbst.

»Wir waren beide von der Vorstellung begeistert«, erklärte Anita Sussman. »Wir weinten, als sie zu Ende war. Für Barbara enthielt das Stück viele persönliche Elemente.« Einige Passagen sprachen sie besonders an. Wenn der Autor ein Stück hätte schreiben wollen, das die vierzehnjährige Barbara Streisand zutiefst berührte, dann hätte er sich kaum etwas Geeigneteres ausdenken können als *The Diary of Anne Frank*.

Anne ist zu Beginn des Stückes dreizehn Jahre alt: ein gescheites, frühreifes junges Mädchen, das von der Welt jenseits der erstickenden Enge des Dachbodens fasziniert ist. Sie träumt davon, ein glanzvolles Leben zu führen; sie schneidet sich die Bilder von Filmstars aus Magazinen aus und heftet sie an die Wand über ihrem Bett. Sie erklärt ihrem Vater, daß er der einzige Mensch sei, den sie liebe. Als er protestiert und meint, daß sie ihre Mutter ebenfalls lieben müsse, antwortet sie: »Wir haben nichts gemeinsam. Sie versteht mich nicht. Immer wenn ich versuche, ihr meine Sicht der Dinge nahezubringen, fragt sie mich, ob ich Verstopfung habe.«

Frau van Daan, deren Familie sich zusammen mit den Franks verbirgt, kritisiert Anne: »Warum spielst du dich ständig auf?« Dann fügt sie hinzu, daß Männer für Mädchen wie Anne nichts übrig hätten, sondern »häusliche Frauen« vorzögen, die kochen und nähen könnten. »Lieber würde ich mir die Kehle durchschneiden!« ruft Anne. »Mir die Pulsadern aufschlitzen! Ich möchte etwas Besonderes sein … Ich werde eine berühmte Tänzerin oder Sängerin … irgend etwas Wunderbares!«

Es war, als sähe Barbara sich selbst auf jener Bühne, und in ihrem tiefsten Innersten wußte sie, daß sie die Anne Frank mindestens genauso gut hätte spielen können wie Susan Strasberg.

Zu Hause berichtete sie ihrer Mutter aufgeregt von dem Stück. »Ich könnte das auch, Mama!«

»Was könntest du auch, Liebes?«

»Diese Rolle spielen – ich könnte Anne Frank spielen. Ich wußte ganz genau, was sie fühlte …«

»Ja, Liebes.«

Barbara verstummte. Ebenso wie Frau Frank ihre Tochter nicht verstanden hatte, begriff auch Diana nicht, worauf es Barbara ankam. Wenn sie es schaffen wollte, war sie auf sich allein gestellt.

Barbara ging jedes Detail des Stückes durch, rief sich jede Nuance der Darstellung ins Gedächtnis, und ihr Entschluß, Schauspielerin zu werden, wurde unumstößlich. »Ich möchte so viel tun«, hatte Anne Frank gegen Ende ihres Lebens gesagt. »Ich möchte selbst auch nach meinem Tod weiterleben. Wieder ist ein Geburtstag vorbeigegangen, und nun bin ich fünfzehn. Ich weiß schon jetzt, was ich will. Ich habe ein Ziel …«

***

Wenige Tage später traute Barbara ihren Augen kaum, als sie in der Zeitung las, daß der Filmregisseur Otto Preminger nach einem unbekannten Mädchen suche, das die Jeanne d'Arc in seiner bevorstehenden Verfilmung von George Bernard Shaws Stück *Saint Joan* (Die heilige Johanna) spielen könne, und daß er alle Interessierten zum Vorsprechen einlud.

Ohne zu bedenken, daß sie viel zu schmächtig und mager war, um glaubwürdig jene Siebzehnjährige spielen zu können, die die französischen Truppen im fünfzehnten Jahrhundert zu mehreren Siegen über die Engländer geführt hatte, erzählte Barbara ihrer Mutter aufgeregt von dem Test, der am nächsten Samstag in einem Hotel in Manhattan stattfinden würde. Sie überredete die skeptische Diana schließlich, sie zu begleiten. Als Vorbereitung las sie Shaws Stück, befaßte sich in der Bibliothek mit verschiedenen Biographien über Johanna von Orleans und übte Tag und Nacht.

Als Mutter und Tochter am Samstag in dem angegebenen Hotel eintrafen, erschraken beide: Dort drängten sich Hunderte von Mädchen, die alle auf die Chance hofften, Filmstar zu werden. Es dauerte eine Ewigkeit, bis Barbara vor einem Gremium aus drei Assistenten Premingers kurz etwas vorlesen durfte. Sie habe »ausgezeichnet« gelesen, sagte einer von ihnen; falls man sie ausgewählt habe, werde sie es in den nächsten Wochen von Mr. Premingers Mitarbeitern erfahren.

Barbara wartete Tag für Tag auf die freudige Nachricht, doch niemand rief an. Einige Wochen später las sie in der Klatschspalte von Walter Winchell, daß sich Preminger für ein konventionell hübsches, blondes siebzehnjähriges Bauernmädchen aus Iowa namens Jean Seberg entschieden hatte. Danach saß Barbara wochenlang untröstlich zu Hause herum.

Für Diana war die Auswahl von Jean Seberg lediglich eine Bestätigung dafür, daß Barbara eben doch ein Mieskeit war, weshalb die ersehnte Karriere ein Traum bleiben würde. Schließlich war auch die Bewerbung bei MGM bereits erfolglos gewesen. Diana hatte Angst, daß Barbara an den ständigen Zurückweisungen zerbrechen würde, darum versuchte sie von nun an gezielt, Barbara die schauspielerischen Ambitionen auszureden. Was stand ihrer Tochter bevor, wenn sie sich auf so etwas Aussichtsloses versteifte? Nichts als Enttäuschung? Permanentes Scheitern? Finanzielle Unsicherheit? Der Gedanke daran ließ sie erschaudern. Vielleicht konnte Premingers Ablehnung Barbara die Augen öffnen, vielleicht würde ihre Tochter zur Vernunft kommen.

***

Barbara beendete die zweite Hälfte ihres ersten High-School-Jahres ähnlich wie die erste. Wieder hatte sie einen hervorragenden Zensurendurchschnitt (92,5 Punkte), und der Mittelwert von 98 Punkten, den sie in Spanisch erzielte, verhalf ihr zu einer Auszeichnung als bester High-School-Anfänger in diesem Fach.

Sie beteiligte sich an keiner schulischen Aktivität außerhalb des Unterrichts – abgesehen davon, daß sie half, Geld für das Frühlingskonzert des Choral Club zu sammeln. Und noch immer waren nur wenige Mitschüler zu einem Versuch bereit, in ihre abgeschlossene Welt vorzudringen. Ihr Klassenlehrer brachte es in ihrem Zeugnis für das zweite Trimester auf den Punkt. Barbara sei »ichbezogen«.

***

Am 14. Mai 1956 zog Louis Kind mit seinen Sachen – einschließlich des Fernsehers – aus Apartment 4G aus, mietete sich für 20 Dollar die Woche ein Zimmer im St. George Hotel in der Clark Street in

Brooklyn und kehrte nie mehr zu den Vanderveer Estates zurück. »Ich dachte, es sei meine Schuld«, bekannte Barbra später. »Und meine Mutter tat das ebenfalls.«

Im September desselben Jahres klagte Diana auf Scheidung und Unterhalt. Sie beschuldigte Kind, sie böswillig verlassen zu haben und weder sie noch Roslyn zu unterstützen. Es sei ihr unmöglich, ganztags zu arbeiten, solange Roslyn noch betreut werden müsse, und sie verfüge über so wenig Geld, daß sie das Telefon habe abmelden müssen. (Merkwürdigerweise taucht Barbaras Name in den umfangreichen Gerichtsakten an keiner Stelle auf, obwohl die Tatsache, daß Diana für zwei umündige Kinder aufkommen mußte, ihrer Unterhaltsklage vermutlich Nachdruck verliehen hätte.)

Die Akten lassen die starken häuslichen Spannungen erkennen. Mrs. Kind gab an, daß die Streitigkeiten mit ihrem Mann etwa im Januar 1953 begonnen und »während ihrer gesamten Ehe« fortgedauert hätten. Louis Kind habe ihr gegenüber »generell ein grausames und unmenschliches Verhalten« an den Tag gelegt und sie »durch sein liebloses, schroffes, unvernünftiges, rücksichtsloses, geiziges, nörgeliges und bösartiges Benehmen viele Male gequält, mißhandelt und vernachlässigt«.

Außerdem sei ihr Ehemann »die längste Zeit des Tages und der Nacht ohne eine angemessene Erklärung oder ein nachvollziehbares Vorhaben beruflicher oder privater Natur« von zu Hause fortgeblieben und erst »in den späten Nacht- oder frühen Morgenstunden« heimgekommen, wobei er sie »gegen ihren Protest allein zu Hause zurückgelassen« habe; manchmal sei er sogar wochenlang fortgeblieben.

Kind habe sich, so Dianas Aussage, »in aller Öffentlichkeit mit zahlreichen Frauen« gezeigt, und seine »unverhohlene und schockierende Prahlerei mit seinen Affären« habe sie in allergrößte Verlegenheit gebracht. Er habe sich einer »niederträchtigen, obszönen und unflätigen Sprache« bedient und sie sowohl bedroht als auch tätlich angegriffen.

Kind bestritt alle Anschuldigungen Dianas und konterte, indem er ihr seinerseits vorwarf, sie habe ihm gegenüber »ständig zu einer niederträchtigen [und] nörgelnden und peinlichen Ausdrucksweise gegriffen ..., und zwar sowohl zu Hause als auch in Gegenwart von Freunden und Verwandten; [sie habe] es unterlassen ..., ihm eine Mahlzeit zuzubereiten, wenn er von der Arbeit nach Hause kam, und es versäumt ..., sich um sein Wohlergehen zu kümmern; [sie habe] aus heiterem Himmel Wutanfälle bekommen und Gegenstände nach

44

ihm geworfen und ihn wiederholt geschlagen ... und [ihn] beschuldigt ..., mit anderen Frauen zu verkehren; dabei waren alle Beschuldigungen bösartig und unwahr und bekanntermaßen falsch.«

Seine häufige Abwesenheit sei damit zu erklären, daß er die Nächte und Wochenenden habe durcharbeiten müssen, um Dianas »ständig wachsende Geldforderungen« zu befriedigen. Er schloß mit dem Hinweis darauf, daß er inzwischen aus Krankheitsgründen arbeitsunfähig sei und nur ein kleines Einkommen aus der Sozialversicherung und den Mieten seiner Logierhäuser habe. Außerdem müsse er wöchentlich 25 Dollar Kindergeld an seine frühere Frau abführen und könne es sich daher nicht leisten, Diana Alimente zu zahlen. Seine Gesundheit, machte Kind geltend, habe sich seit April 1956 ständig verschlechtert. Damals sei er krank geworden und habe »einen erheblichen und rapiden Gewichtsverlust sowie Schmerzen, Schwindelanfälle, Übelkeit und Schlaflosigkeit erlitten«.

Nachdem sich Richter Louis L. Friedman die persönlichen Aussagen beider Parteien im würdevollen, mit Eichenholz getäfelten Gerichtssaal von Brooklyn angehört hatte, sprach er am 2. Mai 1957 die Scheidung aus und fand harte Worte für Louis Kind. Barbaras Stiefvater sei »ein pathologischer Lügner. Ich bin der Überzeugung, daß er seine Aussagen an seinem jeweiligen Bedarf orientiert und daß er alles behaupten würde, was ihm seiner Meinung nach nützlich sein könnte.«

Friedman hatte auch Zweifel an Kinds Krankheit. »Ich meine, daß vieles davon vorgeschoben ist. Ich glaube, er ist ein Simulant ... und ... [daß er] seine Arbeit bewußt mit dem Ziel aufgegeben [hat], seiner Frau jede Unterstützung zu entziehen. Ich meine, daß [er] andere, noch nicht aufgedeckte Einkommensquellen [besitzt] ... und offenbar ist er mit mehreren unterschiedlichen Unternehmungen befaßt.«

Der Richter verurteilte Kind dazu, Diana Alimente in Höhe von 50 Dollar pro Woche zu zahlen, aber er gab ihm die Möglichkeit, sich von einem Gerichtsarzt untersuchen zu lassen. Als der Arzt bestätigte, daß es in der Tat schlecht um Kinds Gesundheit bestellt sei, reduzierte Richter Friedman den Unterhaltsbetrag auf 37 Dollar wöchentlich.

Damit war Diana erneut in der Situation, sich als alleinerziehende Mutter mühselig durchbeißen zu müssen. Etliche ihrer Nachbarn waren erstaunt darüber, wie vorsichtig sie nun mit dem Geld umging. Marvin Stein, ein junger Mann, der in einem auf der anderen

Straßenseite gelegenen Lebensmittelgeschäft arbeitete, erinnerte sich, daß Mrs. Kind eine »extrem bedachte Einkäuferin war. Sie achtete auf die Preise, und wenn ein Teil um zwei oder drei Cent teurer wurde, verzichtete sie darauf. Manchmal schien sie eine Ewigkeit dazustehen, bevor sie sich dazu durchrang, ein oder zwei Sachen zu kaufen.«

Manchmal wurde die Lage so kritisch, daß Diana Barbara anwies, die Milch zu stehlen, die der Milchmann im Treppenhaus vor die Türen der Nachbarn gestellt hatte.

***

Louis Kinds dauerhaftes Verschwinden brachte Diana zwar in eine Lage, in der ihr schon eine geringfügige Anhebung der Preise im Supermarkt Probleme bereitete, doch es befreite Barbara von einer schweren Last. Jetzt mußte sie sich nicht mehr angstvoll verkriechen, wenn ihr Stiefvater ihre schluchzende Mutter schlug. Und jetzt konnte er sie nicht mehr verhöhnen.

Allerdings trafen die finanziellen Probleme auch Barbara hart. Die Familie hatte bereits vorher kaum genug Geld zur Befriedigung der dringendsten Bedürfnisse gehabt, und nun war es noch weniger geworden. Barbra im Rückblick: »Ich war so eifersüchtig auf die reichen jüdischen Mädchen in meiner Schule, die stets nach der neuesten Mode gekleidet waren und genug Geld hatten, sich zu kaufen, was immer sie wollten.«

Da Diana arbeiten mußte, holte Barbara Roslyn nachmittags vom Kindergarten ab und paßte auf sie auf, bis ihre Mutter nach Hause kam. Sie hätte es vorgezogen, auf die Kinder der Choys aufzupassen und dadurch etwas Geld zu verdienen, aber sie betreute ihre kleine Schwester sehr gern. Barbara hatte einen ausgeprägten Mutterinstinkt, und das pausbäckige, lebhafte Kleinkind, das nachts mit ihr die Wohnzimmercouch teilte, brachte ein wenig Freude in ihr Leben. Sie spielte mit Roslyn, sang ihr etwas vor, kitzelte den Rücken ihrer Schwester mit ihren langen roten Fingernägeln und bestach sie mit Kaffee-Eis, damit sie nicht weinte.

Immer wenn Roslyn Barbara singen hörte, wollte sie sich anschließen, und wenn Barbara tanzte, wollte sie ebenfalls tanzen. »Sie brachte mir bei, zweistimmig ›Row, Row, Row Your Boat‹ zu singen«, berichtete Roslyn, »und sie zeigte mir, wie man Cha-Cha-Cha, Mambo und Lindy tanzt.« Nachdem sie Barbara dabei beobachtet hatte, wie diese einen Werbespot vor dem Badezimmerspiegel nachspielte, rannte sie jeden Tag mit ihr um die Wette ins Badezimmer, um das gleiche zu tun.

Aber es gab auch etwas, was Barbara an Roslyn faszinierte: »Sie bewunderte mein Profil. Sie machte Aufnahmen von meinem Profil. Ich war die Dicke, aber die Hübsche. … Mama stopfte mich mit Essen voll, um Barbaras Magerkeit auszugleichen.«

Da Barbara ohne Vater aufwuchs und ihre Mutter arbeiten gehen mußte, hatte sie weit mehr Freiheit als die meisten Kinder in ihrem Alter. »Mir wurden keinerlei Grenzen gesetzt. Ich mußte mich nicht groß um irgendwelche Vorschriften kümmern. Wir kannten keine gemeinsamen Familienmahlzeiten; wir hatten nie die Zeit für ein Essen. Ich war ein Straßenkind. Wir spielten am Rinnstein, und wenn ein Auto kam, liefen wir von der Fahrbahn. Es war eine harte Kindheit … Sie hatte etwas Wildes.«

Eines Tages steckte Diana die an Windpocken erkrankte Barbara ins Bett. »Als sie rausging, kletterte ich einfach aus dem Fenster und lief zu meinen Freunden, um mit ihnen zu spielen.« Ein jüngerer Nachbar, Cee Cee Cohen, wußte zu berichten, daß sich Barbaras Feuerleiter auch bei anderen Gelegenheiten als höchst praktisch erwies. »Nach der Schule veranstaltete Barbara Teenagerpartys in ihrer Wohnung. Die Kids kamen vorbei, hörten Platten und tanzten. Dabei achteten sie darauf zu verschwinden, bevor Barbaras Mutter nach Hause kam. Aber manchmal mußten sie aus dem Fenster die Feuerleiter runterklettern, um nicht von ihr erwischt zu werden.«

***

Durch die angespannte Finanzlage der Familie hatte Barbara nur wenige Spielsachen. Während die anderen Kinder aus der Nachbarschaft Stunden auf ihren Fahrrädern verbrachten, mußte Barbara mit dem vorliebnehmen, was sie draußen gerade fand. »Irgend jemand gab mir ein Paar Holzschuhe«, erinnerte sie sich, »und ich schlurfte in ihnen mühsam durch ganz East Flatbush. Anschließend hatte ich an den Hacken und Zehen lauter Blasen.«

Und während ihre Freundinnen zu Hause ihren Puppenfamilien Tee servierten, mußte sich Barbara mit selbsterfundenen Spielen vergnügen. Mehrmals die Woche besuchte sie ihren Cousin Harvey Herman nach der Schule, um mit ihm »Safeknacken« zu spielen: Barbara suchte irgendeine Nummer aus dem Telefonbuch, wählte sie und tat, als sei sie die Vermittlung, die eine Fernverbindung herstellte. Dann erklärte sie mit veränderter Stimme, daß sie aus dem Studio eines Radiosenders in Chicago anrufe.

»Sie sind als Kandidat für ›Knack den Safe!‹ ausgewählt worden«, verkündete sie. »Sie brauchen lediglich den Titel der folgenden Melodie zu nennen, um einhundert Dollar zu gewinnen! Aber erst einmal unterbrechen wir unsere Sendung für die Werbung.« Dann verwandelte sie ihre Stimme ein drittes Mal, um eine ganze Werbesendung für das Waschmittel Fab nachzuahmen. Um wieder »auf Sendung« zu gehen, legte Harvey anschließend eine Platte auf den Plattenspieler (seine Familie besaß einen), und Barbara gab dem »Kandidaten« dreißig Sekunden Zeit, den Song zu identifizieren. »Herzlichen Glückwunsch!« zwitscherte sie, wenn die Antwort richtig war. »Sie sind um 100 Dollar reicher!« Nun ließ sie Harvey das Telefon übernehmen, damit dieser die Adresse des »Gewinners« notierte. Zu guter Letzt schickten die beiden fröhlich lachenden Verschwörer ihrem nichtsahnenden Opfer 100 Dollar in Monopoly-Geld.

An den Wochenenden, wenn ihre Mutter nicht zur Arbeit mußte und zu Hause war, hatte Barbara weniger Freude. Cee Cee Cohen meinte: »Wenn es einen Menschen gab, der an Barbara rankam, dann war es ihre Mutter. Alles andere konnte sie an sich abperlen lassen. Aber Mrs. Kind brachte Barbara in Gegenwart der anderen Kinder in Verlegenheit. Sie kam zu uns die Treppe herunter, wo wir sangen, und schrie sie beispielsweise an, weil sie bestimmte Hausarbeiten nicht erledigt hatte. Barbara und ihre Mutter stritten ständig miteinander.«

Um dem zu entfliehen, ging Barbara immer häufiger ins Kino. Neben der Erasmus Hall School gab es ein Programmkino, in dem normalerweise italienische Filme gezeigt wurden. »Nach der Schule ging ich direkt in dieses Kino«, sagte Barbra. »Ich wußte nicht viel über die Filme und darüber, wer sie gemacht hatte. Auch die Sprache verstand ich nicht, aber ich fand italienische Filme wunderbar. Jedenfalls machte ich eine meiner wichtigsten Erfahrungen, als ich Eleonora Duse in einem italienischen Film von 1916 sah. Das war ein in jeder Beziehung außergewöhnlicher Film.«

Amerikanische Streifen gefielen ihr ebenfalls. Samstags ging sie zu Matineen in Loews' Kings Theater in der Flatbush Avenue. Dabei handelte es sich um einen grottenartigen Kinopalast, der 1928 in einer wilden Mischung aus Barock, Art déco und italienischen Stilen gebaut worden war und von einer riesigen, geschwungen Aufgangstreppe mit einem kunstvollen Rokokogeländer dominiert wurde. »Ich ging dort hin, weil es da das größte Eis gab«, sagte Barbra. »Da gab es mit Eiscreme gefüllte Waffeltüten, und die Eiscreme war *in-*

nerhalb der Waffel – nichts ragte darüber hinaus. Sehr ungewöhnlich, fand ich, und toll. Die Filme waren mir nicht weiter wichtig, es war allein das Eis – das war sensationell.«

Aber die Filme faszinierten sie dennoch. In jenem Sommer sah sie *Guys and Dolls* (Schwere Jungs, leichte Mädchen) und verliebte sich in Marlon Brando. »Ich dachte: ›Was für ein umwerfender Mann!‹« Im Film erschien alles so perfekt – selbst Damon Runyons Beschreibung des Elends am Broadway. Die Kleider wirkten farbenfroh, die Frisuren und das Make-up makellos, die Straßen sauber. »Das Leben war so wunderschön in den Filmen. Gutaussehende Männer und schöne Frauen verliebten sich ineinander, und man hörte Musik, wenn sie sich küßten.« Sie sehnte sich danach, Jean Simmons zu sein und Marlon Brando zu küssen.

Der Geschäftsführer des Kinos konnte sich noch daran erinnern, daß Barbara, immer wenn sie einen Film mit Jerry Lewis gesehen hatte, anschließend im Vorraum des Kinos blieb und zur Freude der anderen Besucher den albernen, knautschgesichtigen Komiker imitierte.

Die glitzernde Kinowelt ließ ihr eigenes Leben in der engen Wohnung, in der es kein Telefon gab und in der sie kein eigenes Zimmer hatte, um so bedrückender erscheinen. »Meine Mutter haßte es, wenn ich ins Kino ging, weil ich anschließend immer ein paar Tage lang ausgesprochen schlechte Laune hatte. Ich weiß noch, wie ich an den Samstagsnachmittagen in die harte Realität eines heißen New Yorker Sommers hinaustrat und nicht genug Geld hatte, um nach Hause zu kommen. Also ging ich zu einem Polizisten und fragte ihn – ich glaube, damals lernte ich wirklich zu schauspielern –: ›Könnten Sie mir bitte sagen, wie ich zu Fuß nach Nostrand und Newkirk komme?‹ ... Dann kam ein Bus, und er ließ mich umsonst einsteigen und sagte zum Busfahrer: ›Nehmen Sie sie mit.‹ Es war wirklich phantastisch – ich sparte die zehn Cent!«

***

Gegen Ende ihres zweiten High-School-Jahres erfuhr Barbara vom Malden Bridge Playhouse in Malden Bridge im Staat New York. Der künstlerische Direktor, John Hale, suchte junge Leute, die während des Sommers alle möglichen im Theater anfallenden Arbeiten zu übernehmen bereit waren. Die Bewerber mußten älter als siebzehn Jahre sein und wurden anhand eines Briefes ausgewählt, in dem sie ihre Bewerbungsmotive erläuterten.

49

Barbara log hinsichtlich ihres Alters und schilderte Hale ihren Wunsch, Schauspielerin zu werden. Sie brenne darauf, soviel wie möglich über das Theater zu lernen. Der Brief bewog Hale, sich bei einem seiner nächsten Aufenthalte in New York mit ihr zu treffen. Ihre Leidenschaft – oder vielleicht auch ihre Chuzpe – veranlaßten ihn, sie zu akzeptieren, und er sagte ihr, sie solle sich gleich zu Beginn der Sommerferien Anfang Juni in Malden Bridge einfinden.

Diana erhob heftige Einwände. Barbara sei zu jung, um allein so weit wegzufahren. Außerdem werde sie viel zu lange fort sein, und sie werde in keiner Weise zu den anderen Mitgliedern des Ensembles passen, die alle älter seien als sie.

Barbara ließ sich natürlich nicht umstimmen. Sie bettelte, bekam Wutanfälle und Weinkrämpfe. Diana wurde klar, daß mit Barbara den ganzen Sommer lang nicht mehr auszukommen sein würde, wenn sie sie nicht fahren ließ, und sie fügte sich ins Unvermeidliche. »Solange sie sich dort glücklicher fühlt und tut, was sie möchte«, sagte Diana seufzend zu einer Freundin.

***

Barbara traf in der zweiten Juniwoche des Jahres 1957 in Malden Bridge ein. Als sie das schmucklose, aus Holz gebaute Theater – eine umgebaute Scheune mit dreihundert Sitzen – erblickte, war sie begeistert: Das war der Ort, an dem sie während der nächsten drei Monate *arbeiten* würde! Sie machte es sich in einem zweistöckigen, schuppenartigen Cottage bequem. Die Decke bestand aus grob behauenen Balken, für die Mahlzeiten gab es hölzerne Tische und Bänke, und unter den Fußbodenbrettern wohnte eine Waschbärenfamilie.

Im Obergeschoß waren die sechs weiblichen Lehrlinge in einem Gemeinschaftsschlafsaal untergebracht. Eine der Anfängerinnen war Ingrid Meighan, und ihre erste Begegnung mit Barbara ist ihr noch lebhaft in Erinnerung. »Ich stand im Badezimmer und putzte mir die Zähne. Sie kam einfach rein, und ohne mich zu fragen: ›Entschuldigung, darf ich reinkommen?‹ stieß sie mich mit dem Ellenbogen beiseite. Es war, als wolle sie sagen: ›Schieb ab, Mädchen!‹ Und das war typisch für sie. Es ist nicht zu leugnen, sie war ein kleines Brooklyner Scheusal.«

Die Neulinge arbeiteten hart, aber zum Schauspielern hatten sie kaum Gelegenheit. »Wir schufteten von acht Uhr morgens bis in die Nacht, wenn die Vorstellung endete«, berichtete Ingrid. Die »Kids«

fegten das Theater, schrubbten die Toiletten, bauten die Kulissen zusammen, scheuerten die Kulissenwände, sammelten die Eintrittskarten ein und geleiteten die Theaterbesucher an ihre Plätze.

Außerdem quetschten sie sich für jede neue Inszenierung in einen ausgedienten Leichenwagen, einen alten De Soto, dessen Bremsen in einem höchst fragwürdigen Zustand waren, und ratterten über Land, um für wenig Geld neue Bühnenrequisiten zu beschaffen. Die Generalproben dauerten normalerweise bis drei Uhr früh, und nach jeder Aufführung ging das Ensemble noch in ein Nachtlokal am Ort, um etwas zu trinken und Sandwiches zu essen. »Wir waren manchmal ganz schön angesäuselt«, sagte Ingrid.

Emily Cobb, eine der Hauptdarstellerinnen der regulären Truppe, erinnerte sich daran, wie Barbara noch spät in der Nacht draußen vor dem Schlafsaal »Tammy« sang, während sie eine Kulissenwand abschrubbte. »Schließlich steckte ich meinen Kopf aus dem Fenster und schrie: ›Barbara – wirst du wohl die Klappe halten!‹«

Barbara war von der Arbeit des Beleuchters fasziniert, weshalb dieser sie unter seine Fittiche nahm und ihr alles beibrachte, was er wußte. Schließlich, gegen Ende des Sommers, durfte sie die Beleuchtung für eines der Stücke ausführen. Sie machte sich detaillierte Notizen zu den Einsätzen, den Farben und ihrer richtigen Anordnung.

Das Schrubben der Kulissenwände war laut Ingrid die einzige Arbeit, vor der es Barbara grauste. »Es war eine sehr schmutzige Arbeit. Man mußte einen Schlauch nehmen und die Wände, die über zwei Sägeböcken lagen, abspritzen und sie dann mit einer Bürste schrubben. Dann kam diese ganze dreckige Farbe runter, und man steckte bis zu den Ellenbogen darin. Ich weiß noch, wie Barbara ächzte, ihre Hände hob und jammerte: ›Das mache ich nie wieder!‹«

***

Während der ersten beiden Stücke jener Sommerspielzeit blieb Barbara hinter den Kulissen. Sie beobachtete die erfahrenen Schauspieler des Ensembles und studierte jede Nuance ihrer Technik. Nachdem sie drei Wochen körperlich gearbeitet hatte, erhielt sie endlich die Chance aufzutreten, und zwar in John Patricks Stück *Teahouse of the August Moon* (Das kleine Teehaus). Sie hatte Hale angefleht, sie die Hauptrolle, Sakini, spielen zu lassen, den jungen Erzähler des Stücks, der im Vorjahr von ihrem Idol Marlon Brando auf der Leinwand verkörpert worden war. Aber diesmal reichte Barbaras Chuzpe nicht aus. Statt dessen gab ihr Hale eine Nebenrolle; sie spielte eines der japanischen Kinder und erwies sich als Publikumserfolg, als sie unter dem Gelächter und Applaus der Zuschauer eine Ziege über die Bühne führte. Dieser kleine Auftritt brachte ihr sogar eine Erwähnung in der Rezension der Lokalzeitung ein – die erste in ihrer Laufbahn. Nach der Aufführung kehrte sie dann mit Schaufel und Besen auf, was die Ziege auf der Bühne hatte fallen lassen.

Die nächste Inszenierung des Theaters, *The Desk Set* (Eine Frau, die alles weiß), die vom 16. bis zum 21. Juli gegeben wurde, bescherte Barbara ihre erste lohnende Rolle: Sie spielte die Elsa, eine mannstolle Sekretärin. Dazu rief sie sich jede aufreizende Bewegung ins Gedächtnis, die sie je bei einer Frau gesehen hatte, sei es auf der Leinwand oder im Leben. »Können Sie sich vorstellen«, meinte sie später lachend, »wie ich mit fünfzehn Jahren auf die Bühne komme, mich auf einen Schreibtisch setze, mit dem Bein wippe und auf sexy mache?« Der Kritiker einer Lokalzeitung fand, daß es ihr ziemlich gut gelungen sei: »Barbara Streisand zeigt als Bürovamp eine vortreffliche schauspielerische Leistung. *In Deckung, Jungs!*« Der *Chatham Courier* nannte sie »eine hervorragende junge Komikerin« und fügte hinzu: »Wir hoffen, daß dieser jungen Dame in künftigen Produktionen weitere Chancen gegeben werden.«

Dazu kam es nicht, aber in der letzten Woche der Spielzeit ermöglichte Hale den Neulingen, ein selbstinszeniertes Stück aufzuführen. Es handelte sich um das mit dem Pulitzer-Preis ausgezeichnete romantische Drama *Picnic* (Picknick) von William Inge, das in einer kleinen Stadt in Kansas spielt. Die Regie übernahm Stanley Beck, ein gutaussehender, sportlicher Vierundzwanzigjähriger, der zur regulären Truppe gehörte. Ingrid hatte bereits bemerkt, daß Beck ein Auge auf Barbara geworfen hatte. »Da war eindeutig etwas. Er schaute oft zu ihr hinüber. Aber damals war sie einfach noch zu jung.« (Drei Jahre später, als Barbara erwachsen war, hielt sich Beck nicht mehr zurück.)

Beck gab Barbara die Hauptrolle als heranwachsender Wildfang Millie Owens, die ihrer schönen älteren Schwester nacheifert. Ingrid Meighan, fünf Jahre älter als Barbara, spielte ihre Mutter. »Barbara war wirklich gut«, fand Ingrid. »Sie trug eine Baseballmütze, kaute Kaugummi und quengelte ständig.«

Das Stück wurde »ein Reinfall«, berichtete Ingrid. »John Hale hatte inzwischen mehr oder weniger die Kontrolle über das Theater verloren, und unser abendliches Publikum schrumpfte zusammen.

Bei den drei Matineen, die wir am letzten Wochenende gaben, hatten wir um die zwanzig, dreißig Zuschauer.«

Am letzten Tag der Spielzeit veranstaltete die Truppe ein Abschiedsfest. Barbara bediente sich großzügig vom Punsch, der sehr alkoholhaltig war. Emily Cobb beschrieb, was dann passierte: »Barbara wurde ein wenig grün im Gesicht und entschuldigte sich – sie wolle sich hinlegen. Ich machte mir Sorgen um sie und folgte ihr in den Schlafsaal. Als ich eintrat, hatte sie sich über den ganzen Boden erbrochen und lag stöhnend im Bett. Ich nahm einen Scheuerlappen und begann aufzuwischen. Sie stemmte sich hoch und protestierte: ›Emily, nein, du kannst nicht für mich saubermachen. Du bist Hauptdarstellerin, und ich bin bloß Anfängerin!‹«

***

Am nächsten Tag bestieg Barbara einen Bus, der sie nach Brooklyn zurückbrachte, und damit ging der bisher anregendste und ereignisreichste Sommer ihres Lebens zu Ende. »Es war so wundervoll!« berichtete sie ihrer Mutter. »Endlich war sie wieder zu Hause«, sagte Diana später, »und ich dachte, daß sie von ihren Schauspielerträumereien geheilt sei. Aber davon konnte keine Rede sein.«

Als sie in der zweiten Septemberwoche wieder in die Schule ging, erschienen ihr die weiten Räume trostloser denn je. Barbara hatte echte Theaterluft geschnuppert und im wohltuenden Applaus eines zahlenden Publikums gebadet. Sie spürte, daß sie einfach fortführen mußte, was sie in Malden Bridge begonnen hatte.

Bald las sie von einem ganzjährigen Volontariat am Cherry Lane Theater in Greenwich Village. Ohne Wissen ihrer Mutter fuhr sie am folgenden Samstag zum Vorsprechen mit der Subway nach Manhattan. Sie wurde angenommen. Diesmal wandte Diana ein, daß Barbara wohl kaum mehrere Abende nach der Schule und an den Wochenenden an einem Theater in Manhattan arbeiten und gleichzeitig ihren guten Notendurchschnitt halten könne. Aber Barbara versicherte ihr, daß sie es schaffen werde. »Wenn ich keine guten Zensuren bekomme, laß ich's sein.« Wieder gab Diana nach, und bemerkenswerterweise erlaubte sie ihrer fünfzehnjährigen Tochter, die gerade erst mit der High-School begonnen hatte, in die Welt der Boheme des Off-Broadway-Theaters einzutauchen.

Barbara konnte nicht ahnen, welchen Einfluß ihre Arbeit am Cherry Lane Theater auf ihr weiteres Leben haben würde. Hier sollte sie auf einen Schauspiellehrer treffen, der für die nächsten Jahre ihr Leben und ihre Karriere stark beeinflußte. Sie sollte eine weit über ihr Alter hinausgehende Reife entwickeln, und dank eines am selben Theater arbeitenden, gutaussehenden dreiundzwanzigjährigen Schauspielschülers sollte sie die Freuden einer erwachenden Sexualität erleben.

KAPITEL 4

Die Menschen, die Barbara in jenem Herbst 1957 umgaben, waren mit Leib und Seele Schauspieler. Sie saßen in den Coffee-Shops von Greenwich Village und zitierten Shakespeare oder diskutierten über Jean Genet. Sie trugen schwarze Sweatshirts, Baskenmützen und Trenchcoats, tranken Espresso und rauchten Gitanes. Sie analysierten die Filme von Fellini und Bergman und schworen, sich nie im Leben an Hollywood zu verkaufen. Sie waren Bohemiens, aufgeschlossene Freigeister, sexuell freizügig und voll von intellektuellem Feuer. Die fünfzehnjährige, kulturell ausgehungerte Barbara Streisand sog diese geistvolle, schöpferische Intensität wie ein trockener Schwamm gierig in sich auf.

**

Allerdings war Barbaras Einstieg ins Cherry Lane Theater nicht allzu vielversprechend. Sie fuhr an drei Abenden pro Woche nach der Schule sowie an den Wochenenden mit der Subway zum Theater, um bei den Arbeiten für die seit Monaten laufende Aufführung von Sean O'Caseys *Purple Dust* (Purpurstaub) auszuhelfen. Meist wischte sie die Böden auf, spielte den Essensboten für das Ensemble und soufflierte vom Bühnenhintergrund aus, wenn jemand seine Zeilen vergessen hatte. Während der Pausen machte sie ihre Schulaufgaben.

»Ich nannte mich Regieassistentin«, sagte sie. Das war zweifellos eine Übertreibung. Aber sie war trotzdem begeistert, an einem richtigen Off-Broadway-Theater arbeiten zu dürfen, auch wenn sie keine Gelegenheit zum Spielen erhielt. Noel Behn, der Theaterdirektor, hatte Barbara spater nur noch als »ein schmuddeliges kleines Mädchen, das ständig summend durch die Gegend lief«, in Erinnerung.

Anita Miller, die Frau des Schauspiellehrers Allan Miller, spielte die Avril. Sie widersprach der Behauptung Barbaras, daß diese die Zweitbesetzung für diese Rolle gewesen sei, denn es habe für jene Aufführung gar keine Zweitbesetzungen gegeben. Allerdings fand

Anita diesen ungewöhnlichen Teenager faszinierend. »Sie gierte nach der Bühne und nach dem Leben. Ihr Wissensdurst war unstillbar.«

Anita lag mit ihrem Urteil über Barbara völlig richtig. Barbara dürstete nach Wissen, Unterstützung, Anerkennung, und sie schloß sich Anita an, weil diese ihr zuhörte, ihre Fragen beantwortete und bald fest an ihr Talent glaubte. Es dauerte nicht lange, bis Anita ihren Mann drängte, dieses außergewöhnliche Mädchen an seinen Schauspielkursen teilnehmen zu lassen. »Ich möchte nicht mit ihr sprechen«, antwortete er. »Ich werde mich nicht mit einer Fünfzehnjährigen über das Leben am Theater unterhalten. Es ist zu hart. Sie ist zu jung.«

Allan Miller wollte nicht mit jungen Menschen arbeiten, denn er meinte: »Das Selbstverständnis der meisten Teenager ist einem so permanenten Wandlungsprozeß unterworfen, daß es sehr schwierig ist, sie in emotionale Zustände zu versetzen, in denen sie wirklich überzeugen können. Aber Anita hörte nicht auf, mir gegenüber ihren Namen zu erwähnen.«

Schon bald bat Barbara Anita, gemeinsam mit ihr eine Szene zu spielen, mit der sie sich im Actors' Studio bewerben wollte. Anita und Allan gehörten zu den von Lee Strasberg ausgebildeten *method*-Schauspielern, und Anita wies Barbara darauf hin, daß sie frühestens mit achtzehn Jahren aufgenommen werden könne. Barbara antwortete, sie wolle lediglich »für den Ernstfall üben«, aber möglicherweise hatte sie vor, erneut ein falsches Alter anzugeben.

Anita fand, daß Barbara ihre Rolle »phantastisch« interpretierte und ein »außerordentliches Talent« verriet. Dennoch wurde Barbara vom Actors' Studio nicht akzeptiert. »Ich konnte nicht verstehen, warum man sie nicht aufnahm«, sagte Anita, »es sei denn, man fand heraus, daß sie zu jung war.«

Anita lag ihrem Mann auch weiterhin in den Ohren, doch er blieb unerbittlich. Schließlich lud sie Barbara zum Mittagessen in ihre Wohnung in der 54th Street unweit der Sixth Avenue ein. Während des gesamten Essens redete Barbara ununterbrochen und überschüttete Miller mit einem Schwall von Fragen. Zuerst betrachtete er dieses »Geschöpf« mit Entsetzen und dachte: O Gott, wenn das mein Kind wäre, würde ich ihr ein paar anständige Sachen zum Anziehen geben und ihr diese verrückten Schrullen abgewöhnen. Er hielt sie für »einen scheußlichen, mißgestalteten, mageren kleinen Nudnik« – eine langweilige, enervierende Person.

Im weiteren Verlauf des Abends mußte Miller allerdings seiner Frau zustimmen, daß dieses Mädchen »wertvoll und verblüffend und interessant« sei: »Es bestand kein Zweifel, daß sie etwas Besonderes an sich hatte. Sie hatte einen unbezähmbaren Wunsch, alles zu erfahren, was nur irgend jemand in ihrer Umgebung mitzuteilen hatte, angefangen mit der Schauspielerei über die Weltpolitik bis hin zur Kindererziehung. Ich war nie zuvor einem Teenager begegnet, der sich so bereitwillig als unwissend preisgab, so offen die eigene Ignoranz eingestand. Sie sagte ständig: ›Darf ich Sie etwas fragen?‹ Es war keine einfältige Offenheit und Gier. Sie war intellektuell wach und sehr lebendig. Ich hatte das Bedürfnis, ihr all meine Kenntnisse zu vermitteln und ihr das Gefühl zu geben, geliebt und gebraucht zu werden. Sie dürstete nach Fürsorge – nach emotionaler ebenso wie nach geistiger und spiritueller.«

Nach dem Essen verkündete Anita, daß Barbara und sie eine Überraschung für Allan hätten, und sie spielten die Szene vor, die sie bereits im Actors' Studio aufgeführt hatten. Barbaras Interpretation war, wie Miller fand, »das wohl Miserabelste, was ich je in meinem Leben gesehen habe. Ich konnte nicht glauben, daß jemand so wenig über schauspielerische Techniken wußte, daß ihre Arme und ihr Körper sich verkrampften und nichts von den Gefühlen ausdrückten, die sie darzustellen versuchte. Ihre Sprechweise wirkte ebenso unzusammenhängend. Nichts paßte zusammen.« Dennoch war Miller von Barbara beeindruckt. »Sie versuchte, etwas zu erreichen, aber sie hatte nicht das erforderliche Handwerkszeug. Ich war sprachlos angesichts der Besessenheit dieser jungen Frau. Ich spürte das Verlangen, ihr zu helfen.«

***

Anfang 1958 ließ Miller die erfreute Barbara an seinem Workshop teilnehmen, der im Theater Studio of New York in der West 48th Street stattfand. Als Gegenleistung paßte sie auf seine beiden Söhne auf (Barbara nannte diesen Tausch ein »Stipendium«).

Zu Millers Schauspielschülern gehörte auch der dreiundzwanzigjährige Roy Scott, der Brad Davis ähnelte und ursprünglich Priester hatte werden wollen. Roy fühlte sich sofort zu Barbara hingezogen und empfand das starke Bedürfnis, sie zu beschützen. Sie erschien ihm »sehr lieb, sensibel und scheu. Sie hatte vor allem Angst und war sehr verletzlich. Bei aller Unscheinbarkeit kam sie mir mit ihren großen, schönen Augen und ihrer feingliedrigen Gestalt höchst ungewöhnlich vor. In ihr verbargen sich Sanftheit und Schönheit. Sie erinnerte mich fast an ein Reh, ein Kitz.«

Monatelang sah Barbara einfach zu, wie die anderen Schauspieler ihre Rollen spielten. »Sie fürchtete sich«, glaubte Roy Scott. »Und sie war sehr schüchtern – zu schüchtern.« Ab und zu stellte sie eine Frage, aber meist lernte sie durch Beobachtung. »Ich lernte, was man nicht tun sollte«, erklärte sie. »Ich habe es nicht bewußt gelernt, sondern ich nahm es eher unbewußt auf.«

Als sie schließlich zu spielen begann, verbot ihr Miller, dabei zu sprechen. »Bei Barbara wurde mir sehr schnell bewußt, daß alle verstandesbetonten Schauspieltheorien der Welt ihr nicht helfen würden zu spielen. Darum begann ich, mit ihr ausschließlich körperlich zu arbeiten. Sie durfte sich bei ihren Übungen nur durch Laute, nicht durch Worte verständigen. Ich wollte, daß sie die Vorgänge in ihrem tiefsten Innersten nachempfand, ohne daß irgendwelche Worte dabei störten.«

Barbara drängte Miller monatelang, ihr eine Sprechrolle zu geben. Schließlich war er mit ihren Fortschritten hinreichend zufrieden, so daß er sie eine Szene aus Tennessee Williams Stück *The Rose Tattoo* (Die tätowierte Rose) spielen ließ, in der ein junges Mädchen versucht, ihren Freund, einen Matrosen, zu verführen. Da ihre Mutter ihm das Versprechen abgenommen hat, nicht mit ihr zu schlafen, wehrt er ihre Annäherungsversuche ab.

Barbara las das Stück und rief Miller am nächsten Tag an.

»Hey, hören Sie. Ich kann diese Szene nicht spielen.«

»Warum nicht?«

»Na, *Sie wissen schon.*«

»Sie meinte, daß sie noch Jungfrau war«, kommentierte Miller. »Sie besaß keinerlei Erfahrungen, auf denen sie ihre Darstellung aufbauen konnte. Ich sagte: ›Hören Sie, ich möchte, daß Sie einen Weg finden, diese Szene so zu spielen, daß es nichts mit Sex zu tun hat.‹ Dann hängte ich ein.«

Barbara probte die Szene ungefähr eine Woche lang mit einem Jungen aus ihrer Schauspielklasse, aber am Abend der Aufführung verblüffte sie ihn, indem sie plötzlich völlig anders als zuvor spielte. »Einmal stand er auf«, berichtete sie, »und ich stand auf seinen Füßen; ein anderes Mal sprang ich auf seinen Rücken; dann tat ich so, als sei ich blind, und während ich sprach, berührte ich sein Gesicht. Es war die schreckliche Sexualität.« Barbara hatte nichts davon geplant. »Ich wußte nicht, was ich als nächstes tun würde.«

Laut Elaine Sobel, die ebenfalls zu Barbaras Schauspielklasse gehörte, traten die anderen Schüler wegen Barbaras Intensität und Unberechenbarkeit ungern mit ihr auf. »Die anderen in der Klasse arbeiteten nicht gern mit ihr. Besonders die Jungen. Sie schüchterte sie ein. Sie war gnadenlos in ihrem Verlangen zu lernen und dabei derart von sich besessen, daß sie alle anderen vergaß.«

Bald wurde jenes Mädchen, das die schlechteste Probedarbietung in Millers ganzem Leben gegeben hatte, zu seiner besten Schülerin – und zugleich zu seiner Ersatztochter. »Sie gewöhnte sich an, nach dem Unterricht zu mir zu kommen und mit mir im Bus nach Hause zu fahren. Und ich unterrichtete sie nun buchstäblich jeden Tag.« Außerdem gewöhnte sich Barbara an, bei den Millers zu schlafen, wenn sie auf deren Kinder aufgepaßt hatte, statt anschließend mit der Subway zurück nach Brooklyn zu fahren. Oft stöberte sie in der beeindruckenden Sammlung von Theater-, Kunst- und Kulturbüchern ihrer Gastgeber. »Sie mochte unseren Lebensstil«, erklärte Allan Miller.

Diana jedoch gefiel das alles gar nicht, wie Miller zu berichten wußte. »Ihre Mutter rief mich ständig an und schrie herum. Und sie behauptete: ›Sie ruinieren das Leben meiner Tochter. Sie haben kein Recht, das zu tun! Sie ist erst sechzehn!‹ Einmal beschuldigte sie mich, Barbara als weiße Sklavin zu halten. Sie war schon so eine, diese Mutter.«

»Ihrer Mutter mißfiel alles, was Barbara tat, besonders wenn es mit dem Theater oder irgendwie mit Kunst zu tun hatte«, bestätigte Anita. »Manchmal gab ich ihr Kleidungsstücke von mir, die ich nicht mehr trug, weil sie nicht das Geld hatte, sich selbst etwas zu kaufen. Ihre Mutter warf die Sachen weg. Ich vermute, sie war eifersüchtig auf die Rolle, die wir in Barbaras Leben spielten.«

* * *

Wenn Mrs. Kind geahnt hätte, was wirklich vorging! Barbaras Flucht zu den Millers war noch das Geringste. Dank Roy Scotts tätiger Hilfe wurde Barbaras schauspielerische Spannweite inzwischen nicht mehr durch einen Mangel an sexueller Erfahrung eingeschränkt. »Barbara war bloß eines der Mädchen, die Roy abstaubte. Sie war sozusagen nur eine, die er mitnahm. Sie hing weit mehr an ihm als er an ihr«, urteilte Simon Gribben.

Scotts Erinnerungen klingen weit romantischer. »Wir hatten sehr, sehr tiefe Gefühle füreinander. Ich war möglicherweise der erste Mann in ihrem Leben, den sie liebte. Ich gab ihr ihren ersten Kuß. Alles war einfach herrlich.« In sexueller Hinsicht fand Scott Barbara nicht besonders kühn, aber »wißbegierig«. Für ihn war sie »eine schöne, erblühende Rose. Sie wurde erwachsen, erwachte, lernte, eine Frau zu sein.«

Wie aufregend muß es für Barbara gewesen sein, daß ausgerechnet der bestaussehende Mann in ihrer Schauspielklasse ihr Liebhaber wurde. Schließlich war sie von ihrer Unattraktivität überzeugt und keinesfalls sicher gewesen, ob sie jemals ein Mann begehren würde. »Sie fand sich häßlich mit ihrer Nase und überhaupt«, erinnerte sich Scott. »Ich versicherte ihr immer, das stimme nicht, daß sie ein sehr hübsches und anziehendes Mädchen sei.«

Barbara verbrachte jetzt viele Nächte in Scotts winziger Wohnung, die acht Dollar pro Woche kostete und zum Park Savoy gehörte, einem Logierhotel für Schauspieler und Tänzer in der 58th Street. »Wir redeten bis tief in die Nacht hinein«, berichtete Scott. »Wir sprachen über die Schauspielerei, über den Gesang. Wir unterhielten uns über das Leben und seinen Sinn. Sie war sehr an Politik interessiert und machte sich Sorgen um die Kinder auf der Welt und die Menschen der Welt. Alles bewegte sie.«

Zu diesem Zeitpunkt begann Barbara auch, das Hauptgebäude der New Yorker Bibliothek an der Ecke Fifth Avenue/42nd Street aufzusuchen und sich alte Schlageraufnahmen vorzuspielen. »Sie sagte: ›Roy, ich höre mir stundenlang all diese großen Sänger an und versuche, ihre Techniken zu erlernen.‹ Sie hörte sich Jazz-Sänger an, Ella Fitzgerald, Billie Holiday – überhaupt alle. Ich glaube nicht, daß es Barbara sonderlich darauf ankam, ob sie nun Schauspielerin oder Sängerin wurde. Sie wollte einfach nur im Showgeschäft sein.«

***

Irgendwie erfuhr Diana von Barbaras Affäre mit Roy Scott. Sie drängte ihre Tochter, die Beziehung abzubrechen, aber Barbara weigerte sich. Diana sprach draußen vor Millers Klasse einen der Schauspielschüler an und bat ihn flehentlich, auf Roy einzuwirken, damit dieser die Beziehung zu Barbara beendete. Er ignorierte ihre Bitte, aber Diana gab sich nicht geschlagen.

Eines Abends, als Roy und Barbara eine Szene aus einem Stück probten, statteten Roys Mutter und seine Tante ihm einen Überraschungsbesuch ab. »Es wurde ein wunderbarer Abend«, erinnerte sich Roy. »Sie kochten uns ein phantastisches Abendessen, und wir saßen drei oder vier Stunden lang beisammen und unterhielten uns und sangen und hatten mächtig viel Spaß.«

Dann klingelte das Telefon, und Roys Mutter hob ab. Diana verlangte in einem geradezu hysterischen Ton, daß Barbara sofort nach Hause komme, und schrie: »Ich will nicht, daß sie mit diesem Mann zusammen ist!« Mrs. Scott erklärte ihr, wer sie sei und daß man gerade einen völlig unschuldigen Abend miteinander verbringe. »Das ist mir egal!« kreischte Diana. »Meine Tochter ist zu jung, um sich mit Ihrem Sohn einzulassen! Holen Sie sie ans Telefon!«

»Deine Mutter möchte mit dir sprechen, Barb«, meinte Mrs. Scott sanft. Als Babara wieder zu den anderen zurückkehrte, weinte sie hemmungslos. »Ich muß gehen«, sagte sie. »Ich brachte sie zur Subway, und sie war untröstlich«, berichtete Scott. »Sie sagte: ›Deine Mutter mag mich nicht. Meine Mutter will nicht, daß ich mit dir zusammen bin. Was soll ich bloß tun?‹ Es war ein Schlamassel, wirklich schrecklich. Ich tat mein Bestes, sie zu beruhigen. Ihre Mutter versuchte, sie zu sehr unter Konrolle zu halten, sie zu sehr zu beschützen. Und ja, es schadete unserer Beziehung.«

***

Trotz der Weltläufigkeit, die Barbara im kultivierten Milieu der New Yorker Theaterwelt angenommen hatte, blieb sie in Brooklyn eine normale High-School-Schülerin. Aber gegen Ende des dritten Schuljahres bemerkten ihre Klassenkameraden eine so gravierende Veränderung an ihr, daß sie sie kaum noch wiedererkannten. Cynthia Roth erinnerte sich, daß Barbara nun fast ständig »einen schwarzen Sweater und einen schwarzen Rock« trug, dazu »schwarze Strümpfe, schwarze Schuhe und eine schwarze Ledertasche. Das erschreckte einige.«

»Sie war schon merkwürdig«, befand Mike Lubell. »Sie benutzte Nagellack und auch Lippenstift von ganz seltsamer Farbe – wie Purpur. So etwas trugen Mädchen zu jener Zeit einfach nicht. Und wenn ich Purpur sagte, dann war es eher ein knalliges Pink. Das machte die Leute auf sie aufmerksam.«

Barbara grenzte sich ganz bewußt ab. »Ich zog mich so an, um jedem zu zeigen, daß es mir völlig egal war, was andere über mich dachten. Damals wußte ich noch nicht, daß es mir keineswegs egal war. Ich fühlte mich stets einsam, als Außenseiterin.«

Ihre einzige enge Schulfreundin war jetzt Susan Dwaorkowitz – vielleicht das einzige Mädchen an der High-School, das noch merkwürdiger war als Barbara. »Sie legte immer ein helles, fast weißes Make-up auf«, erinnerte sich Barbara. »Ich nannte sie Bleichgesicht. … Sie trug Bindeschuhe mit langen, gekreuzten Bändern, dazu schwarze Strümpfe; außerdem hatte sie einen schwarzen Bubikopf. Wir fühlten uns zueinander hingezogen, denn wir waren beide reichlich seltsam. Aber ich mochte die Art, wie wir uns anzogen. Ich fand, daß alle anderen schrecklich aussahen!«

Viele ihrer Klassenkameraden fanden Barbara arrogant. »Ich habe keine angenehmen Erinnerungen an Barbara«, gestand Henya Novick. »Sie war unzugänglich und hatte weder an uns noch an der Schule Interesse. Sie kannte nur ein Ziel – es zu schaffen –, und sie verfolgte dieses Ziel voller Besessenheit. Sie las ständig *Variety* und ging zum Vorsprechen. Sie war eine kalte, distanzierte Person – niemand, mit dem man Freundschaft schließen möchte.«

Andere Mitschüler, beispielsweise Roberta Johnson, hatten mehr Verständnis. »Sie war im Grunde kein Teenager, denn sie war mit ihren Gedanken woanders. Ich finde nicht, daß sie arrogant auftrat oder sich überlegen fühlte. Sie hatte eben ganz andere Dinge im Kopf als die üblichen Teenagerprobleme.«

Barbara nahm nur an einem Schauspielkurs an der High-School teil, und zwar an einem Hörspiellehrgang im Sommersemester ihres dritten High-School-Jahres. »Egal, wann und wie«, berichtete Harry Myers, »ob sie etwas Komisches oder etwas Ernstes spielte, wir saßen wie gebannt da. Wir freuten uns immer darauf, wenn sie etwas vortrug.«

Die intensivste Erinnerung, die Jane Soifer an Barbara aus jenem Kurs hat, betrifft ihren Auftritt als Amme in *Romeo und Julia*. »Es war ein komischer Monolog, und sie war *hinreißend*. Sie war so gut, daß dieses Gefühl in mir aufstieg: ›Mann o Mann, das Mädchen ist wirklich begabt. Sie könnte etwas aus sich machen.‹«

Allerdings waren diese »albernen Schüleraufführungen« wenig geeignet, Barbara zu begeistern. Sie konnte es kaum erwarten, wieder in die berauschende Theaterwelt zurückzukehren, die sie durch Allan Miller kennengelernt hatte. Gegen Ende ihres dritten High-School-Jahres eröffnete sie ihrer Klassenlehrerin Mrs. Cameron, daß sie nicht die Absicht habe, aufs College zu gehen. Mrs. Cameron bat daraufhin Barbara und deren Mutter zu einem gemeinsamen Gespräch in ihr Büro. »Ihr Kind *muß* aufs College gehen«, beschwor sie Mrs. Kind. »Sie hat einen Punktedurchschnitt von 91. Es wäre eine schreckliche Verschwendung.«

Angesichts der einhelligen Übereinstimmung zwischen ihrer Mutter und Mrs. Cameron, daß sie ihre Ausbildung fortsetzen solle, stand Barbara wortlos auf und verließ den Raum. Am 18. März bat Diana Mrs. Cameron schriftlich um Erlaubnis, Barbara im nächsten, im

September beginnenden Halbjahr die doppelte Anzahl an Kursen belegen zu lassen, damit sie ihren High-School-Abschluß sechs Monate früher machen konnte.

***

Im Sommer 1958 fragten Allan und Anita Miller Barbara, ob sie als Babysitterin mit ihnen nach Clinton in Connecticut kommen wolle, während sie am Charlotte Harmon's Clinton Playhouse arbeiteten. Obwohl Barbara später behauptete, sie habe zur Schauspieltruppe gehört, bestehen sowohl Allan als auch Anita darauf, daß sie lediglich mitgekommen sei, um auf ihre Söhne aufzupassen; am Theater habe sie keinerlei Arbeiten verrichtet.

Aber während ihres Aufenthalts freundete sie sich mit einem aufstrebenden jungen Schauspieler an, dem zwanzigjährigen Warren Beatty, der in etlichen Produktionen Hauptrollen gespielt hatte und auf dem besten Wege war, zum Broadway- und Fernsehstar zu werden. Gelegentlich leistete ihr Warren Gesellschaft, wenn sie auf die Kinder aufpaßte. Dann aßen sie Spaghetti, lachten und unterhielten sich über das Theater.

»Sie schien jemand mit festen moralischen Überzeugungen zu sein«, meinte er. »Eine ihrer Überzeugungen schien darin zu bestehen, daß meine gerade verlorene Unschuld dazu führen könne, daß ich zuviel von einer guten Sache kostete.« Außerdem empfand er sie als »kritisch«, »ungestüm«, »sexy« und »aufrichtig«.

Beattys Hinweis auf Barbaras Verdacht, er würde »zuviel von einer guten Sache« kosten, könnte bedeuten, daß sie einen Annäherungsversuch von ihm zurückwies. Falls sie es tat, dann nicht, weil sie ihn nicht ausgesprochen attraktiv fand. Jedoch sollten noch dreizehn Jahre vergehen, bevor Barbara und Warren ihrer gegenseitigen Anziehung nachgaben.

***

Kurz vor Weihnachten, als sich Barbara auf die Prüfungen für ihren High-School-Abschluß vorbereitete, bewarb sie sich auf eine Anzeige in *Show Business*. Es ging um die Besetzung eines neuen Off-Broadway-Stückes, das im Garret Theater – es lag in einem Dachgeschoß – gezeigt werden sollte. Sie bekam die Rolle – und damit ihr erstes »wirkliches« Schauspielengagement.

Joan Rivers, die damalige Joan Molinsky, gehörte auch zum Ensemble, und sie hat in ihrer 1986 veröffentlichen Autobiographie ausführlich über jene Zeit berichtet: Das Stück habe *Seawood* geheißen und sei von Armand de Beauchamp verfaßt worden, der sich damit brüstete, daß die Chicagoer Aufführung im Jahre 1954 Ralph Meeker und Geraldine Page zu Ruhm verholfen habe. Die Charaktere hätten keine Namen getragen, sondern Bezeichnungen wie »Mann vom Meer« und »Lorna von den Dünen«.

Nachdem die wenigen Personen, die zum Vorsprechen erschienen seien, alle bis auf sie selbst Rollen bekommen hätten, sei nur noch ein unbesetzter Part übriggeblieben – jener, der damals von Ralph Meeker gespielt worden sei. In diesem Moment habe sie, Joan, das Wort ergriffen: »Warum können wir den Mann in Schwarz nicht in eine Frau in Schwarz verwandeln? Sie könnte Lesbierin sein.« Der Autor sei von diesem Vorschlag begeistert gewesen, schreibt Joan, und sie habe als Frau in Schwarz eine große Liebesszene gespielt. »Darin erklärte ich Barbara meine Liebe, und sie wies mich zurück, und ich hatte ein Messer in meiner Hand und versuchte, erst sie und dann mich zu töten.«

All das liest sich ganz amüsant, aber sehr wenig davon ist wahr. Tatsächlich hieß das Stück *Driftwood* und wurde von Maurice Tei Dunn verfaßt. Geraldine Page hat zwar in einer Chicagoer Inszenierung von 1954 die weibliche Hauptrolle gespielt, aber Ralph Meeker mußte die männliche Hauptrolle an Edward Fielding Nicholls abtreten.

Vor allem aber meinte Dunn: »Es gab keinerlei lesbische Szenen in meinem Stück. Ich weiß gar nicht, woher Joan das hat. Damals wäre das im Theater beruflicher Selbstmord gewesen. Es gab keine einzige gemeinsame Szene zwischen Barbara und Joan. Sie standen noch nicht einmal zur selben Zeit auf der Bühne. Das Foto in Joans Buch wurde bei den Proben aufgenommen.«

Das Script von *Driftwood* gibt Dunn recht. Die Handlung dreht sich um Gregg Williams, einen herumvagabundierenden Exsträfling, der sich 1924 an den Stränden des Lake Michigan im nördlichen Indiana herumtreibt. Gregg liebt Anne Carey, die sich aus den Klauen eines Chicagoer Millionärs befreit hat, indem sie ihren Tod vortäuschte, und die nun als Diana von den Dünen lebt. Als Freigeist geht sie nackt schwimmen, außerdem vollführt sie »heidnische Tänze im Licht des Vollmonds«, wie es die entrüstete Miss Blake formuliert, eine biedere Grundstücksbesitzerin, die Diana aus der Gemeinde vertreiben will.

Joan spielte die Miss Blake, und sie schwenkte tatsächlich ein

Messer – aber gegen Diana, nicht gegen die von Barbara gespielte Lorna. Lorna ist ein ausgekochtes Luder, eine abgebrühte Fünfunddreißigjährige, die in Bob Whites Saloon herumhängt. »Sie macht die Männer verrückt«, äußert einer der Charaktere. Lorna hatte früher eine mysteriöse Beziehung zu Gregg Williams, der möglicherweise an einer Serie von Lkw-Kaperungen auf der Autobahn beteiligt ist.

Im Laufe der drei Akte des Dramas versucht Miss Blake also, Diana zu erstechen (aber nicht auch noch sich selbst); Gregg erschießt Chuck, einen unseligen Besucher, den er für einen Polizeispitzel hält; und Diana ersticht schließlich Gregg. Außerdem gibt es versteckte Hinweise auf eine rätselhafte Frau in Schwarz, die Gregg dabei hilft, ein zweites Mal aus dem Gefängnis auszubrechen, in das er wegen Chucks Erschießung gesteckt worden ist; auch gibt es ein ominöses Getuschel um »den Chef«, der als Drahtzieher hinter den Kaperungen stehen soll.

Driftwood ist, wie Maurice Tei Dunn freimütig zugibt, kein künstlerisch hochwertiges Stück. Aber es muß ein Vergnügen gewesen sein, der sechzehnjährigen Barbara zuzusehen, wie sie eine Gestalt wie die Lorna spielte. Sie hatte lediglich einen kurzen Auftritt im ersten Akt, keinen im zweiten, und im dritten trat sie erst wieder in den letzten zehn Minuten auf. Aber in diesen zehn Minuten erfährt das Publikum, daß Lorna die Schlüsselfigur zu allem ist, denn sie enthüllt, daß sie nicht nur die Frau in Schwarz, sondern auch noch der Chef ist!

»Du vergißt, daß du in der Tinte sitzt«, zischt Lorna Gregg zu. »Ich würde keinen Pfifferling auf dich geben, wenn sie dich jetzt wieder schnappen und in den Knast zurückbringen würden.« Und kurz darauf sagt sie in bezug auf Diana: »Du und ich, wir waren ziemlich dicke miteinander, bis sie kam. Aber die Sache mit Chuck war 'ne Dummheit. Du hättest deinen Kopf einsetzen sollen, nicht deine Gefühle … Ich habe die Nase voll davon, daß du ständig für sie Partei ergreifst. Schließlich war ich es, die dich aus dem Gefängnis rausgeholt hat. Sie hätte dich da verschimmeln lassen … So ein Schwachsinn – wenn du auf mich gehört hättest, wärst du gar nicht erst reingekommen. Du mit deiner bescheuerten Diana!«

Dunn fand es keineswegs unsinnig, den Teenager Barbara Streisand die Lorna spielen zu lassen. »Es gab etwas, wie soll man es sagen, Finsteres an Barbara, etwa Mysteriöses. Schon damals schien sie weit älter zu sein, als sie es nach Jahren war. Sie schien eine Geschichte zu haben, eine Vergangenheit.« Er fand, daß Barbaras Leistung »glaubwürdig und teilweise bemerkenswert« war. »Sie *spielte*!«

Was Dunn allerdings so stolz The Garret Theater nannte, war in Wirklichkeit der heruntergekommene, ungeheizte Dachboden seiner im vierten Stock gelegenen Wohnung in der 49th Street im Schatten der Hochbahnstation an der Third Avenue. Er erzählte, daß Barbarba, als die Proben am 2. Januar begannen, »die Stargarderobe« (ein Kabuff mit einem Spülstein und einem großen Spiegel) »konfiszierte«, indem sie stets früher ankam als alle anderen. »Sie verzog sich da hinein und sprach ihren Text vor sich hin. Manchmal stand sie im Türeingang und schrie mir oder jemand anderem ihren Text entgegen, und wir antworteten. Sie trug ihren eigenen Make-up-Koffer mit sich herum und kam immer mit einer riesigen Tasche voller Bücher daher, weil sie für ihre Abschlußprüfungen lernte.«

Die Premiere von *Driftwood* fand am Donnerstag, dem 15. Januar, auf einer nur um eine Stufe erhöhten Bühne statt, vor der vierzig Sitze aufgereiht waren. Dunn hatte die meisten einem bankrott gegangenen Schuhgeschäft abgekauft. Der Eintrittspreis betrug 1,50 Dollar, was kaum die Kosten deckte und keinen Spielraum für Schauspielergagen ließ. Auch gab es keinerlei Hilfskräfte, weder bezahlte noch unbezahlte. Barbara bot sich an, während der langen Pausen zwischen ihren Auftritten den Vorhang zu bedienen, aber Dunn übernahm das selbst und sagte zu ihr: »Eine Schauspielerin ist eine Schauspielerin, und du sollst dir hier nur den Kopf über deinen Auftritt auf der Bühne zerbrechen.«

Zwar erhielt die Aufführung keine einzige Rezension, aber sie lief sechs Wochen lang, was vor allem dem regen Kartenverkauf an die Familien und Freunde des Ensembles zu verdanken war. Barbaras Mutter kam auch zu einer Vorstellung, aber über ihre Reaktion ist nichts verzeichnet. Dunns Hauptgrund für die Absetzung des Stücks war der, daß sein Dachgeschoß in höchste Brandgefahr geriet, weil die Zuschauer ihre Zigaretten in den Ritzen des Holzbodens ausdrückten. »Als ich die Aufführung absetzte, war das ein schrecklicher Schlag für die Truppe. Barbara schnappte sich einfach ihre Sachen, ging weg und kam nie mehr wieder. Sie nahm es schwer.«

***

Während der Spielzeit von *Driftwood* machte Barbara ihren Abschluß an der Erasmus Hall. Im Rahmen einer Feier erhielt sie am 26. Januar 1959 zusammen mit hundertsechsunddreißig anderen High-School-Abgängern ihre Urkunde. Das war drei Monate, bevor sie siebzehn wurde. Sie war die viertbeste Schülerin der Abschlußklasse und hatte für die letzten vier Jahre einen Punktedurchschnitt von 91,016 vorzuweisen.

Endlich war sie frei. Bereits wenige Wochen nach ihrem Abschluß zog sie nach Manhattan, und der Protest ihrer Mutter schrillte zusammen mit dem Tinnitus in ihren Ohren. Gemeinsam mit Susan Dwaorkowitz fand sie eine winzige Bleibe in der West 48th Street 339, direkt neben Allan Millers Workshop. Die Miete betrug 80 Dollar monatlich, und Barbara konnte ihre Aufregung kaum beherrschen, während sie sich auf ihre Bewerbungen als Schauspielerin vorbereitete. Sie war sich sicher, daß sie auf der Stelle eine Rolle bekommen würde. Aber für den Fall, daß es etwas länger als erwartet dauern sollte, hatte sie noch ein paar hundert Dollar in Reserve, die sie sich während der letzten Jahre von ihrem Lohn im Choy's Chinese zusammengespart hatte. Dieser Notgroschen, den sie auf ihr erstes Sparkonto einzahlte, würde ihr den Luxus ermöglichen, in aller Ruhe ihre Vorsprech-Runde zu machen.

Sie spannte einen Bogen Papier in eine Schreibmaschine und listete ihre Daten auf. Ihre Größe gab sie mit ein Meter fünfundsechzig, ihr Gewicht mit knapp fünfzig Kilo und ihren Typ als »Naive« oder »naive Charakterdarstellerin« an. Sie erwähnte ihren Unterricht bei Allan Miller, ihre Arbeit in Malden Bridge und ihre Rolle in *Driftwood*. Außerdem log sie, daß sie die Ellie May in *Tobacco Road* (Tabakstraße) im Clinton Playhouse gespielt habe und am Cherry Lane »Regieassistentin« sowie die Zweitbesetzung für die Avril in *Purple Dust* gewesen sei. So ausgestattet, machte sie ihre Runden – nachdem sie sich Socken in den Büstenhalter gestopft und Toilettenpapier um ihre Hüften verteilt hatte, um eine üppigere Figur vorzutäuschen.

Barbara empfand die Prozedur des Vorsprechens als entwürdigend und demütigend. Sie lief durch die heißen, schmutzigen Straßen von Manhattan, erklomm die Stufen, die zu winzig kleinen Büros führten, und drängte sich neben Dutzende von anderen Schauspieler-Aspiranten, um sich für eine unbedeutende Nebenrolle zu bewerben. Die Mitglieder der Besetzungskommission streiften sie mit einem kurzen Blick und fragten sie dann, ob sie bereits irgendwelche Berufserfahrungen vorweisen könne. »Nein«, war Barbaras Antwort.

»Wir müssen Belege Ihrer früheren Arbeit sehen, bevor wir Ihnen eine Rolle geben können.«

»Warum müssen Sie Belege meiner Arbeit sehen? Es geht um eine Statistenrolle. Ich brauche noch nicht einmal etwas zu sagen.«

»Wir müssen Arbeitsbelege sehen.«

»Wie können Sie Arbeitsbelege von mir sehen, wenn Sie mir keine Chance geben, die Arbeit zu tun?«

Aber es war sinnlos zu diskutieren. Die gleiche Szene wiederholte sich endlos, wobei die Forderung nach Arbeitsbelegen lediglich vorgeschoben war. Ob es ihr damals nun bewußt war oder nicht – die meisten Casting Directors ließen Barbara nicht vorsprechen, weil sie ihr Aussehen nicht mochten. Selbst als sie sich, mit Trenchcoat und schwarzem Trikot bekleidet, für eine Statistenrolle als Beatnik in einer Fernsehshow bewarb, wurde sie übergangen. »Ich mußte nur der Rolle entsprechend aussehen, und ich sah der Rolle entsprechend aus, aber sie sagten: ›Wir müssen Ihre Arbeit sehen.‹«

Als sie sich im April für das Sommerrepertoire der New London Players in New Hampshire bewarb, durfte sie einen Text vortragen. Aber nachdem sie gegangen war, wandte sich einer der Theaterleiter an die anderen und meinte: »Sie ist sehr begabt, aber bei Gott, sie ist so häßlich. Was sollen wir mit ihr machen?« Sie bekam kein Engagement. Manchmal waren auch finsterere Vorurteile im Spiel. Nachdem sie bereits seit Jahren ein Star war, schickte ihr jemand ihr Bewerbungsblatt zurück. Quer darüber stand geschrieben: »Talentiert. Wer braucht noch ein Judenweib?«

Barbara war durch die Ablehnungen am Boden zerstört. »Ich habe in jedem Büro geweint«, erzählte sie. »Ich war gedemütigt – die Leute sahen mich an, als wäre ich verrückt. Ich konnte mich nur zweimal die Woche dazu überwinden, zum Vorsprechen zu gehen.«

Manchmal verkehrten sich ihre Tränen in Zorn. »Ihr Arschlöcher!« schrie sie die erschrockene Jury an. »Ich werde nicht noch mal hier ankommen und euch um Arbeit bitten!«

Als ihr das Geld ausging, brauchte sie irgendeine Arbeit. Schließlich bekam sie bei der Michael Press, einer Druckerei in der West 45th Street, eine Stelle als Bürogehilfin. Sie erledigte Büroarbeiten, kochte Kaffee und nahm die Anrufe entgegen. Dies war genau die Arbeit, die ihre Mutter ihr stets ans Herz gelegt hatte, und natürlich haßte sie jede Sekunde. Aber immerhin konnte sie mit ihrem mageren Gehalt ihre Rechnungen bezahlen.

Diana war der festen Überzeugung, daß ihre Tochter auf eine Katastrophe zusteuerte, und rief sie jeden Tag an, um zu »hören, wie es dir geht«. Und ein- oder zweimal pro Woche stand sie unangemeldet vor der Wohnungstür, beladen mit Schüsseln voller Hühnersuppe, Leberragout und Matze-Klößen. Für Barbaras Geschmack waren diese Besuche zu häufig, aber ihre Mutter hörte nicht auf ihre Bitten, sie in Ruhe zu lassen.

Barbaras Job bei Michael Press währte nicht lange. Ihr Desinteresse an der Arbeit, ihre »Insubordination« und ihr ständiges Summen – das ihren Chef zur Weißglut trieb – führten dazu, daß sie innerhalb von neun Monaten entlassen wurde. Sie beantragte Arbeitslosengeld und erhielt einen wöchentlichen Scheck in Höhe von 32,50 Dollar. Es reichte kaum zum Leben, und als Susan Dwaorkowitz und sie eine persönlich werdende Auseinandersetzung hatten, zog Susan wieder nach Brooklyn, und Barbara mußte sich dringend nach einer neuen Mitbewohnerin umsehen.

Sie heftete eine Suchanzeige an das Schwarze Brett im Büro von Actors' Equity, woraufhin sich eine andere hoffnungsvolle Schauspielerin namens Marilyn Fried meldete. »Wir beschlossen, daß wir miteinander auskommen konnten«, berichtete Marilyn, »und ich zog ein. Wir erhielten beide Arbeitslosengeld. Es reichte kaum für die Miete und die Gebühren für unseren Schauspielunterricht.«

Barbara lud ihre Mutter ein, einen dieser Kurse zu besuchen und ihr beim Spielen einer Szene zuzusehen, in der sie sich besonders sicher fühlte. Sie war überzeugt, daß Diana dadurch ihre Meinung über die schauspielerischen Ambitionen ihrer Tochter ändern würde.

Diana kam, Barbara spielte die Szene, und Marilyn fand, daß es ausgesprochen gut gelaufen sei. »Barbara war sehr stolz darauf«, erinnerte sie sich. Als sie anschließend die Treppen zu Barbaras Wohnung hochstieg, sagte Mrs. Kind kein Wort. Sobald sie die Tür hinter sich geschlossen hatten, setzte sich Barbara auf ihr Bett, und Diana überschüttete sie mit einer Tirade, die Marilyn schockierte und Barbara in sich zusammensinken ließ.

»Ihre Mutter sagte, Barbara solle sich irgendein anderes Betätigungsfeld für ihre wie auch immer gelagerten Begabungen suchen, weil sie nicht das Zeug dazu habe, Schauspielerin zu werden. Ich war untröstlich, aber Barbara zeigte sich weder zornig noch feindselig. Nach jener befremdlichen Szene saßen Barbara und ich eines Abends zusammen und fragten uns, was wir am liebsten tun würden, wenn wir es als Schauspielerinnen je schaffen sollten, und sie sagte: ›Als erstes will ich meiner Mutter einen Nerzmantel kaufen.‹«

Solch eine Möglichkeit rückte in weitere Ferne denn je, als Barbara ihr Arbeitslosenunterstützung verlor. – Ein Sachbearbeiter überprüfte ihren Fall und fand heraus, daß sie sich nicht, wie es ihre Pflicht gewesen wäre, bemüht hatte, eine ihrer früheren Stelle ähnliche Arbeit zu finden, sondern sich in der Schauspielerei versucht hatte.

Aber durch einen Glücksfall wurde die Katastrophe noch abgewendet, als Barbara beim Vorsprechen endlich Erfolg hatte. Sie bekam ein Engagement für ein anderes Sommerprogramm, und zwar am Cecilwood Theater in Fishkill im Staat New York. Dafür erhielt sie eine Gage von 30 Dollar wöchentlich und außerdem freie Kost und Logis; zwischen dem 30. Juni und 7. September wirkte sie in zehn Stücken mit. Zwar hatte sie nur bei der Produktion von *Separate Tables* (Getrennt von Tisch und Bett) die Gelegenheit, sich schauspielerisch etwas stärker hervorzutun, aber wie immer war sie von allem begeistert. Für Barbara war das Theater nun ihr Zuhause.

Und ihre Schauspielerfreunde waren ihre Familie. Sie trafen sich oft bei Roy Scott. Er zauberte mit Ketchup gekrönte Makkaroni auf den Tisch, entkorkte billigen Rotwein, und alle philosophierten über die Kunst und das Leben und die Liebe und den Sex. Simon Gribben beschrieb es im Rückblick so: »Sex gehörte zur Tagesordnung, und die Leute schliefen wahllos miteinander. Barbara war gewöhnlich da, und Roy sagte, daß sich seine Beziehung zu Barbara abgekühlt habe und daß sie mich gern möge – ich könne bei ihr landen, wenn ich wollte. Auf diesen Partys machte sie mir schöne Augen, und ich ging rüber und begrüßte sie, aber dann sah ich auf ihre Nase und dachte: *Ich kann's einfach nicht.*«

***

Hauptsächlich konzentrierte sich Barbara nun auf die Schauspielerei. Allan Miller sorgte dafür, daß sie ein Stipendium erhielt, um mit drei anderen Schauspiellehrern arbeiten zu können: Eli Rill, Herbert Berghof und Curt Conway. Barbara wußte nicht, daß sich Miller für sie verwendet hatte, und weil sie fürchtete, ihre neuen Lehrer könnten denken, sie verhalte sich Miller gegenüber illoyal, benutzte sie ein Pseudonym, das sie im Telefonbuch gefunden hatte: Angelina Scarangella.

Am stärksten fiel Eli Rill an Barbara auf, daß sie nicht komisch sein wollte. »Sie spielte eine Szene, und die Studenten lachten, weil sie eine komische Art hatte, zu sprechen und ihre Hände zu bewegen. Das fand sie unerträglich. Sie sagte zu mir: ›Wenn Sie ein so guter Lehrer sind, dann sorgen Sie dafür, daß sie aufhören zu lachen.‹ Ich erklärte ihr, daß sie *mit* ihr lachten. Aber sie wollte eine *ernsthafte* Schauspielerin sein.«

Um eine tragische Muse zu werden, las Barbara griechische

Tragödien und die Biographien von Schauspielerinnen wie Sarah Bernhardt oder Eleonora Duse. Sie spielte vor dem Publikum des Theaterstudios in gekürzten Fassungen von berühmten Stücken mit, die Allan Miller entsprechend bearbeitet hatte.

Einer der Schauspielschüler des Theaterstudios war Dustin Hoffman, und er kann sich noch lebhaft an Barbaras Auftritt in einem der Stücke erinnern. »Ich weiß noch, wie dieses merkwürdig aussehende Mädchen mit gekreuzten Beinen auf der Bühne saß ... sie spielte eine sehr kleine Rolle mit wenig Text. Aber meine Herren – mit einer magischen Bewegung brachte sie alle dazu, sie anzusehen.«

Barbaras Intensität prägte sich ebenfalls in Hoffmans Gedächtnis ein. »Haben Sie je diese Bilder gesehen, auf denen eine Vogelmutter einen Wurm hält, und vor ihr hockt eine Schar Jungvögel mit aufgesperrten Schnäbeln? Einer ist darunter, der sich mehr abzappelt als alle anderen, um den Wurm von seiner Mutter zu bekommen. Das wäre dann Barbara.«

**

Barbara hungerte, sowohl im wörtlichen wie im übertragenen Sinne. Essen war Liebe, hatte sie von ihrer Mutter gelernt, und sie konnte sich nicht viel davon leisten. Sie schien einen unersättlichen Appetit zu haben. Oft plünderte sie die Kühlschränke ihrer Freunde aus, klaubte Essensbrocken von den Tellern ihrer Tischnachbarn und holte sich, wenn sie konnte, einen zweiten, dritten und vierten Nachschlag. Alle wunderten sich darüber, wie es möglich war, daß sie so viel essen und dabei so dünn bleiben konnte. Aber in ihrem Stolz hätte sie niemals zugegeben, daß die Mahlzeit, die man sie verschlingen sah, in den meisten Fällen das einzige war, was sie den ganzen Tag über zu sich nahm.

Noch mehr als nach Essen hungerte sie nach Aufregung, Abwechslung, Anerkennung, nach einer Ausdrucksform ihrer Künstlernatur. In gewisser Weise war sie wie das Land, in dem sie lebte. Nach fast einem Jahrzehnt voller Selbstzufriedenheit unter der milden Herrschaft des bejahrten republikanischen Präsidenten Dwight D. Eisenhower standen die Vereinigten Staaten kurz vor dem Anbruch eines ungewöhnlichen neuen Jahrzehnts. Schon bald sollte Amerika seinen jüngsten Präsidenten wählen, den charismatischen, visionären John F. Kennedy; es sollte einen Menschen in den Weltraum schicken und gigantische – wenn auch oft gewalttätig bekämpfte – Schritte zur Beendigung der Rassentrennung unternehmen.

Barbara war noch keine achtzehn, als die fünfziger Jahre zu Ende gingen, und die Entschlossenheit, mit der sie ihr Berufsziel verfolgte, hielt ihr Interesse an der Welt um sie herum gering. Denn während Amerika zu neuen, aufregenden Ufern strebte, tat Barbara Joan Streisand das gleiche.

KAPITEL 5

Das Jahr 1960 hatte gerade begonnen, und Barbara saß im Wohnzimmer ihrer Wohnung auf dem Boden und sang zum Gitar-
rengezupf eines Freundes aus ihrer Schaupielklasse, Carl Esser.
Während sich ihre Mitbewohnerin Marilyn Fried im Nebenzimmer
zum Schlafen hinlegte, hörte sie »diese bemerkenswerte Stimme«
herüberklingen – aus dem Radio, wie sie glaubte. Wer ist diese wunderbare Sängerin? fragte sie sich.

Sie spähte ins Wohnzimmer. Das Radio war nicht eingeschaltet.
Marilyn sah Barbara an und fragte: »Wer hat da eben gesungen?« Sie
riß erstaunt die Augen auf, als sie die Antwort hörte. »Deine Stimme
ist wundervoll!« rief sie. »Warum singst du nicht?«

»Ich weiß nicht … Ich glaube nicht, daß ich gut genug bin«,
meinte Barbara.

»Das war ihre Sensibilität, ihre Unsicherheit, ihre Scheu«, erinnerte sich Marilyn. Aber als sowohl Carl als auch sie beteuerten, daß
sie ganz anderer Meinung seien, wurde Barbara von ihrer Aufregung
angesteckt, zog die Demo-Platte, die sie mit dreizehn gemacht hatte,
aus einem Schrank und spielte sie ihnen vor. Marilyn war begeistert
und sagte, daß Barbara sie an Fanny Brice erinnere. »Wer ist Fanny
Brice?« fragte Barbara. »Barbara dachte, daß sich die Platte nicht
sonderlich gut anhörte«, berichtete Marilyn. Aber am nächsten Tag
flitzte Barbara singend und ungewöhnlich gut gelaunt in ihrer Wohnung umher.

»Klingt das okay?« wollte sie wissen.

»Du hörst dich klasse an«, antwortete Marilyn.

»Sollte ich zum Vorsingen gehen?«

»Auf jeden Fall.«

»Aber ich bin Schauspielerin, keine Sängerin.«

»Wenn du dadurch einen Job bekommst, wen stört's? Du bist
pleite!«

Barbara blieb unsicher. Sich einfach hinzustellen und zu singen erschien ihr unglaublich albern, wenn sie es damit verglich, die Medea
oder die Julia zu spielen. Und sie war, wie sie später zugab, nicht

73

ganz frei von dem viktorianischen Vorurteil, daß Sängerinnen Schlampen seien. Nein, sie konnte sich nicht dazu überwinden.

Aber eines der eher zufälligen Ereignisse in der Geschichte des Showbusineß wollte es, daß Barbara während ihres nächsten Vorstoßes in die Welt der soliden Schauspielerei einen jungen Mann kennenlernte, der sie schließlich überredete, das Singen zu ihrem Beruf zu machen.

***

Zum erstenmal sah sie Barry Dennen Ende April auf der Bühne des Jan Hus Theater in der East 74th Street. Sie war dort, um zusammen mit einer Gruppe, die sich »The Actors' Co-Op« nannte und sich als »Non-Profit-Gruppe« bezeichnete, für die erste und letzte Aufführung von Karel und Josef Čapeks *The Insect Comedy* (Aus dem Leben der Insekten) zu proben. Das Stück wurde als »Parabel auf die menschliche Befindlichkeit« angekündigt. Barbara spielte in dem Dreiakter, der einen Prolog und einen Epilog hatte, drei Rollen: Apatura Clythia, einen der beiden zentralen Schmetterlinge im ersten Akt; den Boten im dritten Akt; und den zweiten Nachtfalter im Epilog.

Dennen, ein zweiundzwanzigjähriger Absolvent der University of California at Los Angeles (UCLA) und Sproß einer wohlhabenden Familie aus Los Angeles, spielte eine Grille und eine Schnecke. Trotz seiner Hagerkeit und seines tiefernsten Aussehens wirkte er attraktiv. Er war von allen Bereichen des Showbusineß fasziniert und stellte beispielsweise seinen Wecker auf drei Uhr morgens, um einen alten Film mit Mae West oder Bette Davis, der im Fernsehen lief, auf Tonband aufzunehmen. Die Regale in seiner Wohnung in der 9th Street in Greenwich Village bogen sich unter der Last von Tausenden von Aufnahmen, die er seit seiner Kindheit sammelte.

Dadurch fühlte sich die leicht zu beeindruckende Barbara zu ihm hingezogen, und Dennen empfand das gleiche ihr gegenüber. Er bewertete die Inszenierung, an der sie mitwirkten, als »zusammengehauen, grausam, geschmacklos, schrecklich«, aber er fand Barbara »ungeheuer komisch«, wenn sie hinter einem männlichen Schmetterling herjagte und ausrief »Oh, du großes, starkes, schönes Ding!«, wobei ihre durchsichtigen rosa Flügel flatterten und ihre Drahtantennen wild auf ihrem Kopf hin- und herwackelten.

The Insect Comedy wurde nur drei Tage gegeben: von Sonntag, den 8. Mai, bis Dienstag, den 10. Mai. Am Montag morgen erschien

74

ein humoriger Verriß aus der Feder des Kritikers Frank Aston im New Yorker *World Telegram and Sun*. Keiner der Mitwirkenden, so Aston, »hat behauptet, so etwas wie ein Profi zu sein«. Er sorgte auch dafür, daß Barbara zum erstenmal in einer Zeitung aus Manhattan erwähnt wurde; er erwähnte sie als eine der Bewohnerinnen des Landes der Schmetterlinge, »wo sich die Mädchen auf die Männer stürzen, aber nichts ausrichten, weil alle zu früh sterben«.

Die Show wurde abgesetzt, aber die Freundschaft zwischen Barbara und Barry stand erst an ihrem Anfang. Sie unterhielten sich stundenlang in dem nahe gelegenen Café *Pam Pam*. Danach schauten sie sich im Nachtprogramm des Fernsehens ausgestrahlte Filme in seiner kleinen, eklektizistisch eingerichteten, mit Federn und Fächern, Tiffany-Lampen und Kerzen vollgestopften Wohnung im zehnten Stock an. Bald waren die beiden so gut wie unzertrennlich. »Wir gingen überall zusammen hin«, erinnerte er sich. »Sie war sehr jung, reizend und fest entschlossen, eine große Schauspielerin zu werden.« Ebenso, wie sie es vorher bei Allan Miller getan hatte, stellte Barbara nun Barry endlose Fragen über Schauspielerei, Musik, Literatur und Kunst. Es gefiel ihm, daß sie an seinen Lippen hing, und ihr gefiel es, daß sie einen weiteren Mann getroffen hatte, von dem sie lernen konnte.

Dennen besaß ein modernes Ampex-Stereo-Tonbandgerät mit zwei Mikrofonen. Als ein Agent Barbara um ein Gesangs-Demo-Band bat, wandte sie sich daher natürlich an Barry, damit er die Aufnahme für sie machte. Sie brachte Carl Esser als musikalische Begleitung mit.

Barry erzählte: »Wir brachten den Nachmittag mit den Aufnahmen zu, und in dem Moment, als ich die Aufnahmen das erstemal abspielte, drehte ich durch. Ich wußte, daß es etwas Besonderes war – eine Stimme, die vom Mikrofon geliebt wurde.« Dennen begriff, daß Barbara, obwohl sie völlig ungeschult war, eine angeborene Musikalität besaß, einen Instinkt, der sie schon mit dreizehn dazu gebracht hatte, »You'll Never Know« zu improvisieren.

Barry stimmte in den Chor jener ein, die Barbara rieten, Sängerin zu werden. Sie antwortete mit ihrem Standardsatz: »Ich bin *Schauspielerin*.«

»Sieh mal«, entgegnete er, »du kannst ja deinen Schauspielunterricht fortsetzen und das hier trotzdem tun. Man wird auf dich aufmerksam werden, und du wirst Geld verdienen.« Dann betonte er, daß Singen auch eine Art der Schauspielerei sei, daß sich Songs – die klassischen Balladen – wie Dreiakter behandeln ließen. Eine Sängerin könne einen ebenso lebendigen Charakter erschaffen, wie dies einer Schauspielerin in einem Stück möglich war.

Barbaras Augen verengten sich, während sie dieses Argument verarbeitete. Später sagte sie, daß Barry sie überzeugt habe: »Singen kann wie Schauspielen sein, mit dem Unterschied, daß ich alle Rollen selbst spiele!«

Barry bemerkte, daß ihre Skepsis zu schwinden begann, und er setzte nach: Eine Bar auf der anderen Straßenseite veranstaltete jeden Montagabend Talentwettbewerbe, und er forderte sie auf, daran teilzunehmen.

Sie musterte ihn. Er versprach, neue Songs mit ihr einzustudieren. Sie verzog den Mund. Als er hinzufügte, daß der Gewinner 50 Dollar sowie ein einwöchiges Engagement im Club und freies Essen bekam, huschte zum erstenmal ein Funke ernsthaften Interesses über Barbaras Gesicht. »Mm«, grummelte sie.

***

Einige Wochen später betrat Barbara an einem heißen Montagmorgen voller Skepsis und Angst die Bar *The Lion*, die dunkle, etwas schäbige Nachbarschaftskneipe im Erdgeschoß eines Backsteingebäudes in der West 9th Street 62. Aspiranten für die Talent-Show mußten dem Club-Manager, Burke McHugh, am Morgen des Wettkampfs vorsingen, und die vier besten wurden eingeladen, am Abend am Wettbewerb teilzunehmen. McHugh war es gewohnt, bei diesem »Viehmarkt« einigen höchst fragwürdigen Gestalten zu begegnen, und als er Barbara erblickte, murmelte er seinem Pianisten zu: »O Mann, hier kommt eine Gewinnerin.«

Mit ihrem ungewaschenen und ungekämmten Haar, ihren Jeans und ihrem Sweatshirt wirkte sie auf McHugh wie »eine Straßengöre, die es versäumt hatte, nach Hause zu gehen, um saubere Sachen anzuziehen«. Er fragte sie, ob sie zum Vorsingen gekommen sei. Aus Selbstschutz heuchelte sie Unwissenheit. »Zum Vorsingen für was?« McHugh erläuterte, worum es bei dem Talentwettbewerb ging, und Barbara meinte: »Na ja, ich hab' noch nie öffentlich gesungen, aber ich will's mal versuchen.«

Sie behauptete, ihr Name sei Barbara Strinberg, und dann sang sie ihm die Ballade »A Sleepin' Bee« von Harold Arlen und Truman Capote vor. McHugh und sein Pianist, ein junger Mann namens Patty, waren wie elektrisiert. Als sie den Song beendet hatte, rief McHugh: »O mein Gott, Barbara, das war wirklich großartig!« Dann sagte er, sie solle am Abend wiederkommen, um am Wettbewerb teilzunehmen, und wollte wissen, wie man den Namen Strinberg schreibe.

Nachdem Barbara akzeptiert worden war, gab es keinen Grund mehr für sie, ihre Identität zu verheimlichen, aber sie mochte nicht zugeben, daß sie gelogen hatte. »Ich muß den Namen ändern. Ich kann ihn nicht ausstehen. … Er klingt zu jüdisch.« Laut McHugh drang in diesem Augenblick aus dem Radio im Nebenraum »Footsteps in the Sand« herüber. »Sand«, sagte Barbara. »Das gefällt mir, das ist eine gute Endsilbe. Ich werde mich Barbara Streisand nennen!«

Als sie am Abend um acht Uhr wiederkam, sah sich Barbara in dem dunklen, rauchgefüllten Raum um und dachte: Wo sind bloß all die Frauen abgeblieben? Barry hatte ihr verschwiegen, daß *The Lion* vor allem eine Homo-Bar war. Barbara hatte bei ihrer liberalen Einstellung keine Probleme mit Homosexuellen. Sie war homosexuellen Männern bereits während des Sommers in Malden Bridge begegnet. Aber sie hatte noch nie zuvor erlebt, daß sie sich derart freizügig benahmen. Sie beobachtete die Männer fasziniert, während sie auf den Beginn des Wettbewerbs wartete.

Es war das wohl kritischste Publikum, vor dem Barbara hätte auftreten können. Die meisten Zuhörer waren wie Barry Dennen bestens mit der Geschichte des Showbusineß vertraut. Sie verehrten Judy Garland und Ethel Merman, und sie reisten meilenweit, um einen Auftritt von Mabel Mercer oder Julie Wilson oder Hildegarde zu erleben. Außerdem kauften sie die Originalalben jedes Broadway-Musicals. Eine junge Sängerin, die diese Männer begeistern wollte, mußte schon verdammt gut sein.

Der Talentabend im *Lion* war aus unterschiedlichen Gründen beliebt. Einerseits wußte man nie, wann ein wirklich witziger Komiker oder ein wirklich guter Sänger ans Mikrofon trat und den Abend zu etwas ganz Besonderem machte. Andererseits gab es immer die köstliche Möglichkeit, daß eine arme, fehlgeleitete Seele den gesamten Raum durch absolute Unfähigkeit in ungewollte Heiterkeit stürzte.

Barbaras Mitbewerber an diesem Abend waren ein Komiker, ein Operettensänger sowie Dawn Hampton, die Nichte von Lionel Hampton – eine »Jazz-Kanone«, die, wie sich McHugh erinnerte, »sang, als wäre dies ihr letzter Tag«.

Als vierte betrat Barbara die ebenerdige »Bühne«. Sie stellte sich neben Pattys Klavier, während der lebhafte Applaus, den Dawn Hampton geerntet hatte, noch in ihren Ohren klang. Sie zog etwas, das wie eine Aktentasche aussah, unter ihrem Arm hervor, legte es auf das Klavier, öffnete es, entnahm ihre Noten und gab sie Patty. »Heute abend«, sagte sie leise, »werde ich ›A Sleepin' Bee‹ singen.«

Falls sie das Gekicher hörte, ließ sie es sich nicht anmerken. Inzwischen hatten die meisten Gäste McHugh im Verdacht, daß er sich mal wieder einen Scherz erlaubte. Sie betrachteten dieses linkische, magere Mädchen mit der irritierend großen Nase und den schiefstehenden Zähnen und den Augen, die einander zu belauern schienen, und wußten nicht, ob sie lachen oder weinen sollten.

Ihre Aufmachung trug auch nicht gerade zu einer Verbesserung ihres Erscheinungsbildes bei. Oben auf ihrem Kopf hatte sie ein künstliches Haarteil festgesteckt, das mit den Worten eines Freundes »wie Käsegebäck« aussah. Ihr echtes Haar darunter fiel ihr in glatten Strähnen auf die Schultern. Sie trug ein purpurnes Minikleid und eine mit purpurnen Straußenfedern verzierte Jacke, die, wie ihr von dem Verkäufer des Trödelladens versichert worden war, einst einer Gräfin gehört hatte.

Mit einem Publikum konfrontiert, das kurz davor war loszuplatzen, stand Barbara, die Schultern von vibrierenden Federbüscheln umhüllt, nun stocksteif und regungslos im Scheinwerferlicht. Sie schloß die Augen und warf ihren Kopf mit dramatischer Geste in den Nacken, während Patty die ersten Takte spielte. Irgend jemand im Publikum stöhnte: »Das darf doch nicht wahr sein.«

Dann öffnete dieses exzentrische, eindeutig fehlgeleitete Geschöpf, den Kopf noch immer in den Nacken gelegt und die Augen noch immer geschlossen, den Mund und sang »A Sleepin' Bee«. Die Stimme, die nun erklang, verschlug den Männern den Atem. Das Gekicher und das Getuschel verstummten.

Sie begann die schleppende Ballade über junge Liebe zart, mit jugendlicher, aber glasklarer Stimme, wobei die Obertöne wunderbar rein klangen. Dann gewann sie an Fahrt und Kraft, und ihre Stimme schwoll zu einem Broadway-reifen Format an. Schließlich erklomm sie in atemberaubender Weise die Tonleiter, wobei sie eine ganze Oktave innerhalb des einen Wortes »love« übersprang – und damit war ihr erster Song vor einem zahlenden Publikum beendet.

Die Menge verharrte einige Augenblicke in überwältigtem Schweigen. Dann brachen die etwa siebzig Männer in frenetischen Applaus und in Hochrufe aus und verlangten: »Zugabe! Zugabe!« Barbara lachte nervös und blickte sich um. Sie sah Burke McHugh an und formte mit den Lippen die Frage: »Soll ich noch eins singen?« Er nickte, und sie ging zu ihrer Mappe zurück, um ein weiteres Blatt hervorzuziehen. Es war »When Sunny Gets Blue«.

Erneut waren alle von ihrer Stimme bezaubert, und erneut war das nur ein Teil der Magie, die von ihr ausging. Sie trug ihre Songs nicht in der üblichen teilnahmslosen Art vor, wie es so viele Popsänger tun, sie schien sie zu *erleben*, schien den Text aus ihrer persönlichen Erfahrung zu schöpfen und aus dem Stegreif zu erfinden.

Das übersättigte Publikum wußte sofort, daß es gerade eine ganz besondere Künstlerin gehört hatte, ein Mädchen mit einer wunderschönen Stimme, das ein Lied mit Dramatik und Nuancenreichtum und Resonanz erfüllen konnte. Die Applausstärke wies Barbara als eindeutige Gewinnerin des Wettbewerbs aus, und Burke McHugh forderte sie auf, am Samstag abend wiederzukommen.

Am Samstag trat sie mit drei anderen Künstlern auf. Sie sang dieselben beiden Songs sowie »Lullaby of Birdland«. Und wieder war das Publikum hingerissen; viele waren speziell ihretwegen erschienen, nachdem sie von Barbaras sensationellem Auftritt gehört hatten. Am nächsten Montag verteidigte sie ihren Titel und ergänzte ihr spärliches Repertoire um »Why Try to Change Me Now?« und »Long Ago and Far Away«. Der homosexuelle Komiker Michael Greer, der sich damals Mal James nannte, gehörte zu den Wettbewerbsteilnehmern jenes Abends, ebenso der Falsettist Tiny Tim.

»Ich hatte Gerüchte über dieses merkwürdige Mädchen mit dem beachtlichen Talent gehört«, erinnerte sich Greer, »darum wußte ich, daß sie eine starke Gegnerin sein würde. Sie sah aus, als hätte sie sich auf einem Flohmarkt eingekleidet. Ich glaube, sie trug einen winzigen Schuh mit hohem Absatz im Haar, weil ihr die daran befestigten Straß-Steine gefielen. Sie sang etwas völlig Abseitiges wie ›Happy Birthday‹, und es war ein totaler Knaller. Als ich sie singen hörte, dachte ich: Mein Gott, wer ist das? Die Stimme war so wunderschön, daß sie alle Anwesenden bezauberte.«

Barbara gewann wieder (Greer kam auf den zweiten Platz), ebenso wie bei den folgenden drei Wettbewerben. Inzwischen hatte sich die Kunde von »diesem merkwürdigen, unglaublichen Mädchen« unter den Homosexuellen New Yorks wie ein Lauffeuer verbreitet, und Montag- und Samstagabends standen die Menschen bis zur 6th Street Schlange.

In der zweiten Woche teilte Barbara McHugh mit, sie wolle, daß man draußen an der Reklametafel des Clubs nicht nur ein Foto von ihr, sondern drei anbrachte. Außerdem solle ihr Name anders geschrieben werden. »Soll er wieder in Strinberg geändert werden?« fragte Hugh.

»Nein«, antwortete Barbara. »Ich möchte ein ›a‹ in Barbara streichen. Wer braucht das schon? Der Name wird Bar-bra ausgesprochen. Und ich möchte, daß Sie ihn auch so schreiben. B-A-R-B-R-A.«

Mann, die hat wirklich einen Knall, dachte McHugh. Aber er tat, was sie wollte, und damit war der Name Barbra Streisand geboren. Es war ihre Antwort auf all jene Agenten, die ihr rieten, ihren Namen in Barbara Sands abzuändern, weil Streisand einen zu ethnischen Klang habe oder zu schwer auszusprechen sei. Auf diese Weise hatte sie ihren Namen geändert und auch wieder nicht. Jedenfalls war sie unter den abertausend Barbaras, die es auf der Welt gab, zu der einzigen *Barbra* geworden war.

***

Nachdem Barbra einen Monat lang die unbesiegte Gewinnerin der Talentwettbewerbe im *Lion* gewesen war, mußte sie ausscheiden, weil Burke McHugh und sein Partner, Ernie Sgroi junior, jemand anderem eine Chance geben wollten. Ohne die 50 Dollar pro Woche und die kostenlosen Mahlzeiten, an die sie sich gewöhnt hatte, war Barbra wieder schwersten Finanznöten ausgesetzt. Darum fragte sie McHugh, ob es nicht irgendeine andere Arbeit im Club für sie gebe. Er meinte, daß er für ein paar Wochen eine Ersatz-Garderobiere brauche, aber das würde sie sicher nicht machen wollen, oder? »Klar würde ich«, antwortete sie. »Wieso denn nicht?«

Jeden Abend traf sie, nachlässig gekleidet, um acht Uhr im Club ein, ging in die Garderobe, schloß die Tür und kam kurz darauf in einem auffälligen Cocktailkleid heraus. Nach einer Woche bemerkte einer der Stammgäste, ein Kostümbildner, der sich Peaches nannte, daß sie ihr Kleid nie reinigen ließ. »He, Barbra«, hänselte er sie, »meinst du nicht, daß du das Kleid mal in die Reinigung geben solltest? Bald kann es von selbst stehen.« Während er und seine Freunde kicherten, schnauzte Barbra zurück: »Ja, lacht mal schön. Wenn ich ein großer Broadway-Star bin, seid ihr immer noch ein besoffener Haufen gackernder Hennen!«

Der Broadway lag noch in weiter Ferne, doch ein weiteres Nachtclub-Engagement bot sich an. Ernie Sgroi erzählte Barbra, daß seinem Vater das nahe gelegene *Bon Soir* gehöre, ein größeres, eleganteres, herkömmlicheres Lokal in der 8th Street, also ganz in der Nähe. Er habe seinen Vater überredet, sie für den Club vorsingen zu lassen.

Ein Engagement im *Bon Soir* bedeutete mehr Geld, als sie im *Lion* erhalten hatte, mehr Prestige und ein einflußreicheres Publikum.

Aber es bedeutete auch, daß Barbra ihr Repertoire erweitern mußte, und zwar schleunigst. Während der nächsten Wochen machte sie sich mit Barry emsig an die Arbeit. Sie saß auf dem Fußboden seines Wohnzimmers und hörte sich endlos die Aufnahmen von großen Sängern der Vergangenheit an.

Dennen hämmerte Barbra ein, daß sie jeden Song als schauspielerische Herausforderung betrachten solle. »Ich ging Satz für Satz mit ihr durch. Wir versuchten dieses und jenes, gestalteten die Gestik, das Timing, die jeweilige Wirkung, die Barbra und ich erzielen wollten.« Er spielte ihr nur musikalische Spitzenleistungen vor und reduzierte die Auswahl auf Songs, die ihre Stimme am besten zur Geltung brachten.

Barbra hatte nie gelernt, Noten zu lesen, ebensowenig wie sie je Gesangsunterricht gehabt hatte. Aber sie brauchte einen Song nur ein- oder zweimal zu hören, um ihn zu beherrschen. Sie lauschte zum Beispiel einem bestimmten Gesangsstil, imitierte ihn und gab ihm dann ihren eigenen speziellen Dreh. Barry wußte, daß er ein Exemplar einer mysteriösen, einzigartigen Spezies vor sich hatte: ein musikalisches Naturtalent.

Möglicherweise bestand Barry Dennens bedeutendster Beitrag zu Barbra Streisands musikalischer Entwicklung in seinem Konzept, lieber »ungewöhnliche, längst vergessene oder unverschämt-freche« Stücke auszugraben als die faden Songs wieder aufzuwärmen, die in jedem Nachtclub-Repertoire zu finden waren. Barbra war ganz seiner Meinung. »Das *Bon Soir* war ein kultivierter kleiner Nachtclub. So was ärgert mich – alles, was als piekfein und feudal gilt. Daher wollte ich etwas tun, was vollkommen daneben war!«

Barbra beabsichtigte, »ein Kinderlied oder so« zu singen, und Barry schlug das unpassende Lied »Who's Afraid of the Big Bad Wolf?« vor. Damit könne man das blasierte New Yorker Publikum überraschen, erfreuen – und vielleicht sogar schockieren. Barbra machte sich Barrys feines Gespür für das Publikum zu eigen, was ihr im Laufe ihrer weiteren Karriere noch sehr nützlich sein sollte.

Außerdem mußte sich Barbra für ihren Auftritt im *Bon Soir* neu einkleiden. Darum bat sie Terry Leong, einen Freund von Marilyn Fried, der für die Geschäfte an der Seventh Avenue Mode entworfen hatte, ihr dabei zu helfen, etwas Passendes zu finden. Er und Barbra klapperten die Trödelläden ab und trieben eine perlenbestickte Weste aus reiner Seide für fünf Dollar, ein Paar Schuhe für drei Dollar und einen Hut für zwei Dollar auf. Barbra stöberte stundenlang in einem schmuddeligen Trödelladen in der Ninth Avenue, um ein Kleid zu finden, das perfekt zu einer Weste paßte, die sie in der Second Avenue entdeckt hatte. Dann marschierte sie zurück zur Third Avenue, um nach einer entsprechenden Tasche zu suchen.

»Sie liebte einen fließenden Stil – Dinge, die sich mit ihrem Körper mitbewegten«, berichtete Terry. »Sie war sehr anmutig und bewegte sich gut. Sie hatte einen wunderbaren Körper zum Bekleiden – dünn, straff, groß, mager. Sie probierte zahlreiche unterschiedliche Kleidungsstücke an, und es war aufregend, ihre Verwandlungen zu beobachten, wenn sie einen Stil gegen einen anderen austauschte.« Barbras Begeisterung bereitete Leong allerdings bei den Änderungsarbeiten größte Probleme. »Sie konnte einfach nicht stillstehen. Sie rannte ständig herum und hopste auf und nieder. Es war äußerst schwierig, dabei einen Saum abzustecken.«

***

Wie durch eine himmlische Fügung traf die noch ungeformte Nymphe Galateia in Gestalt von Barbra Streisand auf einen weiteren Pygmalion, als der Künstler und Designer Bob Schulenberg, ein Kommilitone von Barry Dennen, im Juli 1960 nach New York zog. Damals bereitete sich Barbra gerade auf ihre Bewerbung für das *Bon Soir* vor.

Schulenberg wird nie vergessen, wie es war, als er ihr zum erstenmal begegnete. Sie lief auf ihn zu und schrie »Barry! Barry!«, als er am späten Abend gemeinsam mit Dennen dessen Wohnung verließ.

»Sie trug in jeder Hand zwei Einkaufstüten, die von Federboas und paillettenbesetzten Stoffen überquollen«, erinnerte sich Schulenberg. »Und was sie alles anhatte. Sie trug einen neuen, kirschroten Samtrock, der eine Handbreit über ihrem Knie aufhörte, was für 1960 ausgesprochen ungewöhnlich war; dazu schokoladenbraune Nylonstrümpfe und Goldlamé-Schuhe aus dem Jahre 1927 mit rotem Satinriemchen. Ihr Oberteil bestand aus golden-silber-kirschrotfarbenem Brokat und hatte große quadratische elisabethanische Ärmel. Sie trug zwei Perlenketten aus Muranoglas, sechs gläserne Armreifen sowie Ohrringe mit gläsernem Gehänge. Mit all dem sah sie aus wie eine eigenartige *Vogue*-Illustration der zwanziger Jahre. Ich war fasziniert.«

Barbras Make-up, fand Schulenberg, war weniger gelungen. Sie hatte sich die Augen im Stil der damaligen Zeit geschminkt und sich einen langen Lidstrich gemalt, der ihre Augen größer erscheinen lassen sollte. Aber Bob hatte den Eindruck: »Sie wußte wahrlich nicht, was sie tat. Sie hatte sehr wenig Farbe im Gesicht und benutzte einen leuchtend roten Lippenstift. Sie trug einen strähnigen Pony, der über ihre Stirn fiel und ihre Teenagerhaut ein wenig verbergen sollte. Es paßte einfach nicht, und aus dem, was sie trug, konnte ich schließen, daß sie hinreißend sein wollte.«

Schulenberg analysierte dieses seltsame Geschöpf, als er ihr und Barry in jener ersten Nacht im *Pam Pam* gegenübersaß. Er fand sie nicht gerade schön, aber er hielt sie für interessant. Sie hatte strahlend blaue Augen, einen langen, geschmeidigen Hals und ein Gesicht, das aus bestimmten Blickwinkeln eine überraschende klassische Schönheit anzunehmen schien. »Barbra war wie ein unerschlossenes Gebiet. Ich sah sie an und dachte rein theoretisch: Gut, ihre Wangen haben keine Struktur, aber die können wir hineinmalen. Irgendwie hatte ich den Eindruck, daß man sie wie eines der Mannequins von Richard Avedon aussehen lassen konnte.«

Er brannte darauf, Barbra umzumodeln. Aber er zögerte anzudeuten, daß sie es nötig hatte. »Wenn Sie einer jungen Frau begegnen, die eine bestimmte Vorstellung von ihrem Aussehen hat, und Sie wissen, wie sie aussehen könnte, aber sie macht alles falsch, dann müssen Sie das sehr behutsam zur Sprache bringen. Sie können nicht einfach sagen: ›Du siehst beschissen aus!‹«

Schulenberg erhielt an dem Tag seine Chance, »mit Barbras Aussehen zu experimentieren«, an dem sie Barry zusehen wollten, der im Central Park einen Boten in Shakespeares *Heinrich V.* spielte. Bob schlug vor, Dennen zu »überraschen«. »Komm, wir schminken dich wie ein *Vogue*-Model – wie Audrey Hepburn oder so. Wäre das nicht ein Spaß?« Barbra war Feuer und Flamme und »zu allem bereit«. Die beiden verbrachten eineinhalb Stunden mit der Verwandlung, während Barbra Roggenbrot mit Hering kaute und mit vollem Mund Fragen stellte wie: »Warum machst du das? Wie hast du's geschafft, daß es so aussieht?«

Schulenberg klebte ihr zu einer Zeit, als so etwas noch unüblich war, falsche Wimpern an. Er konturierte ihre Wangen mit dunkelrosafarbenem Rouge, vergrößerte ihre Augen mit Lidstrich, der sie »wie Marlene Dietrich in *Marokko*« aussehen ließ, überpuderte ihr Gesicht mit weißem, transparentem Puder, kämmte ihr das Haar aus dem Gesicht und steckte ihr das »Käsegebäck-Haarteil« *unter* ihr eigenes Haar, um ihm mehr Fülle zu geben.

Barbra vervollständigte ihre Aufmachung durch einen schwarzen Body, den sie unter weiten, schwarzen Hosen trug; außerdem durch schwarze Ballerinas und einen schwarzen Cardigan. »Und das in einer glühend heißen Nacht in New York City«, meinte Schulenberg lachend. »Wir mußten sehr viel Puder verwenden, damit sie taufrisch aussah. Und sie sah einfach sensationell aus – wie Martha Graham. Die Leute drehten sich um, als sie vorbeiging. Sie fragten sich: ›Wer ist das bloß?‹ Barbra war begeistert.«

Als dieses eindrucksvolle Paar jedoch verspätet im Central Park ankam, mußte es feststellen, daß Barrys reservierte Karten bereits verkauft worden waren. Sie fuhren mit der Subway zu seiner Wohnung zurück, und als er nach Hause kam, raste er vor Zorn. »Wie konntet ihr meinen Auftritt verpassen?«

»Aber Barry«, meinte Bob flehend, »sieht Barbra nicht *großartig* aus?«

***

Am Samstag nachmittag, dem 7. August, sprang Barbra die einunddreißig Stufen in die höhlenartige Düsternis des *Bon Soir* in der West 8th Street 40 hinab und sang Ernie Sgroi senior, seinem Partner Phil Pagano und ihrem Conférencier Jimmy Daniels vor. Sgroi und die anderen waren sich nicht sicher. Keine Frage, sie hatte eine wundervolle Stimme, aber sie sah so *merkwürdig* aus. Kein Zweifel, im *Lion* war sie ein Hit gewesen, aber wie würde ein herkömmliches Publikum reagieren? Es gab nur eine Möglichkeit, das herauszufinden. Sgroi teilte ihr mit, sie solle am selben Abend zurückkommen und ihre Songs noch einmal vor seinen Gästen singen. Wenn sie bei ihnen ankam, werde er ihr ein zweiwöchiges Engagement geben.

Am Abend kündigte Jimmy Daniels sie als »kleine Extra-Überraschung« an, »eine junge Sängerin, die drüben im *Lion* für ziemlichen Wirbel gesorgt hat«. Barbra betrat die schmale Bühne und merkte, daß sie ihren Kaugummi noch im Mund hatte. Sie nahm ihn heraus und klebte ihn ans Mikrofon. Das Publikum lachte und fragte sich: Wer ist die Schlampe? Aber als sie »A Sleepin' Bee« zu singen begann und Sgroi und Pagano sich im Saal umblickten, bemerkten sie, daß alle zu lachen aufgehört hatten. Dann sahen sie, daß alle aufgehört hatten zu trinken. Und als sie sich dem Ende ihres Songs näherte, hatten die Kellner aufgehört zu bedienen. Barbra hatte alle in ihren Bann geschlagen.

Nachdem sie mit gesenktem Kopf und geschlossenen Augen den Song beendet hatte und die Arme kraftlos herabhängen ließ, herrschte im ganzen Saal scheinbar eine Ewigkeit lang atemloses Schweigen. Dann brachen die Clubbesitzer in heftigen Applaus und in Hochrufe aus. Und noch bevor der Lärm wieder verebbte, begann Barbra mit: »Who's Afraid of the Big, Bad Wolf?« Sie schwenkte die Arme durch die Luft, stieß wilde Schreie aus, kicherte und schien sich in eine völlig andere Person zu verwandeln. Als sie den Song mit »Who's afraid of the big, big, big, big, big, bad *wooo-oooo-oooo-lf*!« ausklingen ließ, erhob sich das begeisterte Publikum jubelnd, lachend und stampfend.

Während Barbra die kleine Bühne verließ, meinte der Komiker Larry Storch, der an jenem Abend das Hauptprogramm bestritt: »Kleine, du wirst ein Star werden.« Ernie Sgroi zerrte sie in sein Büro und sagte: »Sie fangen am 9. September an. Zwei Wochen. Zwei Auftritte pro Abend. 125 Dollar die Woche.«

***

An jenem Freitag abend war es schwül, und Barbra trat als dritte nach den komischen Pantomimen Tony & Eddie und der Komikerin Phyllis Diller auf. Diller erinnerte sich lebhaft an den Moment, als sie ihr Make-up auffrischte und sich darauf vorbereitete, wieder auf die Bühne hinauszutreten, denn plötzlich hörte sie Barbra Streisand singen. »Bei ihrem dritten Ton lief mir eine Gänsehaut über den ganzen Körper! Ich bin von Haus aus Musikerin, und als ich diese Stimme hörte – und diese Ausdrucksstärke – da wußte ich: Das ist ein *Star*!«

Diller nahm Barbra unter ihre Fittiche und empfahl ihr, sich für die Auftritte etwas konventioneller anzuziehen. »Sie meinte, ich hätte einen entsetzlichen Geschmack«, erinnerte sich Barbra. »Sie hat mir zwei Wollkleider gekauft. Aber sie weiß nicht, daß ich sie zurückbrachte, mir das Geld auszahlen ließ und mir einige Kleidungsstücke aus Möbelstoffen machte.«

Ob sie nun konventionell gekleidet war oder nicht, die Gäste des *Bon Soir* waren von Barbra Streisand begeistert. Sie hatte ihr Repertoire um zwei Stücke ergänzt, um »Who Can I Turn to Now?« und um Helen Kanes Song aus den zwanziger Jahren, »I Want to Be Bad«.

Ihr zunächst für zwei Wochen abgeschlossenes Engagement wurde auf vier, dann auf sechs, acht und zehn Wochen ausgedehnt, denn inzwischen sprach man auch außerhalb von Greenwich Village und der New Yorker Homosexuellen-Szene über dieses »wilde Mädchen mit der unglaublichen Stimme«.

Im *Bon Soir* entdeckte Barbra, daß sie ihr Publikum gern zum Lachen brachte. Sie leitete nun jeden Auftritt damit ein, daß sie ihren

Kaugummi ans Mikrofon klebte, und sie erzählte zwischen ihren Songs immer häufiger Witze. Das Publikum fand das herrlich, und Barbra begriff, daß sie ihre Show durch humoristische Einlagen verbessern konnte.

Barry Dennen schleppte jeden Abend sein Ampex-Tonbandgerät in den Club, um Barbra aufzunehmen. Anschließend saßen die beiden bis drei oder vier Uhr morgens zusammen, spielten das Band ab und analysierten ihre Atmung, ihre Phrasierung und wieviel Gefühl sie in den Text gelegt hatte. Barry machte Vorschläge und demonstrierte, wie sich andere Sänger in ihrer Situation verhielten. Barbra sog all das begierig in sich auf, und jeden Abend wurden ihre Auftritte ein wenig besser.

***

Mittlerweile hatte sich Barbra in Barry verliebt und war zu ihm gezogen. Diese Wende überraschte Bob Schulenberg. »Eines Abends besuchte ich die beiden. Sie lagen auf dem Boden, und Barbra hatte ihren Kopf in Barrys Schoß gelegt, und es war sehr romantisch. Sie hatten jene Ausstrahlung, die verrät, daß zwei Menschen gerade intim miteinander gewesen sind.

Sie begannen darüber zu sprechen, daß sie heiraten wollten. Ich fragte: ›Meint ihr das im Ernst?‹ Und sie sagten: ›Ja, wir werden heiraten.‹ Es hatte etwas Heiliges, Weihevolles an sich, etwas sehr Intensives. Barbra war von Barry völlig hingerissen. Er hat einen wachen Verstand. Er war der erste Mann, der mit ihr Witze aus Mae-West- oder Groucho-Marx-Filmen austauschte und ihr im nächsten Augenblick etwas über die Kunst, das Theater oder die Musik erzählte. Sein Einfluß auf Barbra war enorm. Und er war fasziniert von dem, was er geschaffen hatte.«

Selbst den abgebrühtesten Kritikern ging es ebenso. Eine der ersten Rezensionen über Barbra erschien am 16. September im New Yorker *World Telegram and Sun*, und der Kommentar, den Perry Rebell abgab, war durchaus typisch: »Das *Bon Soir* hat die neue Nachtclub-Saison mit der Entdeckung des Jahres eröffnet. Es ist Barbra Streisand, eine Brooklynerin, deren Stimme und Sicherheit ihre knapp achtzehn Jahre Lügen strafen. Stimmlich zeigt sie Volumen und Kraft; stilistisch beweist sie eine natürliche Begabung für musikalische Komik, aber auch die tiefsinnigsten Balladen meistert sie souverän.«

Am Vortag war sie zum erstenmal in einer New Yorker Klatschspalte erwähnt worden, und zwar von Dorothy Kilgallen: »In Fachkreisen spricht man über einen aufsteigenden neuen Star in der lokalen Szene – die achtzehnjährige Barbra Streisand, die derzeit im *Bon Soir* auftritt. Sie hatte nie in ihrem Leben eine Gesangsstunde, sie weiß nicht, wie man sich bewegt, kleidet oder verbeugt, aber ihre Auftritte lösen Beifallsstürme aus.«

Kurz nach Erscheinen dieser Zeitungsnotiz erhielt Barbra dann doch eine Gesangsstunde. Ihre Mutter hatte ihre Vorstellung besucht und gemeint, daß die siebzig Jahre alte weiße Spitzenjacke, die Barbra trug, wie ein Nachthemd aussah. Außerdem fand sie Barbras Stimme zwar gut, aber ein wenig zu dünn, und sie schlug ihr vor, Gesangsunterricht zu nehmen. Es war das erste Mal, daß Mrs. Kind auf die Ambitionen ihrer Tochter im Showbusineß einging, und Barbra nahm den Rat an.

***

Barbra betrat das kleine Gesangsstudio, in dem ein einziges Klavier stand, und wurde von einer Frau mittleren Alters begrüßt, die ihr Haar zu einem strengen Knoten hochgesteckt hatte. Die Gesangslehrerin fragte sie, ob Barbra etwas vorbereitet habe. Barbra bejahte, gab dem Klavierspieler die Noten von »A Sleepin' Bee« und begann.

»When a bee lies sleeping, in the palm of your hand …«

Die Lehrerin knallte mit ihrem Zeigestock auf die Kante eines Tisches. Erschrocken brach Barbra ab.

»Nein. Nein. Nein. Ihre Aussprache ist völlig falsch. Die Vokale müssen *kürzer* sein. Es heißt: ›When a *beh* lies sleeping …‹

»Aber, aber …«, stotterte Barbra.

»Es heißt beh … beh … *beh*!« beharrte die Lehrerin.

»Aber das Wort heißt *bee*!« protestierte Barbra. »Haben Sie schon mal gehört, daß jemand ›beh‹ sagt?«

Die Lehrerin verlor die Geduld. »Singen ist nicht dasselbe wie sprechen, mein Kind.«

Barbra riß sich zusammen, beendete den Song auf ihre Art und verließ den Raum. Sie nahm nie wieder eine Gesangsstunde. »Ich wußte, daß Singen eine Erweiterung des Sprechens sein muß. Mir war klar: Ich bin Schauspielerin und muß den Song realistisch klingen lassen. Damit war mein Gesangsunterricht beendet. Es paßte mir einfach nicht.«

***

Das Engagement im *Bon Soir* bescherte Barbra ihren ersten Manager, Ted Rozar, und ihren ersten Agenten, Irvin Arthur. Nachdem er sie zwei Abende vor ihrem letzten Auftritt am 20. November gesehen hatte, ging der zweiundzwanzigjährige Rozar in ihre winzige Garderobe, teilte ihr mit, er sei »der einzige nichtjüdische Manager in der Branche«, rief: »Ich liebe Sie!« und fragte, ob sie bereits von jemandem vertreten werde.

Am folgenden Mittwoch unterzeichnete sie einen Dreijahresvertrag mit Rozar, der ihm zehn Prozent ihrer Gage zusprach, wenn sie weniger als 350 Dollar wöchentlich verdiente, und zwanzig Prozent, wenn sie mehr einnahm. Hinzu kamen fünf Prozent für Dritte, falls er für Verhandlungen außerhalb der Stadt Hilfe heranzog.

Eigentlich hätte Barbras Erfolg im *Bon Soir* ihr zahlreiche Folgeengagements sichern müssen, aber zu seiner großen Enttäuschung konnte Rozar ihr keine weiteren Auftritte verschaffen. Er schickte ein Foto und Tonbandaufnahmen von ihr an Agenten, an Broadway-Produzenten, an die größeren Clubs in Manhattan und an die lokalen Fernsehsender, aber Barbra unterschied sich einfach zu sehr von der breiten Mehrheit der erfolgreichen Sängerinnen in den späten fünfziger und frühen sechziger Jahren. Ein Agent nach dem anderen ließ Rozar wissen: »Nun gut, ja, sie hat eine nette Stimme, aber ihre Finger sind zu lang, sie fuchtelt zu viel mit den Händen herum, ihre Nase ist zu groß, ihre Frisur, ihre Kleidung …« Es gab eine Million Ausflüchte.

Nachdem jeder andere Agent in New York sie abgelehnt hatte, überredete Rozar schließlich Irvin Arthur von der Associated Booking Corporation, Streisand als Klientin zu akzeptieren. Damals vermittelte Associated Booking nur private Auftritte, und zunächst hatte Arthur auch nicht mehr Glück als Rozar, Barbra zu einem Job zu verhelfen.

Als sich das Jahr 1960 seinem Ende zuneigte, litt Barbra unter quälendem Geldmangel. Jeden Abend um halb zwölf erkundigte sie sich telefonisch bei Arthur, ob er irgend etwas für sie habe. Die Antwort lautete stets nein. Sie machte wieder Aushilfsarbeiten, kellnerte ein paar Wochen lang und arbeitete für ein paar Monate als Bürogehilfin in einer Anwaltskanzlei. Nachdem sie ein wenig von der Süße des Erfolgs gekostet hatte, war ihr die Büroarbeit nun äußerst zuwider.

Am Silvesterabend desselben Jahres hatte Barbra nichts vor, weil Barry Dennen nicht in der Stadt war. Sie rief eine Freundin an, und die beiden bestiegen die Fähre nach Staten Island. Ihre Freundin

kannte auf Staten Island einen Club, der *Townhouse* hieß. Dort angekommen, fragte Barbra nach Joe Darconte, dem Besitzer. Darconte
berichtete: »Sie erzählte mir, ihr Name sei Angelina Scarangella, und
sie komme aus Neapel. Sie sagte, drüben in Italien sei sie eine
berühmte Sängerin, und wenn ich ihr 50 Dollar bezahlte, werde sie
auf die Bühne gehen und etwas singen.

Ich sah sie an und meinte: ›Alles klar. Du bist eine Jüdin aus
Brooklyn!‹ Dann fragte ich sie, ob sie wirklich singen könne, weil
ich an dem Abend zufälligerweise gerade jemanden für einen Auftritt gebrauchen konnte. Also sagte ich: ›Gut, geh rauf und zeig mir,
was du kannst.‹

Sie sang etwa vier Songs, und natürlich war sie großartig, aber ich
hatte ein Problem. Das Mädchen, das sie mitgebracht hatte, war
schwarz. Damals gab es starke Rassenspannungen, und ich merkte,
wie die Menge sich zu empören begann. Also lenkte ich Barbras Aufmerksamkeit mitten im vierten Song auf mich und zog meine Hand
mit einer schneidenden Geste über die Kehle. – Noch acht Akkorde,
und dann runter von der Bühne!

Sie glaubte nicht, daß ich sie bezahlen würde, aber ich gab ihr die
50 Dollar, und die beiden zogen ab.«

KAPITEL 6

Das Taxi, in dem Barbra und Bob Schulenberg saßen, wuchtete sich mühsam durch den Verkehr zur Pennsylvania Station. Es war der 19. Februar 1960, und sie hatten nicht mehr viel Zeit bis zur Abfahrt des Empire State Express, der Barbra zum erstenmal aus dem Nordosten hinausbringen würde. Irvin Arthur hatte ihr ohne ein Probesingen und vor allem aufgrund seines eigenen Ansehens ein Engagement im *Back Room* des eleganten *Caucus Club*, eines Nachtclubs mit Restaurantbetrieb in Detroit, verschaffen können. Sie war ein reines Nervenbündel und wurde ständig hin und her gerissen zwischen der Vorfreude, ihren Triumph vom *Bon Soir* wiederholen zu können, und der Angst, in einer fremden Stadt so weit von zu Hause fort und allein zu sein.

Plötzlich – sie hatten nur noch wenige Minuten Zeit – sagte sie zu Schulenberg, daß sie noch an einem Drugstore halten müßten. »Barbra, wir können nicht halten, du wirst deinen Zug verpassen«, protestierte Bob. »Was mußt du denn bloß noch kaufen?«

»Meinst du, daß es in Detroit Zahnpasta gibt?«

Dreißig Stunden später – und nur vier Stunden vor ihrem Auftritt – meldete sich Barbra im Büro von Ross Chapman, dem Organisator des Clubs. »Sie hatte einen riesigen Stapel Notenblätter mit Eselsohren unter dem Arm«, entsann sich Chapman, »und sie sah – nun ja, merkwürdig aus. Ihr Haar war ungekämmt, und ihre Kleidung kann ich nicht beschreiben.«

Chapman fragte Barbra nach ihrem Alter. »Im April werde ich neunzehn«, antwortete sie. Chapman zuckte zusammen. In Michigan verlangte das Gesetz, daß Darsteller auf Nachtclub-Bühnen mindestens einundzwanzig waren. »Sie müssen lügen, was Ihr Alter betrifft«, verlangte Chapman. Dann bat er sie, in einem Nebenraum mit Matt Michaels, dem Pianisten des *Back Room*, ihre Stücke durchzugehen. Etwa zehn Minuten später kam Michaels mit kreidebleichem Gesicht zu ihm. »Mein Gott, Ross«, flüsterte er. »Dieses Weibsstück beherrscht nur *vier* Songs!«

»Ich glaube nicht, daß ich je im Leben einem Mädchen begegnet

90

bin, das unqualifizierter wirkte, um als Sängerin in einer intimen Atmosphäre aufzutreten«, meinte Michaels rückblickend. »Sie erzählte uns, daß sie elf Wochen im *Bon Soir* in New York gearbeitet habe. Ich konnte es nicht glauben. Als wir sie fragten, wie sie das mit nur vier Songs angestellt habe, antwortete sie, sie habe bei jedem Auftritt dieselben Stücke gesungen.«

Ross Chapman wies Barbra darauf hin, daß sie jeden Abend vier Auftritte hatte; dafür müsse sie mindestens elf Songs anzubieten haben. »Wie wollen Sie bis heute abend um neun sieben Songs lernen?« fragte er sie.

»Ich lerne schnell«, entgegnete Barbra.

Innerhalb der nächsten drei Stunden brachte Michaels ihr sieben Stücke bei. »Da sie keine Noten lesen konnte, spielte ich ihr die Songs einfach immer wieder vor, und Barbra prägte sie sich mechanisch ein. Danach beherrschte sie die Songs, aber sie brauchte noch zwei oder drei Wochen, um ihnen ihre eigene Note zu geben.«

Barbra brachte ihre Sachen ins Henrose Hotel, zog sich für ihren Auftritt um und kam wenige Minuten, bevor sie auf die Bühne mußte, im *Caucus Club* an. Sam Gruber, dem der Club gemeinsam mit seinem Bruder Les gehörte, packte bei ihrem Anblick schieres Entsetzen. »Sie erschien für jenen ersten Auftritt in einem Rollkragenpullover und in schwarzen Hosen. Wir mußten sie ins Hotel zurückschicken, damit sie sich ein Kleid anzog.«

Als Barbra die Bühne betrat, war sich Ross Chapman sicher, daß er einen großen Fehler gemacht hatte. »Sie hatte keinerlei Haltung«, erinnerte er sich. »Sie saß zum Singen auf einem Barhocker und spreizte dabei ihre Beine wie eine Cello-Spielerin.« Aber ihre Stimme sorgte dafür, daß Barbra das Publikum am Ende des Abends auf ihrer Seite hatte.

Sie kam stets zu spät zu ihren Shows, und ihre übliche Ausrede lautete, sie habe kein Taxi bekommen können – dabei lag ihr Hotel nur zwei Häuserblocks vom Club entfernt. Eines Abends trudelte sie so spät ein, daß ihr keine Zeit mehr zum Umziehen blieb, und so sang sie in Schneestiefeln und in einem Mantel aus Affenfell.

Sie erzählte ihrem Publikum, daß sie in der Turkei geboren worden sei und Bauchtanzunterricht gehabt habe. Immer wenn jemand sie nach ihrem Auftritt zu einem Drink einladen wollte, sagte sie, sie hätte lieber ein Sandwich mit Räucherschinken und Schweizer Käse. Sie flirtete schamlos mit einem offensichtlich verheirateten Mann, dem gutaussehenden, einen Meter neunzig großen Stan Rosenberg. Eines Abends setzte sie sich an den Tisch von Max Fisher, einem vermögenden Stahl-Magnaten, und fragte ihn: »Warum geben Sie mir nicht 10 000 Dollar, um meine Karriere zu fördern?« Fisher lachte bloß.

So überspannt und hemmungslos Barbra manchmal auch wirkte, sie beeindruckte Matt Michaels doch durch ihre Arbeitsdisziplin. »Sie arbeitete härter als jedes andere Mädchen, dem ich begegnet bin. Die Leute sprachen von der natürlichen Anmut, mit der sie ihre Hände bewege. Vieles davon war Instinkt, aber ich sah sie täglich vier bis fünf Stunden vor dem Spiegel stehen und ihre Gestik perfektionieren.« Doch trotz dieser Hingabe bezweifelte Michaels angesichts »ihrer Einstellung, ihrer Aggressivität«, daß Barbra es sonderlich weit bringen werde. »Wenn ihr die Art nicht gefiel, wie ihr das Publikum zuhörte, ging sie einfach raus. Einmal, als die Leute für ihren Geschmack zu laut waren, rief sie: ›Verdammt noch mal, haltet die Klappe!‹«

∗∗∗

Gegen Ende ihrer ersten Woche in Detroit hatte Barbra ihr Gesangsdebüt in der lokalen *Jack Harris Show*. Während der Sendung kicherte sie ständig nervös, und später gab sie zu, sie habe sich wie »eine erstklassige Närrin« verhalten. Vier Tage später erschien sie in einer anderen lokalen Rundfunksendung, die *Guest House* hieß und von Bud Guest moderiert wurde. Sie sang nicht, aber dafür erzählte sie Guest, daß sie ihr Kleid aus dem Bezugsstoff einer Couch geschneidert habe, die von ihrer Mutter ausrangiert worden sei. Als Guest ihren Namen fälschlich S-t-r-y-s-a-n-d buchstabierte, meinte sie, daß ihr diese Schreibweise gefiele.

Betty Paysner, die Presseagentin des *Caucus Club*, berichtete, daß Barbra davon gesprochen habe, »ihren Namen zu ändern. Sie wollte ihn Strysand schreiben.« Eine Zeitlang tat sie das auch. Anläßlich ihres Fernsehdebüts erschien sie in der Namensliste des *TV Guide* als Barbra Strysand.

Wie sooft im Showgeschäft, mußte Barbra erst bis nach Detroit fahren, um zum erstenmal für eine New Yorker TV-Show engagiert zu werden. Ted Rozar hatte Orson Bean, der Barbra im *Bon Soir* gesehen hatte, dazu überreden können, sie für die *Jack Paar Show* zu buchen, die Bean eine Woche lang stellvertretend moderierte. Barbra hatte nicht genug Geld, um nach New York zu fliegen; deshalb veranstaltete Les Gruber – auf die Publicity erpicht, die ihr Auftritt seinem Club einbringen würde – unter seinen Stammgästen eine Sammlung für ihr Ticket.

Paars Sendung, die später zur *Tonight Show* wurde, war damals die bedeutendste Show des Nachtprogramms. Da sie amerikaweit ausgestrahlt wurde, bildete sie eine günstige Plattform für Barbras Fernsehdebüt, das am Mittwoch abend, dem 5. April 1961, stattfand. Barbra trug ein schlichtes schwarzes Cocktailkleid und wirkte trotz der Verbreiterungseffekte, die Fernsehkameras erzeugen können, überaus grazil. Sie sang »A Sleepin' Bee« und »When the Sun Comes Out« und setzte sich dann zu Phyllis Diller, Gore Vidal, Albert Dekker und Hugh Downs aufs Podium.

»Das hier ist so *aufregend*«, platzte sie los und fuchtelte mit den Armen, während ihre Blicke durch das Studio schweiften. »Ich kann es gar nicht fassen. All diese Leute und Kameras und Scheinwerfer – und Leute! Oh!« Anschließend pries sie den *Caucus Club* und Grubers anderes Lokal, das *London Chop House*. (»Ich habe mich so darüber gefreut«, sagte Les Gruber, »daß ich ihr, als sie zurückkam, einen dicken Kuß und 100 Dollar gab.«) Sie fügte hinzu, daß sie »von der Robinson Furniture Company in Detroit eingekleidet« worden und damit »ein höchst beweglicher Anlagewert« sei.

***

Barbras Engagement im *Caucus Club* endete am 15. April. Zwei Tage später trat sie im *Crystal Palace* in St. Louis gemeinsam mit der Komikergruppe Smothers Brothers auf. »Sie wurden zu ihrer Ersatzfamilie da draußen«, erzählte Bob Schulenberg. Und schon bald entwickelte sich zwischen Barbra und Tommy – dem Albernen – eine kurze Romanze. Jay Landesman, der Besitzer des *Crystal Palace*, behauptete: »Barbra hat ausgerechnet an Tommy Smothers ihre Unschuld verloren.« (Offenbar wußte Landesman nichts von Roy Scott und Barry Dennen.) Landesman berichtete außerdem, daß er während ihres Engagements »so etwas wie eine kleine Revue für die Brüder« kreiert habe. »Barbra begann, zwischen ihren Auftritten komische Überleitungen in deren Stil einzuschieben, die ebenso lang wie meine Einführung waren. Ich fand, daß ihre schwerverdaulichen jüdischen Witze von der Stimmung der folgenden subtilen Songs sowie von der Vortragsart ablenkten.«

Landesman rief Barbra in sein Büro und forderte sie auf, ihre Einlagen zu kürzen. »Aber ich langweile mich so, wenn ich jeden Abend das gleiche mache«, antwortete sie.

»Sie sind gerade mal zwei Wochen im Geschäft, und Sie langweilen sich schon?« fragte Landesman erstaunt.

Inzwischen langweilte sich Barbra nicht nur, sondern sie hatte auch Heimweh. Von New York fort zu sein, schrieb sie Schulenberg, sei »sonderbar. Ich bin ein bißchen bedrückt. Verzeih mir.« Bob rief sie an, und die beiden sprachen neun Stunden lang miteinander. »Sie war so verletzlich. Sie konnte hart wirken, aber in Wirklichkeit versuchte sie nur, sich zu schützen. Sie versuchte lediglich, die Dinge am Laufen zu halten.«

Was das letztere betraf, war Barbra auf dem richtigen Weg. Sie gab ihre letzte Vorstellung in St. Louis am Montag, dem 8. Mai, und flog am folgenden Tag nach New York zurück. Am selben Abend eröffnete sie ihre zweite Auftrittsserie im *Bon Soir*, diesmal nach den Komikern Renee Taylor und Phil Leeds. Barbra teilte sich eine winzige Garderobe mit Taylor, ebenso ein Paar Strümpfe. Barbra zog sie an, absolvierte ihren Auftritt, kam in die Garderobe zurück, zog sie aus und gab sie Renee. Bei ihrem zweiten Auftritt am Abend machten sie es genau umgekehrt.

Zum Eröffnungsabend hatte Phil Leeds einen Freund eingeladen. Marty Erlichman war ein dunkelhaariger, aus der Bronx stammender, breitschultrig und sportlich gebauter typischer New Yorker Manager, der die irischen Folk-Sänger The Clancy Brothers vertrat. Er sollte den Auftritt seines Freundes verpassen.

»Ich wurde von Barbra einfach in den Bann gezogen«, erinnerte sich Erlichman. »Sie sang fünf Songs, und alle fünf gingen mir durch und durch. Alle anderen im Raum waren ebenfalls bezaubert – ausgenommen die Männer an meinem Tisch, bei denen es sich um Showbusineß-Leute handelte. Sie begannen, sich mitten in ihrem ersten Song zu unterhalten. Und einer von ihnen, ein Agent, sagte nach der ersten Darbietung zu mir: ›Mann o Mann, das Mädchen muß noch eine Menge lernen – man *beginnt* doch nicht mit einer Ballade.‹ Das war ein Problem in Barbras Leben: Wenn man etwas Neues einführt, unterscheidet man sich von den anderen; die meisten fürchten sich davor und verstehen es nicht.«

Als Barbra ihren Durchgang beendet hatte, eilte Erlichman hinter die Bühne und fand sie neben der Kaffeemaschine in der Küche des *Bon Soir*. Er machte ihr Komplimente und unterhielt sich mit ihr, bis sie wieder auf die Bühne mußte. Dadurch verpaßte er den Auftritt von Phil Leeds. »Ich erklärte ihr: ›Barbra, sobald Sie erst einmal im Rennen sind, werden Sie jede Auszeichnung erhalten, die dieses Geschäft zu bieten hat – den Tony, den Emmy, den Grammy, den Oscar.‹ Sie sah mich an und fragte: ›Den Oscar?‹ und ich sagte: ›Das ist der größte, denn Sie werden der größte Filmstar von allen sein.‹

Sie kicherte und sagte: ›Ich glaube auch, daß ich ein Star sein werde.‹«

Barbra mochte Erlichmans direkte – oder sogar rauhe – Art, die der ihren so ähnlich war. Er erkundigte sich, ob sie einen Manager habe. Sie erwiderte, daß sie mit Ted Rozar nicht glücklich sei, der sie wegen seiner Frau und seiner kleinen Kinder auf Tourneen nicht begleiten könne, doch sie habe einen Vertrag mit ihm. Ihre Agentur, so Marty später, drängte sie ständig, ihre Nase und ihre Kleidung zu ändern und nicht mehr »solche abseitigen Songs zu singen«. Barbra fragte Erlichman, ob er ihr raten würde, all das an sich zu verändern. Er antwortete: »Nicht das geringste« und bot ihr an, ein Jahr ohne Provision für sie zu arbeiten, um seine Fähigkeiten unter Beweis zu stellen. Das gefiel Barbra; sie versicherte Erlichman, er könne ihr Manager werden, wenn es ihr gelinge, sich aus dem Vertrag mit Rozar zu lösen.

***

Barbra machte sich auch weiterhin viele Gedanken über ihre Auftritte und ihr Publikum. Sie fragte sich, ob es sinnvoll sei, ihren Zuhörern zu erklären, woher ein neuer Song stammte, damit man ihn besser würdigen konnte. Auch trug sie sich mit dem Plan, das Publikum dadurch aufzureizen, daß sie nur der einen Hälfte der Zuschauer etwas zuflüsterte. Sie bat Jimmy Daniels, sie als »die häßliche, untalentierte, miese Barbra Streisand« vorzustellen. Und sie dachte sich eine vernichtende Entgegnung für einen Zwischenrufer aus: »Ich würde Ihnen raten, den Mund zuzumachen, aber das könnte Ihr Sexualleben ruinieren.«

Sie erörterte mit Barry die Möglichkeit, ihre Songs in Gestalt der Theatercharaktere zu singen, die sie spielen wollte: als Julia, Ophelia oder als das junge Mädchen in *The Rose Tattoo* (Die tätowierte Rose). Oder vielleicht könne sie die Abfolge ihrer Darbietungen während einer Show so aufbauen, daß sie als kleines Mädchen begann und als verbrauchte Frau endete. Allerdings befürchtete sie, daß es ihr nicht gelingen würde, glaubwürdig in die Rolle der älteren Frau zu schlüpfen, weil sie dazu noch zu jung war.

Dank Barry Dennen sollte sie jedoch schon bald in der Lage sein, zumindest bitter-schmerzliche Liebeslieder überzeugend vorzutragen. Bob Schulenberg berichtete, daß Barry sie, während er mit Barbra zusammenlebte, wie »einen Menschen zweiter Klasse« behandelt habe. Dennen verbot ihr, ans Telefon zu gehen, damit seine

Familie nicht erfuhr, daß sie zusammenlebten, und der Portier dachte, Barbra sei Barrys Cousine.

Die Beziehung begann im Mai 1961 zu zerbrechen, als Dennen nach Kalifornien fuhr, um seine Familie zu besuchen. Während der gesamten Zeit seiner Abwesenheit hatte Barbra keine Möglichkeit, mit ihm zu sprechen, und sie vermißte ihn sehr. Bob und sie bereiteten für den Abend, an dem er zurückkommen sollte, einen opulenten Empfang vor. Sie kauften Champagner und all seine Lieblingsspeisen und hinterließen eine Nachricht für ihn: »Guten Appetit, wir sind nach der Show wieder da.«

Nachdem Barbra ihren letzten Durchgang im *Bon Soir* beendet hatte, eilte sie voller Vorfreude, Barry nach so langer Zeit endlich wiederzusehen, nach Hause. Er war nicht da. »Sie fürchtete, daß er sein Flugzeug verpaßt hatte«, berichtete Bob, »aber sie durfte seine Familie nicht anrufen.« Sie warteten gemeinsam bis drei Uhr morgens, aber Barry ließ nichts von sich hören. »Das muß sehr hart für sie gewesen sein«, meinte Bob. »Sie hatte ein freudiges Wiedersehen vorbereitet, und dann wurde nichts daraus.«

Dennen blieb auch während der ganzen nächsten Woche fort, ohne sich zu melden, und Bob hatte den Eindruck, daß Barbra während dieser Zeit »all ihre Gefühle für Barry aufzehrte«. Als er schließlich zurückkam, gab sie sich aus Selbstschutz kühl-distanziert.

Ein paar Wochen später vertiefte sich Schulenbergs Eindruck, daß die Romanze zu Ende war. Während Barbra ihre Mutter besuchte, hatte Barry in seiner Wohnung einige Freunde zu Gast. Einer der Männer durchwühlte den Schrank, zog einige von Barbras Sachen an und parodierte ihre Darbietung von »Keepin' Out of Mischief Now«. »Barry fand das komisch«, erinnerte sich Schulenberg, »ich dachte: Du Schmock! Das sind ihre Sachen! Ich fand, Barry hätte aufstehen und dem Kerl eins auf die Nase geben sollen. Daher fragte ich mich, ob diese Beziehung fortbestehen könne. Und die Antwort war nein.«

Barbra empfand Barry gegenüber eine Zeitlang Bitterkeit, und sie setzte dieses Gefühl für ihre bissige Interpretation von »Cry Me a River« ein. Schulenberg wußte in dem Augenblick, in dem er sie diesen Song singen hörte: »Barbra sang von Barry – all die Bitterkeit und der Zorn. ›Now you say you're *sorry*!‹ Sie spielt in diesem Song nichts vor, sie *fühlt* es.«

***

96

Barbras Engagement im *Bon Soir* dauerte bis zum 6. Juni. Anschließend erhielt sie zunächst keine neuen Angebote. Die meisten Programm-Organisatoren, die ihretwegen angesprochen wurden, hatten nie einen Auftritt von ihr gesehen und wiederholten die übliche Litanei von Einwänden gegen sie. Sie verdiente nichts mehr, und nach ihrem Bruch mit Barry hatte sie nun auch ihre Bleibe verloren. Sie zog für ein paar Wochen wieder zu ihrer Mutter nach Brooklyn, aber sie ertrug es nicht, daß diese ständig auf sie einredete, sie solle etwas unternehmen, um eine *sichere* Stelle zu bekommen, etwas, worauf sie sich *verlassen* könne – anders als das Hin und Her in den Nachtclubs.

Sie flüchtete wieder nach Manhattan und übernachtete, wo immer sich ihr eine Gelegenheit dazu bot, zumeist auf einer Couch in den Wohnungen ihrer Freunde. Manchmal, wenn schon jemand anders den verfügbaren Schlafplatz eingenommen hatte, übernachtete sie auf dem Boden oder in der Badewanne. Schließlich gab sie in Whelan's Drug Store 12,95 Dollar für ein Klappbett aus, das sie stets mit sich herumschleppte. Auf diese Weise konnte sie immer in ihrem eigenen Bett schlafen, gleichgültig, wo sie auch landete. Eine Zeitlang ließ ein Freund sie in seinem Büro übernachten. Aber sie mußte immer warten, bis das Gebäude geschlossen war, und um acht Uhr morgens mußte sie wieder fort sein.

Schließlich konnte ihr Irvin Arthur ein weiteres Engagement vermitteln, diesmal vom 3. bis zum 16. Juli im *Town & Country Club* in Winnipeg, Ontario, und danach für einen Monat wieder im *Caucus Club*, wo sie vom 17. Juli an auftreten sollte. Mittlerweile brauchte sie derart dringend Geld, daß sie eine Stelle als Telefonistin bei Ben Sackheim annahm, einer Werbeagentur, wo ihr Bruder Sheldon in der Graphikabteilung arbeitete. »Die festangestellte Telefonistin war im Urlaub, und Barbra sollte sie vertreten«, erklärte Sheldon. »Also, während jener zwei Wochen konnte sich keiner von uns ein hinausgehendes oder hereinkommendes Gespräch vermitteln lassen. Barbra war derart gelangweilt von der Arbeit, daß sie jedem Anrufer in selbsterfundenen Fremdsprachen antwortete.«

***

Während sie bei Ben Sackheim in der Vermittlung arbeitete, gelang es Barbra, ihre Wohnsituation zu verändern. Sie hatte sich inzwischen in einem schäbigen Hotel in der Nähe des *Bon Soir* eingemietet, doch nun kam ihr Elaine Sobel, mit der zusammen sie die Schauspielschule besucht hatte, zu Hilfe. Elaine hatte eine Zweizimmerwohnung in der 34th Street, nahe der Second Avenue, bezogen, und sie bot Barbra gegen eine Mietbeteiligung einen Schlafplatz auf ihrer Couch an. »Das war sehr viel besser als die Straße oder die Badewannen«, meinte Elaine.

Dadurch, daß sie zusammen wohnten, entstand eine enge Vertrautheit zwischen Barbra und Elaine. »Wir verbrachten Stunden damit, über unsere Probleme zu sprechen – das ging bis in den frühen Morgen«, erinnerte sich Elaine. »Wir versuchten beide, unserer Vergangenheit zu entkommen. Unsere schmerzlichen Erfahrungen ähnelten sich sehr. Ich weinte oft, aber Barbra war kein Mensch, der weinte. Normalerweise redeten wir über Barbras Probleme. Sie war an meinen nie sonderlich interessiert.«

Sie sprachen ausgiebig über das andere Geschlecht. »Sie wollte von mir etwas über die Männer wissen, aber ich war in der Beziehung inzwischen nicht mehr erfahrener als sie. Manchmal erzählte sie mir etwas über irgendeinen Mann, der ihr gefiel, und sie fragte mich dann: ›Meinst du, daß er nett ist?‹ … weniger: ›Meinst du, daß er talentiert ist?‹ Barbra seufzte oft: ›Werde ich je einen Kerl kriegen? Meinst du, daß einer dieses Gesicht lieben könnte?‹«

Eines Tages gingen die beiden Wohngenossinnen zusammen in Jean Genets skandalumwittertes Stück *Der Balkon*, und Barbra erkannte Stanley Beck, der sie in Malden Bridge so interessant gefunden hatte, in der Rolle des Scharfrichters. Sie ging hinter die Bühne, und die beiden begannen nach diesem Wiedersehen, sich zu treffen. »Barbra erzählte mir, sie könne gar nicht fassen, wie gut Stanley gebaut sei«, berichtete Elaine, »aber sie hatte ihm gegenüber ziemlich ambivalente Gefühle. Wenn er da war, schien er ihr nicht viel zu bedeuten, aber wenn er fort war, vermißte sie ihn. Jedenfalls erzählte sie mir, er sei *so* gut gebaut, daß sie sich für den Fall, daß sie der Versuchung nachgab, vorsichtshalber ein Diaphragma gekauft habe.«

Barbra war auch von Stanleys Einblick in ihren Charakter beeindruckt. »Stanley sagte ihr, daß sie sich selbst nicht mochte«, erklärte Elaine, »und daß sie es daher nicht akzeptieren könne, wenn jemand anders sie möge. Er sagte, daß dies der Grund dafür sei, warum sie sich zu Männern hingezogen fühle, die ihr keine Beachtung schenkten, denn die bestätigten ihr, daß sie nichts wert sei. Sie sagte zu mir: ›Kann sein, daß er recht hat. Ich weiß es nicht.‹«

Das größte Problem, das Elaine mit Barbra hatte, betraf die Hausarbeit. »Sie hatte keinen Sinn für Haushaltsdinge. Sie kochte nie, kein einziges Mal, sondern bediente sich immer vom Essen und den

Getränken der anderen.« Elaine bemerkte außerdem, daß Barbra »brutal« sein konnte: »Sie ließ sich durch nichts aufhalten. Manchmal überrollte sie arglose Menschen einfach. Sie konnte gedankenlos sein – zum Beispiel rief sie nicht zurück oder bezahlte ihren Teil an der Telefonrechnung nicht rechtzeitig oder gab mir meinen Mantel nicht zurück, den sie sich ausgeliehen hatte. Aber wenn sie selbst etwas wollte, dann hieß es immer: ›*sofort!*‹«

Barbra und Elaine verbrachten viel Zeit vor dem Spiegel. »Sie bezeichnete sich selbst als Mieskeit und meinte: ›Wer zum Teufel will mich?‹ Sie betrachtete mich und sagte: ›Du bist schön, Elaine. Sieh mal deine Nase an!‹ Ich gehörte zu den ersten, die ihr rieten: ›Ändere bloß deine Nase nicht!‹ Barbra hatte kein Selbstbewußtsein. Sie fragte ständig: ›Meinst du, daß dies richtig ist? Glaubst du, daß dies gut ist? Was meinst du?‹ Immer und immer wieder. Ich erzählte ihr, daß ich, wenn mich etwas tief berührt, auf meiner linken Seite ein Kribbeln bekomme. Ich nannte es ›Schauer der Wahrheit‹. Und als ich einmal hörte, wie sie im Badezimmer ein paar Töne anstimmte, begann meine linke Seite wie wild zu jucken. Ich rief zu ihr rüber: ›Es passiert, es passiert!‹«

Wenn Barbra danach etwas sang, erkundigte sie sich immer bei Elaine: »Kribbelt es?«

***

Barbras Engagement in Auby Galperns *Town & Country Club* in Winnipeg wurde zum Desaster. Vielleicht lag es daran, daß sie so weit von zu Hause fort war, jedenfalls hatte sich Barbra entschlossen, in Kanada so schockierend und experimentierfreudig wie nur möglich aufzutreten. Laut Marie Lawrence, einer Kellnerin in dem Club, eröffnete Barbra ihren ersten Abend in einem grellfarbenen Gewand, das wie ein Sarong aussah. Ihre Füße steckten in Riemchensandaletten, und außerdem trug sie Bongos bei sich. »Sie begann, die Bongos zu spielen, und dazu sang sie monoton in einer Fremdsprache. Sie beugte den Körper vor, bis sie den Boden berührte, wobei ihr Haar mit ihren Bewegungen auf und ab flog.

Mr. Galpern tobte. Er konnte das Ende der Show kaum abwarten. Die Leute saßen bloß da und starrten sie wie hypnotisiert an. Es war ein älteres, jüdisches Publikum, und sie wußten nicht, was sie von der Sache halten sollten. Mr. Galpern sagte zu ihr, wenn sie ihren Kleidungs- und Gesangsstil nicht ändere, solle sie sich auf dem schnellsten Wege wieder nach Hause scheren. Daraufhin änderte sie ihren

Stil – manchmal sang sie jiddische Lieder –, aber Mr. Galpern sah sich kaum einen ihrer Auftritte an.«

Gene Telpner, ein Kritiker der *Winnipeg Sun*, erinnerte sich, daß Galpern Barbras Art, sich zu kleiden, nicht ausstehen konnte. »Sie trug Sachen, die man vielleicht für den Hausputz anziehen würde. Es war erstaunlich. Das stieß eine Menge Leute ab. Sie war arm, sie wohnte beim Christlichen Verein Junger Mädchen, aber Galpern hatte dafür wenig Verständnis. Er ermahnte sie dauernd, sich etwas Anständiges anzuziehen, und sie beachtete ihn einfach nicht.«

Nach Aussage von Auby Galperns Bruder Myer steckte mehr dahinter. »Er war später nur höflich, wenn er sagte, daß es an ihrer Kleidung lag; in Wirklichkeit lag es an ihrem Slip. Sie trug einen Slip, den man sehen konnte, und er war schmutzig. Sie hatte ihn jeden Tag an und wusch ihn nie. Er wußte nicht, wie er es ihr sagen sollte. Schließlich tat er es, und sie war beleidigt.«

All das hätte man ihr vielleicht noch verziehen, wenn Barbra bei ihrem Publikum besser angekommen wäre. Sie fand, wie sie Elaine Sobel erzählte, die Kanadier seien »ein griesgrämlicher Haufen – emotionslos und langweilig«. Allerdings beneidete sie die Mädchen, denen sie begegnete, weil alle eine gute Beziehung zu ihren Eltern zu haben schienen. »Ich wünschte, ich wäre auch so. Das macht mich sehr traurig.«

Auby Galpern suchte nach einem Anlaß, Barbra zu feuern, und er fand ihn eine Woche nach ihrem ersten Auftritt, als sie nach vier Songs einfach von der Bühne stolzierte, weil das Publikum nicht zur Ruhe kam. Galpern forderte sie auf, ihre Sachen zu packen und zu verschwinden. Barbra mochte es nicht glauben. Am nächsten Tag schrieb sie Elaine Sobel: »Ich weiß nicht, ob ich wirklich gefeuert worden bin, aber ich glaube, ja.« – Es war das einzige Mal in Barbras Leben, daß ihr ein Engagement als Entertainerin gekündigt wurde.

Sam Galpern, ein weiterer Bruder von Auby, wies auf den eigentlichen Grund für Barbras Entlassung hin. »Auby hat anderen Leuten nie von dem Problem mit Barbras Slip erzählt. Niemand sollte erfahren, daß er einen Superstar wegen dessen schmutziger Unterwäsche gefeuert hatte.«

Neun Jahre später, als Barbra in Ottawa bei Kanadas Premierminister Pierre Trudeau zu Gast war, wurde sie von einem Reporter aus Winnipeg über ihren damaligen Aufenthalt in der Stadt befragt.

»Ich bin nie in Winnipeg gewesen«, antwortete Barbra.

»Doch, das sind Sie. Sie haben in Auby Galperns *Town & Country Club* gesungen.«

»Ich kenne keinen Auby Galpern«, beharrte sie und wandte sich ab.

***

Barbras dritter (und letzter) Aufenthalt in Detroit war weit erfolgreicher. Nach Winnipeg dürfte sie sich im *Caucus Club* wie zu Hause gefühlt haben. Sie wohnte im Hotel Wolverine, das ungleich besser als der Christliche Verein Junger Mädchen war, und wurde während ihres vierwöchigen Engagements, das vom 17. Juli bis zum 12. August dauerte, von alten Freunden und neuen Fans begeistert aufgenommen.

Barbra bat Elaine Sobel in einem Brief aus Detroit um Rat: Sie sei sich nicht sicher, was von ihr erwartet werde, wenn ein Mann sie nach der Show ausführe. Was solle sie tun? »Ihn mit raufkommen lassen? Ihn küssen? Mit ihm ins Bett gehen?« Wenn sie einen Mann mit auf ihr Zimmer nehme, wisse sie nicht, wie sie ihn zum Gehen bewegen könne, falls sie zu dem Urteil kam, daß er »nett, aber nicht großartig« sei: »Ich weiß nie, wann ich sagen soll: Jetzt reicht's.«

Noch in Detroit schaffte es Barbra, sich aus ihrem Vertrag mit Ted Rozar zu befreien; ihre Agentur lieh ihr 700 Dollar, um »ihn auszukaufen«, wie sie es formulierte. Rozar behauptete jedoch, daß Barbra ihm das Geld noch als Provision geschuldet habe. Das Hauptproblem zwischen ihnen habe darin bestanden, daß sie jemanden brauchte, »der immer da war und der eher als Privatsekretär fungierte denn als Manager. Bei Barbra mußte man immer viel Händchen halten.«

Barbra rief Marty Erlichman an, der sich in San Francisco aufhielt, und teilte ihm mit, daß er eine neue Klientin habe. Sie unterzeichneten nie einen Vertrag, und vierunddreißig Jahre später, nach einer zehnjährigen Trennung zwischen 1977 und 1986, war Erlichman noch immer Barbras Manager.

Eine Sache allerdings mußte mit Rozar noch erledigt werden. Barbra hatte mehrere Koffer mit Kleidungsstücken in seinem Büro deponiert, und sie erzählte Freunden, daß er sie als Pfand einbehalten habe, bis er bezahlt werde. Rozar hingegen beteuert, daß sie die Koffer jederzeit hätte abholen können. »Ihre Garderobe war damals nicht das Geringste wert!«

Dennoch hatte Barbra, so Rozar, als sie vor seiner Tür auftauchte, »einen großen, fetten Kerl« neben sich. Sie verlangte: »Ich will meine Sachen!«

»Vermutlich sollte ich durch diesen Gorilla eingeschüchtert

werden«, meinte Rozar. »Ich antwortete bloß: ›Gut, hier stehen sie.‹ Zu dem Kerl sagte ich: ›Eigentlich sollte ich dich hochkantig rausschmeißen.‹ Darauf er: ›Ich bin Anwalt, und wenn Sie mich anfassen, verklage ich Sie auf 500 Dollar pro Schlag.‹ Ich lachte nur. Schließlich hätte ich das Arschloch wegen Hausfriedensbruchs erschießen können. Ich habe keine Ahnung, warum sie glaubte, diesen Lakaien mitbringen zu müssen, denn ich war längst bezahlt worden.«

***

Marty Erlichman brauchte nicht lange, um Barbra seinen Wert zu beweisen. Von Anfang an war er bereit, ihrer Karriere seine gesamte Energie zu widmen und ihre Hand so oft wie nötig zu halten, damit sie nicht aus dem Gleichgewicht geriet. Und er ließ es nicht zu, daß man Barbra zu nahe trat. Als Abel Greene, der einflußreiche Besitzer der Showbusineß-Bibel *Variety*, schrieb, Streisand solle einen »Schnauzen-Schnitt« erwägen, explodierte Marty. Er ließ sich nicht davon abhalten, Greene anzurufen. »Würden Sie Ihrer eigenen Tochter so etwas antun?« polterte er auf den überraschten Verleger ein. »Sie können Nasenoperation oder Nasenkorrektur sagen, aber wie kommen Sie dazu, ›Schnauzen-Schnitt‹ zu schreiben? Das ist vulgär und geschmacklos.« Greene entschuldigte sich, wenn auch nicht in seinem Blatt.

Erlichman besaß sehr wenig Geld und kein Büro. Barbra erzählte später, daß seine Zentrale eine Telefonzelle in der 53rd Street und sein Kapital eine Tasche voller Zehncentstücke gewesen sei. Das war zur Hälfte ernst gemeint. Was Erlichman allerdings im Überfluß besaß, waren sein Glaube an Barbra Streisand sowie die unerschütterliche Bereitschaft, Tag und Nacht durch die Gegend zu laufen und die Trommel für sie zu rühren. Martys möglicherweise wichtigster Beitrag zu Barbras Karriere war sein Beharren darauf, daß nur das Beste gut genug für sie sei. »Ich habe Barbra immer wie einen Star behandelt«, berichtete er, »nicht indem ich Limousinen für sie bereitstellte, sondern indem ich Entscheidungen für sie traf, als *wäre* sie ein Star: keine Abstriche und die Forderung an jeden, sie bestens zu behandeln.«

Marty war der Auffassung, es sei höchste Zeit für Barbra, vom *Bon Soir* in eines der eleganteren Nachtlokale am Rand von Manhattan überzuwechseln. Eines der feudalsten war Herbert Jacobys *Blue Angel* in der 55th Street unweit der Third Avenue, ein strahlender Hort des Intellektualismus mit einem rot ausgeschlagenen Eingang, den Berühmtheiten wie Tallulah Bankhead, Beatrice Lillie oder Truman Capote besuchten, um Pearl Bailey, Eartha Kitt, Johnny Mathis und andere Spitzengrößen des Showgeschäfts zu erleben.

Barbra hatte Jacoby bereits am 27. März vorgesungen, aber sie war für seinen Geschmack »zu merkwürdig« gewesen. Ende August bedrängte Erlichman ihn, einen zweiten Blick auf Barbra zu werfen, und schließlich ließ er sich erweichen. Im September sang sie wieder vor, wobei ihre Songs gemäßigter und ihre Aufmachung eleganter waren. Diesmal gefiel sie Jacoby, und er gab Barbra für November ein zweiwöchiges Engagement.

***

Das sei phantastisch, meinte Barbra zu Erlichman, aber am liebsten wolle sie auf die Theaterbühne zurückkehren. Nach einigen Absagen gelang es ihm, ihr einen Vorsprechtermin für *Another Evening with Harry Stones* zu verschaffen, eine respektlose, verrückte Off-Broadway-Revue, deren Musik von dem frechen fünfundzwanzigjährigen Newcomer Jeff Harris stammte. Frank Loesser, der Komponist von *Guys and Dolls* (Schwere Jungs, leichte Mädchen), war einer der Geldgeber der Show. Harris hatte seinen Star bereits gefunden: Diana Sands, die schöne schwarze Schauspielerin, die am Broadway als dynamische Tochter in *A Raisin in the Sun* (Ein Fleck in der Sonne) einen Riesenerfolg gelandet hatte. »Es war eine Anti-Revue«, erklärte Harris. »In den Sketchen wurde einfach alles verulkt.«

Harris und sein Regisseur, G. Adam Jordan, baten Barbra zweimal um eine Probedarbietung. »Beide Male kam sie mit Marty Erlichman«, erinnerte sich Harris. »Marty trug bei beiden Terminen denselben Anzug; er hatte ein Loch im linken Ärmel.« Barbras Gesang allerdings beeindruckte Harris sehr. »Sie war ohne Frage auf dem Weg nach oben, eindeutig begabt und sehr ungewöhnlich.« Abba Bogin, der musikalische Leiter, fand Barbras Stimme »aufsehenerregend« und ihre Persönlichkeit »komisch, verrückt. Man fragte sie etwas, und sie hatte eine lustige Antwort parat. Das war ideal für die Show.«

Dennoch lehnten Harris und Jordan sie zunächst ab. Sie hielten Barbra in erster Linie für eine Sängerin, nicht für eine Schauspielerin. Das Stück enthielt jedoch nur eine begrenzte Zahl von Gesangseinlagen, und die meisten waren für Susan Belink vorgemerkt, die als Opernsängerin Susan Belling berühmt werden sollte. Die übrigen Mitwirkenden – neben Diana Sands gehörten Dom DeLuise, Sheila

Copelan, Virgil Curry, Kenny Adams und Ben Keller dazu – waren alle ernste oder komische Darsteller.

Die Suche nach einem vierten Mädchen zur Komplettierung des Ensembles ging weiter, aber Harris und Jordan stellten fest, daß ihnen Barbra Streisand nicht aus dem Kopf gehen wollte. Schließlich baten sie Barbra zu der bereits erwähnten zweiten Anhörung und waren erneut von ihr beeindruckt. Da die Show nicht genug Songs für Barbra Streisand enthielt, beschloß Harris, noch einige zusätzlich zu komponieren.

Abba Bogin berichtete, man habe Marty Erlichman spontan mitgeteilt, daß man Barbra engagieren wolle. Allerdings gab es noch ein Problem: »Wir klärten ihn über die Konditionen auf. Sie waren grausam. Schließlich handelte es sich um eine Off-Broadway-Show. Es gab praktisch kein Geld. [Barbra sollte 37,50 Dollar die Woche als Gage bekommen.] Aber wir boten ihr eine Chance, in einer wichtigen Revue mitzuwirken, eine Chance, *gesehen* zu werden.«

Harry Stoones enthielt achtunddreißig Sketche, Songs und komische Blackouts, deren Niveau von schülerhaft bis brillant reichte. In vierzehn trat Barbra auf, davon waren drei Solo-Einlagen, wobei Harris zwei von ihnen – »Jersey« und »Value« – speziell für sie geschrieben hatte. In »Jersey« beklagte sie die Tatsache, daß ihr Freund aus New York in die tiefe, dunkle Wildnis des »Gartenstaates« gezogen war. »Es handelte sich dabei um eine überlaute Dschungelszene direkt aus dem Kino«, erklärte Harris. »Sie sorgt sich wegen all der Gefahren, die einem in Jersey drohen können, und man hört die Dschungelrhythmen von Eingeborenen. Dann entschließt sie sich, ihm hinterherzufahren – selbst wenn es sie das Leben kosten sollte – und ihn da rauszuholen.« In »Value« vergleicht Barbra auf komische Weise die Finanzen und Autos ihrer beiden reichen Freunde Harold Mengert und Arnie Fleischer.

Was die Sketche anging, so spielte Barbra in einer Ballettparodie auf *Peter Pan* eine trampelige Wendy, außerdem ein Indianermädchen zur Zeit der Entdeckung Amerikas durch Kolumbus und eine unscheinbare Sekretärin, die während eines langweiligen Diktats plötzlich aufsteht, ihren (von Dom DeLuise gespielten) Chef schmachtend ansieht und ihren Rock fallen läßt.

Another Evening with Harry Stones hatte nach fünfwöchigen Proben und zweiwöchigen Voraufführungen am Sonntag abend, dem 21. Oktober 1961, Premiere. Im Eröffnungssketch, »Carnival in Capri«, rannte das gesamte Ensemble auf die Bühne, rief: »Hallo, auf Wiedersehen und danke!«, und rannte dann wieder hinter den Vorhang, während die Lichter ausgingen. Das paßte auf unselige Weise, denn die Show erlebte keine zweite Aufführung. Die Kritiken, die am Montag morgen in der *New York Times* (»nicht direkt unerträglich, allerdings auch nicht sonderlich anregend«) und im *Herald Tribune* (»unreif ... zu durchschaubar, um inspiriert zu wirken«) erschienen, reichten aus, um der nur mit geringen Mitteln ausgestatteten Show den Todesstoß zu versetzen, bevor später unter anderem im *New Yorker* und in *Women's Wear Daily* positive Besprechungen erschienen.

Barbras Kritiken waren ausnahmslos gut. »Barbra Streisand ist eine schlanke, extravagante Komödiantin mit trockenem Humor und einem ausgezeichneten Gespür dafür, wie man hintersinnige Gags plaziert«, fand der Rezensent von *Variety*. Und Michael Smith urteilte in *Village Voice*: »Barbra Streisand kann eine lyrische Melodie vortragen und sich gleichzeitig gekonnt selbst veralbern.«

Nach der Show hatte Jeff Harris die gesamte Besetzung zu einer improvisierten Party in seine Wohnung am Riverside Drive eingeladen. »Alle kamen bis auf Barbra. Es war recht bedrückend wegen der Kritiken. Alle zogen ab, und ich wollte gerade ins Bett gehen, da klingelte es an der Tür. – Es war Barbra. Sie hatte ein Roggenbrot mitgebracht und war über alle Maßen stolz, weil es frisch gebacken und in Scheiben geschnitten war. Das stellten wir uns damals unter Luxus vor. Ich mußte ihr erklären, daß die Party zu Ende war – in mehr als einer Beziehung.«

***

Am 16. November trat Barbra im *Blue Angel* auf. Als sie an jenem Donnerstag im Club ankam, ermahnte Herbert Jacoby sie eindringlich, *kultiviert* aufzutreten – sie sei hier schließlich nicht in Greenwich Village. »Keine Angst, ich bin kultiviert«, antwortete Barbra. »Ich werde mit einem Stück von Cole Porter schließen.«

In ihrem schlichten schwarzen Cocktailkleid sah Barbra zweifellos kultivierter aus als früher im *Bon Soir*. Aber wie sich herausstellte, handelte es sich bei dem Cole-Porter-Stück um das unverschämte Liedchen »Come to the Supermarket in Old Peking«. Barbra sang ausgelassen über das seltsame Warenhaus, in dem man »Torten aus Magenmuskeln, Eidechsenkuchen, eingelegten Aal, eingelegte Schlangen, einfach alles!« kaufen konnte.

Wie immer fesselte sie die Zuhörer mit ihrer schönen Stimme und ihrem »verrückten« Material. Barbra hatte im *Blue Angel* einen Bombenerfolg, und Jacoby verlängerte ihr zweiwöchiges Engagement auf einen Monat. Ihr Erfolg bewies, daß die Streisand bei einem »erlesenen« Publikum ebenso ankam wie bei einer vorwiegend homosexuellen Zuhörerschaft und Leuten, die sich für besonders »cool« hielten.

Obwohl Barbra ihr jüngster Durchbruch in der Nachtclub-Szene behagte, war ihr Blick noch immer fest auf die Bühne gerichtet. Am Morgen des Tages, an dem sie zum erstenmal im *Blue Angel* auftrat, ging sie zu einer Anhörprobe für *I Can Get It for You Wholesale*. Dabei handelte es sich um ein Broadway-Musical, das von David Merrick, dem begehrten Produzenten von *Gypsy* und vielen anderen Hits, geleitet werden sollte.

Diese Anhörprobe sollte in die Bühnengeschichte eingehen und nicht nur zu Barbras erster Broadway-Show, sondern auch zu ihrer Ehe führen. Zugleich war es der Anfang eines der phänomenalsten Aufstiege zum Superstar in der Geschichte des Showbusineß.

II.

Jede Menge Talent

»Manche haben's nicht,
nicht die Spur,
aber ich hab' jede Menge Talent.«
Barbra als Fanny Brice in
Funny Girl

KAPITEL 7

Eine Stimme verkündete: »Miss Barbra Streisand«, während Barbra im grellen Arbeitslicht der Deckenbeleuchtung über die Bühne des St. James Theater ging. Sie trug einen schmuddeligen, honigfarbenen Persianermantel aus den zwanziger Jahren mit einem dicken Rand aus Fuchspelz an Saum und Kragen, den sie für zehn Dollar erstanden hatte. Ihre Füße steckten in verschmutzten Tennis-Schuhen, und ihr ungewaschenes Haar quoll in verfilzten Strähnen unter ihrer wollenen Strickmütze hervor. Dazu kaute sie wie wild auf ihrem Kaugummi.

Außerdem hatte sie einen hellroten Plastikkoffer bei sich, der mit Notenblättern vollgestopft war, und als sie das Klavier erreichte, fiel ihr der Koffer aus der Hand. Er landete mit einem lauten Knall auf dem Boden und platzte auf, so daß die Notenblätter vor die Füße ihres musikalischen Begleiters Peter Daniels geschleudert wurden. »Ach herrje«, rief sie und sprang auf das Durcheinander zu. Während sie sich ruckartig bückte, rutschte ihr ihre Tasche von der Schulter, und der Riemen verheddere sich im Ärmel ihres Mantels.

Schließlich hatte sie es geschafft und wandte sich dem amüsierten Publikum zu: dem Regisseur der Show, Arthur Laurents, dem Autor Jerome Weidman, und dem Komponisten Harold Rome. »Hören Sie, mein Name ist Barbra Streisand. Mit nur zwei ›a‹s. Im Vornamen, meine ich. Um genau zu sein: Das zweite in der Mitte, wer braucht das schon. Also, was soll ich Ihnen vorsingen?«

Der erste Gedanke der Anwesenden war gewesen: »O Gott, da kommt wieder eine Verliererin«, aber inzwischen lachten sie laut. Dieses Mädchen war faszinierend, eine echte Persönlichkeit.

»Was is' los mit Ihnen, sind Sie tot oder so? Ich hab' Sie gefragt, was ich Ihnen vorsingen soll.«

»Können Sie denn singen?« wollte Laurents wissen.

»Ob ich singen kann?« Sie rollte ihre Augen in Richtung Deckenbeleuchtung und wieder zurück. »Wenn ich nicht singen könnte, würde ich dann die Frechheit besitzen, in solch einem Ding wie diesem Mantel hier bei Ihnen aufzutauchen?«

»Okay, dann singen Sie!«

»Singen Sie!« Sie wandte sich wieder der Deckenbeleuchtung zu, als wolle sie sagen: Ist denn das zu fassen? »Selbst zu einem Musikautomaten sagt man nicht einfach: Sing. Erst muß man einen Knopf drücken, auf dem der Titel des Songs steht. Was soll ich denn bitte singen?«

»Irgend etwas.«

Barbra drehte sich zu Peter Daniels hin. »Spielen Sie das oberste.« Dann blickte sie wieder in den Zuschauerraum, wo neben den Chefs verschiedene Assistenten saßen, während Marty Erlichman allein hinten in der achten Reihe Platz genommen hatte. »Hören Sie«, rief sie. »Ich bin echt müde. Bin gestern abend ziemlich spät ins Bett gekommen. Kann ich das hier machen, während ich da drüben auf'm Stuhl sitze?« Sie zeigte auf einen Bürostuhl mit Rollen.

»Klar, tun Sie, was Sie wollen«, antwortete Laurents.

»Klasse!« Sie ließ sich auf den Stuhl fallen, zog ihre Schuhe aus, nahm den Kaugummi aus dem Mund und klebte ihn unter den Stuhl. Inzwischen konnten sich die Anwesenden vor Lachen kaum noch halten. Dann legte sie mit »Value« los und verglich die Autos und Bankkonten von Harold Mengert und Arnie Fleischer, während sie mit ihrem Stuhl über die Bühne rollte.

Als sie fertig war, applaudierten Laurents, Weidman und Rome begeistert. »Es ist vielleicht nicht gerade der komischste Song, der je geschrieben wurde«, meinte Weidman, »aber durch das Schielen, den Pelzmantel, die Gestik und die Stimmbänder von Miss Streisand wirkte er zweifellos so.«

Noch immer lachend, fragte Laurents: »Haben Sie auch eine Ballade drauf?«

»Ob *ich* eine Ballade drauf habe?« Als sie den beliebten, wehmütigen Song »I Stayed Too Long at the Fair« beendet hatte, war das gesamte kreative Team von *I Can Get It for You Wholesale* sprachlos. Harold Rome beugte sich zu Arthur Laurents hinüber und flüsterte ihm zu: »Ist sie nicht Spitze?«

»Sie ist umwerfend«, nickte Laurents. »Aber was sollen wir mit ihr anfangen? Sie kann nicht die Naive spielen, und Miss Marmelstein ist fünfzig Jahre alt.«

»Vielleicht braucht Miss Marmelstein ja nicht fünfzig Jahre alt zu sein«, schlug Rome vor. »So, wie dieses Mädchen aussieht, würden ihr die Leute die alte Jungfer abnehmen. Sie könnte jedes Alter haben.«

Laurents dachte einen Moment nach. »Sie soll noch mal kommen, damit Merrick sie sehen kann.« Er bat Barbra, am Nachmittag zurückzukehren.

»Ach je, ich weiß nicht, ob das geht.« Sie hielt ihre Hand über die Augen und suchte nach Marty Erlichman. »Marty, wann ist mein Friseurtermin?«

»Um zwei.«

»Verstehn Sie, ich muß mir das Haar machen lassen, weil ich heute Abend meinen ersten Auftritt im *Blue Angel* hab'. Ich sing' da. Vielleicht haben Sie ja Lust, da hinzukommen und mich zu sehn.« Sie versprach jedoch, um vier Uhr nachmittags wieder im Theater zu sein.

Nachdem sie gegangen war, bat Arthur Laurents seinen Assistenten Ashley Feinstein, unter Barbras Stuhl nach dem Kaugummi zu suchen. Wie er vermutet hatte, war keiner mehr da. »Sie besaß die Gabe, sich etwas auszudenken, und es dann, wenn sie es ausführte, spontan wirken zu lassen«, sagte Laurents.

Als Barbra wiederkam, fragte sie sofort alle, wie ihnen ihr Haar gefiel. Alle meinten, es sehe wunderschön aus. Diesmal saß auch David Merrick im Zuschauerraum, und Barbra sang fünf Songs. Anschließend bemerkte sie Marty gegenüber: »Ich glaube nicht, daß ich ihnen gefallen habe.« Aber sie hatte allen gefallen – bis auf Merrick. Er fand sie häßlich, wie er Laurents mitteilte, und »zu seltsam«.

Laurents, Rome und Weidman gingen an jenem Abend in den *Blue Angel* – ohne Merrick. Danach baten sie Barbra zu vier weiteren Vorsingterminen und versuchten immer wieder, Merrick davon zu überzeugen, daß sie die richtige Besetzung für die Rolle war. Schließlich beugte sich Merrick dem Urteil seines kreativen Teams, und am Tag nach Thanksgiving teilten sie Barbra mit, daß sie ihre Miss Marmelstein sein würde. Barbra Streisand sollte endlich ihr Broadway-Debüt in einer erstklassigen Produktion und mit einer Gage von 150 Dollar die Woche feiern. »Wahnsinn«, rief sie. »Jetzt kann ich mir ein Telefon leisten.«

***

Das Musical *I Can Get It for You Wholesale* basiert auf einem 1937 veröffentlichen Roman von Jerome Weidman. Es handelt davon, wie der rücksichtslose, opportunistische Harry Bogen Ende der dreißiger Jahre an die Spitze der Bekleidungsindustrie aufsteigt, sowie davon, wie er die Beziehung zu seiner Mutter, seinem Partner und seiner Freundin strapaziert.

Einem neuen David-Merrick-Musical schien der Erfolg fast sicher zu sein, denn 1960 hatte Merrick gleichzeitig sechs außerordentlich erfolgreiche Shows laufen. Arthur Laurents, der die Libretti für zwei der damals größten Hits am Broadway, *Gypsy* und *West Side Story*, geschrieben hatte, sollte diesmal sein Debüt als Regisseur geben. Und Harold Rome, der auf fünfundzwanzig Jahre Broadway-Erfahrung zurückblicken konnte, hatte 1937 mit den 1108 Aufführungen seines munteren Lobgesangs auf die Gewerkschaften der Bekleidungsindustrie, *Pins and Needles*, den Rekord für die am längsten laufende Broadway-Show um mehr als das Doppelte überboten.

Die Hauptrolle als Harry Bogen spielte der dreiundzwanzigjährige Elliott Gould, der sich bis dahin nur im Chor von *Rumpole*, *Say, Darling* und *Irma La Douce* (Das Mädchen Irma la Douce) hervorgetan hatte. Zur Besetzung gehörten außerdem noch Lillian Roth als Bogens Mutter, Jack Kruschen als sein Chef, Marilyn Cooper als seine Freundin und Sheree North als Prostituierte, mit der er sich insgeheim vergnügte.

Am ersten Probentag saß Barbra zusammen mit den anderen Schauspielern im Halbkreis, damit alle das Stück zum erstenmal gemeinsam mit verteilten Rollen lesen konnten. Dabei bemerkte Jerome Weidman, daß Barbra damit beschäftigt war, eifrig etwas zu schreiben. Als die Lesung beendet war, lief sie zu David Powers hinüber, der die Pressearbeit für die Show machte, hielt ihm ein Stück Papier unter die Nase und begann ein lebhaftes Gespräch mit ihm. Weidman schlenderte zu ihnen hin, und Powers reichte ihm das Blatt. »Sehen Sie mal, was das gute Kind hier mir gegeben hat.«

Powers hatte alle Mitspieler gebeten, einen kurzen Lebenslauf für *Playbill*, die Programmzeitschrift des Theaters, zu verfassen, doch Barbras Opus erfüllte ihn mit großer Skepsis: »Barbra Streisand ist neunzehn Jahre alt; sie wurde in Madagaskar geboren und wuchs in Rangun heran, besuchte die Erasmus Hall High School in Brooklyn und trat in dem nur einmal aufgeführten Off-Broadway-Stück *Another Evening with Harry Stones* auf ... Sie ist kein Mitglied des Actors' Studio.«

»War es heiß in Madagaskar?« fragte Weidman Barbra.

»Wie zum Teufel soll ich das wissen? Ich bin nie an dem verfluchten Ort gewesen.«

Nach einigem Hin und Her konnte Barbra durchsetzen, daß ihre getürkte Biographie in *Playbill* abgedruckt wurde. »Ich habe mir gedacht, daß das Publikum das lesen würde, bevor ich auftrat, und dadurch stärker auf mich aufmerksam werden würde«, begründete sie ihre Fälschung. »Ich spielte die Rolle eines Mädchens aus Brooklyn. Wie langweilig hätte es geklungen, wenn da gestanden hätte, daß ich aus Brooklyn komme.«

Im weiteren Verlauf der Proben machte das Ensemble von *I Can Get It for You Wholesale* die Erfahrung, daß Barbra alles andere als langweilig war. Zuweilen trieb sie Arthur Laurents fast zur Weißglut, weil sie sich oft ganz anders verhielt, als man es von einer jungen Schauspielerin erwarten durfte, die ihre erste große Chance in einem bedeutendem Broadway-Musical erhielt. Zum Beispiel erschien sie wiederholt verspätet zu den Proben, ebenso zu den Aufführungen außerhalb der Stadt, und auch die scharfen Verwarnungen durch den Inspizienten sowie durch Laurents fruchteten nicht.

Nachdem sie erwiesenermaßen achtunddreißigmal zu spät gekommen war, reichte Merrick schließlich bei Actors' Equity eine Beschwerde gegen sie ein. Der Feuilletonist Sidney Fields berichtete, sie habe ihn, während sie sich auf ihr Erscheinen vor der Kommission des Schauspielerverbandes vorbereitete, gefragt, »was ich von einer Liste ausgetüftelter Alibis hielt, die sie sich als Entschuldigung für ihr Zuspätkommen zurechtgelegt hatte«. Fields riet ihr, nicht zu lügen, sondern sich lieber zu entschuldigen und zu versprechen, daß sie sich nie wieder verspäten würde. Vermutlich befolgte sie seinen Rat.

Elaine Sobel erinnerte sich an zumindest einen der Gründe für Barbras Verspätungen. »Sie hatte einen Termin bei David Merrick. Aber sie saß an unserem Schminktisch und starrte in den Spiegel. Ich sagte: ›Barbra, du wirst zu spät kommen. Du kannst einen Mann wie David Merrick nicht warten lassen.‹ Sie meinte nur: ›Ja, ich weiß. Er wird schon warten.‹«

***

Barbra war fest entschlossen, ihre Rolle als Miss Marmelstein völlig eigenständig umzusetzen. »Ich hörte mir an, was man von mir verlangte«, berichtete sie, »und ich protestierte. Ich wurde beinahe gefeuert, aber schließlich machte ich es so, wie ich es wollte. Ich brauchte keine Hilfe.«

Eine Meinungsverschiedenheit zwischen Arthur Laurents und Barbra entstand wegen ihres einzigen Gesangsolos, der komischen Klage der sich abrackernden Miss Marmelstein darüber, daß niemand sie »Bubele« oder »Zuckerpuppe« nennt. Barbra wollte während dieser Nummer auf einem Drehstuhl mit Rollen sitzen, wie

113

sie es bei der Anhörprobe getan hatte, als sie »Value« vorsang. Laurents hingegen wünschte, daß sie im Stehen sang. Doch bei ihrer ersten Probe griff Barbra sich den Stuhl, machte es sich darauf bequem und begann mit ihrem Song, bevor Laurents sie stoppen konnte.

Als sie fertig war, verlangte Laurents, sie sollte das Stück wiederholen – diesmal im Stehen. Sie tat es, aber ihr zweiter Auftritt wirkte lieblos-mechanisch, und Laurents explodierte vor Wut. Er putzte sie in Gegenwart der anderen Ensemblemitglieder herunter, und Jerome Weidman erinnerte sich, daß er tiefes Mitleid mit ihr empfand. »Da saß sie nun, mit gesenktem Kopf, und verbarg ihr Gesicht hinter einem Vorhang aus zerwühlten Haaren, während ihre im Schoß liegenden Hände zuckten. Der Anblick des Leidens von Miss Streisand erfüllte mich mit so viel Mitgefühl und Entsetzen, daß ich kein Wort hervorbringen konnte und wie angewurzelt dastand.«

Nachdem Laurents seine Standpauke beendet hatte, ging Weidman zu Barbra hinüber und meinte: »Tut mir leid, Kleine.«

»Hör mal, Jerry«, entgegnete sie, »was hältst du denn hiervon?« Ihre Hände hatten nur deshalb gezuckt, weil sie mit Bleistift in der Grundrißskizze ihrer gerade neu gemieteten Wohnung etwas eingezeichnet hatte. »Hier will ich die Couch hinstellen«, meinte sie, ohne hochzusehen, »aber der Kamin ist an der Wand da. Wo zum Teufel würdest du die Couch hinstellen?«

Gegen Ende der Proben drängte Barbra jedem einen Zettel auf. »Ich habe in meiner neuen Wohnung gerade einen Telefonanschluß bekommen«, verkündete sie. »Ruft mich an!« An jenem Abend klingelte das Telefon nur einmal. Eine männliche Stimme meldete sich und sagte: »Du wolltest doch, daß dich jemand anruft. Ich wollte dir nur sagen, daß du heute großartig warst. Hier spricht Elliott Gould.« Bevor Barbra etwas erwidern konnte, hatte er schon aufgelegt. Später sagte er, daß sie ihn in der Rolle der Miss Marmelstein an seine Mutter erinnert habe.

***

Während der Testaufführungen in Philadelphia bemerkte das Ensemble zum erstenmal, daß zwischen Barbra und dem großen, dunkelhaarigen, bärenhaften Hauptdarsteller der Show etwas im Gange war. Wilma Curley, eine Revuetänzerin, erzählte, daß Barbra häufig von der falschen Seite her die Bühne betrat, was die anderen Schauspieler aus dem Konzept brachte. »Harold Lang ging beispielsweise zu einer Tür und rief nach Miss Marmelstein, und sie kam von der entgegengesetzten Seite herein. Er wurde ziemlich wütend, weil das sein ganzes Timing und seine Bewegungsabläufe durcheinanderbrachte.«

Nach einiger Zeit merkten die Ensemblemitglieder, daß Barbra immer aus der Richtung von Elliotts Garderobe auf die Bühne kam, die auf der gegenüberliegenden Seite von ihrer eigenen lag. »Wir dachten: ›Aha, sie ist in Elliotts Garderobe‹«, erinnerte sich Wilma. »Wir waren ein wenig überrascht, weil er vorher mit Marilyn Cooper gegangen war. Sie war nicht sonderlich erfreut, als Barbra zwischen sie trat. Marilyn sagte zu mir: ›Ich mag diesen Burschen wirklich, aber Barbra hat es darauf angelegt, ihn zu kriegen.‹ Und natürlich kriegte sie ihn.«

Anfangs mochte Barbra Elliott nicht, und er war zunächst zu schüchtern, um die Initiative zu ergreifen und sie um ein Rendezvous zu bitten. Aber er begleitete sie nach den Proben zur Subway. Als er sie dann doch um eine Verabredung bat, dachte Barbra zunächst, »daß er Spaß machte, weil er dauernd herumalberte und verrückte Dinge tat. Ich mußte immer lachen, wenn Elliott in der Nähe war.« Ihre Verabredung bestand aus einem gemeinsamen Dinner mit Kaffee nach einer bis in die späten Abendstunden dauernden Probe. Sie unterhielten sich bis in die frühen Morgenstunden. Und allmählich öffnete Elliott ihr sein Herz.

Barbra war überrascht, wie sehr sie einander ähnelten. Es war eine Ähnlichkeit, die weit über Äußerlichkeiten wie ihren Beruf, ihren jüdischen Glauben und ihre Brooklyner Kindheit hinausging. Elliott besaß wenig Selbstvertrauen; während seiner ganzen Kindheit hatte er unter der Überzeugung gelitten, »einen fetten Hintern« zu haben, und sich gewünscht, so auszusehen wie Robert Wagner. Es war ihm schon immer schwergefallen, pünktlich zu sein. Er hatte Jerry Lewis bewundert und den Komiker zu dessen Platten nachgeahmt. Und er war vor dem heißen Brooklyner Sommer ins Kino geflohen. »Ich hatte Schuldgefühle, daß ich die ganze Zeit da verbrachte, statt andere Dinge zu tun, aber es war für mich so etwas wie eine heilige Zufluchtsstätte.«

Vor allem benötigte er eine Zuflucht vor der erdrückenden Atmosphäre der Zweieinhalbzimmerwohnung, die er mit seinen Eltern Bernard und Lucille Goldstein im südwestlichen Flatbush-Bezirk Bensonhurst teilte. Dort hatte er elf Jahre lang mit seinen Eltern im selben Raum schlafen und ihre ständig sich verschärfenden Streitereien mit anhören müssen. »Die meisten meiner psychischen Probleme entstanden in jener Wohnung«, erklärte er dem *Playboy* 1970. »Das ist der Ort, an dem ich am verletzlichsten war, wo ich begann, schüchtern und gehemmt zu werden … Ich hätte liebend gern einen Baseballschläger genommen und einfach jede Wand und jedes Bord und alles andere darin kaputtgeschlagen.«

Er hätte ebensogut von Barbra und Louis Kind und Apartment 4G sprechen können. Doch so sehr ihre Gemeinsamkeiten Barbra auch anzogen, am stärksten faszinierte sie ein zentraler Unterschied zwischen ihnen: Von seinem neunten Lebensjahr an hatte Elliott Goldstein seine Kindheit singend und tanzend verbracht, denn seine ehrgeizige Mutter hatte ihn zum Unterricht und zu Vorsprech- und Vorsingterminen gedrängt. Er war im Fernsehen aufgetreten (seine Mutter hatte vorher, ohne es ihm zu sagen, seinen Namen geändert, »weil es sich besser anhörte«), und mit dreizehn hatte er auf der Bühne von New Yorks legendärem Palace Theater gestanden und in einem Varieté-Stück mitgespielt – als singender Hotelpage.

»Oh, das muß wunderbar gewesen sein«, meinte Barbra spontan.

»Ich habe jede Minute gehaßt«, antwortete er.

»Wieso denn das?« Es lag außerhalb von Barbras Vorstellungsvermögen, daß jemand das gehaßt haben konnte, wonach sie sich als Mädchen so sehr gesehnt hatte.

Elliott erklärte ihr, daß er keine Wahl gehabt habe, daß er ständig nur gedrängt, gedrängt und nochmals gedrängt worden sei. Er hatte nie einen wirklichen Ehrgeiz verspürt, auf der Bühne zu stehen. Aber nun war er mit dreiundzwanzig der Hauptdarsteller einer Broadway-Show, und es erstaunte Barbra, daß Elliott und sie diesen Punkt auf so unterschiedlichen Wegen erreicht hatten.

Je häufiger sie miteinander sprachen, um so mehr verliebte sich Barbra in ihn. Dieses Gefühl beruhte auf Gegenseitigkeit. »Ich war von ihr fasziniert«, berichtete Elliott. »Sie muß beschützt werden. Sie ist ein sehr verletzliches kleines Mädchen. Sie läßt sich nicht so ohne weiteres auf eine Beziehung ein, aber sie mochte mich.« Ebenso wie Roy Scott vier Jahre zuvor, hielt Elliott Barbra für »etwas ganz Kostbares. Sie war das unschuldigste Ding, dem ich je begegnet bin, wie eine schöne Blume, die noch nicht erblüht war.«

»Ich begann, etwas für den Kerl zu empfinden, und es erschreckte mich fast zu Tode«, erinnerte sich Barbra. »Ich merkte, wie ich dauernd Blödsinn redete … Eines Abends ging ich sogar mit halb geschminktem Gesicht auf die Bühne … Ich glaube, ich hatte mich verliebt.« Am Tag der Premiere von *Wholesale* in Philadelphia schickte Barbra Elliott eine Nachricht: »An meinen heimlichen Geliebten«.

116

Sie waren noch nicht intim miteinander gewesen, doch das sollte sich ein paar Tage später ändern.

War Elliott noch unschuldig? Das hängt davon ab, welche seiner Geschichten man glauben will. In einem Interview erzählte Elliott, er sei mit vierzehn »zum Mann geworden«, und zwar mit Hilfe eines sehr dicken Mädchens, das einen Hüftgürtel trug und auf ihm eingeschlafen sei. In einem anderen Interview berichtete er, er habe seine erste sexuelle Erfahrung 1958 – mit neunzehn Jahren – in einem Bostoner Hotelzimmer gemacht. Aber in einem Entwurf für seine Autobiographie, die unter New Yorker Verlegern kursierte, behauptete Elliott, daß er Barbra seine Jungfräulichkeit in einem Zimmer des Bellevue Stratford Hotel in Philadelphia »geschenkt« habe.

»Barbra war diejenige, die ich ausgewählt hatte«, schrieb er. »Ich war erregt, aber ich hatte Angst.« Ausgerechnet in dem Moment, als er und Barbra gerade auf den Höhepunkt zusteuerten, so Elliott, seien ein paar seiner Freunde aufgetaucht. »Ich versuchte gerade, zum Mann zu werden, und diese Kerle hämmerten an die Tür. Ich öffnete nicht. Dies war mein Augenblick, und niemand durfte ihn mir rauben.«

Falls Elliott ein sexueller Anfänger war, dann holten er und Barbra die verlorene Zeit offenbar nach. Sie verbrachten den größten Teil ihrer Freizeit in seinem Zimmer, und ihr Treiben störte Wilma Curley, die nebenan wohnte. »Wenn ich zu schlafen versuchte, quietschte ihr Bett dauernd laut los«, erinnerte sie sich. »Einmal mußte ich rausgehen, an ihre Tür klopfen und ihnen sagen, daß sie's runterschrauben sollten. Eines Nachts hörte ich, wie Barbra an die Tür pochte und schrie, er solle sie wieder reinlassen. Ich sah raus, und da war sie, splitterfasernackt. Schließlich ließ er sie wieder rein.

Sie waren wie Schulkinder. Sie bewarfen sich in Restaurants mit Essen, sie kicherten die ganze Zeit, und er sperrte sie aus seinem Zimmer aus. Keiner von uns dachte, daß sie eine Affäre hatten – es war nicht reif genug für eine Affäre.«

***

Arthur Laurents bezweifelte vor allem, daß Barbra reif genug war, um eine Broadway-Darstellerin zu werden. Er hatte ihr bei der Sache mit dem Stuhl nachgegeben, und als sie während der Premiere in Philadelphia auf den Rollen ihres Stuhles über die Bühne wirbelte, während sie »Miss Marmelstein« sang, und dafür stürmischen Applaus erntete, gab er mit Freuden zu, daß sie recht gehabt hatte. Aber am nächsten Abend änderte sie ihre Intonation, ihre Bewegungen, ihr Timing, und Laurents war wütend. »Ich habe dem Regisseur eine Menge Probleme gemacht«, räumte Barbra später ein. »Er bestand darauf, genau festzulegen, wie ich etwas tun sollte. Ich kann auf diese Weise nicht arbeiten. ... Ich empfinde es als äußerst schwierig, irgend etwas ein zweites Mal genau so zu wiederholen.«

Aber Beständigkeit ist natürlich das Wesen des Theaters – ohne sie herrscht Anarchie –, und Laurents griff durch. »Sie wußte nicht sehr viel über die Schauspielerei«, erinnerte er sich. »Sie war sehr undiszipliniert. Sie ließ sich was einfallen, aber es kam ihr nie in den Sinn, daß Einfälle etwas für die Proben sind, nicht für die Aufführungen. Sie brachte die anderen Schauspieler aus dem Konzept. Ich mußte sie unmittelbar vor unserer Premiere in New York zusammenstauchen, und von dem Zeitpunkt an verhielt sie sich verläßlich und beständig.«

Doch das änderte nichts daran, daß Barbras Engagement nach David Merricks Meinung keineswegs gesichert war – und Elliotts ebensowenig. »Ich hatte jeden Abend heftige Auseinandersetzungen mit Merrick«, berichtete Laurents. »Er wollte sie feuern, weil er beide unattraktiv und Barbra keineswegs komisch fand.«

Laurents dagegen fand Barbra komisch. »Wir gaben ihr bei den musikalischen Einlagen immer mehr zu tun und stellten sie im Rahmen der Gruppenauftritte heraus. Nach einiger Zeit war Merrick Barbras wegen nicht mehr allzu besorgt, weil sie nicht die Hauptrolle spielte. Aber Elliott tat das, und er wollte, daß ich ihn rauswarf.«

Die Kritiken, die Elliott für die Testaufführungen außerhalb New Yorks bekam, halfen ihm auch nicht gerade. Die meisten Kritiker monierten seinen Gesang und die abstoßenden Züge der von ihm verkörperten Gestalt. »Ich war schrecklich unerfahren und zu angespannt«, gab Elliott zu. Merrick bearbeitete Laurents mit unverminderter Beharrlichkeit, Gould zu entlassen. »In Philadelphia und Boston schleppte Merrick auch weiterhin jeden bedeutenden Darsteller [als Ersatz für Gould] an, den es in der Stadt gab«, berichtete Laurents, aber er ließ sich nicht beirren. »Ich fand ihn gut für diese Rolle. Als Merrick schließlich sagte, daß er selbst Elliott feuern wolle, drohte ich mit meiner Kündigung. Elliott blieb.«

***

Elf Wochen nach der ersten Probe feierte *I Can Get It for You Wholesale* am Donnerstag, dem 22. März 1962, im Shubert Theater in der West 44th Street Premiere. Barbra hatte ihren eindrucksvollsten Auftritt nach etwa zehn Minuten im zweiten Akt. Sie war zuvor im ersten Akt nur kurz in zwei Musiknummern erschienen, aber nun sauste sie effektvoll auf ihrem Drehstuhl mit ausgestreckten Armen und Beinen über die Bühnenbretter. In ihrem hochtoupierten Haar steckte ein Bleistift, und ihr Gesicht war von einem riesigen weißen Kragen eingerahmt, so daß sie aussah wie das Modell für ein Porträt von Holbein dem Jüngeren.

Barbra brachte den Stuhl in der Mitte der Bühne zum Stehen, indem sie die Füße vor sich auf den Boden rammte. Dann ließ sie ihren Kopf in ihre Hände sinken und sah flehend ins Publikum, während die Musik zu spielen begann. »Oh, *warum* ist es immer Miss Marmelstein?« schluchzte sie mit unverfälschtem Brooklyner Akzent.

Das Mädchen, das nicht gewollt hatte, daß man über sie lachte, sorgte nun dafür, daß sich die Zuschauer vor Lachen bogen. Sie war lustig; sie war rührend; sie wimmerte, sie zog Grimassen, sie erhob die Stimme. Das Publikum lachte mit ihr, fühlte mit ihr mit, betete sie an. Als sie schließlich niedergeschmettert zum Schluß kam und hervorstieß: »Ooooh, ich könnte *PLATZEN*!«, sprangen alle auf, um ihr zuzujubeln und für volle drei Minuten zu applaudieren – eine Ewigkeit im Theater. Sie hatte einen Durchbruch geschafft. In diesem Augenblick – um einundzwanzig Uhr fünfunddreißig am vierten Donnerstag im März 1962 – wurde Barbra Streisand zum Broadway-Star.

Die am Freitagmorgen erschienenen Rezensionen deckten das gesamte Spektrum von euphorischen Lobeshymnen bis hin zu Verrissen ab. Die meisten Kritiker fanden die Story und ihren Helden widerwärtig, aber Barbras Auftritt erntete einhellige Begeisterung. John Simon von *Theatre Arts*, der sich später vernichtend über Barbras Aussehen und ihren Charakter äußern sollte, pries ihre »tschechowsche herzzerreißende Fröhlichkeit. Mit einem Gesicht ausgestattet, das die Züge eines ängstlichen jungen Windhundes oder eines erschöpften Talmudgelehrten nachzuahmen vermag, … ist sie auch fähig, das Klagelied des unverbesserlichen Aschenbrödels mit Trompetenstimme zu schmettern.«

Innerhalb weniger Wochen bezeichnete das Magazin *Life* Barbra in einem Leitartikel als eine der Broadway-Sensationen des Jahres 1962, *Mademoiselle* kürte sie zu einer »vielversprechenden Erfolgskandidatin«, der *New Yorker* nannte sie einen »aufsteigenden Star« und brachte ein Interview mit ihr. Darin prahlte Barbra, daß sie im Erdgeschoß des größten Bostoner Warenhauses ein auf 12,50 Dollar heruntergezeichnetes 100-Dollar-Kleid erstanden habe. Sie sprach auch über ihre Mutter, und zwar völlig offen. »Sie kam zur Premiere von *Wholesale*, aber ich glaube nicht, daß sie verstanden hat, was ich mit meiner Darstellung beabsichtigte. Warum sollte sie auch? An mir interessiert sie nur, ob ich genug esse und ob ich warm genug angezogen bin. Sie ist ein sehr einfacher Mensch, der sich weder für intellektuelle Dinge noch für das Theater interessiert. Sie lebt und atmet.«

Elaine Sobel hatte Barbras Mutter vom Theater zur Premierenparty im *Sardi's* begleitet. Unterwegs wandte sie sich an die ältere Frau und meinte: »Sie müssen sehr stolz sein – Ihre Tochter ist ein Broadway-Star.«

»Ja, das ist schön«, antwortete Diana. »Aber ich glaube noch immer, daß sie besser abgesichert wäre, wenn sie in einer Schule arbeiten würde – als *richtige* Sekretärin.«

***

Das Schwert ihres neuen Erfolges war, wie sooft, zweischneidig. »Ich war das verhaßteste Mädchen am Broadway«, erzählte Barbra. »Elliott war der einzige in der Show, der mich mochte. Niemand konnte begreifen, wieso ein Mädchen wie ich plötzlich all diese Lobeshymnen erntete. Jeder erwartet, daß man sich erst einmal durch siebzig Stücke durchrackert, bevor man es schafft.«

Daß Barbra so unbeliebt war, hatte allerdings in Wirklichkeit weniger mit ihrem Erfolg als mit ihrem Verhalten zu tun. Ihr ständiges Zuspätkommen und ihre unberechenbaren Auftritte verärgerten das Ensemble, und ihre gelegentliche Unbedachtheit entnervte sie. Wilma Curley erinnerte sich, daß eines Tages einige Schminkutensilien in ihrer Garderobe fehlten. »Wer hat meine Sachen?« brüllte sie in den Gang.

»Oh, ich habe sie«, rief Barbra. »Ich hab' sie gebraucht.«

»Sie wollte sie, sie brauchte sie, sie nahm sie«, meinte Wilma. »Es war keine große Geschichte, aber es ärgerte mich, weil sie jemanden geholt hatte, der ihr die Tür zu meiner Garderobe öffnete. Und sie gab nie etwas zurück, wenn man nicht darum bat. Sie war selbstsüchtig. Immer hieß es ich, ich, ich.«

Barbra war bereits zur Zielscheibe gehässiger Bemerkungen geworden. Auf einer Cocktailparty, an der auch Elliott und Barbra teilnahmen, erklärte eine junge Dame jedem, der es hören wollte: »Barbra Streisand findet ihre Brust zu platt, darum hat sie das Oberteil ihres Kleides mit Seidenpapier ausgestopft – man kann es knistern hören. Geht hin und seht es euch an!«

Die Feindseligkeiten der Ensemblemitglieder von *Wholesale* gegenüber Barbra vertieften sich fraglos, nachdem sie als einzige von ihnen für den begehrten Antoinette Perry Award, den »Tony«, nominiert worden war. Bei der Verleihungszeremonie am 29. April im Ballsaal des Hotels Waldorf-Astoria konkurrierte sie um die Auszeichnung als beste Nebendarstellerin in einem Musical mit Elizabeth Allen aus *The Gay Life*, Barbara Harris aus der Revue *From the Second City* und Phyllis Newman aus *Subways Are for Sleeping*, der anderen neuen, ebenfalls von David Merrick produzierten Show.

Die Gewinnerin war Phyllis Newman, und die Vorhersage von Marty Erlichman, daß Barbra jede wichtige Auszeichnung erhalten werde, erfüllte sich noch nicht.

Warum gewann Barbra, die in jenem Jahr von allen Broadway-Anfängern eindeutig den nachhaltigsten Eindruck hinterlassen hatte, nicht den Tony? Zum einen war es nicht gerade vorteilhaft für sie, daß *Wholesale* ihre erste Show war; sie hatte völlig recht gehabt mit der Annahme, daß viele Menschen lieber jemanden ehren, der schon ein gewisses Pflichtpensum absolviert hat. Und die Kunde von dem Verweis, den Actors' Equity Barbra wegen ihres wiederholten Zuspätkommens erteilt hatte, war sicher auch nicht gerade förderlich.

Aber Barbra bekam den New York Drama Critics' Circle Award und den Löwenanteil des Beifalls und der Publicity jener Broadway-Saison. Außerdem bekam sie den Hauptdarsteller: Kurz nach der Premiere von *Wholesale* zog Elliott in Barbras Apartment in der Third Avenue.

***

Es war eine winzige Zweizimmerwohnung ohne warmes Wasser. Durch das einzige Fenster des Wohnzimmers blickte man direkt auf eine Ziegelmauer. Die Badewanne stand mitten in der Küche, und der Boden war so uneben, daß Besucher das Gefühl hatten, sie hätten Schlagseite. Außerdem gab es keine Schränke. Barbra machte das alles nichts aus. Die Miete betrug nur 67,20 Dollar im Monat, und zum erstenmal hatte sie nun selbst eine Wohnung.

Es muß sich um einen höchst merkwürdigen Ort gehandelt haben. »Der Geruch!« rief Elaine Sobel. »Und die Klamotten, die überall hingen!« Ein enger Freund von Barbra und Elliott war nur zu einer anonymen Auskunft bereit und sagte, es sei »die schmutzigste Wohnung gewesen, die ich je gesehen habe. Furchtbar, furchtbar dreckig. Ich ging manchmal hin, um mit Elliott Karten zu spielen, und ich zog ihn damit auf, daß ich fragte: ›Wo zum Teufel fickst du dieses Mädchen?‹ Denn sie schliefen auf einem *Klappbett.* Zu zweit! Und Elliott ist ein großer Kerl. Sie hatten keinen Bezug für die Matratze oder so was. Mein Gott! Und ihre Vorstellung von Kunst bestand darin, daß sie sich einen Toilettensitz an die Wand hängte.«

Wenn sie oder Elliott baden wollten, mußten sie vorher stundenlang vier große Töpfe mit Wasser auf dem Herd kochen. Meistens bedeckten sie die klauenfüßige Badewanne mit einem Stück Sperrholz und stapelten Berge schmutzigen Geschirrs darauf, um Platz auf dem Tisch zu schaffen.

Im Wohnzimmer hingen Federboas von Tiffany-Lampenschirmen herab, und an vergoldeten, leeren Bilderrahmen baumelten perlenbestickte Beutel. Als Eßtisch diente das hölzerne Gestell einer alten Nähmaschine.

Jeff Harris, der Schöpfer von *Harry Stones*, erinnerte sich: »Sie hatte da so ein merkwürdiges Ding, das wie eine Sauerstoffmaske aus dem Zweiten Weltkrieg aussah. Bis heute bin ich mir nicht sicher, was es war.« Im Schlafzimmer stand eine hölzerne Zahnarzt-Vitrine mit Dutzenden von schmalen Schubladen, in denen Notenblätter, Modeschmuck, Gürtelschnallen und Stoffmuster steckten. In einem Apothekerglas wurden Barbras aufklebbare Schönheitspflaster verwahrt. Und das Badezimmer hatte Barbra mit Fotocollagen, Artikeln, Anzeigen und Worten oder Sätzen tapeziert, die sie aus Zeitungen oder Magazinen ausgeschnitten und dann mit einem glänzenden durchsichtigen Lack übermalt hatte. Ihre Gäste verweilten ausgesprochen lange in diesem Raum – um zu lesen.

Solch eine Art der Ausstattung war nicht nach jedermanns Geschmack, aber Elliott gefiel sie über alle Maßen. Ihm war, als wären Barbra und er Hänsel und Gretel, die sich in einem Hexenhaus versteckt hatten. »Die glücklichsten Erinnerungen, die ich an Barbra habe, stammen aus der Zeit unseres Zusammenlebens vor unserer Ehe. Es war wirklich sehr romantisch.« Die beiden arbeiteten zusammen, lebten zusammen und vergnügten sich zusammen – »wie Kinder in einem Baumhaus«, meinte ein Freund. Sie sahen sich nächtliche Horrorfilme in einem launischen, alten Fernseher an. Und auf Barbras Nähmaschine verschlangen sie Swansons Tiefkühlgerichte mit Huhn und große Portionen von Breyers Kaffee-Eis; spätabends gab es dann koschere Salami, Matze und Salzhering.

»Ich wollte für Barbra sorgen«, erklärte Elliott. »Jeden Morgen weckte ich sie und sagte: ›Barbra, komm, iß deine Hühnersuppe.‹«

Eines Nachts, als die beiden auf ihrem Klappbett schliefen, hörte Elliott »ein furchterregendes Quieken und Kratzen. Es hörte sich an wie eine elefantengroße Ratte. Ich sah unter der Wanne nach und erblickte einen Schwanz, der fast einen Meter lang war. ... Ich schloß die Tür und rief die Feuerwehr an.« Die konnte ihnen nicht helfen, und nachdem sie den Rest der Nacht in einem Hotel zugebracht hatten, lernten die beiden, mit ihrem ungebetenen Gast zu leben, den sie Gonzola tauften.

»Wir lachten oft darüber«, sagte Elliott. »Ich blicke mit tiefster Zärtlichkeit auf die Third Avenue zurück.«

***

Wie sehr er sich auch bemühte, es gelang Marty Erlichman nicht, Barbra einen Schallplattenvertrag zu besorgen. Seit Herbst 1961 hatte er die Chefs aller Plattenfirmen in New York gedrängt, sich Barbra anzuhören. Er legte nie ein Band bei, sondern bestand darauf, daß man sie persönlich vorsingen ließ.

Barbra stiefelte in die Büros von Columbia, RCA oder Capitol Records, begleitet von einem Trio, das Marty rasch zusammengestellt hatte: Peter Daniels am Klavier, Barbras Bassist vom *Bon Soir* und Bobby Shorts als Schlagzeuger. Sie sang zwei oder drei Stücke, normalerweise »A Sleepin' Bee«, »I Stayed Too Long at the Fair« und »When the Sun Comes Out«.

Die Reaktionen waren stets die gleichen. »Sie hat eine schöne Stimme«, ließen die Bosse Marty wissen, »aber sie eignet sich eher für den Broadway als für Schallplatten, und ganz sicher entsprechen ihre Stimme und ihre Songs nicht dem, was im Augenblick gefragt ist. Wir glauben nicht, daß sich ihre Schallplatten verkaufen.« Vor allem jedoch erwartete man von einem neuen Sänger, daß er oder sie zuvor drei oder vier erfolgreiche Singles herausgebracht hatte, bevor man bereit war, ein ganzes Album zu produzieren. Da Barbras Aussehen und Sound so ungewöhnlich waren, konnte sich niemand vorstellen, daß Singles von ihr erfolgreich sein würden.

Genau jene Elemente, die Barbras Auftritte in einem Nachtclub zu solch einem unvergeßlichen Erlebnis machten – ihr aus dem Rahmen fallendes Material, ihre jazzige Verspieltheit, ihre Dramatik –, sprachen nach Ansicht der Verantwortlichen bei den Plattenfirmen gegen sie. Die populären Gesangskünstler jener Zeit waren einschmeichelnde, harmlose, gefällige Balladensänger. Die nicht zum Rock 'n' Roll gehörenden Singles, die sich am besten verkauften, waren schön gesungene, melodische Balladen wie »Moon River« oder »A Taste

123

of Honey«. Und das persönliche Vorsingen schadete Barbra möglicherweise eher, als daß es ihr half. Sie sah nicht gerade wie Patti Page oder Julie London oder Doris Day aus, und ihre manchmal schrille Art stieß die kleinkarierten Traditionalisten, zu denen die meisten Chefs der Plattenfirmen zählten, eher ab.

Marty hatte es sich fest in den Kopf gesetzt, daß Barbra ihre Platten bei Columbia produzieren sollte, dem Rolls-Royce unter den Plattenfirmen. Nachdem sie dem Präsidenten des Unternehmens, Goddard Lieberson, vorgesungen hatte, spielte Marty ein Band vor, das er von seiner Klientin im *Bon Soir* aufgenommen hatte. »Hören Sie sich den Applaus an«, insistierte er. »Sie waren hingerissen von ihr. Sie gaben ihr stehende Ovationen, schenkten ihr Blumen – alles, was man sich vorstellen kann.« Er bat Lieberson, das Band zu behalten und es sich anzuhören, »wenn das Telefon nicht klingelt«.

Lieberson hörte es sich an, und dann spielte er es anderen im Unternehmen vor. Sie bestätigten seinen spontanen Eindruck: Barbra war zu eigenwillig. Sicher, sie begeisterte das Publikum im *Bon Soir*, aber das waren New Yorker Intellektuelle, und viele von ihnen waren außerdem noch homosexuell. Um eine lohnende Zahl von Platten zu verkaufen, mußte Barbra dem breiten amerikanischen Publikum gefallen, und Lieberson glaubte nicht, daß dies der Fall sein würde. In einem kurzen Brief teilte er ihr mit, sie habe eine schöne Stimme, doch er traue ihr nicht jenes kommerzielle Potential zu, das die Realitäten des Musikmarktes erforderten.

Kurz nach Barbras Bewerbung für *Wholesale* schickte Arthur Laurents Lieberson – ohne Wissen von Barbra oder Marty – ein kurzes Schreiben, in dem er den Columbia-Chef drängte, sie unter Vertrag zu nehmen. Lieberson bat Marty, noch einmal mit Barbra vorbeizukommen, und diesmal ließ er im Columbia-Studio B in der Seventh Avenue 799 eine Bandaufnahme machen, um feststellen zu können, wie sie sich in einem professionellen Rahmen anhörte. Aber er fand noch immer, daß sie zu exzentrisch sei.

Trotzdem erschien Barbra schon bald auf zwei Plattenalben von Columbia, denn die Firma war auf Broadway-Aufführungen spezialisiert. Am Sonntag, dem 1. April, traf sich Barbra mit den übrigen Ensemblemitgliedern von *Wholesale* zur Plattenaufnahme. Sie kam wie üblich zu spät und trug Jeans, einen schmuddeligen Sweater und schmutzige Turnschuhe. Als sie Lieberson erblickte, ging sie schnurstracks auf ihn zu: »Goddard! Goddard! Ich habe eine tolle Idee für das Album!«

Marty und Barbra hofften, daß das *Wholesale*-Album Liebersons

Meinung hinsichtlich eines Vertragsabschlusses ändern würde, aber die Partitur von Harold Rome trug wenig dazu bei, die besonderen Qualitäten von Streisands Stimme hervorzuheben. Denn während »Miss Marmelstein« ihr Talent zur Komik und ihre Fähigkeit, schmetternd zu singen, hinreichend belegte, waren die Schönheit, Spannweite und Reinheit, die ihre Stimme auszeichneten, nicht erkennbar.

Zu Barbras Mitwirkung in einem zweiten Album – einer Jubiläumsausgabe zur Fünfundzwanzigjahrfeier von Romes erstem großen Erfolg, *Pins and Needles* – kam es gegen Liebersons Widerstand. Rome war fest davon überzeugt, daß sie genau die Richtige war, und drohte, ohne Barbra die ganze Aufnahme platzen zu lassen. Lieberson gab nach, und Romes Gespür erwies sich als richtig. Die muntere, fröhliche Partitur verschaffte Barbra einige herrlich komische Auftritte, die in den Zuhörern den Wunsch weckten, sich die Show am Broadway erneut anzusehen. Möglicherweise wäre sie erfolgreicher als *Wholesale* geworden und hätte Barbra zu einer noch größeren Sensation werden lassen.

Nach *Pins and Needles* und der stürmischen Publicity, die Barbras Triumph in *Wholesale* begleitet hatte, boten sowohl Capitol als auch Atlantic Marty einen Vertrag an. Er lehnte ab. »Die erste Plattenfirma, die sie unter Vertrag nehmen wollte, war Atlantic«, erinnerte er sich, »aber die machten vor allem Jazz. Ich erklärte ihnen, ... daß sich Alben von ihr hervorragend verkaufen könnten und daß Columbia als bester Alben-Produzent mein Wunschkandidat sei. Zu Capitol sagte ich das gleiche. Es war schwierig, dies zu tun – Angebote abzulehnen, nachdem wir so lange gewartet hatten, denn keiner von uns hatte Geld. Aber wir fanden beide, daß es lohnender war, auf den Besten zu warten, als bloß, weil wir Hunger hatten, gleich das erste Angebot anzunehmen.«

Um Streisand im Gespräch zu halten – und um sicherzugehen, daß »Miss Marmelstein« sie nicht auf den Rollentyp der jüdischen Komikerin festlegte –, verschaffte Erlichman ihr vom 22. Mai an erneut ein zweiwöchiges Engagement im *Bon Soir*. Diesmal stand sie an der Spitze des Programms und wurde als »Barbra *(I Can Get It for You Wholesale)* Streisand« angekündigt. Jeden Abend nach der Show sorgte Marty dafür, daß draußen vor dem Theater um dreiundzwanzig Uhr dreißig ein Taxi auf sie wartete und sie nach Hause fuhr.

Am 29. Mai trat Barbra im Fernsehen in der beliebten, zur Hauptsendezeit ausgestrahlten *Garry Moore Show* auf. In einem eleganten schwarzen Cocktailkleid schritt sie auf einen Balkon und sang eine höchst stimmungsvolle, hinreißende Interpretation von »When the Sun Comes Out«. Später, während eines auf 1929 datierten Teils der Show mit dem Titel »Jenes wundervolle Jahr« trug sie eine schleppende, ironische Version der normalerweise schnell gespielten Erkennungsmelodie der Demokratischen Partei, »Happy Days Are Here Again«, vor. Dabei spielte sie eine reiche Frau, die all ihr Geld durch den Börsenkrach verloren hatte. Mit erzwungener Fröhlichkeit saß sie in einer leeren Bar und bezahlte jedes neue Glas Champagner mit ihren Ohrringen, Ringen und Armbändern.

Außerdem erschien Barbra von April bis Juni fünfmal in *P. M. East*; einer dieser Auftritte brachte für sie schließlich die Wende bei Columbia. Marty Erlichman hatte David Kapralik, den regen Direktor der Künstler- und Repertoireabteilung bei Columbia, monatelang gedrängt, sich Barbras Show anzusehen, weil er hoffte, daß Kapralik dann Lieberson positiv davon berichten würde. Kapralik ging nie hin. Aber eines späten Abends schaltete er in seiner Wohnung *P. M. East* ein. In dem Moment sang gerade ein Mädchen, erinnerte sich Kapralik, »und es haute mich um. Als Mike Wallace am Ende ihres Songs ihren Namen nannte, stellte ich die Verbindung her – das war das Mädchen, derentwegen mich Marty ständig bedrängt hatte! Sie beherrschte das gesamte Spektrum menschlicher Gefühle von Komisch bis Tragisch, und sie ließ mich aus den Socken kippen.«

Wie Marty gehofft hatte, wurde Lieberson, dessen Ablehnung gegen Streisand bereits zu schmelzen begann, von Kapraliks Begeisterung angesteckt. Überall schien man über »dieses Mädchen« zu sprechen. Auf Cocktailpartys hörte er Harold Arlen davon schwärmen, wie sie seine Songs »A Sleepin' Bee« und »Right as the Rain« vortrug. Immer wenn Lieberson mit Harold Rome oder Arthur Laurents sprach, fragten die beiden verwundert: »Was, du hast sie noch nicht unter Vertrag?« Selbst in den heiligen Hallen von Columbia Records wuchs die Zahl von Barbras Anhängern. Kapralik, der sich mittlerweile als »Streisand-Groupie« bezeichnete, scheuchte seine Mitarbeiter fast jeden Abend in den *Blue Angel*. Nur wenige blieben gleichgültig, und Kapralik sorgte dafür, daß die gute Kunde von ihr stets an das Ohr seines Chefs drang.

Schließlich stieg Lieberson, den seine Angestellten hinter vorgehaltener Hand »Gott« nannten, höchstpersönlich in den *Blue Angel* hinab. Er sah Barbras Abschlußvorstellung am Freitag, dem 17. August, und war beeindruckt. Nicht nur ihre Stimme war in wenigen Monaten reicher und voller geworden, auch ihr Aussehen und ihr Stil zeigten eine neue Eleganz, die dem Geschmack des allgemeinen Publikums entgegenkam. Zugleich bemerkte Lieberson, daß die Zuhörer um ihn herum, die nach jeder von Barbras Nummern vor Begeisterung jubelten und stampften, alters- und typenmäßig einem erheblich weiteren Kreis der Bevölkerung angehörten, als er es für möglich gehalten hätte.

Am nächsten Montag rief er Marty Erlichman an: »Man muß ein großer Mann sein, um einen Fehler zuzugeben, und ich habe einen Fehler gemacht. Ich würde gern eine Aufnahme mit Barbra machen.«

Und so geschah es, daß die angesehenste Schallplattenfirma der Welt Barbra Streisand nach mehr als einem Jahr des Kämpfens, des Vorsingens, der Werbung und der guten Worte von seiten ihrer Anhänger bat, sich der Liste der Columbia-Künstler anzuschließen.

Jede andere hoffnungsvolle Sängerin wäre vor Freude in die Luft gesprungen und hätte gerufen: »Wo soll ich unterschreiben?« Nicht so Barbra. Für Marty und sie bedeutete das grüne Licht, das Lieberson gab, lediglich den Beginn von Verhandlungen. Es sollten noch mehrere Monate vergehen, bis die Details festgeklopft werden konnten, denn ein Thema, das für Barbra natürlich allerhöchste Bedeutung hatte, lautete: Wer würde die künstlerische Kontrolle haben?

KAPITEL 8

B arbra saß im Konferenzraum von Columbia Records an einem riesigen Eichentisch. Es war Montag, der 1. Oktober 1962, und im Blitzlicht eines Fotografen setzten Goddard Lieberson und sie ihre Namen unter den Vertrag. Sie trug ein schlichtes schwarzes Wollkleid und eine Perlenkette, und ihr Haar war perfekt toupiert. Sie war von Columbias Maskenbildner »zurechtgetrimmt« worden und sah genauso aus, wie sie nach Meinung vieler Ratgeber aussehen mußte, um im Showgeschäft Erfolg zu haben.

Es war eine der wenigen Konzessionen, die sie Columbia gegenüber machte, und um das Dokument, das sie an jenem Tag unterzeichnete, hätte mancher etablierte Star sie beneidet – von einem Neuling mit fraglichen kommerziellen Erfolgsaussichten ganz zu schweigen. Denn Barbras Vertrag garantierte ihr die vollständige künstlerische Kontrolle. Die Plattenfirma konnte ihr nur nicht vorschreiben, was sie aufzunehmen hatte; darüber hinaus garantierte man Barbra, daß alles, was sie aufnahm, auch veröffentlicht wurde. Außerdem verpflichtete sich das Unternehmen, im ersten Jahr mindestens zwei Streisand-Alben herauszubringen.

Wie hatte es Marty Erlichman geschafft, einer Firma, die noch kurz zuvor überhaupt keinen Vertrag mit Barbra hatte unterzeichnen wollen, derart ungewöhnliche Zugeständnisse abzuringen? »Dafür muß man schon auf etwas verzichten«, erklärte er. »Nämlich auf einen Teil des Vorschusses. Von einigen anderen Firmen war uns eine weit höhere Garantiesumme angeboten worden. Aber die waren nicht bereit, uns die künstlerische Kontrolle zu überlassen. Wenn man bahnbrechend sein will, muß man sich die künstlerische Kontrolle sichern, weil sie immer versuchen, einen nach ihren eigenen Vorstellungen zu formen. So zeigt man, ob man an sich glaubt oder nicht. Nur wenn sich ihre Platten verkauften, würde sie Geld verdienen – und da die letzte Entscheidung über den Inhalt ihrer Alben bei ihr lag, trug sie die gesamte Verantwortung.«

Dave Kapralik berichtete, daß die Firma, sobald sie sich dazu entschlossen hatte, Barbra unter Vertrag zu nehmen, sie auf Gedeih und

Verderb akzeptierte. »Wir wußten schließlich, daß sie sich mit ihrem eigenen Material eine sehr erfolgreiche Nachtclub-Karriere aufgebaut hatte.« Der Einjahresvertrag (der Columbia eine viermalige Option auf jährliche Verlängerungsverträge einräumte) sah für Barbra einen Vorschuß in Höhe von 20 000 Dollar pro Album (ein geringer Betrag nach den Maßstäben der Branche, für sie ein Vermögen) sowie fünf Prozent an Tantiemen vor.

Obwohl wenige erwarteten, daß sich Singles von Barbra gut verkaufen würden, schickte die Plattenfirma sie noch schnell ins Studio, um eine Single zu produzieren, denn ein Erfolg konnte dem Verkauf der Alben ausgesprochen nützlich sein. Zwei Wochen nachdem sie ihren Vertrag unterschrieben hatte, stand Barbra zitternd vor Aufregung im Columbia-Studio in der 30th Street vor dreißig Musikern. Sie sang »Happy Days Are Here Again« und »When the Sun Comes Out«.

»Happy Days Are Here Again« sollte zu einem von Barbras Erkennungsliedern werden, und diese Platte brachte ihr einen Grammy Award als beste Sängerin ein. Aber die Vertriebsabteilung von Columbia glaubte so wenig an einen Verkaufserfolg, daß sie nur lächerliche fünfhundert Stück pressen ließ. Man lieferte die Platte nur in New York aus und schickte noch nicht einmal Demos an die Diskjockeys.

Einige Beobachter hatten den Eindruck, daß sich bestimmte Personen innerhalb der Führungsmannschaft von Columbia regelrecht einen Mißerfolg wünschten, um dadurch eine Bestätigung für ihr mangelndes Vertrauen in Barbras kommerzielle Durchsetzungskraft zu bekommen. Der Chef der Verkaufsabteilung, Bill Gallagher, zog Anita Bryants fades Geträller Streisands starker Emotionalität vor – genau wie die meisten seiner Mitarbeiter. Für viele von ihnen waren Barbra und Bob Dylan »die beiden, die durch die schwulen Schweine und die Revoluzzer reingekommen sind«. Wenn Barbras Name erwähnt wurde, fragten sie häufig: »Warum steckt sie nicht mal jemand in die Badewanne, wäscht ihr die Haare und kauft ihr ein neues Kleid?«

Da auch an die Radiosender keinerlei Demos verschickt worden waren, mußten die Rhythm-and-Blues-Diskjockeys im ganzen Land (einschließlich Sly Stones, der damals in San Francisco arbeitete) selbst »Happy Days« entdecken. Sobald das der Fall war, legten sie die Platte immer wieder auf. »Barbras Gesang gefiel selbst den schwarzen Diskjockeys«, erzählte Dave Kapralik, »weil er echt war. Ihr Gefühl kam aus ihrem tiefsten Inneren, aus dem die seelenvollste

Musik immer kommt.« Aber wenn die Leute Barbra gehört hatten und die Scheibe in ihren örtlichen Plattengeschäften kaufen wollten, war keine vorrätig. Dadurch wurde »Happy Days« trotz aller Resonanz zum Mißerfolg.

Barbra und Marty Erlichman waren über diese vertane Chance erbost, und Marty drängte Columbia, so bald wie möglich eine weitere Streisand-Single herauszubringen. Einen Monat später erschien die getragen-sehnsüchtige Ballade »My Coloring Book« von Fred Ebb und John Kander. Wegen der breiten positiven Reaktionen auf die vorige Platte investierte die Firma diesmal mehr Geld. Für die erste Auflage ließ sie zwanzigtausend Stück pressen und schickte Demos an die Diskjockeys im ganzen Land.

Gefördert dadurch, daß Barbra den Song im Dezember in Ed Sullivans populärer Sonntagabend-Show vortrug, verkauften sich von der zweiten Single sechzigtausend Stück. »Das war damals eine beeindruckende Menge für eine Unbekannte«, meinte Dave Kapralik. Allerdings erreichte »My Coloring Book« keinen Spitzenplatz in den Charts, und darum beendete Columbia seine halbherzigen Anstrengungen, Barbra durch Singles zum Durchbruch zu verhelfen. Alle Kräfte konzentrierten sich nun auf Barbras Album. Da Barbra ihre Erfolge in Nachtclubs errungen hatte, waren alle der Meinung, daß ihre LP die Lebendigkeit und Spontaneität von Live-Auftritten haben müsse. Es traf sich daher gut, daß Barbra gerade wieder ein Monatsengagement im *Bon Soir* hatte.

***

Barbra wurde von seiner Göttlichkeit Goddard Lieberson höchstpersönlich vorgestellt. Er trat am 5. November im *Bon Soir* vor die jubelnde Menge aus Streisand-Fans und Columbia-Angestellten und erklärte, daß dieses Konzert und die der folgenden beiden Abende live für Barbras erstes Columbia-Album aufgenommen werden sollten. Das leicht angetrunkene Publikum – an Tischen, die aus diesem Anlaß extra mit Gingan-Decken und Blumen dekoriert worden waren – klatschte und pfiff. »Für mich und alle anderen bei Columbia ist sie eine einzigartige Künstlerin. Man kann sie keiner Kategorie zuordnen«, meinte Lieberson und strich damit das als Tugend heraus, was er lange für Streisands Nachteil gehalten hatte.

Sobald Barbra abends ihren *Wholesale*-Auftritt beendet hatte, brauste sie mit dem Taxi ins *Bon Soir* und sprang vor die applaudierende, trampelnden und pfeifenden Menge auf die Bühne. Sie sang

»My Name is Barbara« von Leonard Bernstein und dann »Much More«. Eine Mikrofon-Sicherung brannte durch. »Ihr wollt mich wohl auf den Arm nehmen!« rief sie. Lieberson entschuldigte sich. Barbra bat den Fotografen, mit dem Knipsen aufzuhören. »Es geht mir echt auf den Wecker, und ich kann mich nicht konzentrieren.« Die Sicherung wurde ausgetauscht. »Könnt ihr mich jetzt hören?« fragte Barbra die Menge. »Wir können dich hören, Babe«, rief jemand.

Nachdem sie Harold Arlens »Napoleon«, Leonard Bernsteins »I Hate Music (But I Like to Sing)« und »Right as the Rain« gesungen hatte, teilte Barbra ihrem Publikum mit, daß sie »den alten Anzug meines Freundes« trage, und setzte ihren Auftritt mit »Cry Me a River«, »Value« aus *Harry Stones* und »Lover Come Back to Me« fort. Dann verkündete sie, ihre Lieblingssängerin ehren zu wollen: die außergewöhnlich untalentierte Florence Foster Jenkins. Die Session endete mit »Soon It's Gonna Rain«, »Come to the Supermarket in Old Peking«, »When the Sun Comes Out« und »Happy Days«.

Das Publikum ging an diesem wie an den nächsten beiden Abenden glücklich und zufrieden nach Hause, aber Barbra, Marty und Lieberson waren weit weniger froh. Als sie sich die Bänder anhörten, mußten sie feststellen, daß *Barbra Streisand Live at the Bon Soir* zwar theoretisch eine ausgezeichnete Idee war, sich jedoch nicht in die Praxis umsetzen ließ. Die Tonqualität der Bänder erwies sich als weit schlechter als die von Studio-Aufnahmen, und die lauten Reaktionen des Publikums wirkten für die Intimität, die Barbra vermitteln wollte, eher störend. Weit schwerer aber wog, daß sich ihre Stimme nicht so gut anhörte wie unter den Bedingungen einer Studio-Aufnahme. Barbra Streisands erste Solo-LP mußte noch auf ihre Realisierung warten.

Am 18. November beendete Barbra ihr viertes und letztes Engagement im *Bon Soir*. Jetzt war der Zeitpunkt gekommen, den Streisand-Zug ins Rollen zu bringen. Marty wußte, daß Barbra ihre erste LP am besten verkaufen würde, wenn sie an möglichst vielen Orten im Land live auftrat. Er arbeitete einen Plan für eine Tournee aus, die zu einem musikalischen Triumphzug Streisands durch siebzehn Städte werden und Barbra innerhalb eines Jahres zum Superstar machen sollte.

***

Elliott marschierte nach einer Aufführung von *Wholesale* vor der offenen Tür von Barbras Garderobe auf und ab. Immer wenn eine Revuetänzerin vorbeikam, pfiff er durch die Zähne, tätschelte ihr den Hintern und fragte sie mit sehr lauter Stimme, ob sie für den späteren Abend schon irgend etwas vorhabe. Barbra ignorierte ihn, schminkte sich vor dem Spiegel ihres Schminktisches ab und plauderte mit Bob Schulenberg, der ihr hinter der Bühne einen Besuch abstattete. Bob beobachtete Elliott eine Zeitlang, dann fragte er: »Was macht er denn da bloß?«

Barbra nahm eine falsche Wimper ab. »Er will's mir vermutlich heimzahlen.«

»Was?«

»Ich habe ihm gesagt, daß sein Schlußton heute abend flach war.«

Schließlich zog Elliott beleidigt ab. Barbra und Bob gingen essen, und anschließend lud sie ihn noch zu einem Kaffee in ihre Wohnung ein. Als sie die Tür öffneten, sahen sie, daß Elliott allein in dem abgedunkelten Wohnzimmer saß; es wurde lediglich von dem rötlichen Licht erhellt, das durch den roten Glasschirm einer Tiffany-Lampe drang. Er rührte sich nicht und sagte kein Wort. Barbra wandte sich an Schulenberg. »Ich glaube, es ist besser, wenn wir auf den Kaffee verzichten«, meinte sie und schloß die Tür hinter sich.

Dadurch, daß sie zusammen lebten und arbeiteten, entstanden häufig Spannungen zwischen Barbra und Elliott. »Wir stritten uns dauernd«, gestand sie. »Ich wußte nicht immer genau, worum es dabei ging.« Nach einer Auseinandersetzung schloß Barbra Elliott aus ihrer Wohnung aus und weigerte sich, an die Tür oder ans Telefon zu gehen und mit ihm zu sprechen. Er fuhr nach Brooklyn zurück. Ein anderes Mal sperrte er sie bis vier Uhr morgens in den Regen aus, bevor er einer durchnäßten, frierenden, tränenüberströmten Barbra die Tür öffnete.

Aber stets küßten, umarmten und vertrugen sie sich wieder, und später lachten sie über alles. »Ich war wahnsinnig verliebt in sie«, sagte Elliott.

***

Im Herbst 1962 lief *I Can Get It for You Wholesale* seit sechs Monaten (doch da die meisten Karten als Zweierkarten zum halben Preis verkauft wurden, schrieb die Show letztlich rote Zahlen). Barbra konnte es kaum erwarten, daß das Stück abgesetzt wurde. Sie haßte die künstlerische Zwangsjacke, die sie verpflichtete, jeden Abend die gleiche Darbietung als Miss Marmelstein zu geben. Bereits nach drei Monaten hatte sie gesagt: »Ich sehe die Rolle nun anders, als sie geschrieben und von der Regie konzipiert wurde, und ich würde sie gern anders spielen, aber ich darf es nicht.« Sie vermißte die freie Improvisation, die sie in der Schauspielschule erlebt hatte, und sehnte sich nach der wundervollen Möglichkeit, sogar sich selbst zu überraschen.

Ihre Langeweile und die Eintönigkeit führten gelegentlich dazu, daß ihre Darstellung nachließ. »Jedesmal wenn sie ihren ›Miss Marmelstein‹-Auftritt hatte, ging ich hinten ins Theater und beobachtete sie«, erzählte ihre Garderobiere, Ceil Mack. »Manchmal war sie nicht so gut. Ihre Darstellung war nicht mitreißend genug, ihr fehlte dieses *Peng!*, das sie an einem guten Abend brachte. Aber das Publikum merkte den Unterschied nicht. Sie hatte jeden Abend einen Riesenerfolg.«

Das war für Barbra ebenfalls ein Teil des Problems. Sie hatte sich in *Wholesale* bewährt. Sie konnte das Publikum selbst an einem schwachen Abend begeistern. Jetzt suchte sie nach neuen Herausforderungen, wollte unbekannte Welten erobern. Als das Jahr 1962 seinem Ende zuging, standen ihr viele Möglichkeiten offen, und sie sehnte sich danach, neue Erfahrungen zu sammeln.

Im Oktober wurde Barbra eine riesige Herausforderung – und eine fast beispiellose Chance – zu Füßen gelegt. Sie erhielt vor weit bekannteren Darstellerinnen den Vorzug und sollte in einem bedeutenden neuen Broadway-Musical mit dem Titel *Funny Girl* die legendäre Ziegfeld-Komödiantin und -Sängerin Fanny Brice spielen. Die Rolle schien für sie maßgeschneidert zu sein: Fanny Brice war Jüdin, hatte eine auffällig große Nase, hatte sich aus ärmlichen Verhältnissen hochgearbeitet und verband Humor mit Pathos, was ihre Zuschauer mit ihr lachen und weinen und sie anbeten ließ.

Marty hatte sich mehr als ein Jahr lang darum bemüht, daß Barbra die Rolle bekam, und Barbra selbst wollte die Rolle so sehr, daß sie, als ihr Wunsch Wirklichkeit wurde, anschließend ganz benommen auf der Shubert Alley am Broadway stand. »Weil ich es mir so stark wünschte, war es mir andererseits egal. Tief in meinem Inneren wußte ich, daß die Rolle zu mir gehörte, aber genau deshalb zwang ich mich, mir nichts daraus zu machen … Ich erwarte immer das Schlimmste. Eigentlich ist es eine Mischung aus positivem und negativem Denken, aus einem Super-Ego und totaler Unsicherheit. Die Dinge fallen mir zu … wenn ich das Schlimmste erwarte.«

***

133

Die letzte Aufführung von *I Can Get It for You Wholesale* fand am Sonntag, dem 9. Dezember, statt. Als sich der Vorhang senkte, rannte Barbra hinter die Kulissen und schrie: »Ich bin frei! Ich bin frei!« Am nächsten Morgen traf sie sich mit Marty Erlichman, um ihren in der folgenden Woche stattfindenden Auftritt in *The Ed Sullivan Show* zu besprechen, ihre landesweite Konzerttournee zu planen, die Songs für ihr erstes Album durchzugehen und zu ermitteln, wann sie Zeit haben würde, mit den Proben für *Funny Girl* zu beginnen.

Marty informierte die Produzenten der Show, daß sie möglicherweise erst Ende 1963 ständig verfügbar sein werde. Darin sah man kein Problem, weil noch viel Arbeit in die Musik und den Text der Show gesteckt werden mußte. Außerdem, so dachten sich die Produzenten, würden sie vielleicht doch einen großen Star als Besetzung für die Fanny Brice bekommen, falls Martys Pläne für Barbra aufgingen.

Elliott hatte an jenem Montagmorgen ebenfalls eine wichtige geschäftliche Angelegenheit zu erledigen. Er ging zur East 58th Street, stellte sich in die Warteschlange im Arbeitsamt und beantragte Arbeitslosengeld in Höhe von 50 Dollar wöchentlich.

***

Ende Januar 1963 nahm Barbra innerhalb von drei Tagen die elf Stücke für ihre erste LP auf, wobei es sich im wesentlichen um eine Studio-Version ihres Nachtclub-Auftritts handelte. Wochenlang war sie täglich in die West End Avenue gefahren, wo die Wohnung von Peter Matz lag, und hatte mit ihm geprobt. Matz war ein fähiger junger Arrangeur und Dirigent, den ihr Harold Arlen empfohlen hatte, und die beiden kamen glänzend miteinander aus.

»Es war eine Freude, mit ihr zu arbeiten«, erinnerte sich Matz. »Sie konnte keine Noten lesen, aber sie war fähig, der Melodie auf dem Papier zu folgen. Bei ihrem Instinkt brauchte sie keine Noten lesen zu können. Man schreibt mir jene frühen Arrangements zu, aber in Wirklichkeit kamen die meisten Ideen und die Songs von Barbra und Peter Daniels. Sie machten mir die Arbeit sehr leicht.«

Barbra entschloß sich, drei Songs in dieses Album aufzunehmen, die sie während der drei Aufzeichnungsabende im *Bon Soir* nicht gesungen hatte. Dazu gehörte auch »Who's Afraid of the Big, Bad Wolf?« Auf diesen Song reagierten die Führungskräfte von Columbia äußerst konsterniert. Peter Matz beschrieb, wie der Produzent des Albums, Mike Berniker, »einen Eiertanz zwischen den Burschen da oben, mir und Barbra« vollführte. Aber Barbra weigerte sich, auf das Lied zu verzichten.

Da Columbia noch immer nicht so recht an das kommerzielle Potential der Streisand glaubte, hatte man ein kümmerliches Budget von 18 000 Dollar für das Album angesetzt, was Matz zwang, mit sehr wenigen Musikern auszukommen. Für eine Session mußte er sich mit Percussions und vier Posaunen begnügen, für eine andere mit ein paar Streichern. Immer wenn Barbra mehr forderte, hörte Matz von Mike Berniker: »Sie müssen das verstehen, wir können hierfür nicht zuviel Geld ausgeben! Wir wissen doch nicht, ob sich die Platten dieser Frau überhaupt verkaufen lassen!«

Zuerst ließen sie sich nicht verkaufen. Das Album tauchte die Zuhörer in ein Wechselbad der Gefühle. Jeder, der Barbra nur von der *Wholesale-* oder der *Pins and Needles*-LP her kannte, mußte überrascht sein über den Reichtum und die Reife, die ihre Stimme in weniger als einem Jahr erlangt hatte. Die Kritiker äußerten sich mehrheitlich begeistert, etwa Stanley Green in *Hi Fi/Stereo Review*: »Das sehnlichst erwartete Album von Barbra Streisand erweist sich als faszinierende Auswahl. Miss Streisand ist eine unwiderstehliche Stilistin mit einer vollen, reichen Stimme, die einem eine Gänsehaut über den Rücken laufen läßt, wenn man ihren bewegteren Arien zuhört.«

Trotz solch uneingeschränkten Lobes war der Absatz im März nur schleppend, und die Befürchtung von Columbia, daß Barbra nur bei Homosexuellen und »Szene-Leuten« ankam, schien wohlbegründet zu sein. Barbra rang verzweifelt die Hände, aber Marty versicherte ihr, daß ihre landesweite Tournee und die Fernsehauftritte, die er für sie gebucht hatte, den Verkauf des Albums langsam, aber sicher ankurbeln würden.

***

Das Jahr 1963 ließ Barbra kaum Zeit zum Durchatmen. Gleich zu Beginn, am 2. Januar und am 1. Februar, erschien sie zweimal in der Fernsehsendung *Tonight*, und am 8. Januar trat sie ein triumphales, dreiwöchiges Neuengagement im *Blue Angel* an. Am 5. Februar begann sie, Elliott im Schlepptau, ihre Tournee in der Gegend von Boston, wo sie fünf Abende in *The Frolic* auftrat, einem Nachtclub in Revere Beach. Dann zockelten Elliott und sie mit dem Zug nach Cleveland, wo Barbra am 11. Februar von Mike Douglas als Co-Moderatorin für seine landesweit ausgestrahlte Nachmittagssendung begrüßt wurde.

Durch Barbras einwöchige Mitwirkung in der Show stieg die Nachfrage nach ihrem Album steil an, aber die Interessenten konnten die LP nirgends kaufen. Die jämmerliche Erstauflage von ein paar tausend Stück war schnell vergriffen, und Columbia hinkte mit der Produktion einer Nachauflage hinterher. Marty ging an die Decke; er rief Bill Gallagher an und brüllte: »Wie können Sie uns das antun? Wir sind auf Risiko gegangen, haben weniger Geld genommen und eine Fangemeinde aufgebaut, und nun schafft ihr Kerle es nicht, genug Platten herzustellen?« Gallagher entschuldigte sich und erklärte, daß die Plattenfabrik des Unternehmens in Pitman, New Jersey, bereits Sonderschichten einlege und daß alle aufgelaufenen Bestellungen innerhalb weniger Tage erledigt werden könnten. Außerdem werde das Unternehmen mehrere Vertreter nach San Francisco schicken, um vor Barbras Auftritt im Trend-Lokal *hungry i* für ihr Album zu werben. Marty hängte besänftigt ein.

Nachdem Barbra ihr Engagement in der Unterhaltungsshow von Douglas und einen Auftritt in *The Chateau* in Lakewood, Ohio, beendet hatte, kehrte sie mit Elliott nach New York zurück, wo Barbra zwei weitere Termine in *Tonight* hatte. Zu Hause konnten sie sich gemeinsam für ein paar Wochen entspannen – voraussichtlich zum letztenmal für die absehbare Zukunft. Elliott war für die Neuaufführung des ehemaligen Broadway- und Kinohits *On the Town* engagiert worden. Das Stück – mit der Musik von Leonard Bernstein und nach dem Buch von Betty Comden und Adolph Green – sollte in London produziert werden. Falls die Show ein Erfolg wurde, würde Elliott wahrscheinlich mehr als ein halbes Jahr in England verbringen müssen. Barbra wollte ihn begleiten, aber Elliott riet ihr, in Amerika zu bleiben und ihre beginnende Karriere nicht zu gefährden.

Die Liebenden verabschiedeten sich unter Tränen, als Barbra das Flugzeug bestieg, das sie zu ihrem nächsten Ziel auf ihrer landesweiten Tournee bringen sollte, dem *Café Pompeii* im Eden Roc Hotel in Miami Beach. Ihr dortiges Engagement stand unter keinem guten Stern. Sie trat gemeinsam mit dem gefühlvollen italienischen Sänger Sergio Franchi auf, und Jack Anderson bemerkte im *Miami Herald* zu Recht: »Es ist unglücklich, daß zwei so unterschiedliche Talente in derselben Show auftreten. Das Publikum dürfte nicht in der Lage sein, beide so zu würdigen, wie sie es verdient haben.« Barbra kam bei der älteren, gutbetuchten jüdischen Klientel des Eden Roc (die sie als »klunkerbehängte Kaviarfresser« bezeichnete) nicht an. Sie war diesen Gästen zu eigenartig, zu hemmungslos und zu »überdreht«. Deshalb blieb man ihren Darbietungen fern.

Am Sonntag, dem 24. März, flog Barbra morgens nach New York, um in der *Ed Sullivan Show* aufzutreten. Am Montag morgen kehrte sie wieder nach Miami zurück. Nach Barbras Erscheinen in der *Ed Sullivan Show* stellten sich erheblich mehr Gäste ein, aber es war zu spät, die Show zu retten, denn am Mittwoch, dem 27. März, begann schon Barbras Engagement im *hungry i* in San Francisco. Sie beendete ihre letzten beiden Auftritte im Eden Roc am Dienstag abend, und am Mittwoch morgen flog sie an die Westküste. In San Francisco stand sie bereits kurz nach ihrer Ankunft wieder auf der Bühne.

Den Besitzer des *hungry i*, Enrico Banducci, kannte sie bereits flüchtig. Sie war ihm zum erstenmal Anfang 1962 im Büro ihres Agenten Irvin Arthur begegnet. Enttäuscht darüber, daß Arthur ihr nichts anbieten konnte und daß auch Banducci sie abgelehnt hatte, ließ Barbra ihrem Ärger freien Lauf. »Sagen Sie mal, warum geben Sie mir keinen Job?« fuhr sie den verdutzten Banducci an. »Sie sollen doch jemand sein, der Unbekannten Jobs gibt. Ich will ja eigentlich gar nicht in Ihrem dreckigen alten Nachtclub auftreten, denn ich werde ein großer Star sein. Darum können Sie ebensogut jetzt schon zuschnappen und mich billiger kriegen.«

Barbra war es dermaßen zuwider, um Arbeit zu bitten, daß sie so tat, als spiele sie eine Rolle in einem Stück. »Es hat funktioniert!« wunderte sie sich. »Zwanzig Minuten später unterzeichneten wir einen Vertrag. Er ist allerdings der einzige, der sich darauf eingelassen hat. Jeder andere hätte gedacht, daß ich spinne, aber *er* spinnt auch. Er ist ein reizender Mensch. Ich liebe ihn.«

Durch ihre Verpflichtungen für *Wholesale* hatte Barbra mehr als ein Jahr lang ihren Vertrag mit dem *hungry i* nicht erfüllen können. Die Wartezeit kam Banducci teuer zu stehen: Ihre Gage war von 350 Dollar die Woche auf 2500 emporgeschnellt. Aber es sollte sich lohnen. Barbras vierwöchiges Engagement als Clubattraktion ließ, wie Hal Schaefer vom *San Francisco Chronicle* schrieb, »dieser Stadt die Ohren klingen«.

Die gesamte Schickeria der Bucht, angeführt von der schnell wachsenden Gemeinde der in der Stadt lebenden Homosexuellen, strömte herbei, um ihre Auftritte um acht und elf Uhr abends zu sehen. Am Eröffnungsabend sorgte Marty Erlichman für eine Presse-Sensation, um die ihn die Studio-Strategen der vierziger Jahre beneidet hätten. Als der Club bereits gerammelt voll war und sich die Menge draußen auf der Jackson Street drängte, rief Marty die Polizei und die Feuerwehr an. Die Meldungen darüber füllten am nächsten Morgen die Zeitungen.

Die Kritiker überboten sich in ihren Lobeshymnen. Einer riet seinen Lesern: »Lassen Sie sich Barbra Streisand im *hungry i* nicht entgehen. Sie würden es bedauern.« Aber wie üblich waren Barbras Auftritte selbst ihre beste PR. Als sich die Kunde über »dieses phänomenale Mädchen« verbreitete, mußte Banducci immer mehr Gäste abweisen.

***

Barbra hatte Elliott seit fast einem Monat nicht mehr gesehen, und sie vermißte ihn sehr. Sie telefonierten mindestens einmal am Tag miteinander. Er rief sie nach seinem Auftritt gegen Mitternacht aus seinem Hotel an – in San Francisco war es später Nachmittag –, und sie sprachen stundenlang miteinander, was ein Vermögen kostete. Manchmal jedoch meldete sich Elliott weit später als üblich oder auch gar nicht. Daraufhin rief Barbra ihn an und erfuhr, daß er noch nicht in sein Zimmer zurückgekehrt sei. Wenn sie ihn darauf ansprach, machte er ausweichende Witze. Barbra allerdings machte sich ihre Gedanken. Möglicherweise, um ihren Glauben an die Beziehung zu stärken, erzählte Barbra der *Chronicle*-Reporterin Joan McKinney, daß sie und Elliott gerade geheiratet hätten.

Noch mehr Sorgen allerdings machten Barbra ihre Stimmbänder. Die Anstrengungen der Tournee begannen, sich auf ihre Stimme niederzuschlagen, die bei hohen Tönen manchmal versagte. Ihr Publikum merkte nichts, aber Barbra konnte diese Schwäche nicht ertragen, zumal sie fürchtete, daß sich ihre Stimmkraft zunehmend verschlechtern würde, bis nur noch ein heiseres Krächzen zu hören war. Ein Hals-Nasen-Ohren-Arzt erklärte ihr, daß sich entzündliche Verhärtungen an ihren Stimmbändern gebildet hätten und daß sie ihre Stimme schonen müsse.

Diese Diagnose war falsch, wie sich später herausstellte, aber noch während ihres Aufenthalts in San Francisco sollte ein psychisches Problem an die Stelle des physischen treten. »Ich hatte Probleme. Die Leute fragten mich: ›Wie schaffen Sie es, Ihre Töne so lange zu halten?‹ Ich antwortete, daß es mein Wille war – daß ich sie einfach halten *wollte*. Anschließend begann ich, bewußt darüber nachzudenken: ›Ja, wie schaffe ich es denn, diese Töne so lange zu halten?‹ Und voilà! Eines Abends konnte ich es einfach nicht mehr. Meine Bewußtwerdung eines unbewußten Vorgangs hatte mich unfähig gemacht.«

Barbra suchte die Stimmlehrerin Judy Davis auf. Angesichts ihrer letzten Erfahrungen mit einer Lehrerin war Barbra von Davis angenehm überrascht. »Ich hatte Angst, und sie versicherte mir, daß ich alles richtig mache, aber daß ich wie jemand sei, dessen Beine gelähmt gewesen sind und der jetzt wieder ganz neu gehen lernen muß. Judy zeigte mir Bilder von dem Bereich, um mir klarzumachen, welcher physiologische Prozeß sich da vollzog.« Von Davis lernte Barbra, wie sie durch eine bewußte Anstrengung das erreichen konnte, was sie zuvor einfach dem Zufall überlassen hatte. »Ich werde ihr ewig dankbar sein«, meinte Barbra.

***

Gefördert durch Barbras Auftritt in der *Ed Sullivan Show* am 24. März und durch den reißenden Absatz der LP in San Francisco kam *The Barbra Streisand Album* am 13. April in die Top 100 Albums Chart der Zeitschrift *Billboard*. Eine Woche später endete ihr Engagement im *hungry i*. Enrico Banducci ließ sie nur ungern ziehen, aber er konnte ihren Auftritt nicht verlängern, weil er bereits jemand anderen gebucht hatte. »In einem Jahr«, erklärte er einem Journalisten, »wird sie für uns alle zu teuer sein.«

Am Ende von Barbras letztem Auftritt sprang Banducci mit einer Geige in der Hand auf die Bühne und begleitete sie bei einer Parodie auf eine italienische Oper, in der sämtliche Charaktere sterben, sich aber immer ein letztes Mal aufraffen, um aus voller Kehle zu singen. Während Barbra keuchend und schnaufend auf dem Boden hingestreckt lag, besang Banducci sie blumenreich in makellosem Italienisch. Sie antwortete tapfer in einem Gemisch aus italienischem Kauderwelsch und Jiddisch. Das Publikum war begeistert, und mit Applaus, Gelächter und Zuneigung überschüttet, verließ Barbra San Francisco am 21. April.

KAPITEL 9

Barbra kam rechtzeitig nach New York zurück, um zusammen mit Marty Erlichman und einigen engen Freunden am 24. April ihren einundzwanzigsten Geburtstag zu feiern. Trotz der Aufregung über ihre bisherigen Erfolge vermißte sie Elliott sehr und sehnte sich danach, zu ihm nach London zu fliegen. Es wäre möglich gewesen, denn ihr Engagement in New Yorks feudalem Restaurant in der Basin Street East begann erst am 13. Mai –, aber Elliott bat sie, nicht zu kommen. »Die Show verlangt harte Arbeit, Barb, und ich muß mich konzentrieren. Du würdest mich ablenken.« Sie verstand ihn mehr oder weniger.

Beim nächsten Telefonat berichtete sie ihm, daß sie sich nach einer neuen Wohnung umsehen wolle. »Irgendwas Großes, zum Beispiel eine schöne Maisonette-Wohnung am Central Park West oder so.« Elliott meinte, er könne sich so etwas wohl nicht leisten. »Das macht nichts«, antwortete Barbra. »Ich verdiene genug für uns beide.«

***

Am 13. Mai, am Abend nach ihrem Auftritt in Dinah Shores NBC-Unterhaltungssendung, begann Barbras triumphales dreiwöchiges Engagement im luxuriösen Basin Street East Shelton Towers Hotel an der East 48th Street – eine Buchung, die wie ein Fanfarenstoß signalisierte, daß sie es *geschafft* hatte. Sie trat vor dem legendären Swing-Musiker Benny Goodman auf, dessen All Star Sextet sich hinter Barbra zu Peter Daniels gesellte. Wie der Kolumnist Jack Thompson im New Yorker *Daily Mirror* betonte: »Man muß schon ein ausgesprochen mutiges Mädchen sein, wenn man es wagt, am selben Abend wie Benny Goodman aufzutreten, und auch noch erwartet, daß man wahrgenommen wird. Wer mit dem großen Klarinettisten im selben Programm erscheint und ihm dann auch noch die Schau stiehlt, dürfte über eine Spitzenposition im Unterhaltungsgeschäft verfügen.«

Dies war in mehrfacher Hinsicht eine Heimkehr für Barbra, denn ihre Fans stürmten den Club, um das Brooklyner Mädchen, das jetzt ganz oben war, wieder daheim zu begrüßen. Die Warteschlange zog sich einen Block an der 48th Street entlang bis zur Third Avenue hin. Überrascht von Barbras Anziehungskraft, soll Barney Ward, der Clubmanager, ihr einen 5-Jahres-Exklusivvertrag angeboten haben, den sie ablehnte.

Barbras dreistere Fans bereiteten Benny Goodman allerdings einigen Verdruß, wenn sie während seines Auftritts riefen: »Wir wollen Barbra! Wir wollen Barbra!« Barney Ward sagte zu einem Angestellten des Hotels: »Ich habe ein echtes Problem mit ihr. Wenn Benny Goodman auftritt, interessiert das keinen; sie können es nicht erwarten, daß er verschwindet und sie zurückkommt. Sie sind unruhig. Sie unterbrechen ihn. Sie unterbrechen *Benny Goodman*!«

Marvin Stein, Barbras früherer Nachbar in Flatbush, arbeitete im Gesundheitsclub der Shelton Towers. Barbra fragte ihn, ob sie das Dampfbad benutzen dürfe, »weil ich Knoten an den Stimmbändern habe und der Doktor sagt, daß Dampf hilft«. Stein meinte, sie sei herzlich willkommen.

Ein paar Tage nach dem Beginn von Barbras Engagement erschien Mrs. Kind im Hotel und lief Stein über den Weg. »Marvin, Sie müssen mir einen Gefallen tun. Barbra verrät mir nicht, wieviel sie für ihren Auftritt hier verdient, und ich möchte es wirklich wissen. Könnten Sie das für mich herausfinden?« Stein erfuhr von Ward, daß Barbras Gage 2500 Dollar wöchentlich betrug. »Mrs. Kind war platt«, erinnerte sich Stein. »Das war ein Haufen Geld, und offenbar gab Barbra ihrer Mutter nichts davon ab. Die Frau war *jeden Tag* in der Lobby und versuchte, Barbra anzubetteln.«

***

In der Mitte ihres Engagements im *Basin Street East* verließ Barbra für vier Tage die Stadt, um zwei Verpflichtungen nachzukommen. Die erste führte sie nach Washington, wo sie am Freitag, dem 24. Mai, anläßlich des jährlichen Press Correspondents' Dinner im Hilton Hotel, das von allen amerikanischen Veranstaltungen der britischen Royal Command Performance noch am nächsten kommt, vor Präsident John F. Kennedy sang. Barbra war schon Wochen vorher außer sich vor Aufregung. Anfang April erzählte sie einem Reporter in San Francisco, daß sie sich nicht entscheiden könne, was sie anziehen solle. »Etwas im Empire-Stil? Etwas Napoleonisches? Etwas – im Stil von *Caligula*?« Sie entschied sich für ein Kleid im

141

Empire-Stil. Dazu trug sie lange weiße Handschuhe, eine Federboa und eine neue Frisur, einen Pagenkopf mit Pony, den ihr der bekannte Haar-Stylist Fredrick Glaser geschnitten hatte.

Mit ihren fünf Songs wurde Barbra zum Star des Abends. Unter anderem sang sie »Happy Days Are Here Again«, wobei sie den attraktiven jungen Präsidenten unverwandt anschaute. Anschließend stand sie im Spalier der Gäste, die von Kennedy begrüßt wurden. Merv Griffin, der Conférencier der Veranstaltung, hatte ihr mitgeteilt, das Protokoll erlaube es nicht, den Präsidenten aufzuhalten, während er die Reihe der Gäste abschritt. Auch Bitten um Autogramme seien nicht gestattet.

Als Kennedy bei Barbra angekommen war, blieb er stehen und fragte sie, wie lange sie schon singe. »Ungefähr so lange, wie Sie Präsident sind«, antwortete sie und platzte los: »Mr. President, meine Mutter in Brooklyn ist ein großer Fan von Ihnen, und wenn ich kein Autogramm kriege, bringt sie mich um.«

Etliche Personen zuckten zusammen, aber Kennedy lachte nur. Er bat Peter Daniels, ihm seinen Rücken als Schreibunterlage zur Verfügung zu stellen, und unterschrieb das Programm, das Barbra ihm gereicht hatte. »Danke«, gurrte Barbra. »Sie sind ein Schatz.« Am nächsten Morgen beim Frühstück tadelte Merv Griffin sie. »Wir waren ausdrücklich gebeten worden, den Präsidenten nicht aufzuhalten.«

»Aber ich wollte das Autogramm haben«, erwiderte Barbra. »Wie oft habe ich schon Gelegenheit, vom Präsidenten ein Autogramm zu bekommen?«

In seiner Autobiographie berichtet Griffin, Barbra habe auf seine Frage, ob Kennedy ihr eine Widmung geschrieben habe, geantwortet: »Ja. Fuck you. The President.« Natürlich hatte Barbra nur Spaß gemacht. Jahre später erklärte sie, JFK habe in Wirklichkeit geschrieben: »Alles Gute – John F. Kennedy.« Sie gestand außerdem, daß ihr das Autogramm abhanden gekommen sei, bevor sie es ihrer Mutter habe geben können.

Später an jenem Samstag flog Barbra nach London, um Elliott am folgenden Abend in der Premiere von *On the Town* sehen zu können. Er machte sich wegen des Stückes Sorgen, und sie wollte ihn moralisch unterstützen. Wie sich zeigen sollte, war das auch nötig. Obwohl Barbra ihm während der Premiere stürmisch zujubelte, waren die am Montagmorgen erscheinenden Kritiken bestenfalls lau und voll von hinterhältigen Vergleichen mit der Filmfassung, in der Frank Sinatra, Gene Kelly und Jules Munshin die Hauptrollen gespielt hatten.

Es war offensichtlich, daß *On The Town* nicht sehr lange laufen würde, und dieser Umstand lastete wie eine schwere, feuchte Glocke über Barbras Wiedersehen mit Elliott. Sie mußte am Dienstag wieder abfliegen, um ihre Auftritte im *Basin Street East* fortzusetzen, und darum blieb wenig Zeit, über ihre gemeinsame Zukunft zu sprechen. Barbra versuchte, keine Trübnis aufkommen zu lassen, während sie durch die malerischen Dörfer nördlich von London fuhren und an winzigen Antiquitätengeschäften hielten, wo sie begeistert über die dortigen Schätze plapperte.

In den paar Tagen in England erfuhr Barbra auch, was Elliott in den Nächten getan hatte, in denen er sie später als gewöhnlich oder gar nicht angerufen hatte: Er hatte in Casinos gespielt. Diese Nachricht beunruhigte sie allerdings nicht sonderlich – solange er es nicht übertrieb.

***

In New York empfing Marty sie mit der aufregenden Neuigkeit, daß ihr Album den Sprung in die nationalen Top Twenty geschafft habe. Innerhalb weniger Wochen stieg es auf Platz acht, und damit wurde Barbra zur Sängerin mit den höchsten Schallplattenverkäufen in Amerika. Marty widerstand der Versuchung, alle bei Columbia triumphierend anzurufen und zu brüllen: »Ich hab's Ihnen doch gesagt.« Aber er verdrehte die Augen, sobald einer der Vertriebsleute der Plattenfirma behauptete, er habe schon immer gewußt, daß die Streisand eine Sensation werden würde.

The Barbra Streisand Album sollte zur erfolgreichsten Debüt-LP werden, die je ohne Unterstützung von Singles so hohe Verkaufszahlen erreichte. Sie blieb für phänomenale vierundsiebzig Wochen in den Top Forty, und achtzehn Monate nach ihrem Erscheinen erhielt sie von der Record Industry Association of America die begehrte Auszeichnung als goldene Schallplatte, was bedeutete, daß Platten im Wert von einer Million Dollar zum Großhandelspreis verkauft worden waren.

Das Album, für das Barbra einen Vorschuß von 20 000 Dollar bekommen hatte, brachte ihr in anderthalb Jahren rund 140 000 Dollar an Tantiemen ein und füllte die Kassen von Columbia um mehr als 750 000 Dollar. Jetzt wollte das Unternehmen, daß Barbra eine weitere Plattenaufnahme machte. Ihr Terminkalender war für die nächsten sechs Monate fast völlig voll, und sie hatte nur noch in der ersten Juniwoche Zeit. Eigentlich hatte sie Elliott in dieser Woche noch ein-

143

mal in London besuchen wollen, aber die Aufnahme erlaubte keinen Aufschub. Sie tröstete sich damit, daß er ohnehin bald nach Hause kommen würde.

Anfang Juni nahm Barbra in vier Tagen elf Songs auf. Der Toningenieur Frank Laico bemerkte, daß sich Barbra gegenüber den vorigen Aufnahmen verändert hatte: »Sie schien bei dem ersten Album auf den Geschmack gekommen zu sein, und jetzt wollte sie die Sache selbst in die Hand nehmen. Sie kam in den Kontrollraum und fragte: ›Warum machen Sie dies nicht? Warum machen Sie das nicht?‹ Ich hörte ihr zu und sagte dann: ›He, Barbra, beim ersten Album damals hatten Sie keine Ahnung, und Sie sehen ja, wie erfolgreich es geworden ist. Ich bin noch immer derselbe Mensch mit denselben Ohren. Ich werde Sie nicht im Stich lassen.‹«

The Second Barbra Streisand Album enthielt die aufregendsten und emotionalsten Songs, die Barbara Streisand in den Nachtclubs gesungen hatte, und bildete ein wahres Überraschungspaket. Barbra verlieh selbst getrageneren Stücken eine rauhe emotionale Intensität, die alle neuen Zuhörer verblüffte. Gegen sie wirkten die meisten anderen Popstars der damaligen Zeit – Patti Page, Doris Day, Julie London – geradezu kraftlos.

Das zweite Album, das Ende August erschien, als der Streisand-Karrierezug mehr und mehr Fahrt gewann, schaffte bereits innerhalb weniger Wochen den Sprung in die Top Ten und nahm dann drei Wochen lang Platz zwei ein. Es wurde fünf Monate früher als Barbras erstes Album mit der goldenen Schallplatte ausgezeichnet. Jetzt war Barbra Streisand nicht nur eine Sensation in den Nachtclubs und auf dem Broadway, sondern hatte zusätzlich auch noch einen phänomenalen Erfolg als Schallplattenstar. Das Publikationsorgan der Musikindustrie, *Cashbox*, sprach aus, was viele bereits dachten: »Der Name Streisand könnte zum größten des Showgeschäfts seit Elvis Presley werden.«

Inzwischen begannen manche Beobachter, 1963 als »das Jahr der Barbra Streisand« zu bezeichnen. Nachdem sie am 9. Juni ein weiteres Mal in der *Ed Sullivan Show* aufgetreten war, reiste Barbra nach Chicago, wo sie ein dreiwöchiges Engagement in dem populären Nachtlokal *Mr. Kelly's* hatte. Anschließend flog Barbra – in Begleitung von Elliott, der so schnell wie erwartet aus London zurückgekommen war – über die Hälfte des Landes hinweg, um eine fremde und reizvolle neue Welt zu erobern: Las Vegas.

***

O Gott, das wird ein neues *Eden Roc*, dachte Barbra, als sie auf der Bühne des Riviera Hotel stand. Ein wohlsituiertes, aus Ehepaaren mittleren Alters bestehendes Publikum war gekommen, um Liberace zu erleben. Sie trat vor dem furiosen Pianisten auf, einem Liebling der Glanz- und Glitzerwelt von Vegas.

Die Zuhörer wußten nicht, was sie von ihr halten sollten. Nach ihrem ersten Song verkündete Barbra, daß sie ihr Gingan-Kleid aus einem Tischtuch für vier Dollar geschneidert habe. Ein lautes Murmeln erhob sich. »Das sollte ein Witz sein, nicht, Harry?« fragte eine Frau ihren Ehegatten. Die Fans von Liberace waren ein anderes Niveau gewöhnt. Er selbst meinte dazu: »Alles, was ich anhatte, kostete mehr als vier Dollar, selbst meine Schnürsenkel.«

Peter Daniels, Barbras Begleiter am Klavier, erinnerte sich: »Wir gingen auf die Bühne und hatten einen fünfundzwanzig Minuten dauernden Auftritt. Keine Reaktion. Es war höchst irritierend. Beim zweiten Auftritt das gleiche, und am nächsten Abend ebenso. Am vierten Tag bat Liberace schließlich um ein Gespräch; er sagte: ›Ich glaube, daß sie mein Publikum vielleicht noch überfordert. Wir machen folgendes: Ich werde rausgehen und die Show eröffnen. Wenn ich so zehn bis fünfzehn Minuten gespielt habe, werde ich Barbra als meine Entdeckung vorstellen, den alten Schmonzes abziehen.‹« Der Trick funktionierte, wie Daniels berichtete. »Am vierten Abend trat sie, nachdem er sie als seinen Schützling präsentiert hatte, auf die Bühne und gab genau die gleiche Vorstellung wie vorher, und sie bekam eine stehende Ovation.«

Barbras einmonatiger Aufenthalt im Riviera Hotel endete am 4. August. Das Engagement hatte sich als derart erfolgreich erwiesen, daß die Geschäftsführung ihr einen unbegrenzten Vertrag für beliebig viele Shows anbot, und zwar für 10 000 Dollar wöchentlich (vorher hatte sie 7500 Dollar erhalten). Barbra unterzeichnete den Vertrag, aber sie erfüllte ihn sieben Jahre lang nicht.

Am 5. August kehrten Elliott und Barbra nach New York zurück, und sie nutzten eine anderthalbwöchige Pause in Barbras Tourneeplan, um in ihre neue zweistöckige Penthouse-Wohnung im neunzehnten Stock eines noblen Gebäudes am Central Park West umzuziehen. Dieses luxuriöse Domizil bildete einen scharfen Kontrast zu ihrer vorigen Wohnung in der Third Avenue. Für eine Monatsmiete von 450 Dollar standen Barbra und Elliott sechs großzügige Räume mit hohen Stuckdecken, Kronleuchtern und einer breiten Treppe zur Verfügung, die sich von dem in einem Turm gelegenen Schlafzimmer nach unten wand. »Ich kann einen Auftritt inszenieren«, sagte

Barbra, »wenn Sie wissen, was ich meine?« Außerdem gab es eine riesige Dachterrasse, die man vom Schlafzimmer aus erreichte, und eine weitere, siebzehn Meter lange Terrasse, die den unteren Teil der Wohnung umgab. Der Ausblick von der Third Avenue auf eine Ziegelmauer war gegen eine großartige Aussicht auf den Central Park, Manhattan, den Hudson und den East River eingetauscht worden.

Damit hatte sich ein weiterer von Barbras Träumen erfüllt. Dies war die Art Wohnung, in der glamouröse Frauen im Film stets zu leben schienen. Welch ein Unterschied zu Apartment 4G! Barbra sehnte sich danach, jeden Raum in einem anderen traditionellen Stil einzurichten, die Wohnung zu tapezieren und sie ganz nach ihren eigenen Vorstellungen mit Vorhängen und Möbeln auszustatten. Aber dazu blieb keine Zeit, denn für den größten Teil des restlichen Jahres sollte sie unterwegs sein.

Immerhin erwarb Barbra ein extravagantes Möbelstück: ein »sagenhaftes« dreihundert Jahre altes, geschnitztes französisches Bett mit Baldachin, das sie auf eine zweistufige Marmorplattform stellen ließ. Daneben plazierte sie einen kleinen, mit schwarzem Kunstleder bezogenen Kühlschrank. »Auf diese Weise kann ich den ganzen Tag im Bett liegen und Kaffee-Eis essen.« Auch für solchen Müßiggang sollte ihr zunächst allerdings kaum Zeit bleiben.

Am 20. August flogen Barbra, Elliott, Marty Erlichman und Peter Daniels nach Los Angeles zu ihrem wichtigsten Engagement in diesem Jahr: Dort hatte Barbra einen zweiwöchigen Auftritt im *Legendary Cocoanut Grove.*

***

Wenn jemand im *Grove* Erfolg hatte, dann nahm ganz Amerika davon Notiz. Im Laufe der Jahre waren Mae West, Jean Harlow, Rudolph Valentino, Cary Grant, Bette Davis, Joan Crawford, Elizabeth Taylor und Marilyn Monroe dorthin gekommen, um Hunderte anderer Superstars auftreten zu sehen. Da sie in den letzten sechs Monaten soviel Aufsehen erregt hatte, war Barbra seit 1958, als Judy Garland dort auftrat, der mit der größten Spannung erwartete Star des Clubs.

Die Kameras der Wochenschau (Barbra bedeckte ihr Gesicht und versuchte, den Kameramann zu verscheuchen) zeichneten den Tumult auf, der entstand, als Hollywoods Crème de la crème anrückte, um Streisands Eröffnungsabend zu erleben: Henry Fonda, Natalie Wood, Danny Thomas, John Huston, Kirk Douglas, Ray Milland,

Edward G. Robinson. Barbra konnte es kaum fassen. »Es ist nicht lange her, daß ich in einem Süßwarenladen in Brooklyn hockte, Eiscreme löffelte und Kinozeitschriften las. Nun trete ich plötzlich vor all diesen Stars auf – und bin einer von ihnen.«

Sie benahm sich auch wie ein Star und ließ das Publikum eine ganze Stunde lang warten, bevor sie, mit einer weißen Matrosenbluse aus Satin und einem schwarzen Rock bekleidet, im Saal erschien. Sie betrachtete die dichtgedrängte Menge aus fünfzehnhundert Menschen, die sie beinahe umringten, als sie auf der in das Publikum hineinragenden Bühne stand, und witzelte: »Wenn ich gewußt hätte, daß Sie mich von beiden Seiten sehen können, hätte ich mir vorher die Nase operieren lassen.«

Dann begann sie zu singen, und ihre Zuhörer, die zu den übersättigtesten der Welt gehörten, erlebten die Geburt eines außergewöhnlichen neuen Stars. Im Laufe des Engagements kam fast jede Hollywood-Berühmtheit, um Barbra zu sehen. Jack und Mary Benny schickten ihr ein Telegramm: »Sie waren großartig am Freitag abend. Wir lieben Sie.« Danny Thomas gab bei sich zu Hause eine Pizza-Party für sie und bot ihr ein Gastspiel in seiner Fernsehkomödie an. Bing Crosby und Bob Hope taten das gleiche. Und auch Judy Garland (die sich nach Barbras erstem Song an ihren Begleiter gewandt und ihm zugeflüstert hatte: »Ich werde nie mehr meinen Mund öffnen«) bat Barbra, in ihrer Unterhaltungssendung aufzutreten, die im kommenden Herbst Premiere haben sollte.

Ihre Verpflichtungen erlaubten Barbra lediglich, die Angebote von Bob Hope und Judy Garland anzunehmen, und zwangen sie, auf ihre erste Filmrolle zu verzichten. Der Produzent Sam Goldwyn junior hatte ihr die Hauptrolle in seinem Film *The Young Lovers* (Die Saat der ersten Liebe) angeboten, und sie hätte gern zugesagt, aber ihre Termine ließen es nicht zu. Barbras Tournee dauerte bis zum 7. Dezember, und unmittelbar danach mußte sie mit den Proben für *Funny Girl* beginnen. »Es werden sich noch genug Gelegenheiten bieten, in Filmen mitzuspielen«, tröstete Marty sie. »Keine Sorge.«

Wie zur Bestätigung dessen gewann Barbra während ihres Aufenthalts in Hollywood zwei neue Agenten: David Begelman und Freddie Fields, die als Team gerade Creative Management Associates (später International Creative Management) gegründet hatten. Im Gegensatz zu Barbras früheren Agenturen hatte CMA eine gutgehende Filmabteilung.

***

Elliott war sich sicher, daß Barbra ihn betrogen hatte. In London war ihm zu Ohren gekommen, daß Barbra ihm nicht treu war. In Las Vegas konfrontierte er sie mit den Gerüchten, und zu seinem Entsetzen machte sie nicht nur keinerlei Versuch, alles abzustreiten, sondern sie teilte ihm vielmehr mit, daß er nicht mehr ihr Liebhaber sein könne, wenn er auf Monogamie bestehe. »Ich kann wirklich nicht nur mit dir zusammensein«, gab er ihre Antwort wieder. »Das reicht mir nicht. Ich muß mich erst mal austoben. Was, wenn ich bei dir wäre und mich nach Marlon Brando sehnen würde?«

Bestürzt beschloß Elliott, daß eine Heirat der beste Weg war, Barbra ganz für sich allein zu haben. Er begann, sie unter Druck zu setzen. Sie reagierte ausweichend mit einem »Vielleicht«. – Wollte sie durch ihre scheinbare Verachtung für die Monogamie möglicherweise testen, wie sehr Elliott sie wirklich begehrte? Wenn es so war, dann dürfte ihr klar geworden sein, wie ernst er es meinte.

Barbras Engagement im *Grove* endete am 8. September. Am folgenden Tag eröffnete sie in Lake Tahoe, wo sie zwei Wochen lang im Hotel-Casino *Bill Harrah's* auftrat – auch diesmal im Vorprogramm für Liberace. Am darauffolgenden Freitag, dem 13. September, gab sie Elliott auf dessen jüngsten Heiratsantrag hin ihr Jawort, und die beiden fuhren spontan ins vierzig Kilometer entfernte Carson City. Sie wurden von Marty Erlichman und Marty Bregman, Barbras neuem Finanzmanager, begleitet. (Beide hatten ihr geraten, Elliott in Nevada zu heiraten, wo es keine Gütergemeinschaft gibt.)

Sie gingen den Bund der Ehe vor Friedensrichter Pete Supina ein. Nachdem Barbra den Schwur, Elliott »zu lieben, zu ehren und ihm zu gehorchen« in »ihn zu lieben, zu ehren und ihn zu *ernähren*« abgeändert hatte, küßte sie ihren Mann, um schnellstens wieder zurück zum *Harrah's* zu fahren und ihren Vertrag zu erfüllen.

Anschließend reisten Barbra und Elliott wieder nach Los Angeles, wo sie das verlebten, was dem Begriff Flitterwochen unter den gegebenen Umständen noch am nächsten kam. Sie zogen sich in das elegante Beverly Hills Hotel (»Pink Palace« genannt) zurück, tollten ausgelassen im Pool herum, gingen abends aus und machten es sich in ihrer luxuriösen Suite bequem, wo sie sich zu allen möglichen Zeiten vom Zimmerservice bedienen ließen. Der Fotograf Bob Willoughby nahm sie im Pool auf: Elliott hebt die mit einem Bikini bekleidete Barbra auf seine Schultern, und einmal hält sie die Hand vor sein Gesicht.

Am Freitag, dem 4. Oktober, begab sich Barbra in die CBS-Studios in Fairfax und Beverly in Hollywood, um ihren Auftritt in der *Judy Garland Show* aufzeichnen zu lassen. Die Unterhaltungsserie war in der Woche zuvor zum erstenmal ausgestrahlt worden und hatte positive Kritiken und hohe Einschaltquoten bekommen. Aber nachdem acht Sendungen im Kasten waren, fürchtete CBS um die Zukunft der Show. Die Textqualität schwankte, und der Humor wirkte oft gekünstelt. Noch schlimmer war, daß sich Judy als unzuverlässig erwies. Manchmal war ihr Gesang stark und dynamisch, dann wieder schwach und unsicher.

Als die Streisand erschien, erfaßte eine Woge der Aufregung alle Beteiligten vom Revueballett bis zum CBS-Topmanagement. Sowohl William S. Paley, der Gründer und Aufsichtsratsvorsitzende des Senders, als auch James Aubrey, der Präsident, hatten sich entschlossen, den Aufzeichnungen beizuwohnen.

Am aufgeregtesten und nervösesten jedoch war Judy. Einerseits war ihr bewußt, daß ihr gemeinsamer Auftritt mit der Streisand eine Sensation auslösen konnte. Andererseits sprühte Barbra vor jugendlicher Lebensfreude, besaß die wundervollste Stimme, die Judy je gehört hatte, und wurde oft als »die neue Garland« angekündigt – was indirekt besagte, daß die alte Garland bald abdanken würde. Sosehr Judy auch Barbras Talent bewunderte, sie konnte unmöglich zulassen, daß dieser Neuling sie in den Hintergrund drängte. Sie würde sich mit Barbra Streisand messen und sich ihr entweder in jedem Punkt gewachsen zeigen oder bei dem Versuch scheitern.

In dem Moment, als Judy zu den Proben erschien, wußten alle, daß sich irgend etwas anbahnte. Vorher hatte sie sich oft nur mit Mühe nach einer schlaflosen Nacht voller Alkohol und Tabletten ins Studio geschleppt und war dann kaum noch arbeitsfähig gewesen. An diesem Morgen jedoch marschierte sie frisch und dynamisch herein; ihre Frisur war makellos, und sie wirkte konzentriert.

Einen ganz anderen Eindruck erweckte Barbra. Wie der Pianist der Show, Jack Elliott, berichtete, kam während der Proben »dieses höchst unattraktive, verdreckte, heruntergekommene, barfüßige Mädchen mit strähnigen Haaren herein. Wir waren überrascht, daß sie in der Garland-Show auftreten sollte ... Aber als Barbra zu singen begann, war es ein elektrisierender Moment, und jeder wußte sofort, daß wir einen Star hörten.«

Barbras Nonchalance verdankte sie ihrem wachsenden künstlerischen Selbstvertrauen. Sie schien von einer unaufhaltsamen Welle der Begeisterung zu den höchsten Gipfeln des Ruhms getragen zu werden, wobei sie die überschwenglichen Lobeshymnen inzwischen nicht mehr beeindruckten. Als ihr ein Mitglied der Crew erklärte, wie großartig sie sei, meinte Barbra nur: »Ach, Sie finden das auch?«

»Ich war sehr von mir eingenommen«, gestand sie, »im Sinne von: ›Wartet, bis sie *mich* sehen!‹« Als sie und Judy eines ihrer Duette probten, konnte Barbra nicht begreifen, warum die Garland solche Angst hatte. »Ich fühlte mit ihr. Sie klammerte sich an mich, mit aller Kraft. Sie fürchtete sich. Vielleicht fürchtet man sich mehr, wenn man älter wird. Wenn man jung ist, hat man nichts zu verlieren.«

***

Während sich Bill Paley und James Aubrey die Aufzeichnungen ansahen, wußten sie, daß sie ein in der Geschichte des Showbusineß einmaliges Duo erlebten. Zwei große Sängerinnen, eine fünfunddreißigjährige Veteranin und eine völlig unerfahrene Anfängerin, setzten ihr ganzes Können ein, und die Luft füllte sich mit elektrischer Spannung. Als die Aufnahmen abgeschlossen waren, ordnete Paley an, die Show anstelle einer früher aufgenommenen und bereits angekündigten Sendung schon am folgenden Sonntag, also zwei Tage später, auszustrahlen. Die Redaktion arbeitete ununterbrochen bis fünf Uhr am Sonntagmorgen durch, um es zu ermöglichen.

Die Show begann wie üblich damit, daß Judy ihren Gast vorstellte. Als sie zu Barbra sagte: »Du kannst alles haben, was du willst«, gab Barbra zurück: »Kann ich deinen Platz einnehmen?« Judy sah sie ungläubig an und sang: »Be my guest, be my guest« (»Nur zu, nur zu«). Es kursierte die Vermutung, daß Barbra die Frage von sich aus als Spitze gegen Judy eingeflochten habe, aber natürlich war der gesamte Text vorformuliert und geprobt worden und als Scherz gemeint.

Anschließend sang Barbra »Bewitched, Bothered and Bewildered«. Nie zuvor oder danach hat ihre Stimme so rein, so glockenklar geklungen. Ihre Stimmbänder glichen einer Stradivari, während Barbra ihnen die höchsten, reinsten, süßesten Töne entlockte, die man sich vorstellen kann. Sie holte kaum Luft, bevor sie mit Bravour eine rauhe und zugleich spöttische Version von »Down with Love« anstimmte, wobei sie Grimassen zog, bitter lachte, ihre Fäuste ballte und ironisch lächelte. Dabei packte sie die Zuschauer nicht nur durch ihre Intensität, sondern auch durch den scharfen Kontrast zu dem, was sie gerade zuvor gesungen hatte.

Judy war hingerissen. »Du bist *sensationell*«, sagte sie zu Barbra, als diese ihren Song beendet hatte, »absolut *sensationell*! Du bist so gut, daß ich dich *hasse*!«

»Oh, Judy«, antwortete Barbra, »das ist wirklich zauberhaft von dir, danke. Du bist so großartig, daß ich dich jahrelang gehaßt habe. Und mein Ehrgeiz besteht darin, gut genug zu sein, um von ebenso vielen Sängerinnen gehaßt zu werden wie du.«

Als nächstes folgte ein aufregendes Duett, in dem sich diese beiden begnadeten Sängerinnen gegenseitig zu Höchstleistungen anspornten. Es war Judys Idee gewesen, »Happy Days Are Here Again« mit einer ihrer eigenen Erkennungsmelodien, »Get Happy«, zu kombinieren, und das Ergebnis war grandios. Die beiden waren einander Ton für Ton, Gefühl für Gefühl, Schlag um Schlag ebenbürtig.

Nachdem Ethel Merman sich den beiden Stars angeschlossen hatte, um mit ihnen einen »Schmetter-Wettbewerb« auszufechten (den Merman mit ihrer kräftigen Stimme mühelos gewann), krönte ein weiteres vollendetes Streisand-Garland-Medley die Sendung. Die beiden Frauen sangen mit solcher Intensität, daß ihre Darbietung bis heute zu den denkwürdigsten Momenten der Fernsehgeschichte gehört.

Barbra war derart beeindruckend, daß man zum erstenmal einen Gast-Star neben vier Künstlern, die ihre eigene wöchentliche Show leiteten, für einen Emmy Award für den besten Auftritt in einer Unterhaltungssendung nominierte. Die anderen Kandidaten waren Andy Williams, Perry Como, Danny Kaye und Judy Garland. Barbra – unglücklich darüber, mit der Garland zu konkurrieren – teilte der Presse mit, es sei »albern«, sie nicht in eine andere Kategorie einzuordnen. Dadurch, daß Danny Kaye den Preis gewann, löste sich das Problem dann von selbst.

Emmy oder nicht, Barbra hatte den Höhepunkt ihrer Karriere als Fernseh-Gast-Star erreicht. Sie sollte für die nächsten sechs Jahre in keiner derartigen Sendung mehr auftreten. »Nachdem sie in der *Judy Garland Show* mitgewirkt hatte«, erklärte Marty Erlichman, »sagte ich zu ihr: ›Es gibt keinen Grund mehr, als Gast in diesen bescheuerten Fernsehshows aufzutreten. Du könntest das einfach nicht überbieten.‹«

᛫|᛫|᛫|᛫

Barbra hatte gerade eine Brosche in einem Antiquitätengeschäft in Manhattan bezahlt, da hörte sie die Nachricht aus dem Radio: Präsident Kennedy war erschossen worden, während er in einer Autokolonne durch Dallas, Texas, fuhr. Es war der frühe Nachmittag des 22. November. Zunächst konnte Barbra es genausowenig glauben wie alle anderen. »Es muß so was wie der Witz von Orson Welles sein«, flüsterte sie. (1938 hatte Orson Welles eine Hörspielfassung des Romans *Krieg der Welten* von Herbert George Wells über eine Invasion von Marsbewohnern gesendet, die so realistisch wirkte, daß sie eine Panik auslöste.) »Es kann einfach nicht wahr sein.«

Aber es stimmte, und Barbra fühlte sich im Innersten getroffen. Für sie war John F. Kennedy nicht bloß eine charismatische Führerfigur, sondern ein Mann, den sie kannte und mochte. Sie hatte den 5. Dezember, an dem sie im Weißen Haus erneut für ihn singen sollte, kaum erwarten können. Nun war er erschossen worden, und Vizepräsident Lyndon B. Johnson hatte seine Nachfolge angetreten. Was für ein Präsident würde Johnson sein? Wie die meisten Amerikaner, wußte Barbra wenig über ihn. Was wird aus diesem Land? fragte sie sich.

***

Barbra beendete ihr phänomenales Jahr mit größter Hektik. Am Abend nach der Aufzeichnung der Garland-Show trat sie gemeinsam mit Sammy Davis junior im *Hollywood Bowl* auf, und zwischen dem 29. November und dem 7. Dezember sang sie jeweils für ein oder zwei Abende in Chicago, Indianapolis, San José, Sacramento, San Francisco und Los Angeles.

Am 28. Dezember wählte das New Yorker Magazin *Cue* Barbra zum »Entertainer of the Year«. Es war der ideale Abschluß eines bemerkenswerten Jahres, aber Barbra hatte keine Zeit, sich in ihrem Ruhm zu sonnen. Sie war nun intensiv mit den Proben für *Funny Girl* beschäftigt, das mit größter Ungeduld erwartete Broadway-Musical. Die folgenden Monate sollten – mit Problemen hinter den Kulissen, Persönlichkeitskonflikten, Schwierigkeiten mit dem Script und künstlerischen Kämpfen – Barbras Talent, ihrem Mut und sogar ihrer Gesundheit alles abverlangen. Aber die mühsam errungenen Resultate sollten deutlich machen, daß »das Jahr der Barbra Streisand« nichts als eine Aufwärmübung gewesen war.

KAPITEL 10

Am ersten Tag der Proben zu *Funny Girl* am 10. Dezember 1963 auf der Bühne des Winter Garden Theater wäre Barbra fast gefeuert worden. Nur ein paar Tage zuvor, während der ersten Lesung des Scripts mit dem Ensemble, hatte sie die Kompositionen von Jule Styne und Bob Merrill so wunderschön gesungen, daß sie laut Milton Rosenstock, dem musikalischen Leiter, »allen das Herz brach«. Aber jetzt hatte Barbra plötzlich mit ihren Bewegungen, ihrer Phrasierung und Atmung zu kämpfen, und Rosenstock war überrascht. »Mein Gott«, dachte er, »sie kann noch nicht einmal vernünftig über die Bühne gehen. Was ist bloß los mit ihr?« Und als sie sang, hatte er das Gefühl, er habe »irgendein Kind aus der High-School« vor sich. »Alles war weg. Irgend etwas mußte passiert sein.«

Der Produzent der Show, Ray Stark, und einige seiner Mitarbeiter sahen von den mittleren Reihen aus zu. Styne und Merrill machten sich Notizen. Der Regisseur, Garson Kanin, beobachtete Barbra aufmerksam unter gerunzelten Brauen, während seine Frau, die Schauspielerin Ruth Gordon, ihm ihre Kommentare ins Ohr flüsterte. Barbra sollte die Zeile eines Songs mit einem verächtlichen »Ech« beenden, aber sie übertrieb. »Das ist zu dick«, rief Kanin.

Barbra erstarrte. »Was wollen Sie?«

»Machen Sie's natürlicher.«

Sie versuchte es erneut. Ruth Gordon flüsterte Kanin etwas zu, und der bat Barbra, die Zeile zu wiederholen.

»Sagen Sie mir doch einfach, was Sie wollen, und ich werde es tun!« flehte sie.

»Ja, Miss Streizund ...«

»Ich heiße Strei*sand*!« fuhr Barbra ihn an.

Daraufhin stand Ray Stark auf und ging zur Bühne. Barbra schien den Tränen nahe. »Ich versuche, alles zu tun, was Sie sagen. Aber ich habe mein Selbstvertrauen verloren. Ich weiß nicht mehr, wie ich singen soll, weil ich das tue, was *Sie* sagen, nicht das, was ich *fühle*!«

»Sie machen das schon ganz richtig«, versuchte Ray Stark sie zu beruhigen. »Sie machen es gut!«

»Ich habe diese Rolle nicht übernommen, um *gut* zu sein!« rief Barbra. »Ich muß phantastisch sein oder gar nichts! Entweder, Sie sagen mir, wie ich phantastisch sein kann – nicht gut, *phantastisch* –, oder Sie lassen's besser ganz!«

Stark blies die Probe ab, und während sich alle mechanisch voneinander verabschiedeten, fürchtete Milton Rosenstock, daß der Abschied endgültig sein könnte. »Ich wußte, daß man für den Notfall noch jemand anderen in petto hatte«, berichtete er. Am nächsten Morgen um elf versammelten sich alle »in eisigem Schweigen«, so Rosenstock. »Es war wie im Leichenschauhaus. Barbra wirkte distanziert. Ich erkundigte mich, ob alles in Ordnung sei, und sie meinte: ›Ja.‹ Kanin erklärte, daß wir mit ›Don't Rain on My Parade‹ anfangen würden. Dann sah er Barbra an und fragte: ›Sind Sie bereit, Miss Strei*sand*?‹«

Barbra begann zu singen, und während Kanin ihr Regieanweisungen zurief, wurde deutlich, daß sich nichts geändert hatte. »Wenn sie still stehen sollte, bewegte sie sich«, erzählte Rosenstock. »Wenn sie sich bewegen sollte, stand sie still. Wenn sie auf diese Art atmen sollte, atmete sie auf jene Art, wenn sie sich in die eine Richtung wenden sollte, wandte sie sich in die andere. Einer der Produzenten sprang von seinem Sitz hinten im Theater auf und machte Anstalten, auf die Bühne zu stürmen. Er wollte sie stoppen. Das war's dann. Sie war draußen. Jule Styne sieht den Kerl, rennt hinter ihm her und packt ihn. Er schubst ihn auf einen Sitz und sagt: ›Laß sie in Ruhe!‹ Streisand singt, sie bemerkt nichts von dem, was vorgeht. Sie kommt in Fahrt, und der Zauber beginnt zu wirken. Styne flüstert mir zu: ›Sie fängt Feuer! Sie fängt Feuer!‹ Sie setzte die Bühne in Flammen, traf jeden herrlichen Ton, kochte geradezu.

Vor dem Ende des Songs gab es einen Punkt, an dem sie Atem holen mußte, weil es ihr sonst nicht gelingen würde, den letzten Ton des wunderbaren großen Finales zu halten: ›Nobody, no nobody, is gonna rain on my pa-a-a-rade!‹ Barbra verpaßte den Punkt, und als sie bei der Note ankam, schaffte sie es nicht. Sie stand da, fing an zu weinen und sagte: ›Tut mir leid‹ und ging. Sie war sich sicher, durchgefallen zu sein.

Aber die Darbietung war so brillant, und in gewisser Weise verstärkte ihre Unfähigkeit, die letzte Note zu singen, die Gefühlsintensität sogar noch. Alle brachen spontan in Applaus und Jubel und Bravorufe aus. Sie kam auf die Bühne zurück und konnte es nicht fassen. Von dem Augenblick an war sie wirklich der größte Star.«

Noch nicht ganz. In den nächsten drei Monaten wiederholte sich dieses Auf und Ab zwischen Streisands Unfähigkeit und ihrer drohenden Entlassung einerseits und ihrer überwältigenden Brillanz andererseits mehrmals. Auch das Stück selbst war von so vielen Problemen begleitet und erhielt bei den Testaufführungen außerhalb der Stadt so schlechte Kritiken, daß Ray Stark ernsthaft daran dachte, es abzusetzen. Die Show, um deren Produktion Stark mehr als ein Jahrzehnt gekämpft hatte und die Barbra Streisand zum Superstar machen sollte, wäre beinahe nicht zustande gekommen.

***

Fanny Brice, die beliebte jüdische Komikerin und Sängerin, die von 1911 bis 1923 bei den Ziegfeld Follies mitwirkte und in den dreißiger Jahren als »Baby Snooks« zum Rundfunkstar wurde, war 1891 als Fanny Borach an der Lower East Side von Manhattan zur Welt gekommen. Im frühen Teenageralter trat sie auf Brooklyner Kleinbühnen auf. Mit achtzehn ging sie eine kurze Ehe mit einem weit älteren Friseur ein (»Riecht er nicht gut?« fragte sie eine Freundin). Später heiratete sie den verbindlich wirkenden, charmanten Spieler und Hochstapler Nick Arnstein, der eigentlich Julius Arndstein hieß. Der Erfolg der unattraktiven Fanny, die eine auffällige Hakennase und eine lediglich durchschnittliche Stimme hatte, gründete auf ihrem rauhen ethnischen Humor und ihren zu Herzen gehenden, sehnsuchtsvoll-wehmütigen Songs wie »My Man«.

Am faszinierendsten an ihr wirkte ihre unglückliche Ehe mit Arnstein, eine der großen, tragischen Broadway-Romanzen. Die beiden hatten einander 1912 in Baltimore kennengelernt, als Fanny mit den Follies auf Tournee war. Sie war einundzwanzig, er dreiunddreißig. Fanny verliebte sich in sein gepflegtes Äußeres, seinen schmucken Schnurrbart und seine Eleganz. Nick, so meinten die meisten, verliebte sich in ihr Geld.

Sobald er Fannys Wohnung in New York sah, beschloß er, sie neu einzurichten. Er bestellte bei Gimbel's neue Möbel im Wert von 10000 Dollar – und ließ Fanny die Rechnung zustellen. »Er war ein geriebener Gauner, der über Millionenbeträge sprach«, schrieb Jimmy Breslin, »aber meist trieb er sich auf dem Parkplatz gegenüber vom Forrest Hotel in der 49th Street herum, hatte das Geld von Fanny Brice in den Taschen und Diebereien im Kopf.«

Sie lebten sechs Jahre zusammen, und während Fannys Erfolg sprunghaft wuchs, geriet Nick in Schwierigkeiten. Fanny verpfändete ihre Juwelen, um seine Anwälte zu bezahlen, als er wegen Un-

155

terschlagung verhaftet wurde, aber er mußte trotzdem ins Gefängnis. Sie heirateten 1918, nach Nicks Scheidung von seiner ersten Frau, und hatten zwei Kinder: Frances und William. Ein neuer Betrug brachte Arnstein in die Strafanstalt Leavenworth, und Fanny lieh sich 80 000 Dollar von einem anderen Spieler, Arnold Rothstein, um die Anwaltskosten zu bezahlen.

»Warum bleibst du bei diesem Kerl?« fragte Rothstein sie.

»Weil ich ihn liebe«, antwortete Fanny. Aber schließlich war selbst ihre Liebe all dem nicht mehr gewachsen. 1927 ließ sich Fanny von Nick scheiden. Anschließend heiratete sie den Broadway-Impresario Billy Rose; auch diese Ehe endete mit Scheidung. Später wurde sie Innenarchitektin und Kunstsammlerin und bewies dabei einen erlesenen Geschmack. 1951 starb sie an einer Gehirnblutung.

Von ihrem Freund Goddard Lieberson angespornt, diktierte Fanny in den späten vierziger Jahren ihre Memoiren für eine Autobiographie. Das von einem Ghostwriter verfaßte Buch war nach ihrem Tod bereits an Rezensenten verschickt worden, da bezahlte ihr Schwiegersohn, Ray Stark, 50 000 Dollar, um die Druckplatten einschmelzen zu lassen. Starks Frau – Fannys und Nicks Tochter Frances – hatten einige Freimütigkeiten des Buches nicht gefallen. (Zum Beispiel wurde Katharine Hepburn mit den Worten zitiert: »Sie [Fanny] saß da wie eine Königin und konnte fluchen wie ein Bierkutscher.«)

Der rothaarige, mittelgroße, geschäftstüchtige Ray Stark wurde Hollywood-Agent; zu seinen Klienten zählten auch Marilyn Monroe und Richard Burton. Ursprünglich wollte er die Geschichte seiner Schwiegermutter verfilmen, aber Stark konnte keinen der Hollywood-Moguln dazu bringen, das Projekt zu finanzieren, denn anders als die Broadway-Veteranen waren sie von Fannys längst verblichenem Ruhm nicht sonderlich beeindruckt.

Anfang 1961 entschied sich Stark dafür, die Brice-Arnstein-Geschichte in Form eines Broadway-Musicals zu erzählen, das als Test für einen künftigen Film dienen konnte. Dafür war ihm das Beste gerade gut genug. Stark engagierte David Merrick als seinen Co-Produzenten sowie Jule Styne und Stephen Sondheim, die gerade ihre Arbeit an *Gypsy* beendet hatten, als Komponisten und Texter. Das nach einem Drehbuch von Isobel Lennart verfaßte und von ihr bearbeitete Script schickte er an Mary Martin. Der Star deutete sein Interesse an, aber Sondheim war strikt dagegen. »*Mary Martin* soll Fanny Brice spielen?« fragte er Stark. »Du mußt dafür ein *jüdisches* Mädchen nehmen! Und wenn sie nicht jüdisch ist, muß sie zumindest eine *Hakennase* haben!«

»Ach, red keinen Unsinn, Steve«, antwortete Styne. »Wir werden kein Mädchen mit solch einer Nase finden.«

Sondheim zog sich aus dem Vertrag zurück, vor allem weil er nach *Gypsy* kein weiteres Musical im Künstlermilieu schreiben wollte. Mary Martin verzichtete ebenfalls, nachdem sie noch einmal darüber nachgedacht hatte, ob es wirklich klug wäre, eine berühmte jüdische Komikerin zu spielen. Außerdem wäre es ihr mit ihren fast fünfzig Jahren schwergefallen, die Anfangsszenen zu spielen, in denen Fanny als Teenager auftritt.

Drei Monate vergingen, ohne daß Styne etwas von Ray Stark hörte. Währenddessen, im Frühjahr 1962, fand Styne das Mädchen mit der großen Nase. Als Marty Erlichman von den *Funny Girl*-Plänen erfuhr, drängte er David Merrick, Barbra die Rolle zu geben: »Wer wäre geeigneter, Fanny Brice zu spielen?« Aber Merrick hatte trotz Barbras Begabung nicht den Eindruck, daß sie reif oder kultiviert genug war, um die ältere, weisere Fanny im zweiten Akt zu verkörpern. Marty lud Merrick im Mai zu Barbras Eröffnungsabend im *Bon Soir* ein, und Merrick sah sich beide Auftritte an. Beeindruckt von der Entwicklung ihrer darstellerischen Fähigkeiten, meinte er zu Erlichman, Barbra sei gereift.

Merrick drängte nun seinerseits Styne, sich Barbras Auftritt anzuschauen, und der Komponist war derart begeistert von ihr, daß er nur einen Abend während ihres Engagements verpaßte. Styne hatte Barbra bereits in *Wholesale* gesehen, sie jedoch nicht für die Besetzung von *Funny Girl* in Betracht gezogen. »Sie war in jener Show sehr lustig, aber ich hielt sie nicht für fähig, eine romantische Geschichte wie die von Isobel Lennart zu spielen.« Nach seinen Besuchen im *Bon Soir* änderte er seine Meinung. Nun träumte er davon, wie es wäre, wenn seine Songs von dieser wundervollen Stimme gesungen würden, und mit Barbra vor Augen schrieb er neue Melodien, obwohl keinesfalls feststand, daß sie die Rolle bekommen würde. »Ich schrieb die Partitur für jemanden mit ihrer Spannbreite, ihrer Dynamik, ihrem Sinn für Humor.«

Dann hörte Styne von Ray Stark, man habe einen Regisseur: Jerome Robbins *(West Side Story, Gypsy)*, den renommiertesten Regisseur und Choreographen des Broadway, und einen Star: Anne Bancroft, die 1959 als Annie Sullivan, Helen Kellers Lehrerin, in *The Miracle Worker* (Licht im Dunkel) einen sensationellen Erfolg gehabt hatte.

Die Bancroft, eine brillante Schauspielerin, besaß wenig mehr als eine passable Singstimme. Jule Styne und sein neuer Texter, Bob

Merrill, spielten ihr vier Songs vor, die sie für die Show geschrieben hatten, darunter »I'm the Greatest Star« und »Don't Rain on My Parade«, die Styne mit dem Gedanken an Barbras Stimme komponiert hatte. Die Bancroft erbleichte. »Sie werden nie jemanden bekommen, der diese Songs singen kann«, protestierte sie und ging von dannen.

Styne erzählte Ray Stark von seiner Begeisterung für Barbra, aber Stark wollte die Rolle mit einem bekannten Star besetzen, um der Show von Anfang an einen soliden Kartenverkauf zu garantieren. Während der Produzent bei Carol Burnett, Eydie Gormé, Kaye Ballard, Shirley MacLaine und anderen Stars vorfühlte, begann Styne eine PR-Kampagne für Barbra. In den New Yorker Zeitungen tauchten Meldungen darüber auf, daß die Streisand die »Favoritin« für die Rolle sei, und einmal hieß es sogar, Barbra sei bereits »ausgewählt« worden, die Fanny Brice zu spielen.

Schließlich fuhren Ray und Frances Stark im Oktober gemeinsam nach Greenwich Village, um sich Barbra im *Bon Soir* anzusehen. Styne war sich sicher, daß er es damit geschafft hatte. Doch beide Starks fanden Barbra »zu nachlässig«, »nicht chic« genug und zu undiszipliniert für die Rolle der kultivierten älteren Fanny Brice, an die sie sich noch lebhaft erinnern konnten. »Dieses Mädchen wird niemals meine Mutter spielen«, meinte Frances. »Meine Mutter war etwas Besonderes.«

Aber nachdem Jerry Robbins Barbras Show gesehen hatte, plädierte er ebenfalls für sie, und er überredete Stark, Barbra zum Vorsprechen kommen zu lassen. Es wurde ein Reinfall. »Ich kann Ihnen gar nicht beschreiben, wie entsetzlich sie aussah«, erzählte Jule Styne im Rückblick. »Sie trug eine Art Kosakenuniform, die sie sich in irgendeinem Ramschladen gekauft hatte … In der Szene, die sie las, sollte sie emotional werden und weinen. Aber das tat sie nicht. Robbins mahnte: ›Barbra, das entspricht nicht der Vorlage.‹ Sie seufzte und sackte in ihrem Stuhl zusammen. Marty Erlichman hörte Stark sagen: ›Sie ist entsetzlich, seht euch das Kinn an, sie kann unmöglich meine Schwiegermutter spielen.‹«

Aber ähnlich wie Allan Miller vor ihm, fand auch Robbins Barbra trotz ihrer offenkundigen schauspielerischen Unzulänglichkeiten faszinierend, und er konnte ihre Erklärung nachvollziehen, daß sie nicht habe weinen können, weil die Worte sie nicht gerührt hätten. Mit dieser emotionalen Ehrlichkeit, glaubte er, konnte Barbra unter der richtigen Anleitung *alles* erreichen. Robbins ließ sie noch siebenmal kommen, und nachdem Allan Miller ihr geholfen hatte, in einer der späteren Szenen des Stücks mehr Reife auszustrahlen, konnte sie den Regisseur vollends von sich überzeugen. »Was mich betrifft«, erklärte er ihr, »so sind Sie Fanny Brice.«

Schließlich fügte sich auch Ray Stark in das Unvermeidliche. Trotz des enormen Risikos, eine Schlüsselrolle mit einer relativ Unbekannten zu besetzen, kam nur Barbra für die Fanny in Frage. Als dies im Juli 1963 bekanntgegeben wurde, machten ihre Kommentare gegenüber der Presse den Grund deutlich: »Wir gleichen uns sehr. Es ist, als spräche ich selbst. Wie Miss Brice fällt es auch mir schwer, von irgend jemandem einen Rat anzunehmen … [Sie] war eine Frau, die sich weigerte, auf ihre Mutter oder Florenz Ziegfeld zu hören.«

Stark wußte, daß der Lohn für das Eingehen dieses Risikos phänomenal sein konnte. Mit Anne Bancroft, hatte er Marty Erlichman mitgeteilt, würde die Show allein an Vorverkäufen mindestens eine Million Dollar, mit Carol Burnett zwei Million Dollar einbringen. Mit Barbra fast nichts. Aber wenn die Streisand durch die Show zur Broadway-Sensation wurde, was Stark für sehr wahrscheinlich hielt, konnten im Laufe der Spielzeit fünf Millionen Dollar zusammenkommen. Und darum entschied Stark: »Wir nehmen die Kleine.«

***

Zu dem Zeitpunkt, als die Proben für *Funny Girl* begannen, hatte Barbras kometenhafter Aufstieg das öffentliche Interesse an ihr und der Show angeheizt, und die Kartenvorverkäufe hatten bereits mehrere Millionen Dollar eingebracht. Das Ensemble war durch Sydney Chaplin, den achtunddreißigjährigen Sohn von Charlie Chaplin, als Nick Arnstein sowie durch Kay Medford als Fannys Mutter Rose vervollständigt worden. Inzwischen hatte die Show auch einen neuen Regisseur in Gestalt von Garson Kanin (Jerome Robbins hatte wegen des Textbuchs gekündigt, und sein Nachfolger Bob Fosse blieb nicht lange) und außerdem nur noch einen Produzenten, nachdem David Merrick seinen Show-Anteil nach einer heftigen Auseinandersetzung an Ray Stark verkauft hatte. »Es war ein ernster Streit«, erinnerte sich Garson Kanin. »Sie zankten sich, hatten einen Riesenkrach. Ich weiß nicht, ob es um die Prozente oder die Kinorechte oder sonst was ging. Aber David rief mich eines Tages an und sagte: ›Besprechen Sie alles mit ihm. Reden Sie nicht mehr mit mir, denn ich bin draußen.‹«

Merricks Weggang erzeugte ein schwerwiegendes Problem, weil Barbra ihren Vertrag mit ihm, nicht mit Ray Stark, unterzeichnet hatte. Ohne Merrick hatte *Funny Girl* keine Streisand und Stark praktisch keine Show mehr. David Begelman und Freddie Fields, Barbras Agenten, witterten ihre Chance: Sie stockten Barbras Gagenforderung für den neu aufgesetzten Vertrag mit Stark kräftig auf, was sie damit begründeten, daß Barbra jetzt einen weit höheren Marktwert habe als sechs Monate zuvor. Sie teilten Stark mit, Barbra fordere eine Erhöhung ihrer wöchentlichen Gage von 1500 auf 7500 Dollar, außerdem eine Limousine mit Chauffeur für die Fahrten vom und ins Theater, einen persönlichen Friseur und freie Kost für sich und Elliott.

Stark fand diese Forderungen unverschämt. »Ray war wegen der ganzen Sache entsetzlich wütend«, erzählte Kanin. »Er war ein sehr stolzer Mensch und ein gewiefter Geschäftsmann, der sich nicht unter Druck setzen lassen wollte. Manchmal wußten wir nicht, was passieren würde, und ich versuchte mit allen Mitteln zu verhindern, daß alles den Bach runterging.« Stark gab schließlich nach und erhöhte Barbras Gage auf 5000 Dollar, vor allem wegen der massenhaften Vorverkäufe, die fast ausschließlich ihr zuzuschreiben waren. Aber er ging auf keine ihrer anderen Forderungen ein.

Die zuweilen verletzenden Verhandlungen hinterließen auf beiden Seiten ihre Spuren. Stark verübelte ihr, was er als brutale Erpressungstaktik betrachtete; Barbra fand ihn knauserig angesichts der fraglosen Bedeutung, die sie für die erfolgreiche Verwirklichung seines langgehegten Traums haben würde. Die explosive Liebe-Haß-Beziehung zwischen Barbra und Stark, die sich vom Broadway nach Hollywood ausdehnen und sich über mehr als zwölf Jahre und sieben Projekte erstrecken sollte, hatte begonnen.

***

Am 13. Januar 1964 fand die erste Probeaufführung von *Funny Girl* außerhalb New Yorks statt, und zwar im Shubert Theater in Boston. Der Aufführungsbeginn verzögerte sich wegen eines Schneesturms, und das Publikum war unruhig und ging kaum mit. Um halb eins war der Vorhang noch immer nicht gefallen, aber die Hälfte der Zuschauer hatte das Theater bereits verlassen. Die Aufführung endete um ein Uhr nachts, und in den frühen Morgenstunden las das entmutigte Ensemble die Kritiken in einem leeren Lokal. Die Bemerkungen der Rezensenten ließen Isobel Lennart in Tränen ausbrechen.

Keine Frage: In seiner bisherigen Form war *Funny Girl* ein Fiasko.

Eine strahlende Barbra stürmt im September 1968 zur New Yorker Premiere ihres ersten Films, Funny Girl, *der sie zum Super-Filmstar machte.*

Frank Teti

Douglas Kirkland/Sygma

Die Philip Arms in der Pulaski Street in Brooklyn, wo Barbara Joan Streisand zusammen mit ihrer Mutter, ihrem Bruder und ihren Großeltern wohnte, nachdem ihr Vater gestorben war.

Laura Van Wormer

Barbras Vater, Emanuel Streisand, 1929 als Zweiundzwanzigjähriger. Er starb bereits mit fünfunddreißig, als seine Tochter erst fünfzehn Monate alt war. Sein Tod hinterließ ein quälendes Verlustgefühl in ihr.

Barbara beendete die Brooklyner Staatsschule 89 im Juni 1955. Damals war sie bereits fest entschlossen, Schauspielerin zu werden.

Sammlung des Autors

*Rechts: Barbara probt mit Herb
Evans im Dezember 1958 für die Off-
Broadway-Produktion* Driftwood.

Unten: Barbara als Bürovamp in
The Desk Set *(Eine Frau, die alles
weiß), einem Stück, das während der
Sommerspielzeit im Jahre 1957 produziert wurde. Die Fünfzehnjährige
tanzt mit Paul Bressoud. Ein Kritiker
nannte sie »eine hervorragende
junge Komikerin«.*

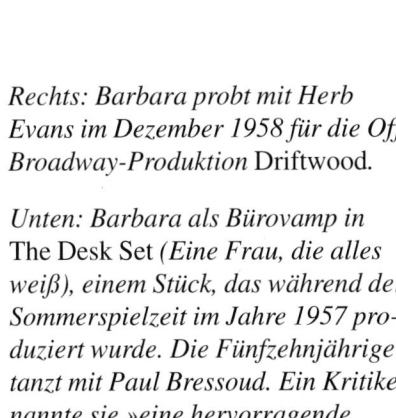

Mit Genehmigung von Emily Cobb

Charles Biasiny-Rivera

*Januar 1959: Barbara machte ihren
Abschluß an der Erasmus Hall High
School bereits ein halbes Jahr früher
und konnte dabei einen Punktedurchschnitt von 91 vorweisen. Sie
schockierte ihre Klassenkameraden
damit, daß sie mit einem Schwarzen
ausging.*

Mit Genehmigung von Kevin Burns

Eine weitere Rolle während der Sommerspielzeit: 1960 als Hortense in The Boy Friend. *Sie nutzte eine Unterbrechung ihrer Nachtclub-Engagements, um in der Show aufzutreten.*

Der erste Zeitungsartikel über Barbra Streisand (sie hatte gerade ein »a« aus ihrem Vornamen gestrichen) erschien am 21. August 1960 in Flatbush Life.

Sammlung des Autors

Flatbush Actress Heads for Stardom

Barbra Streisand, who, as a child was determined to become a dramatic actress, now finds herself in the rather enviable position of being considered for her singing ability as well.

Barbra, though only 18, has already appeared in important roles in summer stock and off-Broadway, playing Millie in "Picnic," Elsa in "Desk Set," both at the Maldenridge Playhouse, Ellie Mae in "Tobacco Road," at the Clinton Playhouse, and more recently, in the key role of Clythia, the butterfly in the Karel Capek play "Insect Comedy" at the Jan Hus.

August 16th through 30th she'll be appearing in "The Boy Friend" at the Cecilwood Theatre in Fish-

Sammlung des Autors

BARBRA

Richard Giammanco Collection

Bob Scott Collection

Eine Foto-Session im Frühjahr 1962 für das zweite Album, in dem Barbra mitsang: Pins and Needles. *Der Präsident von Columbia Records, Goddard Lieberson, wollte zuerst nicht, daß sie mitwirkte.*

Links unten: Barbra im Oktober 1961 mit dem Ensemble des nur einen Abend währenden Wunders Another Evening with Harry Stones. *Vorn rechts Diana Sands und Dom DeLuise.*

Photofest

»Oh, warum ist es immer Miss Marmelstein?« Barbras Broadway-Debüt in
I Can Get It for You Wholesale *im März 1962. Sie hatte einen sensationellen*
Erfolg und heiratete den Hauptdarsteller, Elliott Gould.

Rechts: Barbra begeistert im August 1963 das Publikum des berühmten Cocoanut Grove *in Los Angeles. Das Engagement brachte ihr ein Angebot für eine*
Filmrolle ein, das sie wegen bereits eingegangener Verpflichtungen aber ableh-
nen mußte.

Globe Photos

Globe Photos

Für ihren Gastauftritt in der Judy Garland Show *im Oktober 1963 wurde Barbra für den Emmy nominiert. Die »Veteranin« und die Anfängerin spornten sich gegenseitig zu Höchstleistungen an.*

Richard Giammanco Collection

Elliott Gould gratuliert seiner Frau zu ihrer triumphalen Premiere von Funny Girl, *die am 26. März 1964 stattfand. Schon bald sollte ihr Privatleben einige Parallelen zur Handlung der Show aufweisen.*

Barbra als Fanny Brice und Sydney Chaplin als Nick Arnstein in Funny Girl. *Ihre außereheliche Affäre endete in einem erbitterten Kampf zwischen den Stars.*

Richard Giammanco Collection

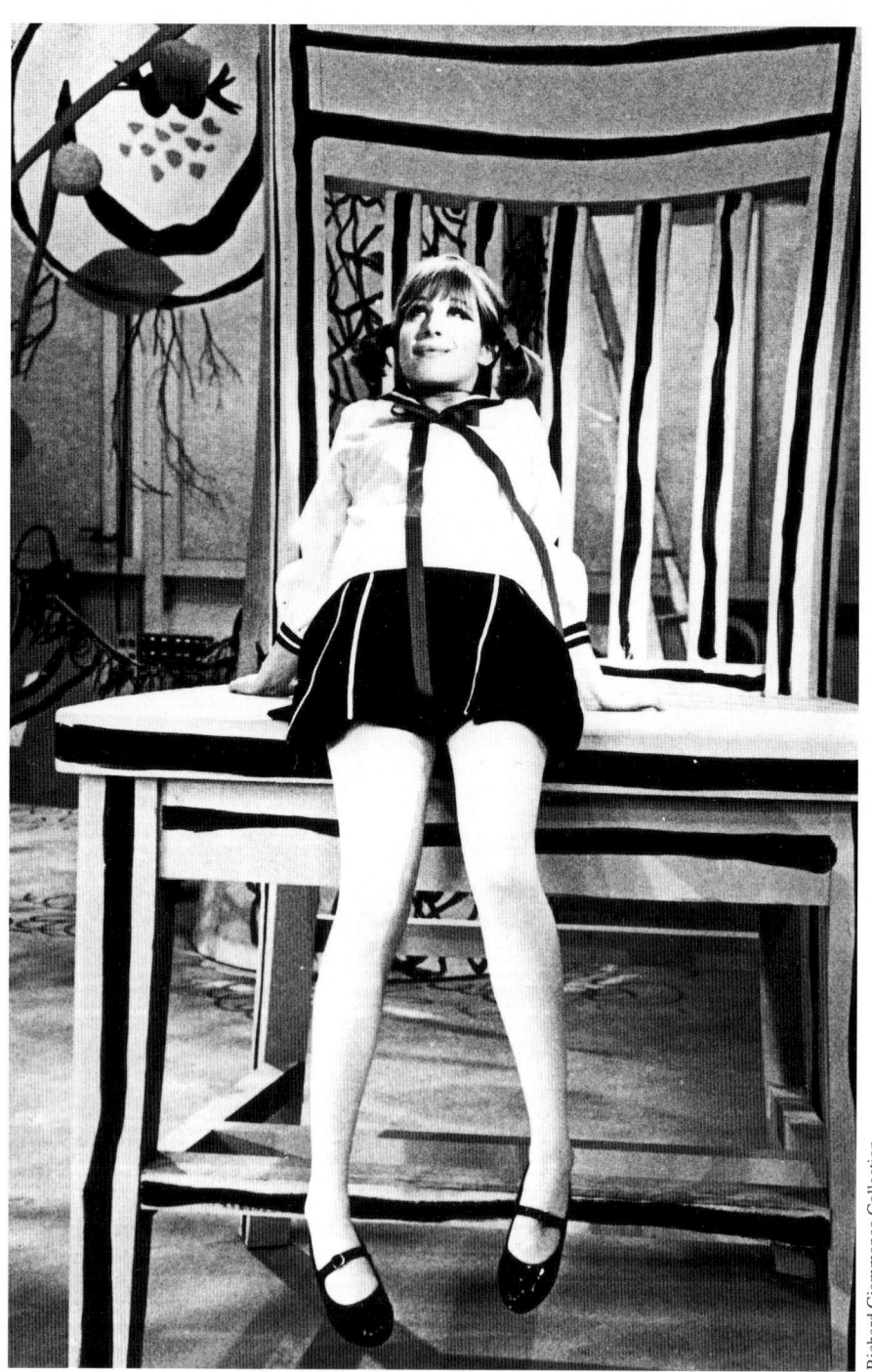

Richard Giammanco Collection

In ihrem ersten, phänomenalen TV-Special My Name Is Barbra *im April 1965 sang Barbra »A Kid Again/I'm Five«. Ein Kritiker bezeichnete die Sendung als »einen Höhepunkt des amerikanischen Showbusineß«.*

Richard Giammanco Collection

Nofretete Streisand? Barbras zweites Fernseh-Special, Color Me Barbra, *im März 1966. Die Produktion erwies sich als höchst problematisch.*

Barbra präsentiert ihren Emmy für »hervorragende individuelle Leistungen in einem Unterhaltungsprogramm«, den sie im September 1965 für My Name Is Barbra *erhielt.*

Chris Nickens Collection

Sammlung des Autors

La Streisand macht sich für eine Filmsequenz in The Belle of 14th Street *zurecht, ihr drittes und am wenigsten erfolgreiches Special im Frühjahr 1967.*

Während eines »Happenings im Central Park«. Barbra singt im Juni 1967 vor 135 000 Menschen »Marty the Martian«.

Richard Giammanco Collection

Richard Giammanco Collection

»Hallo, du Wunderbare!« Im September 1968 hat Barbra ihr überwältigendes Filmdebüt in Funny Girl.

*Barbra und Omar Sharif,
der den Nick Arnstein spielt,
bei einer Probe zu der Nummer »You Are Woman«.
Wieder setzt Barbra die Liebesszenen mit dem Haupt-
darsteller auch im Privatleben fort.*

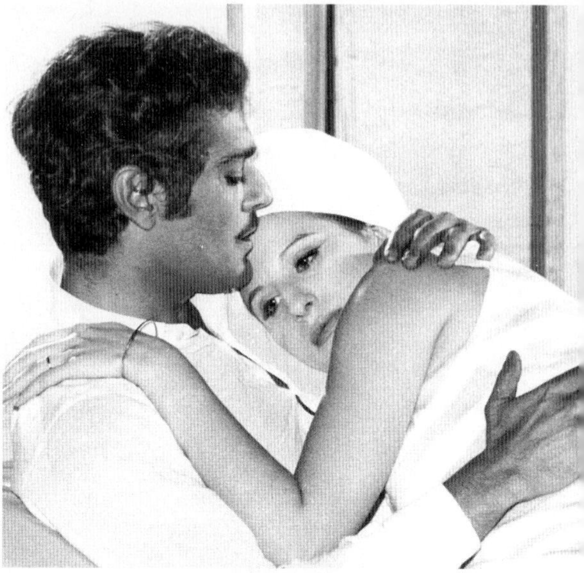

*»Ich war entsetzt über jeden
ihrer Schritte«, sagte Walter
Matthau über seine Film-
partnerin in* Hello, Dolly!

Bob Scott Collection

Bob Scott Collection

Richard Giammanco Collection

Wide World Photo

Barbra im Sommer 1968 mit ihrem achtzehn Monate alten Sohn Jason zwischen den Dreharbeiten zu Hello, Dolly!. *Eines der ersten Wörter, die Jason sprach, war »Hut«.*

Barbra und Eugene McCarthy verlassen im Mai 1968 eine Veranstaltung in Hollywood zur Beschaffung von Geldern zur Wahlkampffinanzierung, nachdem Barbra sich entschlossen hatte, die Präsidentschaftskandidatur des Senators zu unterstützen.

*Im Juli 1969 be-
stritt die Streisand
das Eröffnungspro-
gramm des Interna-
tional Hotel in Las
Vegas. Während
der Proben mußte
sie einen Schutz-
helm tragen, weil
die Veranstaltungs-
halle noch nicht
fertiggestellt war.*

*Barbra läßt sich im
April 1969 mit dem
Oscar fotografie-
ren, den sie für ihre
Leistungen in*
Funny Girl *als be-
ste Schauspielerin
erhalten hat.
Rechts von ihr Jack
Albertson, links
Anthony Harvey,
der den Preis für
Barbras Mitgewin-
nerin, Katharine
Hepburn, entge-
gennahm.*

Richard Giammanco Collection

Richard Giammanco Collection

Fast alles, was an der Show falsch sein konnte, war falsch. Sie war zu lang (am nächsten Abend hatte man sie um zwanzig Minuten gekürzt). Sie hatte keinen klaren Handlungsstrang, wirkte konzeptlos, weitschweifig. Viele der musikalischen Einlagen kamen beim Publikum nicht an. Und das Textbuch ließ offen, ob Nick Arnstein wahrheitsgemäß als verwerflicher Tunichtgut dargestellt oder in die fiktive Gestalt eines überaus charmanten Mannes verwandelt werden sollte, der nur aus Verlegenheit darüber, daß man ihn als Mr. Fanny Brice betrachtet, Unterschlagungen begeht.

Die erste Variante ließ die männliche Hauptrolle interessanter und vielschichtiger werden, während die zweite mehr Sympathien beim Publikum weckte. Jule Styne und Garson Kanin plädierten für die erste Version, aber Ray Stark wollte weder die Erinnerungen seiner Frau an ihren Vater verletzen noch bewirken, daß der dreiundachtzigjährige Arnstein in seinem Zorn einen Prozeß vom Zaun brach. Er bestand darauf, daß, wie Styne es formulierte, Nick »verzuckert« wurde.

Die Zuschauer hätten all das möglicherweise verziehen, wenn Barbras Darbietung besser gewesen wäre. Sie hatte zwar brillante Momente, aber insgesamt schien sie sich auf der Bühne höchst unwohl zu fühlen. Ihre Darstellung wirkte häufig flach und eindimensional, denn ihren Freunden und ihrer Familie gegenüber verhielt sie sich kaum anders als gegenüber Nick Arnstein. Außerdem übertrieb sie die komischen Elemente der Show.

Die Bostoner Rezensionen entsetzten Barbra. Sie hatte auf Konzert- und Fernsehauftritte verzichtet, die ihr rund eine Million Dollar eingebracht hätten, und nun fürchtete sie, daß alles in einer Katastrophe enden könne. Bisher hatte sie noch nie die Verantwortung für eine hoch budgetierte Broadway-Show tragen müssen. Zum erstenmal in ihrer Laufbahn zweifelte sie an ihren Fähigkeiten. Sie bekam Magenkrämpfe und konnte ihr Essen nicht bei sich behalten. Ihr Arzt verordnete ihr ein Magenmittel.

Die Fortsetzung ihres Vertrags hing an einem seidenen Faden, und Barbra wußte es. Lainie Kazan, eine ehemalige Schulkameradin aus der Erasmus Hall High School und Barbras Zweitbesetzung, bestätigte, daß Ray Stark damals intensiv nach einem Ersatz für seine Hauptdarstellerin suchte. Für Lainie, die zum erstenmal in einem Broadway-Theater arbeitete, waren die Erfahrungen mit *Funny Girl* ein Schlüsselerlebnis. »Es war wie im Krieg. Es gab Neueinstellungen, plötzliche Entlassungen, Unfälle und zahlreiche Machtkämpfe. Für mich war es ein Schock, und für Barbra muß es überwältigend gewesen sein. Aber sie überstand alles, weil sie ein willensstarkes, energisches kleines Ding war.«

***

»Kanin sagt mir nicht, was ich tun soll!« beklagte sich Barbra bei Marty. »Ich brauche Anleitung! Er sagt mir immer nur, alles sei prima!« Erlichman setzte sich mit Kanin auf einen Drink zusammen und erklärte ihm Barbras Problem. »Wann werden Sie ihr mehr sagen, zum Beispiel, was sie tun soll?«

»Man braucht ihr nicht zu sagen, was sie tun soll«, antwortete Kanin. »Sie weiß, was sie tun muß. Ich brauche ihr nur zu sagen, was sie *nicht* tun soll.« Kanin vertrat die Theorie, daß er einem Schauspieler oder einer Schauspielerin nur ein Gefühl für die Rolle vermitteln mußte, damit der Rest dann ganz von allein kam. »Ich glaube, daß man eine Atmosphäre schaffen muß, in der kreative Arbeit möglich ist. Dann werden die Schauspieler – wenn man die richtigen Schauspieler hat – schon entsprechend reagieren.«

Obwohl Barbra fraglos die richtige Schauspielerin war, hatte sie nicht genug Erfahrung, auf die sie zurückgreifen konnte, wenn keine starke Hand sie führte. Kanins Ansatz hätte vielleicht bei Veteraninnen wie Mary Martin oder Ethel Merman funktioniert, jedoch nicht bei Barbra. Irgend etwas mußte geschehen, und Barbra wußte auch, was: Sie mußte Allan Miller bitten, ihr zu helfen.

Ray Stark schluckte, als er davon hörte. »Okay«, erwiderte er schließlich, »aber Garson darf nichts davon erfahren. Ich will ihn nicht kränken.«

»Aber Allan wird ins Theater kommen und sich die Aufführung ansehen müssen«, wandte Barbra ein.

»Na gut, erzählen Sie jedem, daß er Ihr Cousin oder sonst was ist.«

***

Als Barbras Cousin aus Kalifornien getarnt, der angeblich Anwalt war, sah sich Miller eine Aufführung an und war entsetzt. »Sie wirkte wie eine Anfängerin«, erinnerte er sich. »Es war zum Erbarmen. Nichts war für sie erarbeitet worden; sie wußte nicht, worauf sie ihre Gefühle gründen sollte. Man hatte ihr lediglich gesagt: ›Könnten Sie dies oder das tun? Könnten Sie sich so oder so bewegen?‹ Sie verbarg ihre Schwächen hinter dem, was wir als ›demonstrative Darstellung‹ bezeichnen. Sie fühlte nichts, sondern täuschte nur vor, etwas zu empfinden. Die Szenen zwischen ihr und Sydney Chaplin waren schrecklich. Sie standen während dieser angeblich intimen Augenblicke auf der Bühne, und zwischen ihnen klaffte ein Abgrund.«

Ein weiteres gravierendes Problem, so Miller, bestand darin, daß das Publikum nicht gut auf Barbras Interpretation von »People« reagierte, den Song, den sie nach einem ihr zu Ehren veranstalteten Fest singt. Es drohte die Gefahr, daß man den Song strich, von dem Jule Styne erwartet hatte, daß er mit Eröffnung der Show an die Spitze der Pop-Charts gelangen würde. »Barbra sang ihn durchgehend auf die gleiche Art, ohne jegliche Beziehung zum Text«, berichtete Miller. »Und sie sang ihn zum Publikum hin statt zu Sydney. Wir arbeiteten an all dem – die ganze Analyse mußte vor einem Live-Publikum in Boston gemacht werden –, und am nächsten Abend trug sie den Song ganz anders vor. Sydney Chaplin blickte sie an, als wolle er sagen: ›Was zum Teufel geht hier vor?‹ Und Milton Rosenstock ahnte nicht, was sie zu tun beabsichtigte. Sie hielt am Anfang inne – was für den Song richtig war –, so daß Rosenstock nicht wußte, wie er das Orchester synchron mit ihr spielen lassen sollte. Er stoppte es einfach, und sie sang a cappella.

Bei der Passage: ›Two people, two very special people‹ wandte sie sich Sydney zu und sang den Rest des Songs nur für ihn. Es war bezaubernd, anrührend, *echt*. Ich konnte sehen, daß Sydney lächelte; er ließ sich von dem, was dieses Mädchen tat, mitreißen. Am Schluß sprang das Publikum auf. Ein rasender Szenenapplaus brach los.«

Obwohl Barbras Darstellung besser wurde, blieb die übrige Show im Chaos stecken. Das Script stellte immer noch ein zentrales Problem dar. Isobel Lennart saß während der Proben hinter den Kulissen, schrieb die Dialoge um und gab sie dann dem Ensemble. Ganze Szenen wurden hinzugefügt und anschließend wieder gestrichen. Musikalische Einlagen kamen und gingen mit alarmierender Geschwindigkeit.

Die meisten der gestrichenen Songs hatten zu Sydney Chaplins Nummern gehört, und da Barbras Auftritte an Kraft gewannen, wurde deutlich, daß sie zunehmend im Mittelpunkt von *Funny Girl* stehen würde. Jule Styne war nicht glücklich darüber. »Das entwickelt sich zu: *Ein Abend mit Barbra Streisand*«, murrte er. Aber Ray Stark und Garson Kanin wußten: Wenn Barbra weiterhin in die Rolle hineinwuchs, würde ihre Qualität als Star die Kasseneinnahmen in stratosphärische Höhen treiben. Daher war alles, was Barbra nicht diente, entbehrlich.

»Sie war die ganze Show«, sagte Chaplins Zweitbesetzung

George Reeder. »Es war egal, wer sonst noch mitspielte. Schließlich sagten sie zu Sydney: ›Du siehst phantastisch aus. Komm einfach in deinem Smoking auf die Bühne, geh ein bißchen herum und blick nett drein. Laß Barbra die Show machen.‹«

***

Möglicherweise war Sydney Chaplin deshalb so ungerührt darüber, daß Barbra von *Funny Girl* Besitz ergriff, weil die beiden, als die Show Anfang Februar nach Philadelphia ging, eine Affäre miteinander begonnen hatten. Barbra hatte sechs Monate zuvor Elliotts Heiratsantrag mit den Worten abgelehnt: »Ich muß mich erst mal austoben«, und der gepflegte, charmante Sydney Chaplin, ein Liebling der Damen, war ihr einfach zu attraktiv, als daß sie hätte widerstehen mögen.

Während Sydneys Frau Noelle in Frankreich war und Elliott einen großen Teil der Zeit zu Hause in New York verbrachte, knüpften Chaplin und Barbra eine diskrete Romanze an. Nach der Show aßen sie allein zu Abend und besuchten sich in ihren Hotelzimmern. Garson Kanin meinte: »Sie waren sehr eng befreundet … Er war ein höchst schalkhafter Bursche. Er alberte ständig herum, erzählte Witze und führte schmutzige Reden, und sie lachte darüber und ging darauf ein.« Und Ceil Mack, Barbras Garderobiere, erzählte: »Ich wußte von ihrer kleinen Affäre. Sie hängten es nicht an die große Glocke, aber wenn man Bescheid wußte, konnte man es an bestimmten Dingen merken, zum Beispiel an der Art, wie er sie ansah.«

Das Gerücht über ihre Affäre machte innerhalb des Ensembles die Runde. George Reeder erinnerte sich, daß er eines Abends nach der Show mit einigen anderen männlichen Ensemblemitgliedern und Chaplin in einem Restaurant saß, als jemand erwähnte, daß »ein Gerücht« umgehe. »Was für ein Gerücht?« fragte Chaplin.

»Alle drucksten herum«, berichtete Reeder. »Also ergriff ich das Wort und sagte: ›Na, dem Gerücht zufolge hast du mit Barbra eine Affäre.‹ Keiner von uns glaubte es wirklich, und darum waren wir ziemlich überrascht, als er lachte und antwortete: ›Oh, da ist nichts dran‹, womit er uns in gewisser Weise mitteilte: ›Ja, das ist wahr.‹«

Jahre später erzählte Elliott, er habe Barbra auf die Gerüchte angesprochen und sie habe bereitwillig zugegeben, daß sie und Chaplin eine Beziehung hätten. Es erübrigt sich zu betonen, daß Barbras Untreue die kaum fünf Monate alte Ehe der Goulds belastete. George Reeder erinnerte sich, daß Barbra und Elliott »sich nicht wie ein glücklich verheiratetes Paar« verhielten. »Er war nicht sehr oft da.«

Es gab noch ein weiteres Gerücht, das sich während der Probeaufführung in Philadelphia entwickelte: Barbra Streisands Darbietung sei nun umwerfend. Die Kritiken waren gut, und die Mund-Propaganda wurde in der dritten Woche so positiv, daß die Show, wie *Variety* berichtete, für »großes Aufsehen« sorgte. Denn als man vom Forrest Theater ins Erlanger zog, wurden bereits am ersten Tag »trotz eines Schneesturms« Karten im Wert von 30 000 Dollar abgesetzt. Während der nächsten beiden Wochen ihrer Aufführung in Philadelphia war die Show ständig ausverkauft.

Damals erlebte Allan Miller Barbras »hervorragendste, wundervollste Darstellung, die ich je auf einer Musical-Bühne gesehen habe«. Er hatte täglich mit ihr gearbeitet, ihre Interpretation der Fanny verfeinert und die Nuancen entwickelt, die eine Charakterisierung bemerkenswert machen. Am Abend zuvor hatte er vorgeschlagen, daß Barbra ihre nächste Aufführung ihrem Vater widmete, denn er hoffte daß sich die tiefen Gefühle, die sie für ihren Vater empfand, in einer intensiveren emotionalen Ausstrahlung von ihr widerspiegeln würden.

So war es. Nach der Aufführung, berichtete Miller, gingen Ray Stark, Jule Styne, Bob Merrill und Milton Rosenstock in Barbras Garderobe. »Sie sagten: ›Barbra, wenn wir Ihnen gegenüber je Zweifel gehabt haben, dann vergeben Sie uns. Sie sind wunderbar. Wir erfüllen Ihnen jeden Wunsch.‹ Und sie verneigten sich buchstäblich vor diesem einundzwanzigjährigen Mädchen wegen ihres unglaublichen Auftritts.«

Miller blieb, nachdem die anderen gegangen waren. »Und was denken *Sie*?« fragte Barbra. Miller nahm sie einfach wortlos in die Arme.

»Keine kritischen Bemerkungen heute abend?« wollte Barbra wissen.

»Keine kritischen Bemerkungen. Sie waren makellos. Lassen Sie uns ausgehen und es feiern.«

Bei der nächsten Vorstellung war Miller sogar noch verdutzter. »Sie versuchte, alles genauso wie am Vorabend zu machen, und es geriet zur Karikatur. Es war unmenschlich, gefühllos. Nichts funktionierte. Sie war wieder dabei, etwas zu demonstrieren, statt es zu fühlen. Ray Stark stürmte mitten im Stück aus dem Theater, und später in ihrer Garderobe waren wir allein.«

»Sagen Sie nichts«, bat Barbra ihn leise. »Ich weiß, ich weiß.«

»Was also werden Sie tun?«

»Ich weiß nicht.«

»Wir müssen noch einmal alles durchgehen, woran wir gearbeitet haben.«

»O Gott.«

»Ja, unbedingt. Wir müssen noch einmal alles durchgehen, woran wir vorgestern abend gearbeitet haben, damit Sie sich wieder konzentrieren. Das können Sie nicht noch einmal machen.«

Am nächsten Abend hatte Miller den Eindruck, daß Barbra ihre Darstellung zu zwei Dritteln gerettet hatte. Offensichtlich war Ray Stark damit nicht zufrieden. Nach Millers Bericht spielte sich folgendes ab: »Stark kam wieder zu ihrer Garderobe gestürmt und riß die Tür auf. Er krachte herein und brüllte mich an: ›Gehn Sie mir aus dem Weg!‹ Dann schrie er Barbra an: ›Du Schlampe! Du verfluchte, dreckige kleine Schlampe! Wie konnte ich dir bloß trauen? Du wirst nie wieder im Theater arbeiten! Ich will den Auftritt von Montag abend wiederhaben!‹«

»Warum schreien Sie mich an?« winselte Barbra.

»Ich schreie dich an, weil das meine Show ist. Du gehörst mir.«

»Ich gehöre Ihnen nicht! Sie verlassen diesen Raum. Mein Hals tut weh, und ich will nicht schreien. Sie Arschloch! Raus hier!«

Stark war schockiert. »Das können Sie nicht zu mir sagen!«

»Das ist meine Garderobe. Und ich sage es zu Ihnen! *Sie Arschloch!* Raus hier!«

Stark rannte hinaus und knallte die Tür hinter sich zu. Barbra sah Miller mit aufgerissenen Augen an.

»Haben Sie gehört, was ich zu ihm gesagt habe?«

»Gut!« meinte Miller.

Barbra kicherte. »Meinen Sie, daß ich die anderen hereinrufen und es zu ihnen ebenfalls sagen soll?«

»Nein, das ist nicht nötig«, antwortete Miller.

»Wow«, flüsterte Barbra. »Ich habe wirklich: ›Sie Arschloch!‹ zu Ray Stark gesagt!«

***

Streisands Leistungsschwankungen, fortgesetzte Probleme mit dem Textbuch, Garson Kanins Verzicht darauf, mit fester Hand Regie zu führen – all das und die Tatsache, daß sich *Funny Girl* seiner Voraufführung am Broadway nur mühselig entgegenschleppte, brachten Ray Stark zu der Überzeugung, daß er einen anderen Regisseur einschalten mußte, der »die Show in Form« brachte. Er bat Jerome Robbins zurückzukommen. Robbins hatte die Show in Philadelphia gesehen und war nur deshalb bereit zurückzukommen, weil die Streisand so gut geworden sei, daß »ich die übrige Show ihrer Leistung angleichen will«.

Robbins verlor keine Zeit. Er verschob die Broadway-Premiere (die bereits zweimal hinausgeschoben worden war) vom 14. auf den 24. März, arbeitete die meisten Tanzeinlagen um, die Carol Haney für die Show entworfen hatte, und verfuhr noch konsequenter mit allen Gesangseinlagen und Szenen, in denen Barbra nicht im Mittelpunkt stand. »Sie wollten, daß jeder einzelne Auftritt Szenenapplaus erhielt«, erklärte Kanin. »Und wer kann ihnen das verübeln?«

Robbins war erstaunt darüber, in welchem Maße Barbra in knapp einem Jahr darstellerisch gewonnen hatte. Sie schien in dem kreativen Chaos zu erblühen, das alle um sie herum zur Verzweiflung trieb. Später schrieb Robbins: »Sie nimmt widerstandslos zwölf neue Seiten mit neuem Material für die Abendaufführung entgegen und hockt über ihnen, während sie beim einen ein Stück Sandwich und beim nächsten die Cola schnorrt. Sie liest, und wie eine Simultanübersetzerin schätzt sie ab, welche Wirkung die zahllosen Änderungen auf die emotionalen und physischen Muster haben werden ... Wenn sie ihre Lektüre beendet hat, reagiert sie sofort und heftig – begeistert oder völlig ablehnend –, und sie ändert ihre Meinung nicht mehr. Jedenfalls nicht am selben Tag. Während der Proben, für die sie sich schlampig, provokativ, launig kleidet, bringt sie sich ganz ein und hat dabei keine Angst, alles zu wagen oder alles auszuprobieren ... Abends erscheint dann statt des ungepflegten, schmuddeligen Mädchens eine Zauberin auf der Bühne, die jede Änderung ohne Zögern meistert und ihre Mitspieler weit hinter sich läßt ... ihre Auftritte verblüffen, rütteln auf, befriedigen.«

KAPITEL 11

»Als Barbra die Show am Broadway eröffnete«, schrieb Shana Alexander in einer biographischen Skizze im Magazin *Life*, »flog das gesamte herrlich-hohle Showbusineß-Establishment in die Luft. Über Nacht begannen die Kritiker durchzudrehen, die Fotografen auszuflippen, die Presseagenten zu quasseln und die Kolumnisten herbeizuströmen. Derart massiv aufgeputscht, geriet die amerikanische Öffentlichkeit in eine ekstatische Raserei über die Geburt eines neuen Stars.«

Die Zuschauer waren von dieser Explosion an Talent überwältigt. Auf der Bühne schien Barbra eine pulsierende Lebenskraft zu besitzen, die an keinerlei schauspielerische Konventionen gebunden war. Als junge Fanny Brice wirkte sie linkisch und trotzig, während ein Chor von zweifelnden Nachbarn sie umringte und sich über ihre Showbusineß-Ambitionen lustig machte, denn: »If A Girl Isn't Pretty ...« Dann erschütterte sie den *Winter Garden* mit einer der kraftvollsten Beschreibungen eines auf dem Glauben an die eigene Fähigkeit basierenden Traumes, die je für das Musiktheater geschrieben wurde: »I'm the Greatest Star.« Als schwangere Braut in »His Love Makes Me Beautiful« versetzte sie ihr Publikum in hilfloses Gelächter, und während ihrer ersten Begegnung mit dem »wunderbaren« Nick Arnstein rührte sie jeden durch ihr unbeholfenes und nervöses Verhalten und ihre sehnsuchtsvolle Darbietung von »People«. Sie beendete den ersten Akt mit einer bewegenden Hymne auf die Kraft der Liebe: »Don't Rain on My Parade.«

Das Publikum war von der Intensität und Vielseitigkeit dieses einundzwanzigjährigen Broadway-Neulings hingerissen, und es wußte, daß es eine ungewöhnliche Verschmelzung der Darstellerin mit ihrer Rolle erlebte. Barbras Hintergrund war inzwischen hinreichend bekannt, so daß kaum jemandem die Ähnlichkeiten zwischen Barbras Leben und der Biographie von Fanny Brice entgingen. Und wenn das Publikum Fanny auf ihrem Weg aus bitterer Armut zu Starruhm, Liebe und Verlust anteilnehmend begleitete, bejubelte es zugleich Barbras unglaublichen Aufstieg von ihren Brooklyner Anfängen an die Spitze des Showbusineß. Damit begann der Streisand-Kult.

Die Rezensionen hätten von Barbras Presseagenten stammen können. »Großartig, vollendet, glänzend, ungewöhnlich, elektrisierend – welch kümmerliche, kleine Adjektive, um Barbra Streisand zu beschreiben«, schrieb Emory Lewis in *Cue*. »Schließlich ist sie die talentierteste Musical-Darstellerin der sechziger Jahre.«

»Wenn New York Paris wäre«, schwärmte *Time*, »könnte man daran denken, den Broadway vorübergehend in Rue Streisand umzubenennen … Schauspielerin, Sängerin, Komikerin, Imitatorin, Clownin – sie ist das neue Mädchen des Theaters für alle Spielzeiten.«

An diesem denkwürdigen Abend, dem 26. März 1964, wurde noch ein weiterer Mädchentraum von Barbra Streisand wahr.

***

Der Ruhm und die Lobeshymnen, die sie durch *Funny Girl* erntete, verblüfften Barbra. Zwei Wochen nach Eröffnung der Show zierte ein ausdrucksvolles Porträt, das der Künstler Henry Koerner von ihr gemalt hatte, das Titelblatt der Zeitschrift *Time*. Dadurch wurde sie in einen auserwählten Kreis von Unterhaltern aufgenommen, die das Magazin, das normalerweise Wissenschaftler und Staatsmänner auf seinem Titel abbildete, auf diese Weise auszeichnete. Der sechs Seiten umfassende Artikel, der ausschließlich mit Farbfotos (damals noch eine Seltenheit) illustriert worden war, trug die schlichte Überschrift: »Das Mädchen«.

Sechs Wochen später brachte *Life* unter der Schlagzeile »Der Erfolg und die gefährdete Liebe einer geborenen Verliererin« ebenfalls eine Titelgeschichte über Barbra. Die tiefgründige, glänzende biographische Skizze der Reporterin Shana Alexander beschreibt Streisand als »Aschenbrödel auf dem Ball – der verzweifelte Traum jedes verzweifelten Kindes wird wahr … Ihre Show ist ausverkauft, und ihre Alben sind Hits. Noch bemerkenswerter aber ist die plötzliche, die ganze Nation erfassende Manie, den Streisand->Look< nachahmen zu wollen. Die Friseure werden mit Nachfragen nach Streisand-Perücken (wie bei den Beatles, aber glatter) bestürmt. Frauenzeitschriften beeilen sich, Artikel über die Streisand-Fashion (abgetragen) und das Streisand-Augen-Make-up (à la frühe Cleopatra) zu veröffentlichen.«

Barbra freute sich natürlich über den Erfolg, von dem sie so lange geträumt hatte, aber er hinterließ auch ein merkwürdiges Gefühl der

Leere. »Die Wirklichkeit kann sich nie mit der Phantasie messen, nicht wahr?« philosophierte sie gegenüber einem Reporter. »Das Abenteuer des Lebens liegt in der Hoffnung – eher darin, nach etwas zu streben, als darin, es zu erreichen.« In ihren Träumen hatte es keinen Streß gegeben, keine Erschöpfung, keine verpatzten Auftritte, keine nervösen Magenverstimmungen, keine Kämpfe mit Co-Stars und Produzenten, keine Enttäuschungen.

Sie saugte wenig Honig aus den Lobpreisungen, die ihr von allen Seiten entgegenschallten, ob nun aus der Boulevardpresse oder aus erhabenen nationalen Publikationsorganen. Auch bei der enthusiastischsten Rezension konzentrierte sie sich auf den einen Vorbehalt, den der Autor vielleicht äußerte. Immer wieder fragte sie die Journalisten: »Also bin ich nun großartig oder miserabel? Ich muß es wissen.«

Wie ihr früherer Freund Stanley Beck prophezeit hatte, verachtete sie alle, die sie bewunderten. »Was verstehen die schon davon«, dachte sie, »die Aufführung heute abend war miserabel!« Sie konnte einfach nicht begreifen, daß das, was sie für »miserabel« hielt, allen, die sie zum erstenmal sahen, immer noch faszinierend erschien.

Barbra hatte so lange gehört, sie sei unattraktiv, ihre Kleidung sei häßlich, sie werde es niemals schaffen – und nun nannte man sie plötzlich »schön«, kürte sie zur Fashion-Trendsetterin und feierte sie als Broadway-Star. Sie konnte es einfach nicht glauben. »Barbras Problem besteht darin«, erklärte Elliott später, »daß sie es offenbar nicht zulassen kann, glücklich zu sein.«

Die Kids, die jeden Tag draußen vor dem Bühnenausgang warteten, um sie für einen Augenblick sehen zu können und ein Autogramm oder vielleicht sogar ein Bild von ihr zu ergattern, hatten das Gefühl, daß Barbra etwas sehr Wichtiges mit ihnen teilte. Manche von ihnen waren unattraktiv, manche zu dick, manche homosexuell, manche einfach nur ein wenig anders als die Mehrheit. Sie alle empfanden sich als Einzelgänger, und seit James Dean war kein Einzelgänger erfolgreicher gewesen als Barbra Streisand. Wenn Barbra es schaffen konnte zu siegen, im Scheinwerferlicht zu stehen, zu Ruhm und Reichtum zu gelangen, dann konnten sie es vielleicht auch. Barbra wurde für sie alle zum Symbol, zum Beweis dafür, daß sie tatsächlich so waren, wie sie sich im tiefsten Innern fühlten: nicht sonderbar, sondern etwas Besonderes.

Barbra, von ihren Fans zum Idol erhoben, wollte jedoch nicht verehrt werden. Abends nach der Vorstellung, wenn sie sich anschickte, das Theater zu verlassen, fragte sie ihre Garderobiere Ceil Mack: »Sind die da draußen?«

»Die sind immer da draußen, das wissen Sie doch.«

»Sagen Sie ihnen, daß ich bereits gegangen bin.«

»Die wissen, daß Sie noch nicht gegangen sind.«

»O Gott, ich wünschte, sie würden mich in Ruhe lassen«, seufzte Barbra. Dann setzte sie sich eine dunkle Sonnenbrille auf, band sich ein Kopftuch um, zog einen übergroßen Mantel an und verschwand, unerkannt unter den letzten Zuschauern, die mit ihr das Theater verließen, durch den Hauptausgang.

Als sie einmal im Regen auf ein Taxi wartete, zog ein Teenager seinen Mantel aus und warf ihn über eine Pfütze, damit sie diese trockenen Fußes überqueren konnte – ein Sir Walter Raleigh des Broadway. »Tun Sie das nicht für mich!« rief Barbra schockiert. »Heben Sie Ihren Mantel wieder auf!« Enttäuscht tat der junge Mann, was sie ihn geheißen hatte. Beim Einsteigen ins Taxi warf Barbra ihm noch einmal einen Blick zu und sagte: »Sie sollten mehr Achtung vor sich selbst haben.«

Manchmal fand sie die Inbrunst ihrer Fans erschreckend, sogar bedrohlich. Der Arrangeur Peter Matz, der mit Barbra an einer neuen LP arbeitete, beschrieb, was passierte, als er sie eines Abends zum Theater begleitete. »Wir kamen zum Bühneneingang, und er war von Autogrammjägern belagert. Viele von ihnen sind höchst seltsam. Als sie Barbra kommen sahen, schrien sie: ›Da ist Barbra! Da ist Barbra!‹ und rannten in Scharen auf uns los. Barbra grub ihre Fingernägel so tief in meinen Arm, daß er zu bluten begann. Ihr Gesicht war leichenblaß. Dieser Ansturm entsetzte sie. Der Türsteher machte uns den Weg frei, und wir kamen rein, aber sie zitterte und schwitzte.«

***

Ein paar Wochen nach der Premiere von *Funny Girl* zog sich Barbra an einem Auge eine Hornhautverletzung zu, und ihr Arzt riet ihr, nicht aufzutreten, weil die gewaltige Anstrengung, die ihre Rolle ihr abforderte, die Verletzung verschlimmern könne. »Meine Zweitbesetzung machte sich bereit einzuspringen«, erzählte Barbra. »Dann bekam ich eine kleine Schale mit Süßigkeiten von meinem Stiefvater – er war da vorn, draußen im Publikum.« Barbra hatte seit damals vor acht Jahren, als Louis Kind die Familie verließ, nichts mehr von ihm gesehen oder gehört, und nun sagte sie zum Inspizienten: »Ich trete auf!«

Ihr Arzt gab ihr ein Schmerzmittel für das Auge, und sie ging mit dem festen Entschluß auf die Bühne, ihrem Stiefvater zu beweisen, wie sehr er sich in ihr geirrt hatte. »Solch eine Show hatte ich noch nie gemacht«, sagte Barbra. »Es war die beste Vorstellung, die ich je gab.«

Anschließend ging sie in ihre Garderobe und wies alle Besucher ab, weil sie darauf wartete, daß Lou Kind hinter die Bühne kam, um sie endlich einmal zu loben. Sie wartete über eine Stunde, aber er kam nicht.

Barbra hob die Schale mit Süßigkeiten – das einzige Geschenk seit ihrem sechsten Lebensjahr, als er ihr eine Puppe geschenkt hatte – dreiundzwanzig Jahre lang auf. 1987 erzählte sie dann: »Nach all den Jahren habe ich sie einfach weggeworfen. Damit war ich ihn los.«

Zu erfahren, ob sie ihren Stiefvater zu guter Letzt beeindruckt hatte, war deshalb so wichtig für Barbra, weil sich ihre Mutter trotz all der Anerkennung, die ihre Tochter geerntet hatte (der Titel auf dem Cover von *Time*, Herrgott noch mal!), noch immer nicht hatte umstimmen lassen. »Ich wünschte, ich könnte meine Mutter davon überzeugen, daß ich Spitze bin«, gestand Barbra in einem Interview. »Noch heute ruft sie mich an und sagt: ›Soundso im Büro hat erzählt, daß etwas Nettes über dich in der Zeitung stand.‹ Aber ihr persönlich scheint es nie etwas zu bedeuten.«

Mrs. Kind vertrat die Theorie, daß jegliches Lob ihrer Tochter »zu Kopf steigen« würde. Allerdings vertraute sie einem Reporter an, daß sie durchaus stolz auf Barbra sei. Aber aus welchen Gründen auch immer – sie brachte ihre Gefühle Barbra gegenüber nie direkt zum Ausdruck.

Barbras Großeltern Anna und Isaac, die Barbra seit Jahren nicht mehr gesehen hatte, kamen nach einigen Wochen in die Show und posierten stolz mit Barbra in deren Garderobe für ein Foto. Im selben Jahr starb Isaac im Alter von fünfundachtzig Jahren; Anna lebte noch ein weiteres Jahrzehnt. Barbra ging zu keinem der beiden Begräbnisse.

Andere, entferntere Verwandte verlangten lautstark nach Freikarten für *Funny Girl.* »O Gott«, meinte Barbra zu Ceil Mack, »ich habe mehr Cousins und Cousinen, als ich mir je hätte träumen lassen. Sie kommen alle aus dem Gebälk.«

Ihre Schwester Roslyn, inzwischen dreizehn Jahre alt, war fasziniert von Barbras Erfolg und sah sich vierzig Samstags-Matineen von *Funny Girl* hintereinander an. Nach jeder Show lungerte sie wie alle anderen Streisand-Fans draußen vor dem Bühnenausgang herum und hoffte, Barbra zu sehen. »Roz war ein wenig schüchtern«, erklärte ihre Mutter, »und sie wußte nicht, wie sie sich gegenüber einer großen Schwester verhalten sollte, die so berühmt geworden war.«

Die zaghafte, linkische, sehr dicke Roslyn – bei einer Größe von einem Meter sechsundfünfzig wog sie sechsundachtzig Kilo – paßte gut zu den anderen Fans. Sie wirkte so matronenhaft, daß die anderen, als sie von Roslyns Verwandtschaft mit Barbra erfuhren, fragten: »Bist du ihre Tante?« Niemand wollte Roslyn glauben, wer sie wirklich war. »Wenn du tatsächlich ihre Schwester bist, warum gehst du dann nicht einfach rein, statt hier draußen mit uns rumzustehen?« Roslyn antwortete leise: »Das würde ich schon gern tun, aber ich will mich nicht aufdrängen.«

Roslyn litt sehr unter ihrer Korpulenz. »Ich war von Fett umhüllt, darin eingewickelt. Man zieht sich in ein Schneckenhaus zurück, und nach einer Weile möchte man darin bleiben. Entsetzlich. Die Kinder in der Schule nannten mich Fetti. Ich hatte keinen Freund.« Am Premierenabend musterte Barbra ihre Schwester, die sie seit Monaten nicht mehr gesehen hatte, und meinte dann: »Mann, du bist ja wirklich ein riesengroßes Mädchen geworden.«

»Das traf mich direkt ins Herz«, gestand Roslyn. Aber trotzdem verehrte sie ihre gefeierte Schwester auch weiterhin. »Zu Hause«, verriet Mrs. Kind, »spielte Roslyn Tag und Nacht das *Funny Girl*-Album und ahmte Barbra nach. Sie war wirklich ihre beste Imitatorin.«

***

Und dann war da noch Elliott. Barbras phänomenaler Erfolg hatte ihn wie eine riesige Flutwelle mit sich gerissen, und nun hatte er das Gefühl, hilflos auf dem Kamm der Welle zu treiben. Er habe darüber lachen können, versicherte er, wenn man ihn »Mr. Streisand« genannt habe. Schwerer zu ertragen gewesen sei Barbras völlige berufliche Dominanz. »Die Beziehung zu jemandem, der so erfolgreich wie Barbra war, machte es schwierig für mich, mein Ich zu erkennen oder zu finden.«

Die Welt der beiden drehte sich jetzt ganz um Barbra. Alles schien nur dazu da zu sein, ihr zu dienen, auch Elliott. Jeden Abend nach der Show wartete er in ihrem Auto auf Barbra, um sie sofort nach Hause fahren zu können. »Er tat mir leid«, meinte Ceil Mack. »Ich weiß noch, wie ich dachte: Was ist er denn, ist er jetzt etwa ihr Chauffeur?«

Später sagte Elliott: »Ich haßte es, daß Barbra mich ernährte. Für einen Mann ist es wichtig, daß er seine Frau ernährt.« Aber wie sollte er das ohne Arbeit tun? Er hatte sich um die Rolle des Nick Arnstein beworben, aber er »konnte den Job nicht bekommen. Ich habe mehr

Talent als all die Kerle zusammen, die Nicky Arnstein gespielt haben.« Barbra hätte darauf bestehen können, daß Elliott die Rolle erhielt, aber das tat sie nicht. Auf die Frage, ob sie gewollt habe, daß er Arnstein spielte, meinte Elliott: »Ich weiß es nicht.«

Er hatte sehr viel freie Zeit, die er oft damit verbrachte, in den Schulhöfen von Manhattan in Dreiermannschaften Basketball zu spielen. Außerdem ging er häufig zu Sportveranstaltungen, um zu wetten. »Ich habe auf jedes Spiel gewettet, jeweils Tausende«, erinnerte sich Elliott. »Ich war nicht besonders erfolgreich.« Schließlich verlor er in einer einzigen Football-Saison 50 000 Dollar.

Unterdessen spielte Barbra jeden Abend am Broadway eine Frau, die ihren Mann, einen gewohnheitsmäßigen Spieler mit Pechsträhne, in den Schatten stellt. Die Kunst ahmte Fanny und Nicks Leben auf der Bühne nach, und das Leben von Barbra und Elliott ahmte die Kunst jenseits der Bühne nach.

Elliott redete sich ein, daß sein Müßiggang seiner Liebe diene, daß er sich seiner Ehe »widmen« müsse. »Möglicherweise lieferte mir das eine Entschuldigung dafür, nicht nach Arbeit zu suchen. Ich hatte Angst, daß ich keine bekommen würde, Angst, die Initiative zu ergreifen ...« Verstärkt wurde diese Haltung dadurch, daß Elliotts wenige Versuche, sich einen eigenen Weg zu bahnen, fehlschlugen.

Nicht ganz einen Monat nach der Premiere von *Funny Girl* flog er nach Jamaika, um neben Ginger Rogers und Ray Milland in dem Film *The Confession* mitzuwirken. Das Budget war niedrig, seine Rolle als Taubstummer, der am Ende der Geschichte auf wunderbare Weise geheilt wird, war unbedeutend, und der Film blieb sieben Jahre lang in den Archiven liegen, bevor er unter dem Titel *Quick, Let's Get Married* herauskam und bald wieder in den Archiven verschwand. Er wurde später noch einmal im Fernsehen ausgestrahlt, diesmal unter dem Titel *Seven Different Ways*. Elliott zählte ihn später nicht zu seinen Referenzen.

Im Juni 1964 sendete CBS *Once Upon a Mattress*, eine Fernsehversion des Märchens von der Prinzessin auf der Erbse, die Elliott im März gedreht hatte. Der Film hatte hohe Einschaltquoten, aber Elliotts Rolle als Prinz wurde angesichts der umwerfend komischen Darstellung von Carol Burnett als Prinzessin kaum wahrgenommen. Während Barbra mit demselben Sender über fünf Millionen Dollar für eine Reihe von Specials verhandelte, bekam Elliott keine weiteren Angebote vom Fernsehen.

***

Barbra erreichte gerade jenen Augenblick in »People«, in dem sie Nick Arnstein ansah und den Song von einer allgemeinen Aussage zu einem persönlichen Ausdruck ihrer Gefühle werden ließ. In diesem Moment wandte sie sich Chaplin zu und verlor fast ihre Konzentration. Denn Chaplin, der mit dem Rücken zu den Zuschauern stand, murmelte ihr Obszönitäten zu, und zwar so laut, daß sie fürchtete, das Publikum könne ihn hören. Schockiert und bestürzt konnte Barbra den Song kaum beenden. »Er redete tatsächlich, weil er sie aus dem Konzept bringen wollte, während sie ›People‹ sang«, bestätigte Linda Gerard, die ebenfalls zum Ensemble gehörte. »Er machte Sachen, die völlig albern und kindisch waren.«

Einige Tage zuvor hatte Barbra ihre Affäre mit Chaplin beendet, was ihm gar nicht paßte. Er führte sich ein Jahr lang ausgesprochen aggressiv auf, woraufhin Barbra schließlich vor Actors' Equity Beschwerde erhob. Später mußte Chaplin die Show frühzeitig verlassen. »Es war eine gescheiterte Beziehung«, kommentierte Chaplins Zweitbesetzung George Reeder, »und sie bekämpften sich bis aufs Messer.«

Chaplin zischte Barbra fast jeden Abend während ihrer intimen Szenen Obszönitäten zu. Er veränderte Teile seiner Auftritte und Dialoge mit ihr und brachte sie damit aus der Fassung. Wenn sie auf der Bühne aneinander vorbeigingen, so George Reeder, streifte Chaplin sie absichtlich. »Keine große, auffällige Sache, aber es reichte aus, um sie aus dem Gleichgewicht zu bringen.« Laut Larry Fuller war Chaplin »außerordentlich wütend. Er nörgelte und sagte hinter den Kulissen häßliche Dinge über sie, während sie auf ihren erneuten Auftritt wartete. Ich habe sie aus Rücksicht auf ihre schauspielerische Konzentration in solchen Augenblicken nie angesprochen. Aber Chaplin beschwerte sich mir gegenüber so laut über sie, daß sie es hören konnte. Ich spürte ziemlich oft die Spannung, die auf der Bühne zwischen ihnen herrschte, weil seine Wut so riesengroß war.«

Im August gab Chaplin den New Yorker *Daily News* ein Interview, das Einblick in seine damalige Verfassung gewährt. Mit einer gewissen Bitterkeit sagt er über seine Rolle als Nick Arnstein: »Ich bin eine Art Niemand – der Stichwortgeber für Barbra Streisand. Ich bin ein Kerl im weißen Frack, ein Snob; das Publikum schert sich nicht um mich. Am Ende des Stückes trete ich den Hund, schlage ich das Baby und verlasse Fanny. Ich bin froh, daß die Zuschauer nicht vor dem Theater auf mich warten, um mich zu lynchen.«

Chaplin schikanierte Barbra auch weiterhin, und im September bat Ray Stark die beiden Stars zu einer Besprechung. Barbra flehte Chaplin an, ihr mitzuteilen, was sie falsch mache. Er antwortete lediglich, das Script sei entsetzlich. Aber George Reeder erinnerte sich daran, daß Chaplin sich während der Proben weigerte, neue Dialoge zu akzeptieren. »Ich brauche diese Zeilen nicht zu lernen, mein Onkel hat mir gerade eine Million Dollar geschenkt«, sagte Chaplin, der nun auch nicht mehr bereit war, irgendeine Kritik hinzunehmen, da er wußte, daß sie von Barbra stammte. »Ich habe es satt, die Show so zu machen, wie sie es will. Ich werde es so machen, wie *ich* es will!«

Bei einer Aufführung rief er hinter den Kulissen: »Mein Gott, was für ein ordinäres Publikum!« Dabei war seine Stimme laut genug, daß ein guter Teil der Zuschauer ihn hören konnte. Und während ihrer intimen Szenen begann Chaplin, Barbra »Hakennase« ins Ohr zu flüstern. In einer Pause lief sie weinend in ihre Garderobe, und der Inspizient Tom Stone mußte all seine Überredungskünste aufbieten, damit sie im zweiten Akt wieder auf die Bühne kam.

Die Kämpfe eskalierten. »Wir hörten ein wildes Geschrei in den Gängen«, berichtete Reeder, »Brüllen und Türenschlagen.« Lainie Kazan meinte, daß Chaplin »schmutzige Reden führte. Er verwendete nur Kraftausdrücke. Ich bin sicher, er konnte es nicht verwinden, daß sich dieses junge Mädchen seiner Person und seiner Position im Theater sowie seiner Position gegenüber den Produzenten bemächtigte … Ich habe Sydney einige Dinge über Barbra sagen hören, die nicht gerade sehr nett waren.« Und Larry Fuller ergänzte: »Ich habe nie beobachtet, daß er sie irgendwie bedroht hat. Aber er war extrem wütend.«

Schließlich sah Barbra keine andere Möglichkeit mehr, als bei Actors' Equity Beschwerde gegen Chaplin einzureichen. Es gab eine Anhörung, aber man unternahm nichts gegen ihn. Dazu George Reeder: »Sydney konnte solch ein charmanter und witziger Mann sein. Er betrat bloß den Raum, und schon wickelte er das Equity-Komitee mit seinem Charme vollkommen ein. Barbra war wütend, und sie trat ein wenig aggressiv und bissig auf. Dann kam dieser hochgewachsene, gutaussehende, gewinnende Mann an die Reihe und stellte seine Sicht der Dinge dar. Barbra hatte keine Chance.«

Aber Barbra bekam ihre Revanche. Am Ende von »You Are Woman, I Am Man«, wenn Fanny auf die Chaiselongue zurücksinkt und Nicky sie zu küssen beginnt, fällt ein Zwischenvorhang vor dem Szenenwechsel. »In den Saum des Vorhangs war eine schwere Bleistange eingenäht«, erinnerte sich Reeder, »und Sydney und ich waren gewarnt worden, den Kopf unten zu halten, denn wenn wir ihn zu schnell nach oben nahmen, riskierten wir, daß wir mit dieser Stange eins auf die Birne kriegten, wenn der Vorhang fiel.

Na ja, und während dieses einen Auftritts, als Sydney am Ende der Szene so tat, als liebkose und küsse er Barbras Nacken, sagte er wieder ›Hakennase‹ zu ihr. Darauf biß sie ihm kräftig in den Hals. Er riß seinen Kopf hoch, und die Stange traf ihn. Jeder fragte: ›Ist alles in Ordnung?‹ und er sagte: ›Ja, mir geht's gut.‹ Aber als er aus seiner Garderobe herunterkam, um die nächste Szene zu spielen, blieb er auf der Treppe stehen und sagte: ›O mein Gott, ich glaube, ich schaff' es nicht.‹ Ihm war richtig schwindelig, und es stellte sich heraus, daß er eine Gehirnerschütterung hatte. Also mußte ich für ihn einspringen.«

Im Juni 1965 stieg Chaplin aus der Show aus. Stark erklärte sich bereit, ihm bis zum Ablauf seines Vertrages auch weiterhin seine Gage in Höhe von 2100 Dollar wöchentlich zu bezahlen – insgesamt waren es 84 000 Dollar –, und forderte Chaplin auf, zu behaupten, daß er mit Stark, nicht mit Barbra Probleme gehabt habe. Chaplin war einverstanden und trat am 19. Juni zum letztenmal auf. Es gab nur wenige im Ensemble, die seinen Weggang bedauerten.

Noch Jahre später war Chaplin über Barbra verbittert. 1989 sagte er in einem Interview: »Mir war klar, daß Barbra sich selbst nicht attraktiv fand und dies durch ein enormes Erfolgsstreben kompensierte. Ich fand diese Einstellung eigentlich reizvoll – bis ihr Charme zur Zumutung wurde. Barbra dachte, sie wisse alles. Als sie begann, mir Anweisungen zu erteilen, riet ich ihr, sich nicht wie Martha Raye aufzuführen, mich in Ruhe zu lassen und sich auf ihren eigenen Text zu konzentrieren … Sie ist kein großzügiger Mensch. Welche positiven Eigenschaften sie auch haben mag – sie hat sie gut versteckt. Es wird bestimmt ein böses Ende mit ihr nehmen.«

Die Rolle des Arnstein übernahm Johnny Desmond, der jünger war als Chaplin und sogar noch besser aussah. Desmond hatte seine Laufbahn als Big-Band-Sänger bei Glenn Miller begonnen und 1958 am Broadway in einer anderen Show von Jule Styne, *Say, Darling*, die Hauptrolle gespielt. Im Gegensatz zu Chaplin war ihm von Anfang an völlig klar, auf was er sich mit der Rolle des Nick Arnstein einließ. Freilich hatte er nicht mit der Fülle von kritischen Bemerkungen gerechnet, die Barbra ihm unablässig über den Inspizienten zukommen ließ.

»Ich bat um ein Treffen mit ihr, um alles durchzusprechen«, erzählte Desmond. »Wir unterhielten uns zwei Stunden lang auf der Bühne miteinander, und ich sagte ihr, daß ich mit meiner Rolle zufrieden sei und mir ein gutes Arbeitsverhältnis wünschte. Ich könne ihr die Schau selbst dann nicht stehlen, wenn ich einen Kopfstand machen und dabei jodeln würde … Ich wollte, daß sie sich durch meine Darstellung nicht bedroht fühlte.«

Danach kamen die beiden Stars gut miteinander aus, und das ganze Ensemble war froh, daß Desmond Chaplin abgelöst hatte.

**

Monate bevor Chaplin ging, ereignete sich ein weiteres klassisches Drama hinter den Kulissen, an dessen Ende Lainie Kazan ihren Job als Barbras Zweitbesetzung verlor. Am Dienstag, dem 2. Februar 1965, rief Elliott im Theater an, weil Barbra eine Laryngitis hatte und zum erstenmal nicht in der Lage war aufzutreten. Der Inspizient teilte Kazan daraufhin sofort mit, sie solle ins Theater kommen und mit Sydney Chaplin proben.

»Ich wollte Karriere machen«, gestand Lainie, »und die Leute von der Presse hatten immer wieder zu mir gesagt: ›Wenn Sie je auftreten, lassen Sie es uns wissen.‹ Darum hatte ich eine Liste mit den Telefonnummern der Kritiker und Kolumnisten parat, und als ich erfuhr, daß ich an jenem Abend einspringen würde, ließ ich eine Freundin bei ihnen anrufen.«

Während Lainie am Nachmittag ihre Rolle probte, rief ein Reporter von der *New York Times* bei Barbra an und berichtete ihr von Kazans Aktion. Daraufhin soll Barbra gerufen haben: »Nur über meine Leiche!« Abends um halb acht erschien sie im Theater, um aufzutreten. Am nächsten Tag war die Presse voll von Geschichten über einen unsicheren Star, der sich aus dem Krankenbett auf die Bühne schleppt, damit die Zweitbesetzung bloß nichts von seinem Ruhm stehlen kann. »Die Show geht weiter, aber Lainie muß gehen«, lautete eine Schlagzeile.

»Barbra war wohl beunruhigt«, wiegelte Lainie später ab. »Ihr war sehr an der Rolle gelegen, und sie glaubte, sich verteidigen zu müssen. Ich wollte ihren Part haben, aber sie wollte ihn mir nicht überlassen.«

Am nächsten Tag jedoch hatte sich Barbras Zustand weiter verschlechtert, und Lainie bekam die Chance, zweimal aufzutreten – während der Matinee und der Abendvorstellung, zu denen Kritiker von *Time* und *Newsweek* erschienen. Nach außen hin gab sich Barbra wohlwollend. Sie schickte ihrer ehemaligen Schulkameradin ein Telegramm: ES HEISST, DASS IN BROOKLYN BÄUME WACHSEN. ABER WIR WISSEN ES BESSER. DORT WACHSEN

STARS. Hinter den Kulissen allerdings verlangte Barbra, daß Ray Stark die Kazan feuerte.

»Ray Stark legte die Anhörprobe für Barbras neue Zweitbesetzung zwischen die beiden Auftritte, die Lainie an dem Tag hatte«, berichtete George Reeder. »Das war wirklich niederträchtig, weil Lainie dadurch deutlich gemacht wurde, daß sie die Rolle am Abend zum letztenmal spielen würde.«

Lainie stritt offiziell ab, daß sie entlassen wurde. »Ich bekam so viel Publicity, daß ich mich innerhalb von einer Woche vor Angeboten nicht mehr retten konnte. Ich erhielt einen Schallplattenvertrag und ein Angebot von einem Nachtclub. Darum bat ich Ray Stark um Auflösung unseres Vertrags.«

»Lainie sagt gern, daß sie von sich aus ging, aber sie ist gefeuert worden«, behauptete dagegen ihre Nachfolgerin Linda Gerard. »Barbra war wirklich wütend über das, was Lainie getan hatte. Und mein Vertrag enthielt eine Klausel, daß ich die Medien nicht benachrichtigen durfte, wenn ich je auftreten sollte.«

Kurz darauf wurde auch Peter Daniels, der als stellvertretender Dirigent für die Show eingestellt worden war, von der erbosten Barbra gefeuert. Sie hatte nämlich erfahren, daß er Lainie, die er später heiratete, einige seiner für Barbra bestimmten Arrangements für ihren Nachtclub-Auftritt zur Verfügung gestellt hatte.

***

Barbras Schallplatten-Erfolg hielt während des ganzen Jahres mit ihrem Broadway-Ruhm Schritt. *Barbra Streisand/The Third Album*, das im Februar 1964 herauskam, stieg auf Platz fünf in den Pop-Charts und wurde innerhalb eines Jahres mit einer goldenen Schallplatte ausgezeichnet. Diese dritte ist die in sich geschlossenste ihrer ersten drei LPs; die gefällige Auswahl von meist klassischen Songs unterstreicht die Schönheit ihrer Stimme, so wie ihr zweites Album ihre Ausdruckskraft hatte zur Geltung kommen lassen.

Zwei Monate später kam die Original-Ensemble-Aufnahme von *Funny Girl* auf den Markt. Das Aufsehen, das die Show erregt hatte, und Barbras wachsende Fangemeinde brachten das Album auf Platz zwei. Die Verkaufszahlen von allen vier LPs schnellten noch einmal im Mai in die Höhe, als *The Barbra Streisand Album* den Grammy Award als »Album des Jahres« gewann und Barbra außerdem zur »besten Sängerin« gewählt wurde. Bis heute hat niemand sonst beide Auszeichnungen in so jungen Jahren erhalten.

Eine von Marty Erlichmans Voraussagen war eingetroffen, aber die Erfüllung einer anderen sollte noch auf sich warten lassen. Trotz der überwältigenden Reaktionen, die Barbra am Broadway ausgelöst hatte, entging ihr der Tony Award für die »beste Darstellerin« erneut. Er wurde der Broadway-Veteranin Carol Channing für ihre Rolle als Dolly Levi in David Merricks Produktion *Hello, Dolly!* verliehen. Channings Show erhielt fast alle Tonys; *Funny Girl*, obwohl achtmal nominiert, wurde nur mit einer einzigen Auszeichnung für Kay Medford als beste Darstellerin einer Nebenrolle bedacht.

Barbra war zutiefst enttäuscht, doch am nächsten Abend fühlte sie sich besser, als ihre Fans auf dem Balkon, sobald sie auf der Bühne erschien, jubelten und riefen: »Für uns bist du die beste Darstellerin, Barbra!«

***

Im September erreichte Barbra einen neuen Meilenstein im Schallplattengeschäft, als ihr viertes Studio-Album, *People*, auf den ersten Platz der Top 100 Albums Chart von *Billboard* kletterte. Den Weg hierfür hatte eine Neuaufnahme des Titelsongs gebahnt, die zu Streisands erster Hit-Single wurde. In einer von den Beatles dominierten Zeit war dies eine bemerkenswerte Leistung (Barbra verdrängte *A Hard Day's Night* von Platz eins).

People, ihre wohl bis heute beste LP, enthält musikalisch wie textlich ungewöhnlich ausdrucksstarke Songs, die das zunehmende Klangvolumen ihrer Stimme voll zur Geltung kommen ließen. Wenn es irgendeinen Verdacht gegeben hatte, daß Streisands Erfolg nur ein Strohfeuer war, so wurde er durch *People* endgültig widerlegt. Die Platte brachte ihr zum zweitenmal in Folge den Grammy als beste Sängerin ein.

***

Ende 1964 war Barbra Streisand zu einer sehr reichen Frau geworden. Ihre Gage für *Funny Girl* summierte sich nun auf eine Viertelmillion Dollar pro Jahr, und die jährlichen Tantiemen aus dem Verkauf ihrer Platten beliefen sich mindestens noch einmal auf die gleiche Summe. Zudem hatte sie gerade einen 5-Millionen-Dollar-Vertrag mit CBS unterzeichnet.

Sie war jetzt fast Millionärin, aber Barbra betrachtete ihren neuen Reichtum als »Spielgeld«. Die Zahlen, die ihre Agenten und Manager ihr vorlegten, erschienen ihr zu phantastisch, als daß sie in ihrem Alltagsleben etwas damit anfangen konnte. Marty Erlichman berichtete, daß er ihr ein Angebot zukommen ließ, an einem Abend für 50 000 Dollar zu singen. Barbra lehnte ab und fragte dann: »Warum kostet es 12,50 Dollar, wenn man einen Boten durch die Stadt schickt?«

»Barbra«, antwortete Marty, »du hast gerade ein Angebot von 50 000 Dollar ausgeschlagen und zerbrichst dir den Kopf über zwölf Dollar?«

»Du kennst mich doch, Marty«, erwiderte sie. »Unter zwölf Dollar kann ich mir noch etwas vorstellen.«

Am meisten freute Barbra an dem vielen Geld, daß es ihr die Möglichkeit gab, all ihre Pläne für ihre Maisonette-Wohnung am Central Park West in die Praxis umzusetzen. Es dauerte ein Jahr, bis die Wohnung renoviert und eingerichtet war, und Barbra widmete dieser Aufgabe fast ihre gesamte Freizeit. Sie engagierte dafür einen Innenarchitekten, Charles Murray, der ihr bei der Realisierung ihrer Vorstellungen half. Gemeinsam mit Murray durchforstete sie die Trödelläden der Stadt nach »tollen alten Sachen«, wobei sie es sich jetzt leisten konnte, eine Couch in aufwendigster Weise restaurieren und alles, was sie nicht fand, einfach anfertigen zu lassen.

Sie war von vielen Epochen und Stilen begeistert, und nun konnte sie sich mit allem umgeben – manchmal im selben Raum. In einem Interview beschrieb sie ihre Wohnung folgendermaßen: »Mein Eßzimmer und mein Wohnzimmer und mein Foyer [sind] Französisch, meine Küche und mein Büro ein verrücktes Viktorianisch und Amerikanisch – frühes Amerikanisch –, und das Ankleidezimmer ist zeitgenössisches Viktorianisch und Moderne, und das Schlafzimmer ist Tudor und Jakobinisch und Italienisch.«

Alle Flächen des Badezimmers waren mit rotem Kunstleder bezogen, und in sechs Räumen hingen Kronleuchter, sogar im Badezimmer. »Natürlich ist das teuer«, verriet Barbra dem Journalisten Earl Wilson. »Alles Gute ist teuer.«

***

Während sich die Aufführung von *Funny Girl* Monat für Monat hinzog, begann Barbra die Show zu langweilen. Die Probeaufführungen außerhalb der Stadt waren zwar aufreibend gewesen, aber sie hatten ihr Spaß gemacht. Sie hatte sich die manchmal stündlichen Änderungen blitzschnell eingeprägt; sie hatte die Aufregung, die Gefahr ausgekostet, eine Szene zum erstenmal vor einem zahlenden Publikum zu spielen. Nur zwanzig Minuten vor Beginn der Premiere in New York hatte man ihr eine neue Version der letzten Szene ausgehändigt – und sie hatte es genossen. Aber während die Monate vergingen und *Funny Girl* auch weiterhin ausverkauft war, bekam Barbra bei dem Gedanken daran, daß sie für die gesamte Laufzeit unter Vertrag stand, Schweißausbrüche:

»Mein letztes Jahr auf der Bühne mit *Funny Girl* war ein Alptraum. Es ließ mich beim Psychotherapeuten landen. Ich fühlte mich wie in einem Gefängnis … Es war sehr kräftezehrend, den Launen jedes Publikums ausgeliefert zu sein und immer wieder auftreten zu müssen. Wenn ich bei einer Show weniger Gelächter erntete als bei einer anderen, dann fragte ich mich besorgt, warum das Gelächter abgenommen hatte. Ich machte mir während der Aufführung Sorgen und dachte ständig: ›Offenbar gefalle ich diesen Leuten nicht.‹ Es war sehr, sehr anstrengend.«

Manchmal fühlte sie sich den zweieinhalbstündigen Auftritten achtmal pro Woche nicht gewachsen. George Reeder erzählte, daß es drei Fassungen der Show gegeben und daß Barbra jeweils darüber entschieden habe, welche gespielt wurde. »Es gab die vollständige sowie eine kürzere Fassung, bei der ein oder zwei ihrer Reprisen gestrichen waren. In der kürzesten Fassung ließen wir ganze Szenen und alle Reprisen weg – bis auf ›Don't Rain on My Parade‹ am Schluß.«

Anfang 1965 spielte das Ensemble die kürzeren Fassungen immer häufiger, denn Barbra war damit beschäftigt, *My Name Is Barbra* zu drehen, das erste TV-Special zur Erfüllung ihres 5-Millionen-Dollar-Vertrags mit CBS.

KAPITEL 12

Im März 1965 trafen sich Marty Erlichman, David Begelman und der Programmchef von CBS, Michael Dann, im Restaurant des Four Seasons in Manhattan. Dann hatte gerade die Arbeiten an *My Name Is Barbra* abgeschlossen, und Marty fragte sich, wie überschwenglich Danns Lob ausfallen würde.

»Lassen Sie es mich gleich loswerden«, sagte Dann. »Ich habe das Special eben gesehen. Sie werden die Karriere dieses Mädchens damit auf einen Schlag ruinieren.«

Marty riß die Augen auf und blickte erstaunt von Dann zu Begelman und dann wieder zurück zu Dann.

»Diese Show wird tagsüber gesendet«, fuhr Dann fort. »Sie wird von der Kritik verrissen werden. Wir haben einen festen Sendetermin, den wir nicht mehr ändern können, darum meine ich, daß Sie folgendes tun sollten, um die Show zu retten: Ich würde die drei Abschnitte neu ordnen und den zweiten, in dem sie ihren komischen Monolog bringt, nach vorn nehmen. Wieso erlauben Sie diesem Mädchen, das einen Namen hat, den keiner auch nur aussprechen kann, eine Fernsehshow damit zu eröffnen, daß sie siebzehn Minuten lang ununterbrochen singt, bevor sie die Zuschauer auch nur begrüßt?«

»Vielleicht hätte ich damit rechnen sollen«, dachte Marty. Denn Barbra versuchte schließlich wieder, Pionierarbeit zu leisten. TV-Specials hatten immer andere Gast-Stars – meist solche, die bei dem jeweiligen Sender unter Vertrag waren. Vor Monaten hatte Dann vorgeschlagen, daß Barbra Frank Sinatra und Dean Martin in ihre Show einlud.

»Die Show kenne ich bereits«, hatte Marty entgegnet. »Sie hieß *Judy Garland and Friends*.«

»Stimmt!« hatte Dann geantwortet. »Lassen Sie uns statt dessen zwei große CBS-Stars nehmen: Dick Van Dyke und Andy Griffith.«

Barbra lehnte diesen Vorschlag rundweg ab. »Warum ich keine anderen Stars einladen wollte?« meinte sie später. »Es liegt an dem nichtssagenden, albernen Geschwätz, auf das man sich bei Fernsehshows einlassen muß. Das interessiert mich nicht.«

Und nun saß Marty also Dann gegenüber und konnte nicht glauben, daß dieser, der gewiß auch für noch andere bei CBS sprach, die Qualität von Barbras Show nicht erkannt hatte. Marty erklärte, Dann befinde sich absolut im Irrtum, und bot ihm die Auflösung des gesamten CBS-Vertrags an. »Einschaltquoten im Tagesprogramm? Barbra wird sie verdoppeln. Es wird die bestbewertete Unterhaltungssendung dieses Jahres werden. Und Kritiken? Sie wird jeden Preis gewinnen.«

Marty konnte es sich leisten, seinen Standpunkt kompromißlos zu verfechten, weil Barbra die vollständige künstlerische Kontrolle über ihr Special hatte und sich allein vor den Zensoren des Senders rechtfertigen mußte. *My Name Is Barbra* würde unverändert gesendet werden oder gar nicht.

Laut ihrem Vertrag mit CBS mußte Barbra drei Jahre lang ein Special jährlich drehen, möglicherweise später noch eine Serie sowie weitere Specials über die kommenden zehn Jahre verteilt, wofür sie angeblich insgesamt fünf Millionen Dollar bekommen sollte. »Die Details habe ich nicht mehr im Kopf«, äußerte sie gegenüber Associated Press. »Aber ich habe die künstlerische Kontrolle über meine Programme. Das ist die Hauptsache. Ich brauche nicht die Zustimmung eines Sponsors einzuholen.« Und in der Tat: Kurz nachdem der Vertrags abschluß bekanntgegeben worden war, erklärte sich Chemstrand Carpeting bereit, das erste Special unbesehen zu sponsern.

»Ich möchte etwas Entscheidendes tun«, sagte Barbra, »etwas Wichtiges.« Marty und sie versammelten eine Gruppe innovativer junger Talente, und auf ersten Produktionstreffen wurde zunächst einmal die Form des Specials festgelegt. »Wir beschlossen gemeinsam«, so Marty, »daß die gesamte Show [mit Ausnahme des kurzen komischen Monologs] einfach nur aus Barbras Songs bestehen sollte. Wir wollten uns nicht den Kopf über das Sketch-Material für die komische Einlage zerbrechen, die beim Publikum ankommen kann oder auch nicht.«

Die Proben und die Produktion begannen im Januar, und die Termine wurden so gelegt, daß sie sich nicht mit Barbras acht Auftritten pro Woche im *Winter Garden* überschnitten. Im ersten Akt, der in einem speziellen Tonstudio aufgenommen wurde, eilte Barbra zu den Klängen von »I'm Late« durch die verschiedenen Ebenen eines mehrstufigen Bühnenbildes und blieb nur stehen, um wundervolle

Versionen von »Make Believe« und »How Does the Wine Taste?« zu singen. Dann sprang sie als Fünfjährige auf einem überdimensionalen Spielplatz herum und sang ein Lied über Tiger und Eisbären und Giraffen. Der zweite Akt spielte im eleganten Kaufhaus Bergdorf Goodman in der Fifth Avenue und zeigte Barbra, wie sie Lieder über Armut und Entbehrung sang, während sie mit Pelzmänteln, Diamanten und modischen Hüten geschmückt herumstolzierte. Der dritte Akt bestand aus einem Konzert von Barbra.

***

Am folgenden Mittwoch, dem 28. April, drängten sich Barbra und das gesamte Ensemble von *Funny Girl* während der Spielpause in Barbras Garderobe, um sich die ersten fünfzehn Minuten des Specials anzusehen. »Schließlich kam der große Augenblick – neun Uhr!« berichtete Barbra. »Aber man hörte keinen Gesang, sah kein Bild. Mein erstes TV-Special, und der Techniker hatte vergessen, den Knopf zu drücken! Ich konnte es nicht fassen!« – Die Perfektionistin Streisand hat den Moment allerdings dramatischer beschrieben, als er tatsächlich war. Lediglich die ersten anderthalb Sekunden der Show gingen verloren, und kaum jemand außer Barbra bemerkte es.

Die Kritiken fielen so aus, wie Barbra es sich nur hätte wünschen können. Eine Rezension von Rick DuBrow von United Press International ist kennzeichend für den damaligen Tenor der meisten Besprechungen. Das Special, urteilte er, sei »ein Höhepunkt des amerikanischen Showbusineß … Sie ist so großartig, daß es schockiert; es ähnelt dem Gefühl, verliebt zu sein … Möglicherweise ist sie der talentierteste und vielseitigste Unterhaltungsstar, den dieses Land je hervorgebracht hat … Sie sang …, aber das zu sagen, ist so aufschlußreich, als würde man betonen, daß Tolstoi ein Schriftsteller war … Sie berührt den Zuschauer bis in die Zehenspitzen, und dann haut sie ihn um.«

Tagelang überfluteten derartige Elogen Marty Erlichmans Büro, aber am meisten freute er sich über die Reaktion von Mike Dann, der noch wenige Wochen zuvor behauptet hatte, daß die Show Barbras Karriere ruinieren werde. Danns Anruf war der erste, den er am Morgen nach der Sendung erhielt. »Ich entschuldige mich«, sagte Dann schlicht. »Ich habe mich geirrt.« Am Ende der Woche lagen auch die Zahlen vor, die belegten, daß Marty ebenfalls hinsichtlich der Zuschauerzahlen recht gehabt hatte. *My Name Is Barbra* erzielte die überwältigende Einschaltquote von 31,6 Prozent.

Die Bedeutung, die der Show für Streisands Popularität zukam, kann kaum überschätzt werden. In einer einzigen Stunde festigte *My Name Is Barbra* die bereits leidenschaftliche Loyalität ihrer Fans und brachte ihr Millionen neuer Bewunderer ein. Das ungepflegte, Kaugummi kauende Mieskeit in Second-hand-Kleidung, das die Höhepunkte seiner Songs manchmal hinauskreischte, war endgültig verschwunden. An seine Stelle war eine geschmeidig-elegante Sängerin getreten, die man nun trotz ihrer Jugend problemlos auf die gleiche Stufe mit so angesehenen Veteranen wie Garland oder Sinatra stellen konnte.

Allerdings waren nicht alle begeistert. Nach der Ausstrahlung von *My Name Is Barbra* wurde Streisand zu einer der umstrittensten Frauen Amerikas. Fast alles an ihr wurde zum Thema heftiger Debatten: ihr Aussehen, ihre Kleidung, ihre Fingernägel, ihre dramatische Art zu singen, ihr Jüdischsein, ihr vorhandener oder nicht vorhandener Sex-Appeal. Was einige als großes, wunderbares Talent betrachteten, empfanden andere als schamlose Angeberei. Sie erschien auf der Liste der bestgekleideten wie der schlechtestgekleideten Frauen. Für viele war sie eine exotische Schönheit, für viele andere hoffnungslos häßlich.

Barbras strahlender Erfolg zog vor allem Jugendliche an, die nicht der heilen, erfolgreichen, problemlosen Welt der weißen amerikanischen Mittelschicht-Kids angehörten. Wenn sie es geschafft hatte, daß man ihr Aussehen als exotisch und ihre Hakennase als klassisches Profil bezeichnete (und Barbra noch dazu auf dem Titelblatt von *Vogue* abbildete), dann konnten andere Jugendliche es vielleicht auch schaffen. Innerhalb weniger Tage nach der Sendung trugen in ganz Amerika Teenager in den High-Schools stolz ein übertriebenes Augen-Make-up und stumpf geschnittene Pagenköpfe zur Schau, während sie sich bemühten, ihre Fingernägel bis zur »Drachen-Lady«-Länge wachsen zu lassen. Barbra war ein echtes nationales Phänomen geworden.

***

Es wunderte niemanden, daß *My Name Is Barbra* sechsmal für den Emmy nominiert wurde, und während der Feierlichkeiten, die am 15. September 1965 gleichzeitig in New York und Hollywood stattfanden, gewann die Show fünf der Auszeichnungen, darunter die für ein hervorragendes Unterhaltungsprogramm und für hervorragende individuelle Leistungen eines Schauspielers oder Künstlers.

Braungebrannt, strahlend und in bester Stimmung nahm Barbra ihren Emmy entgegen. »Ich glaube, ich habe eine Laufmasche«, witzelte sie. »Ausgerechnet heute abend!« Dann erzählte sie dem Publikum, daß sie sich als kleines Mädchen nur deshalb Preisverleihungen im Fernsehen angeschaut habe, weil sie »sehen wollte, wer betrunken war«. Anschließend bemerkte sie, daß sie sechsundfünfzig Jahre lang in *Funny Girl* hätte auftreten müssen, um die Zuschauerzahl von *My Name Is Barbra* zu erreichen. Sie verabschiedete sich mit einem Zitat aus einem Brief, den ihr ein junger Fan kurz nach der Sendung geschickt hatte: »Von allen Personen in Ihrer Show haben Sie mir am besten gefallen.«

***

Nach mehr als einem Jahr Arbeitslosigkeit bekam Elliott im Herbst 1965 ein Engagement als Hauptdarsteller in dem Broadway-Musical *Drat! The Cat!* Barbra und Elliott setzten hohe Erwartungen in die Show und hofften, daß sie ein Hit sein und ihm endlich eine eigene Identität als Star verleihen würde. Barbra soll 100 000 Dollar investiert haben, um die Show während ihrer Probeaufführungen außerhalb der Stadt am Laufen zu halten. Elliott behauptete dagegen, jeder von ihnen habe lediglich 750 Dollar investiert, aber andere bezweifelten diese Aussage.

Wie auch immer, jedenfalls zerschlugen sich Elliotts Hoffnungen ein weiteres Mal. Als *Drat! The Cat!* am 10. Oktober Premiere hatte, wurden gerade alle New Yorker Zeitungen bestreikt. Die Rezensionen in den Magazinen waren mäßig, und die Show wurde sechs Tage später abgesetzt. Die Produktion wäre vollkommen in Vergessenheit geraten, wenn Barbra nicht einen Song, den Elliott darin gesungen hatte, »She Touched Me«, im September unter dem Titel »He Touched Me« als Single herausgebracht hätte, um die Show zu unterstützen. Barbras leidenschaftlicher Vortrag der kraftvollen Ballade machte sie zu einem Lieblingssong ihrer Fans.

Elliott aber stand erneut vor der schmerzhaften Realität, daß er gescheitert war, während sich alles, was Barbra in die Hand nahm, in Gold zu verwandeln schien. »Ich weinte eine Woche lang, weil ich es nicht ertragen konnte, daß *Drat! The Cat!* abgesetzt wurde«, gestand er. Er bekam Depressionen und mußte einen Psychoanalytiker aufsuchen. »Ich war schrecklich durcheinander. Ich hatte keinerlei Selbstvertrauen und ordnete mich [Barbra] unter, weil ich mich ständig fragte: ›Was kann ich ihr schon bieten?‹ Was ich Barbra opferte, war für keinen von uns beiden gut – es war meine Selbstachtung.«

***

Am Sonntag, dem 26. Dezember 1965, gab Barbra ihre letzte Vorstellung als Fanny Brice auf dem Broadway. Die Show lief noch weitere anderthalb Jahre (wobei Mimi Hines die Fanny spielte), aber Ray Stark hatte Barbra gegen ihr Versprechen, im kommenden Frühjahr noch einmal in London in dieser Rolle aufzutreten, aus dem Vertrag entlassen. Die Produktion in England spielte auch eine Rolle bei Barbras Verhandlungen mit Stark über die Filmversion von *Funny Girl*: Barbra erklärte sich nur unter der Bedingung bereit, in London aufzutreten, daß sie die Hauptrolle in dem Film bekam. Stark weigerte sich, ihr das zu versprechen. Barbra fragte Marty Erlichman um Rat. »Bleib hart, wenn du bereit bist, die Filmrolle zu verlieren«, meinte er.

»Ich war nicht bereit, die Filmrolle zu verlieren«, sagte Barbra. Und deshalb willigte sie ein, in der Londoner Westend-Produktion aufzutreten, ohne von Stark eine Garantie für den Film erhalten zu haben. Natürlich dachte der Produzent nie ernsthaft daran, den Streifen mit einem anderen Star zu besetzen – vor allem, nachdem *My Name Is Barbra* bewiesen hatte, wie herrlich die Streisand im Film aussehen konnte. Kurz darauf gab Stark bekannt, daß Barbra in der Tat seine Leinwand-Fanny spielen werde und daß sie darüber hinaus einen Vertrag mit ihm über drei weitere Filme unterzeichnet habe.

Barbras letzter Auftritt am Broadway wurde zu einer einzigen Liebesbezeugung ihrer besonders treuen Fans, die das Theater bis zum letzten freien Fleckchen besetzten, um ihr Lebewohl zu sagen. Keiner von ihnen wußte, daß es ein Abschied für immer war, denn Barbra sollte nie wieder am Broadway zu sehen sein.

Ihre Leistung an jenem Abend, urteilte ein Kritiker, war »grandios«. Als sie »People« sang, so Barbra, sei es gewesen, »als hätte ich gerade erst die Bedeutung des Songs verstanden. Während ich ihn sang, sah ich ganz bewußt ins Publikum. Davor hatte ich vorher immer Angst gehabt, aber an diesem Abend war es wie ein Abschied, und ich sang den Song für sie. Ich war sehr bewegt.«

Nach Barbras Reprise von »Don't Rain on My Parade« am Ende der Show klatschten, trampelten und schrien die Zuschauer begeistert. Als Barbra an der Reihe war, sich allein vor ihrem Publikum zu verbeugen, begann sie, mit schwankender Stimme zu sprechen. »Ich

188

habe das Gefühl, daß dieser Abend das Ende eines Abschnitts in meinem Leben signalisiert. Ich danke Ihnen allen sehr für Ihre Unterstützung. Ich möchte gern einer großen Darstellerin meine Reverenz erweisen, der Frau, die ich in der Show spiele. Merkwürdigerweise stehe ich auf derselben Bühne, auf der sie in ihrer letzten Broadway-Show auftrat. Ihr zu Ehren möchte ich den Song singen, den sie so berühmt gemacht hat.«

Dann trug Barbra »My Man« auf eine Art vor, die das Publikum toben ließ. »Mein Gott, wie hat sie diesen Song gesungen!« rief Larry Fuller. »Als sie ihn beendet hatte, weinte sie, und wir weinten, und das Publikum weinte.«

Anschließend ergriffen Fremde die Hände von Fremden, während das Publikum »Auld Lang Syne« als Dankeschön für Barbra sang. »Ich saß in der ersten Reihe«, erinnerte sich Elliott, »und dachte über die Zeile ›People who need people are the luckiest people in the world‹ nach ... Alle waren auf ihrer Seite. Alle unterstützten sie.«

KAPITEL 13

Barbra rannte in Tränen aufgelöst in ihre Garderobe und schlug die Tür hinter sich zu. In der grellbunten Umgebung eines bizarren Zirkus-Sets hatte sie seit fünfzehn Stunden pausenlos geprobt und Teile ihres zweites TV-Specials, *Color Me Barbra*, aufgezeichnet. Die Tiere hatten nervenaufreibende und teure Verzögerungen verursacht. Ein Elefantenbaby namens Champagner trompetete so laut, daß ein junges Lama in Panik geriet, durchbrannte und seinen Betreuer hinter sich herschleifte. Ein ausgelassener Affe versuchte, drei von Barbras Fingern zu verspeisen. Ein Löwe brach aus und streifte ein paar bedrohliche Momente lang knurrend durch den Set. Und das Schlimmste: Ein Pinguin, nicht an die heiße Studiobeleuchtung gewöhnt, war an einem Hitzschlag gestorben. Daraufhin verlor Barbra die Fassung und flüchtete sich in ihre Garderobe.

Ein Jahr zuvor war ihr die Arbeit an ihrem ersten Special als »freudige« Erfahrung erschienen, doch jetzt war sie einem Zusammenbruch nahe. Der Tod des Pinguins schien ein Symbol für jedes unvorhergesehene Mißgeschick der Produktion zu sein. Doch es nützte nichts, Barbra mußte nach der Zirkus-Episode noch zwei weitere Tage lang eine volle Konzertsequenz drehen. Ihr Unbehagen wurde noch durch ein Bataillon Zeitschriftenjournalisten, Reporter und Fotografen vergrößert, die jeden Moment der Aufnahmen beobachteten, um Artikel für *Life, Look, Newsweek*, die *New York Times* und andere Zeitschriften zu verfassen.

Die durch ihren Ruhm und ihr unerbittliches Streben nach Brillanz erzeugten hohen Erwartungen versetzten Barbra in eine denkbar miserable Geistesverfassung. Sie mißtraute der Loyalität ihrer wachsenden Legion von Bewunderern und war überzeugt, daß das Publikum mit einer »von vornherein ablehnenden« Haltung zu ihren Auftritten kam. »Ich habe das Gefühl, daß sie ein Ungeheuer sind und ich ihr Opfer bin.« Und Rex Reed gegenüber erklärte sie: »Ich habe immer von einem Penthouse geträumt. Nun bin ich ein großer Star, habe ein Penthouse, und es macht mir nicht viel Spaß. Dort oben in der einundzwanzigsten Etage ist alles genauso rußverschmiert wie ganz unten.« Vielen, die noch »ganz unten« waren, mußten solche Kommentare als undankbares Gejammer erscheinen.

∗∗∗

Nur Tage nach der letzten Aufführung von *Funny Girl* war Barbra in die CBS-Fernsehstudios übergewechselt, um einen kurzen Farbtest zu drehen. Der Erfolg von *My Name Is Barbra* hatte den Sender veranlaßt, Barbras nächste Produktion in Farbe aufzunehmen, was 1966 noch selten geschah. Für diese Show, die sich Barbra als eine »Ergänzung« zu der ersten vorstellte, waren viele ihrer Mitarbeiter aus dem Vorjahr zusammengekommen.

Die Probleme hatten fast sofort begonnen. Kurz nachdem drei spezielle Marconi-Farbkameras in Philadelphia eingetroffen waren, wo Barbra den ersten von drei Abschnitten der Show im Philadelphia Museum drehen sollte, versagten zwei der Kameras. Da es sich um völlig neue, praktisch noch unerprobte Geräte handelte, gab es außerhalb von New York keine Reparaturmechaniker, so daß die gesamte Sequenz für eine einzige Kamera umgearbeitet werden mußte. Dadurch verbrachte das *Color Me Barbra*-Team einen zusätzlichen Tag im Studio.

Viele Beobachter waren erstaunt über Barbras Ausdauer, die bis in die frühen Morgenstunden nicht nachzulassen schien. Andere bemerkten, daß sie ihre Energie durch eine fragwürdige Diät aus Pickles, Bretzeln, Kartoffelchips, gesäuerten grünen Tomaten, *gefilte fish*, Hamburgern und einer Vielfalt von Sandwiches anheizte. Diese Kräftigung erwies sich als notwendig. »Barbra arbeitete fast zweiunddreißig Stunden in einem durch«, schrieb ein verblüffter Reporter. »Sie begann am Samstag mittag: Kostüme anprobieren, Friseur, Auftragen von Straß auf die oberen Augenlider. Um sechs Uhr abends trat sie vor die Kamera. Die Dreharbeiten dauerten die ganze Nacht [und den ganzen Sonntag]. Glühbirnen explodierten, Kabel rissen …, aber nichts beeinträchtigte Barbras unerbittliche Konzentration auf sich selbst.« *Look* meldete sogar, daß Elliott auf dem Set zugegen gewesen sei und ihr während der Pausen »den Rücken massierte und die Hand hielt«.

Nach einer kaum eintägigen Erholung kehrte Barbra nach Manhattan zurück, um die Songs für die Zirkus-Sequenz voraufzuzeichnen, und am Dienstag, dem 25., erschien sie im CBS-Studio 41, um den Show-Teil zu proben und abzudrehen. Eine Minute Sendezeit, in der Barbra auf einem Trampolin hüpfte, erforderte drei Stunden in-

191

tensiver Proben und neun Durchgänge vor laufender Kamera. Nach ein paar ungeschickten Sprüngen meisterte Barbra das Gerät, doch bei einer Landung krachte sie schwer auf das Sprungtuch und schnellte unkontrolliert in die Höhe.

Die Stunden verstrichen, die Tiere machten der Crew zu schaffen, und Barbra wurde immer nervöser. Entsetzt über den Tod des Pinguins, gab sie ihrer Erschöpfung und Frustration schließlich nach und rannte, wie erwähnt, in ihre Garderobe. Rex Reed wußte nichts vom Tod des Vogels und war verärgert, als er wie die anderen Reporter drei Stunden warten mußte, nur um Barbra sagen zu hören: »Okay, Sie haben zwanzig Minuten. Was möchten Sie wissen?« Er führte Barbras Verhalten in der *New York Times* auf typische Star-Allüren zurück. Peter Matz hielt Reeds Urteil für unfair. »Manchmal wird eine simple Erklärung für die Geschehnisse nicht akzeptiert, weil die betreffende Person zu mächtig, ein zu großer Star ist«, meinte er. »Barbra ist äußerst verletzlich, aber viele nehmen das einfach nicht zur Kenntnis und sagen: ›Ach ja, sie führt sich eben wie ein Star auf.‹«

Wieder bei den Dreharbeiten, riß Barbra sich zusammen und trug das Zirkus-Medley sowie einen komischen Monolog fehlerfrei vor. Allerdings war ein weiterer Arbeitstag von zweiunddreißig Stunden erforderlich, um die Aufnahmen zu beenden. Barbra war mit ihren Nerven am Ende. Einmal schrie sie, daß sich »zu viele Leute, die nichts mit der Show zu tun haben«, um den Set drängten. »Mich starren zu viele Leute an!«

Am Freitag abend erschien Barbra wieder im Studio, das von einer Zirkus-Manege in eine elegante Konzertbühne verwandelt worden war, um den letzten Abschnitt der Show zu drehen. Man hatte Mitglieder von mehreren Streisand-Fanclubs an der Ostküste herbeigeholt, um die Zuschauerplätze zu füllen, und sie reagierten mit heftigem Applaus auf die fünf Songs, die Barbra am Ende der Show darbot. Doch als Dwight Hemion Barbra aufforderte, zwei Stücke zu wiederholen, verlangte sie, daß das Publikum weggeschickt wurde. »Die sollen sich fortscheren«, sagte sie angeblich zu Marty Erlichman. »Ich hasse sie. Ich *hasse* sie!« Marty und Hemion redeten eine halbe Stunde lang auf Barbra ein, während die Fans ahnungslos auf ihren Plätzen warteten. Schließlich konnten die beiden sie überzeugen, daß die Tonqualität ohne Publikum schlechter sein werde. Barbra kehrte unter einer donnernden Ovation auf die Bühne zurück, sang die beiden Lieder, verbeugte sich kurz und verschwand in den Regieraum, um sich eine Playback-Aufnahme anzusehen.

Wie viele Projekte, die während der Produktion durch Streitigkeiten behindert werden, ließ *Color Me Barbra*, ausgestrahlt am Mittwoch, dem 30. März 1966, um neun Uhr abends, kaum etwas von den Wirren bei der Aufzeichnung erkennen. Die Rezensenten wiederholten zumeist die Lobeshymnen, die das erste Special begleitet hatten. Das Urteil der Zeitschrift *Time* allerdings war schroff (»Die Show bewies, daß eine volle Stunde, ausgefüllt mit Streisands besonders nasaler Stimme, fünfundvierzig Minuten zu lang ist«). Außerdem gab es vereinzelte Kritik an der »schwülstigen Produktion«, doch die große Mehrheit der Rezensenten war begeistert. *Newsweek* nannte das Special »die von einer einzigen Frau dargebotene Tour de force aus Songs und Sex-Appeal«, und die *New York Times* schrieb: »In Farbe wirkte die Museumskulisse prachtvoll, der Zirkus fröhlich, und Miss Streisand sah wunderbar aus.«

Tatsächlich könnte der wichtigste Beitrag, den *Color Me Barbra* zu Streisands Karriere leistete, in der Farbe selbst bestanden haben. In Schwarzweiß hatte sie interessant und exotisch gewirkt, aber die für die Farbkamera nötige Beleuchtung ließ Barbra sanfter aussehen, denn sie verlieh ihren Augen ein Lavendelblau und ihrer Haut einen Porzellanschimmer. *Color Me Barbra* lieferte einen weiteren Hinweis darauf, daß Streisands unkonventionelles Äußeres ihren Filmruhm wahrscheinlich nicht behindern würde.

Color Me Barbra erzielte wiederum hohe Einschaltquoten, doch Rex Reed dämpfte den Triumph durch ein Porträt, das am Sonntag vor der Ausstrahlung der Show in der *New York Times* erschien. Der Artikel, »Color Barbra Very Bright«, bekräftigte Reeds Ruf als geistreicher, ironischer Showbusineß-Chronist, aber zugleich war Reed für die Legende von »Barbra, dem Ungeheuer« verantwortlich. Es war der erste aufsehenerregende Artikel, in dem die Streisand als gnadenlos perfektionistisch, anspruchsvoll, größenwahnsinnig, grob, rücksichtslos, besessen, arrogant und verachtungsvoll ihren Fans gegenüber dargestellt wurde. Niemand, der mit der Produktion von *Color Me Barbra* zu tun hatte, würde bestreiten, daß Reeds Skizze in einigen Punkten der Wahrheit entsprach. Doch viele, etwa Peter Matz, waren der Meinung, daß der gewaltige Druck, der auf Barbra lastete, und die Verletzlichkeit, die sich hinter ihrer scheinbaren Arroganz verbarg, zu Unrecht nicht berücksichtigt worden seien.

»Warum sollte ich nette Dinge über Barbra schreiben?« protestierte Reed im privaten Kreis. »Sie lädt mich nie zu ihren Partys ein.« Ein paar Jahre später, als Reed auf dem Höhepunkt seines Ruhmes stand, schickte er Barbra eine Entschuldigung für den Artikel.

Sie wies den Ölzweig zurück. »Scheiß auf ihn«, schnaubte sie. »Ich hatte mehr Respekt vor ihm, als er mich haßte.«

***

Elliott war entschlossen, mit Barbra zu schlafen. Sie war nach einer *Funny Girl*-Probe im Prince of Wales Theatre in London besorgt und aufgedreht in ihre Suite im Savoy zurückgekehrt. Schon bevor die beiden in England eintrafen, war sie wochenlang wegen der anstehenden Ausstrahlung von *Color Me Barbra* nervös gewesen. Und nun – in London – verhielt sie sich wegen der Bühnenshow noch hektischer; sie beklagte sich über die Beleuchtung und die Akustik im Theater, über die kümmerliche Garderobe und über einen Dirigenten, den sie für inkompetent hielt (und bald hinauswerfen lassen sollte).

»Inzwischen war das Star-Getue voll im Gange«, teilte Elliott dem Journalisten Donald Zec mit. Barbras Erschöpfung machte es ihr fast unmöglich, sich zu entspannen, und die Goulds hatten seit Wochen keinen Sex mehr gehabt. Aber in dieser Nacht wollte Elliott sich nicht davon abbringen lassen. »Ich mußte ihr dauernd zureden [damit sie lockerer wurde]. Ich redete ihr während der ganzen Sache dauernd zu.«

Elliott benutzte in jener Nacht kein Verhütungsmittel, da er wollte, daß Barbra schwanger wurde. Das war seiner Ansicht nach das beste Mittel, »sie wieder auf den Boden der Tatsachen« zurückzuholen. Ein Baby war außerdem das einzige, was Elliott Barbra schenken konnte und wozu sie ihn wirklich brauchte. Es war seine Methode, etwas von seiner Selbstachtung – und auch seine Frau – zurückzugewinnen und seine Ehe zu retten. »Das Schönste, was ich ihr geben konnte, war ein Kind«, meinte Elliott. Jene Liebesnacht in einer eleganten Suite am Ufer der Themse »war das Beste, wozu ich sie jemals überredet habe«.

***

Streisand – begleitet von ihrem Friseur, ihrer Sekretärin und Marty Erlichman – traf am 20. März in England ein. Elliott war schon eine Woche früher angekommen, um alles vorzubereiten. Er hätte ein Teil des Ensembles sein können, denn man hatte ihm auf Barbras Drängen hin die Rolle des Nick Arnstein angeboten. Aber nachdem er sich so sehr um die Rolle bemüht hatte, wies er sie nun aus Stolz zurück.

Er fürchtete, es werde heißen, daß er sein Engagement nur dem Einfluß seiner Frau verdanke, und das war für ihn unerträglich.

Derartige Gerüchte hätten allerdings auch nicht viel schlimmer sein können als die Verletzungen, die er nun von den journalistischen Bogenschützen der Fleet Street – stets auf der Suche nach einem Opfer, das sie durchlöchern konnten – hinnehmen mußte. Sie tauften ihn »Mr. Streisand« und bezeichneten ihn »als den Mann, der mit Barbra nach London gekommen ist«. Es war unvermeidlich, daß er in Barbras Schatten stehen würde, denn ihre Ankunft löste die größte Publicity-Welle aus, die England seit dem Besuch von Marilyn Monroe im Jahre 1956 erlebt hatte. Die Reporter verfolgten sie auf Schritt und Tritt, machten unaufhörlich Fotos und stellten endlose Fragen. Auf den Titelseiten wurde sie als die begabteste amerikanische Künstlerin seit einer Generation und als die höchstbezahlte Entertainerin der Welt beschrieben. Man sah der Premiere von *Funny Girl* am 13. April mit so fieberhafter Vorfreude entgegen, daß die Show bereits für sämtliche vierzehn Wochen von Barbras Engagement ausverkauft war.

Im Grunde wollte Barbra gar nicht mehr in *Funny Girl* auftreten, aber wenn ihr schon nichts anderes übrigblieb, hatte alles so zu sein, wie *sie* es sich wünschte. Die Kolumnistin Sheilah Graham berichtete, daß Barbra ihre Garderobe betreten habe und sofort wieder umgekehrt sei. Marty Erlichman teilte dem Theater mit, daß Barbra erst dann zurückkehren werde, wenn sie eine angemessene Suite »für einen Star ihrer Größenordnung« erhalte. Die Theaterleitung ließ eine Mauer niederreißen, um den Raum zu vergrößern, tapezierte ihn neu und schaffte antike Möbel heran, die eher Barbras Geschmack entsprachen.

Nach ihrer Rückkehr kämpfte sie mit der Akustik, mit dem unzulänglichen Dirigenten (der durch Milton Rosenstock ersetzt wurde) und ihrem eigenen Mangel an Begeisterung. Der englische Schauspieler Michael Craig, der Nick Arnstein spielte, sah Barbra einmal nach einer mißglückten Vorstellung still vor ihrer Garderobe stehen und betrübt dreinblicken. Auf seine Frage, was los sei, erwiderte sie: »Vor zweieinhalb Jahren, als ich mit dieser Show in Philadelphia anfing, machte es mir solchen Spaß, und alles war wunderbar. Nun ist alles so schwierig, und ich habe keine Lust mehr.«

Barbra konnte weiterhin nur die Schattenseiten sehen. Sie war enttäuscht über die scheinbar matte Reaktion des Premierenpublikums. »Ich erinnere mich, daß ich mir am Eröffnungsabend Sorgen machte, weil die Zuschauer nicht mitzugehen schienen. Sie waren so ruhig, daß ich nur die Dinge bemerkte, die nicht klappten.« Es handelte sich aber lediglich um die typische Reserviertheit der Briten; die Zuschauer waren entzückt von der Show, und Barbra hatte sechs Vorhänge. Trotzdem war sie sich der Zuneigung des Publikums nicht sicher: »Vielleicht waren die Leute bloß höflich.« Am nächsten Tag nahm sie ausschließlich die wenigen negativen Reaktionen in den Zeitungen zur Kenntnis, obwohl sich die meisten Kritiker in Lobeshymnen ergingen.

»Miss Streisand ist ein Wunder«, schrieb einer der Journalisten. »Elektrischen Funken gleich versprüht jeder Zoll von ihr Energie. Sie steht fast nie still, doch sie macht nicht eine einzige konventionelle Bewegung; jede Geste ist neu und originell und unerwartet ... Ich bin so froh, daß ich sie früher nie gesehen habe. Wenn all dieses Talent genau im Augenblick der höchsten Erwartung auf den Zuschauer losgelassen wird, dürfte er es sein ganzes Leben lang nicht mehr vergessen.«

Die Londoner Zuschauer gerieten nie in eine derartige Ekstase wie das New Yorker Publikum, aber daran gewöhnte Barbra sich. Doch dann kamen Prinzessin Margaret und ihr Gatte, Lord Snowdon, in die Show, und ihre Anwesenheit dämpfte die Stimmung noch mehr. Dem Brauch entsprechend lachte oder applaudierte niemand im Publikum, bevor die Angehörigen des Königshauses es taten, und es dürfte nicht viele Briten geben, die weniger zu Begeisterungsausbrüchen neigen als die Windsors. Für Barbra, in deren Darbietung sich das An- und Abschwellen der Publikumsreaktion widerspiegelte, waren das gelegentliche Gelächter und der schwache Applaus recht verwirrend.

Nach der Show stand Barbra, immer noch in dem gefransten Wildlederkleid aus der letzten Szene, im Spalier der Künstler, die der Prinzessin und Lord Snowdon vorgestellt wurden. Als Margaret sagte, wie sehr ihr *Funny Girl* gefallen habe, erwiderte die Streisand: »Sie sollten mal an einem Abend kommen, wenn Sie nicht hier sind.«

***

Als Barbra erfuhr, daß sie schwanger war, reagierte sie zunächst entsetzt. Schließlich hatte sie einen Vertrag für eine Konzertreise, auf der sie in zwanzig amerikanischen Städten einmalige Gastspiele geben mußte; die Tournee sollte in ein paar Monaten beginnen, und man hatte ihr mindestens 50 000 Dollar pro Auftritt – insgesamt eine Million Dollar – zugesichert. Daneben plante sie ein TV-Special mit

Motiven aus der Pariser Welt der Haute Couture. Und wie sollte sie weiterhin allabendlich ihre anstrengende Rolle in *Funny Girl* spielen? Sie würde das Baby in Gefahr bringen!

Elliott machte sich wiederum daran, ihr »gut zuzureden«. Eine Schwangerschaft bedeute nicht, daß sie vierundzwanzig Stunden am Tag im Bett bleiben müsse. Sie solle die »kürzere« Version der Show vorführen und einige der lebhafteren Nummern wie »Cornet Man« und »Rat-a-Tat-Tat« neu choreographieren lassen, um Energie zu sparen. Außerdem könne sie die ersten Konzerttermine einhalten und brauche nur die späteren abzusagen. Sie habe das Geld nicht nötig, und es stehe ihr frei, das Special jederzeit aufzuzeichnen.

Je mehr Barbra darüber nachdachte, desto besser gefiel ihr die Vorstellung, Mutter zu werden und sich eine Erholungspause vom Showgeschäft zu gönnen. Seit fast sechs Jahren hatte sie ihre Karriere nonstop vorangetrieben und sich bis zur Erschöpfung abgemüht, um ein Ziel nach dem anderen zu erreichen. Aber das Ganze hatte etwas Unwirkliches an sich, und manchmal dürfte sie sich gefragt haben, ob ihr Streben nach immer neuen Erfolgen vielleicht ein Vorwand war, sich dem wirklichen Leben zu entziehen. »Ich fühlte mich wie eine Sklavin meiner Planung. Ich mußte sogar eine Planung für meine Freizeit machen!« Es war, wie Elliott sich ausgedrückt hatte, höchste Zeit für Barbra, »auf den Boden der Tatsachen zurückzukehren«.

***

Barbra widmete sich ihrer bevorstehenden Mutterrolle mit der gleichen Energie wie zuvor ihrer Karriere. »Ich fuhr zu Harrods und kaufte Wollknäuel in allen möglichen Rosaschattierungen.« Innerhalb einer Woche trat sie Reportern mit Stricknadeln und Wolle in der Hand entgegen. Aber ihre Emsigkeit dauerte nicht lange.

»Ich strickte eine Woche lang wie verrückt, und dann hatte ich genug davon. Jetzt will ich einfach nur das Baby haben.«

***

Barbra gab ihre neunhundertste und letzte Bühnenvorstellung in *Funny Girl* am Samstag, dem 16. Juli 1966. Es war keinen Moment zu früh. Mittlerweile war sie der Show nicht nur intellektuell überdrüssig, sondern auch physisch kaum noch in der Lage, den zurückgeschraubten Anforderungen gerecht zu werden. Fannys »Rennerei auf der Bühne« war eingeschränkt worden, »und es ist klar, daß ich in der Liebesszene nicht mehr auf die Couch hechten kann!« Trotzdem war sie nach jeder Show völlig ausgelaugt. »Ich bin dauernd so müde. Am liebsten möchte ich nur noch schlafen.«

Aber sie hatte nicht viel Zeit, sich auszuruhen, als sie am 18. Juli in die Vereinigten Staaten zurückkehrte. Nach nur zwei Tagen zu Hause flog sie nach Las Vegas zu einer Verkaufstagung von Columbia und trug mehrere Stücke aus ihrem geplanten Album *Je m'appelle Barbra* vor, auf dem sie französische Lieder in englischer und französischer Sprache singen würde. Die Leitung von Columbia hatte sie gebeten, unbedingt zu erscheinen, da man sich über die Verkaufsaussichten des ungewöhnlichen Projekts Sorgen machte.

Bereits am 30. Juli erreichte Barbra die erste Station ihrer 20-Städte-Tournee, die wegen ihrer Schwangerschaft zuerst auf sechs und dann auf vier Städte verkürzt worden war. Begleitet von Elliott, Marty Erlichman, ihren Freunden Dr. Harvey und Cis Corman, ihrem eigenen Orchester und einem siebzehn Meter langen Garderoben-Wohnwagen, sang und scherzte Barbra an einem kühlen, mondhellen Abend in Festival Field, Newport, Rhode Island (der Stätte des Newport Jazz Festival).

Das einmalige Gastspiel brachte 121 000 Dollar netto ein – 41 000 Dollar mehr, als Frank Sinatra ein Jahr zuvor in Newport eingespielt hatte. Inzwischen hatte Marty Erlichman es zu seinem persönlichen Anliegen gemacht, dafür zu sorgen, daß Barbra eine höhere Gage pro Auftritt erhielt als jeder andere Künstler. Als sie ein Jahr zuvor in Forest Hills gastierte, hatte er sichergestellt, daß sie einen Dollar mehr erhielt, als man den Beatles am selben Ort gezahlt hatte. Die Ticketpreise für all ihre Konzerte waren nun so kalkuliert, daß sie sämtliche Einnahmerekorde brechen würde.

Barbra wiederholte ihren Triumph von Newport am 2. August in Philadelphia, am 6. August in Atlanta und am 9. August in Chicago. Die an den vier Orten erzielten Einnahmen betrugen insgesamt 406 618 Dollar brutto, und sie erhielt 200 000 Dollar netto für ihre Auftritte an vier Abenden. In Philadelphia rief jemand das JFK Stadium an und sprach eine Todesdrohung gegen sie aus. Phyllis Doroshow war im Publikum; sie erinnerte sich: »Elliott Gould stand vorne neben den Sicherheitsposten. Er war auf der Hut und sah so aus, als sei er bereit, sich auf jeden zu stürzen, der eine Waffe hervorzog. Er musterte das Publikum aufmerksamer, als es das Sicherheitspersonal tat.« Es gab keine Probleme.

Barbras Show im Soldier's Field in Chicago war für acht Monate ihr letzter Auftritt in der Öffentlichkeit. Nun wurde es Zeit, nach Hause zurückzukehren, sich zu entspannen und ihrer kommenden Mutterschaft entgegenzusehen.

***

»Als ich schwanger war, konnte ich wenigstens in den letzten vier Monaten eine Frau sein«, sagte Barbra. »Es gab keine Termine, die ich einhalten mußte. Wann immer ich an das dachte, was in meinem Innern heranwuchs ... Es ist ein Wunder, ein schöpferischer Höhepunkt für jede Frau.«

Sie saß herum, aß eine Menge kleiner Schokoladenkuchen und nahm zu. »Ich glaube, ich habe immer den geheimen Wunsch gehabt, dick zu sein. Magere Kinder werden dauernd aufgefordert, mehr zu essen – besonders wenn sie eine jüdische Mutter haben.« Mrs. Kind war natürlich hocherfreut, aber Barbras Kinderarzt hielt ihre Gewichtszunahme für unmäßig. Er riet ihr, die Kalorien zu zählen. »Meine erste Diät!« staunte sie.

Barbra verriet Gloria Steinem, daß sie sich als Kind kein normales Leben habe vorstellen können. »Ich versuchte, mir wie andere Heranwachsende meine Zukunft auszumalen, aber das war unmöglich. Vor mir gab es nur eine große, leere Fläche – keinen Ehemann, keine Kinder, nichts.« Trotz all ihrer Erfolge war die bevorstehende Mutterschaft für sie nun der größte ihrer Triumphe. Wie Elliott gehofft hatte, war Barbra wieder auf den Boden der Tatsachen gelangt. Sie ließ Briefpapier drucken, auf dem das dritte »A« erneut in ihrem Namen erschien, als wolle sie sagen: »Jetzt bin ich in erster Linie Ehefrau und Mutter. BARBRA ist ein künstliches Erzeugnis, ein Image, ein Showbusineß-Artikel. In Wirklichkeit bin ich Barbara Joan Streisand, das kleine Mädchen aus Brooklyn.«

Elliott ließ einen Reporter wissen, er rechne damit, daß Barbra ihre Karriere ihrer Familie zuliebe beenden werde – wenn nicht sofort, dann jedoch in naher Zukunft. Er gab sich dieser Hoffnung immer noch hin, als sie bereits an die Arbeit zurückkehrte. Den ganzen September hindurch verbrachte sie viele Stunden in den Aufnahmestudios von Columbia, um dem *Je m'appelle Barbra*-Album den letzten Schliff zu verleihen.

Der Gedanke, Barbra französische Songs – einige in der Originalsprache, die meisten in englischer Übersetzung – singen zu lassen, war im Frühjahr 1965 aufgekommen. Damals hatte sie begonnen, mit dem begabten vierunddreißigjährigen französischen Komponisten Michel Legrand zusammenzuarbeiten, dessen Musik für *Les Parapluies de Cherbourg* (Die Regenschirme von Cherbourg) gerade für einen Oscar nominiert worden war.

Zwischen Barbra und Legrand entwickelte sich ein harmonisches Verhältnis, während sie nach ihren *Funny Girl*-Auftritten bis in die frühen Morgenstunden im verlassenen Winter Garden Theater arbeiteten. »In einigen Nächten lachten wir soviel, teilten wir so viele amüsante Momente«, sagte Legrand. »Am Ende blickte ich plötzlich auf meine Uhr und stellte fest, wie viele Stunden vergangen waren. Es war vier oder fünf Uhr morgens. Die Zeit existierte nicht mehr. [Es war] eine euphorische Arbeit.«

Barbra lernte die Songs phonetisch, und Legrand war beeindruckt von ihrer französischen Aussprache, als sie nach ein paar Monaten ihren Brooklyner Akzent hatte mildern können.

Der verheiratete Legrand gestand einem französischen Landsmann, dem Schriftsteller Guy Abitan, daß seine Beziehung zu Barbra »fast intim« geworden sei. Manche behaupten, es sei zu einer Affäre zwischen ihnen gekommen. »Wir wurden unzertrennlich«, meinte Legrand. »Ich hatte keine Zeit – und sie anscheinend auch nicht – zu begreifen, was plötzlich mit uns geschah.« Elliott fühlte sich unzweifelhaft bedroht durch das enge Verhältnis zwischen seiner Frau und diesem attraktiven, weltgewandten Mann aus Paris, denn Legrand teilte eine Musikalität mit ihr, die Elliott fehlte. Legrand hatte wenig Mitgefühl mit Goulds Besorgnis: »Dieser unbeholfene, bärenhafte Dummkopf schien sich nicht sehr über meine Gespräche mit Barbra zu freuen. Nichts kann langweiliger für einen Bären sein als der Anblick von zwei Vögeln, die ständig dieselbe Melodie singen.«

Diese Umstände dürften die unterschwelligen Spannungen in der Ehe der Goulds nicht gemindert haben. Barbras Schwangerschaft trug nicht dazu bei, sämtliche Probleme zu glätten, und Elliotts Eifersucht auf Legrand fügte neue hinzu. Anfang November kam es zu einem heftigen Streit. Barbra rannte weinend ins Badezimmer, schloß hinter sich ab und weigerte sich herauszukommen, während Elliott an die Tür hämmerte. »Ich will dein Kind nicht!« schluchzte sie. Daraufhin verlor Elliott die Beherrschung. »Barbra ist in mancher Hinsicht infantil, wie brillant sie sonst auch sein mag. Aber es war falsch von mir, in diesem Stadium ihrer Schwangerschaft die Tür einzutreten.«

***

Während Michel Legrands anfänglicher Kontakt mit Barbra nur positive Seiten hatte, entdeckte er bald eine andere Seite ihres Charakters, als sie ernsthaft darangingen, ihre Songs aufzunehmen. »Ich beobachtete sie bei einigen Proben, wie sie unglaublich wütend wurde, weil jemand vergessen hatte, seine Zigarette auszumachen, oder weil sie jemanden in einer Ecke bemerkte, dessen Anwesenheit sie für überflüssig hielt. Man traut seinen Augen nicht – Barbra in Rage –, wenn man vorher das Vergnügen gehabt hat, die glückliche und leidenschaftliche Streisand zu erleben. Eine wütende Barbra verwandelt sich plötzlich aus einer normalerweise höflichen und zartfühlenden Frau in jemanden, der zu den übelsten Schimpfwörtern fähig ist ... Ihre Wutanfälle gleichen Wolkenbrüchen!«

Je m'appelle Barbra, Ende Oktober veröffentlicht, erhielt unterschiedliche Rezensionen. Manche Kritiker hielten es für Streisands bestes Album, das ihre neue Reife vorzüglich zum Ausdruck brachte. Andere fanden es prätentiös und »gekünstelt«. Die Sammlung enthielt Barbras erste Komposition, »Ma première chanson«, mit einem französischen Text von Eddy Marnay. Ettore Stratta, der Produzent der Schallplatte, hat dem Journalisten Shaun Considine gegenüber allerdings behauptet: »In Wirklichkeit schrieb ich den Song zusammen mit ihr, aber mein Name ist darauf nicht zu finden.« Laut Stratta flötete Barbra ihm eines Tages eine Melodie vor, die ihm »unbedeutend und uninteressant« vorkam. »Aber während sie die Melodie flötete, schrieb ich sie um und harmonisierte sie. Dadurch wurde sie besser ... Ich bat nicht darum, als Mitkomponist genannt zu werden. Heute würde ich es tun.«

Das Album wurde zu einem Hit und kletterte auf Platz fünf der Pop-Charts, aber es hatte nicht die gleiche Durchschlagskraft wie ihre früheren Werke und war das erste Streisand-Album, das nicht mit einer goldenen Schallplatte ausgezeichnet wurde.

***

Im Laufe ihrer Schwangerschaft gelangte Barbra zu der Überzeugung, daß die sechs Zimmer ihres ausgedehnten Penthouse nach der Ankunft des Babys nicht groß genug für ihre Familie sein würden. Sie schickte Marty Erlichman zu ihrer Nachbarin Gerry Blumenfeld, die zusammen mit ihrem Mann, dem Fotoredakteur von United Press International, das einzige andere Apartment auf der Etage bewohnte. Marty »war unverschämt«, erinnerte sich Blumenfeld. »Barbra sei schwanger – ob wir etwas dagegen hätten auszuziehen, damit sie die ganze obere Etage für sich haben könne? Er sagte, Barbra werde unsere gesamten Umzugskosten tragen. Da in dem Gebäude gerade eine größere Wohnung frei wurde, beschlossen wir, uns auf die Sache einzulassen. Kurz darauf kamen Elliott und Barbra zu uns und fingen an, unsere Zimmer zu vermessen, bevor wir ausgezogen waren. Sie waren unhöflich und wechselten kein einziges Wort mit uns.

Unsere neue Wohnung war zwar nicht weit entfernt, aber wir hatten eine Menge großer, teurer Möbel, und der Umzug kostete uns 10000 Dollar. Die beiden zahlten uns keinen Cent, deshalb mußten wir sie verklagen. Dann boten sie einen Vergleich von 5000 Dollar an, und wir akzeptierten, um nicht vor Gericht gehen zu müssen.«

Schon vor diesem Zusammenstoß hatten die Blumenfelds keine hohe Meinung von ihrer berühmten Nachbarin. »Barbra behandelte andere Menschen sehr schlecht. Manchmal rannte sie hinaus und schrie: ›Besorgen Sie mir ein Taxi!‹, ohne bitte oder danke oder sonst etwas Höfliches zu sagen. Einmal hielt man ein Taxi für mich an, und sie lief auf die Straße, packte mich am Arm, während ich einstieg, riß mich geradezu heraus und sagte: ›Ich hab's eilig!‹ Dann sprang sie hinein, um rechtzeitig zu ihrer Show zu kommen.

Aber das schlimmste war, wie grausam sie sein konnte. In unserem Gebäude wohnte ein kleines Mädchen namens Allison, die Tochter einer Opernsängerin. Sie war eine herzkranke Zwergin und sehr sensibel und lieb. Wir ließen im Gebäude keine Bettelei zu, aber hin und wieder gestatteten wir ihr, für das Rote Kreuz zu sammeln. Eines Tages kam sie in unsere Etage, und ich gab ihr ein paar Dollar. Danach sah ich, wie sie an Barbras Tür klopfte.

Also, Barbra öffnete die Tür und warf einen Blick auf mich und auf die kleine Allison – die eine Rote-Kreuz-Büchse vor sich in der Hand hielt –, und dann schlug sie die Tür direkt vor dem Gesicht des kleinen Mädchens zu. Das Kind begann zu weinen, und ich mußte sie zu mir nehmen und sie trösten. Das kann man mit einem Kind einfach nicht machen, mit keinem Kind. Aber es war typisch für die Art und Weise, wie Barbra die Leute im Gebäude behandelte.«

***

Während die Geburt des Babys näherrückte, half Elliott Barbra jeden Morgen bei ihren Atemübungen, da sich beide auf eine natürliche Geburt eingestellt hatten. Barbra verwandelte ihr vollgestopftes Nähzimmer in ein provisorisches Kinderzimmer mit einem violett gekachelten Fußboden und gepunkteten Tapeten. Sie suchte dazu passende Stoffe aus und bemalte die Accessoires selbst.

Alles war fertig, und die beiden brauchten nur noch zu warten. Die Geburt des Babys wurde um den 20. Dezember herum erwartet, doch Barbras Wehen begannen – nach zweimaligem Fehlalarm – erst am Donnerstag, dem 29. Dezember, um sechs Uhr morgens. Innerhalb von zwei Stunden wußte Barbra, daß es diesmal ernst war, und ließ sich um neun Uhr ins Mt. Sinai Hospital einliefern. Danach lag sie fast sechs weitere Stunden in den Wehen. »Es war sehr traumatisch«, sagte Elliott, »aber Barbra war äußerst tapfer. Wir hielten uns an den Händen und sprachen über einen Sohn oder eine Tochter.«

Als die Ärzte eine Steißlage feststellten, entschieden sie sich für einen Kaiserschnitt, um eine Schädigung des Kindes zu verhindern. Das machte Barbras Hoffnung auf eine natürliche Geburt zunichte. Sie war bewußtlos, als das Baby – ein gesunder, knapp über sechs Pfund schwerer Junge – an jenem Nachmittag um vierzehn Uhr fünfundvierzig das Licht der Welt erblickte.

Als man Jason Emanuel Gould zu seiner Mutter in Zimmer 507 (mit dem Namen »Angelina Scarangella« an der Tür) brachte, traute sie ihren Augen nicht. »Ich konnte nicht glauben, daß er in mir gewachsen war.« Sie hielt das Kind beklommen und ehrfurchtsvoll in den Armen und empfand mehr Liebe als je zuvor in ihrem Leben. Elliott und sie barsten vor Stolz. Er teilte der Presse mit: »Wissen Sie, mein Baby hat nicht geweint. Alle anderen Babys weinten und hatten die Augen geschlossen. Dann sagte eine Frau neben mir: ›Seht euch das gerade geborene Baby mit den weit offenen Augen an‹, und es war *mein* Baby!«

Zu Hause zeigte sich Barbra völlig vernarrt in den Jungen. »Ich fotografiere ihn jeden Donnerstag, an seinem Geburtstag.« Außerdem nahm sie jedes Kichern und Gurgeln und jedes Bäuerchen auf Band auf. Sie beugte sich über sein Bettchen und flüsterte: »Wer ist das herrliche Ding? Wie heißt es?« Wenn sie ihn fütterte, aß sie stets den letzten Löffelvoll selbst. »Ich liebe Babynahrung.«

Barbra war aufgeschlossen Reportern gegenüber, wenn sie auf Jason angesprochen wurde. Sang sie ihm Lieder vor? »Nein, ich singe zu Hause nie. Alberne Leute sagen: ›Ich hoffe, Ihr Sohn hat eine gute Stimme.‹ Was soll's? Ich will auf keinen Fall, daß er auf die Bühne geht.«

Da ihr Baby ein Junge sei, habe sie sehr viel über Männer gelernt. »Plötzlich merkt man, daß sie ganz kleine Menschen sind und umarmt werden wollen. Sie weinen und empfinden Schmerz genau wie

Frauen. Leider verlangt die Gesellschaft von Männern, *stark* zu sein – und das ist unfair. Es ist schön, einen Mann zu finden, der nicht nur stark, sondern auch verletzlich ist.«

Sie wurde gefragt, ob sie es für seltsam halte, daß ihr Baby, das Kind so ungeheuer reicher Eltern, ganz anders als sie selbst aufwachsen werde. Barbra lächelte und erwiderte: »Ich kann doch nicht plötzlich arm werden, oder?« Dann fuhr sie fort: »Ich möchte kein Kind, das nur die allerteuersten Spielsachen hat. Kinder spielen gern mit einfachen Dingen: mit einem Stück Papier oder einer Walnußschale. Sie sollten schmutzig und primitiv sein können, wenn sie es möchten.«

Nachdem sie Jason während eines Interviews für einen Fotobericht der Zeitschrift *Look* über die berühmteste junge Mutter Amerikas eine Flasche gegeben hatte, klopfte Barbra ihm rhythmisch auf den Rücken. Bald stieß er kräftig auf, und Barbra lachte entzückt: »Ist er nicht zum Schießen?«

III.

Der Filmstar

»Für mich kann ein Star nur
ein Filmstar sein.«
Barbra 1967

KAPITEL 14

In einem riesigen Zelt, das über Ray und Fran Starks ausgedehnten Garten in Holmby Hills gespannt war, hörten dreihundert Gäste – darunter Dutzende der größten amerikanischen Filmstars – einer Mädchen-Band zu, verzehrten polynesische Kanapees, tranken Mai Tais und warteten ungeduldig auf Barbra Streisand. Es war der 14. Mai 1967. Barbra, gerade fünfundzwanzig Jahre alt geworden, war seit vier Tagen in Hollywood, und die Starks gaben eine Begrüßungsparty für sie. Dadurch sollte eine Frau gewürdigt werden, die nicht nur gekommen war, um ihre Rolle in *Funny Girl* auf der Leinwand neu zu erschaffen, sondern auch Verträge mit 20th Century-Fox und Paramount Pictures über zwei weitere kostspielige Filmmusicals – basierend auf den Broadway-Shows *Hello, Dolly!* und *On a Clear Day You Can See Forever* – unterzeichnet hatte. Sie war die einzige Künstlerin der Geschichte, die gleich für zwei Filme (mit Gesamtbudgets von anfänglich über 30 Millionen Dollar) verpflichtet worden war, ohne jemals vor einer Filmkamera gestanden zu haben.

Ganz Hollywood wollte die Thronanwärterin kennenlernen, und kurz vor dem Partybeginn um fünf Uhr nachmittags drängte sich die High Society über den Zugang zu Ray Starks Veranda in seinen Garten hinter dem Haus hinein. John und Pilar Wayne waren anwesend, ebenso wie Marlon Brando und Mrs. Louis Jourdan. Die legendären Schönheiten Merle Oberon und Jennifer Jones plauderten mit der Komikerin Bea Lillie. Die Altstars Rosalind Russell, Janet Leigh, Cary Grant, Gary Cooper, Ginger Rogers, Robert Mitchum, Gregory Peck und James Stewart unterhielten sich mit der goldenen Jugend von Hollywood, darunter Steve McQueen und Natalie Wood.

»Wo ist Barbra?« erkundigten sich die Besucher immer wieder bei ihrem Gastgeber. Sie ließ eine halbe Stunde, dann eine Stunde, dann eindreiviertel Stunden auf sich warten. »Sie muß jeden Moment kommen«, versicherte Stark hoffnungsvoll. »Vielleicht ist sie irgendwo im Verkehr steckengeblieben.« Höchst unwahrscheinlich an einem Sonntag, und Barbra brauchte weniger als eine Meile zurückzulegen; sie hatte sich für 3250 Dollar im Monat am Chevy Chase Drive die frühere Villa von Greta Garbo – mit achtzehn Räumen und sechs Badezimmern – gemietet.

Während die Elite von Hollywood auf sie wartete, konnte sich die vor Furcht zitternde Barbra nicht entscheiden, was sie tragen sollte. Sie probierte Dutzende von Kostümen und Accessoires an, während Marty Erlichman und Elliott sie immer wieder auf die Verspätung hinwiesen. Genau wie Marilyn Monroe es sooft vor einer Party getan hatte, versuchte auch Barbra, Zeit zu schinden; sie hatte Angst davor, so vielen wichtigen Leuten zu begegnen, die vielleicht ihre Nase anstarren oder ihr Äußeres mit dem von Merle Oberon oder Natalie Wood vergleichen würden.

Schließlich wählte sie ein kurzes, trägerloses, mit silbernen Pailleten besetztes Kleid sowie ein Jäckchen und Schuhe, die auf das Kleid abgestimmt waren. Nachdem sie sich das Haar hochgesteckt hatte, drängten Elliott und Marty sie geradezu aus der Tür. »Wenn ich auftrete, habe ich vor nichts und niemandem Angst«, sagte Barbra. »Aber wenn ich nur ich selbst sein muß, erfüllt es mich mit Schrecken, daß ich eine Enttäuschung sein könnte … Ich kann das Gefühl nicht abschütteln, daß die Leute mich angucken und denken: ›Was soll denn an ihr so Besonderes sein?‹«

Um sieben Uhr traf sie dann endlich bei den Starks ein und versuchte, ihre Nervosität durch Humor zu tarnen, indem sie sich über die wenig schmeichelhafte Frühabendsonne beklagte: »Wieso muß ich mich in diesem schrecklichen Licht zeigen?«

Sie wurde immer verkrampfter, weil sie von der geballten Masse der versammelten Stars eingeschüchtert war, obwohl sie als Ehrengast der bedeutendste Star hätte sein sollen. »Ich war verängstigt«, sagte sie ein Jahr später. »Ganz Hollywood war da – all diese Leute, die ich nicht kannte. Ich bin nie sehr gesellig gewesen. Ich war immer schüchtern.«

Sie nahm ein paar Minuten lang Platz an ihrem Tisch in dem Zelt; Cary Grant, Rosalind Russell und Natalie Wood kamen herüber, um sie zu begrüßen. Statt Small talk zu machen, fragte Barbra die drei nach Filmtechniken aus. Als ein Fotograf von *Women's Wear Daily* seine Kamera auf sie richtete, erstarrte sie und murmelte: »Ich wußte nicht, daß man Bilder machen würde.« Dann zog sie sich für den Rest des Abends in Starks Bibliothek zurück. Sie mischte sich nicht mehr unter die Menge, und jeder, der Barbra Streisand an jenem Abend kennenlernen wollte, mußte sie in der Bibliothek aufsuchen. Einer der Gäste stupste William Wyler an, unter dessen Regie Barbra in

Funny Girl arbeiten würde, und bemerkte: »Nun kannst du dir vorstellen, was auf dich zukommt.«

Die Presseberichte am nächsten Tag waren vernichtend: Diese arrogante Anfängerin hatte einige der größten amerikanischen Filmlegenden *zwei Stunden* warten lassen und dann vor den Kopf gestoßen. Wie konnte sie es wagen? Der vielleicht freundlichste Kommentar kam von Judy Jacobs in *Women's Wear Daily*: »Hollywood liebt Barbra. Aber beruht dieses Gefühl auf Gegenseitigkeit?«

Barbra war zu stolz, um den Grund für ihr Verhalten – ihre Furcht – zuzugeben, und so vertiefte sich der Eindruck, daß die Streisand eine hochmütige Primadonna sei. Trotz der schlechten Presse gab sie sich keine Mühe, sich auf Hollywood einzustellen. Rock Hudson lud sie zu einer Party für Carol Burnett, an der vierhundert Prominente teilnahmen, in seinem Haus ein. Barbra und Elliott tauchten verspätet auf, wechselten ein paar Worte mit Carol und verschwanden. »Es war entsetzlich«, erklärte Barbra einem Journalisten. »All die Fotografen. Ich wußte nicht, daß manche Leute Fotografen zu Partys in ihrem eigenen Haus einladen. Elliott und ich fuhren in ein Drive-in, aßen Hamburger und spielten dann zu Hause Bridge.«

Die Bewohner von Hollywood schüttelten den Kopf, und als Barbra in den folgenden Monaten eine Reihe von spöttischen Kommentaren über die Stadt abgab, fing man an, sie nicht nur als »unnahbar«, sondern auch als »scheinheilig« einzustufen. »Die Leute [hier] sind so egozentrisch«, teilte sie der Journalistin Norma Lee Browning mit. »Jeder konzentriert sich nur auf sich selbst. Es ist sehr langweilig. Die Künstler sind hier nichts als Images und Handelsartikel ... [Hollywood] ist wie eine Kleinstadt. Es hat seine eigenen Werte, engstirnig und kleinlich ... Ich würde meinen Sohn hier nicht aufziehen wollen – in einer Stadt, in der die Menschen nach der Größe ihres Swimming-pools beurteilt werden.« Sie habe Greta Garbos Haus gemietet, weil »es Klasse und Stil hat, was in Hollywood sehr ungewöhnlich ist«.

»Wie *kann* sie es wagen?« knurrte die Elite von Hollywood. Egozentrisch? Neben ihr würde Narziß bescheiden wirken. Engstirnig? Wozu benutzte sie die achtzehn Zimmer – für ihre Haustiere? Klasse und Stil? Sie hatte auf Ray Starks Party beides vermissen lassen. Für viele hatte es den Anschein, daß Barbra Streisand die Stadt verachtete, in der man bereit gewesen war, sie mit offenen Armen aufzunehmen. Sie zeigte wenig Interesse daran, Insider für sich zu gewinnen, von den Journalisten gar nicht zu reden.

Barbra hatte erklärt, daß für sie »ein Star nur ein Filmstar sein«

könne. Aber sie hätte keinen schlechteren Eindruck auf die Branche machen können, die ihr zu Ruhm als Filmstar verhelfen, oder auf die Presse, die der amerikanischen Öffentlichkeit Barbras neues Leinwand-Image präsentieren sollte. Nun waren die Messer gezückt. Und der Groll, den Barbra in ihren ersten Monaten in Hollywood weckte, sollte sie für den Rest ihrer Karriere verfolgen.

***

Barbra hatte 1965 mit Ray Stark einen Vertrag über vier Filme abgeschlossen, der ihr eine Gage von 250 000 Dollar für die Filmversion von *Funny Girl* sowie einen kleinen Prozentsatz der Gesamteinnahmen garantierte. Stark gründete die Produktionsgesellschaft Raystar und versuchte, Hollywood das Projekt schmackhaft zu machen.

Nun folgte die alte Geschichte. Columbia Pictures drückten Interesse aus, hatte jedoch Zweifel an Streisand. Sie werde auf der Leinwand nicht gut aussehen, sie sei zu überspannt, zu »typisch Brooklyn«. Ihr Fernseherfolg in *My Name Is Barbra* werde sich auf der Leinwand nicht unbedingt wiederholen lassen, denn die meisten großen Broadway-Stars – etwa Mary Martin und Ethel Merman – hätten den Wechsel nicht vollziehen können. Man sei nur dann an der Verfilmung interessiert, wenn Shirley MacLaine die Fanny spiele.

Stark schlug das Angebot aus – nicht nur, weil er einen Vertrag mit Barbra hatte, sondern auch, weil er überzeugt war, daß sie als einzige der Rolle gerecht werden könne. Er erklärte dem Journalisten Pete Hamill: »Für mich war es keine Frage, wer in dem Film auftreten würde. Barbra war zu sehr ein Teil von Fanny und Fanny ein Teil von Barbra, als daß jemand anders hätte einspringen können.« Stark blieb seinen Prinzipien treu und überredete Columbia schließlich, das Projekt – und Barbra – zu übernehmen. Allerdings mußte er einem für ein Musical relativ kleinen Budget – 8,5 Millionen Dollar – zustimmen. Am 17. Dezember 1965 gaben Columbia Pictures bekannt, daß sie die Filmrechte für *Funny Girl* erworben hatten.

Barbra teilte Stark mit, daß sie sich einen nicht auf Musicals spezialisierten Regisseur für den Film wünsche. »Ich bin zuversichtlich, was den Gesang angeht, Ray, aber bei der Schauspielerei habe ich Zweifel. Ich brauche einen energischen Regisseur.« Stark schloß sich ihrer Meinung an, zumal die Handlung stets das schwächste Element von *Funny Girl* gewesen war. Nachdem er Mike Nichols und George Roy Hill in Erwägung gezogen hatte, verpflichtete er Sidney Lumet,

210

doch dieser empfahl sich innerhalb von sechs Monaten wegen »künstlerischer Differenzen«.

Ein Columbia-Manager schlug William Wyler vor, der zwei Jahre zuvor *The Collector* (Der Fänger) für das Studio gedreht hatte. Barbra, deren Wissen über die Hollywood-Szene begrenzt war, kannte Wyler nicht. Auf die Auskunft hin, daß er 1959 mit einem Oscar als bester Regisseur für *Ben Hur* ausgezeichnet worden sei, soll sie erwidert haben: »Kampfwagen! Aber was versteht er von Menschen, von Frauen? Kann er mit Schauspielerinnen umgehen?«

Wyler, fünfundsechzig Jahre alt und auf einem Ohr taub, habe, wie Barbra erklärt wurde, durch seine Regie einigen der größten Hollywood-Schauspielerinnen zu Oscars verholfen, darunter 1939 Bette Davis in *Jezebel* (Jezebel – Die boshafte Lady) und 1953 Audrey Hepburn in ihrem ersten amerikanischen Film, *Roman Holiday* (Ein Herz und eine Krone). »Na schön, aber das war vor Jahren«, antwortete Barbra. »Wie steht's mit neueren Sachen?« Samantha Egger sei als beste Hauptdarstellerin für *The Collector* nominiert worden. »Okay«, lenkte Barbra schließlich ein. »Vielleicht ist er der Richtige.«

Wyler nahm den Auftrag hauptsächlich Barbras wegen an. »Ich hätte den Film ohne sie nicht gedreht. Sie ist eine interessante Künstlerin, und es war eine Herausforderung für mich, weil sie noch keinen Film gemacht hatte und nicht das übliche Glamourgirl ist.«

Herb Ross, der die Musikszenen für *I Can Get It for You Wholesale* und für die Filme *Inside Daisy Clover* (Verdammte, süße Welt) (1965) und *Doctor Dolittle* (1967) inszeniert hatte, wurde ebenfalls für das Projekt verpflichtet. Er sollte die Regie und Choreographie für ein Dutzend großangelegter Musiknummern und vier kürzere musikalische Zwischenspiele übernehmen, die mehr als ein Drittel der Filmdauer von *Funny Girl* ausmachten. Wyler begrüßte Ross' Regiehilfe, die im Vorspann unerwähnt blieb: »Ich bin kein Choreograph, das ist nicht mein Geschäft.« Hinzu kam der fünfundsechzigjährige Kameramann Harry Stradling *(My Fair Lady)*, ein Oscar-Gewinner und ehemaliger MGM-Mitarbeiter, der im Ruf stand, Schauspielerinnen im Film so gut wie möglich aussehen zu lassen. Damit war das hinter den Kulissen wirkende künstlerische Team von *Funny Girl* vollständig.

Barbras Bestreben, auf der Leinwand gut herauszukommen, wurde fast zu einer Manie. Bei ihrer ersten Begegnung mit Stradling war sie mit Dias ausgerüstet, um ihm zu zeigen, wieviel besser ihr Gesicht aus bestimmten Perspektiven – besonders von links – aufzunehmen sei. Außerdem ließ sie *Color Me Barbra* auf Filmdimension vergrößern, um ihr Aussehen zu überprüfen. Besonders beunruhigt war sie über ein paar Akne-Narben auf ihren Wangen, doch Stradling versicherte ihr, er werde mit Weichzeichner arbeiten, der alle Unebenheiten in ihrem Gesicht verschwinden lasse und gewöhnlich benutzt werde, um alternde Stars jünger wirken zu lassen. »Barbra ist zwar jung«, sagte Stradling, »aber nicht leicht aufzunehmen.« Er bemerkte, daß sich Barbras linkes Auge, wenn sie müde war, zur Nase hin verdrehte, als schiele sie. Wenn dies bei den Dreharbeiten geschah, rief er stets: »Barbra, du bist müde. Laß uns eine Pause machen.«

*** *

Eine andere große Sorge Barbras war ihre Kleidung. Irene Sharaff, die bereits die Kostüme für die Broadway-Produktion kreiert hatte, tat das gleiche für den Film, und viele Stücke blieben fast unverändert. Barbra tauchte, wie Sharaff sich erinnerte, in der Verkleidung verschiedener Filmstars aus den Zwanzigern zu den Anproben auf. »Am besten war es, wenn sie sich vorstellte, die Garbo zu sein, sich genauso anzog und diesen einzigartigen Star imitierte. Barbra liebte modische Kleidungsstücke und verstand es, sie elegant zu tragen.« Zumeist fand Sharaff Barbras »unverschämte Sicherheit lästig«, aber eine von Streisands Marotten amüsierte sie: »Sie änderte gern die Größe der Polster in ihren Büstenhaltern …, [was] die Schneiderinnen zur Raserei brachte.«

*** *

Im Frühjahr 1967 – die Produktion von *Funny Girl* sollte innerhalb weniger Wochen beginnen – hatte Barbra immer noch keinen Co-Star. Keiner der Schauspieler, die Nick Arnstein auf der Bühne verkörpert hatten, kam für die Verfilmung in Frage, und einige der beeindruckendsten Hollywood-Stars waren im Gespräch: Tony Curtis, Sean Connery, Gregory Peck, David Janssen und James Garner. Barbra träumte von Marlon Brando in der Rolle, doch Ray Stark überzeugte sie, daß Brando ungeeignet sei.

Das Problem war, daß keiner dieser Kandidaten singen konnte, und Jule Styne hatte ebenfalls einen Traum: Frank Sinatra als Nick Arnstein. »Was für ein unglaubliches Gespann das wäre: Streisand und Sinatra!« Stein rief Frank in Las Vegas an. Dieser drückte behut-

212

sames Interesse aus, falls der Komponist ein paar neue Songs für ihn schrieb, falls seine Rolle ausgebaut und er an erster Stelle genannt werden würde. Barbra sträubte sich gegen das letztere und Ray Stark gegen Sinatras Gagenforderung (angeblich 750000 Dollar) –, die für das schmale Budget zu hoch sei. Außerdem hielt Stark den zweiundfünfzigjährigen Sinatra für zu alt. »Wir brauchen einen großen, attraktiven Mann – jemanden wie Cary Grant«, erklärte er Stein.

Irgend jemand nannte scherzhaft den Namen von Omar Sharif, einem Ägypter libanesischer Abstammung, der bei Columbia unter Vertrag stand. Damals hatte die Spannung zwischen Israel und Ägypten einen Höhepunkt erreicht, und der Krieg stand kurz bevor, so daß der Vorschlag absurd wirkte. Aber Wyler sah Sharif jeden Tag in der Studiokantine und begann, sich die Sache zu überlegen. Sharif, fünfunddreißig Jahre alt, von dunklem Teint und äußerst ansehnlich, hatte die Herzen der Frauen zwei Jahre zuvor in dem romantischen Melodram *Doctor Zhivago* (Doktor Schiwago) zum Flattern gebracht. Er war Glücksspieler wie Nick Arnstein, fühlte sich ebenso wohl in einem Smoking und war eine ebenso elegante Erscheinung. Bald schloß sich Sharif der Witzelei an und erkundigte sich jeden Mittag bei Wyler: »Wann soll ich den Vertrag unterschreiben?« Aber nach ein paar Wochen, als Wyler immer noch keinen Co-Star hatte finden können, schaute er Sharif beim Essen an und fragte: »Was würdest du davon halten, Arnstein zu spielen?«

Wie sich herausstellte, konnte Sharif gut genug singen, um in einem Musical mitzuwirken. Ray Stark war besonders erfreut über die Tatsache, daß Sharifs Dienste, da er beim Studio unter Vertrag stand, kaum 20000 Dollar kosten würden. Alle waren sich einig, daß Sharif ein überraschender, doch sehr guter Arnstein sein werde, nur Barbra hatte Bedenken. Sie wollte Sharif zuerst kennenlernen. Arthur Laurents, der Regisseur von *I Can Get It for You Wholesale*, hörte von Ray Stark über die Begegnung: »Sharif kam herein und verströmte europäischen Charme. Dann verbeugte Omar sich formvollendet, küßte Barbra die Hand und sagte: ›Sie sind die Frau, die ich in Amerika am liebsten kennenlernen wollte.‹ Natürlich erhielt er die Rolle.«

Einige Tage später brach der arabisch-israelische Sechstagekrieg aus, und plötzlich stand Sharif auf schwankendem Boden. »Sämtliche Geldgeber der Produktion waren Juden«, schrieb Sharif in seiner Autobiographie. »Die Atmosphäre im Studio war pro-israelisch … Eine Welle der Panik schwemmte über die Crew hinweg … Ray Stark sprach davon, meinen Vertrag zu kündigen.« Doch William

Wyler, ebenfalls Jude, reagierte empört. »Wir sind in Amerika, im Land der Freiheit, und du willst dich derselben Dinge schuldig machen, gegen die wir kämpfen? Einen Schauspieler nicht zu engagieren, weil er aus Ägypten stammt, ist eine Schande. Wenn Omar nicht mitmacht, dann steige ich auch aus!«

Sharif behielt die Rolle, und Stark beschloß, die größtmögliche Publicity aus seiner ungewöhnlichen Star-Kombination zu ziehen. Ein Probenfoto, auf dem sich Omar an Barbras Hals schmiegte, wurde den Nachrichtenagenturen zugespielt und hätte fast einen internationalen Zwischenfall hervorgerufen. Die ägyptische Presse, gekränkt über die rasche Kriegsniederlage ihres Landes, griff Sharif in aller Schärfe an, weil er Barbra geküßt hatte. (Sie selbst hatte kurz zuvor an einem Benefizkonzert für die Verteidigung Israels teilgenommen und demselben Zweck sämtliche Einnahmen ihres nächsten Albums gespendet.) Die ägyptischen Zeitungen begannen eine Kampagne mit dem Ziel, Sharif die Staatsbürgerschaft zu entziehen. Ein Reporter rief Omar an, um seine Meinung über die Kontroverse zu erfahren. »Ich frage ein Mädchen gewöhnlich nicht nach ihrer Nationalität, ihrem Beruf oder ihrer Religion, bevor ich sie küsse – weder auf der Leinwand noch anderswo«, erwiderte Sharif.

Ray Stark glaubte, daß jegliche Publicity gute Publicity sei. Er rieb sich die Hände vor Freude, aber die Auseinandersetzung sollte ihn letzten Endes teuer zu stehen kommen, denn von jenem Zeitpunkt an wurden Barbras Filme überall in der arabischen Welt verboten.

***

»Ich hasse Rassismus«, schrieb Omar Sharif. »Ich hasse alles, was eine Gruppe von Menschen bewegen könnte, eine andere Gruppe von Menschen zu verachten.« Er fuhr fort: »Wie überwinden wir diese religiöse, patriotische und rassistische Konditionierung? ... Durch Liebe.«

Sharif setzte seine Theorie ausgiebig in die Praxis um. Anne Francis, die in dem Film ein Ziegfeld-Girl spielte, berichtete: »Er war bekannt dafür, daß er Frauen überall im Studio nachsetzte. Damals galt er als großer Schürzenjäger.« Sharif war seit zwölf Jahren mit dem ägyptischen Filmstar Faten Hamema verheiratet und hatte einen Sohn mit ihr, aber ihre Ehe bestand nur noch auf dem Papier. Die beiden hatten beschlossen, getrennt zu leben, sich jedoch nur scheiden zu lassen, wenn einer von ihnen einen anderen Partner heiraten wollte. Dadurch besaß Sharif sehr viel Freiraum. »Um ehrlich zu sein, ich bete Frauen an … solche, die sowohl ihre Intelligenz als auch ihre Weiblichkeit einzusetzen verstehen … Die Frau muß den Eindruck vermitteln, daß sie einen Mann braucht.«

Barbra Streisand hätte die ideale Partnerin für diesen eingefleischten männlichen Chauvinisten sein können, der erklärte: »Eine Frau darf mir nicht offen widersprechen.« Denn so unabhängig und selbstbewußt Barbra auch sein konnte – sie schützte gern scheinbar hilflose Weiblichkeit vor, wenn sie sich zu einem Mann hingezogen fühlte. Da sie zunehmend im Ruf stand, gnadenlos zu sein, zeigten sich die Männer, die diesen Charakterzug beobachten konnten, gewöhnlich überrascht und entzückt.

Zunächst hatte Sharif Barbra nicht für attraktiv gehalten. Nach ihrer ersten Begegnung rief er seinen Agenten an und fragte: »Wie soll dieses Mädchen ein Star werden?« Doch am folgenden Tag »schaute ich sie von neuem an und fand sie gar nicht so übel«, erinnerte er sich. »Ich dachte, sie sah aus bestimmten Perspektiven ganz nett aus. Am dritten Tag der Proben kam sie mir immer attraktiver vor. Ungefähr eine Woche nach unserem ersten Treffen war ich rasend in sie verliebt. Sie schien das großartigste Mädchen zu sein, das ich je im Leben gesehen hatte … Ich lechzte nach ihr.«

Barbra war nur zu empfänglich für Sharifs Aufmerksamkeiten, denn ihre Ehe war so problembeladen wie noch nie. Elliott und sie hatten sich schon einmal mehrere Monate lang getrennt, und nun war er nach New York zurückgekehrt. Barbra blieb allein in der Villa mit den achtzehn Zimmern zurück – allein mit einem anderen anziehenden Mann, mit dem sie Liebesszenen spielen mußte (wie früher mit Sydney Chaplin). Es war ein klassisches Hollywood-Szenario, und die Ereignisse wiederholten sich.

»Bald konnte ich es gar nicht mehr erwarten, morgens den Set zu erreichen«, ließ Barbra einen Reporter wissen. »Es waren glückliche Tage, wenn ich mit Omar zusammenarbeitete. Die Tage, an denen er nicht zu erscheinen brauchte, waren elend. Omar wußte natürlich, daß ich verrückt nach ihm war, aber als Gentleman wollte er sich nicht an eine verheiratete Frau heranmachen. Ich las dauernd in den Klatschspalten, wo er mit diesem oder jenem Mädchen aufgetaucht war. Mir wurde richtig übel dabei. Ich verliebte mich hoffnungslos – rasend – in meinen Partner. Es klingt wie die alte Hollywood-Story – wie ein B-Film-Drehbuch –, aber es geschah tatsächlich. Und mir ist egal, wer davon erfährt. Ich genoß jede Sekunde.«

Wie viele von Barbras öffentlichen Statements enthielt auch dieses eine Täuschung, die sich hinter scheinbar bemerkenswerter Aufrichtigkeit verbarg. Sharif hatte sich nämlich doch an diese »verheiratete Frau herangemacht« – und mit Erfolg. »Sie war so frisch und schwungvoll und voller Leben – wie ein kleines Kind, das alles darf, was es will«, kommentierte Sharif. »Ich war verheiratet, und sie auch – was den Reiz nur noch verstärkte.«

Die Affäre begann mit Drehbuchbesprechungen in Sharifs Suite im Beverly Wilshire Hotel. Er bereitete die Verführung durch romantische Dinners vor, bei denen er Dom Perignon, Austern und importierten Kaviar auftischen ließ. Zu Barbras Entsetzen berichtete der Hollywood-Klatschkolumnist Jim Bacon von diesen trauten Tête-à-têtes, wobei er sogar die Weinsorten erwähnte. »Barbra konnte es nicht fassen, daß ich diese Einzelheiten erfahren hatte«, sagte Bacon. »Wenn du das nächste Mal in der Suite eines Mannes nach dem Zimmerservice klingelst, frag den Kellner, ob er Jim Bacon kennt, Barbra.«

Um ihre Privatsphäre abzusichern, zogen sich die beiden Turteltauben in Barbras Villa zurück. »Wir hatten keine Affäre«, meinte Sharif. »Es war im Grunde eine Romanze ... Wir fuhren [zu ihrem Haus], aßen zu Abend, tranken vielleicht ein Glas Wein und saßen herum. Manchmal kochte sie etwas, das sie gern mochte, und manchmal kochte ich.« Sharif bereitete italienische Spezialitäten zu, vor allem Pasta-Gerichte, aber Barbra konnte höchstens Fertigprodukte aufwärmen. »Wir führten das sehr einfache Leben eines verliebten Paares«, sagte Sharif. »Wir gingen nur selten zum Abendessen aus.«

Nach ein paar Monaten verließen Barbra und Omar, vielleicht gelangweilt von soviel diskreter Häuslichkeit, die Villa. Zuerst besuchten sie eine Modenschau in einer Diskothek von Hollywood, dann speisten sie in einem der feudalsten Restaurants von Los Angeles. Es war unvermeidlich, daß Elliott davon erfuhr, und diesmal fiel es Barbra schwerer, die Berichte als Unsinn abzutun, wie sie es nach den Meldungen in Jim Bacons Kolumne getan hatte. Sheilah Graham rief Elliott an und erkundigte sich nach seiner Reaktion. »Ich bin wütend auf Barbra, und das habe ich ihr auch gesagt«, antwortete er. »Ich bin sehr gefestigt, aber ein Mann hat eben gewisse Empfindungen.« Er habe Barbra gefragt: »Warum zum Teufel bist du mit Omar zu der Modenschau gegangen?«, und sie habe erwidert: »Weil die Eintrittskarte mich sonst zweihundertfünfzig Dollar gekostet hätte.«

Vielleicht wurde Barbra durch Elliotts Zorn veranlaßt, die Affäre zu beenden. Denn allen Problemen zum Trotz wollte sie nicht, daß ihre Ehe scheiterte. Oder vielleicht lag es daran, daß die Beziehung zu Omar seinen eigenen Worten zufolge »einseitig« war. »Ich liebte sie. Sie empfand viel Zuneigung für mich, aber das war alles.«

***

Schon als die Sonne am Samstag, dem 17. Juni, über Manhattan aufging, strömten Menschenmengen mit Kissen, Decken, Picknickkörben und Thermosflaschen in den Central Park. Sie waren bereit, mehr als vierzehn Stunden lang draußen zu warten, um der Bühne am selben Abend um neun Uhr so nahe wie möglich zu sein: Dann sollte ein kostenloses Streisand-Konzert in dem knapp vierzig Hektar großen Parkgelände Sheep Meadow stattfinden.

Ray Stark hatte Barbra für ein dreitägiges Wochenende von den *Funny Girl*-Dreharbeiten beurlaubt, damit sie zu diesem seit langem angekündigten »Happening im Central Park« nach New York fliegen konnte. Sie traf früh am Freitag morgen aus Los Angeles ein, schlief ein paar Stunden in ihrem New Yorker Apartment und bereitete sich dann auf die Generalprobe um acht Uhr dreißig abends vor.

Die technischen Begleitumstände waren alptraumhaft, zumal CBS das Konzert als TV-Special aufzeichnen würde. Sieben Kameras, Kilometer von Kabeln, riesige Scheinwerfer und achtundzwanzig Mikrofone würden die Bühne umgeben. Man rechnete mit mehr als 64 000 Zuschauern, die hauptsächlich auf »Festivalplätzen« (das heißt auf dem Boden) sitzen würden – daher die Kissen und Decken.

Die Probe dauerte bis Mitternacht dann mußte die Band ihr Spiel auf Anordnung der New Yorker Behörden einstellen, damit die Nachtruhe der Anwohner am Central Park West nicht gestört wurde. »Die Zeit reichte nur, um vielleicht sechs oder acht Songs aus einem Programm von achtundzwanzig Stücken einzustudieren«, erzählte Robert Scheerer. »Bei den übrigen würde ich am nächsten Abend, wenn wir die Aufzeichnungen machten, improvisieren müssen. Ich hatte keine Ahnung, was Barbra jeweils tun oder wie sie sich bewegen würde. Es war furchterregend. Niemand brauchte mich daran zu erinnern, wieviel schiefgehen konnte.« Tatsächlich versagte Barbras Verstärker während der Probe, »und wir alle gerieten in Panik«.

Marty Erlichman machte sich Sorgen wegen des Wetters. »Es hatte am Freitag leicht geregnet«, entsann sich Scheerer, »und Marty fürchtete, daß der Boden matschig werden und daß niemand zum Konzert kommen würde. Er war gegen Regen versichert – Lloyds of London und Good Weather, Inc., hatten eine Police für vier Stunden am Samstag abend ausgestellt –, aber er konnte keine Matschversicherung abschließen. Uns blieb nichts anderes übrig, als zu beten.«

***

Bis um acht Uhr hatte sich das größte Publikum – 135 000 Menschen –, das jemals zu dem Auftritt eines einzigen Künstlers erschienen war, in Sheep Meadow versammelt. Die Menge quoll über bis zum Parkeingang in der 67th Street. Das Konzert sollte um neun Uhr beginnen, doch der Himmel war noch zu hell für die Fernsehkameras. Während die Menschen warteten, tanzten sie zu Rundfunkmusik, spielten Baseball, kickten Fußbälle oder ließen Drachen steigen. (Über Nacht hatten ein paar Hippies heimlich »Flower Power« auf die Felsen unter der riesigen Plexiglasbühne gemalt, die von dem Set Designer Tom John konstruiert worden war.)

Um neun Uhr fünfundvierzig – der Mond war verhangen, und eine warme Brise wehte – setzte die Ouvertüre ein. Die unruhige Menge wurde still. Fredrick Glaser biß sich auf die Fingernägel: Wenn die Menschenmasse zu dicht an die Bühne herankam, konnte sie außer Kontrolle geraten und Barbra tottrampeln. Barbra war von schierem Entsetzen gepackt, während sie in den Seitenkulissen wartete – und sie litt nicht nur an ihrem üblichen Lampenfieber. Ein paar Stunden zuvor hatte jemand am Telefon eine Morddrohung gegen sie ausgestoßen, weil sie Israel im Sechstagekrieg, der in der Vorwoche zu Ende gegangen war, unterstützt hatte. Barbra fürchtete wirklich, vor dieser Menschenmenge von einer Kugel durchbohrt zu werden.

Die Ouvertüre schwoll ab, und Robert Scheerers Frau mußte Barbra regelrecht auf den Steg stoßen, der zur Bühne hinaufführte. Als sie erschien, sprang das Publikum zu einer donnernden Ovation auf, und Barbra sagte mit gekünsteltem Schrecken: »Ich habe doch noch gar nichts getan!« Dann sang sie »Any Place I Hang My Hat Is Home«, »The Nearness of You«, »My Honey's Lovin' Arms«, »I'll Tell the Man in the Street« und »Cry Me a River«. Die Anwohner am Central Park West und in der Fifth Avenue lehnten sich aus den Fenstern, um sie zu hören, und die Autofahrer verlangsamten über Hunderte von Metern hinweg das Tempo. »Die Eröffnung taugte nichts«, sagte Robert Scheerer. »Barbra war zu angespannt, immer noch nervös. Sie brauchte vier oder fünf Songs, um in Fahrt zu kommen.« Während der sechsten Nummer – »Value« aus *Harry Stones* – stolperte sie über den Text. »Einen Moment«, rief Barbra, »ich hab' den

218

verdammten Song vergessen!« Sie begann von neuem, hielt wieder inne und warf ihrem Dirigenten Mort Lindsay einen hilfeheischenden Blick zu.

Lindsay rief die nächste Zeile zu ihr hinüber: »›A car is just a car!‹«

»Ach ja, stimmt!« meinte Barbra und beendete das Lied.

Barbra behauptete einmal, sie habe versucht, während des Konzerts ständig in Bewegung zu sein, um einem Heckenschützen ein schwierigeres Ziel zu bieten. Aber die Aufzeichnung der Show zeigt, daß ihre Bewegungen für jeden Song genau angemessen waren. »Wie stark konnte sie sich schon bewegen?« fragte Robert Scheerer. »Sie ist viel zu sehr Profi, um so etwas zu tun.«

Im Laufe des Konzerts entspannte sie sich, stellte Kontakt zum Publikum her und bot neun weitere Songs dar, darunter »I Wish You Love«, »What Now My Love?« und »Free Again«. Dann schloß sie den ersten Teil mit »When the Sun Comes Out« ab.

Eine Limousine brachte sie in aller Schnelle zu ihrer fünfhundert Meter entfernten Wohnwagengarderobe, wo sie ungefähr sieben Minuten Zeit hatte, eine hochgetürmte Perücke aufzusetzen, ihr Makeup zu erneuern und ein anderes Chiffonkleid anzuziehen – es war überwiegend rot und hatte ein großes, mehrfarbiges Muster. Barbra schminkte sich selbst, während Fredrick Glaser ihr hastig die Perücke aufsetzte, sie zurechtzupfte und mit Spray bearbeitete. Sie war wütend über sich selbst, weil sie den Text vergessen hatte und weil ihre ersten Songs alles andere als perfekt gewesen waren. Dazu Glaser: »Während der Pause war sie in übelster Stimmung. Sie fluchte und beschimpfte die Leute in ihrem Wohnwagen. Alle ergriffen die Flucht und ließen mich mit ihr allein … Ich konnte sie überreden, den Wohnwagen zu verlassen, und wir fuhren mit einem Golfbuggy zurück hinter die Bühne. Barbra tobte immer noch. Sie sagte, die Menge habe sich zu dicht an die Bühne herangeschoben.«

Von ihrem Zorn war nichts mehr zu erkennen, als Barbra wieder auf die Plexiglasbühne hinaufschritt. (»Ich fühle mich, als würde ich über einen Couchtisch gehen!« witzelte sie.) Die dreizehn Songs im zweiten Teil – darunter »Stout Hearted Men« und »I'm Always Chasing Rainbows« – bereiteten keine Probleme, abgesehen von einem falschen Einsatz bei »Love Is a Bore«.

Das Konzert endete kurz vor Mitternacht, und 135 000 Streisand-Fans zogen glücklich nach Hause. Sie ließen fünf Tonnen Abfall zurück, darunter einen Champagnerkübel aus Sterlingsilber, ein Scrabble-Spiel, die obere Hälfte eines falschen Gebisses, ein Glas mit Wachteleiern, einen Minirock und einen Büstenhalter der Marke Merry Widow.

Der Abend war ein Riesentriumph für Barbra und bekräftigte ihren Ruf als berühmteste Sängerin Amerikas. All der Spannung zum Trotz war es ein Genuß für Robert Scheerer, mit der Streisand zusammenzuarbeiten. »Ich hatte die Geschichten gehört, wie schwierig Barbra sein sollte, aber davon merkte ich nichts. Es war eine Freude, mit ihr zu arbeiten. Ich hatte nicht die geringsten Probleme mit ihr.«

Fünfzehn Monate später strahlte CBS ungefähr die Hälfte des Konzerts als einstündiges Special aus, das die Aufregung von Barbras »Happening« überzeugend einfing, hohe Einschaltquoten erzielte und überwiegend positive Kritiken erhielt.

***

David Shire, der nach Peter Daniels' Entlassung als stellvertretender Dirigent bei *Funny Girl* im Orchestergraben gearbeitet hatte, übernahm die gleiche Aufgabe bei Barbras Konzert. Wie er berichtete, lernte Barbra um diese Zeit den Maharischi Mahesch Jogi kennen, der als Guru der Beatles zu Berühmtheit gelangt war.

Marty Erlichman, der das Treffen arrangiert hatte, schloß sich Barbra und David Shire spätabends nach einer Party an – Barbra war immer noch piekfein gekleidet –, um eine Pilgerfahrt zum Maharischi zu unternehmen. Shire erzählte: »Der Maharischi, der angeblich alle materiellen Dinge zurückwies, wohnte im Hotel Plaza! Aber sein Zimmer war so winzig, daß es kaum genug Platz für sein Bett hatte. Als wir den Raum betraten, hockte er im Lotussitz mitten auf dem Bett und hielt sich eine einzelne Blume unter die Nase.«

Der Maharischi war ein kleiner Mann; er trug ein weißes zeremonielles Gewand, und sein langes Haar, fettig und ungepflegt, fiel ihm über die Schultern. Barbra stand am Fuß des Bettes und wartete darauf, von seinen weisen Worten erleuchtet zu werden. Der Maharischi sprach mit einer dünnen, schrillen Stimme und ließ zuweilen ein unmotiviertes Kichern hören. Er beschrieb die Macht der transzendentalen Meditation und verkündete: »Die Verjüngung ist hier!«

»Was meinen Sie damit?« unterbrach Barbra. »Wieso?«

»Barbra hätte auch Jesus Fragen gestellt«, sagte Shire mit einem Lachen. »Schließlich bat sie ihn, seine Philosophie zusammenzufassen. Er hob die Blume und antwortete: ›Wenn man das Bewußtsein hingehen läßt, wohin es will, wendet es sich dem größten Glück zu.

Wie der Saft des Baumes oder der Stengel der Blume geht es zur Quelle des größten Glücks.‹«

Shire fuhr fort: »Barbra dachte einen Moment lang nach und sagte: ›Tja, ich gehe normalerweise zum Punkt des größten *Un*glücks, was also bedeuten muß, daß Unglück die Quelle meines größten Glücks ist.‹ Ich bin sicher, daß der Maharischi so etwas noch nie gehört hatte. Er saß nur da, nickte und hielt seine Blume hoch.«

KAPITEL 15

»Am Anfang war sie ein bißchen widerborstig«, sagte William Wyler. »Aber sie beruhigte sich, als sie merkte, daß einige von uns ihr Handwerk verstanden.« Ins Columbia-Studio in Hollywood zurückgekehrt, um die Dreharbeiten an *Funny Girl* fortzusetzen, stritt sich Barbra mit Wyler über praktisch alles: über ihre Interpretation, darüber, wie sie aufgenommen werden sollte und ob sie die Ergebnisse jedes Filmtages sehen dürfe oder nicht. Wyler erlaubte es ihr, doch als Ray Stark ihr eines Nachmittags erklärte, daß sie die Muster aus Zeitgründen nicht sehen könne, verließ sie den Set. »Mädchen wie Bette Davies oder Barbra Streisand sind schwierig«, meinte Wyler. »Sie sind sehr anstrengend.«

Wie die Jounalistin Joyce Haber berichtete, bezeichneten Mitglieder des Teams Barbra als »ausgewachsenes Ungeheuer«, das mit Wyler wie mit »einem Butler« umging, »dessen professionelle Fertigkeiten man bis zu einem gewissen Grad zu respektieren hat, der aber in seine Schranken gewiesen werden muß«. Streisand hatte Fanny Brice immerhin tausendmal gespielt und besaß daher genaue Vorstellungen von ihrer Rolle. »Ich glaube, ich wußte mehr über *Funny Girl* als Mr. Wyler«, sagte sie. »Ich erinnere mich an jede Zeile aus jedem Script.«

Wyler gab zu, daß Barbra »mir höllische Angst einjagte«, denn »wer *kannte* sie? Sie war zweiundzwanzig Jahre alt [sic!] und erteilte jedem Anweisungen, wie sie aufgenommen werden wollte und so weiter … Alle rieten mir: ›Laß dir das nicht gefallen! Wofür zum Teufel hält sie sich denn?‹ Ich war vernünftig genug, ihr nicht zu widersprechen, denn Film ist billig. Man kann so drehen, wie sie's will, und dann die Beleuchtung oder sonst was ändern. Aber mein Gott, sie hatte *recht*! Ich habe keine Ahnung, woher sie das Wissen hatte«.

Barbra erklärte Wyler ihre Ideen ein ums andere Mal. Anne Francis erinnerte sich: »Es war einfach großartig, wie Barbra mit Wyler umsprang. Sie verwirrte ihn so sehr, weil sie ihre Rolle dauernd problematisierte. Was sollte sie in diesem oder jenen Moment tun, und war er der gleichen Meinung oder nicht? Sie überhäufte ihn immer mit so vielen Ideen, daß er bloß die Augen verdrehte und sagte: ›Nur zu, Barbra, nur zu.‹ Es war wunderbar. Sie konnte ihn völlig um den Finger wickeln. Sie ist eine sehr clevere Frau.«

Wyler – wegen seiner Neigung, Aufnahmen immer so oft zu wiederholen, bis er zufrieden war, auch »Ninety-Take Willie« genannt – wußte Barbras Ehrgeiz bald zu schätzen. »Ich arbeite viel lieber mit jemandem wie Barbra, einer Perfektionistin, zusammen, die immer ihr Bestes gibt und das gleiche von allen anderen erwartet, als mit einem Star, dem alles schnuppe ist.«

Nachdem Barbra gemerkt hatte, daß Wyler die gleichen Ziele verfolgte wie sie, wurde sie etwas lockerer. »Mich interessierte dieses Mädchen, dieses faszinierende Geschöpf, und wie man sie auf der Leinwand zeigen konnte«, sagte Wyler. »Meine Hauptaufgabe war, sie auf die vorteilhafteste Art zu präsentieren. Die Aufmerksamkeit nicht auf mich selbst, sondern auf sie zu richten.«

Barbra war genau der gleichen Ansicht, und sie schreckte nicht vor Protesten zurück, wenn sie das Gefühl hatte, daß Wyler von diesem Plan abrückte. Mit der Zeit wurde Wyler Barbra gegenüber aufgeschlossener, aber das galt nicht für alle. Zu Beginn von *Funny Girl* gibt es eine Szene, in der Fanny Brice gerade als Ziegfeld-Girl eingestellt worden ist und der legendäre Impresario sie mit zwei wichtigen Nummern in seiner neuen Show betraut. Fanny sieht sich die Notenblätter für den zweiten Auftritt an und verkündet: »Ich möchte nicht im Finale sein.« Alle auf der Bühne hinter ihr verstummen entrüstet. *Mein Gott, sie widerspricht dem großen Ziegfeld!*

Die meisten Angehörigen des Ensembles und der Crew von *Funny Girl* reagierten ähnlich, wann immer Barbra Streisand nicht mit William Wyler übereinstimmte – mit einem Mann, der siebenundsechzig Filme gedreht und vierzig Oscars gewonnen hatte. Jack Roe, einer der stellvertretenden Regisseure, faßte den allgemeinen Groll zusammen: »Da war dieser Grünschnabel, der einem sehr angesehenen Regisseur erklärte, wie er seine Arbeit zu machen hatte.« Während einer hitzigen Auseinandersetzung zwischen den beiden sagte ein Bühnenarbeiter zu einem Kollegen: »Willie sollte sie nicht so hart anfassen. Schließlich ist dies der erste Film, den sie inszeniert.«

Barbra verstand die Ressentiments nicht: »Ich weiß nicht, wie sich andere Schauspielerinnen verhalten. Stehen die einfach nur rum wie Mumien, ziehen sich an und lassen sich sagen, was sie tun sollen – geh hierhin, geh dorthin? Das kann für die Schauspielerin und den Regisseur ziemlich langweilig sein. Außerdem bringt es wenig für die Darstellung.«

Ihre Kollegen hätten vielleicht mehr Verständnis für ihr Streben nach Perfektion gehabt, wenn sie ihnen sympathischer gewesen wäre. Aber die meisten Teammitglieder hielten Barbra für distanziert, unfreundlich, egoistisch und taktlos. Jack Roe erinnerte sich: »Barbra war sehr reserviert, als sie eintraf. Ich holte sie und Elliott am Flugplatz ab und fuhr mit ihnen ins Studio. Er war bezaubernd, aber sie hatte kein Wort für mich übrig. Und dann gingen wir zwischen zwei Tonbühnen hindurch, und Harry Stradling kam aus einer Tür. Also, er sollte die Aufnahmen machen, und er war Oscar-Preisträger, einer der besten Kameramänner im Geschäft. Ich blieb stehen, um sie diesem wundervollen Mann vorzustellen, aber sie ging fast sofort weiter und sagte nur kurz: ›Hi.‹ Sie schüttelte ihm nicht mal die Hand. Das hielt ich für sehr ungehobelt. Überhaupt war sie während der ganzen Dreharbeiten unhöflich … Es gefiel mir nicht, wie sie die Leute behandelte: von Wyler und Stradling bis hin zu ihrer persönlichen Betreuerin Gracie.«

Auch Anne Francis fand, daß sich Barbra seltsam verhielt. So berichtete sie von einem Erlebnis mit Barbra, als die Szene vor dem Song »Don't Rain on My Parade« gedreht wurde. Fanny gibt bekannt, daß sie Nick Arnstein nach Europa folgen wolle, und die Follies Girls versuchen, sie davon abzubringen. »Ich stand neben Barbra«, erzählte Anne, »und ich sagte: ›Tu das nicht‹ oder etwas ähnliches und berührte sie am Arm. Als die Kameras abgestellt wurden, wandte sie sich mir zu und sagte: ›Fassen Sie mich nicht an.‹ Ich fragte: ›Bitte?‹ Sie wiederholte: ›Fassen Sie mich nicht an. Ich habe gehört, daß ein Star in einer Szene wie dieser nie angefaßt wird.‹ Ich schaute sie an und sagte: ›Oookay, Barbra.‹«

Mitten während der Dreharbeiten zu *Funny Girl*, am 11. Oktober 1967, strahlte CBS-TV Barbras drittes Special, *The Belle of 14th Street*, aus. Sie hatte die Show im April aufgezeichnet, kurz bevor sie zu den Filmproben nach Los Angeles geflogen war.

***

»O mein Gott«, flüsterte eine Empfangsdame in Marty Erlichmans Büro und legte den Hörer auf. »Ich dachte, der Mann mit der tiefen Stimme am Telefon sei Elliott Gould. Aber es war Barbra!« Matt in ihrem antiken Bett liegend, hustete, nieste und schniefte sich Barbra durch eine der schlimmsten Erkältungen ihres Lebens. Schlimmer noch: Zwei Tage später sollten mehrere Stücke für *The Belle of 14th Street* aufgezeichnet werden, aber ihre Kehle war so zusammengeschnürt, daß sie kaum sprechen konnte. Die Aufnahmen für die Show sollten nach monatelangen Planungen und einer Reihe von Aufschüben am Mittwoch, dem 26. April, im CBS-Studio 41 in der 57th Street beginnen.

Barbra konnte das Special nicht mehr verschieben, da Ray Stark ihr eine hohe tägliche Geldstrafe angedroht hatte, falls sie nicht Anfang Mai zu den *Funny Girl*-Proben in Hollywood erschien. Sie hatte ursprünglich gehofft, die Fernsehshow bis Ende März abzuschließen, aber dann stellte sie zu ihrem Kummer fest, daß der Kaiserschnitt ihre Bauch- und Zwerchfellmuskeln geschwächt und damit auch ihre Stimme beeinträchtigt hatte. David Shire, der stellvertretende Dirigent für das Special, berichtet von seinem Entsetzen, als er entdeckte, daß Barbras Stimmspektrum nach Jasons Geburt ganze anderthalb Töne eingebüßt hatte. »Wir mußten Dutzende von Stükken für sie umschreiben«, sagte er.

Nun war endlich alles bereit, und der Sponsor, der Sender sowie Columbia Records hatten ein erhebliches Interesse daran, daß das Special noch in jenem Herbst ausgestrahlt wurde. Barbra fühlte sich diesen Konzernen sehr verpflichtet, die ihren beispiellosen Aufstieg zum Superstar gefördert und sie außerordentlich großzügig behandelt hatten. Erkältung oder nicht, sie schwor sich, *The Belle of 14th Street* im Kasten zu haben, bevor sie nach Hollywood abreiste.

Für dieses Special verzichtete Barbra auf das Einpersonenschema, das bei ihren ersten beiden Shows so erfolgreich gewesen war. Einerseits hatte sie den Wunsch, etwas Neues auszuprobieren, andererseits fürchtete sie, das Schema über Gebühr zu strapazieren. Deshalb entschloß sie sich für eine Vaudeville-Revue mit den Songs, Sketchen und Kostümen der Jahrhundertwende. »Wir waren nicht darauf aus, das Ganze ins Lächerliche zu ziehen«, sagte Barbra, »sondern wir wollten das gleiche machen wie die Leute damals.« Die Revue hatte auch den Vorteil, daß Barbra weniger stark belastet wurde als in ihren Einpersonenshows. Zwar plante sie, ein Dutzend Lieder zu singen, aber sie würde im Rahmen eines Ensembles auftreten und bei zwei längeren Darbietungen überhaupt nicht auf dem Bildschirm zu sehen sein.

Ein Jahr der Vorbereitungen folgte, und Barbra griff auf die Erzählungen des Vaudeville-Veteranen George Burns zurück, um sich in das Genre einfühlen zu können. Anscheinend hoffte sie, Marlon Brando oder Richard Burton als Co-Star gewinnen zu können, doch sie ließ die Idee fallen, als sie erfuhr, daß beide Männer Gagen verlangten, die fast dem gesamten Budget der Show entsprachen. Statt

dessen sprang der angesehene Schauspieler Jason Robards ein, zusammen mit Lee Allen (der in der Londoner Produktion von *Funny
Girl* den Eddie gespielt hatte und diese Rolle auch im Film übernehmen würde) und dem erfahrenen Sänger und Tänzer John Bubbles.

Am ersten Tag im Aufnahmestudio war Barbra so heiser, daß sie
kaum summen konnte, um die Tempi für die Orchestermusik festzulegen. Zwei Tage später machte ihre Stimme ihr immer noch zu
schaffen, und auch am nächsten Tag kam es nur zu einer geringen
Verbesserung. Ein Hals-Nasen-Ohren-Arzt untersuchte sie und empfahl ihr dringend eine Woche Bettruhe, in der sie nicht sprechen und
schon gar nicht singen sollte. Das war unmöglich, und deshalb
schlug der Arzt ihr vor, einen Tropfen Kortison auf Barbras Stimmbänder aufzutragen, um die Entzündung zu mindern. Aus Angst vor
etwaigen Nebenwirkungen lehnte Barbra ab.

Als die Proben am 26. April begannen, brachte Barbra nur einen
Bruchteil ihrer sonstigen Energie auf. Sie mußte für eine Parodie auf
Shakespeares *Der Sturm* angegurtet über die Bühne fliegen, was ihr
beinahe den Rest gegeben hätte. Einmal prallte sie bei einer Landung
gegen eine Kulisse, warf dem Regisseur, Joe Layton, einen gehässigen Blick zu und sagte müde: »Wenigstens könnten Sie mir auf die
Beine helfen.« Sie war nicht in der Lage, zu singen oder zu tanzen,
und konnte nur flüstern. Marty Erlichman ließ einen anderen Arzt
kommen, und diesmal akzeptierte Barbra das Kortison. Sie mühte
sich tapfer, aber die Behandlung war nicht allzu wirksam, und die
Probe mußte um fünf teure Überstunden überzogen werden.

Barbras Unfähigkeit, ihre Aufgabe zufriedenstellend zu erfüllen,
führte am folgenden Tag zu noch mehr Überstunden. Marty und Joe
Layton redeten ihr zu, die Show verschieben zu lassen, aber sie behauptete, die ersten Anzeichen einer Genesung zu verspüren. In den
nächsten beiden Tagen (bis fünf Uhr morgens am ersten und bis zwei
Uhr morgens am zweiten) gelangen Barbra mit Hilfe des Gesangs-
pädagogen Maurice Jampol ein paar passable Darbietungen. In den
meisten Fällen machte sie nur die Lippenbewegungen zum Text der
Songs, die sie später, wenn ihre Stimme zurückgekehrt war, neu aufnehmen wollte. Die Dreharbeiten dauerten viel länger als geplant,
und Barbra mußte eine Einladung für die *Ed Sullivan Show* am Sonntag, dem 30. April, absagen.

Marty Erlichman sah sich einen Rohschnitt von *Belle* an, der aus
mehr als fünfzig Aufzeichnungsstunden zusammengestellt worden
war, und ihn verließ der Mut. Barbras Krankheit war nicht das einzige Problem der Show. Was auf dem Papier wie eine prächtige Idee

gewirkt hatte, ließ auf dem Bildschirm den erwarteten Effekt vermissen. Angeblich riet Erlichman einem CBS-Manager, die Show abzusetzen. Aber nachdem Barbra, nun völlig genesen, ein paar Tage später ins Studio zurückgekehrt war und einige großartige Tonaufnahmen gemacht hatte, war man beim Sender mit der Show zufrieden.

The Belle of 14th Street hatte annehmbare Einschaltquoten, aber die meisten Zuschauer waren irritiert, und die Rezensenten murrten. Die Vaudeville-Thematik war durch Varietéshows im Fernsehen überstrapaziert worden, und trotz aller Aufmerksamkeit für zeitgenössische Details (zum Beispiel bestand das Publikum vorwiegend aus Monsanto-Angestellten in Kostümen der Jahrhundertwende) wirkte das Programm schal und lustlos. *Newsday* nannte das Special »ein mißtönendes stilistisches Durcheinander«, und die *New York Times* sprach von »einer peinlichen Sendung, einem wirren Produktionsgebräu«. Zwei Wochen später schrieb Ben Gross in den New Yorker *Daily News*: »Barbra Streisand, das Kult-Idol, hat sich durch ihren Auftritt in jenem kürzlich ausgestrahlten, unklugen Special gewaltigen Schaden zugefügt.«

Ein Jahr später verteidigte Barbra *The Belle of 14th Street*: »Mein drittes TV-Special war nicht so gut wie die beiden anderen. Aber wäre es mein erstes gewesen, hätte man es für verdammt gut gehalten, oder nicht?« Nach der unbefriedigenden Reaktion wurden die Pläne für ein Soundtrack-Album fallengelassen.

The Belle of 14th Street war Barbras erster großer professioneller Fehler. Manchen ließ die Show vermuten, daß man ihre Begabung und ihren Geschmack heftig überschätzt hatte, und die meisten von Barbras Fans wünschten sich, daß sie zu ihrer alten Personality Show zurückkehrte, in der sie einfach eine Stunde lang singen und herumalbern konnte. In ihrem nächsten TV-Special, einer Aufzeichnung ihres Konzerts im Central Park, tat sie genau das und errang die Bewunderung ihrer Fans zurück. Aber CBS sollte sechs Jahre lang kein Special mit Barbra mehr ausstrahlen, denn sie konzentrierte sich nun darauf, Filmstar zu werden.

***

Nach der ersten Woche der Dreharbeiten von *Funny Girl* drohte Harry Stradling mit Kündigung, falls Barbra ihm weiterhin vorschreibe, wie er sie aufzunehmen habe. »Sie stritt sich mit Harry darüber, wie sie auszuleuchten sei«, erzählte Jack Roe. »Sie wollte das Führungslicht auf der einen Seite und nicht auf der anderen. Es ging weniger darum, ob sie recht hatte oder nicht, aber sie war eine Anfängerin und versteifte sich auf Dinge, von denen sie wirklich nichts verstand.«

Barbras Hartnäckigkeit entsprang der Furcht, beim Film zu scheitern, und der Überzeugung, genau zu wissen, was am besten für sie war. Sie gestattete niemandem – gleichgültig, wie begabt oder erfahren er war –, sie nicht im besten Licht zu präsentieren – im buchstäblichen und im übertragenen Sinne. Genau wie in der Bühnenversion von *Funny Girl* wollte sie auch auf der Leinwand nicht nur gut, sondern wunderbar sein. Sie hatte die Chuzpe gehabt, einem Reporter kurz nach ihrer Ankunft in Hollywood zu erklären: »Ich werde der glänzendste Star sein, den es je gegeben hat.« Nun mußte sie ihr Versprechen wahrmachen oder den Mund halten (viele hätten das letztere vorgezogen). Auf keinen Fall aber wollte sie wegen der vermeintlichen oder tatsächlichen Mängel eines anderen scheitern.

»Als ich hierherkam«, sagte Barbra, »dachten alle: ›Oh, sie ist bestimmt ein Miststück, sie wird Wutanfälle haben, Ansprüche stellen und sich fies verhalten.‹ Nichts lag mir ferner. Aber es ist komisch, manchmal zwingen einen die Umstände, sich so zu benehmen, wie es erwartet wird. Zum Beispiel ist mein Kleid am Morgen vor einer Aufnahme noch nicht da, und mein Haar ist nicht richtig frisiert. Aber ich soll trotzdem mit der Arbeit anfangen … Für die Nachwelt! Es muß perfekt sein, wenn man die Kameras auf dich richtet.«

Harry Stradling junior erinnerte sich, daß sein Vater »nie aufhörte, davon zu schwärmen, wie clever die Streisand war, wie es ihr nie entging, wenn er die Lichtführung ein wenig geändert hatte. Dann machte sie ihn darauf aufmerksam. Er hatte sie gern und meinte, daß sie in sehr vielen Dingen recht hatte.«

Wie nicht überraschen dürfte, hatte Barbra am häufigsten recht, wenn es um die Filmmusik ging. Einige mochten Zweifel an ihrer Filmerfahrung haben, aber niemand stellte ihren musikalischen Instinkt in Frage. Trotzdem hatte Walter Scharf, der musikalische Leiter und Dirigent des Films, etliche Probleme mit ihr. »Man hatte mich gewarnt, daß sie launisch und dickköpfig sei«, sagte er. »Das stimmte. Als Künstlerin ist Barbra sehr sensibel, schrecklich sensibel. Aber sie hat eine erstaunliche Intuition, was den Klang von Musik betrifft. Es war sehr schwierig, die Broadway-Musik von *Funny Girl* zu bearbeiten. Ich wollte die Stimmung von Fanny Brice' Zeit bewahren und die Musik trotzdem aktualisieren. Barbra und ich entwickelten einen gesunden und dauerhaften Respekt vor den Beiträgen des anderen. Es war nicht immer leicht oder friedlich.«

Barbras Perfektionismus, ihr Verlangen, alles »bloß noch einmal« zu machen, erstreckte sich über den letzten Drehtag am 1. Dezember hinaus. Am Nachmittag beendete sie die Schlußszene des Films, in der sie, nachdem Nick aus dem Gefängnis zurückgekehrt ist und Fanny mitgeteilt hat, daß er die Scheidung will, eine herzzerreißende Version von »My Man« singt. Am nächsten Tag gingen die meisten Mitglieder des Ensembles und der Crew auseinander, doch Marty, Barbra, Ray Stark, William Wyler, Herb Ross, Leo Jeffrey, der Präsident von Columbia Pictures, Produktionschef Mike Frankovich und ein halbes Dutzend weitere Studiomanager versammelten sich, um sich die Muster der letzten Musikszene von *Funny Girl* anzusehen.

Am Ende des Songs brach allgemeiner Applaus aus. Ihr Auftritt sei brillant, erklärte man Barbra, die Krönung eines Films, der mit Sicherheit ein Hit werden würde. Aber Barbra war nicht zufrieden. »Ich weiß, daß alle hier im Saal wütend sein werden, außer Marty«, sagte sie, »aber ich möchte die Szene wirklich noch mal drehen.« Schweigen. Alle Augen wandten sich Ray Stark zu. »Aber Barbra«, stotterte er, »alle sind nach Hause gegangen. Es wäre sehr schwierig. Außerdem ist die Nummer toll! Was ist los?«

»Ray, ich habe den Song vor drei Monaten aufgenommen, noch bevor wir mit dem Film begonnen hatten. Jetzt synchronisiere ich ihn, und das sieht nicht gut aus. Mein ganzes Leben verströmt, und das Publikum wird von der Synchronisation abgelenkt. Die Sache ist nicht *echt*.« Sie fuhr fort: »Und noch was. Der ganze Song sollte in Großaufnahme anfangen, und *dann* müßte die Kamera zurückfahren, nicht umgekehrt.«

Stark schluckte schwer. »Okay, Barbra, wahrscheinlich hast du recht.« Er verbrachte die nächsten drei Tage damit, das Ensemble und die Crew zurückzuholen, darunter auch Omar Sharif. Barbra brauchte ihn, damit sie die ergreifende Szene vor »My Man« spielen konnte, in der Fanny von Nick erfährt, daß er sich für immer von ihr trennt.

Die Szene weckte starke Emotionen in Barbra, denn es war nicht nur Fanny Brice, die sich von Nick Arnstein, sondern auch Barbra Streisand, die sich von Omar Sharif und vielleicht auch von Elliott Gould verabschiedete, denn sie befürchtete mittlerweile, daß ihre Ehe nicht mehr zu retten war.

***

Funny Girl wurde erst im September 1968 freigegeben. Damit hatte die Gerüchteküche von Hollywood genug Zeit, Spekulationen über Barbra, das Ungeheuer, zu verbreiten, bevor irgend jemand feststellen konnte, ob all der Kummer, den sie angeblich so vielen Menschen bereitet hatte, durch das Ergebnis gerechtfertigt wurde. Der Film war kaum abgeschlossen, als Doris Klein in *The Hollywood Reporter* berichtete, Anne Francis wolle ihren Namen als Mitwirkende des Films streichen lassen, da ihre Rolle »von drei sehr guten Szenen und einer Menge anderer auf eine zweiminütige Kommentarstimme in einem Bahnhof« zusammengekürzt worden sei.

»Ich hatte während der ganzen fünf Monate von *Funny Girl* nur eine einzige unangenehme Begegnung mit Barbra Streisand«, wurde Francis von Klein zitiert, »aber es war ein Alptraum, wie man mich behandelte ... Jeden Tag sah sich Barbra die Muster an, und am nächsten Tag wurde meine Rolle herausgeschnitten. Barbra leitete die ganze Sache ... Sie ließ die Szenen mit den Ziegfeld-Girls ändern. Eines Tages befahl sie Wyler, ein neben ihr stehendes Mädchen, das zu hübsch war, woanders hinzustellen. Das Mädchen fand sich im Hintergrund wieder. Schließlich wurden die Szenen mit den Ziegfeld Girls gänzlich geschnitten.«

Kleins Kolumne, die von fast allen in Hollywood gelesen oder diskutiert wurde, warf einen Schatten auf den Film und auf Streisands beginnenden Filmruhm. Die Tatsache, daß eine geachtete Schauspielerin wie Anne Francis so abweisende Worte für Barbra fand, bewies nach Meinung vieler, daß Streisand wirklich die arrogante, egozentrische Menschenfresserin war, als die sie immer wieder geschildert wurde. Es ist ein Image, das Barbra bis heute nicht völlig hat abschütteln können.

Jahrelang weigerte sich Anne Francis, einen Kommentar zu den Ansichten abzugeben, die ihr in Kleins Kolumne zugeschrieben wurden. Aber für dieses Buch enthüllte sie, daß sie nichts dergleichen gesagt oder empfunden hatte: »Für mich gab es keinen Grund zu der Annahme, daß Barbra etwas mit dem Schnitt meiner Szenen zu tun hatte. Ich glaube, daß es einzig und allein Wylers Entscheidung war. Er hielt nichts von der Gestalt, die ich spielte, und meinte, daß sie den Film nicht bereichere. Es gab eine Menge Szenen, die genau an dem Tag gestrichen wurden, als ich sie spielen sollte. Manchmal saß ich in meiner Garderobe und wartete auf meinen Einsatz, und dann wurde ein Zettel unter der Tür hindurchgeschoben, auf dem stand: ›Die und die Szene auslassen.‹ Es war *sehr* seltsam.«

Woher also stammten die veröffentlichten Zitate? Von Francis'

PR-Agentin Peggy McNaught. »Peggy war wütend über die ganze Angelegenheit«, erklärte Anne, »und sie machte Barbra für alles verantwortlich. Sie sprach mit Doris Klein und sagte, es sei in Ordnung, mir ihre Meinung in den Mund zu legen. Als ich es las, dachte ich: *O Gott!* Aber was konnte ich tun? Peggy war eine gute alte Freundin von mir. Schließlich konnte ich nicht öffentlich bekanntgeben: ›Nicht ich habe diese Sachen gesagt, sondern meine Agentin.‹ Es war für alle Beteiligten eine sehr peinliche Situation.«

Ein paar Monate später erschien ein Artikel von Joyce Haber in der neuen Zeitschrift *New York*. Er trug den Titel »Wie Barbra ihren ersten Film inszenierte« und untermauerte Barbras Ruf als Schreckensgestalt. Haber schrieb, daß »Barbra Streisand sich alle Mühe gibt, … sich in ein Ungeheuer zu verwandeln«, daß man in Hollywood von ihr »eingeschüchtert« sei und daß Ray Stark ihr einen zehnminütigen Vorspann mit der Würdigung »Buch, Produktion und Regie Barbra Streisand« zum Geschenk gemacht habe.

Barbra argwöhnte, daß Stark, der auf sehr freundschaftlichem Fuß mit Haber stand, einen großen Teil der schlechten Presse in dem Glauben arrangiert hatte, daß jegliche Publicity das Interesse an dem Film erhöhen werde. »Alles in dem Blatt war absolut gelogen«, protestierte Barbra. »Sogar mein Filmproduzent hatte es auf möglichst viel Publicity abgesehen, selbst wenn sie negativ oder unmenschlich war.«

Omar Sharif hingegen verteidigte Barbra: »Es war überhaupt nicht schwer, mit ihr zu arbeiten, wenn man Verständnis für sie hatte. Sie hielt sich nicht nur für unansehnlich, sondern für häßlich. Kein Wunder also, daß sie unsicher war. Natürlich gab es Probleme: mit den Kostümen, dem Make-up und so weiter. Aber wenn man eine so wichtige Rolle spielt, wenn der ganze Film von einem abhängt, muß man ein bißchen egoistisch sein.«

Barbras nächster Partner war weniger galant. Wenn die 10-Millionen-Dollar-Produktion von *Funny Girl* ein Kessel brodelnder Ressentiments gegen Streisand gewesen war, so erwies sich die 24 Millionen Dollar kostende Filmversion des Broadway-Hits *Hello, Dolly!*, die knappe zwei Monate nach *Funny Girl* begann, als reinstes Höllenfeuer.

KAPITEL 16

Die brütende Hitze bei den Außenaufnahmen zu *Hello, Dolly!* in Garrison, New York, drohte allen den Garaus zu machen. Immer wenn Barbra nicht vor der Kamera stand, versuchte sie, sich abzukühlen und ihr Make-up zu schützen, indem sie einen kleinen tragbaren Elektroventilator vor ihr Gesicht hielt. Während der Dreharbeiten, die im April nach zweimonatigen Proben begonnen hatten, waren Spannungen nie fern gewesen, aber am Donnerstag, dem 6. Juni 1968, erreichte die Gereiztheit ihren Höhepunkt, nachdem eine nationale Tragödie Amerika erschüttert hatte. Kurz nach seinem Sieg bei der Präsidentschaftsvorwahl in Kalifornien war Senator Robert Kennedy angeschossen worden und fünfundzwanzig Stunden später, früh am Donnerstag morgen, seinen Verletzungen erlegen.

Barbra hatte Eugene McCarthys Kandidatur unterstützt, aber sie war auch gegenüber dem größten Teil von Kennedys Programm aufgeschlossen und hätte sich wahrscheinlich im Wahlkampf für ihn eingesetzt, wenn er als demokratischer Kandidat gegen den republikanischen Bannerträger, den früheren Vizepräsidenten Richard Nixon, nominiert worden wäre. Als sie die Nachricht von dem Attentat hörte, war sie fast genauso niedergeschlagen wie bei der Ermordung von Präsident John F. Kennedy, dem Bruder des Senators.

Barbras Co-Star, der melancholische Komiker Walter Matthau, war entsetzt über dieses neueste Beispiel zügelloser Gewalt in Amerika. »Ich war übelster Laune. Es machte mir schwer zu schaffen«, sagte er. »Ich war völlig fertig. Wir hatten fast vierzig Grad. Riesenscheinwerfer umringten uns bei einer komplizierten Außenaufnahme. Es war, als wäre mir der Kopf eingeschlagen worden.«

Der Regisseur des Films, der frühere MGM-Musical-Star Gene Kelly, hatte Barbra, Matthau, mehrere Komparsen und die Crew versammelt, um eine Szene zu drehen, in der die von Barbra gespielte Dolly Levi und Horace Vandergelder, von Matthau verkörpert, auf einem Wagen vor Vandergelders Futtermittelhandlung sitzen. Während Kelly seine Regieanweisungen gab, machte Barbra einen Vorschlag für einen humorvollen Dialog zwischen den Charakteren.

»Können wir nicht so etwas sagen?« warf sie ein und zitierte ein paar Zeilen.

Sie erinnerte sich, daß die meisten Mitglieder der Crew anerkennend lachten. Doch Walter Matthau geriet außer sich. »Wofür hält sie sich?« brüllte er. »Ich habe dreißig Filme gemacht, und dies ist erst ihr zweiter – der erste ist noch nicht mal rausgekommen –, aber sie hält sich für die *Regisseurin*!«

Gene Kelly packte Matthau am Arm und versuchte, ihn zur Seite zu ziehen. »Ich brach in einen wilden, wütenden, unzusammenhängenden Wortschwall aus«, gab Matthau zu. Barbra stand sprachlos da, während ihr Co-Star weiterschimpfte. »Warum überläßt du nicht *Kelly* die Regie? Du brauchst doch nicht *dauernd* die Größte zu sein!«

Barbra kämpfte mit den Tränen. »Warum lernst du deinen Text nicht?« entgegnete sie. »Du bist nur eifersüchtig, weil du nicht so gut bist wie ich!«

»Du bist vielleicht die Sängerin in diesem Film«, schrie Matthau, »aber ich bin der *Schauspieler*! Du hast nicht soviel Talent wie ein Schmetterlingsfurz!«

»Ich traute meinen Ohren nicht«, sagte Barbra über Matthaus Tirade. »Ich konnte mich nicht verteidigen, ich stand da und war so gedemütigt, daß ich zu weinen anfing. Dann lief ich davon.«

»Alle hier hassen dich!« rief Matthau hinter ihr her. »Nur zu, renn bloß weg! Aber vergiß nicht, daß auch Betty Hutton sich für unentbehrlich gehalten hat!«

Barbra lief in ihre Garderobe und rief Ernest Lehman, den Autor und Produzenten des Films, an. »Sie schluchzte«, erzählte Lehman, »und sagte: ›Bitte, komm sofort her.‹ Ich eilte zu ihr, und sie machte ihrem Kummer darüber Luft, wie Walter mit ihr gesprochen hatte. Ich tat mein Bestes, sie zu beruhigen.«

»Barbra weinte sehr lange«, erinnerte sich Gene Kelly. »Ich sagte: ›Scheinwerfer aus‹, und stoppte alles. Wir gingen in einen kleinen Imbiß und brachten die Sache ins Lot.« Drei Stunden später beendeten die Stars, immer noch vor Wut kochend, die Szene.

***

Barbras Mitwirkung in der Filmfassung von *Hello, Dolly!* hatte von Anfang an Groll geweckt. Als Ernest Lehman am 8. Mai 1967 ihr Engagement bekanntgab, war Streisand eine Welle der Empörung von Fans des Stückes entgegengeschlagen. Sie meinten, daß Carol Channing die Hauptrolle übernehmen sollte. Schließlich hatte Channing die Dolly Gallagher Levi mehr als zwei Jahre lang am Broadway gespielt und dafür gesorgt, daß die Show zum Tournee-Musical mit den höchsten Kasseneinnahmen der Geschichte wurde. 1967 wurde Channing genausosehr mit Dolly Levi identifiziert wie Barbra mit Fanny Brice.

Für Channing wurde die Kränkung noch dadurch verschlimmert, daß die fünfundzwanzigjährige Barbra so offenkundig die falsche Besetzung für die unverwüstliche irische Witwe mittleren Alters zu sein schien, die versucht, nach dem Tod ihres Mannes Ephraim ein neues Leben zu beginnen. Die Tatsache, daß Barbra im Filmgeschäft ein unbeschriebenes Blatt war, ließ sich noch schwerer verkraften, als 20th Century-Fox hinausposaunte, ihr Engagement (laut Lehman für eine Gage von 600 000 Dollar) sei »der bisher höchste Vertragsabschluß überhaupt mit einer Künstlerin, die nie zuvor in einem Film erschienen ist«. Wenn einem Broadway-Star früher die Chance verwehrt wurde, eine Rolle auch auf der Leinwand zu spielen, hatte man gewöhnlich argumentiert, daß das Projekt einen bewährten Filmkassenmagneten benötige.

Channing war versessen darauf, in der Filmversion von *Hello, Dolly!* mitzuwirken. Da sie hoffte, daß ein erfolgreicher Filmauftritt ihre Chancen erhöhen werde, übernahm sie die Nebenrolle einer spleenigen Erbin und Pilotin in George Roy Hills Komödie *Thoroughly Modern Millie* (Modern Millie) mit Julie Andrews und Mary Tyler Moore in den Hauptrollen. »Ich wollte Carol Channing wirklich für den Film haben«, erklärte Lehman. »Wen denn sonst? Aber dann sah ich einen Rohschnitt von *Thoroughly Modern Millie*. Sie wirkte ein bißchen grotesk, wie eine Karikatur … Ich hatte das Gefühl, daß ich einen ganzen Film, in dem Carol praktisch in jeder Szene erscheint, nicht aushalten würde. Ihre Persönlichkeit ist einfach zu überwältigend für die Kamera.«

Lehman zog daraufhin Elizabeth Taylor in Betracht, mit der er gerade als Autor und Produzent von *Who's Afraid of Virginia Woolf?* (Wer hat Angst vor Virginia Woolf?) zusammengearbeitet hatte, aber Richard Zanuck, Leiter der Produktionsabteilung von 20th Century-Fox, nannte dies »die schlechteste Besetzungsidee, die ich gehört habe«. Julie Andrews, der Lehman das *Hello, Dolly!*-Drehbuch geschickt hatte, war nach Zanucks Meinung ähnlich ungeeignet. Lehman war mit seinem Latein am Ende, als er sich mit Mike Nichols, dem Regisseur von *Virginia Woolf*, zum Dinner traf. »Mike fragte mich: ›Warum engagierst du nicht Barbra Streisand als Dolly? Sie wäre klasse.‹ Ich sagte: ›Na, ich weiß nicht. Wie alt ist sie, vierundzwanzig?‹ Aber je länger ich darüber nachdachte, was ihre Stimme aus der Musik machen konnte … Dann fiel mir immer wieder ein: ›Aber sie ist nicht die Richtige.‹ Und ich ermahnte mich selbst: ›Denk nicht daran, daß sie nicht die Richtige ist. Denk einfach nicht daran.‹«

Richard Zanuck, der begeistert von der Idee war, verabredete sich Anfang Mai mit Barbra, ihrem Agenten Freddie Fields und Lehman im Hollywood Bistro zum Essen. »Zum erstenmal hatte ich die Miss Streisand von Hollywood vor mir«, erinnerte sich Lehman. »Sie trug einen breitkrempigen Hut. Ich schielte darunter und fragte dauernd: ›Haben Sie was dagegen, wenn ich Sie angucke?‹ Und sie sagte immer nur: ›Wieso ich? Wieso ich? Ich bin zu jung für die Rolle.‹

Ich nannte ihr all die Gründe, weshalb sie die Rolle spielen sollte: Sie hatte eine so lebhafte Persönlichkeit, ihre Stimme war eine der besten aller Zeiten, sie würde ein großer Filmstar werden. Ich nannte ihr alle Gründe, die mir einfielen. Ich hatte nie irgendwelche Zweifel, daß sie fähig dazu war und daß sie ein Riesenfilmstar werden würde. Wir testeten sie nicht einmal, denn sie war schon als eine der größten Künstlerinnen aller Zeiten bekannt. Der Übergang zum Film erschien als Formalität. Schließlich sagte sie ja, und ich war überglücklich.«

Die Presse stellte sich entschieden hinter Carol Channing. Die *Washington Post* bezeichnete Barbras Engagement als »holzköpfig«, andere fanden es »zynisch«, »gewinnsüchtig«, »unbegreiflich«. Lehman verteidigte seine Wahl und wies darauf hin, daß Thornton Wilder, der Autor des Stückes *The Matchmaker* (Die Heiratsvermittlerin), auf dem *Hello, Dolly!* basierte, die Heldin als Frau »ungewissen« Alters beschrieben habe. »Sie könnte durchaus in den Dreißigern sein«, meinte Lehman.

Auch Barbra versuchte, ihre Übernahme der Rolle zu verteidigen, doch ihre gewohnte Flapsigkeit richtete noch mehr Schaden an. »Das Ganze ist so albern und langweilig«, sagte sie über die Kontroverse. »Man kann für einen Film engagieren, wen man will. Es läßt sich nicht ändern, daß ich die Rolle gekriegt habe. Ich weiß nicht, ob ich die Richtige dafür bin, denn ich habe noch nicht mal das Drehbuch gelesen. Wenn sie eine Fehlbesetzung vornehmen, ist das nicht mein Problem. Jeder bildet sich ein, die Rollen am besten besetzen zu können.«

Lehman vervollständigte das Ensemble durch Michael Crawford und Danny Lockin, die Vandergelders Angestellte spielen sollten, sowie durch Marianne McAndrew und E. J. Peaker als Irene Molloy und Minnie Fay, die Putzmacherinnen, mit denen die beiden Angestellten in New York ausgehen. Lehman hatte eine Reihe von Schauspielerinnen für den Part von Irene Molloy getestet, darunter Phyllis Newman, Yvette Mimieux und Ann-Margaret, bevor er sich für die unbekannte McAndrew entschied. »Einer der Gründe dafür, daß wir Ann-Margaret nicht engagierten, bestand darin, daß ihr Image zu sexy für eine so freundliche und sanfte Gestalt wie Irene Molloy war«, erläuterte Lehman.

***

Barbra hegte tiefere Vorbehalte ihrer Rolle gegenüber, als sie Lehman eingestanden hatte. Ihrer Meinung nach war die Show am Broadway »sehr leichte Kost«; das Publikum scheine nur auf die Titelmelodie von Louis Armstrong zu warten, die 1964 die Nummer eins in den Hitparaden erreicht hatte. »Ich wollte mich nicht darauf einlassen. Ich versuchte, sie zu überzeugen, daß die Handlung gefühlsbetonter wäre, wenn man es mit einer älteren Frau zu tun hätte, der die Zeit davonlief und die das Beste daraus machen muß. Meiner Ansicht nach sollte Elizabeth Taylor die Rolle spielen.«

Aber die erregende Möglichkeit, die Hauptrolle in den Filmversionen der beiden größten Broadway-Erfolge von 1964 zu übernehmen – von ihrer Gage und zusätzlichen Tantiemen ganz zu schweigen –, bewog Barbra schließlich, ihr Einverständnis zu geben. »Es machte mir Spaß, an den Schmuck zu denken, den ich tragen würde – Schmuckstücke, die ich liebte und die gut zu Dolly passen müßten. Und es gefiel mir, ausgiebig lachen und lächeln zu können, was ich normalerweise nicht tue – ich meine, ich lache nicht sooft.«

***

Es war Sydney Chaplin, der seinen Freund Walter Matthau zuerst gegen Barbra eingenommen hatte. Chaplin hatte Matthau so sehr mit Klagen über ihr Benehmen während der Laufzeit von *Funny Girl* in den Ohren gelegen, daß Matthau meinte, sich für seinen Freund rächen zu müssen, als er Barbra 1965 bei einer Broadway-Neuaufführung von *The Glass Menagerie* (Die Glasmenagerie) begegnete. Er ging in der Pause auf die Streisand zu und sagte: »Oh, Sie sind ja Barbara Harris. Wie ich sehe, haben Sie sich die Nase operieren lassen.«

»Ich war so schockiert, daß mir keine Entgegnung einfiel«, kommentierte Barbra später.

Der siebenundvierzigjährige Matthau sollte also den verdrießlichen Futtermittelhändler Horace Vandergelder aus Yonkers verkörpern, den »bekannten unverheirateten Halbmillionär«, auf den Dolly ein Auge geworfen hat. Nach seinem Engagement fühlte er sich »seltsam angezogen von der Tatsache, daß ich mit Streisand zusammenarbeiten würde. Ich wußte geradezu, daß ich explodieren würde.«

Sobald die Proben begannen, verlor Matthau die Beherrschung. »Ich gab mir größte Mühe, höflich zu sein, aber es ist sehr, sehr schwierig, sie höflich zu behandeln. Wenn sie spielt – und das sage ich in Anführungszeichen –, läßt sie den Regisseur gern wissen, was die anderen Schauspieler zu tun haben. Es hört sich wie eine Bitte an, aber sie überschreitet ihre Befugnisse. Sie sollte einfach das Instrument des Regisseurs sein, nicht die Dirigentin, die Komponistin, die Ausstatterin, die Schauspiellehrerin und so weiter.«

Bei den Dreharbeiten wuchs Matthaus Feindseligkeit mit jedem Vorschlag, den Barbra machte, mit jedem ihrer Wünsche nach einer Neuaufnahme. »Wenn man mit ihr arbeitete, wußte man nie, was sie als nächstes tun würde, und man hatte Angst vor ihren Entschlüssen. Für mich war es ein höchst unerfreulicher Film und besonders unangenehm, weil ich die meisten meiner Szenen mit ihr teilte. Ich war entsetzt über jeden ihrer Schritte.«

Ernest Lehman war bei fast allen Auseinandersetzungen zwischen Barbra und Matthau auf ihrer Seite, und er verteidigt sie noch heute. »Walter ist ein Griesgram. Ein großartiger Kerl, aber ein Griesgram, ein Klageweib. Er macht dauernd ein finsteres Gesicht. Es mißfiel ihm, daß sie dem Regisseur Vorschläge machte, was er niemals tun würde. Er hatte das Gefühl, beiseite geschoben zu werden. Er war ein alter Profi und dachte: ›Wer ist dieses vorlaute Mädchen, das alle Aufmerksamkeit auf sich lenkt?‹ Und das stimmte natürlich. Es war unmöglich, sie zu übersehen. Schließlich konnte ich sie nicht ignorieren und sagen: ›Ja, Walter, was kann ich für dich tun, Walter?‹

Barbra war nicht überheblich, nicht ichbezogen. Ganz im Gegenteil. Wenn sie überheblich gewesen wäre, hätte sie sich nicht so sehr darum gekümmert, daß alles genau richtig gemacht wurde. Sie ist nie von ihrer eigenen Vollkommenheit überzeugt gewesen. Barbra war sehr unsicher, hatte kein Selbstwertgefühl, schon gar nicht im Umgang mit anderen Menschen. Sie mischte sich in alles ein. Ihre Ansicht lautete: ›Wir sitzen alle in einem Boot, und es kommt auf das Ergebnis an, nicht darauf, wie wir es erreichen.‹«

Matthau wollte, daß Barbra ihre Meinung für sich behielt, aber als er zu Richard Zanuck ging, um sich über sie zu beschweren, (»Brauche ich einen Herzinfarkt? Brauche ich ein Magengeschwür?«), erwiderte dieser: »Ich würde dir gern helfen, aber der Film heißt nicht *Hello, Walter!*«

Lehman schien ein wenig in seinen Star vernarrt zu sein. »Ich konnte die Augen nicht von ihr wenden. Als Frau hat sie etwas ganz Besonderes an sich. Elizabeth Taylor war eine sehr schöne Frau, als ich *Virginia Woolf* mit ihr drehte, aber ich empfand nie das gleiche für sie.«

Als er Streisand, Matthau und Gene Kelly zum erstenmal gemeinsam in sein Büro einlud, fragte Barbra ihn: »Ernie, warum gucken Sie mich dauernd an?«

»Ich weiß nicht«, gab Lehman verwirrt zurück.

»Also, bitte hören Sie damit auf.«

»Ich kann's nicht ändern«, sagte er schüchtern.

»Wenn sie mit anderen Leuten in einem Zimmer war«, erklärte Lehman später, »mußte man sie einfach ansehen. Es war das gleiche, wenn sie auf der Leinwand erschien.«

Diese Zuneigung dürfte der Grund dafür gewesen sein, daß sich Lehman während der Dreharbeiten über die zahlreichen spätabendlichen Anrufe von Barbra freute (und sie in den seltenen Fällen, wenn Barbra nichts von sich hören ließ, vermißte). Es waren Anrufe, die die meisten anderen Produzenten für ein Ärgernis gehalten hätten. »Sie telefonierte jeden Abend stundenlang mit mir«, entsann sich Lehman. »Sie redete über die Ereignisse des Tages. Zum Beispiel sagte sie: ›Walter hat mir das, Gene hat mir jenes angetan.‹ – ›Warum könnte Dollys Text nicht so und so lauten?‹ – ›Würden Sie Gene bitte mitteilen, das und das zu machen?‹ – ›Ich wünschte, er würde nicht dauernd das und das tun.‹ Die Anrufe waren mir nicht lästig, weil ich sowieso lange aufbleibe. Wenn sie *nicht* anrief, dachte ich: *Ruf an und quäle mich, bitte!*«

***

Barbra und Walter Matthau konnten sich nicht leiden, und mit Gene Kelly kam sie kaum besser aus. »Wer würde schon mit Gene Kelly auskommen?« fragte Ernest Lehman. »Er ist ein harter Bursche. Er grinste und lächelte und lachte, aber er war kein Miezekätzchen. Einmal machte ich Michael Crawford einen Vorschlag, wie er eine Großaufnahme spielen solle, und Kelly sagte zu mir: ›Wenn du noch einmal mit einem meiner Schauspieler auf dem Set redest, trete ich dir deine Scheißzähne aus.‹ Kelly mochte Barbra nicht ... Die beiden konnten einander nicht ausstehen. In ihren späten Anrufen bei mir beschwerte sie sich sehr oft über Kelly. Sie konnte ihn nicht leiden. Es gefiel ihr nicht, daß ihm die Regieführung gleichgültig war.

Barbra war eine verängstigte Frau. William Wyler und Herb Ross hatten ihr geholfen, ihre Unsicherheit in *Funny Girl* zu überwinden, und sie war vertraut mit der Rolle gewesen. Dagegen wußte sie nicht, wie sie die Dolly spielen sollte, und Gene Kelly half ihr kein bißchen.«

Kelly hat zugegeben, daß er Barbra im Stich ließ. »Wenn wir mehr Zeit gehabt hätten, hätte ich ihr helfen können, eine klare Charakterisierung auszuarbeiten, aber wir hatten enge Fristen, und ich überließ es ihr. Mit dem Ergebnis, daß sie mal Mae West, mal Fanny Brice und dann Barbra Streisand war. Ihr Akzent änderte sich so sehr wie ihre Gesten. Aus reiner Verzweiflung experimentierte sie mit neuen Dingen, die alle im Grunde nicht funktionierten. Und weil sie eine solche Perfektionistin ist, wurde sie schrecklich unsicher und neurotisch.«

***

Die Dreharbeiten zu *Hello, Dolly!* wurden immer beklemmender. Das ursprünglich von 20th Century-Fox geplante Budget von zehn Millionen Dollar war bereits auf 15 Millionen angeschwollen und sollte schließlich 24 Millionen übersteigen – teuer nach heutigen Begriffen, atemberaubend im Jahre 1968. Lehman stolzierte sorgenvoll und verdrossen um den Set herum. Egos prallten aufeinander wie die Fäuste von Preisboxern. Irene Sharaff hatte Dollys Kostüme der 1890er entworfen, darunter das funkelnde goldene Ballkleid, das sie bei ihrer Rückkehr in die Harmonia Gardens und während der »Hello, Dolly!«-Nummer trägt. Plötzlich verlangte der Choreograph Michael Kidd, daß die Schleppe entfernt wurde, weil die Tänzer darüber stolperten.

»Irene verkündete Barbra und mir, daß sie mit keinem von uns beiden je wieder einen Film machen werde«, erklärte Lehman.« Sie hatte Oscars für drei meiner Filme gekriegt, und jetzt wollte sie wegen dieses verdammten Kleides nie wieder mit mir arbeiten.«

Der einzige Zusammenstoß zwischen Lehman und Barbra ereignete sich während einer Aufnahme im Tonstudio. Er hörte zu, wie sie eines der Lieder der Show sang, und sagte dann: »Zum Teufel mit all dem Getue. Beim letzten Wort im zweiten Refrain haben Sie die Melodie nicht getroffen.«

Barbra warf ihm einen kühlen Blick zu. »Wissen Sie, Mr. Lehman, wieviel man mir dafür bezahlt, die Melodie nicht zu treffen?«

***

Eine mögliche Kollision konnte immerhin vermieden werden. Es war Lehmans Idee gewesen, den legendären achtundsechzigjährigen Sänger und Trompeter Louis »Satchmo« Armstrong in der »Hello, Dolly!«-Nummer einzusetzen. »Satchmo hatte einen solchen Riesenhit mit dem Song gehabt«, erzählte er. »Er wurde stärker damit identifiziert als Carol Channing. Ich dachte, es wäre großartig, wenn er sich Barbra mitten im Lied anschloß – ein echter Publikumsschlager. Barbra hielt nichts davon.«

Barbra kommentierte einmal, daß Armstrongs Auftritt in dem Film an Ausbeutung denken lasse, aber Lehman vermutet, daß sie egoistischere Gründe hatte. »Ich bin sicher, sie hatte Angst, daß der Mann ihr die Show stehlen würde. Sie durfte zwei der besten Songs [›Ribbons Down My Back‹ und ›It Only Takes a Moment‹] nicht singen, aber diese eine Nummer war mehr als ein Ausgleich. Und ich wollte, daß sie sich diesen Moment mit Armstrong teilte. Sie stellte sich nicht auf die Hinterbeine oder weigerte sich, mit ihm zusammenzuarbeiten. Sie sagte nur, es sei kein guter Einfall. Aber sie liebte Satchmo, und die beiden kamen wunderbar miteinander aus. Und durch sein Erscheinen wird eine unglaubliche Nummer sogar noch unglaublicher. Es ist toll, die beiden zusammen auf der Leinwand zu haben.«

Nach neunundachtzig zermürbenden Tagen war *Hello, Dolly!* endlich im Kasten. Eines Abends rief Barbra spät an und fragte Lehman, ob sie die teuren viktorianischen Antiquitäten behalten dürfe, mit denen das Studio ihre Garderobe während der Aufnahmen geschmückt hatte. »Das Studio lehnte entschieden ab«, erinnerte sich Lehman. »Also mußte ich Barbra mitteilen, daß ich es nicht tun konnte. Sie sagte: ›Was soll das heißen, Sie können es nicht tun? Sie sind der Produzent.‹ Ihr leuchtete nicht ein, daß es darauf nicht ankam. Die Sachen gehörten dem Studio, und es wollte sie ihr nicht überlassen.

Danach wurde sie unfreundlich mir gegenüber. Ich fragte sie nach dem Grund, und sie antwortete: ›Sie haben mir die Sachen, die ich haben wollte, nicht gegeben. Mein wertvollster Besitz ist meine Freundschaft, und deshalb enthalte ich sie Ihnen vor.‹«

Als Lehman sich Kellys Rohschnitt angesehen hatte, war er begeistert von Barbras und Matthaus Darstellung, doch er hatte das Gefühl, daß der Film, voll von Michael Kidds brillanten Tanznummern, zu lang war. Da er wußte, daß es fast unmöglich war, drastische Kürzungen vorzunehmen, beabsichtigte Lehman jedoch, sich den kreativen Entscheidungen der Studiochefs Richard Zanuck und David Brown unterzuordnen. Sie beschlossen, den Film so freizugeben, wie er war.

Aber wann? 1965, als Fox die Filmrechte von David Merrick für 2,1 Millionen Dollar und einen großen Anteil an den Bruttoeinnahmen gekauft hatte, bestand Merrick auf einer Vertragsklausel, die besagte, daß der Film erst gezeigt werden dürfe, wenn die Show am Broadway abgesetzt worden sei. Damals erwarteten die Studiochefs nicht, daß die Klausel ihnen ein Problem bereiten würde. Aber nun, fast vier Jahre später, war der Film so gut wie fertig für die Premiere, doch *Hello, Dolly!* lief immer noch mit unvermindertem Erfolg am Broadway, sogar nachdem Channing das Musical verlassen hatte. Merrick war es nämlich gelungen, sie durch Stars wie Ethel Merman, Ginger Rogers und Pearl Bailey (in einer Version mit ausschließlich schwarzen Darstellern) zu ersetzen. Ein Ende der Broadway-Laufzeit war nicht abzusehen, doch das Studio wollte seine enormen Investitionen so bald wie möglich einspielen. Dazu mußte Brown David Merrick überreden, den Vertrag zu ändern.

KAPITEL 17

Barbra saß mit Ray Stark und Marty Erlichman im New Yorker Criterion Theater und zappelte nervös. Es war der 18. September 1968, und die Weltpremiere von *Funny Girl* stand bevor. Sie war in Begleitung von Elliott eingetroffen und sah von Kopf bis Fuß wie ein Filmstar aus: in einem glitzernden hautfarbenen Netzkleid und Cape, entworfen von ihrem Lieblingscouturier Arnold Scaasi, und mit einer hochragenden Perücke im französischen Directoire-Stil des späten achtzehnten Jahrhunderts. Umgeben von einem Dutzend stämmiger Leibwächter, schritt sie majestätisch den roten Teppich zum Theatereingang hinauf, während Fans jubelten, Blitzlichter aufflammten und Reporter Fragen hervorsprudelten.

Wie würde das Publikum den Film aufnehmen? Wie würde es *sie* aufnehmen? Die Reaktionen auf Testvorführungen im Mittelwesten waren ausgezeichnet gewesen, und Columbia hatte eine der ehrgeizigsten Werbekampagnen in der Geschichte Hollywoods für den Film eingeleitet. Trotzdem hatte Barbra gute Gründe, nervös zu sein. Für den Film war eine künstliche Erwartung aufgebaut worden, doch man konnte nicht abschätzen, wie das Publikum letztlich reagieren würde. Aber Barbra fand es sehr bald heraus. Nach ihrem ersten Song, »I'm the Greatest Star«, brachen die Zuschauer im Criterion in spontanen, langanhaltenden Applaus aus. Und sie taten das gleiche nach fast jedem anderen Lied. Niemand hatte so etwas je erlebt. »Zuschauer tun das *nie*!« staunte Ray Stark. »Manchmal klatschen die Leute am *Ende* eines Films, aber nicht während der gesamten Vorführung! Es war wie eine Premiere am Broadway!«

Barbras Filmdebüt erwies sich als das glänzendste in der Geschichte des Showbusineß. Nicht genug damit, daß dieser zehn Millionen Dollar teure Streifen auf ihren schmächtigen Schultern ruhte, sie hatte es auch auf faszinierende Weise geschafft, alle Anforderungen des Drehbuchs zu erfüllen. Sie sang atemberaubend, schnitt übermütige Grimassen und brach die Herzen des Publikums durch dramatische Szenen, in denen jede Nuance stimmte.

Die Zuschauer strömten in den Film. Die Bruttoeinnahmen betrugen allein in den Vereinigten Staaten 66 Millionen Dollar. Das war eine gewaltige Summe für 1968, und *Funny Girl* blieb jahrelang unter den zwanzig profitabelsten Filmen aller Zeiten.

Viele der Rezensenten kritisierten die »irritierende Unechtheit« der Sets, Wylers häufig »schwerfällige« Regie und den redseligen Niedergang der zweiten Hälfte nach einer spannenden ersten Stunde voller Songs und Komödiantentum, aber fast alle hatten nur Lob für Streisand. Laut Martin Knelman vom *Toronto Star* war Barbras Darbietung »eines der größten Ereignisse in der Geschichte von Film und Musical«. Joseph Morgenstern von *Newsweek* meinte, daß »in *Funny Girl* ein Star nicht geboren ..., sondern erwachsen wird ... Miss Streisand ist zu einer makellosen Künstlerin herangereift und zeigt die brillanteste und unterhaltsamste Leistung in einer Musical-Komödie, die jemals auf die Leinwand gebannt worden ist.«

»Jede Epoche hat ihre Superlady«, schrieb Rex Reed in *Women's Wear Daily*. »Andere Epochen hatten Lillian Russell und Sarah Bernhardt und Gertrude Lawrence und Helen Morgan und Judy Garland. Nun haben wir unsere Superlady. Sie heißt Barbra, und ob es uns gefällt oder nicht, all die scheußlichen Dinge, die sie anderen aus Furcht und Unsicherheit antut, lassen sie auf der Leinwand nur um so aufregender werden. Wenn all das Talent einen kochenden, tobenden, wütenden Höhepunkt erreicht, wie es in *Funny Girl* der Fall ist, dann verbrennt die schlechte Publicity im Feuer ihres außerordentlichen Genies.«

***

Der enorme Erfolg von *Funny Girl* ließ das Soundtrack-Album des Films in der Woche vom 25. Januar 1969 auf Platz zwölf der Top 100 Albums Chart von *Billboard* klettern. Diese Position war bemerkenswert angesichts des dramatischen Wandels, den der Popmusikgeschmack in der zweiten Hälfte der sechziger Jahre durchgemacht hatte – ein Phänomen, dem sich Barbra bald würde stellen müssen. Ihr Album war in jener Woche der Bestseller im Bereich »traditionelle« Popmusik; einen höheren Rang erreichten in derselben Woche nur Künstler wie die Young Rascals, die Beatles, die Rolling Stones, Steppenwolf, Janis Joplin und Iron Butterfly.

Vor *Funny Girl* hatte Barbra drei Alben von unterschiedlicher Konzeption und Qualität herausgebracht. Das erste, *Simply Streisand*, gestattete ihr, einer Sammlung (zumeist) berühmter amerikanischer Standards ihren persönlichen Stempel aufzudrücken, aber die Arrangements waren übertrieben und unbefriedigend zugleich. Eine sanfte, jazzartige Orchestrierung leitete fast jeden Song ein, wurde jedoch bald von aufstrebenden Streich- und Blasinstrumenten abgelöst, die Barbras bewährte Stimmcrescendi unterstützten. Die Hintergrundvariationen einiger Stücke lassen unbehagliche Erinnerungen an den gemäßigten, unverbindlichen Sound aufkommen, gegen den Barbra und Marty angekämpft hatten, als sie fünf Jahre zuvor ihren Vertrag mit Columbia unterzeichnete.

Nur Wochen nach dem Erscheinen von *Simply Streisand* unterschrieb Barbra einen neuen Kontrakt mit Columbia. Marty Erlichman bestand darauf, daß Barbra diesmal ein viel größeres Stück des finanziellen Kuchens erhielt. Schließlich setzte er einen garantierten Vorschuß von 850 000 Dollar pro Album, eine Tantieme von 40 Cent für jedes verkaufte Exemplar und von zehn Cent für jede Single durch. Der neue Vertrag erregte die Aufmerksamkeit der Presse, als sich herausstellte, daß Barbras Tantieme pro Album die der Beatles um einen Cent übertraf.

Fast gleichzeitig mit *Simply Streisand* kam eine Langspielplatte heraus, die viele überraschte: *Barbra Streisand/A Christmas Album*. Beliebte Sänger fühlten sich fast verpflichtet, zu Weihnachten oder Ostern LPs herauszubringen, doch Barbras allgemein bekannter jüdischer Status führte dazu, daß einige Beobachter die Stirn runzelten, zumal viele der von Barbra Streisand ausgesuchten Songs nicht weltlicher, sondern religiöser Art waren (»Silent Night«, »Ave Maria«). Columbia brachte die Platte im Oktober 1967 eilig auf den Markt, und sie wurde von Barbras Fans und den Musikkritikern gleichermaßen herzlich aufgenommen.

***

Funny Girl wurde mehr als ein Jahr lang ausschließlich in den Programmkinos der Vereinigten Staaten gezeigt, bevor der Film eine allgemeinere Freigabe erhielt. Es war ein beispielloser Erfolg, und Barbra hatte ihren größten Traum wahrgemacht: Nun war sie wirklich ein *Filmstar*. Sie hatte alle bedeutenden Sphären des Showbusineß erobert und hätte die glücklichste Frau der Welt sein sollen. Aber entsprechend einem traurigen Hollywood-Klischee war ihre Ehe nun endgültig gescheitert.

Die Goulds gaben am 13. Februar 1969 ein gemeinsames Kommuniqué über ihre Trennung heraus. Barbra schien auf eine spätere Versöhnung zu hoffen. »Wir trennen uns nicht, um unsere Ehe zu zerstören, sondern um sie zu retten«, erklärte sie einem Reporter. Einer Binsenweisheit zufolge war die Ehe der Goulds gescheitert, weil die Karriere des einen Partners gewaltige Fortschritte machte, während die des anderen stagnierte. Dies war in der Tat ein Teil des Problems. »Ihr Erfolg war schmerzlich für mich«, gestand Elliott 1970 im *Playboy*. »Als Barbra zu einer großen Berühmtheit wurde, versuchte ich mit allen Kräften, die Tatsache, daß ich keine war, zu verdrängen … Aber wenn wir in der Öffentlichkeit erschienen, was selten geschah, dann war es niederschmetternd für mich. Ich wollte nicht dabeisein, ich wollte irgendwo anders hingehen und ich *selbst* sein. Aber ich fühlte mich verpflichtet, meine Frau zu begleiten – egal, als was zum Teufel mich die Leute ansahen … als Mr. Streisand oder sonst was.«

Elliott behauptete, er wäre vielleicht in der Lage gewesen, sich mit der Ungleichheit ihres beruflichen Erfolgs abzufinden, wenn Barbra ihm mehr Aufmerksamkeit gewidmet hätte. »Sie war so verliebt in ihre Arbeit und in ihr eigenes Image, daß sie keine Zeit für mich hatte … Sie machte sich zu einer so überragenden Persönlichkeit, daß sie außerhalb jeglicher menschlichen Beziehung stand.«

Jahre später deutete Elliott an, daß das Scheitern seiner Ehe mehr mit Barbras tiefsitzenden psychischen Problemen als mit ihrem Erfolg zu tun gehabt habe. »Ich glaube nicht, daß sie fähig war, meine Liebe zu erwidern«, teilte er einem britischen Reporter mit. »Sie konnte keine echte Liebe empfinden, weil sie keine von ihrem Vater bekam.« Er habe ihr einmal gesagt: »Deine Mutter glaubt, daß Zuneigung dazu dient, sich von anderen etwas zu verschaffen«, und sie habe geantwortet: »Deshalb bin ich so, wie ich bin.«

Seine eigene Liebe zu Barbra sei »rein« und »nie ausbeuterisch« gewesen, aber er sei in die »Falle« gegangen, weil er Barbra für verletzlich gehalten habe. »Sie benutzte ihre Verletzlichkeit und Unsicherheit als Verführung … Aber sie ist nicht verletzlich … Sie ist sehr kalt, clever und äußerst geschäftsorientiert, und sie isoliert sich, um ihre Situation nicht beeinträchtigen zu lassen … Wahrscheinlich ist sie der unglücklichste Mensch, den ich je gekannt habe. Sie beschäftigt sich mit so vielen Dingen, weil sie solche Angst hat zu scheitern, weil sie die Wahrheit so sehr fürchtet.«

Einem anderen Interviewer erklärte Gould: »Ein Teil von Barbra brauchte mich. Der andere Teil verachtete die Männer – und wollte sie ausstechen. Barbra hat zwiespältige Gefühle gegenüber Männern … Sie hat ein Problem, mit dem sie nicht fertig wird – ihrer Meinung nach taugen Männer nichts und haben kein Vertrauen verdient. Meine Bewunderung für sie veranlaßte Barbra, den Respekt vor mir

245

zu verlieren, mich geringer zu schätzen. Sie fragte sich, wie ich sie gern haben konnte, obwohl sie sich selbst nicht mochte.«

Elliott enthüllte seine Bitterkeit, als er nach einem Satz gefragt wurde, den er Jahre zuvor geäußert hatte: Mit Barbra verheiratet zu sein könne mit einem »Lavabad« verglichen werden.

»So heiß war es nie«, sagte er.

Barbra ist, was die Gründe für die Trennung von Elliott angeht, im Gegensatz zu seiner Geschwätzigkeit sehr schweigsam gewesen. Ihre einzige Erklärung beschränkt sich darauf, sie sei während ihrer Ehe »so sehr verletzt« worden, daß »ich dachte, ich würde mich nie wieder einem Mann hingeben … Wir taten nichts anderes, als uns Tag und Nacht zu streiten.«

Man kann über die Schwierigkeiten, denen sich Barbra in ihrer Ehe mit Elliott ausgesetzt sah, nur spekulieren – von den Problemen, die durch ihren Erfolg geschaffen wurden, einmal abgesehen. Zum Beispiel hatte sein Hang zum Glücksspiel mit jedem Jahr zugenommen. »Ich verlor eine Menge«, sagte Elliott. Er erwähnte nicht, daß das verlorene Geld überwiegend *Barbra* gehörte.

Ein enger Freund von Elliott, der anonym bleiben wollte, war sich sicher, daß Goulds »Spielerei Auswirkungen auf seine Ehe mit Barbra haben mußte. Ich selbst bin ehemaliger Glücksspieler, also weiß ich, wie das persönliche Leben dadurch in Mitleidenschaft gezogen werden kann. Und ich wette, daß es auch ihrem Sexualleben schadete. Mir ist klar, daß Sex Glücksspieler überhaupt nicht interessiert. Das Spielen war eine Art Flucht für ihn; es muß ihn schrecklich frustriert haben, Mr. Streisand zu sein. Manche Männer wenden sich Drogen und Alkohol zu, andere dem Glücksspiel.«

Elliott suchte allerdings auch in Drogen Zuflucht. Mitte der sechziger Jahre vollzog sich eine gesellschaftliche Revolution in Amerika: Drogen wie Marihuana und Amphetamine, die früher nur in Jazz-Clubs, bei wenigen Intellektuellen oder schwer Abhängigen zu finden waren, drangen 1968 auch in die meisten Colleges vor, wo Studenten Drogenexperimente für eine Art Ehrensache hielten. Barbra schreckte damals vor bewußtseinsverändernden Substanzen zurück, doch Elliott entwickelte eine starke Abhängigkeit von »Pot« und »Uppers«. Er gab zu, daß er manchmal bei der Arbeit Marihuana rauchte, aber darauf verzichtete, wenn er »konzentrierter« sein mußte.

In seinem *Playboy*-Interview berichtete er, daß er ein Meskalin-Halluzinogen nahm und dann nach Disneyland fuhr, wo er stundenlang zusah, wie indianische Tänzer alle zwanzig Minuten den gleichen Auftritt wiederholten. Auf dem Heimweg erlebte er »eine phantastische Demonstration«: Während er über gewundene Gebirgspässe fuhr, hatte er das Gefühl, daß seine Sinne und Reflexe unglaublich geschärft seien. Aber er bekam Halluzinationen und war überzeugt, daß ein Monster hinter ihm im Auto sitze. »Ich war zu Tode erschrocken. Ich mußte mir immer wieder versichern, daß ich mir keinen Schaden zufügen wollte und daß alles nur ein Produkt meines Unterbewußtseins war.«

Die Ehe mit Elliott kann damals für Barbra nicht leicht gewesen sein.

***

Trotz der Trennung bat Barbra Elliott, sie am 14. April 1971 zur einundvierzigsten Verleihung der Academy Awards im Dorothy Chandler Pavilion zu begleiten. *Funny Girl* war für acht Oscars nominiert worden, darunter für den besten Film und die beste Schauspielerin. Barbra wünschte sich nichts sehnlicher als diese Auszeichnung, die ein weiterer Teil ihres lebenslangen Traumes war – »die größte von allen«, wie Marty Erlichman ihr neun Jahre zuvor in der Küche des *Bon Soir* erklärt hatte. Sie war sich keineswegs sicher, daß sie siegen würde, denn in jenem Jahr gab es eine ungewöhnlich starke Konkurrenz. Die anderen Kandidatinnen waren Katharine Hepburn für *The Lion in Winter* (Der Löwe im Winter), Patricia Neal für *The Subject Was Roses* (Rosen für die Lady), Joanne Woodward für den Low-Budget-Film *Rachel, Rachel* (Die Liebe eines Sommers) und Vanessa Redgrave für *Isadora* (Isadora).

Während der Verleihung saß Barbra mehr als zwei Stunden lang nervös auf ihrem Platz, denn die Auszeichnung für die beste Schauspielerin wurde als zweitletzte, vor der für den besten Film, vergeben. *Funny Girl* hatte während des ganzen Abends keinen einzigen Preis erhalten, und Barbras Überzeugung, daß auch sie leer ausgehen würde, wuchs ständig. Außerdem machte sie sich Sorgen wegen Elliott. Er war high von Marihuana gewesen, als er sie abholte, und sie hoffte, daß es niemand bemerken würde.

Elliott brauchte den Rausch, weil »es mich schrecklich gehemmt machte, mit einer Frau zusammen zu sein, von der ich mich gerade getrennt hatte, und mit Leuten, in deren Gesellschaft ich mich unsicher fühlte, denn sie genossen die dramatischen Begleitumstände einer solchen Situation ... Es war ein schwieriger Abend für mich, ein Trauma.« Niemand nahm Elliotts Zustand zur Kenntnis, außer einem

Freund, dem er ein Signal geben wollte: Wenn er high war, würde er zweimal an seinem Ohr zupfen, sobald die Kamera zum erstenmal auf Barbra und ihn schwenkte.

Schließlich begann Ingrid Bergman, die Nominierungen für die beste Schauspielerin zu verlesen. Barbra starrte wie betäubt vor sich hin. Bergman öffnete den Umschlag und stockte: »Es ist ... Es ist ein Unentschieden! Die Siegerinnen sind Katharine Hepburn ... und Barbra Streisand!« Es war die erste Stimmengleichheit bei einer Oscar-Verleihung seit 1932. Barbra wandte sich freudig Elliott zu und lief dann zur Bühne hinauf, wobei sie über den Saum ihres mit Ziermünzen besetzten, durchsichtigen schwarzen Netzhosenanzugs stolperte.

Jack Brodsky, der Pressechef von Columbia, hatte ihre ersten Worte vorgeschlagen. Es waren dieselben, die sie im Film benutzt hatte. »Hallo, schönes Kind!« rief sie und hielt die vergoldete Statuette hoch. »Ich fühle mich sehr geehrt, in so prächtiger Gesellschaft wie der Katharine Hepburns zu sein. Herrje, es ist ein komisches Gefühl. Während ich heute abend hier saß, ist mir eingefallen, daß das erste Drehbuch für *Funny Girl* geschrieben wurde, als ich erst elf Jahre alt war. Ein Glück, daß es so lange gedauert hat, die richtige Fassung herzustellen, nicht wahr? Ich möchte meinem Co-Produzenten Ray Stark dafür danken, daß er gewartet hat, bis ich erwachsen war.« Sie dankte dem kreativen Team des Films und schloß: »Jemand hat mich einmal gefragt, ob ich glücklich bin, und ich erwiderte: ›Machst du Witze? Ich würde traurig sein, wenn ich glücklich wäre!‹ Und ich möchte allen Mitgliedern der Academy dafür danken, daß sie mich wirklich traurig gemacht haben. Vielen Dank!«

Barbras Triumph wurde am nächsten Tag durch einen Wermutstropfen getrübt, denn viele Kommentatoren äußerten sich sehr kritisch über ihren Anzug, den Arnold Scaasi für die Oscar-Verleihung entworfen hatte. Sie nannten ihn »unpassend« und »eine monumentale Verbeugung vor dem schlechten Geschmack«. Barbra habe ausgesehen »wie entflohen aus einem Harem«, spottete eine Modeexpertin, und eine andere zeigte sich entsetzt darüber, daß »Miss Streisand splitternackt war, denn ihr ›Lendenschurz‹ war auf die Breite eines schwarzen Hüftgürtels zusammengeschrumpft, und sie bot ihr dralles, bloßes Hinterteil dem Publikum dar, das ihren Aufstieg auf die Bühne miterleben mußte«.

Scaasi hält die Kritik für ungerechtfertigt. »Der Anzug wirkte durchsichtig, aber das stimmte nicht. Er war mit fleischfarbenem Crêpe Georgette unterlegt. Über dem Busen hatte er Taschen aus doppeltem und dreifachem Stoff. Wenn man sich den Anzug genau ansieht, merkt man, daß er ganz und gar nicht unanständig ist, aber keiner von uns dachte daran, was unter gleißenden Scheinwerfern oder Blitzlichtern passieren würde. Die Lichter ließen den schwarzen Netzbelag verschwinden, so daß man Barbras Haut zu sehen glaubte.«

***

Am 21. April 1969 – kurz nachdem seine Stieftochter die höchste Auszeichnung ihres Berufsstandes erhalten hatte – starb Louis Kind im Alter von sechsundsiebzig Jahren an Herzinsuffizienz in einem Krankenhaus an der Ecke First Avenue, 24th Street in Manhattan. Roslyn nahm zusammen mit Diana an der Beisetzung ihres Vaters teil. Barbra kam nicht.

Monate später wurde Kinds Testament veröffentlicht. Er hinterließ ein Vermögen von etwa 93 000 Dollar, das er zwischen Roslyn (»meine Welt, meine geliebte Tochter«) und den drei Kindern aus seiner ersten Ehe aufgeteilt hatte. Diana schloß er explizit von dem Erbe aus, und Barbra erwähnte er nicht einmal.

Ein paar Tage nach seinem Tod brachte die *New York Post* an prominenter Stelle einen Nachruf auf Louis Kind. Der einzige Grund dafür war natürlich seine Verwandtschaft mit Barbra Streisand.

KAPITEL 18

Gewaltige Filmscheinwerfer erhellten den Bankettsaal des Royal Pavilion im englischen Brighton, der Anfang des achtzehnten Jahrhunderts im orientalistischen Stil als Vergnügungsstätte für König Georg IV. gebaut worden war. Dutzende von Komparsen in herrlichen, von Sir Cecil Beaton entworfenen Regency-Kostümen saßen an einer riesigen Tafel; darauf standen goldene Karaffen, geschliffene Gläser und mit Obst überladene Silberschüsseln. Allein die Gedecke kosteten 75 000 Dollar. Kapaune, Hummer und Spanferkel im Wert von 35 000 Dollar waren über die Tafel verteilt, und viele weitere wurden auf Abruf für Retakes bereitgehalten. Als Kellner ausstaffierte Schauspieler in schwarzen Uniformen mit goldenen Tressen und schwarzen Handschuhen warteten darauf, daß der Regisseur »Action!« rief. Bis dahin waren alle Augen auf *sie* gerichtet.

Barbra – in einem prachtvollen, tiefausgeschnittenen schneeweißen Kreppkleid, das mit Tausenden winziger Perlen und Diamanten übersät war – wirkte wie eine Vision in Weiß. Sie trug ein diamantenbesetztes Halsband und einen weißen Turban, geschmückt mit Kameen und Perlenschnüren, die über ihre Stirn und seitlich am Hals hinabbaumelten.

Ihr Regisseur Vincente Minnelli wartete auf das Signal, daß sie für die Szene in *On a Clear Day You Can See Forever* (An einem Sonntag ohne Wolken/Einst kommt der Tag ...) bereit war. In dieser Szene verführt Melinda Winifred Waine Moorepark, eine üppige, sinnliche Kurtisane, den feurigen jungen Aristokraten Robert Tentrees über die Bankettafel hinweg mit ihren Augen, ihrem Weinglas und ihrem sexuellen Charme, wobei sie »Love with All the Trimmings« als inneren Monolog singt.

Der hübsche blonde Engländer John Richardson spielte Tentrees; er saß Barbra an der Tafel gegenüber und wartete wie alle anderen auf ihren Einsatz. Plötzlich bedeutete sie Minnelli, daß sie mit ihm sprechen müsse. Der sechsundsechzigjährige Schöpfer einiger der frohsinnigsten und elegantesten MGM-Musicals der vierziger und fünfziger Jahre, kam von seinem Hochsitz neben dem Kamerakran herunter und tuschelte mit seinem Star. Kurz darauf ging Minnelli auf seinen Produzenten Howard Koch zu und überbrachte ihm eine Botschaft. Koch sprach mit Richardson, der von der Tafel aufstand und sich zurückzog. Mehrere Mitglieder der Crew eilten herbei und errichteten eine schwarze Schirmwand vor der Stelle, an der Richardson gesessen hatte.

»Barbra wollte diesen hochsexuellen Gefühlsüberschwang nicht mit dem Blick auf John Richardson spielen«, erinnerte sich Koch. »Sie hielt Richardson nicht für maskulin genug und wollte an jemand anderen denken. Wir stellten den schwarzen Schirm auf, damit sie durch nichts abgelenkt wurde, und ich führte Richardson auf die Straße und beruhigte ihn: ›Macht doch nichts, es ist ein Close-up von Barbra, du brauchst nicht dabei zu sein.‹ Er war kein bißchen verärgert – ein wirklich netter Kerl.«

Minnelli drehte die Szene in gleichsam anbetender Großaufnahme, und Barbra erfüllte sie mit einer so heißen Sinnlichkeit, daß der Film hätte schmelzen können. »Sie stellte sich dabei irgendeinen anderen Mann vor«, meinte Koch. »Später fragte ich sie: ›An wen hast du gedacht?‹ Sie antwortete: ›Das werde ich nie sagen!‹ Und sie hielt Wort.«

***

On a Clear Day You Can See Forever war 1966 auf dem Broadway ein finanzieller Mißerfolg gewesen. Die Liedtexte und das Drehbuch stammten von Alan Jay Lerner (*My Fair Lady*, *Camelot* [Camelot – am Hofe König Arthurs]), die Musik von Burton Lane. Der Star der Show war Barbara Harris als Daisy Gamble, eine Studentin aus Mahwah, New Jersey, die einen auf Hypnose spezialisierten Psychologieprofessor bittet, ihr das Rauchen abzugewöhnen. Unter Hypnose enthüllt sie ihre frühere Inkarnation als Melinda Tentrees. Der Professor, irritiert von Daisys Redseligkeit, Oberflächlichkeit und ihrem gezierten Tonfall, verliebt sich plötzlich in die elegante, aufreizende, eigenwillige und soignierte Melinda.

Als Daisy, die sich zu dem Professor hingezogen fühlt, von dessen Verliebtheit in ihr »früheres Ich« erfährt, wird sie wütend und will sich nicht mehr hypnotisieren lassen. Er überredet sie jedoch zu einer letzten Hypnose, in der sie frühere und künftige Inkarnationen als seine Ehefrau enthüllt. Er ist sich nicht sicher, ob er noch mehr hören möchte, und läßt sie gehen. »Also dann, Doktor!« sagt sie. »Bis später.«

Trotz des Scheiterns der Bühnenversion kaufte Paramount Pictures die Filmrechte für 750 000 Dollar, denn nach dem Riesenerfolg von *The Sound of Music* (Meine Lieder – meine Träume) war man in Hollywood versessen auf Musicals. Howard Koch, der für Produktionsfragen zuständige Vizepräsident des Studios, beschloß, den Film mit einem Budget von zehn Millionen Dollar persönlich zu produzieren. Er wußte sofort, wer Daisy spielen sollte. »Ich hatte Barbra am Broadway gesehen und hielt sie für überwältigend. Sie war bereits für die Filmversion von *Funny Girl* unter Vertrag genommen worden, und es stand fest, daß sie in Hollywood Erfolg haben würde. Wir glaubten, daß sie genau richtig für *On a Clear Day* war.«

Koch nahm Verbindung mit Barbra auf, während sie in London in *Funny Girl* auftrat. Die Broadway-Show von *On a Clear Day* hatte ihr gefallen, aber die bevorstehende Geburt von Jason nahm sie so sehr in Anspruch, daß sie nicht an Arbeit denken mochte und Koch absagte. Danach bot er Audrey Hepburn die Rolle an, doch die lehnte ebenfalls ab, da die Regressionsszenen sie zu sehr an ihre Rolle in *My Fair Lady* erinnerten.

1967 trat Koch wieder an Barbra heran und bot ihr neben einer Gage von 350 000 Dollar auch die Möglichkeit, sich das gesamte kreative Personal des Films persönlich auszuwählen. Daraufhin gab sie ihr Einverständnis. Für die Rolle des Professors hatte Koch den französischen Chansonnier Yves Montand vorgesehen. Montand war ein großer Star in Frankreich, aber er hatte amerikanische Zuschauer bis dahin – etwa neben Marilyn Monroe in *Let's Make Love* (Machen wir's in Liebe) von 1960 – nicht allzusehr beeindruckt. Doch er schien genau der Richtige für die Rolle zu sein, zumal sie ursprünglich für einen Franzosen geschrieben worden war. Koch brachte ihn mit Barbra zusammen.

Montand ließ, wie früher Omar Sharif, seinen Charme spielen. Er küßte Barbra die Hand und sagte, sie sei »unvergleichlich«. Barbra hatte sich einige seiner französischen Platten angehört, und ihr gefiel seine gefühlvolle, maskuline Stimme. Sie ließ Koch wissen, daß sie nichts gegen Montand einzuwenden habe. Außerdem wurden Larry Blyden als Daisys spießiger Verlobter und der aufstrebende einunddreißigjährige Jack Nicholson für die kleine Rolle ihres freigeistigen Stiefbruders Tad Pringle engagiert.

Auch Vincente Minnelli, berühmt für seinen exquisiten Geschmack und Oscar-Gewinner für die Regieführung in *Gigi*, der 1958 als bester Film ausgezeichnet worden war, schien Koch genau der richtige Mann für den Film zu sein, besonders für die Szenenfolgen im England des frühen neunzehnten Jahrhunderts. »Ich hatte bei Metro mit ihm zusammengearbeitet, als er noch Regieassistent war, und ich wußte, daß keiner einen besseren Film dieses Stils drehen würde als er.« Aus dem gleichen Grund bat Barbra, die historischen Kostüme von Cecil Beaton kreieren zu lassen, der Oscars für seine Designs in *Gigi* und *My Fair Lady* erhalten hatte. Die moderne Garderobe sollte von Arnold Scaasi entworfen werden.

Die Regressionsszenen von *On a Clear Day* verschafften Barbra die Art von Glamour, von der sie immer geträumt hatte. Einer der Gründe dafür, daß sie Dolly Levi zunächst nur ungern hatte spielen wollen, war der, daß sie die Gestalt für zu schlicht hielt. »Ich würde am liebsten sehr aufregende Frauen spielen«, sagte sie. »Kurtisanen des neunzehnten Jahrhunderts, die zehn Liebhaber hatten – so etwas. Das ist mein Traum.«

Melinda entsprach genau diesem Bild, und Barbra arbeitete eifrig mit Cecil Beaton zusammen, damit die glanzvollsten Ballkleider für ihre Rolle entstanden. Der extravagante, überaus modische dreiundsechzigjährige Hoffotograf und Vertraute Greta Garbos entwickelte Respekt und Bewunderung für die Streisand. »Es war bezaubernd, mit ihr zu arbeiten. Ich schien geradezu von ihr hypnotisiert zu werden. Barbra und ich redeten gründlich über alles, und ich vertraute ihrem Urteil … Ich bin nie einem so jungen Menschen begegnet, der so viel über sich selbst weiß.«

Als Barbra vor der Bankettszene im Studio erschien – ganz in Weiß »wie eine arabische Prinzessin« –, hatte sie einen Diamanten an einem ihrer Nasenflügel befestigt. Das gefiel niemandem. »Ich gab mir Mühe, nicht auf ihre Nase aufmerksam zu machen«, sagte Beaton. »Der Diamant wurde abgelehnt, aber ich bewunderte sie dafür, daß sie es versucht hatte. Menschen, die es wagen, anders und individuell zu sein, sind mir am liebsten. Es ist nicht die leichteste Lebensweise, aber die interessanteste.«

Barbra und Vincente Minnelli waren einander ebenfalls sofort sympathisch. Daß seine Leistungen Respekt und Beifall erzeugten, verstand sich von selbst, aber er war auch der Exmann von Judy Garland, die Barbra zutiefst gerührt hatte, als sie 1963 in Garlands Show aufgetreten war, und der Vater ihrer Freundin Liza Minnelli. Wie Beaton wußte der fünfundsechzigjährige MGM-Veteran Barbras Instinkte zu schätzen. »Ich muß mit Leuten zusammenarbeiten, die meine Meinung anerkennen«, erklärte Barbra. »Vincente ist wunderbar in dieser Hinsicht. Noch vor *Funny Girl* muß ihm meine Arbeit gefallen haben. Er spielte sich nicht als erfahrener Regisseur von vielen Hits auf, im Gegensatz zu einem kleinen Mädchen mit ein, zwei Filmen. Er ist so offen, und er hat Vertrauen zu mir.«

***

On a Clear Day sollte sich als Barbras bis dahin unbeschwerteste Produktion erweisen. Es gab keine Explosionen zwischen ihr und Yves Montand, kein wütendes Wegrennen, keine Eiseskälte zwischen Star und Regisseur. Das lag natürlich zum Teil daran, daß Barbra durch *Funny Girl* zum Filmstar geworden war; sie erhielt ihren Oscar während der Dreharbeiten zu *On a Clear Day*. Niemand konnte nun noch fragen: »Wofür hält sie sich eigentlich?« Inzwischen wußte jeder genau, wer sie war: der größte weibliche Filmstar in Hollywood. Und man behandelte sie entsprechend.

Hilfreich war auch, daß Barbra viel abgeklärter wirkte. Sie fühlte sich nicht mehr so unsicher, daß sie bei jedem Streit das letzte Wort haben mußte. »Ich muß Kompromisse schließen. Hier und da. Das weiß ich jetzt. Ich sehe nun sogar ein, daß ein kleiner Kompromiß ein Teil der Vollkommenheit ist. Wissen Sie, worauf ich hinauswill? Ein bißchen Unvollkommenheit gehört dazu, wenn man vollkommen sein will, denn Vollkommenheit allein ist leblos und fade.«

Das Filmteam verbrachte zehn Tage in Brighton, um die Szenen im Royal Pavilion zu drehen. Barbra war fasziniert von der schmuckvollen, eklektischen Architektur des Strandschlosses, die ans Tadsch Mahal erinnert. »Es ist eine Verbindung aus Groteskem und Wunderschönem«, sagte sie. »Und es ist grotesk schön.«

Barbra hatte beschlossen, Jason nicht auf eine so große Reise mitzunehmen, wodurch es zu ihrer ersten längeren Trennung kam. »Ich vermisse ihn entsetzlich.« Enorme Telefonrechnungen liefen auf, damit sie sich sein Gebrabbel aus dreizehntausend Kilometer Entfernung anhören konnte.

***

Während der Drehtage in Brighton vernarrte sich Barbra in den flotten dreißigjährigen australischen Schauspieler George Lazenby, der als James Bond in *On Her Majesty's Secret Service* (James Bond 007 – Im Geheimdienst Ihrer Majestät) auftrat. »Er kam mit seinem Motorrad, nur um sie zu sehen«, berichtete Howard Koch. Nach der Tagesarbeit sprang Barbra auf den Rücksitz, und die beiden brausten an der Meeresküste entlang, um irgendwo zu essen. Nach ein paar

Tagen, so Lazenby, »lud mich Barbra in ihr Hotelzimmer ein. Wir saßen auf der Couch, und ich nahm sie in die Arme. Aber etwas hielt mich davon ab, viel weiter zu gehen. Ich wollte nicht, daß sie mich geringschätzte – ich wollte in ihren Augen ein großer Mann sein. Aber sie war sehr enttäuscht«.

Als Lazenby beim nächstenmal mit Streisand allein war, »fingen wir an, uns zu küssen, aber sie gebot Einhalt. Sie sei nicht an einer oberflächlichen Affäre interessiert, ich solle der einzige für sie sein. Ich musterte Barbra. Sie war schön, erfolgreich … Aber dann hörte ich eine Stimme in meinem Innern, die mir befahl, mich nicht mit Haut und Haaren einer einzigen Frau auszuliefern … Ich machte mich davon.«

Ein paar Monate später traf Lazenby auf einer Party mit Elliott zusammen. »Gould wurde rot im Gesicht und fing an zu zittern«, erinnerte sich Lazenby. »Er schnappte sich ein Messer von einem Gedeck und fuchtelte damit vor meinem Gesicht herum. Zum Glück packte ihn der Mann in seiner Begleitung an den Schultern und drückte ihn auf seinen Sitz zurück.« Lazenby sah Barbra nie wieder.

***

Das Filmteam von *On a Clear Day* kehrte Mitte Mai 1967 nach New York zurück, um auf dem Gelände der Fordham University eine Demonstrationsszene zu drehen. Aber die Universität zog in letzter Minute ihr Einverständnis zurück, weil überall im Land echte Studentendemonstrationen gegen Präsident Nixon und den Vietnamkrieg ausgebrochen waren. Die Universitätsleitung wollte nicht den Eindruck erwecken, daß sie ihre Studenten zu Unruhen aufwiegele. Nachdem ihm auch die Columbia University eine Absage erteilt hatte, unterbrach Koch die Dreharbeiten und machte sich auf die Suche nach einem anderen College. Schließlich gab die University of Southern California ihre Zustimmung, und die Truppe mußte zurück nach Los Angeles reisen, um die Szenen zu filmen.

Dadurch entstand ein Zeitproblem, denn man hatte Barbra ein Ende der Dreharbeiten im Mai garantiert, damit sie die Proben für ihre Rückkehr nach Las Vegas – Anfang Juli ins International Hotel – aufnehmen konnte. Es gab Gerüchte, daß Barbra eine hohe Zusatzgage verlangen werde, aber sie wollte etwas anderes. »Sie verlangte gewisse Dinge, die nicht im Vertrag standen«, erklärte Koch, »das heißt Ausstattungsgegenstände, die in ihren Besitz übergehen sollten.« Im Unterschied zu ihren Pendants bei 20th Century-Fox waren die Paramount-Direktoren aufgeschlossen für ihr Ansinnen. »Wir wollten ihr nicht mehr Geld zahlen, deshalb trafen wir eine Absprache mit ihr. Es war seltsam. Eines der Dinge, die sie sich wünschte, war ein Wohnwagen … mit dem gesamten Mobiliar. Dazu ihre ganze Garderobe und ein paar Buntglasfenster, die wir für die Ausstattung brauchten. Wahrscheinlich nahm sie Sachen im Wert von siebzig- oder achtzigtausend Dollar mit nach Hause. Das war günstig für uns, denn die meisten dieser Dinge waren sowieso entbehrlich.«

»Ich verdiente kein schlechtes Geld mit diesen Fenstern«, prahlte Barbra später. »Das Studio mietete sie für fünfhundert Dollar von mir, um sie in *The Great White Hope* [Die große weiße Hoffnung] zu verwenden.«

***

Sechs Wochen später stand Barbra in den Kulissen des Konzertsaals im nagelneuen International Hotel in Las Vegas und wartete auf ihren Auftritt. Sie war fast gelähmt vor Furcht. Einer der künstlerischen Berater des Hotels versuchte, ihr zu helfen. »Kann ich etwas für Sie tun?« fragte er.

»Nein, danke«, erwiderte sie mit leerem Blick.

»Hören Sie, Miss Streisand. Sie haben in Nachtclubs angefangen, Sie waren eine Sensation auf der Broadway-Bühne. Sie haben einen Emmy bekommen und einen Oscar für Ihren ersten Film. Wer sonst hat all das geschafft?«

Es war vermutlich das Schlimmste, was der Mann in jenem Moment hätte sagen können. Denn die hochgeschraubten Erwartungen des Publikums verängstigten Barbra am meisten. »Ich konnte nur immer wieder denken: ›Was erwarten sie von mir? Mein Gott, all diese Leute werden mir beim Singen zugucken. Was haben sie in den Zeitungen gelesen, und was geht ihnen durch den Kopf …? Da ist der Neid, und man wird irgendwie aufs Podest erhoben, und sie lesen so viel negative Dinge über einen.‹ Sobald ich die Bühne betrat, hatte ich einen Schock. Ich fragte mich: Was tue ich hier?«

Sie tat nichts anderes, als einen fünfjährigen Millionenvertrag mit dem International zu erfüllen, einem dreißig Stockwerke hohen 1500 Zimmer-Hotel und Casino – dem größten der Welt –, das der Unternehmer Kirk Kerkorian für 60 Millionen Dollar hatte errichten lassen. Kerkorian wollte, daß der größte Star des Landes diese luxuriöse Spielstätte angemessen eröffnete, und er trat zuerst an Elvis Presley heran. Presleys Manager, Oberst Tom Parker, lehnte das Angebot ab, denn es schien ihm zu riskant für seinen Klienten zu sein, in einem völlig neuen Gebäude aufzutreten, bevor die unvermeidlichen Probleme mit dem Sound, der Beleuchtung, der Akustik und anderen technischen Dingen gelöst waren. »Jemand anders soll den Hals in die Schlinge stecken«, sagte Parker und willigte dann ein, Elvis als zweiten Künstler in dem Hotel singen zu lassen. Nachdem Kerkorian Barbra 100 000 Dollar und genug Hotelaktien angeboten hatte, um ihr für ein vierwöchiges Engagement eine Million Dollar zu sichern, beschloß sie, den Kopf in die Schlinge zu stecken.

Im Gegensatz zu Elvis war Barbra sehr angetan von dem Gedanken, als erste an dem hochgepriesenen neuen Unterhaltungsort aufzutreten. »Wir hätten den Vertrag nicht unterschrieben, wenn wir das Hotelprogramm nicht eröffnet hätten«, sagte Marty Erlichman.

Marty hatte Barbra seit einiger Zeit gedrängt, zu Live-Auftritten zurückzukehren. Aber eine Tournee mit ihren kräftezehrenden Terminplänen, unterschiedlichen Problemen bei jedem Aufenthalt, unberechenbarem Wetter und wahrscheinlichen Sicherheitsdefiziten kam für sie nicht in Frage. Las Vegas, so sehr Barbra es verabscheute, hatte viel kalkulierbarere, sicherere und bequemere Bedingungen zu bieten. Das *dachte* sie jedenfalls.

Als Barbra ihre Proben im Juni begann, war das Hotel so weit von der Fertigstellung entfernt, daß sie einen Schutzhelm gegen herunterfallende Zementstücke und Schweißfunken tragen mußte. Der Trommler Don Lamond, der zu Barbras siebenunddreißigköpfigem Orchester gehörte, erinnerte sich: »Ein paar Tage bevor wir eröffneten, hatten sie noch nicht einmal die Teppiche verlegt. Sie hämmerten, Brocken fielen herunter, und Elektrobohrer schrillten – die typischen Geräusche eines Bauplatzes. Aber Barbra protestierte kein bißchen. Sie machte einfach weiter mit der Probe. Viele Leute, für die ich gearbeitet habe, wären ausgeflippt, aber nicht sie.«

Vor der Premiere am 2. Juli war Barbra von so eisiger Furcht gepackt, daß sie erwog, sich, während der Vorhang hochging, auf eine Chaiselongue zu legen, falls ihr die Knie weich wurden. Sie verwarf den Gedanken, und während das Orchester die Ouvertüre beendete, nahm sie all ihren Mut zusammen, um vor ein erwartungsvolles Publikum hinauszutreten. Unter den Zuschauern waren Cary Grant, Rudolf Nurejew, Andy Williams, Joe Louis und Sonny Liston, Tony Bennett, Rita Hayworth, Natalie Wood und Peggy Lee. Barbra hatte kein Vorprogramm und wollte nicht beginnen, bevor die Gäste gespeist hatten. Die meisten Besucher hatten um halb neun zum Dinner

Platz genommen und waren bereits ungeduldig, als sie um halb elf endlich erschien.

Als sich der Vorhang hob, sah man keine üppige Bühnenausstattung, keinen Flitter, keine Tanzmädchen, nur die Streisand – in einem Jeans-Overall und einem zerknitterten Hemd. Die Kolumnistin May Mann beschrieb die Reaktion des Publikums als »Schock und kalte Fassungslosigkeit«. Barbra hatte sich über den unvollendeten Zustand des Hotels lustig machen wollen, doch da sie keine Erklärung abgab, bevor sie zu ihrem ersten Song »I Have Plenty of Nothin'« ansetzte, fragten sich viele Gäste, ob sie beleidigt werden sollten. »Es gab einigen Lärm im Publikum«, berichtete Dennis Ritz, der Marketingchef des International. »Ich würde nicht gerade von Buhrufen sprechen, aber es war deutlich, daß viele sie für unhöflich hielten und sich vor den Kopf gestoßen fühlten.«

Die Reaktion des Publikums wurde noch finsterer, als Barbra auch vor ihrem zweiten Stück, der exquisiten, doch schleppenden Rodgers-und-Hart-Melodie »My Funny Valentine«, kein Wort sagte. Dann sang sie vier weitere Lieder ohne die geringste Überleitung. Jeder Nummer folgte gedämpfter, fast widerwilliger Applaus. Barbra sang makellos, aber sie schien niemanden im Saal zur Kenntnis zu nehmen. Es gab keine Blicke ins Publikum, keine Selbstironie, keine Wärme. Und während sie den Mangel an Resonanz spürte – ihre schlimmste Befürchtung war Wirklichkeit geworden –, erstarrte sie noch mehr.

»Ich wollte eine Beziehung zu meinem Publikum herstellen«, sagte Barbra. »Was tat ich? Ich nahm es gegen mich ein! Wellen von Feindseligkeit schienen die Bühne zu überschwemmen. Ich arbeitete, aber ich hatte einfach Angst. Das merkte man natürlich. Man hielt mich für einen Snob, aber ich war völlig eingeschüchtert!« Als Barbra endlich begann, mit den Gästen zu sprechen und Witze zu reißen, hatte sie das Wohlwollen der meisten Besucher eingebüßt. »Die Witze, die sie über den unfertigen Zustand des Hotels machte«, schrieb May Mann, »brachten das Publikum nicht zum Lachen, sondern befremdeten es eher. Es wurde von einem kalten, grollenden Abscheu ergriffen. Wenn Dean Martin das gleiche gesagt hätte wie sie, wären alle in Gelächter ausgebrochen … Es war durch und durch peinlich. Viele Leute gingen hinaus, sobald sie während einer kurzen Pause verschwand, um ihr Kostüm zu wechseln. Sie kam in einem rosa Plisseekleid aus Chiffon zurück und kommentierte: ›Das war meine Bettdecke. Ich dachte, es wäre am besten, ein Kostüm daraus zu machen!‹ Wieder Schweigen, kein Gelächter. Je stärker sich Barbra um die Sympathie des Publikums bemühte, desto reservierter wurde es.«

Die Show endete mit einem Reinfall, und Barbra, völlig niedergeschlagen, weinte danach in ihrer Garderobe. »Ich war erschüttert. Ich konnte die Feindseligkeit des Publikums spüren.« Sie brauchte keine Rezensionen, um zu wissen, daß sie gerade gründlicher durchgefallen war als bei ihrem *Town & Country*-Debakel neun Jahre zuvor in Winnipeg, aber am nächsten Tag erschienen die Kritiken natürlich trotzdem. Charles Champlin von der *Los Angeles Times* faßte die allgemeine Reaktion zusammen: »Selbst wenn man das Premierenfieber berücksichtigt, war Miss Streisands Auftritt eine seltsame, kalte, starke Enttäuschung von achtzig Minuten Länge. Ihre Bewunderer wissen, daß sie eine prächtige Stimme und eine stachelige Direktheit besitzt. Das Problem ist, daß ihre Manieren zu Manierismen geworden sind. Ihre Vorstellung war gut durchgeplant, doch der magische Rapport, den Sinatra, Tony Bennett – und [Peggy] Lee – mit ihrem Publikum herstellen können, kam bei Barbra zu keinem Zeitpunkt zustande ... Miss Streisand wirkte wie eine verblüffend leistungsfähige, aber abschreckend unpersönliche Maschine ..., die immer noch einiges zu lernen hat.«

Barbra war klar, daß sie etwas unternehmen mußte. Don Lamond erinnerte sich: »Einer der Kritiker hatte geschrieben, daß Barbra ein paar Tips von Peggy Lee erhalten könne. Und tatsächlich, am nächsten Abend hörte sie sich Peggy an. Sie ist nie zu eingebildet, um etwas dazuzulernen. Deshalb hatte ich großen Respekt vor ihr ... Und die Kritiker meinten, sie habe sich total verschätzt, weil sie die Show mit ›My Funny Valentine‹ einleitete, denn die Leute in Vegas seien nicht an eine solche Eröffnung gewöhnt. Sie bevorzugen lautstarke Sachen. Also sagte Barbra zu uns: ›Ich weiß, daß wir nach dem ersten Abend eine schlechte Presse hatten. Laßt euch davon nicht beeindrucken. Wir müssen eben die erste Nummer ändern.‹ Wir gingen also zu einem wirklich mitreißenden Beginn über, und dann änderte sie die ganze Show.«

Am nächsten Abend begann Barbra mit »Don't Rain on My Parade«. Die schwungvolle Melodie erregte das Publikum und brachte es sofort auf Barbras Seite, denn es wurde an ihre wunderbare Leistung in *Funny Girl* erinnert. Sie fuhr fort mit »People« und »My Honey's Lovin' Arms«, bevor sie »My Funny Valentine« sang.

Barbra verzichtete immer noch auf Überleitungen zwischen den einzelnen Liedern, aber diesmal spielte es keine Rolle: Das Publikum brach nach jeder Nummer in wilden Beifall aus.

Die Beziehung zwischen einem Künstler und einem Publikum ist ein sehr verletzliches Gespinst, wie Barbra am Vorabend schmerzlich erfahren hatte. Wenn man die Aufmerksamkeit erst einmal verloren hat, ist es häufig unmöglich, sie zurückzuerobern. Doch wenn man das Publikum für sich gewonnen hat, löst jedes Wort, das am Vorabend noch auf taube Ohren gestoßen ist, plötzlich Jubelstürme aus.

Nun wurde über ihre Witze gelacht. »Ist es nicht einfach *verduckigt* hier?« fragte sie. »Es gibt keine Uhren. Man will, daß alle im Casino sind, deshalb funktionieren die Fernsehapparate in Ihren Zimmern nicht, stimmt's? In den Zimmern sind keine Bibeln – und wenn, dann nur solche mit fünf Geboten. Na ja, vielleicht mit sechs, wenn's eine jüdische Bibel ist!«

Das Gelächter ließ Barbra lockerer werden. Sehr bald hatte sie eine herzliche Beziehung zum Publikum hergestellt. Sie beschrieb ihre Freunde Marilyn und Alan Bergman als »ein nettes jüdisches Paar«, bevor sie deren Song »Ask Yourself Why« vortrug. Danach bezeichnete sie »Punky's Dilemma« als »einen Song von Simon und Garfunkel – noch ein nettes jüdisches Paar«.

Die Gäste waren begeistert. Barbra hatte das Ruder herumgerissen. In den folgenden Wochen hörte Charles Champlin ständig, daß Barbras Show viel besser geworden sei, und er kehrte zurück, um eine neue Besprechung zu schreiben. Diesmal bezeichnete er ihre Vorstellung als »eine sprühende Entfaltung ihrer Gaben: Sie schien sich prächtig zu amüsieren, war gelöst, liebenswürdig und beherrschte die Lage.« Joyce Haber von der *Los Angeles Times* stimmte ihm zu: »Ich entdeckte eine sehr viel bessere Show. La Streisand erhielt eine stehende Ovation. Es war ein Konzert, das man nicht vergißt.«

***

Während Barbras Engagement im International erschien ein Exemplar der Zeitschrift *Ladies Home Journal*, das ein Interview mit Elliott Gould enthielt. Darin äußerte er sich freimütig und oftmals bitter über seine Beziehung zu ihr: »Barbra ist in Wirklichkeit vierzehn Jahre alt. Wir haben es mit einem Mädchen zu tun, das ein bedeutender Star ist; sie verdient ein Vermögen, aber sie ist unglücklich. Es ist eine Last, sie dauernd klagen zu hören.« In diesem Stil ging es das ganze lange Interview hindurch weiter. Als Barbra es las, wurde sie rot vor Wut. Laut ihrem Friseur Fredrick Glaser scheuchte sie alle aus ihrer Garderobe und »machte sich daran, das Zimmer kurz und klein zu schlagen«.

***

Kurz darauf kam Barbras zwölftes Solo-Album auf den Markt. *What About Today?* war ein erfolgloser Versuch, die Streisand zum Rock-Genre überwechseln zu lassen, das der populären Musik eine Revolution beschert hatte. Als sie 1965 nach dem Rock 'n' Roll gefragt wurde, antwortete sie: »In musikalischer Hinsicht liebe ich ihn, aber es gibt da nichts, was ich singen könnte.« Dieses Album schien ihr Urteil zu bestätigen.

1966 brach eine neue, heiße Ära bei Columbia Records an, nachdem Clive Davis viele Aufgaben von Goddard Lieberson übernommen hatte. Davis wollte das Label konkurrenzfähiger in der Pop- und Rock-Szene machen, die nach »der britischen Invasion« – mit den Beatles 1964 an der Spitze – explosionsartig gewachsen war. Ende 1967 hatte Davis das relative Scheitern von *Simply Streisand* noch frisch im Gedächtnis, und er meinte, die führende Künstlerin des Unternehmens solle nun erwägen, wenn nicht Rock 'n' Roll, so doch zumindest zeitgenössischere Popmusik zu singen. Der Absatzrückgang, den Barbra zu verzeichnen hatte (obwohl geringfügig, verglichen mit den karrierebedrohenden Einbrüchen anderer Künstler), überzeugte Davis, daß sogar eingefleischte Streisand-Fans froh sein würden, wenn ihr Idol eine neue Richtung einschlug.

Daher war Davis entzückt zu hören, daß Barbra eine Pop-Single aufgenommen hatte, die sich völlig von ihren früheren Platten unterschied. Unglücklicherweise ließen die von Barbra gewählten Songs kaum erkennen, daß sie zu einem erfolgreichen Umstieg fähig war. Die Single »Our Corner of the Night« – mit »He Could Show Me« auf der B-Seite – kam im Februar 1968 heraus, wurde vom Rundfunk fast gar nicht beachtet, erzielte klägliche Verkaufsziffern und verwirrte Barbras Bewunderer.

Obwohl dieser erste Versuch mit moderner Popmusik scheiterte, war Clive Davis beeindruckt von Barbras Bereitschaft, sich auf den Song einzustellen, so fremdartig dieser ihr auch erscheinen mochte. Sie klang echt auf der Platte, keineswegs wie eine Broadway-Diva, die sich in die Niederungen begeben hat. Mit dem geeigneten Material konnten Streisands Stimme und Talent also einen erfolgreichen zeitgenössischen Sound hervorbringen.

Während sich das *Hello, Dolly!*-Team in Garrison aufhielt, hatte

Davis Barbra einen Besuch abgestattet, vorgeblich, um Reklamefotos für das *Funny Girl*-Soundtrack-Album von ihr absegnen zu lassen. Er empfahl ihr, sich weiterhin um die Modernisierung ihres musikalischen Profils zu bemühen, denn als junge und dynamische Künstlerin dürfe sie ihre Plattenkarriere nicht stagnieren lassen.

Barbra war sich zuerst nicht sicher, ob sie einen so dramatischen Wechsel ihres musikalischen Stils vornehmen sollte und konnte, aber sie wußte instinktiv, daß Davis recht hatte. Neben den finanziellen Vorteilen, die eine Erweiterung ihrer Fangemeinde mit sich bringen mußte, würde sie durch aktuellere Musik auch die Chance haben, dem Publikum zu beweisen, daß sie mehr als eine Sängerin von altmodischen Musicals war.

What About Today? allerdings war eine unausgegorene Mischung aus Altem und Neuem; die LP enthielt kein einziges Stück, das sich als »Rock« bezeichnen ließ. Der Tenor der Rezensionen war unterschiedlich. *Variety* schwärmte: »Da sie diese Texte umgearbeitet hat, ohne ihren typischen Popstil zu ändern, behält sie ihren gewaltigen Reiz für erwachsene Zuhörer und überbringt rocktauben Ohren die Botschaft der Jugend.« Andere meinten dagegen, daß Barbra kaum eine Bindung an das Material erkennen lasse oder daß die Songs nicht ihren üblichen hohen Maßstäben gerecht würden. »Eine kraftvolle Sängerin wie Barbra Streisand entfaltet sich am besten mit kraftvollen Programmen«, schrieb Greer Johnson in *Cue*.

Finanziell gesehen war *What About Today?* ein Fehlschlag. Es erreichte lediglich Platz einunddreißig der *Billboard*-Chart und wurde damit zu Barbras bis dahin schlechtest verkauftem Studio-Album. Zu Clive Davis' Sorge trug *What About Today?* nichts dazu bei, Streisands erhoffte Verwandlung in ein modernes Popidol zu beschleunigen. Es bedurfte noch zwei weiterer Jahre, bis das für Barbra geeignete Material gefunden war und sie sich einen hohen Rang in der Hierarchie der Popmusik sichern konnte.

***

Am 30. Juli 1969 gab Barbra ihre letzte Vorstellung im International. Don Lamond und der berühmte Bassist Milt Hinton, der ebenfalls ihrem Orchester angehörte, trennten sich nur ungern von ihr. Für Lamond war Barbra »ein wunderbarer Mensch. Man hörte eine Menge Gerüchte, daß es sehr schwer sei, für sie zu arbeiten, aber davon merkte ich nichts. Sie wußte eben genau, was sie wollte, aber sie beabsichtigte nicht, irgend jemandem zu schaden. Das Engagement in Vegas war eine der besten Zeiten meines ganzen Lebens.«

Natürlich reagierte nicht jeder so positiv auf Barbra. Joy Simmons, seit zwanzig Jahren Barkellnerin in Las Vegas, bezeichnete die Streisand als »grob«, »anstrengend« und »respektlos« gegenüber dem Hotelpersonal. »Man erfährt rasch, wer nett ist und wer nicht. Solche Nachrichten verbreiten sich in der Stadt wie ein Lauffeuer. Es gibt vier Personen, die von Kellnern, Barkeepern und allen sonstigen Angestellten in Las Vegas gehaßt werden, und das sind Bill Cosby, Liza Minnelli, Jerry Lewis und Barbra Streisand. Man kann fragen, wen man will – sie geben kaum Trinkgeld, sind unhöflich und taktlos. Barbra ist rüde und stellt sich lieber taub, als zu winken oder jemanden zur Kenntnis zu nehmen, der sie um ein Autogramm bittet. Hin und wieder kam sie auf einen Drink in die Bar, aber sie gab nie einen Cent Trinkgeld. Genausowenig für den Zimmerservice. Niemand wollte ihr Essen raufbringen, weil sie den Toast möglicherweise als zu kalt, zu heiß oder zu weich empfand. Sie sorgte dafür, daß viele Angestellte entlassen wurden, besonders wenn sie auch nur eine Spur von Sarkasmus in ihrem Tonfall vermutete. Sinatra hat Launen und regt sich manchmal auf, aber später hat er Gewissensbisse und gibt manchmal sogar 100 Dollar Trinkgeld, auch wenn man ihm aus Versehen einen Drink über den Anzug gegossen hat. Barbra gab uns keinen Dollar und auch kein kostenloses Album, wenn wir sie darum baten.«

***

Elvis Presley sollte Barbra im International ablösen (das Engagement wurde zu einem umjubelten Comeback), und er traf rechtzeitig ein, um sich ihre vorletzte Show anzusehen. Barbra stellte ihn dem Publikum vor, und später ging er hinter die Bühne, um sich mit ihr bekannt zu machen. Don Lamond kam im Flur an ihm vorbei und war verblüfft über das gute Aussehen des vierunddreißigjährigen Presley, der eine Zeitlang nicht in der Öffentlichkeit erschienen war. »Ich glaube, er war der bestaussehende Mann, dem ich je begegnet bin. Das war, bevor er aufschwemmte. Meine Frau konnte es gar nicht fassen, wie phantastisch er aussah. Er ging in Barbras Garderobe und schloß mit ihr Bekanntschaft.«

Jahre später enthüllte Barbras langjähriger Liebhaber Jon Peters in einem unveröffentlichten Interview, was sich laut Barbras Bericht nun ereignete. Sie war allein und saß an ihrem Frisiertisch. Elvis

263

machte die Tür hinter sich zu, sagte: »Hi«, und dann schwiegen beide verlegen. Plötzlich streckte er die Hand nach einem Fläschchen mit rotem Nagellack aus. Ohne ein Wort ließ er sich auf die Knie fallen, nahm Barbras Hand in die seine und trug den scharlachroten Lack sorgfältig auf Barbras spitz zulaufende Fingernägel auf.

Die Intimität der Geste und ihre Demütigkeit lähmten Barbra, die Elvis fasziniert zusah. Als er seine Arbeit beendet hatte, brachte sie ein leises »Danke« hervor. Einer von Presleys Mitarbeitern, der anonym bleiben möchte, gab zu Protokoll, daß die Intimität zwischen Barbra und dem »King of Rock 'n' Roll« noch vertieft worden sei. »Elvis sagte mir, er habe die Nacht mit Streisand in ihrer Suite verbracht. Er wollte wohl damit prahlen. Jedenfalls sprach er mit viel Augenzwinkern von der Sache.

Elvis erwähnte nicht, wie lange die Beziehung zwischen ihm und Barbra dauerte, und ich hatte es mir zur Regel gemacht, ihn nie nach Einzelheiten zu fragen. Aber es dürfte sehr kurzfristig gewesen sein – nicht unbedingt nur eine Nacht, aber wahrscheinlich nicht mehr als zwei oder drei. In einem der Bücher über ihn heißt es, er habe nach ihrer Show gesagt: ›So ein Mist‹, aber das ist Blödsinn. Er sprach so von ihr, als bete er sie an.

Ich war völlig entgeistert. Barbra Streisand und der King! Wow. Da hätte ich gern Mäuschen gespielt.«

IV.

Sehr zeitgemäß

»Nun kann ich einen Film ohne Songs drehen,
wie ein normaler Mensch …
Ich werde einfach ich selbst sein –
ganz natürlich und sehr zeitgemäß.«
Barbra 1970

KAPITEL 19

Barbra bohrte ihre nackten Zehen nervös in den dichten weißen Teppich und zog den Kragen der teuren Plüschrobe fröstelnd um ihren Hals, während sie sich besorgt in dem hohen Spiegel musterte. Sie drehte sich um und ließ sich in einen Sitzsack aus Vinyl sinken, der zusammen mit einem Mobiliar aus Chrom und Glas zur modischen Ausstattung ihrer kleinen Garderobe gehörte. Ein paar Schritte weiter war das Schlafzimmer-Set aufgebaut, in dem ihr Co-Star George Segal, ihr Regisseur Herb Ross und sehr wenige Crew-Mitglieder ungeduldig auf ihr Erscheinen warteten. Es galt, die eine Szene in *The Owl and the Pussycat* (Die Eule und das Kätzchen) zu drehen, vor der ihr grauste: ein sexuelles Gerangel mit Segal, und sie hatte ihr Einverständnis gegeben, sich oben ohne filmen zu lassen.

Noch ein paar Tage vorher hatte sie einem Reporter erklärt, daß ihre reine Sprechrolle als Doris, eine »hoffnungslose, glücklose Nutte«, die eine Karriere als »Model und Schauspielerin« anstrebt, ihr gestatten werde, das überladene Beiwerk ihrer ersten drei Filme abzuschütteln und zum erstenmal als »ich selbst – ganz natürlich und sehr zeitgemäß« auf der Leinwand zu erscheinen. Nun mußte sie den Grad von Natürlichkeit bewältigen, den das Drehbuch von ihr verlangte.

Als Barbra, in ihre Robe gehüllt, schließlich den Raum verließ, zog sie Herb Ross beiseite und gestand ihm, daß sie Angst davor hatte, die Szene zu drehen.

»Herbie, ich kann es nicht«, flüsterte sie. »Ich habe eine Gänsehaut, und das wird man bestimmt sehen. Was wird meine Mutter denken?« Ross erwiderte geduldig: »Aber Barbra, es geht doch nun mal um sexuelle Leidenschaft ...«

»Mag sein, aber ich finde meinen Körper nicht so toll. Meine Mutter wird traurig sein. Ich glaube nicht, daß ich der Sache gewachsen bin.«

Laut Buck Henry, dem Drehbuchautor des Films, versicherte »Ross ihr, daß sie einen wunderbaren Körper habe. Sie gingen in einen separaten Raum, und sie zeigte ihm, weshalb sie den Ansprüchen nicht zu genügen glaubte. Aber Barbra hat eine tolle Figur. Ross lachte und sagte: ›Wirklich, du bist verrückt. Du mußt mir vertrauen.‹« Fast eine Stunde lang – George Segal machte inzwischen ein Nickerchen – redete Ross Barbra zu, die kurze Szene wie geplant zu drehen. Er beteuerte, daß eine Nacktszene angemessen für die ungehemmte Doris sei. Und wolle sich Barbra nicht endgültig von ihrem gegenwärtigen Leinwand-Image als Königin altmodischer Musicals lösen? Wolle sie das neue Jahrzehnt nicht als eine souveräne, verwegene junge Schauspielerin beginnen?

Schließlich ließ sich Barbra durch Ross' Schmeicheleien und sein Versprechen umstimmen, daß er die Szene herausschneiden werde, wenn sie nicht zufrieden sei. Barbra murmelte: »Ach, zum Teufel, ich werd's mal versuchen.« Während Harry Stradlings Kamera lief, ließ Streisand ihre Robe fallen, enthüllte ihre kecken Brüste, durchquerte den Raum und stieg zu dem nun völlig wachen George Segal ins Bett.

»Es war perfekt«, entsann sich Ross. »Ich rief: ›Das war's. Herrlich!‹ Aber Barbra ist eben die geborene Perfektionistin. Sie wollte ein Retake! Ich glaube, niemand konnte es fassen, denn wir alle brüllten vor Lachen, sogar Barbra. Dann drehten wir die Szene noch einmal.« Als Barbras Mutter das Studio ein paar Tage später besuchte, musterte sie Doris' freizügiges Schlafgewand und seufzte: »Wirklich schockierend, was Schauspielerinnen heutzutage tun müssen, aber es gehört wohl zum Beruf.«

***

Die Filmfassung von *The Owl and the Pussycat* ist eine rauhe, romantische Komödie über zwei weltfremde, gegensätzliche Partner, die nach einer Reihe von verbalen Auseinandersetzungen, einer sexuellen Eskapade und einem mehrfachen Rollentausch ihre Illusionen aufgeben und überraschend zum Liebespaar werden. Felix Sherman ist ein verklemmter, snobistischer, pseudointellektueller Möchtegernschriftsteller, der in einem Buchladen arbeitet; Doris ist eine pfiffige, freche, aufsässige Prostituierte, die aus einer Laune heraus ihren Familiennamen ändert. Sie behauptet, nur hin und wieder auf den Strich zu gehen, in Wirklichkeit Model und Schauspielerin zu sein und »einen Film« gedreht zu haben – ein, wie sich herausstellt, pornographisches Epos mit dem Titel »Motorradschlampen«. Am Ende der Handlung gesteht Felix, eigentlich Fred zu heißen, und sie enthüllt ihren echten Familiennamen: Wilgus. Nachdem er seine schriftstellerischen Ambitionen und sie ihr Gewerbe aufgegeben hat, beschließen die beiden, eine Wohnung und ein neues Leben – diesmal fest in der Realität verwurzelt – miteinander zu teilen.

Das Bühnenstück *The Owl and the Pussycat* von Bill Manhoff hatte im November 1964 am Broadway Premiere gehabt. Es wurde – mit Alan Alda und Diana Sands, der begabten afroamerikanischen Schauspielerin, die zusammen mit Barbra in *Harry Stones* aufgetreten war – mehr als vierhundertmal gezeigt und wechselte dann ins Londoner West End über, wo Barbra es sich während ihres dortigen *Funny Girl*-Engagements ansah. Da Ray Stark durch seine Produktionsgesellschaft Seven Arts zu den Geldgebern der Show gehörte, konnte er die Filmrechte ohne große Mühe für 100 000 Dollar erwerben. 1965 gab er seinen Plan bekannt, die damals teuersten, berühmtesten und begehrtesten Filmstars der Welt, Elizabeth Taylor und Richard Burton, zu engagieren. Burton lehnte fast sofort ab, und Stark wandte sich statt dessen an den vierschrötigen Rod Taylor. Aber Rod machte ebenfalls bald einen Rückzieher, genau wie Liz.

Nun dachte Stark an Streisand, die ihm vertragsgemäß drei Filme schuldete. Es war eine aufregende Chance für sie, denn sie wünschte sich eine moderne Sprechrolle und glaubte, daß sie als Doris einen reibungslosen Übergang vom Musical weg vollziehen könne. Am 25. November 1968 verkündete Stark, daß Barbra den Vertrag unterzeichnet habe. Er hatte sich angeblich bereit erklärt, ihr eine Gage von einer Million Dollar sowie sieben Prozent der Nettoeinnahmen zu zahlen – eine beträchtliche Erhöhung gegenüber ihren ursprünglichen Vertragsbedingungen.

George Segal, 1966 wegen seiner Leistung in *Who's Afraid of Virginia Woolf* als bester Nebendarsteller für einen Oscar nominiert, galt als einer der begabtesten jungen Dramenschauspieler Hollywoods. Aber er hatte auch ein weniger bekanntes komödiantisches Talent. 1960 hatte er abseits des Broadway in der satirischen Revue *The Premise* Lachstürme ausgelöst – zusammen mit dem Komiker und Schriftsteller Buck Henry, mit dem er seither befreundet war. Als Henry den Vertrag für das *Pussycat*-Drehbuch unterzeichnete, schlug er Segal für die Rolle des Felix vor.

Nachdem Stark das Drehbuch bei Henry in guten Händen wußte, bot er Herbert Ross die Regie an. Ross hatte 1968 mit dem erfolgreichen Musical-Remake *Goodbye Mr. Chips* sein Debüt gefeiert und Peter O'Toole eine Oscar-Nominierung als bester männlicher Darsteller beschert. Nach ihrer langen Zusammenarbeit hatte Barbra uneingeschränktes Vertrauen zu Ross, ebenso wie zu ihrem »geliebten«

Harry Stradling, den sie sich zum viertenmal hintereinander als Kameramann wünschte. Als Nebendarsteller kamen Robert Klein, ein intellektueller junger Bühnenkomiker, der Felix' Freund Barney spielen sollte, und Roz Kelly als Doris' kaugummikauende platinblonde Busenfreundin Eleanor hinzu.

Während der Vorproduktion kam es zwischen Barbra und Ray Stark zum Zwist wegen der Filmmusik. Nach Barbras Vertragsunterzeichnung hatte Stark Presseerklärungen herausgegeben, daß sie Doris als »musikalische Hure« porträtieren und zwei Lieder singen werde. Zu seinem Ärger weigerte sie sich rundweg, denn sie wollte unbedingt beweisen, daß sie einen Film bestreiten konnte, ohne zu singen. Stark erhoffte einen Kompromiß und beauftragte Martin Charnin, »The Best Thing You've Ever Done« zu komponieren. Barbra sollte diese dramatische Ballade singen, während eine Szenenmontage gezeigt wurde, die eine Entfremdung zwischen Doris und Felix illustrierte. Aber Barbra ließ sich nicht umstimmen. »Als es zur Kraftprobe kam, sagte ich, daß ich auf keinen Fall singen würde. Ich wurde herumgestoßen und behandelt wie ein unartiges Kind. Dafür gab es keinen Grund.«

***

Die Produktion von *The Owl and the Pussycat* begann am 6. Oktober 1969 auf Tonbühnen, die man knapp nördlich des Theaterbezirks von Manhattan von Columbia Pictures gemietet hatte. George Segal, der wie alle anderen Geschichten über Barbras Eigenwilligkeit gehört hatte, stellte zu seiner Überraschung fest, daß sie keineswegs dem Bild einer Menschenfresserin entsprach. »Mit niemandem läßt sich leichter zusammenarbeiten«, sagte Segal. »Sie ist herzlich und ausgeglichen und ein echter Profi. Sie weiß genau, was sie tut. *Ich* war der Unruhestifter auf dem Set. Einmal regte ich mich auf, weil wir Überstunden machen mußten. Ray Stark und ich schrien uns in meiner Garderobe an.« Barbra fand Segal ebenfalls sympathisch und war geschmeichelt, als er hinzufügte: »Ich finde, ganz oben steht Brando, und dann kommt Barbra.«

Laut Robert Klein mußte Segal sich sehr anstrengen, um mit Streisand Schritt zu halten. »Das Komödiantentum lag Barbra im Blut. Es fiel ihr leichter, witzig zu sein, sie wirkte selbstsicherer ..., und ihre Meisterhaftigkeit zwang George, hart an seiner Komik zu arbeiten. Sie dachte *dauernd* darüber nach, wie sie dies oder jenes bewerkstelligen konnte, und sie war absolut gründlich.«

270

Drei Wochen vor Ende der Dreharbeiten verblüffte Harry Stradling die *Pussycat*-Truppe dadurch, daß er seine Arbeit aufgab und nach Kalifornien zurückkehrte. »Ich werde nie wieder den Boden [von Los Angeles] verlassen, um Außenaufnahmen zu machen«, verkündete er. Zwar erinnerte sich niemand daran, daß er über eine bestimmte Krankheit geklagt hatte, aber die langwierige *Pussycat*-Produktion, verbunden mit der Eiseskälte, hatte offenbar einen Tribut von dem Achtundsechzigjährigen gefordert, der ein paar Jahre zuvor einen Herzinfarkt erlitten hatte.

Ray Stark rief Herb Ross und Barbra hastig am Weihnachtswochenende zusammen, damit sie sich Arbeitsproben anderer Kameramänner ansehen konnten. Sie entschieden sich für den dreiundvierzigjährigen, in Ungarn geborenen Andrew Laszlo, dessen Kameraführung in *You're A Big Boy Now* (Big Boy, jetzt wirst Du ein Mann) und in *The Night They Raided Minsky's* (Die Nacht, als Minsky aufflog) mit Lob bedacht worden war.

Die verbleibenden Drehtage von *The Owl and the Pussycat* wurden zügig bewältigt, denn Laszlo war fähig genug, den Stil seines Vorgängers beizubehalten. Aber Barbra war untröstlich, als sie erfuhr, daß Harry Stradling am 14. Februar plötzlich gestorben war – nur zwei Tage bevor er seine vierzehnte Oscar-Nominierung für *Hello, Dolly!* erhielt.

***

Obwohl das Projekt seit Jahren im Gespräch gewesen war, hatte es den Anschein, als habe man *The Owl and the Pussycat* speziell dazu ersonnen, Barbra Streisand einen entscheidenden Wendepunkt in ihrer Karriere zu ermöglichen. Während einige konservative Filmzuschauer, die Streisand für das Brooklyner Gegenstück von Julie Andrews hielten, Anstoß an der derben Sprache des Films und an seinem offenherzigen Umgang mit Sexualität nahmen, waren andere (besonders junge Menschen) fasziniert von der »neuen« Streisand, zumal sie glaubten, es mit ihrer wirklichen Persönlichkeit zu tun zu haben. *Pussycat* half Barbra, einen Teil der »Coolness« zurückzuerobern, die ein so wichtiger Bestandteil ihrer frühen Nachtclub-Karriere gewesen war.

Sie war allerdings nicht cool genug, um ihre Nacktszene in der Endfassung von *Pussycat* unangetastet zu lassen. »Als sie die Szene sah«, berichtete Buck Henry, »erklärte sie: ›Nein, das kann ich meiner Familie nicht antun. Ihr müßt das ausblenden.‹ Und sie hatte das

Recht dazu.« Später sagte Barbra, sie habe ihre Entscheidung nicht nur aus Sittsamkeit getroffen. Sie habe auch gefürchtet, daß der Anblick ihrer nackten Brüste vom Humor der folgenden unbeholfenen Liebesszene ablenken könne, und wahrscheinlich hatte sie recht.

Barbra setzte voraus, daß der Film und das Negativ der einzigen Nacktszene ihrer Karriere wie üblich vernichtet werden würden, aber das war nicht der Fall. Fast ein Jahrzehnt später sollte ihr die Szene von neuem zu schaffen machen.

***

Am 16. Dezember eilte Barbra um fünf Uhr nachmittags von den Dreharbeiten nach Hause, um sich für die Weltpremiere von *Hello, Dolly!* vorzubereiten, die um acht Uhr abends im Rivoli Theater am Broadway stattfinden sollte. Ein paar Minuten vorher verließ sie das Haus. Ein von Arnold Scaasi entworfener weißer Midimantel aus Leder, der mit einem dunkelorangenen Muster bestickt und mit weißem Pelz eingefaßt war, sowie ein weißer und orangener Turkestani-Pillboxhut schützten sie vor der Kälte. Zusammen mit Marty Erlichman sprang sie in eine königsblaue Limousine.

Der Film war seit dem Frühsommer fertig gewesen, aber da die Show noch am Broadway lief (sie sollte mit 2844 Aufführungen alle Rekorde schlagen), hatte David Merrick auf seinem Vertragsrecht bestanden und die Filmpremiere nicht zugelassen. Er ließ sich erst umstimmen, als sich 20th Century-Fox im Bestreben, aus Barbras Popularität nach *Funny Girl* so rasch wie möglich Nutzen zu ziehen, bereit erklärte, den Produzenten für jeglichen durch die Filmfreigabe bewirkten Rückgang der Kasseneinnahmen zu entschädigen.

Nachdem dieses Hindernis ausgeräumt war, brachte Fox den zwei Stunden und achtundzwanzig Minuten langen, aufwendig beworbenen Film mit einem Kartenpreis von 6,50 Dollar für die besten Plätze und mit einem Souvenirprogramm in die Kinos. Im Studio war man überzeugt, einen Knüller zu besitzen, der den überwältigenden Kassenerfolg von *The Sound of Music* (Meine Lieder – meine Träume) wiederholen konnte. »Wir alle gingen davon aus, daß *Hello, Dolly!* niemals ein Fehlschlag sein könnte«, sagte Lehman. »Die ganze Welt wollte den Film sehen. Seine Stars waren Barbra Streisand, Walter Matthau und Louis Armstrong. Wie sollte er scheitern?«

***

Die Premiere verstärkte den allgemeinen Optimismus und erschreckte Barbra zu Tode. Fast tausend Fans drängten sich stundenlang bei Temperaturen unter dem Gefrierpunkt auf dem Broadway außerhalb des Rivoli, um einen Blick auf Barbra, einen der wenigen echten amerikanischen Superstars, zu erhaschen. Als die Menge ihre noch zwei Häuserblocks entfernte Limousine entdeckte, war die Hölle los. In einer Szene, die Nathanael Wests apokalyptischem Hollywood-Roman *The Day of the Locust* (Der Tag der Heuschrecke) hätte entliehen sein können, durchbrachen Hunderte von Fans die Polizeisperren, umringten das Auto, schrien: »Barbra! Barbra!«, hämmerten auf die Motorhaube und drückten ihre Gesichter an die Fenster, um La Streisand zu sehen.

Barbra hockte verängstigt auf dem Rücksitz, während der Mob immer unbeherrschter wurde, so daß der Druck an beiden Seiten die Limousine hin- und herschaukeln ließ. Polizisten zu Fuß und zu Pferd drängten die Menge zurück, aber der Chauffeur brauchte trotzdem eine Viertelstunde, um die wenigen Meter bis zum Eingang des Rivoli, wo ein roter Teppich ausgerollt war, zurückzulegen.

Ein Fan erinnerte sich, wie er neben Barbras Wagen herlief und zu ihr hineinspähte: »Sie sah wunderschön aus, aber ihre Miene war wie die eines Rehs, das im Scheinwerferlicht gefangen ist. Sie zog ihren Pelzkragen dauernd hoch, als wolle sie darin versinken. Ab und zu hob sie eine Hand in einem weißen Lederhandschuh und machte am Fenster mit ihren Fingern das V-förmige Friedenszeichen. Vielleicht dachte sie, dadurch die Menge ein wenig beruhigen zu können. Es wurde ziemlich wüst. Ein tobender Fan sprang auf die Vorderhaube der Limousine und fing an, an das Glas zu hämmern und zu brüllen. Einmal drückten die Leute hinter mir so kräftig, daß mein Gesicht gegen die Scheibe knallte. Ich gab Barbra ein Zeichen, bloß nicht auszusteigen.«

Barbra hatte Angst, die Limousine zu verlassen, und blieb sitzen, bis die Polizei den Weg ins Theater freigeräumt hatte. Als sie schließlich ausstieg und den roten Teppich betrat, schrien die Menschen und drängten sich ihr entgegen. Blitzlichter explodierten vor ihrem Gesicht. Fans kreischten ihren Namen, warfen Blumen und schwenkten ihre Autogrammhefte. Ein beweglicher Keil aus stämmigen Polizisten und privaten Sicherheitskräften umringte sie und Marty und schob die beiden langsam vom Bordstein auf das Theater zu. Die Streisand war wie gelähmt. Man brauchte weitere fünfzehn Minuten, um sie durch die Türen des Rivoli zu befördern. Sobald sie im Innern war, brachen die Sperren zusammen und eine Menschenwoge prallte gegen die Theatertür.

Im Gedränge des Foyers kämpften entfesselte Fotografen so heftig um einen günstigen Platz, daß Handgemenge ausbrachen. Die Kamera eines Fotografen wurde von mehreren Fans zerschmettert, die sich hinter Barbra an den Pförtnern und Polizisten vorbeigeschoben hatten. Marty Erlichman und ein Fotograf stießen zusammen und fielen zu Boden, wonach sie sich aufrappelten und einander mit Fäusten und Füßen bearbeiteten. Die Kamera des Fotografen traf Erlichman am Kopf, und aus der klaffenden Wunde spritzte Blut über seinen Hemdkragen.

»O mein Gott, was ist bloß los?« schrie Barbra. »Marty! Marty! Ist alles in Ordnung? Was haben sie mit dir angestellt, Marty?«

Pat Newcomb, der für den Film verantwortliche Presseagent, sagte später: »Ich habe Premieren mit Marilyn Monroe und Elizabeth Taylor erlebt, aber das war die schlimmste.«

Danach, auf einer Party im Hotel Pierre, schwor die erschütterte Barbra dem Kolumnisten Earl Wilson, daß sie nie wieder an einer Premiere teilnehmen werde. »Es ist unmenschlich. Ich war fassungslos über das, was Marty passiert ist.« Wilson fragte sie, wie ihr der Film gefallen habe. »Ich bin nicht sicher, daß ich etwas davon wahrgenommen habe«, sagte sie.

So erschreckend das Chaos war, es schien ein gewaltiges Interesse an dem Film und seinem Star anzuzeigen, und die Rezensionen waren noch ermutigender. »Er ist großartig, er ist spektakulär, er ist prachtvoll, er ist sentimental, er ist schwungvoll, er hat Tempo«, schwärmte Charles Champlin in der *Los Angeles Times*. »Walter Matthau, brüllend wie ein mürrischer Elch, ist eine Gestalt von unendlichem Charme und Interesse … Die Hauptattraktion ist natürlich Barbra Streisand, und ich vermute, niemand wird überrascht sein, wenn ich sage, daß sie hervorragend ist … Die Parade, ja und die ›Hello, Dolly!‹-Orgie im Glanz der Harmonia Gardens sind uneingeschränkte Triumphe der verschiedenen Künste der Schauspielerei. Wer davor keinen Respekt empfindet, hat keinen Respekt vor dem Film als Kunstform.«

»Hello, Dolly! ist nicht gegen jegliche Kritik gefeit«, schrieb Vincent Canby in der *New York Times*, »aber ich glaube, daß Barbra Streisand es ist. Im Alter von siebenundzwanzig Jahren – und aus dem sehr guten Grund, daß sie eines der wenigen, geheimnisvoll natürlichen, einzigartigen darstellerischen Talente unserer Zeit verkörpert – ist sie zu einer nationalen Kostbarkeit geworden.«

Es gab auch andere Stimmen sowohl über den Film als auch über Barbra, aber diese blieben in der Minderheit. Zunächst hatte es den Anschein, daß *Hello, Dolly!* den hohen Erwartungen von 20th Century-Fox mehr als gerecht werden würde. Die Kasseneinnahmen der beiden ersten Wochen überstiegen jene von *The Sound of Music* – eine Tatsache, die das Studio auf doppelseitigen Anzeigen in den Filmzeitschriften Hollywoods hinausposaunte.

Aber dann gingen die Besucherzahlen zurück. Sieben Oscar-Nominierungen im Februar, darunter eine für den besten Film (aber nicht für die beste Schauspielerin), konnten dem Zuschauerschwund nicht abhelfen, genausowenig wie die drei technischen Auszeichnungen (für Ausstattung, Ton und Musik), die man dem Film im April zuerkannte. Bald wurde klar, daß *Hello, Dolly!* nicht die gewaltigen Summen einspielen würde, die nötig waren, um das enorme Budget auszugleichen. Die Kasseneinnahmen betrugen 38 Millionen Dollar (der vierthöchste Bruttogewinn des Jahres) in den USA und noch einmal 20 Millionen Dollar im Ausland, aber das war nicht genug. Um die Anfangsinvestitionen und die Werbeausgaben von 20th Century-Fox wieder einzubringen, hätte *Hello, Dolly!* einen Bruttogewinn von mehr als 60 Millionen Dollar machen müssen. An diesem Maßstab gemessen war der Film ein Flop.

Was war geschehen? Weshalb hatte ein Film mit so vielen Vorzügen nicht das Publikum erreicht, das zu *Funny Girl* geströmt war? Die Antwort lag hauptsächlich in der sich rasch wandelnden amerikanischen Kultur. Wie der Vietnamkrieg und die Gegenkultur der Jugend eine Revolution in der Popmusik bewirkt hatten, so spiegelte die Filmindustrie um 1969 weitgehend die radikalen Umschwünge innerhalb der amerikanischen Gesellschaft wider. *Midnight Cowboy* (Wenn es Nacht wird in Manhattan), John Schlesingers mutiges Porträt eines bisexuellen Strichjungen, wurde als erster ab achtzehn Jahren freigegebener Streifen mit dem Oscar für den besten Film ausgezeichnet. Sydney Pollacks *They Shoot Horses, Don't They?* (Nur Pferden gibt man den Gnadenschuß) vermittelte eine nihilistische Weltanschauung. *Bob & Carol & Ted & Alice* machte sich über den modischen Trend zum Partnertausch lustig. Und *Easy Rider*, der archetypische Protestfilm der sechziger Jahre, verherrlichte den Drogengebrauch und ließ viele junge Menschen gegen Bigotterie und gedankenlose Brutalität aktiv werden.

In diesem Klima wurde *Hello, Dolly!* von vielen für alberne, leichte Kost gehalten, und die meisten jungen Kinobesucher – stets die Hauptstütze der Filmindustrie – kauften lieber Karten für gewichtigere Filme. Andere altmodische Musicals, die zur selben Zeit herauskamen, hatten noch weniger Erfolg als *Hello, Dolly!*. Die Experten erklärten das Filmmusical für tot, und vorläufig hatten sie recht.

Niemand machte Barbra für den finanziellen Fehlschlag von *Hello, Dolly!* verantwortlich. Im Gegenteil, ihre Popularität dürfte für den Verkauf der meisten Eintrittskarten gesorgt haben. Hätte der Film einen weniger bedeutenden Star gehabt, wäre es ihm gewiß noch schlechter ergangen. Ernest Lehman meint sogar, daß der Film nur deshalb gescheitert sei, weil Barbra nicht genug Szenen gehabt habe. »Bei der Premiere in New York war es völlig klar, daß all die Leute niemand anderen als Barbra sehen wollten. Und ich dachte: ›Mein Gott, sie erwarten einen Barbra-Streisand-Film.‹ Aber davon konnte keine Rede sein. Es gab lange Passagen, in denen sie nicht auf der Leinwand war, in denen man sich nur die blöden Angestellten und ihre blöden Mädchen angucken konnte. Ich bin sicher, daß viele Zuschauer enttäuscht waren, weil Barbra nicht häufiger zu sehen war, und das schadete dem Film.«

Unzweifelhaft liefert die Streisand die unterhaltsamsten Elemente des Films. Ihre Dolly Levi ist witzig, dynamisch, mitreißend – ein Tornado der Komik, der durch eine Szene nach der anderen fegt. Es stimmt, ihre Charakterisierung schwankt wild hin und her zwischen Mae West, Lena Horne und Fanny Brice, aber das unterstreicht den Humor von Barbras Leistung. Sie mag fehlbesetzt gewesen sein, doch sie erwies sich als eine höchst amüsante Fehlbesetzung.

Zwischen Barbra und Walter Matthau ist trotz aller Zusammenstöße bei den Dreharbeiten eine sprühende komische Affinität zu entdecken. Was ihnen fehlt, ist eine romantische Affinität. Harry Stradlings Kamera zeigt eine so schöne Streisand – mit makellosem Teint, lebhaften blauen Augen, hochgekämmtem kastanienbraunem Haar und Stundenglasfigur –, daß man sich fragt, warum sie sich nicht einen attraktiveren »Halbmillionär« als den übellaunigen, sauertöpfischen Horace Vandergelder angelt.

Letzten Endes ist *Hello, Dolly!* ein komödiantischer und musikalischer Triumph für Barbra. Es ist ein Film, an den man sich hauptsächlich ihretwegen erinnert, wie es Jerry Herman vorhergesagt hatte. Richard Cohen bemerkte in seiner Rezension für *Women's Wear Daily*: »Da steht sie am Kopf der großen prunkvollen Treppe. Ihre herrliche Fröhliche-Witwen-Figur ist in schweres, mit Juwelen besetztes Gold gehüllt; ein paar Federn stecken in ihrem Belle-Époque-Haarknoten. Sie lächelt ihr verstohlenes, heimliches Lä-

cheln des jüdischen Mädchens aus Brooklyn, das es geschafft hat.
Der Film hat den Höhepunkt erreicht, sie ist der größte weibliche
Filmstar ihrer Zeit und schickt sich an, das am häufigsten gespielte,
vertrauteste, am meisten parodierte Lied des Jahrzehnts zu singen.
Wir sind gespannt. Wird es ihr gelingen? Wird sie all die Asse aus-
stechen? Leute, das Mädchen erringt den Sieg. Die ganze Sache ist
ein Triumph. Sie hat das verstohlene Lächeln gelächelt, weil sie von
Anfang an wußte, daß sie unwiderstehlich sein würde.«

KAPITEL 20

B arbra tappte mit den Füßen, klatschte in die Hände und stieß anspornende Rufe aus, während der Mann mit der Geige den Red River Jig, einen traditionellen kanadischen Volkstanz, vorführte. Sie war im National Arts Center in Manitoba und nahm an der Hundertjahrfeier der Provinz am 28. Januar 1970 teil. Doch kaum jemand im Publikum schenkte der Vorführung Aufmerksamkeit, die meisten Augen waren auf Barbra und ihren Begleiter gerichtet: den Premierminister des Landes, Pierre Elliott Trudeau.

Trudeau – hochgewachsen, attraktiv, gebildet, unverheiratet, unkonventionell und jugendliche fünfzig Jahre alt – war seit zwei Jahren Vorsitzender der Liberal Party und kanadischer Regierungschef. Er hatte Barbra zuerst in London bei der *Funny Girl*-Premiere umworben und war ein Jahr später für ein Wochenende zu ihr nach New York geflogen. Am Freitag abend aßen sie zu zweit in der *Casa Brasil* an der Eastside von Manhattan und tanzten dann bis in die frühen Morgenstunden im *Raffles*, einer exklusiven Diskothek in der Fifth Avenue. Nachdem sie sich am Samstag abend nicht hatten sehen lassen, besuchten sie am Sonntag ein Theaterstück. Ein Reporter fragte Trudeau, wie lange er Barbra kenne, und der Premierminister antwortete: »Nicht lange genug.«

Es war ein gefundenes Fressen für Klatschmäuler. Joyce Haber erklärte in ihrer Kolumne in der *Los Angeles Times*: »Was ist angemessener für einen Superstar, als sich mit einem gutaussehenden, lebenslustigen Superpolitiker zusammenzutun? Barbra spielt die Heiratsvermittlerin in *Dolly*. Im wirklichen Leben hat sich etwas angebahnt, das der Beobachtung wert ist.«

Zwei Monate später – eine Woche nachdem sie die Hauptdreharbeiten für *The Owl and the Pussycat* beendet hatte – flog Barbra in die kanadische Hauptstadt Ottawa. Sie hatte drei Schrankkoffer bei sich, von denen zwei mit Pelzmänteln, -stolen und -hüten gegen die winterliche Kälte vollgestopft waren. Der Premierminister führte seine glanzvoll ausgestattete Geliebte ins Ballett, und auf einer Party danach hielten sie Händchen. Dann lud Trudeau ein paar enge

278

Freunde ein, um ihnen Barbra in der Villa des Regierungschefs bei einem gemütlichen Kerzenlicht-Dinner vorzustellen.

Ein paar Tage später besuchte Barbra eine Parlamentssitzung, in deren Verlauf Trudeau und sie einander zuwinkten und Blicke tauschten. George Hees, ein verärgertes Mitglied der Tory-Opposition, unterbrach seine Rede an einer Stelle und erklärte: »Ich würde dem Premierminister gern eine Frage stellen – wenn er seine Augen und Gedanken lang genug von der Besuchergalerie abwenden kann, um sie zu beantworten.« Trudeau errötete; Barbra lachte und pochte mit ihrem Schirm an das Geländer vor ihrem Platz.

Dann reiste Barbra nach Manitoba, wo Trudeau und sie separat zur Hundertjahrfeier ins National Arts Center gefahren wurden. Als Barbra eintraf, sprang Trudeau aus seiner Limousine, drängte sich an einigen Beamten der Royal Canadian Mounted Police vorbei und öffnete den Schlag von Barbras Wagen mit einer schwungvollen Geste. Sie betraten den Konzertsaal unter dem zunehmenden Gemurmel der Menge.

Ed Schreyer, Generalgouverneur von Winnipeg und ein politischer Rivale Trudeaus, berichtete von Barbras Entzücken, während sie sich die Show ansah. »Die Gästeliste war voll von prominenten Bürgern Manitobas, und ich empfand es als eine besondere Ehre, sie bei uns zu haben. Wir tauschten ein paar Floskeln aus, bevor die Unterhaltung begann und sie ihrer Faszination freien Lauf ließ. Sie stieß immer wieder enthusiastische Rufe aus, während der Geiger den Red River Jig tanzte, der, wie ich ihr erläuterte, mit dem amerikanischen Virginia Reel zu vergleichen ist. Alle beobachteten ihre Reaktionen, die sehr lustig und ganz ungekünstelt waren.«

Schreyer war der Ansicht, daß Trudeau »durch seine Treffen mit Barbra Streisand unzweifelhaft ein politisches Risiko einging. Manche waren beeindruckt, aber das war nicht die Mehrheit. Er wurde mit Barbra in Cafés und Pubs gesehen, und die meisten Gespräche drehten sich um die beiden.«

Viele Kanadier machten sich Sorgen. Wohin würde die offenkundige Zuneigung ihres Premierministers zu diesem bezaubernden Filmstar führen? Würde sie bereit sein, ihre Karriere aufzugeben und die First Lady Kanadas zu werden? Und was für eine First Lady würde sie sein? Oder würde Trudeau für die Frau, die er liebte, abdanken, wie es der britische König Edward VIII. 1936 getan hatte? In einem landesweit im Fernsehen übertragenen Interview konfrontierte ein Reporter Trudeau mit der Frage des Tages: »Ich glaube, alle sind an der Tatsache interessiert, daß es zwischen Ihnen und Miss

Streisand während ihres Aufenthaltes in der Stadt nicht nur zu einem einzigen flüchtigen, sondern zu drei oder vier längeren Treffen gekommen ist. Die Öffentlichkeit hat ein Recht zu erfahren, ob Sie eine ernste Beziehung mit ihr anknüpfen.«

»Das geht weder Sie noch die Öffentlichkeit etwas an«, erwiderte Trudeau.

Barbra wußte es wahrscheinlich nicht, aber Trudeau war vor ihrer Ankunft in Kanada bereits mit einer anderen jungen Frau, der einundzwanzigjährigen Margaret Sinclair, liiert. Damit diese Beziehung nicht durch den Pressewirbel um die Rendezvous mit Barbra zerstört wurde – schließlich konnte er nicht wissen, wie sich die Dinge mit der Streisand entwickeln würden –, rief Trudeau Margaret mehrere Male an, während Barbra in der Stadt war. Aber Margaret schrie jedesmal »Geh doch zu deiner amerikanischen Schauspielerin zurück!« und knallte den Hörer auf die Gabel.

Trudeau heiratete Margaret Sinclair im März 1971; die stürmische Verbindung zerbrach 1977. Im selben Jahr wurde Barbra in einem *Playboy*-Interview gefragt, ob Trudeau ihr einen Heiratsantrag gemacht habe. Sie verweigerte zunächst die Antwort, machte dann jedoch klar, daß sie ernsthaft über ein Leben als First Lady von Kanada nachgedacht habe. »Es wäre phantastisch gewesen. Ich hätte Französisch lernen müssen und nur noch Filme in Kanada gedreht. Damals hatte ich mir alles genau überlegt. Ich würde für ihn in den Wahlkampf ziehen und mich politisch für sämtliche Programmpunkte – Abtreibung oder was auch immer – engagieren.«

Doch »gewisse Realitäten« hätten sie davon abgehalten, Trudeau zu heiraten – höchstwahrscheinlich Trudeaus Katholizismus und die Unmöglichkeit, ihre Karriere fortzusetzen, während sie die Pflichten einer First Lady erfüllte. Sie habe nie erwogen, Trudeau um die Aufgabe seiner eigenen Karriere zu bitten, denn: »Sein Leben war zu wichtig für ein ganzes Land, für die Welt. Meines ist nicht so bedeutsam. Höchstens in dem Sinne, daß ich die Phantasie der Menschen anrege oder ihnen Vergnügen bereite, aber das ist etwas anderes, als Premierminister eines Landes zu sein.« Barbra und Trudeau blieben während seiner Ehe und danach eng befreundet.

***

Bevor Barbra nach Kanada abreiste, war sie zu dem Nachtclub-Gesangsdebüt ihrer noch nicht ganz neunzehnjährigen Schwester Roslyn im eleganten *Persian Room* des Hotels Plaza erschienen. Das gesamte Jahr 1969 hindurch hatte Roslyn eine durch vierzehn Städte führende, von RCA Records finanzierte Tournee unternommen, um für ihr erstes Album *Give Me You*, das Ende 1968 herausgekommen war, zu werben. Die RCA-Leitung teilte der Presse mit, sie unterstütze Roslyn durch »die größte Kampagne, die seit Jahren für eine Künstlerin unternommen worden ist«.

Roslyn hatte ihre Gesangsambitionen jahrelang gepflegt, indem sie Barbra imitierte und zu ihren Alben sang. Aber Roslyns engste Verbindung zum Showgeschäft hatte lediglich darin bestanden, daß sie Vorsitzende des Barbra Streisand Fan Clubs war. Diese Tatsache wurde von Barbras PR-Leuten in der Presse hochgespielt: Bewundernde kleine Schwester leitet Fanclub für Superstar.

Während Mrs. Kind Barbras Showbusineß-Ambitionen mißbilligt hatte, förderte sie nun Roslyns Karrierewünsche. Barbra hatte bewiesen, daß der Blitz an den unglaublichsten Stellen einschlagen kann, und nach Dianas Ansicht besaß Roslyn viel bessere Erfolgschancen, als Barbra sie im Alter ihrer jüngeren Schwester gehabt hatte. Roslyn war auf konventionelle Art hübscher, nachdem sie einen halben Zentner abgespeckt hatte, und war nur noch »angenehm mollig«, wie sie sich ausdrückte; sie war kein bißchen spinnig und besaß eine gefällige Stimme, die an Barbras erinnerte – ohne die Theatralik, die manche abschreckend fanden.

Barbra, von ihrer Karriere in Anspruch genommen und immer noch voller Bitterkeit ihrer Mutter gegenüber, hielt kaum Kontakt zu Diana und Roslyn. Beide mußten sich einen Termin von ihrer Sekretärin geben lassen, um sie anrufen zu können. »Wir haben nicht mehr viel Verbindung miteinander«, sagte Roslyn. »Sie wußte gar nicht, daß ich eine eigene Karriere begonnen hatte.« Barbra schickte der Familie selten Geld, obwohl sie inzwischen Multimillionärin war. Roslyn dagegen war eine anhängliche Tochter, die immer noch bei ihrer Mutter, mittlerweile in einem Apartment in der West 58th Street, wohnte. Sie waren 1967 von Brooklyn nach Manhattan gezogen, weil Diana es von dort aus näher zu ihrer Arbeit als Schulsekretärin hatte. Es war wahrscheinlich, daß Roslyn – nicht Barbra – ihre Mutter im Alter unterstützen würde. Mrs. Kind war daher bereit, ihre jüngere Tochter alle Möglichkeiten ausschöpfen zu lassen, damit sie wenigstens einen Bruchteil von Barbras Gagen verdiente.

Roslyns Karriere, die mit großem Optimismus gestartet wurde, verlief jedoch enttäuschend. Ihr erstes Album fand wenig Käufer, und als ein zweiter Versuch noch erfolgloser war, ließ RCA sie fallen. Roslyns Hauptproblem war natürlich Barbra. Was sie auch unternahm, sie *klang* wie die Streisand. Aber sie war nicht so gut wie ihre Schwester, und die Vergleiche fielen stets zu ihren Ungunsten aus.

Ein paar Jahre später äußerte sich Roslyn voller Bitterkeit über die, wie sie meinte, mangelhafte Unterstützung von seiten Barbras. »Wenn Barbra nur ab und zu etwas Nettes über mich sagen würde, wenn man sie fragt. Ich glaube, sie verdirbt mir meine Chancen durch ihr Schweigen.« Als Barbra tatsächlich einmal ein Wort für sie einlegte und ihr ein Engagement in einem Club in Las Vegas verschaffte, meinte Roslyn: »Es war der übelste Laden, den man sich vorstellen kann … Kein Mensch wußte, daß er existierte.«

Manchmal heißt es, Barbra sei verärgert darüber gewesen, wie leicht es Roslyn gemacht wurde – ein Plattenvertrag direkt nach der High-School! Barbra beschränkte sich auf den Kommentar: »Leider glaubt Roslyn immer, daß ich irgendwie dahinterstecke, wenn jemand ihr kein neues Engagement anbietet. Das ist Unsinn, es ist traurig.«

Roslyn dachte daran, das Showgeschäft völlig aufzugeben. »Das möchte ich nicht, Singen ist mein Leben. Aber ohne die Hilfe meiner Schwester werde ich wohl nicht viel weiterkommen.«

***

»Ich freue mich darauf, weniger zu arbeiten und mein Leben einfacher zu gestalten, etwas von meinem Potential als Individuum und Frau zu erfüllen«, hatte Barbra der Zeitschrift *Life* Ende 1969 mitgeteilt. »Mein Kleinmädchentraum, ein Plattenstar, ein Theaterstar, ein Konzertstar und ein Filmstar zu sein, ist unmöglich aufrechtzuerhalten; diese Dinge behindern sich gegenseitig. Es gibt soviel anderes, das ich lernen und tun möchte. Am liebsten hätte ich mehr Zeit – nicht nur, um die Stapel politischer Zeitschriften zu lesen, die sich angehäuft haben, sondern auch, um in *Good Housekeeping* zu blättern und herauszufinden, was für unterschiedliche Sandwiches ich für meinen Sohn machen kann.«

Sie war erschöpft, nachdem sie *The Owl and the Pussycat* abgedreht hatte. Kein Wunder, denn in den vergangenen zweieinhalb Jahren hatte sie vier Filme – drei davon monumentale Musicals – gemacht; zwei TV-Specials produziert, wozu auch ein Live-Konzert vor 135 000 Menschen gehörte; und sieben Studio- und Soundtrack-Alben aufgenommen. Sie brauchte unbedingt eine Ruhepause. Im August sollte sie wieder im *Riviera* in Las Vegas auftreten, um ihren Vertrag von 1963 mit dem Hotel zu erfüllen, doch sie bat um eine

Verschiebung des Termins bis November. Da sie im Dezember von neuem im *International*, also ebenfalls in Las Vegas, auftreten mußte, hoffte sie, zwei Fliegen mit einer Klappe schlagen zu können. Das *Riviera* war einverstanden, und Barbra versuchte, endlich wieder ein Privatleben zu führen.

In erster Linie gestattete ihr die ungewohnte Freizeit natürlich, sich mit ihrem dreijährigen Sohn Jason zu beschäftigen, der ihr unendlich viel Freude bereitete. Sie war entzückt über jeden seiner Schritte und jedes seiner Worte. Voller Stolz ließ sie einen Reporter wissen, daß Jason beim Biß in ein Stück Grapefruit immer klage: »Oooh, saua«, und daß er das Wort »Okay« immer mit einem fragenden Tonfall ausspreche, genau wie seine Mutter. Jason lernte auch, mit Fans umzugehen. Als Barbra mit ihm eine Nachmittagsvorstellung des Joffrey Ballet besuchte, traten während der Pause Autogrammjäger auf Barbra zu. Sie vergrub sich abwehrend in ihren Sessel. Da stand Jason auf und erklärte: »Heute keine Autogramme!«

***

Am 17. Juli 1970 kam *On a Clear Day You Can See Forever* in die Kinos. Es gab keine Premiere, keine Roadshow, kein Souvenirbändchen. Paramount, besorgt über den Rückgang des Publikumsinteresses an großen, altmodischen Musicals, hatte beschlossen, die erwarteten Verluste so gering wie möglich zu halten. Außerdem hatte man Minnelli gezwungen, den Film um fast fünfzehn Minuten zu kürzen, darunter um zwei komplette Musicalnummern (eine war ein Duett zwischen Streisand und Jack Nicholson!). Nur wenige der Schnitte betrafen Yves Montand, aber er zeigte sich nach der Freigabe des Films trotzdem unzufrieden über seinen Leinwandanteil. »Die Szenen sollten fairer verteilt werden, das nahm ich jedenfalls an. Es gab wenig Entgegenkommen [von Streisand]. Ich habe mit Monroe gearbeitet, und sie wußte, daß sie ein Publikumsliebling war, aber sie ließ es sich nicht anmerken. Man hat Streisand alles gegeben, was sie wollte, und noch mehr. Am Ende wurde beschlossen, nicht eine Filmversion des Stückes herzustellen, sondern einen Barbra-Streisand-Film.«

Das geringe Vertrauen von Paramount in das Kassenpotential des Films wurde, wie sooft, zu einer sich selbst erfüllenden Prophezeiung. Die Rezensionen waren sehr gemischt (Montands Steifheit und sein manchmal unverständliches Englisch lösten besonders heftige Kritik aus), und auch die Begeisterung der Zuschauer hielt sich in

Grenzen: *On a Clear Day* brachte landesweit nur 13,4 Millionen Dollar ein. Aber da Minnelli den Film trotz der üppigen Ausstattung im Rahmen des Budgets von zehn Millionen Dollar hergestellt hatte, konnten die Kosten von *On a Clear Day* durch die ausländischen Kasseneinnahmen und den Verkauf der Fernsehrechte gedeckt werden.

Während *What About Today?* Barbras zögernde Annäherung an die Popmusik widerspiegelte, markierte *On a Clear Day* ihren gleichermaßen schwierigen Wechsel zu zeitgenössischen Leinwandrollen. Die Darstellung der Daisy Gamble – es war Barbras erste moderne Rolle seit ihren frühen Tagen im Sommertheater – bereitete der Streisand offensichtlich Probleme; ihre Daisy hat wenig Ähnlichkeit mit den Studentinnen der späten sechziger Jahre. In ihren ersten Szenen wirkt sie, um mit *Time* zu sprechen, wie »Jerry Lewis in Frauenkleidung«. Ihre übertriebenen, »demonstrativen« Gesten – zum Beispiel dreht sie die Fußspitzen nach innen, wenn sie sich hinsetzt – lassen Daisy geradezu clownesk wirken.

Ihre modische Haute-Couture-Garderobe, entworfen von Arnold Scaasi, wirkte ebenfalls wenig überzeugend. Mit ihren riesigen weißen Hüten, ihren kurzen Kleidern im Empire-Stil mit dazu passenden halblangen Mänteln, ihren niedlichen Trägerröckchen mit Peter-Pan-Kragen und einem Nachthemd aus Paisley-Stoff, der auf ihre Schlafzimmertapete abgestimmt ist, dürfte Daisy Gamble die unwahrscheinlichste Studentin der (Film-)Welt sein. »Hier wird Minnellis Liebe zur Schönheit gelegentlich zum Hindernis«, schrieb der Kritiker Joel E. Siegel. »Wenn der Kontrast zwischen ihrem gegenwärtigen und ihrem früheren Leben noch schärfer gewesen wäre, hätte man die meisten Mängel des Films beheben können.«

Barbra hätte Daisy eher wie, zwei Jahre später, die völlig überzeugende Studentin in *What's Up, Doc?* (Is' was, Doc?) spielen sollen, doch ihre Melinda Tentrees in *On a Clear Day* erwies sich als ihre bis dahin gekonnteste Filmschöpfung. Sie überwältigt in Cecil Beatons prächtigen Regency-Kostümen und ist als eigensinnige Kurtisane sexy, witzig, gebieterisch, verschämt, betörend und unwiderstehlich. Ihre Darstellung (und Minnellis Regie) liefert die hinreißendsten Momente in Streisands Filmkarriere. Das gilt vor allem für die Bankettszene, in der Barbras verführerischer Reiz für die Bewunderer ihres Sex-Appeals einfach überwältigend ist.

***

On a Clear Day läutete das Ende der von MGM inspirierten goldenen Musical-Ära ein – und auch das der Streisand-Filmmusicals –, jedenfalls für die nächsten fünf Jahre. Barbra hatte ihre Entschlossenheit bekundet, nicht nur ihr Image zu modernisieren, sondern auch zu beweisen, daß sie in Filmrollen bestechen konnte, ohne einen einzigen Ton zu singen. Mit *The Owl and the Pussycat*, freigegeben am 30. Oktober, gelang ihr beides.

Der Film und besonders das komödiantische Teamwork zwischen Barbra und George Segal wurden von den Rezensenten allgemein gelobt. Vor allem die New Yorker Kritiker sprachen von einer Heimkehr für Streisand. »Sie ist genau da, wo sie hingehört, in einer echten New Yorker Straße«, schrieb Jack Kroll in *Newsweek.* »Sie drückt sich in einem Kunstpelz-Minimantel durch den Nieselregen, schlurft mit den weißen Stiefeln, schwenkt eine Einkaufstasche, flucht im Brooklyn-Slang hinter einem abfahrenden Bus her und läßt sich dann mit einem Achselzucken und einem Malmen auf ihrem Juicyfruit in das nächste Taxi sinken … Streisand [zeigt] das erstaunlichste komische Talent, das seit sehr langer Zeit auf der Leinwand zu sehen war.«

Pauline Kael fügte hinzu: »Vielleicht wird sie nie wieder so großartig aussehen wie in jener hocheleganten Szene [in *On a Clear Day*], aber wenn Glamour mit der Lähmung des Talents erkauft wird, ist er den Preis nicht wert. Streisand, die bei weitem beste Komödiantin des amerikanischen Films, ist noch besser, wenn sie keine zu große Last tragen muß. Man kann ihr vertrauen, wenn sie ihrem Temperament freien Lauf läßt, denn sie hat den Instinkt und die Disziplin, ihre ungeheure Vitalität im Zaum zu halten. Sie ist wie Tausende von Mädchen, denen man in der Subway begegnet, aber sie ist gleichzeitig Archetyp und Original, und das sind die Eigenschaften eines Stars.«

The Owl and the Pussycat verzeichnete in den Vereinigten Staaten Bruttoeinnahmen von 29 Millionen Dollar und gehörte damit zu den finanziell einträglichsten Filmen des Jahres. Durch diesen Erfolg – sowie durch die Einnahmen von *Funny Girl* und *Hello, Dolly!* – erschien Barbra zum erstenmal unter den überwiegend männlichen Top-Ten-Kassenmagneten. Sie hatte den Übergang von der altmodischen Dolly zur derbzüngigen Doris vollzogen und befand sich nun im Aufwärtstrend.

***

Im Sommer 1970, als Barbra sich von den Dreharbeiten ausruhte, wandte sie ihre Gedanken wieder der Bühne zu. Am 19. April war sie mit einem Ehren-Tony als »Broadwaystar des Jahrzehnts« ausgezeichnet worden (womit Marty Erlichmans Prophezeiung endgültig Wirklichkeit wurde), und diese Anerkennung hatte ihre Phantasie beflügelt. Sie überlegte hin und her, ob sie in einer Repertoireproduktion von *Romeo und Julia* auftreten solle. »Ich würde die Julia gern spielen, solange ich noch jung genug bin«, ließ sie die Kolumnistin Radie Harris wissen.

»Und wer wäre Ihnen als Romeo am liebsten?« fragte Harris.

»Robert Redford«, erwiderte Barbra, ohne zu zögern. »Er ist einer der besten amerikanischen Schauspieler.«

Außerdem träumte sie davon, im *Hamlet* zu spielen (Sarah Bernhardt hatte das getan, warum also nicht auch Barbra?). Aber ihr Lampenfieber und ihre Trägheit waren stärker als ihr Ehrgeiz: Barbra kehrte nie wieder auf die Theaterbühne zurück. »Genau deshalb mache ich am liebsten Filme«, sagte sie damals. »Ich trete überall auf der Welt auf – während ich zu Hause ein Bad nehme.«

Ihre Plattenkarriere warf ein völlig anderes Problem auf. Sie hatte seit *What About Today?* ein Jahr zuvor kein Originalalbum mehr herausgebracht. Der *Hello, Dolly!*-Soundtrack und die Sammlung *Barbra Streisands Greatest Hits* hatten sich mäßig verkauft, obwohl sie während der Ferien herausgekommen waren, und der *On a Clear Day*-Soundtrack erschien nicht einmal unter den besten hundert Alben der *Billboard*-Chart. Der Film mochte gescheitert sein, aber es war ein Schock, daß sich ein Album mit sechs herrlichen neuen Streisand-Interpretationen von Songs aus der Feder von Burton Lane und Alan Jay Lerner so schlecht verkaufte.

Wo waren ihre Fans? Anscheinend war deren Zahl zurückgegangen. Noch zwei Jahre zuvor hätte man schwerlich damit rechnen können (denn der *Funny Girl*-Soundtrack hatte ja immerhin Nummer zwölf erreicht), aber Barbra war das Opfer einer Revolution in der Mainstream-Popmusik. Die meisten jungen Menschen betrachteten ihre Musicalfilme wahrscheinlich als merkwürdige Relikte aus der Vergangenheit und dürften ihre Platten für genauso unmodern gehalten haben. Es lag auf der Hand, daß sie ihr musikalisches Image erneuern mußte, wenn sie ihren Einfluß nicht verlieren wollte.

Überraschenderweise – in Anbetracht ihrer geschäftlichen Instinkte – sträubte sie sich zunächst. Vielleicht fürchtete sie eine Wiederholung des Fehlschlags von *What About Today?*. Vor allem aber hatte sie ein gestörtes Verhältnis zum größten Teil der modernen

Pop- und Rockmusik. Was ihr zusagte, waren klassische Balladen oder neues Material im herkömmlichen Stil. Obwohl Clive Davis sie immer wieder drängte, ein weiteres Album mit aktuellen Songs aufzunehmen, hatte Barbra deshalb Anfang des Jahres mit der Arbeit an *The Singer* begonnen. Es handelte sich laut Barbra dabei um eine Sammlung »guter Musik«, die hauptsächlich von Michel Legrand und ihren Freunden Alan und Marilyn Bergman komponiert worden war.

Sie nahm auch »The Best Thing You've Ever Done« auf (ein Stück, das sie während des Vorspanns von *The Owl and the Pussycat* nicht hatte singen wollen) sowie die beiden Legrand-Bergman-Songs »Summer Me, Winter Me« und »What Are You Doing the Rest of Your Life?«. Die beiden ersteren waren als Single herausgekommen und kaum zur Kenntnis genommen worden, aber das beeindruckte Barbra wenig.

Dann schaltete sich Clive Davis ein. Seiner Meinung nach war es ein großer Fehler, das Album zu produzieren. Er verabredete sich mit Marty Erlichman. »Ich wußte, daß sie jegliche Neuorientierung ablehnte«, sagte Davis. »Sie war gegen die modernen Komponisten, weil sie ihre Musik nicht verstand.« Um Barbra die Angst vor abstrakten Neuerungen zu nehmen, versprach Davis Erlichman, ihr spezifische Stücke vorzulegen, die er für geeignet hielt.

Davis nahm Kontakt mit Richard Perry auf, der als Produzent für Warner Brothers Records gearbeitet hatte. Perry hatte sich kurz zuvor selbständig gemacht und eine Platte für Ella Fitzgerald produziert, auf der sie Songs der Beatles und Smokey Robinsons sang. Der Gedanke, mit der Streisand zusammenzuarbeiten, beflügelte Perry; er hatte keine hohe Meinung von *What About Today?*, doch er war überzeugt, daß Barbra mit dem richtigen Material und der richtigen Methode erfolgreich in die Popmusik einsteigen könne. »Dies war das größte Stimminstrument unserer Generation«, kommentierte er, »aber seine Besitzerin wollte nichts mit zeitgenössischer Popmusik zu tun haben.«

Als Perry und Barbra zusammentrafen, fiel ihm auf, daß sie »kaum über die modernen Trends informiert war. Sie hatte nicht einmal eine wirklich gute Stereoanlage in ihrem Haus«. Perry spielte ihr ein paar Songs vor, darunter Harry Nilssons »Maybe«, das ihr gut gefiel. »Glauben Sie wirklich, daß ich das kann?« fragte sie. »Klar«, entgegnete Perry. »Warum denn nicht?« In den nächsten Monaten rief Barbra ihn immer wieder spätabends an und bat: »Ich möchte das Neueste von Van Morrison, das Neueste von Joni Mitchell, von

Randy Newman, Marvin Gaye ...« Perry sah dies als Beweis dafür an, daß die Streisand »sich völlig in die Popkultur versenkt« hatte.

Schließlich war sie bereit, genug Stücke für ein Album aufzunehmen, aber sie behielt sich das Recht vor, alles vernichten zu lassen, wenn die Songs ihr nicht gefielen. Am Abend vor der Aufnahme »rief sie mich an«, erinnerte sich Perry. »Sie war in Panik und sagte: ›Ich kann es nicht. Das ist nicht richtig für mich. Ich spüre es nicht.‹« Perry versuchte, sie zu beruhigen: »Sie sind doch schon so weit gekommen, Sie müssen es machen. Glauben Sie mir, Sie werden begeistert sein. Es wird Sie umhauen, wenn wir erst mal angefangen haben.«

Die erste Session am 30. Juli, bei der Barbra fünf Songs aufnahm, dauerte von sieben Uhr abends bis fünf Uhr dreißig morgens – es war die längste in der Geschichte der Los-Angeles-Abteilung der American Federation of Musicians. Barbra nahm »Maybe«, Joni Mitchells »I Don't Know Where I Stand«, Randy Newmans »I'll Be Home«, Cynthia Weils und Barry Manns »Just a Little Lovin'« – ausschließlich recht sanfte Popsongs – sowie Laura Nyros Rocknummer »Stoney End« auf. Während sie sich die letzte Nummer anhörte, lächelte sie Perry zu und flüsterte: »Sie hatten recht, und ich hatte unrecht. Aber es ist schön, unrecht zu haben.«

Barbra »machte eine Metamorphose durch«, sagte Perry, »nicht nur in musikalischer, sondern auch in anderer Hinsicht«. Aber sie hatte anscheinend noch einen langen Weg vor sich. Nachdem Perry ihr aus Los Angeles einen Schnitt von »Stoney End« nach New York geschickt hatte, rief sie ihn an und beschwerte sich, daß das Band keinen Hintergrundgesang habe. »Das ist unmöglich«, gab Perry zurück. »Er muß da sein.«

»Ich höre nichts«, behauptete Barbra.

»Also gut, ich bin morgen in New York. Dann komme ich vorbei, und wir prüfen die Sache.«

Am nächsten Tag lauschte Perry dem Band, drehte sich zu Barbra um und sagte: »Kein Wunder, daß kein Hintergrundgesang zu hören ist – einer Ihrer Lautsprecher ist kaputt.« Drei Monate danach besuchte er Barbra in ihrem neuen Haus in Beverly Hills und stellte fest, daß sie ein hochmodernes Hi-Fi-System hatte installieren lassen, darunter ein professionelles Tapedeck mit mächtigen, in die Wände eingebauten Stereoboxen. »Wenn sie einmal anfängt, ist sie nicht aufzuhalten«, meinte Perry.

Als Clive Davis »Stoney End« hörte, war er überzeugt, es mit einem möglichen Hit zu tun zu haben, aber er stieß sogar bei seinem eigenen Personal auf Widerstand. Drei Versionen des Songs waren bereits herausgekommen, gesungen von Darlene Love, Peggy Lipton und Nyro selbst, und keine hatte sich allzugut verkauft. Barbra hatte seit »People« – sechs Jahre zuvor – keinen Single-Hit mehr zustande gebracht, und die Rundfunksender spielten ihre Songs nur noch selten. Viele Mitarbeiter der Plattenfirma waren gegen die Herstellung einer Single, bevor man den Erfolg des Albums abschätzen konnte. Andere fanden, Barbras Stimme sei auf der Platte nicht wiederzuerkennen, und empfahlen einen Radiowettbewerb: »Ratet mal, wer diese Sängerin ist?«

Davis blieb jedoch unverzagt und genehmigte die Veröffentlichung der Single »Stoney End«, mit »I'll Be Home« als Rückseite, für Mitte September. Marty Erlichman machte sich mit zwei Vertretern von Columbia auf die Reise, um die Werbetrommel für die Single zu rühren. Sie besuchten innerhalb von zehn Tagen sieben Städte und sprachen in den wichtigsten Radiostationen und Plattengeschäften vor. In den Geschäften wurde eine lebensgroße Pappfigur von Barbra neben dem Telefon aufgestellt – eine von Martys Ideen. Wenn ein Kunde den Hörer abnahm, hörte er einen Gruß von Barbra und ein paar Ausschnitte aus »Stoney End«.

Trotz der Werbekampagne blieben die Diskjockeys unbeeindruckt; Ende Oktober hatte noch kein größerer Rundfunksender den Song in sein Programm aufgenommen. Die Platte wurde im Oktober neu bearbeitet und wieder an alle Sender im Land verschickt. Barbra griff, was ungewöhnlich war, jetzt auch persönlich ein. Sie schrieb Briefe an Diskjockeys, rief in mehreren ausgewählten Städten an und gab einen Empfang für Diskjockeys im Fairmont Hotel in San Francisco.

Endlich begann man, »Stoney End« im Radio zu spielen, und das Publikum reagierte positiv. Die Platte arbeitete sich im Dezember und Januar langsam die Charts hinauf, bis sie landesweit auf Platz sechs stand – eine verblüffende Wende für die kommerziell totgesagte Streisand. In manchen Städten war der Song sogar noch erfolgreicher. Richard Perry entsann sich, daß er eines Abends mit Barbra den Sunset Boulevard hinabfuhr. »Der Mann im Autoradio sagte: ›Und nun die Platte, die diese Woche in L. A. auf Platz eins steht: »Stoney End!«‹ Es war eine solche Freude für uns, wie ein Traum.«

Der Erfolg von »Stoney End« überzeugte Barbra, auf *The Singer* zu verzichten und Pläne für eine zeitgemäße LP zu machen. Im Februar veröffentlichte Columbia *Stoney End* mit Songs, die sie ursprünglich im Juli aufgenommen hatte, und mit sechs weiteren

Stücken. Das Album erhielt fast ausschließlich begeisterte Kritiken und erreichte Platz zehn in den Pop-Charts. Ein Rezensent schrieb: »Dieses Album wird eine Menge Leute beeindrucken, die nie sehr viel von Miss Streisand und ihrer Einstellung gehalten haben ... Streisand klingt hier nicht wie Streisand. Sie hört sich an wie eine verdammt gute Künstlerin, die sich das Herz aus dem Leibe singt, und der Effekt ist umwerfend.«

Durch *Stoney End* war es Barbra Streisand gelungen, sich wieder an die Spitze einer radikal veränderten Musikwelt zu setzen. Aber das Entzücken hatte Grenzen. Einige ihrer frühesten Fans fühlten sich von ihr verraten; sie haßten Pop- und Rockmusik und hätten es vorgezogen, wenn Barbra weiterhin Harold Arlen und Richard Rodgers interpretiert hätte. Andere meinten, sie habe auch mit diesem Album noch nicht den Übergang geschafft. Zu ihnen gehörte Peter Matz, der *What About Today?* arrangiert und dirigiert hatte. »Alle Songs waren gut«, sagte er, »und das Album war in sich stimmig – im Gegensatz zu *What About Today?*. Aber es störte mich, daß viele der Songs nur Kopien von Versionen anderer Künstler waren.«

Fünf Monate später brachte Barbra ein weiteres Album mit der Musik zeitgenössischer Komponisten heraus, das Stephen Holden im *Rolling Stone* als eine »beklemmende Mischung« charakterisierte. In dem Album verband sich der Hardrock-Urschrei von John Lennons »Mother« mit dem traditionellen Sound von Michel Legrands sowie mit Marilyn und Alan Bergmans »The Summer Knows«. Laut Richard Perry spiegelte der Eklektizismus des Albums »die Tatsache« wider, »daß wir einerseits weiter mit dem Rock-Idiom experimentierten, während es andererseits immer noch Songs enthielt, die Barbra gefielen. ›The Summer Knows‹ paßte nicht zu dem anderen Material, aber wir dachten: ›Hol's der Teufel!‹«

Barbra Joan Streisand wiederholte den Erfolg von *Stoney End* und schien zu zeigen, daß sich die Streisand zwar immer noch in die Pop- und Rockmusik einfühlen mußte, aber eine neue, jugendliche Fangemeinde gefunden hatte, die künftige Rockaufnahmen unterstützen würde. Doch nachdem Barbra den Beweis ihrer Fähigkeit erbracht hatte, produzierte sie für drei Jahre kein weiteres Pop/Rock-Album mehr. Paradoxerweise nahm sie zwei Jahre später eine traditionellere LP auf, die seit neun Jahren ihre erste Nummer eins in den Album-Charts werden sollte.

***

290

Am 27. November trat Barbra im Riviera auf, wo sie ihren Vertrag von 1963 erfüllte. Am 13. Dezember begann ihr Anschluß-Engagement im Hilton. Auf der Bühne des Las Vegas Hilton wurde Barbra unter Marihuanaeinfluß »high«. Sie hatte seit Beginn ihres triumphalen Wiederholungsengagements eine komische »Pot-Szene« in die Show eingebaut. Das Rauchen von Marihuana hatte, obwohl illegal, bis 1970 so sehr um sich gegriffen, daß sich kaum noch jemand bemühte, den Gebrauch der Droge zu verbergen. Zum Beispiel hatte Elliott Gould 1970 während seines *Playboy*-Interviews völlig unbefangen an einem Joint gezogen. Bei den Behörden drückte man ein Auge zu, besonders gegenüber Prominenten.

Barbra hatte beschlossen, die Imitation einer Marihuanazigarette für einen komischen Monolog zu benutzen, in dem sie sich mit Neurosen auseinandersetzte. »Letztes Jahr war ich so nervös, als ich an die Arbeit in dieser Stadt dachte«, erklärte sie dem Publikum. »Ich besuchte Dean Martin, und ich konnte nicht fassen, wie ruhig er war, wie entspannt. Er trinkt natürlich. Und wie ich höre, gibt es Künstler, die Tabletten nehmen. Ich kriege kaum ein Aspirin herunter, also das kommt nicht in Frage. Außerdem finde ich nicht, daß man irgendwas gegen Nervosität nehmen sollte. Wir müssen stark sein …« Nun machte sie eine Pause und zog lange und theatralisch an dem »Joint«. »… und unserer Nervosität ins Auge sehen, stimmt's?«

Es war eine lustige Szene, und alle wußten, daß Barbra nur Spaß machte. Aber während ihrer letzten Show, am späten Samstag abend des 2. Januar, machte sie keinen Spaß. »Ich zündete richtige Joints an und verteilte sie an die Band«, verriet Barbra später. »Es war *toll*. All meine Spannungen lösten sich.« Allerdings hätte sie ihren Auftritt dadurch beinahe verpatzt, wie ein Film zeigte, den ein Fan von der Show machte.

Sobald Barbra an jenem Abend – nach drei einleitenden Songs – ihren ersten Zug genommen hatte, kam der jüdische Komiker Shecky Greene auf die Bühne und verkündete, er sei von der »Narco Squad« in Las Vegas entsandt worden, um Barbra zu verhaften. Sie hielt ihm einen Joint hin und sagte: »Du wirst begeistert sein, Shecky.« Die beiden tauschten ein paar Bemerkungen aus, dann befahl Barbra: »Ich möchte, daß du diesen Saal unterhältst.« In den nächsten fünfzehn Minuten übernahm Greene die Show, während Barbra untätig dabeistand und nur hin und wieder einen Kommentar abgab. Als Greene die Bühne verlassen hatte, sang Barbra drei weitere Lieder und fing plötzlich an, unzusammenhängend zu reden, wobei sie ständig lachte und kicherte.

»Was mache ich bloß?« fragte sie nach etwa einer Viertelstunde. »O mein Gott ... Dies ist die Show, die ich vor ungefähr einer Stunde begonnen habe ... Wir waren ... was ... was tue ich an dieser Stelle sonst immer? Ach ja. Ich quatsche über irgendeinen Blödsinn ... Es steht mir bis zum Hals!«

Einige Minuten später glaubte sie offenbar, daß ihr Hocker an der falschen Stelle stand. »Unter uns sind böse Geister«, sagte sie zur Band. »Ihr habt das nicht gemacht? Was ist los? Wirklich gespenstisch. Kann er sich von selbst bewegt haben? Hat er sich von selbst bewegt? Habt ihr's gesehen? Wer hat ihn verrückt? Wer hat ihn verrückt? Howard Hughes. O mein Gott.«

Dann begann sie einen Monolog, den sie in jeder Show vorgetragen hatte. Es war eine alberne Geschichte über den verlorenen Knopf von Pearl aus Istanbul, die sie bereits in ihrem ersten TV-Special erzählt hatte, doch nun war eine ausführliche neue Einleitung über die Suche nach Kunstgegenständen in der Wüste um Las Vegas hinzugekommen. An diesem Abend verwendete sie vier Minuten auf die Einführung, bereitete den Höhepunkt der Geschichte vor, verlor dann völlig den Faden und erwähnte Pearl aus Istanbul überhaupt nicht mehr. Statt dessen äußerte sie ihre Meinung über Shecky Greenes Auftritt, so daß das Publikum rätselte, weshalb sie den Monolog überhaupt begonnen hatte.

Manche hielten dies für eine erstaunliche Entgleisung der sonst so professionellen Streisand. Aber es kam noch toller: Während sie die Mitglieder der Band vorstellte, stand die einzige Musikerin, eine Harfenistin, auf und verbeugte sich. Dabei rutschte das Oberteil ihres Kleides nach unten, so daß ihre nackten Brüste enthüllt wurden. Laut Dennis Ritz, dem Marketingchef des Hotels, war die ganze Sache als grober Scherz von Marty Erlichman geplant worden. Er hatte Ritz gebeten, einem Showgirl 500 Dollar zu zahlen, damit sie in letzter Minute für die echte Harfenistin einsprang und ihren Oberkörper entblößte, während sie von Barbra vorgestellt wurde.

Als Barbra das halbnackte Showgirl sah, war all ihre Fröhlichkeit verflogen. Sie schnappte nach Luft und fragte die Frau mit lauter Stimme: »Wie können Sie das mit sich machen lassen?«

»Barbra war sauer«, berichtete Ritz. »Ich hatte noch nie eine solche Reaktion bei ihr erlebt. Anschließend gab es einen Empfang, und ich kam mit dem Mädchen zur Party. Barbra sagte zu ihr: ›Ich will Sie nicht einmal ansehen. Wie konnten Sie so etwas tun?‹«

Das war eine Frage, die viele Zuschauer Barbra nach ihrem eigenen Auftritt an jenem Abend ebenfalls hätten stellen können.

KAPITEL 21

Allem Anschein nach war Elliott Gould ausgeflippt. Im Februar 1971 tauchte er zu den Außenaufnahmen seiner neuen Filmgroteske *A Glimpse of Tiger* mit einem Sechstagebart in Manhattan auf; er kaute an einem alten Zigarrenstumpen und trug einen knielangen Marinemantel mit einer amerikanischen Flagge anstelle des Gürtels. Elliott produzierte den Film zusammen mit seinem früheren Partner, dem Presseagenten Jack Brodsky; der hochangesehene Anthony Harvey *(The Lion in Winter)* führte Regie, und die vierundzwanzigjährige Kim Darby sollte die minderjährige Kumpanin des von Elliott dargestellten Schwindlers spielen.

Je nachdem, welchem Bericht man Glauben schenkt, hatte Elliott im Laufe des ersten Tages Harvey oder Darby entweder bedroht oder beide sogar geschlagen. Am Nachmittag feuerte er Harvey, und seine irrationalen Ausbrüche ließen Darby vor Angst zittern. Bei Warner Brothers hörte man, daß Elliott ein Drogenproblem habe oder dabei sei, den Verstand zu verlieren. »Ich war sehr labil, aber es hatte nichts mit Drogen zu tun«, behauptete Elliott später. »Klar, ich rauchte Grass und nahm ein paar Psychodrogen, aber ich war *kein* Junkie und nicht verrückt. Bestimmt nicht. Ich war ein Lamm, das sich mit den Gesetzen des Dschungels nicht auskennt.«

Der verzweifelte Brodsky rief Barbra an, da er hoffte, daß sie Elliott besänftigen könne. Sie redete eine halbe Stunde lang auf ihn ein, bis er sich beruhigte und alle Anwesenden um Entschuldigung bat. Eine Stunde später meldete sich Brodsky mit einer neuen Horrorstory bei Barbra. Während der Aufnahmen blies Elliott ab und zu in eine schrille Pfeife, so daß ein Take nach dem anderen ruiniert wurde. Er entließ Brodsky und stellte ihn dann wieder ein. Am dritten Tag ähnelte das Gelände einem Soldatenlager, denn uniformierte Sicherheitskräfte umzingelten den Drehort. Paul Heller von Warner Brothers, der den Auftrag hatte, die Arbeiten zu beaufsichtigen – erklärte: »Kim Darby fürchtete sich vor Elliott, deshalb heuerten wir zu ihrer Beruhigung [mehrere] Sicherheitsleute an.«

»Ich wurde auf meinem eigenen Filmset von Männern mit Waffen bedroht«, sagte Elliott Jahre später. »Ich war gezwungen wegzubleiben.« Die Geschäftsleitung von Warners hatte beschlossen, die Produktion am nächsten Tag einzustellen, wenn Elliott sich nicht zusammenriß. Am folgenden Morgen erschien Elliott nicht, und Heller benachrichtigte seine Vorgesetzten. Sie befahlen ihm, eine Stunde später zurückzurufen, falls Elliott nicht auftauche. Dann werde man die Dreharbeiten beenden. Als Heller versuchte, Bericht zu erstatten, entdeckte er, daß »in allen Telefonzellen der Umgebung die Drähte durchgeschnitten worden waren«.

Warner Brothers brach die Dreharbeiten ab und verklagte Elliott auf Erstattung der Produktionskosten. Um einen Teil der Ausgaben von einer Versicherungsgesellschaft zurückzuerhalten, legte man beim Studio ein Dossier über Elliotts Verhalten an und schickte es mehreren Psychiatern. »Ohne mich auch nur zu untersuchen, kamen sie zu dem Schluß, daß der Mann in dem Dossier verrückt sein müsse«, erzählte Elliott. »Auf diese Weise konnten die Produzenten die Versicherungssumme für den Film einstreichen.«

Gould räumte jedoch ein: »Es war eine schwierige Zeit ... Für wahnsinnig gehalten zu werden war entnervend ... Sogar Elvis Presley, der behauptete, ein Bewunderer von mir zu sein, setzte sich, mit einem goldenen Fünfundvierziger im Gürtel, vor mich hin und sagte: ›Du bist verrückt.‹«

Elliott erklärte sich bereit, Warner Brothers für einen großen Teil der Verluste zu entschädigen. Er hatte jedoch nicht viel Geld, denn in den beiden Jahren nach dem *Glimpse of Tiger*-Debakel wollte kein Produzent etwas mit ihm zu tun haben, und er erhielt kein einziges Angebot.

Es war eine spektakuläre Bruchlandung nach einem der glänzendsten Höhenflüge der Filmgeschichte. In den anderthalb Jahren nach Bekanntgabe seiner Trennung von Barbra Anfang 1969 hatte Elliotts Karriere abgehoben; er war zum Filmstar und zu einem Antihelden für die Gegenkultur der Jugend geworden. 1969 erhielt er für *Bob & Carol & Ted & Alice*, seinen dritten Film, eine Oscar-Nominierung, und nach seinem nächsten Streifen, der außerordentlich erfolgreichen schwarzen Antikriegskomödie *M*A*S*H*, erschien er auf dem Titelbild von *Time*. Die Zeitschrift stellte ihn als »Star für ein verklemmtes Zeitalter« heraus und prophezeite, daß Elliott eine größere und dauerhaftere Karriere machen werde als seine von ihm getrennte Frau. Die Nationale Vereinigung der Theaterbesitzer erkannte ihm den Titel »Star des Jahres« für 1970 zu. »Manchmal glaube ich, daß ich dem Teufel meine Seele verkauft haben muß«, sagte Elliott damals, »und daß er bald seine Schulden eintreiben wird.«

***

Laut Elliott beschloß Barbra im Sommer 1970 (ungefähr sechs Monate nach Auflösung ihrer ehelichen Gemeinschaft), ihn zu sich zurückzuholen. Vielleicht sei sie der Meinung gewesen, daß sein Erfolg für größere Ausgeglichenheit in ihrer Beziehung sorgen werde. Vielleicht »wollte sie nicht allein sein«, oder sie habe eingesehen, wie sehr sie ihn trotz allem liebte. Elliott war in Schweden, wo er als erster nichtschwedischer Star in einem Film von Ingmar Bergman – *The Touch* – mitspielte. Barbra flog nach Stockholm und erklärte Elliott, daß sie der Ehe mit ihm eine weitere Chance geben wolle.

Aber Elliott hatte inzwischen eine enge Beziehung zu dem »Blumenkind« Jenny Bogart, der schönen achtzehnjährigen Tochter des Regisseurs Paul Bogart. Jenny, die Elliott in Dustin Hoffmans Wohnung kennengelernt hatte, war nachgiebig und ohne Ehrgeiz und damit das genaue Gegenteil von Barbra. »Ich möchte eine schöne Frau heiraten, die nicht im Showbusineß ist«, sagte Elliott. »Das wäre ein doppelter Kontrast zu Barbra.« Jenny strahle eine gewisse »Hoffnungslosigkeit« aus, und er glaube, »ihr helfen zu können«.

»Barbra wollte, daß wir sofort wieder zusammenzogen«, berichtete Elliott, aber er habe erwidert, daß er Jenny nicht verlassen könne. »Ich wußte nicht, daß es meine letzte Gelegenheit [zu einer Versöhnung mit Barbra] war, und ich bin mir nicht sicher, daß es etwas ausgemacht hätte, wenn ich mir darüber im klaren gewesen wäre.«

Barbra kehrte in die USA zurück, und am 30. Juni 1971 reichten Elliott und sie gemeinsam die Scheidung in der Dominikanischen Republik ein, wo die Angelegenheit rasch und mit einem Mindestmaß an Publicity geregelt wurde. Beide Seiten verzichteten auf Beschuldigungen und Unterhaltszahlungen. Barbra erhielt das Sorgerecht für Jason, und Elliott wurden großzügige Besuchsrechte eingeräumt. Die Trennung von Jason war für Elliott der schwierigste Aspekt der Scheidung. »Es ist unnatürlich, den eigenen Sohn zu *besuchen*. Mein Gott, es tut weh.«

Er mißbilligte die Art, wie Barbra Jason aufzog. Zwar hatte sie während ihrer Schwangerschaft erklärt, daß man Kindern erlauben solle, »schmutzig und primitiv« zu sein, »wenn sie es wollen«, doch Elliott stellte zu seinem Entsetzen fest, daß Barbra jemanden angestellt hatte, der Jason – im Alter von zwei Jahren – gute Umgangsformen beibringen sollte. Außerdem behagte es ihm nicht, daß sein Sohn hauptsächlich von einem Kindermädchen versorgt wurde und nur von Frauen umgeben war. »Ich halte es für gut, Jason hin und wieder mitzunehmen. Er hat so viele Frauen um sich, daß ich glaube, ihm einen Gefallen zu tun, wenn ich ihn für eine Stunde dort heraushole.«

***

Nach dem *Glimpse of Tiger*-Fiasko machte sich Barbra Sorgen um Elliott. Während einer Begegnung mit dem Warner-Direktor John Calley, mit dem sie im Jahr zuvor häufig ausgegangen war, fragte Barbra, ob sie das Studio irgendwie davon abbringen könne, Gould auf Schadenersatz zu verklagen. Calley schlug vor, *A Glimpse of Tiger* umschreiben zu lassen, damit Barbra Elliotts Rolle übernehmen und eine Schwindlerin mit einem jungen männlichen Kumpan spielen könne.

Die Idee sagte ihr zu, und sie ließ Calley wissen, daß sie den perfekten Regisseur habe: Peter Bogdanovich. Sie hatte eine Voraufführung seines ersten großen Films *The Last Picture Show* (Die letzte Vorstellung) gesehen, einer geradlinigen Charakterstudie, deren Handlung in einer texanischen Kleinstadt der fünfziger Jahre spielt und die später acht Oscar-Nominierungen erlangte. Barbra hielt den Film für brillant und war der Ansicht, daß Bogdanovich ihr helfen könne, *A Glimpse of Tiger* von einer oberflächlichen Groteske zu einer ernsthaften Studie persönlicher Beziehungen und gesellschaftlicher Probleme zu machen.

Aber Bogdanovich hatte andere Pläne. Das emotionale einunddreißigjährige »Wunderkind« hatte als Regieassistent und Drehbuchautor begonnen. Sein 1968 produzierter Streifen *Targets* (Bewegliche Ziele), ein spottbilliger Kultfilm mit Boris Karloff, erntete breite Anerkennung. Dann erhielt er die Gelegenheit, *The Last Picture Show* zu drehen. Bogdanovich bewunderte die Screwball-Komödien der dreißiger Jahre, besonders die von Howard Hawks und Preston Sturges. Sein nächster Film sollte eine Hommage an die beiden werden und ihm gleichzeitig die Möglichkeit zu einem Tempowechsel bieten.

Nun eröffnete sich ihm plötzlich die Chance, mit Barbra Streisand zu arbeiten, der vielleicht besten Filmkomikerin jener Tage. *The Glimpse of Tiger* interessierte ihn jedoch nicht. »Es war eine dramatische Komödie mit allerlei gesellschaftlichen Anspielungen«, sagte er, »und sie gefiel mir überhaupt nicht.« Aber er wollte unbedingt mit Barbra zusammenarbeiten. Er ließ sie wissen, daß er eine Slapstick-Komödie plane und daß seine Freunde David Newman und Robert Benton, die das glänzende, für einen Oscar nominierte Drehbuch von *Bonnie and Clyde* (Bonnie und Clyde) verfaßt hatten, das Script schreiben sollten.

»Es wird genauso wie *Bringing Up Baby* [Leoparden küßt man nicht] sein«, erklärte Bogdanovich ihr. »Sie wissen doch, das ist der Howard-Hawks-Film mit Katharine Hepburn und Cary Grant. Sie werden ein ungehemmtes, irres Mädchen spielen, das einem steifen Wissenschaftler begegnet und sein Leben durcheinanderbringt. Eine tolle Sache.«

»Na ja, kann sein«, erwiderte Barbra, »solange Ryan O'Neal den Wissenschaftler spielt.«

***

Barbra hatte den blonden, jungenhaften neunundzwanzigjährigen O'Neal ein Jahr zuvor auf einer Dinnerparty in Hollywood kennengelernt, und es hatte sofort zwischen den beiden geknistert. Sie war von Ryans Sportlichkeit und seiner Surfer-Erscheinung angezogen, die genau zu ihrem neuen Image als junges, schlankes, gebräuntes, langhaariges, blondsträhniges California Girl paßten. O'Neal, ein ehemaliger Boxer, gab ihr ein Gefühl physischer Sicherheit, wenn sie zusammen ausgingen. Er hatte einen beachtlichen Ruf als Sexualathlet. »Er ist ein unglaublicher Liebhaber, dem nichts wichtiger ist, als einer Frau Genuß zu bereiten«, bezeugte seine erste Ehefrau, die Schauspielerin Joanna Moore.

O'Neal hatte sich Mitte der sechziger Jahre eine vielköpfige Fangemeinde zugelegt, als er in über fünfhundert Episoden der populären abendlichen Fernseh-Seifenoper *Peyton Place* den Frauenhelden und Widerling Rodney Harrington verkörperte. 1970 bekam er seine große Filmchance und machte das Beste daraus: Für seine Rolle in dem gefeierten Schmachtfetzen *Love Story* wurde er mit einer Oscar-Nominierung als bester Schauspieler bedacht.

Barbra und Ryan versuchten, ihre Beziehung geheimzuhalten, da er noch nicht von seiner zweiten Frau, der schönen Schauspielerin Leigh Taylor-Young, geschieden war. Es gelang ihnen für eine Weile, doch als sie gemeinsam zu einer Party im Haus seiner (und später Barbras) Agentin Sue Mengers erschienen und dann ein Konzert von James Taylor in Los Angeles besuchten, wurden Gerüchte laut. Am

10. Januar 1971 nahmen sie an einer privaten Dinnerparty teil und fuhren dann zu einem Konzert von Mama Cass Elliot im Santa Monica Civic Auditorium. Ryans jüngerer Bruder Kevin diente als Tarnung: Er war angeblich Barbras Partner, während Ryan die beiden als »Aufpasser« begleitete.

Peter Borsari, einer der Paparazzi von Hollywood, wollte Barbra und Ryan zusammen beim Verlassen der Party fotografieren, aber sie lehnten seine Bitte ab und rannten zu ihrem Auto. Borsari folgte ihnen zum Konzert, wartete, bis sie herauskamen, und machte einen neuen Versuch. Kevin O'Neal packte Borsaris Kamera. »Lassen Sie mich in Ruhe, ich kann Sie verklagen!« brüllte der Fotograf. »Sie können mich verklagen, soviel Sie wollen«, schrie Kevin zurück und holte zu einem Schlag aus. »Ich habe sowieso kein Geld.«

Borsaris Kamera wurde beschädigt, und Barbra und Ryan fanden sich auf den Titelseiten der Massenblätter wieder. Die Katze war aus dem Sack. Die besonders zynischen Hollywood-Klatschtanten spotteten, daß sich Barbra einen »Lustknaben« zugelegt habe, einen niedlichen Burschen mit harten Muskeln, aber nicht viel im Oberstübchen, und daß Ryan O'Neal sich mit der einflußreichsten Schauspielerin Hollywoods liiert habe, um seine Karriere zu fördern.

Wie sooft waren die Zyniker im Irrtum. »Barbra ist viel zu intelligent, um sich mit jemandem abzugeben, nur weil er sexy ist«, sagte Steve Jaffe, Ryans damaliger PR-Agent. »Barbra hätte unter sehr vielen Männern wählen können. Ich war manchmal in ihrem Haus, und es ist unglaublich, wer da alles anrief! Außerordentliche Männer. Aber sie wollte Ryan, und nicht nur seines Körpers wegen.«

Zwar bemerkte Jaffe »ein wunderbares physisches Element zwischen den beiden, wie bei einem Sparringskampf zwischen zwei Boxern«, aber er war sicher, daß Ryans Attraktivität für Barbra auf »seinem Witz, seinem Charme, seinem Geist und erst *dann* auf seinem guten Aussehen« beruhte. »Ryan ist ungeheuer schlagfertig, und die Wortgefechte zwischen ihm und Barbra waren herrlich, weil sie sehr viel für schlagfertige Menschen übrig hat. Ryan brachte sie oft zum Lachen, was sie begeisterte, zumal die meisten Menschen ihr gegenüber nicht aus sich herausgingen, so daß sie gewöhnlich auf Humor verzichten mußte.« Es machte Barbra Spaß, daß Ryan selten ihren wirklichen Namen benutzte; statt dessen nannte er sie häufig Ceil oder Sadie oder Hilda.

Laut Jaffe konnte Barbra eine Menge von Ryan lernen. »Ryan O'Neal ist von Natur aus Philosoph. Er entwickelte gern Theorien, und seine Ansichten schienen wohlbegründet zu sein. Er wußte, wer

Leichen im Keller hatte und wie man in Hollywood in Schwierigkeiten gerät. Barbra sog das alles auf wie ein Schwamm.«

»Ryan und ich hatten einen Streit bei unserer ersten Verabredung«, berichtete Barbra. »Er gewann. So gut hatte ich mich als Verliererin noch nie gefühlt … Ryan hat keine Angst vor meinem Image; er respektiert meine Begabung, aber meine Karriere schüchtert ihn nicht ein. Ich glaube, das war's, was ihn mir zuerst sympathisch machte.«

Die Romanze blühte in den ersten Monaten des Jahres 1971. Die beiden hielten auf Partys Händchen, gingen zusammen einkaufen und spielten am Strand von Malibu mit Jason. Am 14. Juni trat Barbra mit fünf Songs und ihrer Marihuana-Nummer in Los Angeles bei einem Benefizkonzert für den Motion Picture and TV Relief Fund auf. Den größten Teil der Show hindurch saßen Ryan und sie in der ersten Reihe, hielten sich an der Hand und sahen Jimmy Durante, Bob Hope, Pearl Bailey, den Fifth Dimension und anderen Künstlern zu. Nach Barbras Auftritt, dem vorletzten des Abends, setzte sie sich wieder zu Ryan, um sich Frank Sinatras »Abschiedsvorstellung« anzuschauen. (Später machte er seinen Rücktritt rückgängig.)

Vier Abende danach begleitete sie Ryan zur Premiere seines neuesten Films, *The Wild Rovers* (Missouri). Diesmal ließ das Paar sich fotografieren, und Zeitungen im ganzen Land brachten die Bilder unter Schlagzeilen wie: »Eine neue Love Story?« Mittlerweile war es Barbra und Ryan gleichgültig, wer von ihrer Beziehung wußte. Sie waren jung, verliebt – und würden bald gemeinsam einen Film drehen.

***

»*What's Up, Doc?*« rief Barbra, als Peter Bogdanovich ihr den Titel mitteilte, der ihm für den Film eingefallen war. »Ich will nichts mit einem Film zu tun haben, der *What's Up, Doc?* heißt!« In den folgenden Wochen verfestigte sich Barbras Überzeugung, daß es ein Fehler gewesen war, sich auf eine Slapstick-Komödie einzulassen. Sie hielt den Film, den Bogdanovich vorbereitete, nicht für witzig – damit nicht genug, auch die klassischen Komödien, denen der Regisseur nacheifern wollte, kamen ihr nicht sehr lustig vor.

Die Drehbuchautoren David Newman und Robert Benton, die seit Mitte der sechziger Jahre mit Bogdanovich befreundet waren, tippten das Script von *What's Up, Doc?* in jenem Februar in anderthalb Wochen herunter. Newman erinnerte sich: »Wir flogen nach Los Angeles und hielten intensive Sitzungen mit Peter ab, in denen wir uns die Story ausdachten. Peter sprach jeden Abend mit Howard Hawks, und am nächsten Morgen kam er immer rein und sagte: ›Howard meint, wir sollten das und das versuchen.‹«

Barbra hatte ebenfalls eine Menge Einfluß auf das Drehbuch. »Peter redete jeden Abend mit ihr«, äußerte Newman. »Er erzählte ihr die Story bis zum jeweiligen Ende und meinte dann am nächsten Morgen: ›Davon war Barbra begeistert, das hier hat ihr nicht gefallen, sie glaubt, es wäre witzig, wenn sie das und das täte.‹«

Bogdanovich ließ Barbra und Ryan eine Serie seiner geliebten Screwball-Komödien vorführen. Lehman erinnerte sich an den Abend, als sich Benton, Bogdanovich, Barbra, Ryan und er Preston Sturges' *The Lady Eve* (Nichts als Falschspielerei) – mit Barbara Stanwyck und Henry Fonda in den Hauptrollen – in dem Vorführraum ansahen, den Barbra im Keller ihres Hauses am Carolwood Drive, Beverly Hills, eingerichtet hatte. »Peter, Benton und ich waren *hingerissen* von diesem Film. Wir kannten jedes einzelne Bild. Es ist eine klassische, berauschende, umwerfende Slapstick-Komödie.«

Newman war Barbra und Ryan nie zuvor begegnet, aber als er sie kennenlernte, hatte er sofort den Eindruck, daß die beiden in dem Film ein großartiges Paar abgeben würden. »Es gab dauernd lustige Geplänkel zwischen ihnen. Sie zogen einander ständig auf.«

Als sich der Film abzuspulen begann, saßen Peter, Barbra und Ryan hinter Newton und Benton. Die beiden Autoren lachten sofort los, und Bogdanovich prustete hin und wieder. Bald wurde Newman bewußt, daß weder von Barbra noch von Ryan auch nur ein Kichern zu hören war. »Dann hörte ich Barbra sagen: ›Das sind vier für sie und nur zwei für ihn.‹ Ich drehte mich um und fragte: ›Bitte?‹ Wie sich herausstellte, zählte sie die Close-ups. Und Ryan fügte hinzu: ›Oh, da ist noch eins für ihn, das macht vier zu drei.‹«

Kurz danach stand Barbra auf. »Okay, das reicht. Ich weiß, worauf ihr hinauswollt.« Damit wurde die Vorführung beendet.

Newman hatte den Eindruck, daß sich ihre Reaktion mit den Worten zusammenfassen ließ: »Ich hoffe, wir bringen was Besseres zustande als *das*.« Er verließ den Vorführraum »mit einem Gefühl der Bestürzung, denn wir hatten gerade einen unserer Lieblingsfilme gesehen und Barbra dachte, er tauge nichts. Und als Peter ihr *Bringing Up Baby* zeigte, hielt sie den für genauso fürchterlich.«

Unverdrossen zimmerten Bogdanovich und seine Autoren einen zweiten Entwurf von *What's Up, Doc?* zusammen. Sie ließen sich die Geschichte von Judy Maxwell einfallen, einem unbekümmerten Mädchen mit einem an Genialität grenzenden IQ (sie ist allerdings von zahlreichen Hochschulen verwiesen worden, weil sie zum Beispiel aus Versehen ein Chemielabor in die Luft gejagt hat), und von dem chaotischen Effekt, den sie auf das Leben Howard Bannisters, eines seriösen jungen Musikwissenschaftlers aus Iowa, ausübt. Howard und seine Verlobte Eunice sind nach San Francisco gekommen, wo er hofft, den Frederick-Larrabee-Preis in Höhe von 20 000 Dollar zu gewinnen, und zwar für eine Theorie, die er über die musikalische Beziehung des frühen Menschen zum Eruptivgestein formuliert hat. Sein Hauptkonkurrent ist Hugh Simon, ein schurkischer, aufgeblasener Ungar. Das Vorbild für den letzteren war der giftige New Yorker Film- und Theaterkritiker John Simon, der kurz zuvor vernichtende Rezensionen über Bogdanovich und Barbra geschrieben hatte.

Während sich Judy in Bannisters Leben hineindrängt, ihn »Steve« nennt und sich bei einem Begrüßungsessen als Eunice ausgibt, sorgen vier identische buntkarierte Reisetaschen für herrlichen Slapstick-Humor. Judys Tasche enthält ihre Kleidung, in Howards sind sein Eruptivgestein und seine Stimmgabel, eine dritte birgt die Schmucksammlung der superreichen Mrs. Van Hoskins, und die vierte enthält hochgeheime Dokumente, die ein Regierungskritiker gestohlen hat. Der Sicherheitschef und der Empfangschef des Hotels wollen den Schmuck und ein Geheimagent möchte die Papiere zurückhaben. Niemand ist allzusehr an Judys Unterwäsche oder an Howards Felsbrocken interessiert, doch ihr Gepäck trägt dazu bei, die Verwirrung und das Chaos, zu dem auch ein Feuer in Howards Hotelzimmer gehört, zu verstärken.

Im Laufe einer langen Verfolgungsjagd rast ein Auto nach dem anderen durch die Straßen von San Francisco. Am Ende erhält Howard den Larrabee-Preis, den er Simon zum Ausgleich für die von Judy verursachten Probleme abgetreten hatte, denn sie enthüllt, daß Simon ein Plagiator ist. Eunice und Frederick Larrabee werden ein Paar, ebenso Howard und Judy, die, wie es der Zufall will, auf dem Rückflug nach Ames, Iowa, hinter ihm sitzt.

Bogdanovich war nicht ganz zufrieden mit dem Drehbuch von Newman und Benton und beauftragte Buck Henry, es umzuschreiben. »Bis zum geplanten Beginn der Dreharbeiten blieben uns nur noch sechs Wochen«, sagte Henry. »Ich glaubte nicht, es innerhalb von sechs Wochen schaffen zu können, aber Barbra wollte das Ganze hinwerfen, genau wie Ryan, und sie hatten recht. Das Drehbuch eignete sich nicht für eine Verfilmung. Peter fragte mich: ›Kannst du etwas mit Barbras Rolle machen?‹ Na ja, ich konnte Barbras Rolle nicht umschreiben, ohne das gleiche für Ryan zu tun, und ich änderte soviel an seiner Rolle, daß bei ihrer einiges wegfiel. Als Barbra das Drehbuch sah, zählte sie – wie die meisten Schauspieler – ihre Seiten. Es gibt einen sehr langen Zeitraum, in dem sie überhaupt nichts sagt: die Verfolgungsjagd und die Gerichtsszene und all die Dialoge zwischen Howard und Eunice. Als Filmstar fragte sie sich verständlicherweise: Was ist aus mir geworden? Wieso bin ich plötzlich verschwunden?«

Wann immer Barbra ihre wachsenden Bedenken über das Projekt äußerte, erwiderte Bogdanovich: »Hab Vertrauen zu mir.« Und Barbra, immer noch fasziniert von *The Last Picture Show*, hatte Vertrauen. »Ich überließ ihm die Verfügung über das Drehbuch, die Kostüme, über alles«, sagte sie. Als Bogdanovich endlich mit dem Script zufrieden war, zeigte er es Barbra. »Das kommt mir nicht sehr witzig vor«, erklärte sie. »Im Film wird's witzig sein, Barbra, warte nur ab«, versicherte er. »Hab Vertrauen zu mir.«

***

Am ersten Tag der Proben fing Barbra an, sich *wirklich* Sorgen zu machen. Bogdanovich hatte ein vorzügliches Ensemble aus überwiegend in New York ansässigen Komikern zur Unterstützung seiner beiden Stars zusammengestellt: den schlaffgesichtigen Austin Pendleton als Frederick Larrabee, die erfahrene Mabel Albertson als Mrs. Van Hoskins, den theatralischen Kenneth Mars als Hugh Simon und die brillante Komikerin Madeline Kahn – ein Broadway-Star, doch neu im Filmgeschäft – als Howards Verlobte Eunice Burns.

Laut Buck Henry waren »diese Leute« bei der ersten Lesung des Drehbuchs – an einem riesigen Tisch auf einer Tonbühne der Warner Brothers Studios in Burbank – »wirklich auf Draht«. Madeline Kahn stattete Eunice mit einer spaßigen Quengelstimme aus, Austin Pendletons Larrabee war von einer erlesenen Zerstreutheit, und Kenneth Mars spielte Hugh Simon mit einer köstlichen Portion Bosheit. »Ken hatte sich ein paar alte Fernsehaufnahmen von John Simon verschafft«, berichtete Pendleton. »Er guckte sie sich immer wieder an, bis er den Akzent und die Eigenheiten genau beherrschte. John Simon hat es niemandem, der mit dem Film zu tun hatte, jemals vergeben.« Einmal rief Barbra entzückt, während Mars den Kritiker imitierte: »Scheußlicher! Mach ihn noch scheußlicher!«

Nach Buck Henrys Ansicht »waren Barbra und Ryan ohnehin schon nervös, und ich glaube, Barbra wurde noch zappeliger, weil all die anderen sehr gut sein würden«. Ryan hielt Barbra für die witzigste: »Mein Gott, sie war wunderbar!« In dieser Gesellschaft mußte Ryan, kein Komiker und ein Schauspieler mit begrenztem Repertoire, sich selbst übertreffen. Steve Jaffe entsann sich, daß Ryan »herumtanzte wie Muhammad Ali vor einem Kampf, um sich auf eine Szene mit Barbra vorzubereiten. Er versuchte, den Gipfel seiner Möglichkeiten zu erreichen. Nicht nur, weil Barbra so glänzend und eine solche Perfektionistin ist, sondern auch weil er in sie verliebt war. Er wollte von ihr respektiert werden und so gut wie möglich sein.«

Die Dreharbeiten für *What's Up, Doc?* begannen am 6. August mit Außenaufnahmen in San Francisco. Barbra entschied sich für ein Äußeres, das ihrem wirklichen Aussehen in dieser Zeit nahekam. Sie war schlanker als in den vergangenen zehn Jahren und tiefgebräunt; der Gewichtsverlust und die Bräunung hoben ihre Wangenknochen hervor und gaben ihrem Gesicht eine feingeschnittene Schönheit. Sie legte ein zartes Make-up auf, ihr langes blondes Haar war in der Mitte gescheitelt und fiel ihr über die Schultern; sie trug enge Hosen und winzige, rückenfreie Oberteile, die ihre glatte, cremefarbene Haut enthüllten. Im Gegensatz zu Daisy Gamble – und in viel höherem Maße als Doris Wilgus – war Judy Maxwell ein Kind der siebziger Jahre.

Das Ensemble und die Crew belegten sechzig Zimmer im San Francisco Hilton, wo Bogdanovich die zahlreichen Hotelszenen des Films drehte. Barbra und Ryan teilten sich eine Suite in dem weit luxuriöseren Huntington Hotel auf dem Nob Hill. In der Öffentlichkeit allerdings verhielten sie sich diskret. Barbra und Bogdanovich hingegen gingen so liebevoll miteinander um, daß sich manche Beobachter fragten, ob Barbra ihrem Co-Star zugunsten ihres Regisseurs den Laufpaß gegeben hatte. Der Autor Pat Rogalla, der den Set besuchte, beschrieb, wie Bogdanovich eine Szene mit Streisand besprach: »Bogdanovich nannte sie immer wieder Schatz, hielt ihre Hände, küßte sie auf die Wange und tätschelte einmal ihren Po. Barbra reagierte darauf mit lächelnder Miene und mit Umarmungen.«

Der Regisseur achtete sorgsam auf seinen Star. Während einer Szene, in der sie unmittelbar nach einem Komparsen einen Telefonhörer in die Hand nehmen muß, rief Bogdanovich bei jedem Take immer wieder »Cut!«, nachdem der Mann eingehängt hatte. Jedesmal eilte ein Crew-Mitglied hinüber und besprühte das Telefon mit Desinfektionsmittel. Erst dann hob Barbra den Hörer ab.

Sie scheint mit allen Schauspielerkollegen gut ausgekommen zu sein. Zwischen den Einstellungen nahmen die meisten häufig in einem Kreis Platz und sprachen – fast wie bei einer Gruppentherapie – über sich selbst. »Ich habe nie einen Film gedreht, in dem es ein solches Gemeinschaftsgefühl gab«, sagte Austin Pendleton. »Wir redeten hauptsächlich über die Schauspielerei. Ich glaube, Barbra fühlte sich ein wenig eingeschüchtert, weil wir New Yorker Bühnenschauspieler waren. Bibi Anderssons Darstellung in dem Film von Ingmar Bergman, in dem Elliott gerade mitgewirkt hatte, kam ihr besonders eindrucksvoll vor. Sie wollte diese Art Einfachheit erreichen, die unglaublich komplex sei, ohne demonstrativ zu wirken.

Barbra sprach über ihr Leben, zum Beispiel über Pierre Trudeau und ähnliche Dinge. Es hatte den Anschein, daß sie sich noch hin und wieder trafen. Aber da sie so berühmt war, hatten die meisten von uns komischerweise schon von den Dingen gelesen, die sie uns erzählte. Am liebsten hätten wir gesagt: ›In Ordnung, Barbra, das wissen wir schon.‹ Aber sie war nicht wie manche Superstars, die sich langweilen, sobald sie nicht selbst im Mittelpunkt stehen. Barbra interessierte sich auch für unser Leben, unsere Ideen und Probleme.«

Einer der Gründe dafür, daß das Ensemble die Pausen und die Fortsetzung der Gespräche kaum erwarten konnte, war der extreme Streß der Arbeit an *What's Up, Doc?*. »Ich habe noch nie einen schwierigeren Film gemacht«, behauptete Pendleton. »Die Einsätze waren knifflig und strapaziös. Peter drehte alles in der Totale, und er wollte, daß jeder ganz, ganz schnell sprach. Wir konnten nicht schnell genug für ihn sprechen, und wir hatten einander überschneidende Dialoge. Der Druck war gewaltig, denn wenn man eine Zeile verpatzte, war die Einstellung ruiniert, und jeder – nicht nur man selbst – mußte die ganze Szene wiederholen.«

Vielleicht lag es an dieser Schwierigkeit, daß Barbra Zweifel am Humor von *What's Up, Doc?* hatte. Pat Rogalla erzählte: »Barbra schien mit zusammengebissenen Zähnen zu arbeiten.« Nach fast jeder Szene stupste sie O'Neal an und meinte: »Wir sind in einem Mistfilm, Ryan!« Immer wieder beklagte sie sich bei O'Neal: »Das ist nicht witzig, Ryan. Ich weiß, was witzig ist, und ich sage dir, dieser Film ist es nicht.«

***

Nachdem Bogdanovich Barbra zum erstenmal demonstriert hatte, wie sie einen Dialog spielen sollte, blickte sie ihn an, als hätte er den Verstand verloren. »Interpretierst *du* den Text für *mich*?« fragte sie.

Es ist erstaunlich, daß Barbra ihm das Heft so völlig in die Hand gab. Vielleicht war er der stärkste, bestimmt aber der aktivste Regisseur, mit dem sie je gearbeitet hatte. »Er war eigensinnig und autokratisch«, sagte sie. »Er weiß, wie er etwas machen möchte, und er verschwendet keine Zeit.« Bogdanovich mochte Barbra hin und wieder verhätscheln, aber er ließ sich nichts von ihr gefallen. Wenn es um eine Textinterpretation oder den Aufbau einer Szene ging, setzte er sich stets durch: »Sie versuchte, mir die Regie aus der Hand zu nehmen, aber das gewöhnte ich ihr sehr schnell ab.« Manchmal schien er einen bestimmten Kurs zu steuern, nur um sie unter Kontrolle zu halten. Nach einem Dutzend Takes einer einzigen Szene sagte sie zum Beispiel: »Du solltest die letzte Einstellung nehmen, Peter. Besser wird's nicht mehr.« Bogdanovich verlangte einen weiteren Versuch und rief dann: »Gestorben!«

Eines Tages forderte er Barbra aus heiterem Himmel auf: »Sing was!« Sie gab ein paar Takte von »People« zum Besten.

***

Die komplizierte, possenhafte Verfolgungsjagd, die einen großen Teil der zweiten Filmhälfte ausmacht, brachte das Ensemble und die Crew in physische Gefahr. Mit Ausnahme der Close-ups setzte Bogdanovich Stuntdoubles für Barbra und Ryan ein. Ray Gosnell, einer der Regieassistenten, berichtete: »Barbras erstes Double brach sich den Knöchel, also mußten wir in der Szene, wo sie und Ryan mit der Karre die steilen Straßen hinunterfahren, einen Mann als Double für Barbra verwenden. Aber für die Close-ups brauchten wir Barbra, und die Karre mußte sich genauso schnell bewegen wie in der Totale. Sie war nicht gerade glücklich.«

Später, als Barbra und Ryan durch eine Gasse rannten, nachdem sie sich verkleidet hatten, stauchte sich Ryan die Wirbelsäule. In der Endfassung des Films sieht man, wie er fast das Gleichgewicht verliert und dann sekundenlang auf einem Fuß hüpft, bevor die Kamera wieder auf die sie verfolgenden Autos schwenkt. Die Verletzung war so schwerwiegend, daß er sich mehrere Monate nach Ende der Dreharbeiten am Rückgrat operieren lassen mußte.

Zu jenem Zeitpunkt waren Barbra und er nicht mehr miteinander liiert. »Ryan hatte eine sehr ausgeprägte Libido«, sagte Steve Jaffe. »Barbra und alle anderen wußten das.«

Wahrscheinlich scheiterte Ryans Beziehung zu Barbra an seiner Untreue. Die beiden haben sich nie über die Ursache ihrer Trennung geäußert, aber sie war offenbar verärgert, als Peggy Lipton, der elegante junge Star der Fernsehserie *Mod Squad*, ihn auf dem Set besuchte. Später machte er Joyce Williams, *Playboy*-Bunny und Schauspielerin, sowie Lana Wood und Polly Platt, Bogdanovichs von ihm getrennt lebender Frau, den Hof. Barbra ihrerseits traf sich mit dem tschechischen Regisseur Milos Forman und mit Steve McQueen – aus Rache, wie manche mutmaßten.

Aber Barbra und Ryan blieben weiterhin gute Freunde. Während er sich im Dezember im St. John's Hospital in Santa Monica von seiner Operation erholte, trat Barbra in Las Vegas auf und flog zweimal zu ihm. »Der arme Ryan«, erklärte sie damals. »Er tut mir so leid.« Während ihrer Besuche war Ryan »gut aufgelegt. Er hatte heftige Schmerzen, aber er war sehr tapfer. Er lag im Bett, und er hat etwas Unwiderstehliches an sich, wie ein kleiner Junge. Ich habe diesen Bemutterungsinstinkt der Juden von Brooklyn. Vielleicht kamen wir deshalb so gut miteinander aus.«

»Ich fand Barbra sehr sexy«, war etwas später von Ryan zu hören. »Ein tolles Mädchen.« Dann fügte er mit gekünstelter Trauer hinzu: »Aber ich glaube, sie wollte nur *das eine* von mir!«

***

Gegen Ende 1971 sprach Barbra mit dem Regisseur Jerry Schatzberg über die Möglichkeit, daß er ihren nächsten Film, *Up the Sandbox* (Sandkastenspiele), inszenierte. Sie gelangten zu keiner Einigung, doch Schatzberg verbrachte einen denkwürdigen Abend mit Barbra. »Wir besuchten eine Party, und Mae West war auch da. Barbra war ganz aufgeregt und ging hinüber, um sich mit ihr zu unterhalten. Alle in unserer Gruppe starben vor Neugier, denn wir wollten unbedingt erfahren, worüber diese beiden Hollywood-Superstars verschiedener Generationen sprechen mochten. Ein paar Minuten später kam Barbra lachend zurück. Sie hatte Mae gefragt, was der Unterschied zwischen dem heutigen Hollywood und dem von Maes großer Zeit sei. Mae warf ihr einen ihrer typischen Blicke zu und sagte auf ihre unvergleichliche Art: ›Ja, Schätzchen, der wichtigste Unterschied ist, daß es heute keine Stars mehr gibt.‹«

***

Im Februar 1972 nahm Barbra im kleinen Kreis zusammen mit Ryan, Marty Erlichman, Peter Bogdanovich, John Calley, mehreren anderen Warner-Brothers-Managern und verschiedenen Hollywood-Insidern an einer Privatvorführung von *What's Up, Doc?* teil. Während der Film gezeigt wurde, hörte man sporadisches Gelächter, aber die Reaktion war überwiegend negativ, selbst wenn man die notorische Schweigsamkeit des Fachpublikums berücksichtigte. Barbra murmelte immer wieder: »Ich hab' doch *gesagt*, daß es nicht witzig ist«, und sie bot John Calley eine Wette in Höhe von 10 000 Dollar an, daß der Film nicht einmal fünf Millionen Dollar brutto einspielen werde. Calley lehnte die Wette ab, weil er wußte, daß Barbra höchstwahrscheinlich nicht zahlen würde. Aber er war bereit, ihr ihren zehnprozentigen Gewinnanteil abzukaufen.

Der Verkauf ihres Anteils erwies sich als einer der größten geschäftlichen Fehler, die Barbra jemals gemacht hat. Denn als der Film in einer Voraufführung dem allgemeinen Publikum gezeigt wurde, war das Gelächter so laut und so dauerhaft, daß viele der Witze untergingen und die meisten Zuschauer ihn noch einmal sehen wollten. Der Film hatte seine offizielle Premiere am 9. März in der Radio City Music Hall in New York, erhielt überwiegend begeisterte Rezensionen, spielte über 70 Millionen Dollar ein und wurde damit zu Barbras bisher größtem finanziellen Erfolg. Er verhalf der Streisand zu ihrer ersten Auszeichnung als »Kassenmagnet des Jahres«.

What's Up, Doc? war in vieler Hinsicht eine Wende für Barbra. Trotz aller Kontraste zu Streisands Filmvergangenheit, die sich in *The Owl and the Pussycat* ausmachen ließen, war Doris Wilgus nur eine weitere überlebensgroße, laute, aggressive Phantasiefrau mit geringen Bezügen zur Realität. Judy Maxwell dagegen ist ungeachtet aller Überspanntheit eine Person, die sich die Zuschauer als eine ihrer Bekannten vorstellen können – ein Mädchen, deren Aufdringlichkeit, während sie Howard Bannister verfolgt, sich mit einer reizvollen, modernen Weiblichkeit verbindet. Braungebrannt und schlank, ist Barbra hübscher als je zuvor in ihren Filmen, und sie strahlt als California Golden Girl eine gesunde Vitalität aus, die Lichtjahre von ihrer Herkunft aus den New Yorker Betonschluchten entfernt zu sein scheint.

Doch auch an diesem Film schieden sich die Geister. So vertraten zwei bedeutende Kritiker recht unterschiedliche Meinungen über die neue Streisand. »Nicht der geringste von Bogdanovichs Triumphen besteht darin, daß es ihm gelungen ist, Miss Streisands Superstar-Persönlichkeit auf die Dimensionen einer Farce zurechtzustutzen«, schrieb Vincent Canby in der *New York Times*.

Pauline Kael war anderer Ansicht: »Streisand singt ein heißes

›You're the Top‹ während des Vorspanns, und es gibt in dem Film einen Moment, in dem das Publikum jubelt, während sie ›As Time Goes By‹ anstimmt. Aber das ist nur eine Verlockung, die für den ganzen Film ausreichen muß. Warum? Nichts, was in dem Film geschieht – keine der Verfolgungsjagden oder komischen Verwirrungen –, ist so aufregend wie ihr Gesang. Wenn ein Tiger vortäuscht, ein Kätzchen zu sein, ist das praktisch eine Form der Unterwürfigkeit.«

Die meisten Kritiker und Zuschauer schlossen sich Canby an. Am faszinierendsten an Streisand in *What's Up, Doc?* ist die Tatsache, daß sie, obwohl »zurechtgestutzt«, immer noch als zwingendste Darstellerin in einer Gruppe komischer Genies erscheint. Während die anderen überaus witzige Momente haben, schlendert Barbra souverän durch den Film, manchmal lustig, manchmal sexy, aber immer fesselnd – ein Filmstar, von dem das Publikum nicht die Augen abwenden kann. Dieser Film bewies ein für allemal, daß Barbra nicht auf eine üppige Ausstattung, glänzende Kostüme oder überlebensgroße Charaktere angewiesen war, um das Publikum in ihren Bann zu schlagen. Nun gab es nicht mehr den geringsten Zweifel daran, daß Barbra Streisand zum Filmstar geboren war.

KAPITEL 22

Während Barbra in San Francisco noch die letzten Szenen von *What's Up, Doc?* drehte, brütete sie bereits über dem Drehbuch für ihren nächsten Film *Up the Sandbox* (Sandkastenspiele). Sie glaubte, daß dies genau die Art Film sein würde, zu der *A Glimpse of Tiger* hätte werden können: eine sanfte Komödie mit sozialen und politischen Untertönen. Der Streifen sollte sich mit der Verwirrung auseinandersetzen, die viele moderne Frauen immer noch hinsichtlich ihres Platzes in einer sich rasch wandelnden, doch weiterhin von Männern dominierten Gesellschaft empfanden.

1970 war Anne Richardson Roiphes zweiter Roman *Up the Sandbox* erschienen; er hatte gute Rezensionen erhalten, und die Presse hatte ihm landesweit Beachtung geschenkt. In einer Zeit, in der radikale Gruppen die Aufgabe der traditionellen, familienorientierten Frauenrolle befürworteten, erklärte Roiphe: »Heutzutage verspüre ich einen kulturellen Druck, mich *nicht* meinem Kind zu widmen. Mir wird das Gefühl vermittelt, daß mein Interesse am Wachstum meiner Babys irgendwie konterrevolutionär sei.«

Roiphes *Sandbox*-Heldin, Margaret Reynolds, ist eine junge Hausfrau in Manhattan, die als liebevolle Mutter zweier kleiner Kinder und als fürsorgliche Partnerin ihres Mannes, eines geachteten Professors an der Columbia University, mit dem Leben zufrieden zu sein scheint. Aber als Margaret wieder schwanger wird, beginnt sie sich zu fragen (bevor sie ihren Mann über ihren Zustand unterrichtet), ob sie wirklich ein weiteres Kind haben will. Sie sinniert darüber nach, was sie von der Welt außerhalb ihrer vollgestopften Wohnung am Riverside Drive verpassen mag. Diese Grübeleien haben zur Folge, daß sie sich in ausgeklügelte exotische Phantasien hineinversetzt, die Roiphe Margarets prosaischem Alltagsleben gegenüberstellt.

In der Filmversion des Buches hat Margaret die verschiedensten Tagträume: Sie demaskiert Fidel Castro, der sich als Frau erweist, sie jagt zusammen mit einer Gruppe schwarzer Revolutionäre die Freiheitsstatue in die Luft, drückt den Kopf ihrer herrschsüchtigen Mutter bei einem unerträglichen Familientreffen in eine Torte, wird von ihrem Mann aus einer finsteren Abtreibungsklinik gerettet und von einem Stamm speerschwingender Afrikanerinnen bedroht. Am Ende beschließt Margaret, das Kind zur Welt zu bringen, denn ihr Mann versichert ihr, daß die Rolle einer umsichtigen Mutter von allergrößter Bedeutung sei: »Unsere Kinder werden dieser Welt Ehre machen und dafür sorgen, daß sie weniger verrückt ist.«

Bevor die Produzenten Irvin Winkler und Robert Chartoff einen Drehbuchautor engagierten, schickten sie Barbra ein Exemplar des Romans. Ihre erste Reaktion war zwiespältig: »Das Buch gefiel mir nicht schlecht, aber ich hatte gerade eine Arbeit beendet und wenig Lust, sofort von neuem anzufangen.«

Barbra wollte unter anderem deshalb eine Filmpause machen, um mehr Zeit mit ihrem geliebten Jason verbringen zu können. Dieser Wunsch war es auch, der sie zu *Sandbox* hinzog: »Ich habe Mitgefühl mit Margaret. Ein Teil von mir möchte Mutter und Ehefrau sein, und ich habe Verständnis für Frauen, die in einer solchen Krise sind. Ich möchte, daß man sie hört. Es gibt ein Zwischenstadium zwischen den extremen Feministinnen und denen, die predigen, daß Frauen zu Hause bleiben sollten.«

Für das Drehbuch von *Sandbox* engagierten Chartoff und Winkler den im Filmgeschäft neuen Paul Zindel, der kurz zuvor einen Pulitzer-Preis für sein Stück *The Effect of Gamma Rays on Man-in-the-Moon Marigolds* (Die Wirkung von Gammastrahlen auf Ringelblumen) erhalten hatte. Zindels erstes Problem war, Margarets Tagträume von ihrem realen Leben abzugrenzen. (Im Roman werden die Phantasien in separaten Kapiteln beschrieben.) Es widerstrebte ihm, Filmklischees wie zum Beispiel Wellen auf der Leinwand oder schmalzige Musik für die Kennzeichnung der Traumszenen einzusetzen.

Irvin Kershner, ein flüchtiger Bekannter von Barbra, wurde hauptsächlich deshalb als Regisseur ausgewählt, weil sie seine Arbeit an dem Film *Loving* mit George Segal und Eva Marie Saints bewunderte. *Loving*, 1970 gedreht, untersucht die emotionalen Probleme eines Dreiecksverhältnisses. Gordon Willis war für die wunderbare Kameraführung in *Loving* verantwortlich, und Barbra akzeptierte Kershners Vorschlag, ihn für *Sandbox* zu engagieren.

David Selby, ein junger Schauspieler, der in *Dark Shadows*, einer TV-Gruselserie, sowie in *Sticks and Stones* am Broadway aufgefallen war, bestritt sein Filmdebüt als Margarets Ehemann Paul. Selby war mit seinem dunklen Wuschelhaar und seinen blauen Augen zwar recht attraktiv, aber kein Glamourboy. »Ich wollte keinen großen, schönen, stattlichen Mann«, sagte Kershner, »der das Publikum veranlassen würde [zu fragen]: ›Oh, der ist doch Spitze, was hat sie denn bloß?‹ Ich wollte jemanden, der aussieht wie einer von nebenan. Er ist nichts Außergewöhnliches. Liebe hat nichts mit außergewöhnlichen Menschen zu tun, sondern mit gewöhnlichen Menschen, die sich außergewöhnlich fühlen, weil sie verliebt sind.«

Selby hatte keineswegs gewöhnliche Gefühle bei dem Gedanken, neben dem bedeutendsten weiblichen Kassenmagneten Amerikas aufzutreten. »Bevor wir einander bei den Proben in Hollywood vorgestellt wurden, hatte sie auf mich einen majestätischem Eindruck gemacht, der von ihrem Timbre auszugehen schien.« Barbra tat Selbys Verehrung mit einem Scherz ab und versuchte, ihm zu helfen, doch Irvin Kershner meinte, daß Selby auch nach Beginn der Dreharbeiten noch in Ehrfurcht erstarrt gewesen sei. »Man kann ihm keinen Vorwurf machen. Als Neuling plötzlich neben Barbra Streisand zu spielen dürfte recht erdrückend sein. Es wirkte sich auf seine Arbeit aus; manchmal mußte er sich sehr anstrengen, um nicht von der Leinwand verdrängt zu werden. Es war schwer für ihn.«

Up the Sandbox bot Barbra die erste Möglichkeit, auch offiziell Macht hinter den Kulissen auszuüben. Im Juni 1969 hatten sich Barbra, Paul Newman und Sidney Poitier zusammengetan und die Filmproduktionsgesellschaft First Artists gegründet, um »ein neues Unternehmen, das sich sowohl von den großen Filmstudios als auch von den unabhängigen Produktionsgesellschaften unterscheidet, für die Entwicklung und Herstellung von Spielfilmen zu schaffen«.

Die neue Firma, die keine Produktionsanlagen besaß, traf Arrangements, nach denen der Verleih (gewöhnlich eines der großen Studios) einen erheblichen Teil der Produktionskosten bei Ablieferung des Films vorschoß und der Firma einen Prozentsatz seiner Verleiheinnahmen zukommen ließ. Dadurch hatten die drei Stars die Möglichkeit, die völlige schöpferische Kontrolle über ihre Produktionen zu behalten. Streisand, Newman und Poitier erklärten sich bereit, bis Juni 1976 jeweils in drei Filmen mit einem Budget von höchstens drei Millionen Dollar – oder höchstens fünf Millionen Dollar für ein Streisand-Musical – aufzutreten. Sie würden keine Gage, sondern zwischen fünfundzwanzig und dreiunddreißig Prozent der Gesamteinnahmen jedes Films erhalten. 1971 wurde Steve McQueen Mitgesellschafter, ein Jahr später folgte ihm Dustin Hoffman.

Barbras Unternehmen Barwood Films produzierte *Sandbox* über First Artists im Verein mit Chartoff und Winkler. Vielleicht, um ihren Eintritt ins Filmmanagement zu erleichtern, umgab sich Barbra mit bewährten Kollegen. Marty Erlichman, der dem Vorstand von First Artists als »Vizepräsident und Direktor« angehörte, wurde zum Co-Produzenten des Films ernannt, und Barbras enge Freundin Cis Corman begann ihre Karriere als Casting Director. Sogar Jason spielte schließlich eine kleine Rolle in dem Film.

***

Grundlegende Mängel der Story von *Up the Sandbox* wurden bereits in der Vorproduktion sichtbar. »Es gefiel mir als Buch«, erinnerte sich Kershner, »aber es war nicht die Art Material, die ich für einen Film gewählt hätte … Die Haupthandlung war nicht dramatisch genug. Alles Dramatische konzentrierte sich auf die Tagträume, und das behagte mir nicht. Aber Barbras Agenten hatten mich gewarnt, ihr nichts von meinen Bedenken zu sagen, weil sie sonst die Sache einfach fallenlassen würde.

Nachdem wir mit der Arbeit angefangen und einander beruflich kennengelernt hatten, teilte ich ihr eines Tages mit, daß wir uns nur deshalb Tag und Nacht abmühten, weil die Story nicht gut genug gestaltet war. Sie fragte mich: ›Wußtest du das, bevor wir anfingen?‹

›Natürlich.‹

›Und warum haben wir dann überhaupt angefangen?‹

›Weil ich dazu gedrängt wurde und hörte, daß ich dich verlieren würde, wenn ich dir meine Zweifel verriet.‹

›Das ist lächerlich. Wir hätten einfach so lange weitergearbeitet, bis alles stimmt.‹«

Man weiß nicht genau, wieviel Barbra in die Endfassung des *Sandbox*-Drehbuches einbrachte, aber sie muß intensiv mit Paul Zindel zusammengearbeitet haben, denn seine Erinnerungen ließen an Deutlichkeit nichts zu wünschen übrig. »Ein paarmal hätte ich ihr wirklich eine runterhauen sollen«, sagte er 1982. »Ich glaube, ein saftiger Kinnhaken hätte Wunder gewirkt.«

***

Bevor Barbra von Los Angeles zu Außenaufnahmen nach New York reiste, erfüllte sie ein Versprechen, das sie Warren Beatty angeblich einige Monate zuvor in seinem Schlafzimmer in Beverly Hills gegeben hatte. Vielleicht in der Hoffnung, sich Beatty als Co-Star für ihren nächsten Film *The Way We Were* (Cherie Bitter/So, wie wir waren) zu angeln, hatte sie sich auf »eine meiner Affären« mit dem sinnlich-schönen Schauspieler eingelassen, den sie bereits als Fünfzehnjährige kennengelernt hatte.

Beattys Liebe zur Politik stand seiner Leidenschaft für Frauen und Filme nicht nach. Seine engagierte Schwester Shirley MacLaine und er waren liberale Anhänger der Demokratischen Partei und hatten 1968 Robert Kennedys Präsidentschaftsambitionen tatkräftig unterstützt. Als George McGovern, der ein rigoroses Antikriegsprogramm vertrat, 1972 Präsidentschaftskandidat der Demokratischen Partei wurde, machten Beatty und MacLaine ihren beträchtlichen Einfluß für den zurückhaltenden Senator aus South Dakota geltend. Dessen Gegenkandidat war Präsident Richard Nixon, der mit seiner Doppelzüngigkeit in Sachen Vietnamkrieg und hinsichtlich vieler innenpolitischer Fragen die Nation gespalten hatte.

Nachdem Beatty erfahren hatte, daß Barbra ebenfalls McGovern-Anhängerin war, bat er sie, in einem Konzert zur Finanzierung der Wahlkampagne aufzutreten. Die Rendezvous von Streisand und Beatty fanden in Warrens berüchtigter Suite El Escondido (Das Versteck) im Beverly Wilshire Hotel statt. Angeblich verbrachten Barbra und Warren die meiste Zeit im Bett, während sie über seine Rolle als Co-Star in *The Way We Were* und über ihren Gesangsauftritt für McGovern verhandelten. Der Autor Shaun Considine behauptete, ein anonymer »Studio-Produktionsmanager« habe ihm Einzelheiten über die intimen Zusammenkünfte mitgeteilt. Die Schilderung, lachhaft grotesk, ist voll von derben Zweideutigkeiten. »Warren war schonungslos. Er bearbeitete ihren Kopf, ihre Hände, Füße und Schultern. Barbra hielt Stoß um Stoß mit ihm mit. Immer wieder kroch er in ihr Bett, knipste den berühmten Beatty-Charme an und rackerte sich für das Konzert ab. Er flüsterte: ›Barbra, du *solltest* es tun. Du *mußt* es tun. Es ist deine Bürgerpflicht. Für mich, Baby, komm, komm.‹ Und Barbra stöhnte und seufzte daraufhin: ›Oh, ich weiß, Warren, ich weiß. Ich überleg's mir wirklich. Laß uns noch ein bißchen mehr von dem Drehbuch lesen.‹ Und er antwortete: ›Okay, Barbra, willst du diesmal oben oder unten anfangen?‹«

Barbra konnte Beatty nicht überreden, in *The Way We Were* mitzuwirken, aber sie erklärte sich bereit, zusammen mit den Pop-Superstars Carole King und James Taylor an dem Konzert zugunsten von George McGovern teilzunehmen. Es fand statt im Forum, einem achtzehntausend Zuschauer fassenden Stadion im Vorort Inglewood von Los Angeles. Zwar hatte sie gerade mit den Dreharbeiten für *Sandbox* begonnen, aber auf der Basis der Vorlagen, die sie drei Monate zuvor für ihre Abschiedsvorstellung in Las Vegas benutzt hatte, gelang es ihr, rasch eine Show zusammenzustellen.

Allerdings war Barbra sehr nervös, und ihre Proben nahmen so viel Zeit in Anspruch, daß sich King und Taylor mit nur dreißig Minuten für ihre eigenen Bühnenvorbereitungen begnügen mußten.

Das Konzert fand am Samstag, dem 15. April, statt. King und Taylor traten einzeln vor dem enthusiastisch mitgehenden Publikum auf und sorgten dann durch ihr gemeinsames »You've Got A Friend« – mit King am Klavier und Taylor an der Gitarre – für Beifallsstürme. Nach der Pause ergänzten Quincy Jones und sein Orchester das Programm durch ein paar jazzige Stücke. Barbra stand hinter der Bühne und wäre am liebsten zur Tür hinausgerannt, als jemand im Publikum bei einer von Jones' leiseren Nummern »Rock 'n' Roll!« brüllte. Jones' dreißigminütiger Auftritt wurde von den Zuschauern höflich begrüßt, aber durch ihn verzögerte sich die Show, und Barbra konnte erst lange nach dreiundzwanzig Uhr beginnen.

Sie schritt in einem einfachen schwarzen Hosenanzug auf die Bühne; ihr offenes Haar fiel weit über ihre Schultern. Durch ein entwaffnendes Medley aus »Sing« aus *Sesame Street* und »Make Your Own Kind of Music« stellte sie sofort Kontakt zum jubelnden Publikum her. Sobald ihr klar wurde, daß niemand buhen würde, trug sie eindrucksvolle Versionen vieler ihrer Standards vor. Die Menge tobte vor Vergnügen über den »Pot-Monolog«, der hier neue Bedeutung gewann, denn den ganzen Abend lang waberte Marihuanarauch durch die Luft.

Barbra verfestigte ihre Beziehung zum Publikum, als sie es entscheiden ließ, ob sie »Second Hand Rose« oder »Stoney End« singen solle. Der Applaus zeigte an, daß die Zuschauer das letztere bevorzugten. Barbra mußte zugeben, daß sie den Song seit einer Weile nicht gesungen hatte, weshalb sie den Text auf den Bühnenboden schreiben ließ. Am Ende, nach »People« als einziger Zugabe, hatte das Publikum ihr im Laufe von vierzig Minuten sieben stehende Ovationen dargebracht. Nun gesellte sich George McGovern auf der Bühne zu Barbra, King, Taylor und Quincy Jones und hielt eine kurze Rede. Am Ende gab Barbra bekannt, daß man über 29 000 Dollar für die Wahlkampagne des Senators eingenommen habe.

Der Abend erwies sich als ein Triumph für Barbra. Die Zeitschrift *Rolling Stone*, die noch im Vorjahr Barbras Versuche, ihr Image zu modernisieren, verspottet hatte, lobte nun ihre »aufrüttelnde Rock-'n'-Roll-Stimme in ›Make Your Own Kind of Music‹. Streisand ist ein Star, und an diesem Abend war sie *der* Star.«

Nachdem George McGovern das Rennen um die Präsidentschaft durch Richard Nixons überwältigenden Wahlsieg verloren hatte (während sich der Watergate-Skandal, der Nixon zu Fall bringen sollte, bereits anbahnte), sagte Barbra: »Ich glaube, daß meine Freunde und ich für die richtigen Dinge gekämpft haben, und es ist sehr enttäuschend, daß wir letztlich nur eine so kleine Gruppe sind. McGovern wäre für die unteren und mittleren Gesellschaftsschichten viel besser gewesen, aber sie wollten wohl nicht begreifen, daß er in Wirklichkeit ihr Mann war.«

***

Barbra saß unter einem gigantischen Baum auf einem kleinen Hügel, der Ausblick auf das trockene Gelände von Archer's Post in Kenia bot. Sie war in einen leuchtendblauen Sarong gehüllt und trug einen gleichfarbenen Turban und bunte, mit Perlen versehene Ohrringe. Da eine junge Eingeborene des Samburu-Stammes gerade sorgfältig ein hausgemachtes Make-up auf ihre Lider auftrug, hielt Barbra die Augen geschlossen. »Sie brach einen Zweig von einem Baum ab, nahm einen langen Faden vom Rock ihres Mannes, stellte eine Art Pinselspitze her, zerbröselte ein weiches, blaues Gesteinsstück, spuckte darauf und strich die Mischung mit dem Pinsel auf mein Auge.«

Im Juni, kurz nach Ende der Außenaufnahmen in New York, war Barbra ins äquatoriale Afrika geflogen, um einen der kompliziertesten Träume des Films zu drehen: Margaret ist von einer lautstarken Cocktailparty zu Ehren Dr. Beinekes, eines exzentrischen, gerade aus dem dunklen Erdteil eingetroffenen Anthropologen, in ihre Wohnung zurückgekehrt. Plötzlich wird sie von einem Räuber in der Waschküche ihres Gebäudes bewußtlos geschlagen und träumt, zusammen mit Beineke durch die Prärie von Kenia zu ziehen, um eine schmerzlose, von den Samburu praktizierte Entbindungsmethode zu finden. Die Szenenfolge war im Drehbuch und im Rohschnitt umständlich und zu lang, aber was in der Endfassung des Films übrigblieb, ist undurchschaubar.

Für letztlich weniger als acht Filmminuten verbrachte die *Sandbox*-Truppe fast einen Monat unweit Nairobis. Barbra war fasziniert von den Eingeborenen, und diese erwiderten ihr Interesse. »Zuerst waren wir mißtrauisch ihnen und sie uns gegenüber. Wußten Sie, daß diese Frauen keinen Schmerz zeigen dürfen? Nicht einmal, wenn sie ein Baby kriegen. Sie scheinen glücklich zu sein, aber herrje! Wer bin ich denn, daß ich mir erlauben könnte zu predigen?«

Barbras Aussehen bildete natürlich einen starken Kontrast zu dem der Samburu-Frauen, und viele der Krieger fühlten sich von ihr angezogen. Ihre Art und Weise, Anerkennung zu zeigen, bereitete Streisand einige Verlegenheit. Wenn ein Krieger eine Frau attraktiv fand, lächelte er breit, schob seinen Wickelrock beiseite und stellte seine Erregung zur Schau. Nach einer Woche kicherte Barbra, daß sie leicht ermessen könne, welchem der Männer sie am besten gefiel.

Paul Benedict, der Dr. Beineke spielte, erinnerte sich an eine der zahlreichen Gelegenheiten, bei denen Barbra und er die Zeit zwischen den Szenen totschlugen. »Kershner und die Kameracrew waren knapp hundertvierzig Meter von uns entfernt, und Barbra und ich saßen wartend herum. Die Eingeborenenfrauen wurden unruhig und fingen an, im Samburu-Dialekt zu singen. Barbra war begeistert von der Melodie und summte mit. Dann schnappte sie einzelne Wörter auf und begleitete die Frauen. Während dieser ›Vorstellung‹ kam Kershner heran, um etwas mit uns zu besprechen, und Barbra hörte auf zu singen. Als er fortging, fing sie wieder an. Ich war wirklich beeindruckt, denn es war klar, daß sie es nicht tat, um zu protzen; sie wußte die Musik wirklich zu schätzen und wollte ein Teil von ihr sein.«

***

Up the Sandbox sollte Weihnachten 1972 in die Kinos kommen, und die erste Voraufführung fand im November in San Francisco statt. Barbra, die ihre Dreharbeiten an *The Way We Were* kurzfristig unterbrach, nahm an der Vorführung teil. Sie war bekümmert über die Publikumsreaktion. »Man lachte zwar«, schilderte sie einem Freund, »aber es war ein nervöses Lachen, oft an den falschen Stellen.« Kershner und sie kürzten den Film um fast zwanzig Minuten und vereinfachten das Ende. »Ich hatte das Ende ursprünglich so gedreht, daß es sich um einen Traum innerhalb eines Traumes innerhalb eines Traumes handelte«, sagte der Regisseur. »Es war um drei Träume von der Realität entfernt, so daß man die Orientierung verlor. Alle bekamen es mit der Angst zu tun, und in letzter Minute wurde das Ende umgearbeitet und dadurch klarer.« Nach den Änderungen war Kershner überzeugt, daß der Film groß ankommen werde. »Ich weiß noch, wie ich mit den Agenten und Produzenten zusammensaß und wie wir alle dachten: *Sechzig Millionen Dollar!*«

Um die Trommel für *Up the Sandbox* zu rühren, erschien Barbra auf Pressefesten in Los Angeles und New York, bei denen sie vor jeweils mindestens sechzig Reportern aus dem ganzen Land Stellung bezog. »*Sandbox* ist mir wichtig. Ich glaube, daß es ein kühner Film ist, und möchte ihn fördern.«

Trotz der seltenen Öffentlichkeitsarbeit durch Streisand wurde nach der Premiere des Films jedoch sehr rasch deutlich, daß die von Irvin Kershner erwarteten Einnahmen in Höhe von 60 Millionen Dollar niemals zusammenkommen würden. Die meisten Zuschauer, durch eine irreführende Werbekampagne des Studios auf eine ausgelassene Komödie im Stil von *What's Up, Doc?* gefaßt, waren enttäuscht und entgeistert über *Sandbox*. Da Paul Zindel demonstrative Überleitungen hatte vermeiden wollen, begriffen viele Zuschauer nicht, wo die Träume begannen und endeten. Andere schienen eine spleenigere, überlebensgroße Barbra in einer Komödie vorzuziehen. Und die zwiespältige Haltung, die in dem Film zum »Dilemma der modernen Frau« vertreten wurde, konnte weder die radikalen Feministinnen noch die traditionellen Hausfrauen, noch die Millionen anderer Frauen zwischen den beiden Extremen zufriedenstellen.

Während die meisten Kritiker die Mängel des Films beklagten, zeigten sich dennoch viele beeindruckt von Barbras Arbeit. »Es ist eine sympathische, ehrliche und auf subtile Art mutige Darstellung«, schrieb Alan Howard im *Hollywood Reporter*. Rex Reed äußerte in den New Yorker *Daily News*: »[*Up the Sandbox*] enthält ihre bisher beste Rolle, und sie besitzt genug Können, um den Anforderungen gerecht zu werden. Ihre Arbeit birgt eine neue Verletzlichkeit, eine rührende Frische, die den Wunsch weckt, die Gestalt statt der Schauspielerin kennenzulernen.« Und Pauline Kael meinte gar: »Sie ist ein ausreichender Grund dafür, sich einen Film anzusehen, genau wie früher Greta Garbo.«

Ungeachtet aller Probleme hat *Up the Sandbox* einen gewissen Reiz, der nicht nur von Barbras beherrschter Darstellung, sondern auch von dem eigenwilligen, fast europäischen Stil des Films ausgeht. Es gibt mehrere denkwürdige Szenen, besonders das Familientreffen, das auf Barbras Vorschlag hin in Schwarzweiß gedreht wurde, und zwar um des Realismus willen mit einer tragbaren Kamera (wie ihr Bruder Sheldon sie bei ihren eigenen Familienzusammenkünften benutzte). *Up the Sandbox* ist Streisands bisher waghalsigster Film, aber seine Botschaft über das Elend der modernen Frau, schon damals etwas naiv, wirkt heute veraltet.

»Es war sehr entmutigend«, sagte Barbra über das Scheitern des Films. »Einmal nahm ich eine Freundin mit in ein Kino in Westwood, und dort saßen *vier Menschen*. Es war nicht sehr erfreulich für mich.« Ein paar Jahre danach äußerte sie sich defensiver: »Mir gefiel *Up the Sandbox*. Es war mein Statement darüber, was es bedeutet, eine Frau zu sein. Das ist die Aussage, die ich machen wollte, und ich bin froh darüber, daß ich es getan habe, selbst wenn der Film keinen Cent eingebracht hätte.«

Der Streifen spielte zehn Millionen Dollar ein, wodurch die Kosten fast gedeckt wurden, und durch den Verkauf der Fernseh- und Videorechte konnte ein geringer Profit erzielt werden. »Ich liebe den Film«, sagte Irvin Kershner. »Er ist so ungewöhnlich für sie. Aber sie ist wunderbar, denn sie zeigt die ganze Skala ihres Könnens ... Ich bin sehr froh darüber, den Film gemacht zu haben, obwohl ich danach für drei Jahre keine Arbeit bekam ... Ich habe Barbra nie etwas davon gesagt, aber ich machte wegen dieses Films pleite.«

Auch für Barbra hatte der Film vor allem einen ideellen Wert: »*Up the Sandbox* war mein Tribut an meinen Sohn und zeigte mich als einen realen Menschen. Ich bin eine ernsthafte Person – nicht so übergeschnappt, wie man es nach meinen Film- und Bühnenrollen erwartet.«

KAPITEL 23

Robert Redford und Barbra waren gerade dabei, eine Szene ihres neuen Films *The Way We Were* zu drehen, in der sich Katie Morosky auszieht und zu Hubbell Gardiner ins Bett schlüpft. Gardiner, ein früherer Golden Boy an der Universität, den sie seit Jahren begehrt, ist betrunken in ihrer Wohnung eingeschlafen. Sie streichelt sein Haar, er dreht sich zu ihr um, liebt sie rasch und schläft dann, auf ihr liegend, wieder ein. Der Regisseur, Sydney Pollack, hatte die gesamte Crew, abgesehen von Kameramann Harry Stradling junior, aufgefordert, den Set während dieser Szene zu verlassen. Barbra war bis zur Taille nackt, als sie sich mit dem Rücken zur Kamera auszog. Die nächste Einstellung würde sie bereits im Bett zeigen, und sie trug einen hauchdünnen Netzbikini unter der Decke. Redford, der ebenfalls nackt sein sollte, ging kein Risiko ein. Laut Moss Mabry, dem Kostümdesigner des Films, »legte Redford für die Szene *zwei* Suspensorien an. Er ist sehr schüchtern und fürchtete, eine Erektion zu bekommen.«

Das Problem war, daß die Umrisse der sperrigen Suspensorien durch die Laken sichtbar wurden. »Schließlich entfernte ich sie unter der Decke«, sagte Redford, »schob sie unters Bett, spielte die Szene, hob sie auf und legte sie unter der Decke wieder an.«

Barbras ekstatische Miene in der Szene dürfte wenig mit Schauspielerei zu tun gehabt haben, denn inzwischen waren ihre Gefühle für Redford genauso stark wie die Katies für Hubbell.

***

Die Vorgeschichte von *The Way We Were* begann 1971. Denn damals beauftragte Ray Stark Arthur Laurents, unter dessen Regie Barbra in *I Can Get It for You Wholesale* gearbeitet hatte, einen Film für sie zu schreiben. Laurents verfaßte die Geschichte von Katie Morosky, einer uneleganten, kraushaarigen, politisch sehr aktiven jüdischen Studentin der späten dreißiger Jahre, die sich für den Kommunismus einsetzt, da sie ihn für eine friedenspendende Kraft hält, und die eine überraschende Liebesbeziehung zu dem gutaussehenden, unpolitischen, goldblonden Sportler Hubbell Gardiner anknüpft.

Katie Morosky hat viel Ähnlichkeit mit Barbra, doch Arthur Laurents ließ sich nicht von Streisand, sondern von einer Kommilitonin an seinem College sowie von einer späteren Freundin inspirieren und verband die Eigenarten der beiden miteinander. »Barbra hat zwar etwas politische Arbeit geleistet«, sagte Laurents, »aber im Gegensatz zu Katie ist sie politisch unbedarft. Die Verbindung besteht in Barbras Leidenschaft und Gerechtigkeitsgefühl. Aber ich glaube nicht, daß sie so ist wie Katie.«

Für Hubbells Rolle fiel Barbra sofort jener Schauspieler ein, den sie sich als Romeo neben ihrer Julia gewünscht hatte: Robert Redford. Ray Stark schickte Redford ein fünfzigseitiges Treatment des Drehbuchs, doch dieser lehnte ab, da er Hubbell Gardiner für eine eindimensionale Gestalt hielt. Laurents schlug daraufhin Ryan O'Neal vor, aber Stark bezweifelte, daß die Zuschauer von neuem das gleiche Gespann sehen wollten. Als nächster stand der hochgewachsene, blonde, sehr ansehnliche Ken Howard auf der Liste, und Laurents arrangierte ein Tennismatch, um zu sehen, wie Howard und Barbra miteinander auskamen. Laurents und Nora Kaye, Herb Ross' Frau, spielten ein Doppel gegen Ken und Barbra. »Erst wenn man Barbra gesehen hat, weiß man, was wirklich schlechtes Tennis ist«, kommentierte Laurents. »Wir ließen Ken und Barbra keine Chance, aber sie nahm die Niederlage mit großem Humor hin. Einmal traf der Ball eine ihrer Brüste, und sie witzelte: ›Keine Sorge, ich hab' noch eine.‹« Streisand und Howard schienen sich gut zu verstehen, »bis ein sehr schönes Mädchen mit einem Auto kam, um ihn abzuholen. Barbra erstarrte. Am nächsten Tag ließ sie mich wissen, daß jeder Sex-Appeal zwischen ihnen fehle ... Howard kam nicht in Frage.«

Nachdem auch Dennis Cole abgelehnt worden war und es keinen Nachschub an geeigneten blonden männlichen Stars mehr gab, wandte sich Barbra an Warren Beatty. Aber Warren war der Ansicht, daß die Rolle ihm nicht genug zu bieten habe, und Barbras Versicherung, daß man seinen Part noch ausbauen werde, stieß auf taube Ohren.

Barbra und Ray Stark steckten in einer Sackgasse. Als Barbra stöhnte: »Mein Gott, wenn wir nur Redford überreden könnten«, hatte Stark einen Einfall. Er wollte versuchen, Sydney Pollack zur Übernahme der Regie zu bewegen. Pollack und Redford waren seit 1962 – seit ihrem gemeinsamen Auftreten in *War Hunt* (Hinter feindlichen Linien) – eng miteinander befreundet. Außerdem hatte Pollack 1966 die Ray-Stark-Produktion *This Property Is Condemned* (Dieses Mädchen ist für alle) und 1972 *Jeremiah Johnson* inszeniert, in denen Redford die Hauptrolle spielte. Wenn ihn überhaupt jemand zu einem Sinneswandel bewegen konnte, glaubte Stark, dann Pollack.

Stark sandte Pollack die Abzüge von Laurents' Romanfassung der Story. Sie gefiel Pollack, und im April 1972 unterzeichnete er den Regievertrag für den Film. »Ich war sehr gerührt und dachte sofort: Das wäre genau das Richtige für Bob.« Doch Redford meinte nur: »Ach, der Blödsinn.« Pollack machte sich daran, das Drehbuch umzuarbeiten, und seine Überzeugung, daß nur Redford für die Rolle von Hubbell geeignet sei, vertiefte sich. Ray Stark übte erneuten Druck auf den Regisseur aus, und dieser schickte Redford das redigierte Drehbuch. »Nein, es taugt nichts«, sagte Redford und ließ sich auch nach stundenlanger Diskussion nicht umstimmen. »Ich weiß nicht, was du daran findest.«

Allmählich wurde Stark wütend. »Wir haben Barbra. Also wozu brauchen wir noch Redford?« erklärte er Pollack. »Ryan O'Neal wird's machen.« Schließlich spitzten sich die Dinge bei einem Treffen zwischen Ray Stark, Arthur Laurents und Pollack im Hotel Dorchester in New York zu. »Ich gebe Redford noch eine Stunde, und dann scheiß drauf!« verkündete er. »Ich kann doch nicht mein ganzes Leben lang hinter Robert Redford herrennen. Wofür zum Teufel hält er sich?«

Pollack versuchte mit allen Mitteln, Redford umzustimmen: Die Dreharbeiten würden erst im Herbst beginnen und überwiegend in New York stattfinden, so daß Redford bei seiner Familie bleiben könne. Außerdem werde man das Drehbuch umschreiben, um Hubbells Rolle auszubauen.

»Wovon *handelt* dieser Film denn, Pollack?« erkundigte sich Redford. »Wer ist dieser Mann? Bloß ein Objekt. Eine Null. Er läuft rum und sagt dauernd: ›Ach, komm schon, Katie, komm schon, Katie.‹ Er will überhaupt nichts. Was *will* dieser Mann, Sydney? *Was denn bloß?*«

»Er ist sehr bewegend, Bob«, erwiderte Pollack.

Redford fragte: »Was heißt bewegend? Was heißt bewegend?« In diesem Moment klingelte das Telefon. Es war Stark, der Pollack mitteilte, daß die Stunde um sei. »Komm zurück, es ist gelaufen, wir engagieren Ryan O'Neal.«

»Nein, auf keinen Fall. Ich rufe in zehn Minuten zurück!« Pollack knallte den Hörer auf und drehte sich zu Redford um, der den Kopf in den Händen wiegte. »In Ordnung, Pollack«, stöhnte er schließlich. »Ich mache es. Ich *mache* es!«

»Ich ließ mich nur deshalb darauf ein«, erläuterte Redford später, »weil ich überzeugt war, daß Pollack und [die Drehbuchautoren] Alvin Sargent und David Rayfiel mehr aus der Gestalt machen würden, als im Script zu erkennen war. In der vorliegenden Fassung war die Rolle seicht und eindimensional – fast unwirklich, eher ein Hirngespinst von jemandem, der sich einen Märchenprinzen ausmalt. Nach den Überarbeitungen wurde die dunklere Seite dieser Golden-Boy-Gestalt sichtbar – seine persönlichen Ängste.«

Nachdem Redford unterzeichnet hatte (angeblich für 1,2 Millionen Dollar, 200 000 Dollar mehr als Streisand), wartete Barbra gespannt auf ihr erstes Treffen: die übliche Sitzung, in der zwei Co-Stars einander kennenlernen und über ihre Rollen sprechen. Redford wollte nichts davon wissen. »Er weigerte sich so lange wie möglich, mit Barbra zusammenzukommen«, berichtete Pollack. »Schließlich wurde es zu einer Art Komplex für sie: ›Wieso kann ich nicht mit Bob Redford reden? Wir werden doch in demselben Film spielen!‹ Irgendwann wurde die Sache so destruktiv, daß ich ihn wissen ließ: ›Du mußt sie treffen, denn sie fängt an, es persönlich zu nehmen.‹«

Redford gab sein Einverständnis, aber nur unter der Bedingung, daß Pollack dabei war. »Also setzten wir drei uns in ihrem Haus zusammen, aßen und redeten – und das vielleicht noch zweimal vor den Proben. Das ist alles.« Laut Pollack wollte Redford eine engere Bekanntschaft mit Barbra meiden, weil »er der festen Meinung ist, daß Fremdheit die Magie in einem Film erhöht. Und ich gebe ihm recht, denn die Tatsache, daß sie einander kaum kannten, war sehr vorteilhaft für die Collegeszenen, in denen sie gehemmt sein soll.«

Nach jenem ersten Dinner war Barbra wie geblendet von Redford. »Sie fühlte sich einfach hypnotisiert von ihm, weil sie ihn so schön fand«, bemerkte Arthur Laurents. Aber es gab noch tiefergehende Gründe. Redford besaß eine stille Kraft, eine hohe Intelligenz, und er engagierte sich für Politik und Umwelt. »Hinter seinen Augen geht immer etwas vor«, sagte Barbra. »Er ist nicht bloß ein Schauspieler, sondern er ist ein intelligenter, betroffener Mensch. Deshalb verbergen sich viele Schichten unter dem, was man sieht.« Barbra hielt Redford für einen fast vollkommenen Mann und Lola, mit der er seit fast fünfzehn Jahren verheiratet war, für eine vom Glück begünstigte Frau. »Wieso kann ich nicht einen Mann wie Redford finden?« vertraute sie einer Freundin an.

Barbra bombardierte Redford bei dem ersten Dinner mit teils recht persönlichen Fragen, wie es ihre Art ist. Redford, bis dahin einsilbig, doch charmant, erklärte ein wenig schroff: »Barbra, wenn wir zusammenarbeiten sollen, müssen Sie beachten, daß ich nur über mich rede, wenn *ich* es will, nicht weil Sie glauben, ein Recht darauf zu haben.«

Damit hatte Redford sie völlig für sich gewonnen. Barbra war nicht nur entzückt, weil er ihr die Stirn bot, sondern auch, weil sie wußte, daß er recht hatte. Schließlich konnte sie selbst neugierige Menschen auch nicht ausstehen.

***

Barbra war viel zufriedener mit ihrer Rolle als Redford mit seiner, weshalb Laurents wahrscheinlich den Eindruck hatte, daß sie sich stärker für ihr Aussehen in dem Film als für ihre Interpretation von Katie Morosky interessierte. Bei der ersten Besprechung über das Drehbuch stellte Laurents zu seiner Verblüffung fest, daß Barbras Hauptsorge dem geplanten Wechsel der Kostüme und Frisuren galt.

Barbra redete nicht mit Laurents, sondern mit Pollack über ihre Interpretation, und sie freute sich darüber, daß sie in fast jeder Einzelheit übereinstimmten. »Ich wollte, daß Barbra in diesem Film wirklich spielte«, sagte Pollack. »Mir lag daran, daß sie sich auf keine der alten Streisand-Gesten verließ ... Ich wollte wirklich, daß sie zu einer einfachen Wahrheit ihres Spiels – und ich wußte, daß sie dazu fähig war – zurückkehrte. Es gab kein Problem, weil Barbra so ist wie alle anderen enorm begabten Menschen. Mit ihnen gibt es nie Probleme, wenn man eine Atmosphäre des Vertrauens herstellen kann.«

Anscheinend verstand sich Barbra weit besser mit ihrem Regisseur als mit ihrer Kostümbildnerin. Sie konzentrierte sich so sehr auf ihr Äußeres in jenem Film, daß Dorothy Jeakins, eine dreifache Oscar-Gewinnerin, frustriert kündigte, nachdem sie drei Viertel der dreißig Kostüme entworfen hatte. Barbra billigte ein Design, überlegte es sich dann anders, billigte ein neues Design und verwarf es dann ebenfalls. Jeakins erklärte ihrem Nachfolger Moss Mabry: »Ich kann all dieses Hin und Her und diese Unschlüssigkeit nicht mehr aushalten.«

Barbra forderte Mabry auf, Kostüme zu entwerfen, die ihren Busen und ihr Gesäß betonten. »Sie ist stolz auf ihr Hinterteil«, sagte Mabry. »Und sie hat mit den schönsten Busen in Hollywood und prächtige Haut.«

Auf Barbras Geheiß kreierte Mabry einen Hosenanzug mit rückenfreiem Oberteil, der all diese Attribute hervorhob.

Einer der Gründe dafür, daß sich Barbra so intensiv mit ihrer Garderobe beschäftigte, bestand laut Mabry darin, daß Sydney Pollack wenig Interesse daran erkennen ließ. »Viele Leute hatten den Eindruck, daß er Redford bevorzugte. Ich suchte ihn mit Skizzen und Stoffproben in seinem Büro auf, aber ihre Kostüme hätten ihm nicht gleichgültiger sein können. Das überraschte mich, denn so etwas hatte ich noch nie erlebt.«

Fairerweise muß erwähnt werden, daß Pollack von dem »Alptraum« in Anspruch genommen wurde, das Drehbuch zu seiner und Redfords Zufriedenheit umzuarbeiten. »Wir schrieben dauernd um – sogar bei den Dreharbeiten. Man übte soviel Druck auf uns aus. Columbia ging damals unter, es hatte seit Jahren keinen großen Hit gehabt, und die Kosten überstiegen das Budget. Bob kam mit Ray Stark nicht zurecht, und ich auch nicht. Wir wußten nicht, wie wir die Politik und die Liebesgeschichte überzeugend verknüpfen konnten. Wir hatten einfach eine Menge Probleme.«

Stark, dem das Studio arg zusetzte, gab den Druck an Pollack weiter. »Beeil dich, beeil dich!« hörte der Regisseur von Stark. »Das kannst du nicht tun! Jenes kannst du nicht tun! Beeil dich! Schließ die Sache ab! Kürze das, kürze jenes! Dreh das mit einem einzigen Auto! Wechsel die Perspektive, damit du dich nicht um die Straßen zu kümmern brauchst.«

»Ehrlich gesagt, niemand glaubte an den Film«, sagte Pollack, und Redford verglich die Dreharbeiten mit »Überstunden in Dachau«. Schließlich überwand sich Pollack und bat Arthur Laurents, zurückzukommen und den Film zu retten. »Sie hatten viele alberne Fehler gemacht«, sagte Laurents über die Autoren, die ihm gefolgt waren. »Der politische Hintergrund war völlig verhunzt. Keiner der Leute wußte etwas über die Epoche. Ich habe sie durchlebt … Die politischen Dinge wurden ständig weggekürzt, weil Stark meinte, man müsse eine Wahl zwischen der Romanze und der Politik treffen. Das ist dummes Zeug. Ich glaube, das Publikum wird dauernd unterschätzt.«

Während Sydney Pollack zuviel mit dem Drehbuch zu tun hatte, um sich um Barbras Äußeres zu kümmern, machte der Kameramann, Harry Stradling junior, dieses Versäumnis mehr als wett. Der Sohn von Barbras Lieblingskameramann hatte kein anderes Ziel, als »Barbra Streisand gut aussehen zu lassen«. Sie zog es vor, von links aufgenommen zu werden, und manchmal verschlug es Robert Redford ein wenig die Laune, da jede Einstellung immer nur von Barbras Wünschen abhing.

»Aber sie war die einzige, die ich zufriedenstellen mußte. Wenn sie zufrieden war, spielte alles andere keine Rolle«, erklärte Stradling.

**

Sobald die Dreharbeiten am 18. September 1972 im Union College in Schenectady, New York, begonnen hatten, wurde Barbra nervös. Redfords subtiles, effektvolles Spiel ließ sie fürchten, im Vergleich damit zurückzufallen. »Barbra war eingeschüchtert«, sagte Bradford Dillman, der Hubbells besten Freund spielte. »Vieles von dem, was Bob und ich taten, war hundertprozentig improvisiert. So etwas war Barbra völlig neu, und ich weiß nicht, wie wohl sie sich dabei fühlte.«

Diese Unsicherheit veranlaßte sie, ihre Szenen vor der Aufnahme noch gründlicher als sonst durchzusprechen. »Sie rief mich dauernd an – o mein Gott, jeden Abend!« klagte Pollack. »Sie lebt unter der zwanghaften Sorge: ›Soll ich dies oder das tun?‹ ›Hör zu, ich habe die fünftletzte Scriptfassung gelesen und da eine Zeile gefunden.‹ Es war ein ständiges Hin und Her, der Versuch, alle Möglichkeiten abzudecken – Quälerei, Quälerei, Quälerei.«

Vor den Szenen wünschte sich Barbra so ausführliche Diskussionen, daß es manchmal den Anschein hatte, sie habe Angst und wolle Zeit gewinnen. Dies trieb Redford, der sich am liebsten auf gut Glück in eine Szene hineinstürzt, zur Raserei. »Es gibt einen Zeitpunkt, an dem man bereit ist«, meinte er. »Bei Proben lernt man zuviel, dann läuft alles automatisch, aber der Film ist ein Medium des spontanen Handelns. Barbra redete und redete und redete und machte mich verrückt. Und was am lustigsten war, nachdem sie geredet und geredet und geredet hatte, machten wir immer genau das, was sie von Anfang an hatte tun wollen.«

Pollack saß in der Mitte zwischen beiden. »Sie kam rein und wollte reden, und Bob wollte sich sofort an die Arbeit machen. Je länger geredet wurde, desto eingerosteter fühlte er sich. Sie war der Meinung, von ihm gedrängt zu werden. Je mehr wir probten, desto stärker aufwärts ging es mit ihr, während er langsam abbaute. Ich mußte also dauernd zwischen den beiden jonglieren und die Kamera genau dann laufen lassen, wenn sie auf dem gleichen Niveau waren.«

Trotz der unterschiedlichen Methoden dachten beide Schauspieler, daß der andere bessere Arbeit leiste. »Sie rief mich abends an und fragte: ›Wie macht er das?‹« sagte Pollack. »Nachdem sie die Muster gesehen hatte, hielt sie ihn für großartig und sich selbst für erbärmlich. Aber sie sind sich in dieser Hinsicht sehr ähnlich, denn er sah sich die Muster an und war genau umgekehrter Ansicht … Ich mußte beide beruhigen.«

Während Barbra kein Hehl aus ihrer Vernarrtheit in Redford machte, gab es Anzeichen dafür, daß auch er von ihr fasziniert war. Wieder einmal wurde die Kunst vom Leben imitiert. Sie brachte ihn häufig zum Lachen, sprudelte jiddische Wörter hervor und zog ihn damit auf, daß er ein so typischer weißer angelsächsischer Protestant war. Ihr Wechselspiel jenseits der Kamera half ihnen laut Redford, »eine ausgelassene Stimmung zwischen den beiden Gestalten zu erzeugen«.

»Immer wenn er etwas Jiddisches sagte, bekam sie Lachkrämpfe«, erinnerte sich Pollack. »Es gibt eine Szene im Strandhaus, die fast völlig improvisiert ist: Er versucht, ein paar jiddische Wörter zu lernen, und sie lacht sich kaputt. Wir nahmen eine Menge davon auf und versuchten, es in den Film einzufügen.«

***

Als der Zeitpunkt kam, die Sexszene zu filmen, war Harry Stradling sicher, daß der Magnetismus zwischen Barbra und Redford über die Erfordernisse ihrer Rollen hinausging. »Sie verstanden einander sehr gut. Es war eine sehr erregende Szene, als die beiden im Bett lagen – nicht so, als würden sie nur schauspielern.«

Es ist unwahrscheinlich, daß Streisand und Redford ihrer gegenseitigen Anziehung je nachgaben, aber Lola Redford hörte von den romantischen Funken, die zwischen den beiden Stars sprühten.

Eines Abends, nachdem die beiden während einer improvisierten Probe die Uhrzeit aus den Augen verloren hatten, verpaßte Redford sein Familiendinner. Lola war außer sich. Wie ein Kolumnist berichtete, ging ihr Sohn Jamie am nächsten Tag zur Schule und erzählte seinen Kameraden: »Mommy hat ein Glas Milch nach Daddy geschleudert. Sie haben sich wegen Barbra Streisand gestritten.« Nach dem Wahrheitsgehalt des Artikels befragt, entgegnete Redford: »Das dürfte ungefähr stimmen.«

***

Nach einmonatigen Außenaufnahmen in New York zog man am 11. Oktober nach Hollywood und beendete die Produktion am 3. Dezember. Alle machten sich Sorgen: Barbra, weil sie vielleicht niemals in der Lage sein würde, sich als normale Dramenschauspielerin zu etablieren, wenn dieser Film ebenso wie *Up the Sandbox* vom Publikum abgelehnt wurde; Redford, weil er keineswegs sicher war, daß seine Darstellung zwingend genug war, um neben der Barbra Streisands zu bestehen; und Pollack, weil er fürchtete, die Politik und die Liebesgeschichte nicht erfolgreich miteinander verbunden zu haben.

Im Laufe der nächsten neun Monate machten Pollack und Margaret Booth den Filmschnitt und ließen dabei die meisten politischen Szenen – Barbra trat in fast allen auf – fallen. Bei der ersten von zwei Voraufführungen, die im September 1973 an einem Freitag und einem Samstag abend in San Francisco stattfanden, entdeckte Pollack, daß die Kürzungen nicht ausreichten. Zu Beginn ging ein erwartungsvolles Gemurmel von den Zuschauern aus, und bis zum letzten Drittel schienen sie von dem neuen Streisand-Redford-Film hingerissen zu sein. Dann kamen die Szenen über die McCarthy-Ära. Pollack erinnerte sich: »Die Aufmerksamkeit des Publikums war dahin.« Er packte Margaret Booth am Arm, ging mit ihr hinauf in die Vorführkabine, nahm eine Rasierklinge und schnitt eine Episode von insgesamt elf Minuten Länge heraus, in der Katie als Kommunistin auf die Schwarze Liste gesetzt wird. »Die Politik wurde einfach zu kompliziert für die Zuschauer. Sie wollten, daß wir bei der Liebesgeschichte blieben.«

Am folgenden Abend war die Reaktion des Publikums äußerst positiv. »Urplötzlich schienen alle begeistert zu sein«, sagte Pollack, »und die Stimmung stieg.« Nun konnte Barbra nur noch abwarten, ob diese mühevolle Produktion ein Kassenschlager würde.

The Way We Were kam am 16. Oktober 1973 landesweit in die Kinos. Die Rezensionen waren gemischt; die meisten Kritiker lobten das Spiel der beiden Stars und den Magnetismus zwischen ihnen, lehnten jedoch die unausgegorene politische Aussage des Films ab. Paul D. Zimmerman schrieb in *Newsweek*: »Pollack und Laurents konzentrieren sich allzusehr auf die zweifelhafte These, daß die Politik eine gute Ehe ruinieren könne. Deshalb haben sie kaum Zeit, die politische Atmosphäre aufzubauen, die den Zusammenbruch der Ehe angeblich auslöst. Sie skizzieren den Hintergrund hastig mit Hilfe von Partyklatsch, Zeitungsschlagzeilen und Ausschnitten aus Rundfunknachrichten.«

Trotzdem wurde *The Way We Were* während der Feriensaison und danach zu einem überragenden Erfolg. Die Bruttoeinnahmen in den USA betrugen 56 Millionen Dollar, denn die Zuschauer zeigten sich empfänglich für den nostalgischen Glanz, die Anziehungskraft der Stars und die bewegende Liebesgeschichte. Seit den fünfziger Jahren hatte man nur wenige sentimentale Romanzen mit bedeutenden Stars gedreht, und kaum eine war beim Publikum angekommen. Norma McLain Stoop, die Rezensentin von *After Dark*, beschrieb den Hauptgrund dafür, daß dieser Film zu dem bis dahin zweitgrößten Kassenerfolg von Columbia (nach *Funny Girl*) wurde: »Das Gelingen dieses brillanten Films ist daran zu ermessen, wie tief er den Zuschauer in das Gespinst der Charaktere und der Handlung hineinzieht. Man ... verläßt das Kino mit dem gleichen Gefühl, als habe man ein Ehepaar besucht, das sich scheiden lassen will, denn man fragt sich: ›Wer hatte recht? Mit welchem der beiden sollte ich in Zukunft Kontakt halten?‹«

Auf eine subtilere und tieferschürfende Art als *Up the Sandbox* ist *The Way We Were* ein feministischer Film. Katie ist die zentrale, draufgängerische, engagierte Gestalt, während Hubbell das passive, hübschere Liebesobjekt abgibt. Katie knüpft die Beziehung an, bereitet die Situation vor, die zum Sex zwischen ihnen führt, und verspricht Hubbell später: »Ich werde dich nicht anrühren.« Sie ist diejenige, deren Idealismus, im Gegensatz zur Unentschlossenheit ihres Mannes, die Ehe untergräbt. Arthur Laurents hatte die traditionelle Hollywood-Vorstellung von männlich-weiblichen Rollen auf den Kopf gestellt, und viele Amerikaner waren dankbar für die Befreiung von den Klischees, die er beiden Geschlechtern anbot.

In *The Way We Were* war Barbra wie nie zuvor die amerikanische »Jedefrau«; sie spielte auf der Leinwand das nach, was jeder Zuschauer irgendwann erlebt hatte: die Sehnsucht nach einem unerreichbaren Liebespartner. Viele Frauen und schwule Männer konnten ihr Verlangen nach Hubbell nachempfinden, doch auch Millionen andere, heterosexuelle Männer identifizierten sich mit ihr. Wer hatte sich schließlich noch nie unattraktiv gefühlt, war nie verspottet oder durch die Liebe verletzt worden?

Der Film war ein uneingeschränkter Triumph für Barbra und half ihr, als Filmstar ein noch höheres Niveau zu erklimmen. Sie wurde als »Filmliebling der Welt« mit dem Golden Globe ausgezeichnet und hatte nun als Star in Musical-Komödien, als nichtsingende Komikerin und als romantische Dramenheldin im Film künstlerischen und kommerziellen Erfolg gehabt. Kein Künstler vor ihr hatte sich in so kurzer Zeit in derart unterschiedlichen Filmgenres durchgesetzt.

***

Barbras neuester Filmtriumph führte, wie die Ironie des Schicksals es wollte, zu ihrer ersten Single, die Platz eins erreichte. Marvin Hamlisch, der einstige Probenpianist von *Funny Girl*, hatte nicht nur die Filmmusik für *The Way We Were*, sondern auch – vor Beginn der Dreharbeiten – die Titelmelodie, mit einem Text von Marilyn und Alan Bergman, komponiert.

Sydney Pollack und Hamlisch wollten, daß Barbra das Lied während des Vorspanns sang, aber sie weigerte sich, weil sie nicht von ihrer schauspielerischen Leistung ablenken wollte. Zudem gefiel ihr Hamlischs »allzu einfache« Melodie nicht sonderlich. Daraufhin schrieb er einen neuen Song, von dem Pollack und Barbra angetan waren. »Wir nahmen beide Versionen mit Klavierbegleitung auf«, sagte Hamlisch. »Dann gingen wir mit dem Kassettenrecorder in die Vorführkabine und spielten beide, während der Vorspann lief.« Alan Bergman erklärte: »Der zweite paßte *überhaupt nicht* zu den Bildern auf der Leinwand. Aber der ursprüngliche Song fügte sich wunderbar mit den Bildern zusammen … Das war unsere Antwort, klipp und klar.«

Ein Kritiker bezeichnete den Titelsong als »schwach und wehleidig«, aber das Publikum bei den Vorauffführungen war so begeistert, daß Columbia ihn drei Wochen vor der Filmpremiere als Single mit einem »poppigeren« Arrangement herausbrachte. Die meisten Diskjockeys ließen die Finger davon, weil Streisand seit drei Jahren keinen Single-Hit mehr gehabt hatte, aber mit dem wachsenden Erfolg des Films setzten mehr und mehr Sender den Song auf ihr Programm. Einen Monat nach ihrem Erscheinen tauchte die Platte unter den Top 100 auf, und dreieinhalb Monate später gelangte sie auf Nummer eins, wo sie wochenlang blieb. *Billboard* machte »The Way We Were« zur Spitzen-Popsingle des Jahres, und Barbra wurde im Februar 1977 mit einer goldenen Schallplatte (für eine Million verkaufte Exemplare) ausgezeichnet.

Im Januar brachte Columbia gleichzeitig ein Soundtrack-Album und eine neue Streisand-Studiokollektion – beide trugen ebenfalls den Titel *The Way We Were* – heraus. Das Soundtrack-Album erreichte Nummer zwanzig und wurde im September 1975 »vergoldet«. Die Studiokollektion profitierte von dem Erfolg der Single, obwohl die Rückseite hauptsächlich aus übriggebliebenem Material von *The Belle of 14th Street* und aus dem gescheiterten *The Singer*-Projekt bestand; sie gelangte als erstes Streisand-Album seit *People* zehn Jahre zuvor auf Nummer eins. Barbra stand zum erstenmal sowohl mit ihren Filmen als auch mit ihrer Musik ganz oben.

***

Der Kameramann rollte die Kamera zu einem Close-up von Barbra heran. »Dwight!« rief sie zu Dwight Hemion hinüber, dem Regisseur ihres fünften TV-Specials, *Barbra Streisand ... and Other Musical Instruments.* »Wenn du zu dicht an meine Nase rangehst, scheine ich zu schielen. Wenn du zu dicht an meine Augen rangehst, sieht meine Nase zu groß aus.« Eine andere Perspektive half auch nicht. »Wie oft soll ich es noch sagen?« brüllte sie. »Die Kamera ist fast zwischen meinen Zähnen!«

Es war der 18. Juli 1973, der dritte Tag der Dreharbeiten für Barbras Show in den Elstree Studios nördlich von London, und ihr Duett mit Ray Charles zu seinem Song »Cryin' Time« wollte nicht gelingen. Der blinde Jazz-Star und sie mühten sich seit bereits fünf Stunden und zwölf Takes lang ab. Wenn Barbra oder Dwight Hemion etwas an ihrer Erscheinung oder ihrem Gesang nicht gefiel, machte man einen neuen Versuch. Charles saß geduldig an seinem Klavier und ließ sich nicht erschüttern. »Sie ist ein Luder«, hatte er unter vier Augen über Barbra gesagt, aber er hielt sie für die »größte lebende weiße Sängerin. Sie singt keine Noten, sie singt Gefühle.«

Der sechsjährige Jason kritzelte unter dem wachsamen Auge von Barbras Kindermädchen Grace Davidson gelangweilt auf einem Notizblock herum. Als »Cryin' Time« endlich im Kasten war, ging Barbra sofort zu »Sweet Inspiration« über. Nach zahllosen Takes verlor Barbra die Beherrschung, während sich ein Techniker an einem der Scheinwerfer zu schaffen machte. »Ich werde mich nicht darauf einlassen, wie vor ein paar Tagen um fünf vor acht ein kompliziertes Stück zu singen.« Die Spannung wuchs. Barbra wartete ein paar Minuten, doch als der Scheinwerfer immer noch nicht bereit war, stand sie auf, sagte: »*Herrgott*, Dwight«, und verließ den Set.

»Nur eine Minute, Barb«, rief Hemion ihr nach.

»Was?!« rief sie wütend.

»Ach, egal, Barbra«, antwortete Hemion.

»Ich bin müde. Entweder bringst du die Sache in Ordnung oder nicht«, sagte sie und eilte davon. »Ich möchte mich umziehen.«

Zehn Minuten später kehrte sie in einem schwarzen Hosenanzug aus Samt zurück. Während sie sich mit einem batteriegetriebenen Ventilator abkühlte, erklärte Hemion: »Barb, der Anzug gefällt mir nicht.«

»Und wieso nicht?«

»Er sieht aus wie ein Probenkostüm.«

»Aber mir gefällt er.«

Nachdem Hemion sie aufgefordert hatte, sich ihr Bild auf dem Monitor anzusehen, stapfte Barbra zurück in ihre Garderobe und schlüpfte in einen weißen Hosenanzug aus Satin.

Ein Streit über Kameraperspektiven folgte, und Barbra fuhr Hemion schließlich an: »Dwight, *du* mußt dich auf *mich* einstellen. Ich werde deswegen nicht meinen ganzen Auftritt versauen.« Dann widmete sie sich einer üppigen Schokoladentorte – einer aus einer großen Auswahl, die jeden Tag für sie zum Set gebracht wurde. Auf einem Balkon leckte Jason an einer Sahnewaffel. »Schmeckt das, J. J.?« rief Barbra zu ihm hinauf. »Wirst du müde, Schatz? Bald fahren wir nach Hause.«

Sie hatte gelogen. Mehrere Stunden – und weitere zwölf Takes – waren nötig, bis Hemion und sie nichts mehr an »Sweet Inspiration« auszusetzen hatten. Der erleichterte Ray Charles ließ ein paar Takte von »Jingle Bells« auf dem Klavier erklingen. Um neun Uhr brachte Barbras Limousine sie zurück zu dem Haus, das sie in der Londoner Innenstadt gemietet hatte. »Ich frage mich, wie sie es schafft«, sagte ihr Kindermädchen Gracie. »Sie arbeitet den ganzen Tag, und wenn wir zurückkommen, mache ich einfach die Tür zu und sage gute Nacht. Aber sie setzt sich ans Telefon und spricht stundenlang mit Zuhause. Sie bekommt nur fünf Stunden Schlaf.«

Einer der »besonderen Einfälle« für *Barbra Streisand ... and Other Musical Instruments* war »The World is a Concerto«. Darin wurde Barbra von der »Musik« eines Mixers, eines Staubsaugers, eines Dampfkessels, einer Nähmaschine, einer Waschmaschine, eines Elektrorasierapparats und anderer lärmender Haushaltsgeräte begleitet. Dieser Teil wurde als letzter aufgenommen, und als Barbra am Morgen des 28. Juli auf dem Set erschien, rief sie Hemion zu: »Heute werde ich nett zu dir sein, Dwight.« Aber ihre Laune verschlechterte sich nach einer Reihe technischer und anderer Pannen. Die Waschmaschine schleuderte nicht, das Brot sprang nicht zum richtigen Zeitpunkt aus dem Toaster, und der Teekessel weigerte sich zu pfeifen.

Erst nach elf Stunden und dreiundzwanzig Takes besaß man genug

Filmmeter, mit denen alle zufrieden waren. Am Mittag behandelte Barbra ihre ausgefransten Nerven mit verschiedenen Speisen. »Heute hält sie sich sehr gut«, sagte eine Kantinenangestellte der Elstree Studios. »Sie macht nämlich Diät. Aber sie hätten sie vor ein paar Tagen sehen sollen. Sie hatte Appetit auf Fisch, also bestellte sie Krabbencocktail, gedämpften Heilbutt, entgrätete Scholle, Seezunge und Reisauflauf. Sie ißt wie ein Scheunendrescher.«

***

Barbra Streisand … and Other Musical Instruments wurde am Freitag, dem 2. Dezember 1973, von CBS ausgestrahlt. Es war, künstlerisch gesehen, ein sehr gemischtes Programm und eine Enttäuschung, was die Einschaltquoten betraf. Während die *Dean Martin Comedy Hour* einundvierzig Punkte erhielt, mußte sich Barbra mit dreizehn Punkten begnügen. Die Rezensenten waren ungnädig. John J. O'Connor von der *New York Times* äußerte sich lobend über Ray Charles' Beitrag, nannte die Show jedoch »bis an die Grenze des ästhetischen Ekels überproduziert, überorchestriert und übertrieben«. Morton Moss meinte im *Herald Examiner* von Los Angeles, daß »all der Glanz und die unaufhörlichen Überschläge eine Ablenkung sind … Gelegentlich könnte man *Instruments* der Brillanz bezichtigen …, doch Brillanz und ungewöhnliche Theatralik sind nebensächlich, wenn sie das Hauptinteresse verdrängen.«

Barbra Streisand … and Other Musical Instruments war Barbras letztes TV-Special. Innerhalb von zwei Jahren nach der Sendung ließ Streisand ihren CBS-Vertrag in aller Stille auflösen, obwohl sie nur die Hälfte der ursprünglich geplanten zehn Specials geliefert hatte. Von dieser Verpflichtung befreit, hätte sie für jeden anderen Sender arbeiten können, aber sie ließ die Möglichkeit ungenutzt. »Man braucht sehr viel Zeit, um ein Special zu machen. In der Zeit, die ich für das letzte gebraucht habe, hätte ich einen ganzen Film drehen können … Ich habe keine Lust, so schwer zu arbeiten.«

***

In London wurde Barbra häufig durch die Gegenwart eines neuen Liebhabers, des Unternehmers Sam Grossman aus Arizona, von ihrer Arbeit abgelenkt. Der attraktive, willensstarke Grossman konnte Barbra um den Finger wickeln. »Ich würde ihn gern auf seinen Geschäftsreisen begleiten«, teilte sie einem Reporter mit. »Es bereitet

332

mir schreckliche Schuldgefühle, arbeiten zu müssen. Er will nicht dabei sein, wenn ich arbeite. Und ich möchte es auch nicht, weil meine Konzentration dann sofort verschwindet. Vor ein paar Tagen ist er zum Beispiel zu einer Probe gekommen, und der Dirigent fragte mich, ob ich an einer bestimmten Stelle drei oder vier Takte haben wollte. Ich wußte es nicht, und es war mir egal. Aber wenn er nicht dagewesen wäre, hätte ich es ganz genau gewußt. Es ist fürchterlich, aber es macht mir tatsächlich Spaß, mich ihm unterzuordnen. Nicht in einem persönlichen oder physischen Sinne – ich muß immer noch um meiner selbst willen respektiert werden –, sondern was unsere Arbeit angeht. Es ist viel wichtiger für das Ego eines Mannes, Karriere zu machen, als für das einer Frau. Ich brauche nicht mehr zu arbeiten, um mein Ego zu füttern. All die Nahrung, die mein Ego braucht, bekomme ich von ihm.«

In einem anderen Interview sagte sie: »Ich lasse mich gern umsorgen, aber ich umsorge auch gern andere. Es wäre wunderbar, ein Sexualobjekt für den richtigen Mann zu sein. Ich bin altmodisch.«

Die Beziehung zu Grossman endete innerhalb weniger Monate, doch kurz danach begegnete Barbra einem Mann, der ihr Herz im Sturm eroberte, ihr Privat- und Berufsleben umkrempelte, ihr das Gefühl gab, das Sexualobjekt aller Zeiten zu sein, »etwas Tieferes in meinem Herzen« berührte und zur Liebe ihres Lebens wurde.

KAPITEL 24

Jon Peters ließ Barbra keine Ruhe. Der bedrohlich attraktive, selbstbewußte achtundzwanzigjährige Friseur, Millionär und Eigentümer mehrerer Salons, hatte die inzwischen einunddreißigjährige Streisand im Sommer 1973 kennengelernt, als sie ihn bat, eine Frisur für ihren neuen Film zu kreieren. Er hielt sie für »die schönste Frau, die ich je gesehen habe«, und für einen »sexy kleinen Feuerball«.

Barbra war überrascht von Jons Verhalten. Sie beschrieb, wie er in ihrem Haus in Beverly Hills eintraf, um den Auftrag mit ihr zu besprechen: »Jon fuhr in seinem roten Ferrari heran. Ich war entgeistert über sein Äußeres, denn er trug ein tiefausgeschnittenes Hemd mit einer indianischen Halskette und enge Jeans. Ich dachte: *Was ist das für eine Person?*«

Sie ließ ihn eine Dreiviertelstunde warten, und als sie schließlich die Treppe hinunterging, um ihn zu begrüßen, warnte er: »Tun Sie das nie wieder. Niemand läßt mich warten.« Als sie ihm später den Rücken zuwandte, murmelte er: »Sie haben einen tollen Hintern.« Das gefiel Barbra. »Er gab mir das Gefühl, eine Frau zu sein, nicht bloß ein berühmtes Objekt.«

Sie behauptete, sich auf den ersten Blick in Jon verliebt zu haben, aber sie war mißtrauisch, denn er erinnerte sie zu sehr an die gerissenen Typen, von denen sie so viele im Showbusineß erlebt hatte. Deshalb lehnte sie ab, als er sie bat, mit ihm auszugehen. Aber er ließ sich nicht abwimmeln. »Jon gibt nie auf, wenn er etwas haben will«, berichtete Barbra. »Er zermürbte mich. Dabei sagte ich dauernd zu ihm: ›Lassen Sie mich in Ruhe, Sie sind nicht mein Typ. Ich mag Männer, die Pfeife rauchen und gesetzter sind. Am liebsten wäre ich mit einem Arzt oder Rechtsanwalt zusammen.‹«

Am nächsten Tag fuhr Jon in einem dunkelgrünen Jaguar vor. Er stieg aus, und Barbra sah, daß er einen Samtsmoking über den Jeans und dem T-Shirt und eine Brille trug. Belustigt und gerührt akzeptierte sie seine Einladung zum Dinner für jenen Abend. Und damit begann die große Liebesgeschichte in Barbra Streisands Leben.

***

»Es gab Unklarheiten in Jons Lebenslauf«, sagte Steve Jaffe, der Jons und Barbras persönlicher Presseagent werden sollte. »Jon wollte, daß die Geheimnisse gewahrt blieben.« Er wurde am 2. Juli 1945 als John Pagano Peters – als Sohn einer Italienerin und eines halbblütigen Cherokee – in einem Unterschichtbezirk von San Fernando Valley in Los Angeles County geboren. Als er knapp acht Jahre alt war, starb sein Vater vor seinen Augen. »Meine Welt brach zusammen. Ich war wütend und verwirrt. Meine Mutter arbeitete, und ich blieb allein.«

Seine Mutter heiratete von neuem, und er verachtete seinen Stiefvater. »Ich geriet in Schwierigkeiten. Man nannte mich ›schwer erziehbar‹.« Er war schlank, doch stark und streitlustig, stolzierte dahin wie ein Kampfhahn und wurde in so viele Schlägereien mit Klassenkameraden verwickelt, daß »man mich aus jeder Schule in Los Angeles hinauswarf«. Er schloß sich Motorradbanden an und stahl ein Auto.

Ein Jugendrichter verurteilte ihn zu einem Jahr Haft in einer Besserungsanstalt in den San Bernardino Mountains hundertfünfzig Kilometer nordöstlich von Los Angeles. Es war »eine Art Kindergefängnis«. Jeden Tag mußte er aufreibende Straßenbauarbeit machen – »Felsbrocken zerstückeln und so weiter« –, und nachts kettete man ihn an sein Bett. »Das werde ich nie vergessen. Jedenfalls wurde ich dadurch viel zäher.«

Als John nach Hause zurückkehrte, erklärte er seiner Mutter, daß er auf keinen Fall wieder in die alte Schulklasse gehen wolle. Ihre Familie besaß eine Reihe von Schönheitssalons in Los Angeles, und sie schlug ihm vor, ein Kosmetikinstitut zu besuchen. »Ich war erst zwölf, aber reif für meine Jahre. Sobald ich mich einschrieb, wußte ich, daß ich eine Aufgabe gefunden hatte. Dort waren Dutzende von schönen Mädchen …, und es machte mir Spaß, mit ihrem Haar zu spielen.«

Zwei Jahre später schickte seine Mutter ihn mit 120 Dollar in der Tasche nach New York. Er erhielt eine Stellung in der Nachtschicht eines Salons in der 57th Street, wo er das Haar von Prostituierten, abgestimmt auf das Fell ihrer Pudel, färbte. Im folgenden Jahr – er war noch nicht ganz fünfzehn – heiratete er die fünfzehneinhalbjährige Marie Zambatelli. »Ich hatte es eilig, erwachsen zu werden ... Meine Familie gab ihre Zustimmung. Sie waren froh, mich los zu sein.«

Die Neuvermählten wohnten in Philadelphia, wo John tagsüber als Friseurlehrling und nachts als Rausschmeißer in einem Club arbeitete. 1964, als er neunzehn Jahre alt war, ließen sich John und Marie scheiden, und er kehrte nach Kalifornien zurück. Dort beschwatzte er einen mit ihm befreundeten Grundstücksmakler, ihm 100 000 Dollar zu leihen, so daß er einen eigenen Salon in Encino im San Fernando Valley eröffnen konnte. Seine Begabung und sein Sex-Appeal sorgten dafür, daß er von Anfang an Erfolg hatte; Vorstadt-Hausfrauen und Filmsternchen bemühten sich um seine professionelle – und persönliche – Aufmerksamkeit. Er ließ das »h« in seinem Vornamen fallen und legte sich bis Anfang der siebziger Jahre drei Jon-Peters-Salons zu, einen davon in Beverly Hills. Außerdem brachte er es zum Millionär.

Im Mai 1967 heiratete Jon von neuem, diesmal Lesley Ann Warren, die 1965 Elliott Goulds Co-Star in *Drat! The Cat!* gewesen war. Lesley Ann verehrte die Streisand. »Ich war völlig fasziniert von ihr. Ich fragte Elliott, was für ein Make-up sie benutzte, und ich sang bei ihren Alben mit.«

Zwei Monate nach der Hochzeit mit Jon »schleppte« Lesley Ann ihn zu einer Vorstellung von Barbra in die Hollywood Bowl. »Jon hatte noch nie von ihr gehört«, doch Streisand faszinierte ihn. »Sobald ich Barbra sah, war ich gefesselt. Sie war phantastisch, unglaublich ... Ich konnte die Augen nicht von ihr wenden.«

Anfang der siebziger Jahre begann Jon, damit zu prahlen, daß Barbra eine seiner Kundinnen sei. »Ich habe Streisand frisiert und überhaupt alle Stars«, behauptete er einem Reporter gegenüber. Daraufhin erhöhte sich sein Umsatz um vierzig Prozent. »Alle möglichen Frauen kamen zu mir, weil sie Barbras Frisur haben wollten.«

Schließlich gelangte Jon zu der Überzeugung, daß er sie kennenlernen mußte, und er ließ sie durch gemeinsame Freunde, die Laytons, wissen, daß er bereit sei, an jeden Ort der Welt zu reisen, um ihr das Haar zu schneiden – und zwar umsonst. Barbra ignorierte das Angebot, und Peters wurde von Eheproblemen in Anspruch genommen. Lesley Ann und er hatten einen Sohn, den fünfjährigen Christopher, doch ihre Ehe war zerrüttet. Sie trennten sich, und Jon stürzte sich in einen Strudel von Affären, unter anderem mit Sally Kellerman, Leigh Taylor-Young und Jacqueline Bisset. »Ich hatte Dutzende von Verhältnissen, aber ich konnte zu keiner Frau eine echte Beziehung anknüpfen. Ich mußte mehrere gleichzeitig haben. Es war kein beneidenswerter, sondern ein tragischer Zustand. Ich hatte Angst vor jeder Bindung.«

Dann, im August 1973, klingelte das Telefon, während sich Jon mit einer jungen Schauspielerin in London aufhielt. Es war Barbra. »Ich habe Ihre Nachricht erhalten«, sagte sie. »Kommen Sie zu mir, wenn Sie wieder in Kalifornien sind. Ich brauche etwas Neues für meinen nächsten Film.« Barbra hatte auf einer Party eine Frau mit einem kurzen, jungenhaften Schnitt gesehen. Der Stil gefiel ihr, und als sie hörte, daß er von Jon Peters stammte, beschloß sie, ihn anzurufen.

Während Barbra bei ihrem ersten Treffen von Jons Kleidung schockiert war, erlebte er eine angenehme Überraschung. »Ich erwartete eine große Frau, und plötzlich kam dieses kleine Mädchen die Treppe herunter. Sie war verletzlich und schön. Die Anziehungskraft zwischen uns war sofort zu spüren.« Nachdem Jon sie zurechtgewiesen hatte, weil er hatte warten müssen, wurde er noch aufgebrachter, als er erfuhr, daß er nicht ihr Haar, sondern eine Perücke gestalten sollte. »*Perücken* fasse ich nicht an!« schnauzte er. »Was für eine Zumutung!« Barbra war es nicht gewohnt, derart getadelt zu werden, und wurde neugierig. (Wäre Jon jedoch nicht so attraktiv gewesen, hätte sie ihn wahrscheinlich hinausgeworfen.)

Barbra klimperte mit den Wimpern und bat ihn inständig um seine Mitarbeit, bis er nachgab. »Sie sind der einzige Mensch auf der Welt, für den ich das tun würde«, sagte er.

»Hören Sie, könnten Sie sich die Kostüme ansehen, die ich in dem Film tragen werde? Was halten Sie davon?« Sie holte ein paar Fotos hervor und breitete sie auf dem Couchtisch aus.

Jon runzelte die Stirn. »Die gefallen mir nicht.«

»Mir auch nicht!« rief Barbra.

»Okay, dann lassen Sie uns einkaufen gehen«, schlug Jon vor.

Zwei Tage später verbrachten sie etliche Stunden damit, durch die Boutiquen von Beverly Hills zu ziehen. »Für ihn war ich ein junges, cooles Mädchen«, meinte Barbra. »Damals trug ich Dior-Kleidung und wirkte älter … Er gab mir einfach das Gefühl, sehr jung und schön zu sein, und er sagte: ›Das Publikum sollte diese sexy Seite von Ihnen sehen: Ihre Beine, Ihren Hintern, Ihre Brust.‹«

Sie begann diesen Mann zu mögen, aber noch nicht genug, um sich ihm hinzugeben. »Es dauerte vier Monate, bis wir ein Liebespaar wurden«, sagte Jon. »Aber ein intensives Gefühl war sofort da.« Die Beziehung mußte sich über eine große Entfernung hinweg entwickeln, denn im September flog Barbra nach New York um die Außenaufnahmen für einen neuen Film zu beginnen.

***

Was kann man über *For Pete's Sake* (Bei mir liegst du richtig) sagen? Jahrelang hatte Barbra davon geredet, daß sie »bedeutende« Filme machen wolle. Sie sehne sich danach, Rollen von Shakespeare und Euripides zu spielen, doch Mitte 1973 hatte sie offenbar größeres Interesse daran, ein Kassenmagnet zu bleiben, als eine klassische Schauspielerin zu werden. Niedergeschlagen über das Scheitern von *Up the Sandbox* und unschlüssig, ob das Publikum den problematischen, noch nicht freigegebenen *The Way We Were* akzeptieren würde, war sie der Meinung, keinen weiteren »künstlerisch ambitionierten« Flop riskieren zu können.

Marty Erlichman redete ihr immer wieder zu, eine neue überspannte Komödie zu drehen – einen Film, der im Sommer normalerweise Scharen von Zuschauern anzog. Er klagte darüber, daß es nicht genug gute Drehbücher für Barbra gebe, und wandte sich an Stanley Shapiro, der in den späten Fünfzigern und frühen Sechzigern mehrere »Bleibt sie keusch oder nicht?«-Komödien für Doris Day und Rock Hudson geschrieben hatte.

Die Story, die Shapiro und sein Partner Maurice Richlin ersannen, bereitet geradezu Zahnschmerzen: Die Brooklyner Hausfrau Henrietta Robbins (mit dem Spitznamen »Henry«, weshalb sich Barbra eine jungenhafte Frisur wünschte) ist so beunruhigt über die finanziellen Sorgen ihres Mannes Pete, daß sie Geld von der Mafia borgt, damit er Schweinebauch-Futures an der Börse kaufen kann. Als der Wert der Schweinebäuche fällt, droht der Mob, sie an die Fische zu verfüttern. In ihrer Angst verkauft sie ihre Schuld an Mrs. Cherry, eine gemütliche jüdische Mama, die auch als Puffmutter tätig ist, und arbeitet nachmittags als Prostituierte für ihre Gläubigerin. Aber als Pete eines Tages unerwartet heimkehrt, versteckt sie einen abartigen Richter in ihrem Kleiderschrank, wo er fast an einem Herzinfarkt stirbt.

Von Henry enttäuscht, verkauft Mrs. Cherry ihren Vertrag weiter an zwei »Geschäftsleute«. Die beiden beauftragen Henry, verkleidet mit einer platinblonden Lockenperücke und Sonnenbrille, ein Päckchen abzuliefern. Sie wird von Undercover-Polizisten gestört, von einem Polizeihund durch die Subway gejagt und bringt das Päckchen schließlich zu den Männern zurück. Alle drei können sich

retten, bevor es explodiert. Als nächstes wird ihre Schuld an Rinder-
diebe verkauft; Henry muß eine Herde Kühe stehlen, reitet auf einem
Bullen durch die Straßen von Brooklyn, in ein Porzellangeschäft und
schließlich in ein Kino, wo sie während einer Rinderpanikszene
durch die Leinwand kracht. Marty Erlichman befindet sich im Publikum und spricht in die Kamera, um einen Kommentar über den Realismus des Films abzugeben.

For Pete's Sake hatte natürlich herzlich wenig Realismus zu bieten, aber das wird von einer Slapstick-Komödie auch nicht erwartet.
Viel schlimmer an dem Film, den Marty zusammen mit Shapiro produzierte und der stellenweise sehr witzig wirkt, sind Verstöße gegen
die Regeln politischer Korrektheit. Viele der Situationen und Charaktere sind anstößig, was besonders bei einem Film mit Barbra
Streisand auffällt, von der man mehr Feinfühligkeit erwartet hätte.
Henriettas Bereitschaft, alles für ihren Mann zu tun – sich sogar für
ihn zu prostituieren –, widersprach Barbras öffentlich bekundetem
Feminismus. Henrys Haushaltsgehilfin ist eine komische, doch faule
schwarze Frau, die sich selbst »die Farbige« nennt. Henry rät einem
extravaganten, lispelnden Lebensmittelverkäufer: »Behalten Sie die
warmen Kringel, auf so was stehn Sie doch.« Selbst 1973 markierte
der Film eine Rückkehr zu den üblen alten Tagen der Fünfziger; er
enthielt genug Beleidigungen, um fast jede Minderheit vor den Kopf
zu stoßen. In den neunziger Jahren hätte der Film in dieser Form nie
gedreht werden können.

Aber Barbra »mochte das Script«, und sie wollte Marty zu einem
Einstieg ins Produktionsgeschäft verhelfen. Auch die Tatsache, daß
der Film in New York gedreht werden sollte, gefiel Barbra, weil sie
sich »nicht mehr in L. A. aufhalten wollte«. Zu der Zeit, als die Produktion in Brooklyn begann, hätte sie sich jedoch gewünscht, in Kalifornien – in der Nähe von Jon Peters – zu bleiben.

***

Barbra vermißte Jon. Es war zu ihrer Gewohnheit geworden, ihn jeden Abend anzurufen und seinen Rat einzuholen. Manchmal zogen
sich ihre Gespräche über Stunden hin. Nachdem sie die Filmpro-
bleme des Tages diskutiert hatten, gaben sie häufig ihren innersten
Gefühlen Ausdruck. »Barbra ist unglaublich«, teilte Jon Steve Jaffe
mit, der inzwischen zu seinem und Barbras Presseagenten geworden
war. »Sie ist ein so erstaunlicher Mensch. Wir haben die ganze Nacht
geredet.«

Er erzählte ihr von seinem Leben, und ihr Gefühl, eine verwandte Seele gefunden zu haben, verstärkte sich. Sie verstand die Entfremdung, die Jon in seiner Jugend empfunden hatte, ebenso wie seinen Wunsch, rasch erwachsen zu werden, sich »selbständig zu machen«. Sein Schmerz über den frühen Tod seines Vaters und sein Haß auf seinen Stiefvater waren für Barbra leicht nachvollziehbar. Und auch die Tatsache, daß er das »h« aus John gestrichen hatte – genau wie sie das zweite »a« aus Barbara –, erschien ihr als Zeichen dafür, daß es eine Art »kosmische Verbindung« zwischen ihnen gab.

Da sie Jon in ihrer Nähe haben wollte, beschloß sie, ihn als ihren (im Vorspann nicht erwähnten) Kostümberater für den Film zu engagieren. Die Produktionsgesellschaft ließ Peters nach New York fliegen und brachte ihn im Hotel Plaza unter. Innerhalb weniger Tage kehrte er wütend nach Hause zurück. »Ich hatte starke Gefühle für sie, aber sie ließ mich dauernd warten. Danach wollte ich nie wieder mit ihr sprechen.« Zwei Wochen später rief Barbra ihn an und flehte: »Ich brauche dich. Ich habe gebadet, und meine Perücke ist in die Wanne gefallen. Du mußt kommen.« Er flog wieder nach New York. »Es waren immer so alberne Dinge, die uns zusammenbrachten.«

***

Peter Yates, bekannt auch als Regisseur von *Bullitt* und *The Friends of Eddie Coyle* (Die Freunde von Eddie Coyle), empfand die Zusammenarbeit mit Barbra in *For Pete's Sake* als »absolut wunderbar«. »Sie war ein ganz seltsames Mädchen. Sie hat eine ungewöhnliche Anziehungskraft. Das liegt nicht nur an ihrem außerordentlichen Talent, sondern auch an ihrer besonderen Persönlichkeit, die schon bei der ersten Begegnung mit ihr deutlich wird. Sie ist viel freundlicher, als man bei ihrem Ruf glauben sollte.«

Nach Yates' Ansicht war Barbra »extrem großzügig« ihrem Co-Star Michael Sarrazin gegenüber. »Wenn ein Star egoistisch ist, kann er oder sie dafür sorgen, daß den Aufnahmen der Mitspieler weniger Zeit gewidmet wird. Aber Barbra war nicht egoistisch. Wenn er in einer Szene im Mittelpunkt stand, hielt sie sich zurück und half ihm sogar.« Estelle Parsons, die dritte Hauptdarstellerin, äußerte sich weniger liebenswürdig über Barbra. Die Oscar-Preisträgerin, die Henrys nörgelnde Schwiegermutter spielte, nannte die Dreharbeiten »nicht meine glücklichste Erfahrung. Miss Streisand ist kein sehr herzlicher Mensch. Unsere Charaktere lagen natürlich sowieso im Streit miteinander, aber sie übertrug dieses Verhältnis ins wirkliche Leben …

Sie ist eine sehr introspektive Person. Netter kann ich es nicht ausdrücken. Sie hält nichts davon, einen Film mit anderen zu teilen, nicht einmal eine Komödie, die auf Teamarbeit beruhen muß.«

***

Der Aufenthalt in Brooklyn, das für sie so unangenehme Erinnerungen barg, war Barbra zuwider. Stu Fleming, der zweite Regieassistent, bemerkte, daß sie in der Szene, in der Henry versucht, dem Polizeihund mit der U-Bahn zu entkommen, einen »abwesenden Blick« in den Augen hatte. »Erinnern Sie sich an die Zeit, als Sie dauernd mit der Subway gefahren sind?« fragte er. »Und ob. Es war fürchterlich.«

Jeden Tag störten außerdem lärmende New Yorker Streisand-Fans die Produktion und trieben Barbra zur Raserei. An jedem Drehort umsäumten sie die Straßen hinter Polizeisperren, machten Fotos, riefen ihr Kommentare zu und sorgten stets für einen hohen Geräuschpegel. Der Regieassistent Harry Kaplan »wurde heiser«, weil er die Zuschauer dauernd anbrüllen mußte, still zu sein und die Aufnahmen nicht zu behindern. Während einer kurzen Einstellung, in der Barbra aus einem Kanalschacht steigt, gerieten die Dinge außer Kontrolle. Drei kameraschwenkende Fans hatten Barbra seit Tagen verfolgt, sie zwischen den Takes fotografiert und auf sie eingeschrien. »Sing ›On a Clear Day‹ für uns, Barbra!« verlangte einer von ihnen. »Aber klar doch«, erwiderte Barbra. »Ich unterbreche die Dreharbeiten und singe jetzt für euch.«

Während der Kanalschachtszene machte ein Mädchen Blitzlichtaufnahmen. Das Klicken und Blitzen störten Barbras Konzentration, und sie bat das Mädchen vergeblich, sich zurückzuhalten. Schließlich ließ die ständige Blitzerei Barbra die Beherrschung verlieren. Sie kletterte aus dem Kanalschacht und rief: »Ich hab' dir doch gesagt, keine Bilder mehr zu machen, verdammt noch mal!« Dann versuchte sie, die Kamera zu packen, doch das Mädchen konnte ihr ausweichen. Ein Mitglied der Crew beruhigte die Streisand und führte sie zu ihrer Garderobe. (Das Mädchen besitzt nun Souvenirfotos von einem mit verzerrter Miene auf sie einstürmenden Star.) Der Zwischenfall brachte Barbra so sehr aus der Fassung, daß sie Marty erklärte, sie könne in Brooklyn nicht weiterdrehen. Daraufhin kehrte die Truppe eine Woche früher als geplant nach Los Angeles zurück, wo die Szene am 12. Dezember 1973 in den Burbank Studios beendet wurde.

Als *For Pete's Sake* im folgenden Juni – nach einer Werbekampagne, in der die »verrückte Barbra« herausgestellt wurde – in die Kinos kam, zeigte sich das Publikum zunächst aufgeschlossen. Doch negative Mundpropaganda hatte zur Folge, daß der Film nur 26,5 Millionen Dollar einspielte, etwas mehr als ein Drittel der Bruttoeinnahmen von *What's Up, Doc?*. Die Rezensionen waren überwiegend ablehnend. Nur Vincent Canby von der *New York Times* fand Gefallen an dem Film. Er nannte ihn eine »häufig überschäumende, witzige Farce der alten Art … Der Star stürmt mit einer Selbstsicherheit durch den Streifen, die sehr lustig ist, weil sie sich stets am Rand der Farce bewegt.« Über den manchmal höhnischen Tonfall des Films und über das »schlechtgelaunte« schwarze Hausmädchen schrieb Canby: »*For Pete's Sake* fordert die Katastrophe heraus, doch zumeist kann er ihr entgehen.«

Typischer war die Meinung der Zeitschrift *New York*: »Jeder an *For Pete's Sake* Beteiligte schuldet nicht nur dem Publikum, sondern auch seinen Kollegen Abbitte für die Herstellung einer solchen Schundware, des unzweifelhaft bisher schlechtesten Barbra-Streisand-Streifens … Unsere Barbra ist keine Doris Day, und wir sind nicht mehr so naiv wie früher … Abgestandene Fernseh-Action reicht für eine verrückte Komödie noch lange nicht aus.«

Barbra bezeichnete den Film später als »dumm«, aber Peter Yates verteidigte ihn. »Man will von mir hören, daß er der eine Film ist, dessen Herstellung ich bedauere, aber das ist nicht der Fall. Er sollte leicht und unterhaltend und charmant und amüsant sein, und ich weiß nicht, was es daran auszusetzen gibt. Es ist falsch, ihn als dumm zu bezeichnen, denn damit kritisiert man den Geschmack der vielen Zuschauer, denen er gefallen hat … Damals war Barbra begeistert davon. Und sie war wohl noch begeisterter, als die Schecks eintrafen. Sie erhielt nämlich einen ordentlichen Happen.«

***

Barbra und Jon waren im Begriff, sich ineinander zu verlieben. Als sie aus New York zurückgekehrt war, verbrachten sie den größten Teil ihrer Zeit gemeinsam. Jon hat zugegeben, daß er von Barbras Riesenleuchtkraft im Showgeschäft angezogen wurde. »Ich verliebte mich nicht in Barbra, ohne an ihre Berühmtheit zu denken. Ich war fasziniert von ihr und natürlich auch von Hollywood.« Aber am reizvollsten erschienen ihm ihre Weiblichkeit und Verletzlichkeit. »Unter alledem verbirgt sich ein kleines Baby – das süßeste Mädchen, das ich je gekannt habe.«

Wie viele andere ihrer Liebhaber überraschte es ihn, in welchem Maße sie sich seinen männlichen Vorrechten unterordnete. »Jon hat immer Frauen gehabt, die ihn wie einen König behandelten«, meinte Barbra. »Er ist eine sehr, sehr starke Persönlichkeit, und er ließ sich überhaupt nicht von mir einschüchtern. Ich sagte manchmal: ›Na, sei doch ein bißchen eingeschüchtert.‹ Aber davon war keine Rede … Jon sieht mich gern in der Küche. Aber das ist in Ordnung. Es macht mir Spaß, für ihn zu kochen …«

Auch Jons Körperkraft gefiel Barbra. Sein Freund Geraldo Rivera beschrieb ihn als »ungefähr einen Meter fünfundsiebzig groß, einundachtzig Kilo schwer. Jon war gebaut wie ein Rausschmeißer … Er hatte Unterarme wie Popeye, die sich unter einem abgetragenen, aber eleganten Pendleton-Hemd wölbten, er trug Arbeitsstiefel und Jeans und hatte eine sorgfältig geschnittene Zottelfrisur … Trotz der hübschen Locken machte Jon den Eindruck eines wilden Burschen.«

Die sexuelle Anziehung zwischen Streisand und Peters erreichte vier Monate nach ihrer ersten Begegnung schließlich ihren Höhepunkt in Jons rustikalem Ranchhaus am Valley Vista Boulevard in Sherman Oaks. »Mein Haus hat einen Whirlpool«, sagte er damals. »Da muß man sich ausziehen.«

Barbra sah ihren sexuellen Horizont durch Jon erweitert. Sie erklärte dem *Playboy* 1977, sie sei »erst in den letzten drei Jahren, in meiner Beziehung mit Jon, zu einer sexuell aggressiven Frau« geworden. Auf die Frage, wie häufig sie die sexuellen Aktivitäten einleite, antwortete sie: »Wir sind gleichberechtigt, Honey, wir sind gleichberechtigt.« Und wie erfinderisch sei sie in sexueller Hinsicht? »Na ja, ich habe ein paar Bücher über erotische Kunst«, lachte sie. Jon und sie sähen sich manchmal gemeinsam Pornofilme an, aber *Deep Throat* habe sie gelangweilt und sie sei mitten im Film eingeschlafen.

Sehr bald »verbrachten wir die eine oder andere Nacht in ihrem oder meinem Haus«, sagte Jon. »Und dann war es einfach ganz natürlich, daß wir dauernd zusammensein wollten.« Barbra fühlte sich wohl in Jons Ranch, die er weitgehend selbst gebaut hatte. Am meisten beeindruckten sie die Spitzenvorhänge an den Fenstern. »Als ich sein Haus in Valley Vista zum erstenmal sah, dachte ich: ›Wow, dieser Mann ist so kreativ und originell.‹ Es war relativ klein – nur etwa hundertachtzig Quadratmeter –, aber es hatte gebeizte Holzwände, Spiegel, Spitzenstoffe und Kronleuchter. Eine Mischung aus Maskulinem und Femininem. Jon war also so gefestigt in seiner Männlichkeit, daß er sich auch mit seiner weiblichen Seite wohl fühlte.«

***

Am 19. Februar 1974 gab man die Nominierungen für die sechsund-vierzigste jährliche Verleihung der Academy Awards bekannt. *The Way We Were* erhielt sechs Nennungen, darunter einen für Barbra als beste Hauptdarstellerin. Jack Haley, der Veranstalter der Verlei-hungszeremonie, bat sie, »The Way We Were« zu singen, der als be-ster Song nominiert worden war. Barbra lehnte ab, da sie sich fürch-tete, vor einem weltweiten Millionenpublikum aufzutreten. Haley wandte sich daraufhin an Peggy Lee, die ein Engagement in Kanada abbrach, um bei der Zeremonie erscheinen zu können. Kurz vor der Sendung überlegte Barbra es sich anders, aber Haley war zu ihrer Verärgerung nicht bereit, Peggy Lee in letzter Minute abzusagen. Lees Auftritt während der Sendung am 2. April erwies sich als ent-täuschend, denn ihre Stimme brachte die Melodie nicht voll zur Gel-tung, und sie verwechselte zwei Strophen. (Der Song wurde, ebenso wie Marvin Hamlischs Musik, mit einem Oscar ausgezeichnet.)

Die Nominierungen für die beste Hauptdarstellerin waren nicht annähernd so hochwertig wie 1969. Die anderen Kandidatinnen wa-ren Joanne Woodward für *Summer Wishes, Winter Dreams* (Som-merwünsche – Winterträume), Marsha Mason für *Cinderella Liberty* (Zapfenstreich), Ellen Burstyn für *The Exorcist* (Der Exorzist) und Glenda Jackson für die seichte Komödie *A Touch of Class* (Mann, bist du Klasse!). Die Buchmacher rechneten mit einem Sieg von Streisand oder Woodward, und Barbra selbst glaubte, einen Oscar für ihre Leistung verdient zu haben: »Für mein Gefühl war es die beste der fünf nominierten.«

Sie verzichtete darauf, bei der Verleihung als Moderatorin aufzu-treten, und sie wollte nicht im Publikum sitzen, wo ihre Enttäu-schung, falls sie verlor, der ganzen Welt gezeigt werden würde. Des-halb wartete sie mit Jon hinter der Bühne, und als überraschend Glenda Jacksons Name bekanntgegeben wurde, rappelte sie sich hoch und fuhr nach Hause.

Streisands schlechter Ruf bei den Insidern von Hollywood dürfte sie den zweiten Oscar als bcste Hauptdarstellerin gekostet haben, doch Arthur Laurents meint, es habe sich auch zu ihrem Nachteil aus-gewirkt, daß viele der von Sydney Pollack herausgeschnittenen Sze-

344

nen besonders gute schauspielerische Leistungen von Barbra enthielten. In einer erwischt sie Hubbell in flagranti mit seiner früheren Freundin, und in einer anderen fährt sie an einer Studentendemonstration vorbei, hält an, bemerkt eine gegen die schwarzen Listen wetternde Studentin, die sie an ihre eigenen jüngeren Tage erinnert, und beginnt zu weinen.

***

Kurz nach Neujahr 1974 beschlossen Jon und Barbra zusammenzuziehen. Zunächst benötigte Jon jedoch das Einverständnis des siebenjährigen Jason. »Ich wußte, daß der große Test kommen würde, wenn Jason ihn kennenlernte«, erzählte Barbra. »Schließlich lud ich Jon in mein Haus ein, und die beiden starrten einander sehr lange an. Dann sagte Jason: ›Bist du ein guter Schwimmer?‹ Es war, als hätte Jason erwartet, daß Jon ihm gefallen würde, denn kurz darauf waren die beiden draußen im Pool. Jon brachte Jason das Brustschwimmen bei. Seitdem sind sie gute Freunde.«

Im Oktober 1973 hatte Peters ein kleines Stück Land im abgeschiedenen, stark bewaldeten Ramirez-Canyon-Gelände von Malibu gekauft, und im März 1974 erwarben Barbra und er für 250 000 Dollar separate Grundstücke, die noch einmal 1,3 Hektar umfaßten. Innerhalb von zwei Jahren kauften sie weitere fünf Hektar für 600 000 Dollar.

Im Laufe des nächsten Jahres erweiterte Jon das Hauptgebäude mit Hilfe von Weichholz, das aus alten Scheunen aus New York stammte. Das Haus, das fast völlig aus Holz und Stein bestand, nahm das gleiche eklektische, männlich-weibliche Aussehen an, das Barbra an Jons Ranch in Valley Vista bewundert hatte. Sie schmückte es mit vielen Antiquitäten aus ihrer Sammlung. »Jon kümmert sich um die Konstruktion, und ich widme mich den Einzelheiten.« Tiffany-Lampen standen neben Navajo-Teppichen, Spitzenstoffe kontrastierten mit Makrameearbeiten, Holzbüfetts bogen sich unter silbernem Teegeschirr. Barbras geliebte, mit Perlen besetzte Beutel hingen an rostigen, hundert Jahre alten Nägeln.

Durch die Buntglasfenster, die Barbra nach den Dreharbeiten von *On a Clear Day* an sich gebracht hatte, fielen getönte Sonnenstrahlen in das Schlafzimmer im Dachgeschoß; in der Mitte stand ein riesiges Himmelbett, das Jon gezimmert hatte. Die Badewanne, von Flußsteinen eingefaßt, ähnelte einem Gebirgsteich. Draußen plätscherte ein von Jon angelegter Wasserfall, ein altes Weinfaß enthielt den Whirlpool, und in einem von Barbra gehegten Garten sprossen Tomaten, Mais, Kräuter und Sonnenblumen. Auf dem Gelände streiften ein Dobermann, ein Hengst namens Shot und ein Puma namens Leo herum. »Ich liebe es, hier zu wohnen«, sagte Barbra. »Man ist so sehr mit der Erde, mit den natürlichen Dingen verbunden. Früher bin ich nie zu Fuß gegangen oder Fahrrad gefahren. Ich habe nie tief durchgeatmet. Die Zwänge in diesem Geschäft können einen umbringen ... Hier zu leben hilft mir, nicht den Verstand zu verlieren. Wir sind von allem entfernt. Ich höre keine Verkehrsgeräusche. An Wochenenden gehe ich nur selten ans Telefon. Ich kümmere mich um den Garten oder gehe spazieren oder fahre mit meinem Rad.«

***

Die Liebe zu Jon Peters »hat mich so glücklich gemacht wie noch nie«, verkündete Barbra. Sie war dankbar dafür, daß er ihr neue Erfahrungen eröffnete, sie bewunderte seine Energie und seinen jungenhaften Übermut. »Am Anfang war er total verrückt. Einmal nahm er mich mit zu einer Party und wollte einen Spaziergang mit mir machen. Dann hob er mich auf seine Schultern und ließ mich nicht wieder runter. Er war so dynamisch, so wortgewandt, so wunderbar und lebendig. Er ist der stärkste Mensch, dem ich je begegnet bin. Ich meine nicht physisch, ich meine seine Präsenz, sein Selbstgefühl, seine Wahrnehmung anderer Menschen und Dinge, seine Empfindsamkeit, seine Vitalität und sein unkonventionelles Festhalten an Konventionen. Er ist wie ich. Es ist fabelhaft, jemanden zu finden, der wie man selbst ist. Als ich mich selbst weniger mochte, wurde ich immer zu Menschen hingezogen, die nicht wie ich waren.«

»Natürlich liebe ich Barbra«, meinte Jon. »Sie ist kraftvoll. Sie ist sanft. Sie ist schön. Es macht Spaß, mit ihr zusammenzusein. Sie besteht aus zehn verschiedenen Personen, und ich liebe sie alle. An unseren guten Tagen könnten wir durch das Universum fliegen. Unsere schlechten Tage sind auch nicht ohne.«

An ihren schlechten Tagen stritten und kratzten sie sich. Jons Temperament war auf den rauhesten Straßen geschmiedet worden war, und wenn Barbra wütend wurde, ließ sie sich von niemandem etwas gefallen. »Unser Leben zusammen ist wild, richtig wild«, gab Jon zu. »Wir streiten uns meistens um Geld. Zum Beispiel darüber, wer dies oder das bezahlen soll ... Geld bedeutet mir eigentlich nicht viel. Es bedeutet Barbra mehr. Wahrscheinlich, weil sie eine Frau und verletzlicher ist.«

»[Eines Abends]«, enthüllte Jon, »hatten wir einen fürchterlichen Streit. Wir waren wie wilde Tiere. Am Ende saß Barbra auf meiner Brust und spuckte mich an. Ich spuckte zurück. Schließlich verwandelte sich der Groll – der Haß, man kann es wirklich so nennen – in etwas anderes, etwas Sinnliches und Sexuelles. Es war sehr real, denn es zeigte, daß Menschen, die einander zutiefst lieben, sich manchmal auch hassen können.«

Diese Erkenntnis »war etwas sehr Befreiendes für mich«, meinte Barbra, »denn nun weiß ich, daß ich hassen kann, ohne die Liebe zu zerstören. Es ist ein Teil des Kampfes um eine Beziehung.«

Jons Unberechenbarkeit war für diejenigen, die ihn nicht liebten, weniger leicht zu ertragen. Als Elliott Gould die Ranch in Malibu besuchte, hatte er eine Auseinandersetzung mit Jon über seine Besuchsrechte bei Jason. Steve Jaffe kommentierte: »Elliott konnte sehr vage sein. Er stellte sich dumm, wenn er etwas nicht hören wollte – als könne er kein Englisch. Das ließ Jon aus der Haut fahren. Bei dieser Gelegenheit gab sich Elliott besonders begriffsstutzig, und schließlich verlor Jon die Beherrschung, warf Elliott auf die Motorhaube seines Autos und brüllte: ›Hör zu, rede nicht solchen Quatsch! Wir werden uns gut um Jason kümmern!‹ Sie tauschten ein paar Schläge aus, und plötzlich war Elliott hellwach. Sie klärten die Sache und Jon sagte: ›Jetzt kann ich mit ihm Freundschaft schließen.‹ Das war typisch für Jon.«

Peters' Scheidung von Lesley Ann war noch nicht ausgesprochen. Im Juni 1974 stellte Lesley beim Gericht in Santa Monica einen Antrag auf Unterlassung von »Belästigung« durch Jon. Sie hatte Erfolg, und in dem Urteil hieß es: »Peters hat es zu unterlassen, die Mutter zu belästigen, zu stören, zu bedrängen und vor dem minderjährigen Kind nachteilige, abfällige Bemerkungen über sie – und sie über Peters – zu machen.« Im Scheidungsurteil wurde Lesley Ann schließlich das Sorgerecht für Christopher zugesprochen, und Jon erhielt die Auflage, pro Monat 400 Dollar Unterhalt für das Kind sowie bis zum 1. Juni 1983 monatliche Alimente in Höhe von 1000 Dollar an Lesley Ann zu zahlen. Bei ihrer Antragstellung auf Alimente sagte Lesley Ann aus, sie verfüge nur über 100 Dollar für ihre Lebenshaltung. »Ich bin einen höheren Lebensstandard gewöhnt«, erklärte sie dem Gericht.

***

Sie liebten sich, und sie lebten zusammen. Der Versuch, auch zusammen zu arbeiten, schien nur eine logische Fortsetzung ihrer Beziehung zu sein. Jon hatte Barbra von Anfang an gedrängt, musikalisch »auf der Höhe zu bleiben«. Er hatte sich im März 1973 Bette Midlers zügellose Show in New York angesehen und Barbra erklärt: »Ich verstehe nichts von Musik, aber Bette Midler war toll. Du bist besser als sie, und wenn du dich mit ein paar jungen Leuten zusammentun und deine Stimme zeitgemäß einsetzen könntest ...«

Columbia verlangte vor Weihnachten ein neues Album von Streisand, und Jon schlug ihr ständig Songs für die Platte vor. Eines Tages fragte sie ihn: »Könntest du nicht das Album-Cover entwerfen?«

»Und wenn ich die ganze Sache produziere?« erwiderte Jon.

Bei den ersten Studioaufnahmen schmuste Barbra, in einem engen T-Shirt und ohne Büstenhalter, ständig mit Jon, setzte sich auf seinen Schoß und küßte ihn, während ihr Lieblingsfotograf Steve Schapiro ein Foto nach dem anderen machte. Ihre Auseinandersetzungen fotografierte Schapiro jedoch nicht. »Sie wurde nervös wie ein Preisboxer«, erinnerte sich Jon. »Wir stritten uns. Ich kündigte, sie kündigte, ich feuerte sie, sie feuerte mich.«

Barbra und Jon hatten Songs ausgewählt, »von denen niemand allzu begeistert war«, wie sie später einräumte. Und nachdem man die Stücke bei Columbia gehört hatte, gab Künstler- und Repertoiredirektor Charles Koppelman dem Produzenten Gary Klein den wenig beneidenswerten Auftrag, sich mit Barbra und Jon zusammenzusetzen und ihnen klarzumachen, daß das Album den Ansprüchen nicht gerecht wurde. »Charles und ich fanden, daß es unter Barbras Niveau war«, erläuterte Klein. »Und er wollte, daß ich nach Kalifornien flog und ihnen die Gründe erklärte. Es war sehr schwierig, zum erstenmal mit ihr zu reden und dabei ein Album zu kritisieren, das ihr Freund, der direkt neben ihr saß, produziert hatte. Aber ... die beiden wußten, daß ich etwas von der Sache verstand, und hatten Respekt vor mir.«

Man zog den Tontechniker Al Schmitt hinzu, der die Stücke neu mixen sollte, aber er kündigte innerhalb von drei Tagen, als Jon sich weigerte, ihn zum Co-Produzenten zu machen. Es kam zu einem Sperrfeuer schlechter Publicity gegen »Barbras Friseurfreund«, als Schmitt Joyce Haber von der *Los Angeles Times* ein ausführliches Interview gab: »Sie hatten sieben oder acht Songs für die neue LP aufgenommen. Columbia spielte sie und war unzufrieden ... Dieses Album hat einen matten, eindimensionalen Sound ... Peters ist ein netter Kerl, aber er ist kein Plattenproduzent ... Im Grunde wollte

Peters das ganze Geld, und ich sollte die Arbeit machen … Streisand hat eine beachtliche Gabe – sie weiß genau, was richtig für sie ist. Aber damit scheint's nun vorbei zu sein. Sie hat ihre Karriere noch nie von jemandem so beeinflussen lassen.«

Am Morgen, als Habers Kolumne erschien, klingelte Barbra die Journalistin telefonisch aus dem Bett, um Jon und das Album zu verteidigen. »Will Schmitt etwa andeuten, daß ich meine Karriere für Jon Peters aufgegeben habe?« fragte sie. »Ich kenne diesen Schmitt nicht mal. Nur eines von dem, was er sagt, trifft zu: ›Barbra hat eine Gabe – sie weiß genau, was richtig für sie ist.‹ Möglicherweise habe ich nie besser gesungen als auf diesem Album. Und das hat Jon auch von Al Schmitt gehört.

Ich bin Künstlerin. Jon und ich müssen auf zwei Ebenen miteinander umgehen: als schöpferische Menschen und als Liebespaar. Wir nennen [das Album] *ButterFly*, weil er bei unserer ersten Begegnung gesagt hat, daß ich ihn an einen Schmetterling erinnere. Er hat mir einen hundert Jahre alten indianischen Schmetterling [eine Brosche] geschenkt. Wir beide fühlen uns zu Schmetterlingen hingezogen. Jon hat das Album-Cover entworfen … Meine Einstellung zu den Menschen hat sich geändert. Ich habe weniger Angst. Das liegt an Jon. Wenn er runtergemacht wird, tut mir das mehr weh, als wenn ich selbst runtergemacht werde.«

Durch ihre Kommentare gab sie sich unfreiwillig der Lächerlichkeit preis. Jon, ohne jegliche Erfahrung, hatte nicht nur das Album produziert, sondern auch das Cover entworfen? Und was war das für ein Geschwätz darüber, daß sie sich zu Schmetterlingen hingezogen fühlten? Zyniker spötttelten, daß Barbra Streisand nicht nur von der Liebe zu einem Zauberlehrling geblendet, sondern dabei auch noch ein verträumtes Blumenkind geworden sei.

»Glaubt man wirklich, daß ich Jon eine Platte produzieren lassen würde, wenn ich nicht absolut von seiner Fähigkeit überzeugt wäre?« gab Barbra zurück. »Ich glaube an den Instinkt, ich glaube an die Phantasie, ich glaube an den Geschmack. Dies sind die entscheidenden Bestandteile, und er besitzt sie alle.«

Auch Jon verteidigte sich: »Barbra ist viel zu professionell, um sich aus romantischen Gründen auf eine Geschäftsbeziehung mit mir einzulassen. Und natürlich glaubt man, ich hätte das große Los gezogen, weil ich mit Barbra zusammen bin … Man vergißt jedoch, daß ich eine Menge Geld verdient habe, bevor ich Barbra traf.«

***

Die meisten Kritiker lagen regelrecht auf der Lauer, als *ButterFly* im Oktober 1974 herauskam. Sie machten sich lustig über das Cover (darauf ließ sich eine Fliege auf einem Butterstück nieder), über die Rückseite (Barbras Gesicht auf einem mit Schmetterlingen übersäten Feld) sowie über Barbras und Jons Songauswahl. Der eher konservative Kritiker Hugh Harrison warf Streisand vor, *ButterFly* sei »nicht nur ihre allerschlechteste öffentliche Aufnahme, sondern vielleicht sogar eines der schlechtesten Alben, das jemals von einem bedeutenden Talent gemacht wurde«; sie hätte Jon auf keinen Fall die Produktion des Albums anvertrauen sollen.

Nicht alle Rezensionen waren negativ. Shaun Considine schrieb in der *New York Times*: »Ungeachtet der in Mode gekommenen Witze über Peters' Beruf ... hat seine Rolle als Produzent den Wert dieses Albums unzweifelhaft erhöht. *ButterFly* ist eines der besten Streisand-Alben seit Jahren. Es ist eine Offenbarung, wozu diese Künstlerin fähig ist, wenn sie ihre Legende vor den Studiotüren zurückläßt ... Die Liebe steht der Lady gut zu Gesicht.«

Die Wahrheit über die Qualität von *ButterFly* liegt irgendwo in der Mitte. Das Album hat, wie alle Bemühungen Streisands auf dem Gebiet von Rock und Pop, Höhen und Tiefen. Barbra schmachtet so ausdrucksvoll wie noch nie in dem aufwühlenden »Grandma's Hands« und bringt eine so heiße Sinnlichkeit in »Love in the Afternoon« und »Guava Jelly« ein, daß man meint, sie müsse nach der Aufnahme jedes Stücks eine private Pause mit Jon eingelegt haben. Aber ihre mechanische Wiedergabe von David Bowies »Life on Mars« ist, wie Bowie selbst kommentierte, »saumäßig«, und »I Won't Last a Day Without You« ist genauso süßlich und fade wie in Karen Carpenters Version.

ButterFly erwies sich als gegen jede Kritik gefeit. Es erreichte Platz dreizehn und wurde drei Monate nach seiner Veröffentlichung »vergoldet«. Zumindest in kommerzieller Hinsicht hatte sich Jon bewährt, aber Peter Reilly, der Kritiker von *Stereo Review*, ließ nicht einmal diesen Erfolg gelten: »Die Aussage, man habe ein Streisand-Album ›produziert‹, gleicht dem Satz, man habe die Reifen für Henry Ford aufgepumpt.«

Was immer die Vorzüge von *ButterFly* sein mochten, Jon hatte genug. »Ich will nichts mehr mit der Schallplattenproduktion zu tun haben. Jedenfalls habe ich mir einen Namen gemacht. Barbra und ich werden uns nun bedeutenderen Dingen zuwenden, zum Beispiel großen Konzerten und Filmen.«

KAPITEL 25

»Das ist die widerlichste Idee, von der ich je gehört habe!« schrie
»Barbra Ray Stark an. »Man darf etwas nicht ausschlachten, nur
weil es früher Erfolg gehabt hat. Du mußt mich vor Gericht schlep-
pen, bevor ich den Film drehe!«

Der Film, den Barbra nicht drehen wollte, war *Funny Lady*, Starks
Fortsetzung von *Funny Girl*. Darin sollte Fanny Brice' Leben seit
kurz vor ihrer Scheidung von Nick Arnstein, während ihrer zweiten
Ehe und bis in die fünfziger Jahre hinein gezeigt werden. Viele Hol-
lywood-Beobachter waren mit Streisand einer Meinung, nämlich
daß es eine Dummheit sei, ihren größten Filmtriumph wiederholen
zu wollen, doch Stark hielt die Fortsetzung für einen garantierten
Kassenschlager. Barbra war seit fünf Jahren nicht mehr in einem Musical erschienen, und viele Kinobesucher sehnten sich danach, sie
wieder auf der Leinwand singen zu sehen. Sie würde zu ihrer preis-
gekrönten Fanny-Brice-Rolle zurückkehren – und das unter der
Ägide eines Produzenten, der keine Kosten scheute. Wie konnte das
Projekt scheitern?

Barbra versicherte Stark immer wieder: »Diesen Film werde ich
auf keinen Fall machen!«, bis sie eine witzige und kluge Scriptbear-
beitung von Jay Presson Allen, dem gefeierten Drehbuchautor von
Cabaret, las. »Uns stand großartiges Material zur Verfügung«, sagte
Allen. »Fanny Brice hinterließ zwei Jahre vor ihrem Tod eine auf
Band aufgenommene Biographie, die einfach eine Goldgrube war.«
Allens zum Teil fiktive Darstellung begann in den frühen Tagen der
Weltwirtschaftskrise und konzentrierte sich auf Fannys Leben nach
ihrer schmerzlichen Scheidung von Nick Arnstein sowie auf ihre
zweite Ehe mit dem Produzenten, Gauner und Komponisten Billy
Rose. Brice und Rose beginnen als zankende Widersacher, heiraten
jedoch schließlich, nachdem sich zwischen ihnen eine Zuneigung
entwickelt hat, die mehr auf einem ähnlichen Sinn für Humor, Ka-
meradschaft und gemeinsamen Geschäftsinteressen beruht als auf
erotischer Leidenschaft.

Die Ehe verläuft problemlos, bis sie durch ihre beruflichen Verpflichtungen für längere Zeit getrennt werden. Billy, der mit einem Wasserballett unterwegs ist, läßt sich auf eine Affäre mit seiner Starschwimmerin Eleanor Holm ein, während Fanny in Hollywood, wo sie im Rundfunk als »Baby Snooks« auftreten soll, überraschend mit Nick Arnstein zusammentrifft. Letztlich gehen Brice und Rose auseinander; Fanny ist zwar traurig, doch frei von romantischen Illusionen über die Männer.

Barbra hatte Mitgefühl mit der älteren Fanny Brice. »Ich verstand die ganze Sache mit Billy Rose und was es bedeutet, sich in jemanden zu verlieben, der genau wie du selbst ist. Das kann man nur tun, wenn man sich selbst akzeptiert und sich für würdig hält, geliebt zu werden … Sonst bleibt es bei Träumen – wie ihrem über Nicky Arnstein … Im zweiten Teil von Fannys Leben fängt sie an, sich selbst zu entdecken …, und gibt endlich ihre Illusionen und Phantasien über die Männer auf. Sie wird erwachsen.« Barbra hätte natürlich genausogut von sich selbst seit ihrer Begegnung mit Jon Peters reden können.

Sie erklärte sich schließlich bereit, *Funny Lady* zu drehen – teils, weil sie begeistert von dem Drehbuch war, aber hauptsächlich, um ihre Verpflichtung Ray Stark gegenüber zu erfüllen. Laut dem Vertrag, den sie fast ein Jahrzehnt zuvor unterzeichnet hatten, schuldete sie ihm noch einen letzten Film. Außerdem sah sie das Projekt als Gelegenheit, eine erwachsene Fanny zu spielen, die zäher, klüger und dem Original näher war als die im ersten Film porträtierte Frau. »Die Fanny Brice von *Funny Lady* ist eine prächtige Gestalt, die ich in *Funny Girl* nicht gespielt habe. Die jüngere Fanny Brice war eher wie ich. Sogar die Songs wurden für mich geschrieben. Inzwischen bin ich eine bessere Schauspielerin und habe ein kleineres Ego. In diesem Film geht es um echte schauspielerische Arbeit.«

***

In einigen Zeitungen wurde Al Pacino kurzfristig als Kandidat für die Rolle des Billy Rose genannt, ebenso wie der kleinwüchsige Robert Blake, Star der Fernsehdetektivserie *Baretta*. Doch Ende 1973 engagierte man James Caan, Pacinos Co-Star aus *The Godfather* (Der Pate). Hochgewachsen, athletisch und von rauhem Charme, hatte Caan wenig mit dem nicht einmal einen Meter fünfzig großen Rose gemeinsam. Ray Stark, der das Kassenpotential des Gespanns Caan-Streisand im Auge hatte, verteidigte die Besetzung:

»Wenn Arnstein von einem Araber gespielt werden konnte, dann braucht Billy Rose nicht klein zu sein.« Barbra versuchte, eine andere Begründung zu finden: »Es geht darum, wen ich nach Meinung des Publikums küssen soll. Robert Blake – nein. James Caan – ja.«

Omar Sharif, dessen Kassenwirkung seit *Funny Girl* durch Fehlschläge wie *Che!* (Che), *The Tamarind Seed* (Die Frucht des Tropenbaumes) und *The Mysterious Island of Dr. Nemo* erheblich zurückgegangen war, erklärte sich bereit, in drei kurzen, doch entscheidenden Szenen als Nick Arnstein zurückzukehren.

Herb Ross wurde, was niemanden mehr überraschte, als Regisseur für *Funny Lady* verpflichtet, und sein Vorschlag, Vilmos Zsigmond *(McCabe & Mrs. Miller)* als Kameramann hinzuzuziehen, stieß auf allgemeine Zustimmung. Bob Mackie, der durch die glanzvollen, manchmal absonderlichen Ausstattungen, die er für Chers und Carol Burnetts Fernsehshows ersann, großes Aufsehen in der Presse erregt hatte, wurde zusammen mit seinem Partner Ray Aghayan als Kostümbildner verpflichtet. Die Musik von *Funny Lady* sollte aus alten, teils von Billy Rose komponierten Stücken sowie aus neuen Songs von John Kander und Fred Ebb bestehen, die sich nach dem Erfolg ihrer Kompositionen für *Cabaret* auf dem Gipfel ihrer Karriere befanden.

Ray Stark setzte für *Funny Lady* ein Budget von 7,5 Millionen Dollar an (weniger als für *Funny Girl*). Alle vierzehn Musiknummern des Films wurden, was ungewöhnlich war, innerhalb von sechzehn Tagen auf der Theater-Tonbühne von Metro-Goldwyn-Mayer geprobt und abgedreht, wobei die Tonbühne ein vollständiges Proszenium, Theatersitze und Kulissen von der Größe eines typischen Broadway-Theaters aufwies. Die erste Nummer, »Great Day«, wurde mit einer kunstvollen Ausstattung versehen: Barbra stand in einem paillettenbesetzten Kleid auf einem stilisierten Altar, von wo aus sie den Song gospelartig schmetterte, während sich unten schwarze Tänzer wanden.

Am nächsten Tag sah sich Ray Stark das Muster an, und er war über Vilmos Zsigmonds Kameraarbeit entsetzt. Zsigmond hatte der Szene, die geradezu nach Hollywood-Glamour verlangte, ein dunkles, realistisches, fast körniges Aussehen gegeben. Stark fürchtete eine Katastrophe und entließ Zsigmond zur Überraschung seines Stars. Klatschmäuler behaupteten, die Streisand sei für die Entlassung verantwortlich gewesen, weil sie Zsigmonds Aufnahmen nicht als schmeichelhaft empfunden habe, doch anscheinend erfuhr sie erst im nachhinein davon.

Ray Stark bat den zweimaligen Oscar-Gewinner James Wong

Howe, sechsundsiebzig Jahre alt und seit fünf Jahren im Ruhestand, als Kameramann für *Funny Lady* zu arbeiten. Der Gedanke, sein erstes Musical seit *Yankee Doodle Dandy* im Jahre 1941 zu drehen, gefiel Howe. Er erklärte sich einverstanden, obwohl er erfuhr, daß er am folgenden Morgen um sieben Uhr dreißig »ohne jegliche Vorbereitungen« zu beginnen habe: »Ich bin sicher, wenn ich nicht siebenundfünfzig Jahre Erfahrung in der Filmindustrie gehabt hätte, wäre ich nicht fähig gewesen, mich innerhalb von vierundzwanzig Stunden an ein so großes Projekt zu machen.«

Die *Funny Lady*-Produktion verlief reibungslos – abgesehen von einem Vorfall, der sich als tragisch hätte erweisen können. »Am zweiten Drehtag«, erinnerte sich der zweite Regieassistent Stu Fleming, »fiel ein Sandsack von oben herunter und verfehlte Jason um ein paar Zentimeter. Es war *so* knapp. Barbra wußte nichts davon. Wir erwähnten es nie. Wahrscheinlich weiß sie es noch heute nicht. Wir verloren kein Wort darüber, weil sie sonst durchgedreht wäre. Sie hätte nicht mehr weitergemacht.«

Nach mehreren Wochen bei MGM zog die Truppe zu den Columbia-Tonbühnen in Burbank weiter, wo man die meisten Innenaufnahmen drehte. Den Beobachtern wurde bald klar, daß sich zwischen James Caan und Barbra ein angenehmes, geradezu neckisches Arbeitsverhältnis entwickelte. Ihre erste bedeutende gemeinsame Szene machte nur deshalb Schwierigkeiten, weil sich die beiden Stars nicht voneinander lösen konnten.

Die Szenen zwischen Omar Sharif und Barbra waren weniger ausgelassen, doch immerhin bildete sich eine harmonische Beziehung zwischen den älteren und weiseren Co-Stars und früheren Liebenden heraus. »In den ersten beiden Tagen kam sie mir ein wenig anders vor«, erinnerte sich der mittlerweile grauhaarige Sharif. »Aber ich dürfte auch einen etwas anderen Eindruck auf sie gemacht haben – das ist nur natürlich … [1967] war sie verheiratet und hatte ein recht isoliertes Privatleben geführt. Seitdem hatte sie etliche Erfahrungen gesammelt. Ich glaube, das kommt auch in ihrer Interpretation zum Ausdruck.«

Jons Gegenwart auf dem Set – als ungenannter »kreativer Berater« – trug zu Barbras Ausgeglichenheit bei, und Ray Stark begrüßte seine Anwesenheit schon deshalb, weil Jon sie zu größerer Pünktlichkeit drängte. »Ihre Verspätungen trieben Jimmy Caan zur Raserei«, bemerkte Regieassistent Jack Roe. »Eines Tages brüllte er mich deswegen an, und ich fragte: ›Was soll ich denn tun? Mit ihr schlafen, damit sie jeden Morgen rechtzeitig eintrifft?‹ Zu jeder Aufnahme verspätete sie sich um mindestens zwanzig Minuten oder sogar um eine Stunde. Ich entsinne mich nicht, daß sie auch nur ein einziges Mal pünktlich war.«

***

Barbra mußte eine Szene am Flugplatz von Santa Monica drehen, in der Fanny – nachdem sie begriffen hat, daß ihre Beziehung zu Nick Arnstein für immer beendet ist – impulsiv einen 1937er Doppeldecker mietet, um sich nach Cleveland fliegen zu lassen. Dort möchte sie Billy überraschen, der mit seinem Wasserballett unterwegs ist. In dieser Einstellung mußte Barbra zu dem Flugzeug laufen, hineinklettern und im offenen Cockpit mehrere Minuten lang neben dem Piloten sitzen, während er abhob und in die Luft stieg.

»Herb Ross mußte Barbra fast während des ganzen Films zureden, damit sie sich darauf einließ«, erzählte Jack Roe. »Sie hatte offensichtlich Todesangst.« Ross überzeugte sie schließlich, daß es nicht vor dem Publikum zu verbergen war, wenn man hierfür ein Double einsetzte. »Herb war großartig«, meinte Roe. »Er konnte Schauspieler wirklich rumkriegen. Sie war zu Recht verängstigt, denn es war schließlich nur ein Zweisitzer. Aber er überredete sie zu der Einstellung. Ich hatte mit der Flughafenleitung vereinbart, daß man die Maschine starten und dann sofort wenden und landen lassen würde; sie sollte nicht sehr lange in der Luft sein. Aber es gab Probleme, und der Tower konnte das Flugzeug nicht landen lassen. Es war bizarr. Barbra blieb fast eine halbe Stunde oben, außer sich vor Angst, und man konnte sie wütend kreischen hören, sobald die Maschine landete und ausrollte. Sie dachte, es sei eine Entführung. Es war fürchterlich. Aber erstaunlicherweise brachte Herb sie dazu, das Ganze *noch einmal* zu machen!«

Die Dreharbeiten von *Funny Lady* wurden in der zweiten Juliwoche 1974 beendet. Auf einer üppigen Abschlußparty verteilte Barbra fast zweihundert Geschenke – jedes mit einem Dankschreiben – an die Mitglieder der Crew. James Caan erhielt eine Rodeo-Gürtelschnalle aus Stirlingsilber und James Wong Howe (der innerhalb eines Jahres sterben sollte) eine alte Kamera mit einer Schmuckplatte, auf der stand: »Vielen Dank für Deine Fähigkeiten, Deine Großzügigkeit und Dein Cha siu bao.« (Das letztere war Barbras chinesische Lieblingsspeise.)

Ihr Geschenk an Ray Stark war ein Symbol für die Widersprüchlichkeit ihrer Beziehung. Auf die Fläche eines antiken Spiegels hatte sie mit knallrotem Lippenstift geschrieben: »Abbezahlt.« Aber auf die dazugehörige Schmuckplatte ließ sie gravieren: »Obwohl ich es manchmal zu sagen vergesse: Danke, Ray. In Liebe, Barbra.«

***

Die meisten Kritiker – vielleicht, weil sie seit langem auf ein Streisand-Musical gewartet hatten – lobten den Film überschwenglich. »*Funny Lady* ist seinem Vorgänger *Funny Girl* in jeder Hinsicht überlegen«, schwärmte Judith Crist. »Man muß verrückt sein, um *Funny Lady* nicht zu mögen«, schrieb Rex Reed, und Richard Cuskelly meinte im *Los Angeles Herald-Examiner*: »*Funny Lady* … trotzt den Gesetzen der Schwerkraft und beweist, daß man sich von der Spitze noch nach oben bewegen kann.« Viele von Barbras Rezensionen waren sogar noch positiver. John Barbour, der den Film für KNBC-Television besprach, meinte enthusiastisch: »Barbra Streisands künstlerische Vollendung als Schauspielerin und Sängerin verdient mehr als einen Oscar; sie verdient einen Nobelpreis.« James Caan wurde fast genauso hoch gelobt wie Barbra, und die Kasseneinnahmen der ersten Woche entsprachen den Rezensionen. *Funny Lady* war ein Hit und spielte fast 48 Millionen Dollar ein.

Natürlich gab es auch Gegenstimmen. Pauline Kael, die Doyenne der amerikanischen Filmkritik, nutzte ihre Rezension von *Funny Lady* im *New Yorker* zu einer umfangreichen Abhandlung über Barbras gesamte Karriere: »Streisands Auftritt wirkt wie die spektakulärste, kontrastreichste Imitation von Barbra Streisand durch einen Frauendarsteller … Es ist ein Auftritt, der darauf abzielt, Menschen ohne jegliches Gefühl – außer dem der Anbetung – jubeln zu lassen.«

Weshalb so viele Kritiker den Film über alle Maßen lobten, ist schwer zu ergründen. In Wirklichkeit ist der Streifen unbeholfen und häufig banal. Ihm fehlen zwei der aufregendsten Elemente von *Funny Girl*: das Ringen einer jungen Künstlerin um Spitzenleistung und die faszinierende Liebesgeschichte zwischen Nicky und Fanny. Zwischen Barbra und James Caan kommt es zu sprühender Komik, doch ihre sanfte Liebesaffäre strahlt wenig Leidenschaft aus. Und was am schwersten wiegt: Die musikalischen Auftritte, von denen einige störend gekürzt wurden, enthalten kaum elektrisierende Momente.

***

Fast ein Jahr nach der Premiere von *Funny Lady* sagte Herb Ross: »Vor *Funny Lady* hielt ich Barbras Möglichkeiten für grenzenlos, aber der Film war ein seltsames Erlebnis. Sie war damals verliebt und schien weder den Film machen noch die Rolle spielen zu wollen. Es war ein Streifen, der praktisch ohne sie gedreht wurde – sie war einfach nicht da, was das Engagement betraf. Dabei ist es sonst einer ihrer größten Vorzüge, sich tausendprozentig zu engagieren.«

In einem Publicity-Interview der Columbia Studios gab Barbra ihm indirekt recht. »Ich bin sicher eine Perfektionistin, aber keine hundertprozentige. Manchmal sagte ich zu Herb: ›Hör zu, das ist gut genug‹, und er antwortete: ›Nein, ist es *nicht.*‹ Ich habe mich sehr geändert ... Als mir in meinem Privatleben etwas fehlte, lag mir mehr an meiner Arbeit. Es war wie ein Ersatz, eine Art Sublimierung. Jetzt bin ich anders. Jetzt ist es eben nur ein Film.«

Allerdings deutet auf der Leinwand nichts darauf hin, daß Barbra weniger engagiert war als sonst. Ihre Darstellung ist glaubhaft, dicht und vielseitig, und sie hatte keine Angst, auch die härteren Eigenschaften von Fanny Brice zu zeigen. »Ich versuche nicht, sympathisch zu sein. Ich weiß nicht, ob diese Gestalt sympathisch ist.«

***

Barbra hatte keine Lust, zur Probe zu erscheinen. Es war Sonntag, der 9. März 1975, der Nachmittag vor einem Live-Fernsehkonzert vor Präsident Gerald R. Ford, Senator Edward M. Kennedy und Hunderten anderer Würdenträger im Kennedy Center in Washington, D. C. Das Konzert sollte der Werbung für *Funny Lady* dienen und der Behindertenolympiade zugute kommen. Sie war nervös, schlechtgelaunt, hatte einen entzündeten Hals und wollte sich von Ray Stark keine Vorschriften machen lassen.

Sie hatte überhaupt nicht für den Film werben wollen. In den neun Monaten seit Ende der Dreharbeiten hatte sie wenig anderes getan, als den Bau und die Ausstattung der Ranch zu beaufsichtigen, sich um ihren Garten zu kümmern und ihr von professionellen Verpflichtungen freies Leben zu genießen. Stark dagegen hatte eine ehrgeizige, internationale Werbekampagne geplant, die eine Premiere in New York, eine Royal Command Performance in London und einen Empfang für den französischen Präsidenten in Paris einschloß. Streisand war natürlich die Hauptperson der Unternehmung, doch sie sagte Stark ab. Nichts lag ihr ferner, als live vor Millionen von Menschen aufzutreten, sich wieder einer potentiell gefährlichen Meute von New Yorker Fans auszusetzen und dann nach London und Paris zu reisen, wo die gleichen Strapazen auf sie warteten.

Gleichwohl beharrte Stark darauf, daß Barbras Teilnahme an den Werbeaktivitäten unentbehrlich für den Erfolg des Films sei. Er bot ihr 100 000 Dollar, wenn sie im Kennedy Center fünf Songs vortrug. Sie blieb unerschütterlich. Stark flehte Jon an, sie zur Vernunft zu bringen. Jon erklärte Barbra, sie *müsse* es tun – wenn nicht für sich selbst und den Film, dann für ihn. Er verhandelte gerade mit Stark über die Möglichkeit, einen Film zu produzieren, und wenn er Streisand zu dieser Publicity-Tournee überreden konnte, würden seine Chancen bei dem Produzenten steigen. Schließlich stimmte sie widerwillig zu.

»Barbra hatte das Ende ihres Vertrags mit Ray Stark gefeiert«, kommentierte Steve Jaffe, »und nun sollte sie plötzlich eine zermürbende Tournee für ihn unternehmen. Sie war alles andere als glücklich. Zwischen den beiden gab es eine Art Wettbewerb. Sie versuchte immer wieder, ihn zu ärgern, und er tat das gleiche. Sie waren wie zwei Boxer – der eine landet einen Jab, und der andere schlägt zurück.«

Laut Jaffe ließ Barbra Stark aus ihrer Suite im Watergate Hotel wissen, sie sei heiser und wolle lieber ihre Stimme schonen, als die Lieder zu proben, die sie an jenem Abend singen sollte. Danach kam es zu einer »hitzigen Auseinandersetzung. Ray war stocksauer. Er sagte: ›Hör mal, das ist eine wirklich ernste Sache. Es ist der Höhepunkt der ganzen Tournee. Du mußt bei den Proben dabei sein!‹ Aber sie weigerte sich. Ich dachte: ›Mann o Mann, Streisand sitzt am längeren Hebel.‹«

Später, als die Probe begonnen hatte, plauderte Jaffe mit mehreren Secret-Service-Agenten, die das Kennedy Center vor Präsident Fords Ankunft durchsuchen mußten. »Barbra kommt nicht zur Probe«, erklärte Jaffe den Männern. Doch kurz darauf erschien Streisand. »Sie kam salopp, aber sehr elegant mit Jeans und einem herrlichen Seidenhemd herein und probte zwei oder drei Stücke«, berichtete Jaffe. »Ich dachte: ›Das ist sehr interessant.‹ Es hatte den Anschein gehabt, daß sie am längeren Hebel saß, aber nun war klar, daß Ray Stark das Sagen hatte.«

Funny Girl to Funny Lady, live von ABC gesendet, wurde ein Triumph für Barbra – trotz ihrer Wut über Stark und einer Nervenkrise, die sie zwang, sich kurz vor ihrem Auftritt in der Toilette zu erbrechen. Sie hatte erwartet, daß das Publikum aus Regierungsvertretern »steif« sein würde, aber als sie in einem tiefausgeschnittenen, glitzernden schwarzen Kleid hinausschritt – ihr glattes blondes Haar fiel bis zu ihrer Taille hinab –, sprangen die Zuschauer auf und bedachten sie mit einer zweiminütigen Ovation. »Männer in Smokings und Frauen in hocheleganten Ballkleidern standen auf und benahmen sich wie Backfische in früheren Zeiten«, schrieb ein UPI-Reporter. »Sie kreischten und schrien über den donnernden Applaus hinweg. Als Streisand ›The Way We Were‹ anstimmte, begann alles von neuem.«

»Wenn Sie zuviel klatschen, wird die Zeit knapp«, erklärte Barbra dem Publikum, doch vergebens. Durch die häufigen, langwierigen Unterbrechungen verzögerte sich die Show, und am Ende der Stunde hatte Barbra keine Zeit mehr, »People« – als Tribut an die Kinder und Freiwilligen der Behindertenolympiade – zu singen. »Oh, ist das alles?« rief sie, als man ihr mitteilte, daß sie zum Ende kommen müsse. »So ist das eben in einer Live-Show!«

***

Barbra und Jon fuhren am Montag morgen mit dem Zug nach New York; am Dienstag nachmittag gab sie zusammen mit James Caan eine Pressekonferenz im Hotel Pierre. Auch dagegen hatte sie sich gesträubt. »Barbra haßte es, mit Reportern zu sprechen«, erläuterte Steve Jaffe. »Sie war der Meinung, daß man ihr ohnehin das Wort im Munde umdrehen und negative Artikel über sie schreiben würde. Außerdem glaubte sie, es sei überflüssig für ihre Karriere, da sich ihre Arbeiten mehr oder weniger von allein verkauften.« Aber Ray Stark setzte sich wiederum durch.

Bei der Premiere an jenem Abend wurden Barbra und Jon, genau wie sie befürchtet hatte, außerhalb des Astor Plaza von Fans umzingelt. Wieder benötigte man fünfzig Polizisten und eine Schar stämmiger Leibwächter, um sie – Barbra mit verzweifelter Miene und Jon beschützerisch neben ihr – durch die schreiende, tobende Menge zu schleusen.

***

Von neuem verschreckt durch diesen Vorfall, ließ Barbra Ray Stark durch Steve Jaffe mitteilen, daß sie nicht nach London reisen werde. Stark ging verständlicherweise an die Decke. »Ich werde nicht mit ihr reden«, brüllte er Jaffe an. »*Du* redest mit ihr! Jon soll vermitteln. Sorg bloß dafür, daß sie aufkreuzt, verdammt noch mal!«

359

Jaffe rief Barbra an, um sie über Starks Reaktion zu unterrichten. »Ray – ich *hasse* ihn!« rief sie. Jaffe betonte, daß sie keine Wahl habe, daß die Königin von England und der französische Präsident mit ihr rechneten und daß sie Stark die Reise schulde. »Sie war voller Bitterkeit ihm gegenüber. Seit zehn Jahren hatte sie das Gefühl, Starks Leibeigene zu sein, und sie wollte sich nicht mehr von ihm herumkommandieren lassen.«

Der Presseagent redete Barbra weiterhin zu, die Reise nicht abzusagen. »Ray ist wenigstens zum Teil für Ihre Karriere verantwortlich, Barbra. Vielleicht hat er Ihnen nicht so viel bezahlt, wie Sie haben wollten, aber wenn er es getan hätte, gäbe es in Fort Knox kein Gold mehr.« Jaffe erklärte: »Ich konnte mir erlauben, so mit ihr zu reden, denn es brachte sie zum Lachen. Sie konnte besser mit der Wahrheit umgehen als andere große Egos, die ich kenne. Schließlich willigte sie ein, aber Stark und sie sprachen immer noch nicht miteinander. Ich dachte: ›Auf dem Rest der Reise wird's Ärger geben.‹«

In London ließen sich alle anderen, auch James Caan, unter ihrem eigenen Namen im Hotel Dorchester registrieren, nur Barbra und Jon trugen sich als »Mrs. B. Gould und Begleitung« ein. Am Abend des 18. März wurde Barbra der Queen vorgestellt, und die Begegnung folgte dem üblichen Streisand-Muster für solche Ereignisse. Barbra war verärgert darüber, daß Jon nicht neben ihr in der ersten Reihe stehen durfte, und fragte die Königin: »Warum müssen Frauen Handschuhe tragen, Männer aber nicht?«

Elizabeth II. murmelte verblüfft: »Das muß ich mir überlegen. Es ist wohl eine Tradition.« Dann ging sie rasch weiter.

Nach der Royal Command Performance gab Ray Stark ein Festessen in einem feudalen Londoner Restaurant. Gerade als Steve Jaffe Platz nehmen wollte, teilte der Oberkellner ihm mit, er werde am Telefon verlangt. Es war Jon. »Barbra fühlt sich nicht gut. Sag Ray, daß wir nicht nach Paris fliegen.« Jaffe hörte, wie Barbra im Hintergrund rief: »Ich bin müde. Mir reicht's!«

Jaffe schluckte kräftig und ging zu Stark hinüber. »Ray, ich habe gerade von Jon gehört, Barbra fühle sich nicht wohl.«

»Macht nichts. Sag ihr, sie soll sich ein bißchen ausruhen und dann herkommen. Wir werden noch hier sein.«

Der Presseagent brachte es nicht über sich, Barbras tatsächliche Botschaft zu übermitteln, und telefonierte von neuem mit Peters. »Jon, ich glaube, Ray wird sehr übel reagieren, wenn ihr nicht nach Paris reist. Warum ruht ihr euch heute abend nicht erst mal aus ...«

»Nein, Steve, sie fliegt nicht«, unterbrach Peters. Dann nahm Barbra ihm den Hörer ab. »Sag ihm, daß ich mich schlecht fühle. Ich bin krank und bleibe hier.« Jon schnappte sich den Hörer von neuem. »Kapiert?«

»Ja, kapiert«, seufzte Jaffe. Stark hörte die Nachricht und sagte grimmig: »Sie reist.« Jaffe rief Barbra von neuem an. »Auf keinen Fall«, beharrte sie.

Dann erklärte Stark: »Sag Barbra, daß ich ein Sanitätsflugzeug bereitstellen werde, wenn's sein muß, und ich werde Ärzte in ihr Hotel schicken. *Aber sie fliegt morgen nach Paris.*«

»Das kommt überhaupt nicht in Frage, Steve«, donnerte Jon seinen unglückseligen Presseagenten an. Als Stark diese letzte Botschaft hörte, stand er auf und verließ seine eigene Party. »Er war wirklich stinksauer«, meinte Jaffe.

Am nächsten Morgen stellte Jaffe fest, daß Stark Barbra irgendwie überredet hatte, doch nach Paris zu fliegen. »Ich glaube, Ray schuldete ihr eine letzte Zahlung oder so was, und er drohte, das Geld zurückzuhalten, falls sie nicht in Frankreich auftauchte.« Als Jaffe im Hotel Plaza Athénée eintraf, erfuhr er, daß Barbra und Jon auf der Fahrt vom Flughafen in einem italienischen Restaurant haltgemacht hatten. »Sie aßen alles, was es gab – sie stopften sich einfach voll. Ein Footballspieler hätte nicht soviel hinunterschlingen können, wie sie es taten. Auf diese Weise sorgten sie dafür, daß Barbra sich sterbenselend fühlte, als sie das Athénée erreichten.«

Stark erfuhr von Barbras Zustand und suchte ihre Suite auf. Während sie dauernd ins Badezimmer stürzte, brüllte Stark: »Und sie kommt heute abend! Auf jeden Fall. Der Präsident von Frankreich wird da sein, und er möchte sie sehen.«

»Aber sie ist doch krank«, flehte Peters.

»Im Moment sind gerade zwei Ärzte hierher unterwegs. Wenn sie der Meinung sind, daß Barbra zu krank ist, um aufzutreten, dann kann sie im Hotel bleiben.«

Die Ärzte untersuchten Barbra ein paar Minuten lang in ihrem Zimmer, während Stark, Jaffe, Jon und Marty Erlichman warteten. Danach verkündete einer der Ärzte: »Ist ein Magenleiden.« Gleichzeitig bemerkte Jaffe, daß Barbra um die Schlafzimmertür lugte, um sich kein Wort entgehen zu lassen. »Wie ernst ist es?« wollte Stark wissen.

»Es wird weggehen. Sie wird bald gesund.«

»Wollen Sie ihr irgendwelche Medikamente geben?«

»Ah oui, das kann ich machen.«

Schließlich verlor Ray die Geduld. »Also, was fehlt ihr denn nun?«

»Wie man in Amerika sagt, sie hat Winde.«

Marty und Jon traten unbehaglich von einem Fuß auf den anderen. Steve Jaffe vergrub den Kopf in den Händen. »Der Wagen wird um sieben Uhr hier sein«, sagte Stark leise und ging hinaus. »Die Vorführung beginnt um acht. Sie sollte um halb acht dort sein.«

Barbra erschien nicht auf der Gala. »Sie fand heraus, daß der französische Präsident aus dringenden Gründen hatte absagen müssen«, erläuterte Jaffe. »Damit dachte sie, aus dem Schneider zu sein. Aber Hunderte von Vertretern der höchsten französischen Gesellschaft waren enttäuscht. Sie hatten Barbra Streisand erwartet und mußten mit Jimmy Caan, Ray Stark und David Begelman vorlieb nehmen.

Stark kochte, und Barbra beschloß, nie wieder mit ihm zu sprechen. Ray fühlte sich von ihr im Stich gelassen, und sie verübelte es ihm, daß er sie zu dieser anstrengenden Werbetournee für einen Film gezwungen hatte, an dem sie nicht einmal eine Gewinnbeteiligung besaß. Vor der Abreise herrschte auf dem Flughafen eisiges Schweigen zwischen Barbra und Ray. Aber schließlich ging er zu ihr hinüber. Ich konnte nicht hören, was er sagte, aber es muß eine Art Entschuldigung gewesen sein. Barbra schien zu antworten: ›Ich war auch nicht gerade einfach.‹ Es war wie das Ende eines Films.

Ein Zyniker könnte behaupten, daß Stark es sich letztlich nicht mit dem größten Kassenmagneten im Land verderben wollte«, schloß Jaffe. »Und Barbra wußte, daß Stark ungeheuren finanziellen Einfluß hatte. Wenn sie etwas von Columbia wollte, mußte sie sich an Ray wenden. Sie ist wirklich clever, wenn es um Geld geht. Deshalb brachte sie die Dinge ins Lot.«

***

Jon drängte Barbra immer noch, sich ein jugendlicheres Image zuzulegen. »Du kannst nicht für den Rest deines Lebens Ray Starks Schwiegermutter spielen«, mahnte er sie erbittert. Außerdem hatte er Gefallen an einem Drehbuch gefunden: einem Rock-Remake des klassischen Hollywood-Schmachtfetzens *A Star Is Born*. »Du Blödmann!« lachte Barbra, als sie davon hörte. »Das ist schon dreimal gedreht worden!« Aber diesmal könne es anders sein, argumentierte Jon. »Du wirst eine sexy Rolle spielen: eine aufstrebende junge Sängerin. Das ist genau das, was du im Film machen solltest.«

»Ja, mag sein«, erwiderte Barbra.

Ihre Entscheidung, sich auf das Projekt einzulassen, sollte ihre Beziehung zu Jon fast zerstören und sie körperlich und seelisch beinahe zugrunde richten. Aber gleichzeitig sollte sie zu einem noch erfolgreicheren und populäreren Star werden als je zuvor.

V.

Ihre eigenen Visionen

»Nun möchte ich die Verantwortung
für meine eigenen Visionen
übernehmen. Ich bin
erwachsen geworden.«
Barbra 1976

KAPITEL 26

Barbras Augen verengten sich, während sie über die Frage nachdachte. Sie saß, von mehreren Dutzend Reportern umgeben, an einem großen, runden weißen Tisch, der an der Zwanzig-Yard-Linie im Sun Devil Stadium der Arizona State University stand. Es war spät am Morgen, und die Temperatur hatte bereits fünfunddreißig Grad erreicht; die pralle Sonne ließ winzige Schweißperlen auf Barbras Stirn erscheinen. Sie trug eine weiße Hose und eine Seidenjacke mit Blumenmuster. Ihr Haar war zu einer neuen, straffen Lockenfrisur gelegt, und sie machte ein unglückliches Gesicht.

Warner Brothers hatte hundertfünfzig Journalisten zu einer PR-Veranstaltung nach Tempe geflogen, um Werbung für Streisands neuen Film *A Star Is Born* zu machen, dessen Außenaufnahmen gerade in Arizona gedreht wurden. Barbra, Jon, ihr Co-Star Kris Kristofferson und Frank Pierson, der Regisseur des Films, gingen von einem Tisch zum anderen, um die Fragen der Journalisten zu beantworten. Es war eine riskante, vielleicht sogar tollkühne Werbeaktion. Denn die Crew befand sich in der Mitte eines technischen Alptraums – man war dabei, die Vorbereitungen für die Aufnahme eines Live-Rockkonzerts vor fünfzigtausend jungen Leuten zu treffen. Zudem kursierten seit Monaten Gerüchte über wilde Ego-Schlachten bei den Dreharbeiten. Die Gerüchte waren durch eine Titelgeschichte der Zeitschrift *New Times* ausgelöst worden, deren Autorin sich über die private und berufliche Beziehung zwischen Barbra und Jon lustig gemacht und den Film als »den größten Witz von Hollywood« bezeichnet hatte. Peters war der Produzent und Barbra die inoffizielle Co-Regisseurin von *A Star Is Born*.

Schadenfroh fragte einer der Reporter: »Was halten Sie von Ihrem Co-Star, Barbra?«

Sie setzte zu einer Antwort an, doch Kristofferson, der an einem Nachbartisch saß, schaltete sich ein: »Sie hat gesagt, ich bin ein Arschloch.«

Die abgebrühten Zeitungsleute schnappten nach Luft. Barbra Streisand hatte den männlichen Hauptdarsteller des Films, einen Musik-Superstar, als Arschloch bezeichnet? Das war pikanter, als man hätte erhoffen können.

»Warum haben Sie ihn ein Arschloch genannt?« setzte der Reporter nach.

»Ich weiß nicht.« Barbra versuchte abzuwiegeln. »Ich hab's vergessen. Er ist ein wunderbarer Mann – lassen wir's doch dabei.«

»Quatsch«, knurrte Kristofferson. Er trug ein braunes, bis zum Bauchnabel offenes Baumwollhemd, und sein tägliches Tequila- und Bierpensum schien sich bereits bemerkbar zu machen. Barbra funkelte ihn an, während sie erläuterte, daß Bruce Springsteens Musik als Inspiration für den Gesang des von Kris dargestellten Rockstars gedient habe.

»Dann hättest du ihn für die Rolle engagieren sollen«, spottete Kristofferson.

Die Blutgier der Reporter bekam bald von neuem Nahrung, als Kris und Barbra eine Szene auf der gewaltigen für das Konzert errichteten Bühne drehten. Kristofferson schwirrte seit Wochen der Kopf, weil er nicht wußte, wer das Sagen hatte: Pierson, den Barbra schon am zweiten Drehtag hatte hinauswerfen wollen, Streisand, die den Film als Experimentierfeld für alle möglichen unausgegorenen Ideen zu betrachten schien, oder Peters, der noch nie einen Film gemacht hatte und bei fast jedem Take anwesend war.

»Niemand schien zu wissen, worum es ging«, sinnierte Kris später. »Barbra war eine Nervensäge. Jon und ich verhielten uns wie zwei bissige Hunde. Ich wünschte, sie hätte mir von vornherein gesagt, wer der Chef war, denn dann hätte ich mir nicht den Kopf darüber zu zerbrechen brauchen, warum sie dauernd das Maul aufmachte. Manchmal brauchten wir vier Stunden, um eine Szene vorzubereiten, und wenn wir anfangen wollten, meinte sie plötzlich: ›Nein, nein, das ist völlig falsch.‹«

Genau das hörte er auch an diesem Nachmittag von Barbra, und zur Freude der Reporter wurde ihre Auseinandersetzung durch ein eingeschaltetes Mikrofon ins ganze Stadion übertragen.

»Du tust ja nicht, was ich dir sage!« schrie sie.

»Verdammte Scheiße!« gab er zurück. »Frank sagt hü, und du sagst hott. Wer ist der Regisseur? Ich muß wissen, was Sache ist!«

Er wandte ihr den Rücken zu, und sie explodierte. »Hör mir zu! Ich rede mit dir, verflucht noch mal!«

»Scher dich zum Teufel«, entgegnete Kris.

Barbra stolzierte davon, und Jon Peters trat auf Kris zu. »Du mußt dich bei meiner Lady entschuldigen.«

»Weißt du was«, brüllte Kristofferson, bevor er von der Bühne stürmte, »wenn ich Scheiße sehen will, brauch' ich dir nur kräftig eins auf die Nuß zu geben.«

»Wenn wir keinen Film machen müßten, würde ich dich kurz und klein schlagen!« brüllte Peters hinter ihm her.

Unterdessen kritzelten die Journalisten fieberhaft. Vielleicht kam bei diesem Film nicht der größte Witz, sondern die größte Prügelei von Hollywood heraus.

***

A Star Is Born hatte einen mühseligen dreijährigen Weg bis zur Produktion zurückgelegt. Seinen Anfang nehm das Projekt am 1. Juli 1973 in einem Auto auf einer Straße in Hawaii, als der Drehbuchautor John Gregory Dunne zu seiner Frau und Mitarbeiterin Joan Didion sagte: »James Taylor und Carly Simon in einem Rock-Remake von *A Star Is Born*.« Die Dunnes trugen die Idee ihrem früheren Agenten Dick Shepard vor, der mittlerweile Produktionschef bei Warner Brothers war. Warners besaß seit dem letzten Remake von 1954 – mit Judy Garland und James Mason in den Hauptrollen – die Rechte an der Geschichte einer jungen Schauspielerin auf dem Weg nach oben und ihres Mannes, Alkoholiker und ebenfalls Schauspieler, auf dem Weg nach unten.

Shepard war begeistert von der Idee. Die Handlung kam erwiesenermaßen beim Publikum an, und durch die Rockelemente würde sie sich der Gegenwart anpassen. Außerdem waren die Soundtrack-Möglichkeiten so vielversprechend, daß die Kasseneinnahmen des Films, wie Dunne von einem großen Tier im Musikgeschäft erfuhr, vielleicht nur ein zusätzlicher »warmer Regen« sein würden. Die Dunnes wurden beauftragt, das Drehbuch zu schreiben, und dann folgten laut Dunne »drei Entwürfe, ein Schiedsgerichtverfahren, eine Prozeßdrohung wegen Vertragsbruchs und eine hohe gerichtliche Abfindung … Soweit ich weiß, kamen nach uns, offiziell und inoffiziell, vierzehn Autoren«.

Man gewann John Foreman, nach dem Erfolg von *Serpico* im Jahre 1973 ein begehrter Produzent, für das Projekt. Bald stellte sich heraus, daß die Verantwortlichen bei Warners weniger an James Taylor interessiert waren, dessen Film- und Musikkarriere eine Flaute durchmachte, als an Carly Simon, die noch nie einen Film gedreht hatte, deren Platten jedoch reißenden Absatz fanden. »Machen Sie sich keine Sorgen um James, wenn Sie ihn nicht einsetzen wollen«, hörte Dunne von einem Manager. »Wir werden ihn schon irgendwie beschäftigen, vielleicht mit einem Auftritt in Malibu.« Der Ausspruch ging in einen späteren Entwurf der Dunnes ein.

Doch Simon ließ Warner Brothers mitteilen, daß Taylor und sie nichts mit dem Projekt zu tun haben wollten – angeblich, weil die Handlung der Realität zu nahekam. Danach landete das Script bei ICM auf dem Schreibtisch von Sue Mengers, die inzwischen anstelle von David Begelman als Barbras Agentin tätig war. Mengers schickte das Drehbuch sofort an Streisand, ihre Spitzenklientin. Barbra lehnte jedoch ab. »Ich will kein Remake drehen.«

Danach war fast jeder Musikstar in Hollywood für die Hauptrollen des Films im Gespräch: Elvis Presley und Liza Minnelli, Diana Ross und Alan Price, Cher und Greg Allman.

Als Regisseur wurde zunächst Mark Rydell gewählt, doch er zog sich nach drei Monaten unbezahlter Arbeit wieder zurück. Foreman bat nun Jerry Schatzberg, dessen *Scarecrow* (Asphalt-Blüten) bei den Filmfestspielen in Cannes mit einem Preis ausgezeichnet worden war, die Regie zu übernehmen. Schatzberg unterzeichnete einen Stufenvertrag mit Warner Brothers, und Foreman ließ ihn wissen, daß Kris Kristofferson eine mündliche Zusage für die Übernahme der männlichen Hauptrolle gegeben habe. Aber der weibliche Star fehlte immer noch.

Kurz danach erkundigten sich Barbra und Jon bei Schatzberg, ob er an der Inszenierung von *What Till the Sun Shines, Nelly* interessiert sei. Es war ein Ray-Stark-Projekt, das Barbra 1968 abgelehnt hatte, doch nun von neuem in Erwägung zog. Schatzberg erwiderte, er habe bereits einen Vertrag für *A Star Is Born* unterzeichnet. »Was ist das denn?« fragte Jon. Schatzberg erklärte es ihm, und Jon sagte: »Klingt sehr gut. Können wir es lesen?«

***

Jon stand vor einem Ganzfigurspiegel, musterte sich und erzählte der Reporterin Marie Brenner über *A Star Is Born*: »*Ich* habe dieses Projekt entdeckt. *Ich* habe es für Barbra gefunden und sie überzeugt, den Film zu drehen. Sie hatte gerade *Funny Lady* gemacht, und ich dachte: ›Warum soll ein junges Mädchen eine alte Dame spielen?‹ Sie ist jung, leidenschaftlich und sexy.«

Barbra widersetzte sich dem Vorschlag zunächst, doch Jon redete ihr auch weiterhin zu, und allmählich begann ihr die Idee zu gefallen. Sie las das Drehbuch der Dunnes und gelangte zu der Überzeugung,

370

daß ihre und Jons Mitarbeit an dem Projekt vorherbestimmt sei, »denn der Held hieß John, fuhr einen roten Ferrari und hatte einen roten Jeep genau wie mein Jon, und er war Zwilling, ebenfalls wie Jon. Es war etwas Mystisches – es sollte sein.«

John Foreman berief eine Besprechung mit Jon und Barbra, Kris Kristofferson, Jerry Schatzberg und den Dunnes ein. Letztere hatten eigentlich aus ihrem Vertrag aussteigen wollen, überlegten es sich jedoch anders, als sich Streisands Mitwirkung abzeichnete, denn nun »wußten wir, daß wir nicht arm werden würden«. Aber im Verlauf der Diskussionen wurde es den Autoren unbehaglich. Barbra hielt die Liebesgeschichte nicht für spannend genug, und sie fürchtete, daß die männliche Rolle besser sei. Während Jon und Barbra ausführten, wie die Liebesbeziehung intensiviert werden könne, begriffen die Dunnes, daß die beiden ihre *eigene* Liebesgeschichte auf die Leinwand bringen wollten. »Die Welt wartet darauf, meine und Barbras Geschichte zu sehen!« rief Jon, sprang auf und schwenkte die Arme, wie er es oft in Momenten der Erleuchtung tat.

Die Dunnes schreckten zurück, und bald wurden sie mit einer Abmachung, die ihnen 125 000 Dollar und zehn Prozent der Einnahmen garantierte, aus dem Projekt gedrängt. Doch Schatzberg schien auf der gleichen Wellenlänge wie Streisand und Peters zu sein. Inzwischen hatte Barbra Warner Brothers überredet, *A Star Is Born* von First Artists und Barwood produzieren zu lassen, wodurch sie zur Produktionschefin des Films wurde. Sie sollte weder für die Produktion noch für die Hauptrolle eine Gage erhalten, doch sie würde durch eine fünfundzwanzigprozentige Beteiligung an den Nettoeinnahmen des Films sehr viel Geld verdienen. Ihre nächste Forderung schlug bei den Geldgebern wie eine Bombe ein: Sie wollte, daß Jon den Streifen produzierte.

Als diese Nachricht durchsickerte, lachten die meisten Beobachter in Hollywood höhnisch. Streisand will, daß ihr Freund, ein Friseur, ein Musical mit einem Budget von sechs Millionen Dollar produziert? Warner Brothers würde den Vorschlag doch bestimmt nicht ernst nehmen. Als das Studio jedoch zustimmte, schlug die Belustigung in Ärger um. Anscheinend glaubten die Warner-Direktoren, daß ein Streisand-Musical ein todsicherer Kassenmagnet sein werde. »Es spielt keine Rolle, ob der Film gut ist«, sagte ein Manager. »Wir brauchen nur sechs Songs von ihr zu drehen, und schon nehmen wir 60 Millionen Dollar ein.«

Aber der Vereinbarung lag bei Warners die Annahme zugrunde, daß Jon als Produzent eine Marionette sein werde – jemand, der sich der Erfahrung von Foreman, Schatzberg und anderen unterzuordnen habe. Diese Annahme erwies sich als irrig, denn Jon begann, von »*meiner* Idee und *meinem* Film« zu sprechen. Jede Nacht blieben Barbra und er bis früh morgens auf, um über den Film zu diskutieren: Welche Methode sei die richtige, wie könne das Drehbuch auf Barbra abgestimmt und die Story auf den Stand der siebziger Jahre gebracht werden? Sie sahen sich die Version mit Judy Garland und James Mason an, und beide waren beeindruckt. Aber etwas mißfiel Barbra, wie sie später erklärte: »Die Heldin war in den früheren Versionen so passiv. Sie tat nichts anderes, als ihn zu lieben und zuzusehen, wie er verfiel. Aber wir sind in den Siebzigern. Es ist nicht glaubhaft. Sie sollte nicht herumstehen, während er zerbricht. Ich möchte, daß sie sagt: ›Kämpfe für mich, verdammt noch mal, reiß dich zusammen, oder *ich* bring' dich um!‹«

Diese privaten Absprachen zwischen Barbra und Jon beunruhigten Jerry Schatzberg. Jon »hatte sehr großen Einfluß auf sie«, bemerkte er. »Wir legten uns auf irgend etwas fest, und am nächsten Tag sah alles wieder ganz anders aus. Schließlich konnte ich an ihren Gesprächen nicht teilnehmen. Er war wie Rasputin oder Svengali für sie. Barbra machte ihm schöne Augen und bewunderte ihn. Sie war verliebt. Wenn er einen Einfall hatte, sagte sie immer: ›Das ist eine tolle Idee‹, und gab den Gedanken an mich weiter.«

Kris Kristoffersons Agent forderte, seinen Klienten in der Werbung mit Barbra gleichstellen zu lassen, aber sie war sich nicht sicher, ob sie sich darauf einlassen sollte. Barbra rief Schatzberg an und fragte: »Was hältst du davon, Jon mit mir auftreten zu lassen?« Sie erklärte, daß Jon ihr versichert hatte: »Klar, ich kann die Rolle spielen. Ich habe das Aussehen und die Energie!«

»Du kannst alles schaffen, Jon«, hatte Barbra erwidert.

Schatzberg hielt das für einen Scherz, aber sie gab nicht nach. In der Hoffnung, daß sie das Thema ruhen lassen würde, versprach er, sich die Sache zu überlegen. Doch am nächsten Tag setzte sie ihm von neuem zu. *Das ist absolut lächerlich*, dachte Schatzberg und verabredete ein Treffen mit Barbra und Jon auf der Ranch in Malibu.

»Ich möchte keinen Dokumentarfilm über euch beide drehen«, ermahnte er die beiden. Außerdem gab er ihnen zu bedenken, daß Kristofferson, obwohl er noch keinen Vertrag unterzeichnet hatte, als Hauptdarsteller vorgesehen war. »Du meinst, Warners würde lieber *ihn* als *mich* haben?« fragte Barbra.

Dann stieß Schatzberg zum Hauptproblem vor: »Kann Jon singen?«

»Nein«, gab Jon zu. Dann sprang er auf. »Aber ihr könnt um mich herum drehen, genau wie ihr es mit Kristofferson machen würdet.«

»Hör zu«, erwiderte Schatzberg, »das kann man mit einem Sänger machen, damit sein Spiel kraftvoller wirkt. Man kann es nicht mit einem Schauspieler machen, um ihn wie einen Sänger aussehen zu lassen.« Damit war Jon der Wind aus den Segeln genommen, und man ließ die Idee fallen. Später behaupteten Barbra und er, daß der Vorschlag im Grunde nur ein Witz gewesen sei, aber Schatzberg ist sich nicht sicher. Es verblüfft ihn immer noch, daß Barbra die Idee unterstützte. »Das würde man normalerweise nicht von Barbra Streisand erwarten, denn sie ist viel zu clever für so was. Aber das Ganze spielte sich auf dem Höhepunkt ihrer Affäre ab, und ihr Urteilsvermögen war getrübt.«

Kristofferson hatte von Jons Wunsch gehört, ihn zu ersetzen. Als John Foreman ihm versicherte: »Du kannst alle Gerüchte darüber vergessen, daß Jon Peters deine Rolle übernehmen will«, entgegnete Kris: »Ist Barbras Rolle noch zu haben? Vielleicht sollte ich mich darum bewerben.«

Dann äußerte Jon die Meinung, daß der Film einen neuen, coolen, jungen Autor benötige. Sue Mengers schlug einen ihrer Klienten vor: Jonathan Axelrod, den kaum mehr als zwanzigjährigen Stiefsohn des Drehbuchschreibers George Axelrod. Jonathan kam gut mit Jon und Barbra zurecht. »Ich fand beide phantastisch, sehr behutsam und sensibel, was meine Ansichten und mein Alter anging.« Er hatte großen Respekt vor den beiden und fühlte sich zu Barbra hingezogen. »Ich hielt sie für sehr sexy und war schwer in sie verschossen.« Die drei verbrachten Stunden damit, sich auf der Ranch über die Story zu beraten. Jon betrachtete Axelrod als »meinen Dolmetscher«.

Jerry Schatzberg wurde rot vor Wut, als er davon erfuhr. »Sie trafen sich ohne mein Wissen mit diesem Autor. Das mag vielleicht in Hollywood üblich sein, aber in New York haben wir Achtung vor dem Regisseur und seinem Beitrag.« Kurz darauf legte Schatzberg seine Mitarbeit nieder. »Ich teilte Barbra meine Entscheidung mit, und sie war ehrlich überrascht. Aber ich glaubte nicht, daß ich unter den Umständen meine beste Leistung bringen konnte. Jon war ein wenig unreif als Produzent, und er versuchte, sich auf die eine oder andere Art durchzuschummeln. Ich dachte, ich hätte genug Erfahrung, um ihm über die Runden zu helfen, aber am Ende war ich überzeugt, daß ich den Film nicht angemessen für Barbra inszenieren konnte.«

Jon arbeitete weiterhin eng mit Axelrod zusammen. Als der Autor nach vier Monaten ein Drehbuch vorlegte, erklärte Jon seinen anderen Mitarbeitern sogar: »Ich hab's geschrieben.« Nur Barbra war immer noch nicht zufrieden. Ihrer Meinung nach brauchte der Film »kräftigere Dialoge« und »einen echten Schriftsteller«. Nach drei Monaten wurde Axelrod abgeschoben, aber er empfindet keine Bitterkeit, da er die Mängel seines Drehbuchs selbst erkannte. Vielmehr ist er Barbra dankbar dafür, daß sie ihm half, seine Begabung weiterzuentwickeln. »Setz dir keine Grenzen«, hatte sie ihm erklärt. »Sei ein Künstler.«

***

Jon und Barbra kümmerten sich eine Zeitlang nicht um einen neuen Autor, sondern führten Gespräche mit einer Reihe potentieller Regisseure, darunter Arthur Hiller und Hal Ashby. Keiner schien ihr Wunschbild für den Film zu verstehen, und die meisten »langweilten« Jon. Während einer nächtlichen Diskussion im Bett drehte sich Jon zu Barbra um und erklärte, er selbst solle den Film inszenieren. »Niemand versteht die Sache besser als ich!«

»Du hast *recht*!« rief Barbra.

Diesmal leistete Warners Widerstand, und die Verhandlungen schleppten sich drei Monate lang hin, bevor die beiden auch diese Idee aufgaben. Inzwischen verstärkte sich die schlechte Presse. Joyce Haber, die Kolumnistin der *Los Angeles Times*, schrieb eine Artikelserie, in der sie sich über den Film, über Barbra und über Jons Anmaßung lustig machte, als Produzent, Star und Regisseur eines großen Musicalfilms anzutreten. Dies verschärfte den Druck auf das Studio erheblich, ebenso wie auf Barbra und Jon, die entrüstet über die Kritik waren.

Aber sie blieben eisern. »Ich habe mein ganzes Leben lang Regie geführt!« behauptete Jon gegenüber Marie Brenner, die für die Zeitschrift *New Times* einen Artikel über die Entwicklung des Projekts schreiben sollte. Brenner und er saßen zusammen mit einigen Studiovertretern und Steve Jaffe in der Warner-Kantine. »Es bedeutet, Menschen das tun zu lassen, was ich will!« Er war so aufgeregt, daß er nichts essen konnte. »Dies ist ein junger Film mit jungen Ideen und jungen Begabungen. In dieser Stadt wollen mir alle ans Leder, weil ich jung bin, klar? Und natürlich bin ich ein bißchen nervös bei dem Gedanken, den Film zu inszenieren. Es ist ein großes Projekt, stimmt's?«

Jaffe warf ein, daß Jon auch ohne Erfahrung genauso kompetent sein werde wie die Hälfte der Regisseure in Hollywood, solange er einen guten Cutter, ein gutes Drehbuch und einen guten Kameramann habe. »Das meine ich auch«, fuhr Jon fort. »Deshalb ist Dede Allen meine Cutterin!«

Brenner war beeindruckt, denn Allen galt als die beste Cutterin von Hollywood. Aber später erfuhr sie, daß Jon noch nicht mit Allen gesprochen hatte, und als er sie im Laufe des Tages anrief, schlug sie sein Angebot aus. Aber sie empfahl ihren früheren jungen Assistenten, und Jon war begeistert. »Wunderbar! Es ist ein *junger* Film. Wir brauchen junge Ideen, wir brauchen junge Begabungen.«

***

Brenners Artikel, der im März 1975 in *New Times* erschien, entgeisterte Barbra und Jon. Barbra hatte sich nicht von ihr interviewen lassen, doch Jon war auf all ihre Fragen eingegangen. Beide fühlten sich von Brenner verraten. Auf dem Cover brachte die Zeitschrift unter der Überschrift »A Star Is Shorn« (»Ein Star wird geschoren«) das Gemälde einer glatzköpfigen Barbra. Im Text selbst wurden Barbra und Jon als größenwahnsinnige Kinder mit einem teuren Spielzeug dargestellt, und den Film nannte die Verfasserin, wie bereits erwähnt, »den größten Witz von Hollywood«.

Barbra war niedergeschmettert. Das Projekt war schon schwierig genug, und nun wurde es auch noch zur Zielscheibe des Spottes gemacht! Steve Jaffe fühlte sich ebenfalls betrogen: »Brenner seifte mich völlig ein. Sie tat so, als werde sie kein böses Wort schreiben, und sie sagte genau die richtigen Dinge, um Jon zur Kooperation zu überreden. Es ist der klassische journalistische Betrug meiner Karriere.«

Die schlechte Publicity durchkreuzte endgültig Jons Plan, *A Star Is Born* zu inszenieren. Später behauptete Barbra, es habe sich nur um eine vage Idee gehandelt, die, genau wie Jons wenig realistische Übernahme der Hauptrolle, von der Presse aufgebläht worden sei. Aber im Februar 1975 hatte Barbra in einem Fernsehinterview mit Barbara Walters in *Today* unzweideutig erklärt: »Er wird Regie führen.«

***

Da Kristoffersons Mitwirkung immer noch nicht feststand, machten sich Barbra und Jon auf die Suche nach einem anderen Co-Star. Sie zogen Mick Jagger in Betracht, aber die Studioleitung meinte, er habe bereits die Chance gehabt, Filmruhm zu erringen, und sie nicht genutzt. Dann war von Bob Dylan die Rede, doch von Warner Brothers war zu hören, Dylan sei nicht »ästhetisch ansprechend« genug, um neben Barbra aufzutreten. (Kristofferson kam dieser Kommentar zu Ohren, und er interpretierte ihn so, daß Dylan »zu jüdisch aussieht«.) Barbra wünschte sich wie immer einen möglichst attraktiven Partner, denn in den meisten ihrer großen Filmerfolge hatten ihr »prachtvolle nichtjüdische Männer« zur Seite gestanden.

Barbras Gedanken wandten sich Elvis Presley zu. Jon war hingerissen. »Der Mann ist mein Idol, seit ich neun Jahre alt war! Das wäre was: Barbra Streisand zusammen mit dem King of Rock 'n' Roll!« Aber Elvis hatte sich seit 1969, seit seiner Affäre mit Barbra in Las Vegas, drastisch verändert. Sie fürchtete, daß er seine beste Zeit hinter sich hatte, und außerdem war er besorgniserregend dick geworden. »Herrlich!« rief Jon. »Er wird echtes Verständnis für die Rolle haben!«

Presley erklärte sich bereit, die beiden in Las Vegas zu treffen. Barbra und Jon waren schockiert, als er ihr Hotelzimmer betrat: Elvis sah viel schlimmer aus, als sie erwartet hatten. »Er war so dick, daß er fast schwanger wirkte«, erinnerte sich Jon. Außerdem wirkte Elvis lethargisch, unkonzentriert, abwesend. »Er war schon vom Tod gezeichnet.« Die drei saßen zwei Stunden auf dem Fußboden, tranken Wein und unterhielten sich. Jon vermutete, daß es Elvis schwerfallen würde, wieder auf die Beine zu kommen. Einmal schaute der beschwipste Presley Barbra an und sagte: »Weißt du, du bist die einzige Frau, die mich jemals eingeschüchtert hat.«

Auf dem Rückflug nach Los Angeles saßen Barbra und Jon still und betrübt in der Maschine. »Er *war* John Norman Howard«, sagte Jon.

»Deshalb könnte er ihn nicht spielen«, antwortete Barbra. Elvis kam nicht mehr in Frage.

***

Auf der Suche nach einem Co-Star in die Sackgasse geraten, hielten Jon und Barbra von neuem Ausschau nach einem Autor und einem Regisseur. Beide erschienen in Gestalt von Frank Pierson, den Warner Brothers beauftragt hatte, das *A Star Is Born*-Drehbuch »schnell umzuschreiben«. Pierson – hochgewachsen, weißbärtig, fünfzig Jahre alt – war damals ein gefragter Drehbuchautor in Hollywood;

sein Script für *Dog Day Afternoon* (Hundstage) sollte im Jahr darauf mit einem Academy Award ausgezeichnet werden. Er nahm den Auftrag »in einem irren Moment des Ehrgeizes« an.

»Er sollte nur das Drehbuch schreiben«, berichtete Barbra, »und dann sagte er in letzter Minute, er werde es nur dann schreiben, wenn er auch Regie führen könne. Ich antwortete: ›Gut, ich lasse dich Regie führen, wenn ich dich dabei unterstützen darf.‹« Laut Barbra stimmte Pierson zu.

Piersons Regieerfahrung beschränkte sich auf das Fernsehen und auf einen erfolglosen Spielfilm (*The Looking Glass War* [Der Krieg im Spiegel], 1969), aber Barbra war einverstanden, weil er ihr Hauptziel zu teilen schien: die Story und die Beziehung zwischen den beiden Hauptgestalten gegenüber der letzten Version von 1954 zu modernisieren. Während sie auf der Ranch über die Besetzung sprachen, fragte Barbra: »Wie wär's mit Brando? Ich wollte schon immer mit Brando zusammenarbeiten. Warum muß es ein Musical sein?«

»Brando war hier!« rief Jon und sprang auf. »Ein frecher Hund! Er wollte Barbra aufs Kreuz legen – ich hätte ihn ermorden können! Aber ich riß ihn von ihr los und küßte ihn. Er ist fabelhaft! Ich liebe ihn, den Bastard! Die beiden wären ein tolles Paar. Stellt euch vor: Streisand und Brando!«

Pierson erinnerte Barbra daran, daß das Studio bis dahin nur deshalb so nachsichtig gewesen sei, weil sie in dem Film *singen* solle. Außerdem, setzte er behutsam hinzu, sei ein Remake von *A Star Is Born* ohne Musik absurd. Danach war von Brando nicht mehr die Rede.

Barbra teilte Pierson mit, sie sei genau wie Jon davon überzeugt, daß das Publikum ihre Liebesgeschichte mit ihm sehen wolle. »Die Leute sind neugierig. Sie wollen mehr über uns erfahren. Deshalb kommen sie ins Kino.« Jon und Barbra vertrauten Pierson die intimsten Details ihres Lebens, ihrer Zärtlichkeiten und Auseinandersetzungen an. Aber als Barbra diese Details in Piersons erstem Drehbuchentwurf las, bekam sie kalte Füße. Nun sagte sie, der Film »ist nicht unser Leben. Er soll nicht zu realistisch sein. Ich möchte nicht zuviel verbrauchen ..., denn eines Tages werde ich vielleicht meine Lebensgeschichte drehen wollen.«

Da Barbra die Musik für *A Star Is Born* des Realismus wegen unbedingt live aufnehmen lassen wollte, kamen für Pierson nur Mick Jagger oder Kris Kristofferson als Co-Stars in Frage. Zu einer Entscheidung gezwungen, wählte sie Kristofferson. »Er ist Schauspieler. Er sieht prächtig aus. Er kann singen und Gitarre spielen, und er ist kein Jude, was günstig für mich zu sein scheint: die Jüdin und der Nichtjude.«

Pierson ahnte nicht, daß Barbra und Kristofferson 1970 – bevor Kris seiner künftigen Frau Rita Coolidge begegnete und während Barbra von Elliott getrennt war – ein kurzes Verhältnis gehabt hatten. Barbra wußte also, daß es zwischen ihnen ein besonderes Knistern geben würde. Kristofferson ließ einen Reporter später wissen, daß sie sich während der Affäre »wie ein Superstar aufführte, während ich den Scheißkerl aus der Provinz abgab – wir machten beide unsere Spielchen«.

Kris besuchte Barbra auf der Ranch, um die Rolle mit ihr zu besprechen. Ihre Ideen gefielen ihm, aber niemand erwähnte, daß sie sich als Co-Regisseurin des Films betrachtete. »Ich wußte, daß Barbra das Drehbuch und die großen Songs des Films schrieb und totale Kontrolle über alles hatte, aber offiziell war Frank der Regisseur. Deshalb dachte ich, ich brauchte nur wie üblich zwischen dem Star und dem Regisseur hin und her zu tanzen, um es beiden recht zu machen. Ich hatte noch nie einen Film gedreht, in dem sie identisch waren.«

Im Laufe der Unterredung fragte Barbra, ob Kristofferson bereit sei, als Schauspieler über sich hinauszuwachsen. Er erwiderte: »Bist du bereit, unter dein Niveau zu gehen? Ich werde so weit über mich hinauswachsen, wie du dich zu mir herabläßt.«

***

Der siebenundzwanzigjährige Sänger und Songschreiber Rupert Holmes stand zum erstenmal in Barbras Musikzimmer in Holmby Hills, während *Widescreen*, sein Debütalbum, im Hintergrund erklang. Als Barbra auf ihn zukam, um ihn zu begrüßen, fiel sie zwanglos in die Songs ein. »Sie kannte sämtliche Texte!« staunte Holmes. Barbra arbeitete an ihrem eigenen neuen Album, und sie erklärte ihm, sie sei von dem dramatischen Titelsong des Albums besonders beeindruckt gewesen, denn die von Filmen inspirierten Traumbilder hätten sie an ihre eigene Jugend in Brooklyn erinnert.

Im April 1975 machten Streisand und Holmes die Studioaufnahmen für Barbras dreißigstes Album, *Lazy Afternoon*. Sie arbeiteten so problemlos zusammen, daß beide Seiten der Platte nach nur drei Sechsstundentagen fertig waren. Holmes denkt gern daran zurück. »Sie ging das Risiko ein [einen relativen Anfänger zu engagieren], und sie hatte keinen Moment lang Zweifel oder verlor das Vertrauen zu mir. Barbra schenkte mir vieles neben ihrem Talent und ihrer Stimme für meine Songs.«

Lazy Afternoon kam im Oktober 1975 auf den Markt und erwies sich als eines von Streisands dichtesten und befriedigendsten Pop-Alben. Holmes' phantasievolle Vertonung brachte Barbras vielschichtige Gesangsstimme voll zur Geltung. »Shake Me, Wake Me« war ihr erster Vorstoß in den Disko-Sound, und eine längere Version des Songs, mit einem temperamentvolleren Arrangement, erfreute sich in den Tanzclubs großer Beliebtheit.

Die meisten Kritiker, von denen viele *ButterFly* verrissen hatten, feierten *Lazy Afternoon* als erstklassige Leistung. Robert Hilburn schrieb in der *Los Angeles Times*: »Dadurch, daß Holmes Streisand in den Pop-Mainstream zurückführt, stellt er ironischerweise ihre bisher überzeugendste Verbindung zu zeitgenössischen Pop-Einflüssen her … Die stetige Schlagzeugemphase und die ausklingenden Gitarrennuancen in ihrer Version von ›My Father's Song‹ liefern ein Beispiel.«

Lazy Afternoon erreichte Platz zwölf der Album-Chart von *Billboard* und wurde im April 1976 mit einer goldenen Schallplatte ausgezeichnet. Mittlerweile war Rupert Holmes jedoch von dem unberechenbaren *A Star Is Born*-Ungetüm überrollt worden.

Warner Brothers hatte darauf bestanden, daß die Dreharbeiten im Februar 1976 begannen, damit *A Star Is Born* Weihnachten 1976 in die Kinos gehen konnte. Aber im Oktober 1975 hatte dieses Musical noch keine Musik. Rupert Holmes war im März als musikalischer Leiter verpflichtet worden und hatte ein Dutzend Songs für den Film geschrieben. Aber es war eine frustrierende Erfahrung für ihn. »Ich las ungefähr zwölf verschiedene Drehbücher, bevor ich versuchte, die Musik zu schreiben«, klagte er. Vielleicht bildeten seine Melodien deshalb keine dramatische Einheit.

Barbra war mit den meisten nicht zufrieden, und bei einem Treffen, auf dem Änderungen besprochen werden sollten, verlor Jon dem Komponisten gegenüber die Beherrschung. Laut Pierson erschrak Holmes so sehr über Jons Jähzorn, daß er mit dem ersten Flugzeug nach New York zurückkehrte. Er ließ kein Wort mehr über den Film verlauten und arbeitete erst 1988 wieder mit Barbra zusammen.

Im Rahmen ihrer Vorbereitung für die Rolle der Esther Hoffman tauchte Barbra ins Rockmilieu ein und besuchte jedes Konzert in einem Hundertmeilenradius von Los Angeles. Jon ließ eine Stereoanlage für 20 000 Dollar auf der Ranch installieren und kaufte einen ganzen Katalog der neuesten Rock-Alben. Außerdem nahm Barbra Gitarrenunterricht; da Esther Hoffman Musikerin und Songdichterin war, sollte ihr Spiel realistisch aussehen. Nacht um Nacht saß Barbra laut Jon »allein bis zwei oder drei Uhr morgens in unserem Wohnzimmer und zupfte an ihrer Gitarre«.

Als Barbra hörte, daß ihre Gitarrenlehrerin eigene Songs schrieb, dachte sie: »Ich muß so etwas auch mal versuchen.« Während einer Übungsstunde begann sie, aus Langeweile »mit ein paar Noten herumzuspielen«, und schließlich bildete sich eine kurze Melodie heraus. Sie sollte sich zu »Evergreen«, dem Liebeslied des Films, entwickeln. Barbra rief Paul Williams an, den Miturheber von »I Won't Last a Day Without You«, das sie für *ButterFly* aufgenommen hatte. Williams sollte den Schlußsong des Films schreiben, unter dem sich Barbra eine Art Hymne wie Williams' Lied »You and Me Against the World« vorstellte. Er wurde zum musikalischen Leiter des Films ernannt.

Als Williams seine Texte sowie die von seinem Mitarbeiter Kenny Ascher komponierten Melodien vorzulegen begann, »gestaltete [Barbra] sie mit dem Geist eines Logikers um«, wie sich Pierson später erinnerte. »Sie bestand auf Präzision und Einfachheit, auf Texten, die genau das aussagten, was sie aussagen sollten. Es war äußerst lehrreich.«

Barbras Besessenheit wurde zu einer Tortur für Williams. Sie rief ihn zu allen möglichen Tages- und Nachtstunden an und fragte: »Wie läuft's? Wann hast du die neuen Texte fertig?« Als er nicht mehr ans Telefon ging, stellte Pierson ihn zur Rede. Williams brüllte zurück: »Wie kann ich schreiben, wenn ich dauernd mit ihr reden muß? Und wenn nichts jemals abgeschlossen wird? Denn bevor ich mit dem verdammten Song fertig bin, verlangt sie schon wieder Änderungen.«

Williams erschrak, als Barbra ihn aufforderte, einen Text zu einer Melodie von ihr zu schreiben. Aber nachdem er Barbras Komposition gehört hatte, rief er begeistert: »*Das* ist das Liebeslied!« Ein paar Wochen später hatte er den Text noch immer nicht geliefert, und Barbra versuchte, ihn anzutreiben. Doch Williams wimmelte sie ab. »Ich weiß, wie ich's machen werde. Der Song wird ›Evergreen‹ heißen.« Aber zunächst müsse er sich auf die übrigen Stücke konzentrieren. »›Evergreen‹ war das letzte, was ich schrieb, und das machte sie sauer.«

Bald verglich Williams die Arbeit mit Streisand und Peters mit »einem Picknick am Ende einer Start- und Landebahn«. Als er wiederum abtauchte, geriet Barbra in Panik. Arbeitete er noch, oder hatte er alles hingeworfen? Doch dann meldete er sich mit der vollständigen Filmmusik zurück. Barbra gefiel das meiste davon, aber dann engagierte sie Phil Ramone für die Produktion der Musik – ein Schritt, der Williams erbitterte. Er verschwand von neuem.

Im Laufe dieser musikalischen Wirren wurde nur ein einziger nicht konsultiert: Kris Kristofferson, der erfolgreichste Sänger und Songschreiber des gesamten Teams. Nach Barbras Überzeugung eignete sich seine vom Country-Sound beeinflußte Musik nicht für den Film. Sie sah Bruce Springsteen als ideale Verkörperung von John Norman Howard, seit Springsteen im vorangegangenen März gleichzeitig auf dem Titelblatt von *Time* und *Newsweek* erschienen war.

Der erboste Kristofferson verlangte eine Zusammenkunft, die im Beisein von Williams auf einer leeren Probebühne der Warner-Brothers-Ateliers in Burbank stattfand. Wie sich bald herausstellte, konnte Kris Williams' Musik nicht ausstehen und wollte seine eigene verwenden. Jon versuchte, ihn eines Besseren zu belehren, doch Kris schrie, die Arme schwenkend und mit rotem Gesicht: »Wer behauptet, daß meine Musik kein Rock 'n' Roll ist: Barbra Streisands Friseur?«

»Sie ist Mist – egal, wer's behauptet!« brüllte Jon zurück. Barbra und Pierson bemühten sich, Jon zu beruhigen, doch Kris stürmte bereits hinaus. Dann beklagte sich Williams, weil Jon seine Musik nicht energisch genug verteidigt habe. Peters war anderer Meinung und fragte wütend: »Wo warst *du* denn? Kein Wörtchen hast du gesagt!« Der winzige Williams verlor die Beherrschung, sprang auf, wobei er einen Notenständer und ein paar Stühle umstieß, und holte zu einem Schwinger gegen Peters aus. Jon packte seinen Arm, und ein Wächter forderte Verstärkung an. Williams stakste hinaus, bevor weitere Wächter eintrafen, und ließ seine restlichen Texte von einem Boten überbringen.

Die Dreharbeiten sollten erst ein paar Wochen später beginnen, doch alle waren bereits erschöpft. Barbra und Jon flogen nach New York, wo sie sich einen Kampf von Muhammad Ali im Madison Square Garden anschauten. Pierson verzeichnete in seinem Tagebuch, daß ihre Abwesenheit »ein Segen und eine Erleichterung« war. »Ohne die endlosen Fragen und Antworten konnten wir Termine und Drehorte festlegen. Die Sets sind entworfen, die Besetzung steht fest.«

Als Kameramann wählte Pierson den neunundsechzigjährigen Robert Surtees, einen dreimaligen Oscar-Gewinner, zuletzt für *Ben*

Hur. Jon und Barbra hielten ihn für zu alt, und Pierson entdeckte zu seiner Verwunderung, daß nicht nur Jon, sondern auch Barbra nie von Surtees gehört hatte. Aber ihre Einwände kamen zu spät, denn Surtees hatte bereits einen Vertrag unterzeichnet.

***

Die Produktion sollte am nächsten Tag in einem Nachtclub in Pasadena mit Barbras erstem musikalischen Auftritt beginnen. Wertvolle Probezeit war durch die Querelen um die Musik verschwendet worden. Pierson nahm besorgt zur Kenntnis, daß Barbra an Gewicht verloren und plötzlich einen Ausschlag bekommen hatte. Ihre »wütende Dynamik« schien geschwunden zu sein. Die Zeichen für den ersten Drehtag standen nicht gut.

KAPITEL 27

Barbra war außer sich. Frank Pierson und sie hatten die Kameraeinstellungen für den ersten Drehtag abgesprochen, doch Pierson hatte die meisten geändert, ohne sie zu unterrichten. Es handelte sich um eine Szene, in der Esther Hoffman in einem kleinen Club auftreten und dem Publikum vorgestellt werden sollte. Die Änderungen brachten Barbra aus der Fassung. Was zum Teufel bildete Pierson sich ein? Sie waren doch angeblich Partner!

Noch beunruhigender war Piersons scheinbares Unvermögen, ihr bei der Darstellung zu helfen. Als sie ihn zu seiner Meinung über zwei Interpretationsmöglichkeiten befragte, erwiderte er: »Ich bin neutral.«

»Frank, wenn du wirklich Regisseur sein willst, kannst du nicht neutral bleiben. Du mußt lügen, etwas erfinden, deine Gefühle erforschen, was auch immer, denn der Schauspieler braucht ein Feedback, einen Spiegel, eine Meinung, selbst wenn sie falsch sind.«

In jener Nacht saßen Barbra und Jon bis zum frühen Morgen im Bett und überlegten fieberhaft, was sie tun konnten. Jon fand, Pierson sei vom »nominellen« Regisseur zum »Tyrannen« geworden, und Barbra hatte Todesangst, daß der Film eine Katastrophe würde. Am Ende entschied Jon, daß es nur eine einzige Möglichkeit gab, den Film zu retten: Er mußte Pierson entlassen.

Wenige Stunden später informierte er den Warner-Brothers-Vorstand John Calley über seinen Plan. Calley riet ihm ab. »Dieser Film leidet schon jetzt unter schlechter Publicity, Jon. So ein Skandal könnte vernichtend sein. Ihr könnt euch irgendwie mit ihm einigen. Solche Dinge passieren bei Dreharbeiten dauernd. Es kommt schon alles in Ordnung.«

Da sie Pierson nicht loswerden konnte, beschloß Barbra, ihn auszuschalten. Am nächsten Morgen ließ sie eine Videokamera an Robert Surtees' Kamerawagen anbringen, damit sie die Lichtführung, die Komposition und das Tempo einer Szene ebenso wie die Darstellungen sofort prüfen konnte.

Pierson fand sie »aufdringlich«, und Kris Kristofferson wußte nicht ein noch aus. »Heb den Hörer ab und sieh sie an«, sagte Pierson zum Beispiel. »Heb den Hörer nicht ab und blick zur Seite«, verlangte Barbra. Wenn Kristofferson sich anschickte, einen Take zu drehen, nachdem jede seiner Bewegungen festgelegt worden war, befahl Barbra zuweilen: »Du solltest *dort drüben* stehen!«

Kris gewöhnte sich an, einfach abzuwarten, bis Pierson und Streisand ihre Streitigkeiten beendet hatten. Aber als sich das gleiche Hickhack bei jeder Einstellung zu wiederholen schien, verlor Kris schließlich die Geduld. »Ihr beide müßt euch einigen, verfluchte Scheiße!« schrie er. »Ist mir egal, wer sich von euch durchsetzt, aber mit zwei Befehlshabern, von denen der eine ›Zurück‹ und der andere ›Vorwärts‹ ruft ... Das entnervt die Crew, und ich kriege dabei Krämpfe!«

Hinzu kam, daß Kris täglich gewaltige Mengen an Tequila und Bier konsumierte, womit er gewöhnlich schon am Morgen begann. Außerdem verbrauchte er »Riesenmengen Stoff«. Der besorgte Pierson nahm ihn eines Tages beiseite. »Der Alkohol, Kris – ich muß mit dir darüber reden.«

»Wieso?« erwiderte Kristofferson. »Lalle ich etwa?«

Später gab er zu: »Ich war manchmal so betrunken, daß ich mich an Barbras und Jons Stelle gefeuert hätte.« Dazu kam es nicht, aber Pierson bemerkte, daß Barbra Kris' Darstellung »aufmerksam und kritisch« beobachtete, genau wie die gesamte Produktion. Sie war der Erschöpfung nahe, denn häufig ging sie erst um drei oder vier Uhr morgens ins Bett und stand um sechs oder sieben wieder auf.

Pierson betrachtete das Projekt als Arbeit, nicht als Mission, und er kehrte jeden Abend zu einer vernünftigen Zeit nach Hause zurück. Dieses Verhalten kam für Barbra einem Verrat gleich, denn sie war inzwischen überzeugt davon, daß bei diesem Film ihre Karriere auf dem Spiel stand. Sie wurde immer angespannter und aufbrausender, und ihr Mißtrauen Pierson gegenüber führte zu stets neuen Auseinandersetzungen.

Zuerst war Kristoffersons Groll gegen Barbra gerichtet gewesen, denn er dachte, die »pausenlosen Änderungen« seien das Ergebnis ihrer Launen oder ihres Mangels an Aufmerksamkeit. Später merkte er, daß viele Probleme auf Piersons Vergeßlichkeit zurückgingen. »Er war vom ersten Tag an nicht bei der Sache.«

Barbras Besessenheit von dem Film – und von ihrer eigenen Rolle – blieb während der Vorführung der täglichen Muster niemandem verborgen. Ihre Stimmung schwankte ständig zwischen Freude und Verzweiflung. Ihr Zorn über alles, was ihr mißfiel, schockierte

Pierson; sie »machte mir wilde Vorwürfe: ›Ich habe dir doch gesagt, das nicht zu tun. *Warum* hast du's getan? Das ist *falsch*!‹ Alles ist für sie schwarz oder weiß.« Nach einer Weile erschienen immer weniger Mitglieder der Truppe zur Vorführung der Muster. Schließlich blieb auch Robert Surtees fern, so daß nur noch Barbra und Pierson übrig waren. Am Ende zog sich sogar Pierson zurück und arbeitete morgens lieber mit dem Cutter Peter Zinner zusammen.

***

Peters machte vor einer Szene ein paar Vorschläge; daraufhin rief Frank Pierson: »Jon, sei ruhig oder verschwinde!«

»Was fällt dir ein!« brüllte Jon zurück. »Ich bin der Produzent dieses Films …«

»Jon, zieh Leine!« zischte Barbra, und Peters marschierte hinaus.

Später erklärte Pierson ihm, daß die Beiträge eines Produzenten die Kreativität der Schauspieler hemmen könnten. »Schon in Ordnung«, erwiderte Jon. »Auf dich bin ich nicht wütend, sondern auf sie.«

Pierson merkte bald, daß Barbra physische Angst vor Jon hatte. Jähzornig und rasch bereit, seine Fäuste zu gebrauchen, hatte Jon bei einem Streit mit Barbra auf eine Tür eingeschlagen und sich dabei die Hand verletzt. Zudem erzählte er Pierson von einer Szene im Madison Square Garden, wo er sich mit Barbra den Muhammad-Ali-Kampf angesehen hatte. Ein Mann habe Barbra »angemacht«, verkündete Jon aufgeregt. »Krach! Ich nagele ihm eine! Er macht eine Bewegung, als wenn er Barbra anfassen oder sie vielleicht schlagen will. Meine Frau schlagen! Ich werde verrückt! Peng! Krach! Ich werde zurückgerissen. Die Cops kommen und holen ihn ab. Man kann nirgendwo mit ihr hingehen! So ist das, wenn man ein Star ist! Wir müssen das in den Film einbauen!«

Eines Abends ging Pierson nach den Dreharbeiten zu seinem Auto, als er Barbra geduckt hinter einer Hecke hervorhuschen und sich an mehreren Wagen entlangdrücken sah. »Um Gottes willen, bring mich nach Hause«, flehte sie. Im Auto kauerte sie zitternd in einer Ecke. »Er wird so wütend. Ich weiß nicht, was ich tun soll.« Pierson schlug ihr vor, die Nacht in seinem Haus zu verbringen, aber da Jon bei ihrer Ankunft nicht in Carolwood war, blieb Barbra dort. Pierson beobachtete sie, während sie zur Tür ging. Sie kam ihm »klein und müde und verängstigt« vor.

***

385

»Glaubst du, es ist leicht, sich anzusehen, wie's irgendein Kerl mit deiner Frau treibt?« beklagte sich Jon bei Pierson. Barbra und Kris hatten bereits die erste Sexszene des Films gedreht, in der Barbra bewußt oben lag und *ihren* Gürtel zuerst öffnete, »wie es ein Mann täte«. Nun wurde eine andere Liebesszene vorbereitet, in der Esther und John Norman ein Bad bei Kerzenlicht nehmen; in einer weiteren Umkehrung der Geschlechterrollen trägt sie Make-up auf sein Gesicht auf und sagt ihm, wie »hübsch« er sei. »Ich verlangte, daß Kris eine kleine fleischfarbene Unterhose trug«, erinnerte sich Jon. »Er schrie: *Was*? Aber ich bestand darauf.«

»Finde um Himmels willen heraus, ob er etwas anhaben wird«, bat Barbra den Regisseur. »Wenn Jon denkt, daß er nackt in der Wanne sitzt …« Vorsichtshalber ließ Pierson nicht zu, daß Jon während der Szene auf dem Set erschien. Barbra, mit einem kurzen Slip bekleidet und bis zur Hüfte nackt, kletterte in die Wanne, wo Kris auf sie wartete. Übermütig umklammerte Kristofferson sie mit den Beinen, und ihr wurde rasch klar, daß er tatsächlich nichts anhatte. Sie wich wütend zurück und rief Pierson zu: »Sorg dafür, daß er sich was anzieht!« Der Regisseur holte die fleischfarbene Unterhose, Kristofferson zwängte sich hinein, und die Szene wurde ohne weitere Probleme abgedreht.

***

Pierson war zutiefst beunruhigt über das kommende Rockkonzert in Phoenix, das den Schwerpunkt des Films bildete. Man plante, das Sun Devil Stadium mit fünfzigtausend Rockfans zu füllen, und hoffte, daß sie während der stundenlangen Dreharbeiten zu einem Auftritt von John Norman Howard friedlich bleiben würden, um später Stars wie Peter Frampton, Montrose und Santana zuzuhören. Jon sprang aufgeregt im Büro herum und schlug vor, Evel Knievel als Stuntman für die Szene zu engagieren, in der John Norman Howard mit einem Motorrad von der Bühne rast. »Das ist der Kern des Films«, sprudelte er hervor. »Das ist der Action-Teil für Leute wie mich!«

Aber Barbra schien ihm nicht zuzuhören. Schließlich fragte sie Pierson: »Wo sind die Großaufnahmen? In diesem Film scheint es nie welche zu geben. Als ich mit Willie Wyler gearbeitet habe, hatten wir in jeder Szene Großaufnahmen.«

Pierson hatte sich geschworen, keine technischen Einzelheiten mit Barbra zu diskutieren, aber er verwies trotzdem auf einige Close-ups, die kurz zuvor gedreht worden waren. »Bald waren wir in eine Erörterung darüber verwickelt, wie groß eine Großaufnahme zu sein hat, um die Bezeichnung zu verdienen.«

Drei Wochen vor dem geplanten Beginn der Dreharbeiten in Phoenix erfuhr Pierson zu seinem Entsetzen, wie er behauptete, daß Jon trotz aller Begeisterung keine Arrangements für das Konzert getroffen hatte. »Es ist eine Katastrophe solchen Ausmaßes, daß ich nicht darüber nachdenken mag«, schrieb Pierson. »Mir bleibt nichts anderes übrig, als das zu drehen, was wir bei unserer Ankunft vorfinden.«

Dieser Fatalismus war das, was Barbra an Pierson am schwersten ertragen konnte. Jon verpflichtete schließlich den Rockpromoter Bill Graham, der das Konzert in Rekordzeit organisierte. Die Künstler wurden verpflichtet, die Plakate gedruckt – alles war bereit. Die einzige Sorge der Crew war nun, daß sich fünfzigtausend junge Rockfans in eine tobende Meute verwandeln würden, während sich Pierson und Barbra über die Kameraeinstellungen zankten.

Alle waren nervös, besonders Phil Ramone, der Kris' Darbietung live aufnehmen sollte. »Herrgott, es geht um meinen Kragen!« sagte er damals. »Und besonders schlimm dabei ist, daß die Filmcrew kein rechtes Verständnis für meine Arbeit hat. Die Leute sind es gewohnt, daß der Ton vorher aufgezeichnet wird, und deshalb ist es meistens egal, wie die Musik während der Aufnahme klingt. Aber wenn Kris auf die Bühne rausgeht, werden wir genau das filmen – den Sound auch. Was man im Stadion hört, wird auch im Film zu hören sein. Und was wir nicht mitkriegen, ist für immer verloren. Es ist wie 'ne Autofahrt auf einem glitschigen Pflaster!«

»Ich möchte nur ein bißchen herumtanzen und mich durchmogeln«, scherzte Kris, aber er war beunruhigt – und zugleich wütend auf Barbra. Sie hatte zuerst nicht zulassen wollen, daß Kristoffersons eigene Band bei dem Konzert mitwirkte, dann aber nachgegeben. »Ich habe mich immer darauf verlassen, daß mich meine Band besser aussehen läßt«, erklärte Kris. »Und in diesem Film brauchte ich sie so dringend wie noch nie.«

Aber sobald Kris' Leute in Phoenix aus dem Flugzeug stiegen, ließ Barbra sie zum »Vorspielen« antreten. »Sie wurden in so 'nen kleinen Raum gesteckt und mußten Sachen spielen, die sie noch nie gehört hatten«, erzählte Kris. »Barbra meinte sofort, daß wir Studiomusiker heranholen müßten – solche, die Noten lesen können wie in den Shows in Las Vegas.«

Kris tobte. »Ich vertraue meine Karriere keiner Vegas-Sängerin und ihrem Friseur an!« brüllte er.

Schließlich erklärte sich Barbra bereit, Kris' Band im Film einzusetzen, doch dann studierte sie ihre eigenen Stücke so lange mit den Musikern ein, daß Kris kaum noch Zeit für seine eigenen Proben hatte. Er schlug die Tür seines Wohnwagens zu und weigerte sich herauszukommen. »Morgen soll ich vor Tausenden von Menschen auftreten, aber ihr ist das völlig egal!« schrie er.

Später meinte Kristofferson: »Sie nahm einfach an, daß ich meine Jungs nicht benötigte, weil ich schon eine Ewigkeit mit ihnen zusammengearbeitet hatte. Und es war meine Schuld, daß ich nie zu ihr sagte: ›Hör zu, Barbra, ich bin doch auch in diesem Film. Du probst Sachen mit der Band, die nächste Woche gedreht werden. Aber ich muß morgen drehen. *Ich brauche meine Jungs!*‹«

Pierson war so müde wie »seit dem Zweiten Weltkrieg nicht mehr« und verschlief am wichtigsten Tag der Dreharbeiten. Barbra, die schon um vier Uhr morgens aufgestanden war, verstand dies als weiteren Beweis für Piersons lustlose Haltung dem Film gegenüber. Alle waren zappelig. Würden genug Leute kommen, um das gewaltige Stadion zu füllen? Würden sie gesittet bleiben? Würde Phil Ramone die erforderliche Tonqualität herstellen können? Würde Robert Surtees ein paar brauchbare Filmmeter drehen können?

Die Fans, zumeist Studenten der Arizona State University, begannen schon um drei Uhr morgens, ins Stadion zu strömen. Um neun drängten sich fünfzigtausend unter der heißen Sonne, rauchten Pot, schmusten und legten mehr und mehr Kleidungsstücke ab. Sie jubelten, während verschiedene Künstler auftraten, aber es gab lange Verzögerungen zwischen den Darbietungen. Pierson lief ein Schauer den Rücken hinunter, als die Menge zu rufen begann: »Keine Aufnahmen mehr! Keine Aufnahmen mehr!«, bevor er überhaupt etwas gedreht hatte. Schließlich war er bereit, »aber alles mögliche geht schief. Ein Kabel für Kris' Gitarre ist zu kurz, nichts funktioniert, niemand kann etwas hören. Der Lärm, der Tumult, die sich anbahnende Panik sind geradezu überwältigend.«

Gegen den Rat fast aller Beteiligten erschien Barbra auf der Bühne, um die Menge zu besänftigen. »Heute machen wir *Rock 'n' Roll!*« rief sie über das Getöse hinweg. »Und wir werden in einem *Film* zu sehen sein. Alles in unserem Film ist *echt*. Wir streiten uns, wir schreien, wir führen schmutzige Reden, wir rauchen Grass!« Nun hatte sie die Aufmerksamkeit der Menge erregt. »Also, hört zu, nun stelle ich euch meinen Co-Star Kris Kristofferson vor. Einen großartigen Sänger. Ich weiß, ihr liebt ihn alle, aber ihr müßt ihn *noch* mehr lieben, wenn er jetzt herauskommt, damit wir keine Probleme haben. Deshalb sage ich nun in der Sprache des Films: Also, ihr Arschlöcher, amüsiert euch prächtig!«

Einige Beobachter fanden Barbras Bemerkungen herablassend, aber die Jugendlichen waren begeistert, und sie spielten ihre ekstatische Reaktion auf »John Norman Howards Show« – und ihr Entsetzen über seinen Motorradunfall – geradezu makellos. Dann gab es weitere Verzögerungen. Barbra und Pierson konnten sich nicht über eine Einstellung einigen, und die Menge stimmte neue Protestrufe an. Graham verlor die Nerven und schrie: »Wißt ihr nicht, was ihr tut? Sie werden uns umbringen!«

Barbra kehrte auf die Bühne zurück – diesmal um zu singen. Sie war »außer sich vor Angst« und fast überzeugt, daß man sie ausbuhen werde. Aber sie irrte sich. Ihr Filmstarzauber zog die Menge in seinen Bann, während sie »People« und »The Way We Were« zu einem Tonband vortrug. Anschließend bejubelten die Zuschauer – vor allem die Frauen – »Woman in the Moon«, die feministische Hymne des Films. Dann verkündete Barbra, sie wolle ein Lied singen, das sie für den Film geschrieben habe. »Ich hoffe, es gefällt euch. Wenn nicht, bin ich erledigt.« Sie sang »Evergreen«, und es war offensichtlich schon bei der ersten Darbietung ein Klassiker. Die Menge stampfte, brüllte und applaudierte. Barbra schien den Beifall nicht akzeptieren zu können. »Gefällt es euch *wirklich*?« fragte sie. Neues Gebrüll. »Es freut mich so, daß es euch gefällt, denn ich habe den Song heute zum erstenmal vor Publikum gesungen.«

Weitere Auftritte, weitere Dreharbeiten, weitere Verzögerungen. Dann war der Tag vorbei. Die Menge hatte die Bühne nicht gestürmt, niemand war umgebracht worden, und Pierson hatte die gewünschten Aufnahmen im Kasten. Aber die Muster erwiesen sich als fragmentarisch und leblos. »Du hast es vermasselt!« schrie Barbra. »Wie konntest du nur? Wir können's nicht wiederholen!« Pierson erklärte, daß die Grundelemente vorhanden seien; der Film brauche nur umsichtig geschnitten zu werden. Aber Barbra ließ sich nicht überzeugen.

Dann begriff Pierson, daß sich Barbra nicht nur um den Erfolg des Films, sondern auch um ihre Beziehung zu Jon sorgte. »Wenn dieser Film vor die Hunde geht«, gestand sie ihm, »ist für mich und Jon alles vorbei. Wir werden nie wieder zusammenarbeiten.« Pierson versuchte, sie zu beruhigen. Selbst wenn der Streifen ein Mißerfolg werde, brauche sie sich nur zum Singen bereit zu erklären,

»und alle werden sich überschlagen, um einen neuen Film mit dir zu drehen«.

»Ich weiß«, antwortete sie. »Aber was würde aus Jon werden?«

***

Viele Mitglieder der Crew hatten genug von Barbra und Jon. Er räumte später ein, daß sein Benehmen manchmal bewußt provozierend gewesen sei. »Ich hatte große Angst, aber das konnte ich ihnen doch nicht zeigen, oder? Ich mußte die Dinge vorantreiben. Deshalb überrollte ich manche Leute.«

Kristofferson beschrieb die Situation folgendermaßen: »Barbra war wie ein General, der zu keinem seiner Offiziere Vertrauen hat.« Mittlerweile »verengte ich mein Blickfeld durch mehr Tequila und Stoff als sonst«. Pierson sah seiner Meinung nach aus »wie jemand, der einen Sonnenstich hat. Und wenn man zu der Crew gesagt hätte: ›Zur Hölle mit diesem Film, wir fahren alle nach Mexiko‹, hätten sie geschrien: ›*Wann denn?*‹«

Die Mannschaft zog weiter nach Tucson, wo Barbra zwei Ausschnitte aus Esther-Hoffman-Konzerten drehen ließ, und dann an den Stadtrand. Hier sollten die Szenen in John Normans und Esthers Wüstenhaus aus Adobe-Ziegeln gefilmt werden, das man auf Barbras Wunsch hin der Ranch in Malibu nachgebildet hatte. Sie wollte, daß John Norman und Esther im Schlamm miteinander rangen, doch Pierson fand, daß es aussehen würde wie eine »üble Komiknummer ... wie Huren, die sich in einem Schlammbad wälzen«.

Barbra setzte sich wie gewöhnlich durch, aber jemand von der Crew beschloß, ihr einen Streich zu spielen. Kris erinnerte sich: »Barbra trägt einen weißen Hosenanzug, und sie soll völlig von Schlamm bedeckt sein. Der Requisiteur beschmiert sie mit diesem braunen Zeug, und Barbra ruft mir zu: ›Komm her, riech mal.‹ *Puh!* Ich ging zu Frank rüber und sagte: ›Sie beschmieren Barbra mit Scheiße.‹ Er meinte: ›Ich will nichts davon hören.‹ Na ja, die Crew sagte, der Geruch kommt von irgendeinem Konservierungsmittel im Schlamm, damit er feucht bleibt, aber Mann, inzwischen haßten sie Barbra so sehr, daß ich *wußte*, womit sie beschmiert wurde – und Barbra wußte es auch! Aber wir beide lachten uns kaputt – Barbra noch lauter als ich! Ich mein', schließlich hätte sie 'nen Koller kriegen können.«

***

390

Am 29. März wurde Pierson mit einem Academy Award für das Drehbuch von *Dog Day Afternoon* ausgezeichnet. Ein paar Tage später kehrte Jon von einer Reise nach Los Angeles zurück und stellte den Regisseur wegen dessen Differenzen mit Barbra zur Rede. »Du hörst nicht zu«, brüllte Jon. »Du hast nie zugehört. Du tust einfach, was du willst. Kein einziges Mal hast du Zweifel gehabt oder eine Frage gestellt.« Jon setzte die Litanei fort, und Pierson dachte, Peters wolle ihn entweder zur Kündigung zwingen oder er sei von Barbra geschickt worden, um ihn hinauszuwerfen. Frustriert über Piersons ausbleibende Reaktion, marschierte Jon aus dem Zimmer und rief: »Ich habe keine Angst vor deinem Oscar!«

Für Pierson endete der Alptraum nicht einmal mit den Dreharbeiten. Am Tag danach erhielt er einen Brief mit der Aufforderung, den Rohschnitt innerhalb von vier Wochen abzuliefern. Sein Anwalt ließ die Frist auf sechs Wochen verlängern. Barbra, die das letzte Wort hinsichtlich der Nullkopie hatte, wollte bereits in das Anfangsverfahren mit einbezogen werden; dafür bot sie Pierson an, ihn auch bei ihren Entscheidungen zu konsultieren. Er lehnte ab.

Pierson und Peter Zinner mühten sich »fieberhaft« ab, um einen brauchbaren Rohschnitt herzustellen. Der Regisseur führte ihn Barbra, Jon und ein paar anderen vor, und man schien zufrieden zu sein. Aber am nächsten Tag erfuhr Pierson, daß Barbra das Filmmaterial beschlagnahmt hatte und es neu schneiden wollte.

Laut Jon »geriet Warners in Panik«, als man Piersons Kopie sah, weil Kristoffersons Leistung nicht stark genug herauskam. Pierson behauptete, Barbra habe sich in ihrer Version gegenüber Kris in vielen entscheidenden Momenten begünstigt; erst nachdem er ihr einen detaillierten Brief über die Benachteiligungen geschrieben habe, sei sie bereit gewesen, Kristoffersons Schlüsselszenen wieder hineinzunehmen. Barbra wies Piersons Vorwurf zurück. »Sehr oft habe ich meine eigenen Shots herausgeschnitten, wenn Kris in seinen besser war«, sagte sie.

Ralph Sandler, einer von Peter Zinners Assistenten, meinte hingegen, daß Streisand täglich achtzehn Stunden in den Todd-AO-Studios in Hollywood verbrachte und den Film dabei Bild für Bild durchging, wobei sie tatsächlich viele von Kristoffersons Szenen herausnahm.

Einige der anderen Änderungen, die sie verlangte, waren winzig; gelegentlich wollte sie ihre Aussprache eines einzigen Wortes abändern. »Es gefällt mir nicht, wie ich ›careful‹ sage«, ließ sie Sandler zum Beispiel wissen. Dann hatte er die Aufgabe, das gerollte »R« ein wenig zu verkürzen, ohne daß der Schnitt bemerkbar wurde. Sandler begriff bald, daß Barbra kein Vertrauen zu ihm hatte – wie überhaupt zu niemandem. »Sie beobachtete alles, was ich tat. Sie gab mir Anweisungen, und ich hielt mich daran, aber sie schaute mir dauernd auf die Finger: Tat ich es *wirklich*?«

Jon war beim Schnitt ebenfalls häufig anwesend, aber er äußerte sich kaum. »Er hatte sich inzwischen damit abgefunden, daß sie die Chefin war«, sagte Sandler.

Sandler war erstaunt über manche von Barbras Eigenheiten. Immer wenn Doughnuts für die Crew ins Studio geliefert wurden, eilte Barbra hinüber und brach ein Stück von einem Schokoladen-, einem mit Sahne gefüllten oder einem mit Zuckerguß überzogenen Kringel ab, bis nur noch wenige unberührt blieben. Die Crew war darüber nicht gerade erheitert. »Sie wollten keinen Doughnut essen, den Barbra schon in den Fingern gehabt hatte.«

Barbra arbeitete so intensiv an dem Film, daß der neunjährige Jason von einem seiner Kindermädchen zum Studio gefahren werden mußte, um sie sehen zu können. Gewöhnlich wurden sie von Jasons Freundin, einem hübschen Mädchen in seinem Alter, begleitet. Nach einiger Zeit nahmen mehrere Mitglieder des Schneideteams Sandler beiseite, um ihm anzuvertrauen, daß Jason im Auto ständig die Hand unter dem Rock seiner Freundin hatte. »Wir wagten nicht, mit Barbra darüber zu sprechen, denn wir waren sicher, daß sie uns rausschmeißen würde.«

Kurz darauf wurde Jason von Jon ertappt. Peters kam ins Schneidezimmer und sagte lachend zu Barbra: »Jason hat seine Hand unter dem Rock des Mädchens.«

»*Was?!*« schrie Barbra wütend. »*Was?!* Ich mache ihn zu Hackfleisch!«

Eines Abends ließ Barbra zu später Stunde eine Pause einlegen, und alle verließen den Schneideraum. Als Sandler zufällig zurückkehrte, weil er etwas vergessen hatte, sah er Barbra allein am Mischpult sitzen und an den Schaltern manipulieren. »Das war ein bedeutender Verstoß gegen die Gewerkschaftsvorschriften, aber sie glaubte, tun zu können, was sie wollte.«

Barbra hatte Sandler nicht hereinkommen hören. Sie konzentrierte sich auf ihr drei Meter großes Gesicht auf der Leinwand, wo sie als Esther Hoffman »Evergreen« sang. Während Esther einen hohen Ton anschlug, rief Barbra: »Nun mach schon, du Luder! *Mach schon!*«

***

Es war November. Der Film sollte in wenigen Wochen in die Kinos kommen, und Barbra bastelte immer noch daran herum. Schließlich ließ sie allen Beteiligten eine »endgültige« Fassung vorführen, aber sie war immer noch zu Änderungen bereit. Kristofferson sah den Film zum erstenmal, und er war zutiefst gerührt. Er hielt den Film für »wunderbar«, und sogar seine eigene Musik gefiel ihm. »Es ist eine traurige, aber wahrheitsgetreue Liebesgeschichte. Im Vorführsaal hörte man nur, wie sich die Leute dauernd ausschnupften.«

Aber sobald die Lichter angegangen waren, kam Barbra auf Kris zu. »Bist du zufrieden?« fragte sie mit flehender Stimme. »Was hat dir *nicht* gefallen?«

»Barbra«, erwiderte Kris, »bleib doch ruhig, Herrgott noch mal. Es ist ein herrlicher Film, ein Zweipersonenfilm, du hast mir *mehr als die Hälfte* der Zeit gegeben.« Sie hörte ihm nicht zu, sondern machte sich Notizen. »Wann hast du angefangen zu weinen?« fragte sie. »Ich meine, bei welchem Bild?«

Schließlich teilte Warner Brothers ihr mit, daß sie keine weiteren Änderungen vornehmen dürfe. Später sagte sie: »Es war eine entsetzliche Erfahrung, den Film aus der Hand zu geben.«

Bald darauf kam Barbra zu Ohren, daß Frank Pierson den großen Zeitschriften einen dreiundvierzig Seiten langen Artikel über seine Regie von *A Star Is Born* anbot. Sie ergaunerte sich ein Exemplar und war entgeistert. Der Artikel erwies sich als ein verblüffend intimes Exposé, in dem sie als größenwahnsinnig, verängstigt, unschlüssig, anmaßend, destruktiv und ungeheuer egozentrisch dargestellt wurde. Jon erschien als ein frecher Bursche, der dauernd auf und ab sprang, mit Gewalt drohte, nichts als »verrückte Pläne« hatte und im Grunde inkompetent war.

Barbra traute ihren Augen nicht. Der Artikel war ein klarer Bruch des Vertrauensverhältnisses zwischen einer Schauspielerin und ihrem Regisseur. Sie rief Pierson an und bat ihn, den Film nicht vor der Premiere »in eine schwarze Wolke« zu hüllen. Laut Barbra versicherte Pierson ihr, er habe nicht die geringste Absicht, den Artikel zu veröffentlichen, und ihn nur zur Belustigung seiner Freunde geschrieben. Gleichzeitig beschuldigte er sie, ein Exemplar aus seinem Büro gestohlen zu haben. Ein paar Wochen später kam eine verkürzte (aber immer noch recht ausführliche) Version des Artikels an beiden Küsten – in den Zeitschriften *New York* und *New West* – heraus.

Als Barbra die Schlagzeile »Meine Schlachten mit Barbra und Jon« auf dem Cover von *New West* erblickte, brach sie in Tränen aus. Es war der zweite große journalistische Schlag, der den Film noch vor der Premiere ereilte, und Barbra fürchtete, das Publikum könne so voreingenommen sein, daß es kein faires Urteil über *A Star Is Born* mehr fällen werde. Barbra schrieb einen Brief an Pierson und beschwerte sich, weil er Jon und sie als »unvernünftige und unprofessionelle Idioten« dargestellt habe. Er habe unschuldige Menschen verletzt und die Tatsachen »umgekehrt und verdreht«. »Kurz gesagt, du hast gelogen! Und das ist die schlimmste Sünde!« Pierson könne seinen eigenen Beschränkungen nicht ins Auge sehen, und deshalb habe er solch einen »zerstörerischen Akt« begangen, der nicht nur den Film und die daran Beteiligten treffe, sondern auch ihn selbst. Abschließend bezeichnete sie Pierson als einen »kranken, gehässigen Mann ohne Skrupel«.

Später drückte sie sich im landesweiten Fernsehen nicht weniger unverblümt aus. Sie erklärte Geraldo Rivera: »Piersons Artikel war so unmoralisch, so unethisch, so unprofessionell, so würdelos, ohne jegliche Integrität, ganz und gar unehrlich und verletzend. Wenn jemand ihm Glauben schenkte, ohne zu prüfen, wer diese Person ist, die ein Werk noch vor der Premiere mit einer schwarzen Wolke überzieht ...«

***

Nun konnte man nur noch abwarten. Barbra war äußerst gereizt und aufbrausend. Piersons Artikel konnte bewirken, daß der Film ein ungeheurer Flop wurde und daß sie und Jon wie Trottel dastanden. Die beiden stritten sich immer häufiger und befanden sich kurz vor einer Trennung.

Die ersten Rezensionen von der Westküste waren entwaffnend. *Daily Variety* erklärte den Film zu »einem vorzüglichen Remake. Barbra Streisands Darstellung ist ... ihre bisher beste filmische Leistung, während Kris Kristoffersons prächtige Interpretation ihres scheiternden Wohltäters sämtliche Versprechen erfüllt, die er vor fünf Jahren in *Cisco Pike* gab. Jon Peters' Produktion ist hervorragend, und Frank Piersons Regie ist brillant. Selznick selbst wäre stolz auf diesen Film.«

Aber die Rezensionen von der Ostküste und in den meisten nationalen Zeitschriften ließen den Himmel einstürzen. Rex Reeds Kritik grenzte an Boshaftigkeit, war jedoch nicht untypisch: »Wenn etwas schlimmer ist als der Lärm und Gestank, die vom [Soundtrack-]Album ausgehen, so ist es der Film selbst. Er ist eine nicht zu behebende Katastrophe. Deshalb befindet sich Hollywood in der Krise. Was zum Teufel versteht Barbra Streisand von der Regie und dem

Schnitt eines Films? So viele Personen haben sich von diesem Film distanziert, das ich nicht einmal weiß, wen ich dafür verantwortlich machen soll. Aber ich mache ein Studio verantwortlich, daß einer Schauspielerin und ihrem Freund fünf Millionen Dollar für die Finanzierung ihres Ego-Trips gibt ... Das Ergebnis ist ein Scherbenhaufen aus langweiliger Unfähigkeit ... Jeder Aspekt der klassischen Handlung ist zusammen mit dem Dialog zerstört worden ... Kristofferson – dickbäuchig, zügellos, besoffen und mit dem Aussehen des Werwolfs von London – hört sich an wie ein schwangerer Büffel in den Wehen. Daß sich Streisand mit vierunddreißig Jahren verzweifelt abmüht, wie eine Jugendliche zu klingen ..., ist lächerlich und traurig und letzten Endes ärgerlich. Sie ruiniert ihr Image, ihr Talent und ihre Weiblichkeit, und ich kann nicht dabeistehen und applaudieren.«

Noch boshafter äußerte sich John Simon in *New York*: »Oh, hätte ich die Gabe von Rostands Cyrano, allein die Größe jener Nase heraufzubeschwören, während sie die gigantische Leinwand von Ost nach West zerteilt, von Nord nach Süd durchschneidet. Sie schießt zickzackförmig über unseren Horizont wie ein dicker Blitzstrahl, sie ragt hoch wie ein fleischgewordenes Ungetüm. Das Haar gleicht nun der Perücke eines Dandys in einer Restaurationskomödie. Die Sprechstimme klingt weiterhin wie Rice Krispies, wenn sie reden könnten ... Kris erklärt Barbra: ›Wenn man einen unglaublichen Speerfisch am Haken hat – so fühlt man sich, wenn man dich singen hört.‹ Seltsam, so fühle ich mich, wenn ich ihr Gesicht sehe ... Und dann begreife ich entgeistert, daß diese Barbra Streisand der von unseren Filmzuschauern am innigsten geliebte aller weiblichen Stars war; daß dieses aufgeblasene Ego und diese gedunsene Miene Menschen veranlassen, mehr Geld als für jede andere Schauspielerin auf den Tisch zu legen; daß dieses immer kriegerischer werdende Gejaul den Verkauf von allem möglichen fördern kann: von Konzerten, Schallplatten und Filmen. Und ich habe das Gefühl, daß unsere ganze Gesellschaft bereit ist, in etwas noch Schlimmerem als einem kollektiven Todeswunsch zu versinken – in dem kollektiven Willen, in Häßlichkeit und Selbsterniedrigung zu leben.«

Barbra brach bei der Lektüre dieser Rezensionen in Tränen aus. »Ich konnte mich nicht beherrschen. Es war *so* vernichtend für mich ... Es verletzte mich zutiefst, daß die Rezensionen so persönlich waren.« Jon versuchte, sie zu trösten, aber auch er hatte Angst. Seine Träume von Erfolg und Macht in Hollywood – und seine Beziehung zu Barbra – schienen ihm plötzlich zu entgleiten.

Doch wie Jon es später ausdrückte: »Wir planten, uns zu trennen, und dann war der Film ein Hit.« Trotz der üblen Rezensionen strömten die Zuschauer – vor allem junge Leute – in die Kinos, als *A Star Is Born* am 25. Dezember landesweit herauskam; man meldete Warner Brothers, daß sich das Publikum sogar bei Schneestürmen stundenlang anstellte, um den Film zu sehen. Die Bruttoeinnahmen beliefen sich in den ersten zehn Tagen nach der Premiere auf 10 Millionen Dollar – ein enormer Betrag im Jahre 1976; insgesamt wurden 74 Millionen Dollar in den USA und weitere 66 Millionen Dollar im Ausland eingespielt. *A Star Is Born* bleibt Barbras erfolgreichster Film und eines der einträglichsten Musicals aller Zeiten.

Das Soundtrack-Album der kontroversen, unter solchen Mühen entstandenen Filmmusik, die Rex Reed so sehr verachtete, stieg auf Platz eins; man setzte vier Millionen Exemplare ab, und es wurde zu dem bis dahin meistverkauften Filmalbum. »Evergreen« schoß als Single mit mehr als einer Million verkaufter Exemplare ebenfalls an die Spitze der Charts.

Im Februar erhielt *A Star Is Born* fünf Golden Globes: für den besten Film, die beste Schauspielerin, den besten Schauspieler, den besten Song und die beste Musik eines Musicals oder einer Komödie. Nachdem Kris Kristofferson die Auszeichnung entgegengenommen hatte, dankte er »der Lady«.

***

Nach all der schlechten Presse und dem von der Kritik versprizten Gift hatte Barbra recht bekommen – genau wie der Manager von Warner Brothers, der erklärt hatte: »Wir brauchen nur sechs Songs von ihr zu drehen, und schon nehmen wir 60 Millionen Dollar ein.« Aber wie kam es zu der gewaltigen Kluft in der Einschätzung so vieler Kritiker und dem Urteil des Publikums? Die Gründe sind komplex, und Barbra hatte ihre eigene Meinung dazu: »Die Medien lieben es, dich zu fördern, wenn du neu auf der Szene erscheinst, aber sobald du ein Star geworden bist, versuchen sie immer, dich niederzumachen.« Dies dürfte die Pressereaktion auf Barbra und Jon zum Teil erklären. Aber die beiden hatten den Zynikern unzweifelhaft in die Hände gespielt, als sie ihre hochtrabenden, oft unbesonnenen Statements über den Film, über Jons Fähigkeiten und über den mutmaßlichen Wunsch des Publikums abgaben, ihre Story auf der Leinwand zu sehen.

Und auch das dürfte eine Rolle gespielt haben: Das Remake eines beliebten Klassikers ist stets ein riskantes Unternehmen. Wie vorzüglich es auch sein mag, es kann die Fans des Originals nie völlig zufriedenstellen. Daher war es undenkbar, daß sich Rex Reed, ein leidenschaftlicher Fan Judy Garlands und der traditionellen Popmusik, jemals für eine Rock-Version von *A Star Is Born* hätte erwärmen können.

Die Qualität des Films schwankt. Erhebende Musik und bewegende Dramatik wechseln sich ab mit peinlich albernen Dialogen, unglaubwürdigen Situationen und süßlicher Sentimentalität. Barbras Interpretation der Esther Hoffman springt am Anfang des Films hin und her: In ihrer ersten Szene ist sie selbstbewußt genug, im Laufe eines ihrer Songs auf John Norman Howard zuzugehen und ihm wütend vorzuwerfen: »Sie machen meinen Auftritt kaputt.« Doch kurz darauf, als sie in einem Auto mit ihm allein ist, benimmt sie sich wie ein nervöses Schulmädchen. Als Esther am Ende des Films ein Band von John Norman hört, das versehentlich eingeschaltet worden ist, denkt sie ein paar Sekunden lang, er könne noch am Leben sein. Es ist eine wenig glaubwürdige Szene.

Aber der Film überzeugt als musikalische Liebesgeschichte. Streisands Gesang ist zuweilen atemberaubend, besonders in dem zündenden »Woman in the Moon«, dem lyrischen »Evergreen« und dem zuerst herzzerreißenden, dann rauhen, sieben Minuten lang in einer einzigen Einstellung gedrehten Finale »With One More Look at You/ Watch Closely Now«. Kristoffersons Darstellung ist vielschichtig und ergreifend. Als Mann, der sich selbstzerstörerisch auf Schlägereien einläßt, Drogen nimmt und seine Frau betrügt, trifft er kaum je einen falschen Ton. Es spricht für seine Anziehungskraft und seine Fähigkeit, uns zu rühren, daß er trotz allem nie unsere Sympathie verliert. Der Magnetismus zwischen Barbra und Kris war offensichtlich wirksam; die meisten Zuschauer hielten beide für sexy und attraktiv.

Doch der entscheidende Grund für die Beliebtheit des Films dürfte im zeitgenössischen Charakter der Liebesbeziehung zu suchen sein. Barbra war zu Recht der Meinung, daß es 1976 fatal gewesen wäre, wenn sie ihre Rolle so unterwürfig und fügsam gespielt hätte, wie es ihr durch die früheren Versionen vorgegeben war. Junge Menschen, die sich mit der Frage der Geschlechterrollen auseinandersetzten, konnten sich mit Esther identifizieren, wenn sie beim Sex dominierend war oder wenn sie in der Badewanne Rouge auf John Normans Gesicht auftrug. Dies waren die Ereignisse, die sich an der Front der sexuellen Revolution abspielten, und das junge Filmpublikum hatte dafür mehr Verständnis als Männer wie Reed und Simon.

***

Als Kris Kristofferson seinen abgezehrten, leblosen Körper am Ende des Films auf dem Boden liegen sah, gab er den Alkohol auf. »Ich begriff, daß ich mein eigenes Leben auf der Leinwand vor mir hatte. Es war, als sähe ich mich mit den Augen meiner Frau Rita. Beim Anblick der Leiche am Ende hatte ich ein seltsames Gefühl der Trauer, wie eine Gestalt in *The Twilight Zone*, die einen Sarg mit ihrem Namen darauf sieht. Es war ein verdammtes Glück, daß ich es rechtzeitig merkte – ich hatte seit zwanzig Jahren getrunken.«

Paul Williams erhielt einen Oscar für seinen »Evergreen«-Text, als das Lied 1976 zum besten Song gewählt wurde. Barbra nahm ihre Statuette entgegen und erklärte: »Ich hätte mir nie träumen lassen, daß ich einen Academy Award für die Komposition eines Songs bekommen würde.« Williams dankte Barbra für »eine wunderbare Melodie« und Dr. Jack Wallstader für »das Valium, mit dessen Hilfe ich die ganze Sache überlebt habe«.

Barbra war nach den Monaten härtester Arbeit an *A Star Is Born* erschöpft, aber glücklich. Sie hatte ihre künstlerische Vision aufs Spiel gesetzt und, obwohl die Ergebnisse gemischt waren, ihre Fähigkeit unter Beweis gestellt. »Vorher hatte ich immer Angst gehabt«, sagte sie. Viele ihrer filmischen Vorstellungen, ihrer Ideen von Licht und Farbe und Komposition sind in *A Star Is Born* eingegangen. Einige waren erfolgreich, andere nicht. Aber nach diesem Film war Barbra überzeugt, daß sie eines Tages Regie führen konnte.

»In *A Star Is Born* hat Barbra zum erstenmal ihre eigenen Kräfte gemessen«, teilte Jon Peters der Autorin Karen Swenson mit. »Es war eine Zeit der Entdeckung für sie. Und sie begann einzusehen, daß sie es schaffen, daß sie ihr eigenes Leben kontrollieren konnte. Ich war in gewisser Weise das Werkzeug. Der Beschützer. Ich war derjenige, der sie abschirmte – denn es gab vieles, das sie verändern wollte, aber sie konnte es nicht immer ausdrücken … Ich erinnere mich, daß Jane Fonda sie nach dem Besuch des Films anrief und sagte: ›Meinen Glückwunsch. Nicht nur zu dem Film, sondern auch dazu, daß du für uns alle eine Bresche geschlagen hast.‹«

Jon erklärte abschließend: »Rückblickend muß ich sagen, daß *A Star Is Born* die schöpferischste Erfahrung meines bisherigen Lebens war. Ich habe nie mit einem so unwiderstehlichen, so phantasievollen Menschen zusammengearbeitet.«

KAPITEL 28

»Ich bin sehr müde«, sagte Barbra Anfang 1977. »Dieser Film hat zweieinhalb Jahre meines Lebens in Anspruch genommen. Ich kann ihn mir nicht mehr ansehen. Ich will nichts von ihm hören und nichts von ihm wissen.«

Die Dreharbeiten und die Achtzehnstundentage, in denen Barbra an der Endfassung von *A Star Is Born* arbeitete, forderten nun ihren physischen Tribut. Und der stetige Beschuß durch die Presse, der Jon und sie fast seit ihrer ersten Begegnung ausgesetzt waren, hatte sie emotional ausgelaugt. »Ich wünschte, ich könnte behaupten, über alledem zu stehen, aber das wäre eine Lüge. Ich weine häufig. Manchmal bin ich so kaputt, daß ich denke: *Das ist es nicht wert.* Und dann kommt plötzlich auf der Straße jemand auf mich zu, packt meine Hand und sagt: ›Ich liebe Ihre Sachen‹, oder: ›Ich liebe dich, Barbra.‹ Dadurch kehre ich irgendwie zur Realität zurück, denn die Reaktion der Menschen ist ganz anders als das, was ich lese.«

Die Ranch in Malibu bot Barbra fast zwei Jahre lang Zuflucht. Sie sollte erst im Herbst 1978 mit der Arbeit an einem neuen Film beginnen. Nicht, daß sie einen weiteren Film hätte drehen müssen, um ihre Rechnungen bezahlen zu können: Jons und ihr Anteil an den Kasseneinnahmen von *A Star Is Born* belief sich auf über 15 Millionen Dollar, und Barbras Tantiemen für das Soundtrack-Album überstiegen fünf Millionen Dollar.

Barbra gab recht viel Geld aus, um neue Grundstücke in Malibu zu kaufen und um eine elegante Anlage aus fünf unterschiedlich eingerichteten Wohnhäusern herzustellen: Das eklektische, rustikale Hauptgebäude, »The Barn« genannt, hob sich stark vom »Deco House« ab, das mit einem Inventar aus Chrom und Glas, grauen und roten Lacken und geometrischen Mustern dem stromlinienförmigen Modernismus der dreißiger Jahre entsprach. Ein drittes Haus hätte der amerikanischen Kolonialzeit entstammen können, und das »Peach House« enthielt Gästezimmer, einen Vorführsaal und einen Fitneß-Raum.

Jon arbeitete zumeist auf dem Grundstück, denn als Barbra und er versuchten, gemeinsam eines der Häuser zu renovieren, hatten sie sich ständig in den Haaren gelegen. Er pflanzte Bäume, baute steinerne Wasserfälle und gestaltete den Besitz um, was ihm »half, seine Aggressivität abzureagieren«, wie Barbra erläuterte.

All diesem Luxus zum Trotz behauptete Barbra, sich ein einfaches Leben zu wünschen. Sie hatte ihren Rang als beliebteste Schauspielerin der Welt untermauert – 1977 war sie in der Quigley-Umfrage über Filmkassenmagneten nur von Sylvester Stallone übertroffen worden. Doch nun betonte sie, daß sie nichts anderes wolle, als mit ihrer neuen Familie und in ihrem aufwendigen neuen Heim ein so normales Leben wie möglich zu führen.

»Ich gehe nicht zu Erstaufführungen und Premieren und trage keine perlenbesetzten Kleider«, beteuerte sie. »So lebe ich nicht. Ich fahre nach Hause und koche das Essen. Dann kümmere ich mich um das Geschirr und um die Wäsche. Das habe ich seit Jahren nicht getan. Aber nun führe ich ein neues Leben … Es ist schön, diese kleinen, grundlegenden Pflichten zu übernehmen – die Menschen zu versorgen, die man liebt.«

Ihr Nachbar Joe Kern erinnerte sich, daß Barbra »sehr charmant, sehr zurückhaltend und sehr schüchtern« gewesen sei, wenn sie ihn besuchte. »Sie ging oft im Canyon spazieren und mochte es nicht, wenn sich ihr jemand näherte. Aber sie war nicht arrogant oder so etwas, nur verängstigt. Wenn sie an einer Gruppe von uns vorbeikam, war sie erleichtert, wenn niemand sie ansprach oder versuchte, sie aufzuhalten. Sie sagte nur ›Hi‹ und ging weiter.«

Jon ergänzte: »Morgens arbeitet sie auf dem Hof. Sie züchtet Begonien, Orchideen und das beste Gemüse in Malibu.« Genauer gesagt, sie beaufsichtigte den Gärtner bei seinen Bemühungen. »Ich habe einen sehr schwachen Rücken, und deshalb bin ich jedesmal, wenn ich es versucht habe, eine Woche wie gelähmt gewesen, aber es macht mir wirklich Spaß, Gärten zu *planen*. Im Sommer habe ich mich dauernd in Baumschulen umgeguckt, um die exotischsten mehrjährigen Pflanzen zu finden.«

Nachmittags spielte Barbra Tennis oder ging am Strand und am Berghang spazieren. »Jedes Wochenende kommen alle aus der Nachbarschaft zusammen, und wir wandern vielleicht vier oder fünf Meilen. Wir treffen uns um zehn Uhr morgens in meinem Haus und frühstücken gemeinsam … Dann gehen wir los und essen später im Café. Vor ein paar Tagen wanderten wir zurück, als eine große weiße Limousine mit verdunkelten Fenstern vorbeifuhr. Wir alle guckten rein und fragten uns, wer der Filmstar im Wagen sein könnte … Ich sitze nicht gern in einer Limousine. Habe mich nie daran gewöhnt. Ich überlege immer, wen die Leute anstarren. Dann wird mir klar: ›Ach ja, ich bin die und die.‹«

Diese Erkenntnis erwies sich eines Tages als besonders unerfreulich für Barbra, denn ein Mann fing an sie zu verfolgen. Eine andere Nachbarin, Ruth White, erzählte, daß »einmal jemand hinter ihr herschlich. Ich arbeitete in der Sache sehr eng mit der Polizei zusammen. Ich gab den Polizisten Informationen, und einmal sprach ich auch mit Barbras Büro. Dies ist eine sehr feste Gemeinschaft; immer wenn's Probleme gibt, schließen wir uns zusammen. Ich war dafür verantwortlich, wegen dieses Verfolgers mit der Polizei Kontakt zu halten. Barbra war nicht die einzige Berühmtheit in der Gegend [Don Henley, Geraldo Rivera und Mick Fleetwood wohnten ebenfalls im Canyon], und die anderen hatten manchmal ähnliche Schwierigkeiten«.

Die Bedrohung machte Barbra und Jon nervös. Sie stellten ein Schild mit der Aufschrift »Durchgang verboten« am Eingang ihres Grundstückes auf; darunter stand: »GEFAHR! VORSICHT: AUF ANGRIFF TRAINIERTE WACHHUNDE.« Die Warnung war ernst gemeint. Geraldo Rivera, der in der Nähe ein Haus gekauft und enge Freundschaft mit Jon geschlossen hatte, bezeichnete Peters Dobermann, Big Red, als »den fürchterlichsten Hund, den man sich denken kann. Dieser Dobermann war immer gereizt. Einmal versuchte er, den Kotflügel von meinem 1954er Jaguar abzureißen.« Big Red fiel auch eine Frau an, die zu einer Besprechung auf die Ranch gekommen war, was zu einem Gerichtsverfahren führte, und er »zerfetzte« Joe Kerns Schnauzer. »Jon bezahlte alle Tierarztrechnungen«, sagte Kern, »aber er entschuldigte sich eigentlich nie.«

Jon und Geraldo benahmen sich wie Collegekumpane, wenn sie zusammen waren. »Wir trainierten, sprachen über Frauen und betranken uns«, entsann sich Rivera. »Wir hatten beide eine enge Beziehung zu einer sehr dominierenden Frau. Wir verglichen unsere Erfahrungen und drückten einander unser Mitgefühl aus. Wir träumten von unseren jüngeren Tagen, als wir die Freiheit hatten, herumzuziehen und auf den Putz zu hauen.« Wann immer möglich, versuchten sie, diese wilderen Tage heraufzubeschwören. Sie machten mit ihren starken Motorrädern Rennen auf den gewundenen Hügelstraßen von Malibu, bis sie eines Tages fast über eine siebzehn Meter hohe Klippe gerast wären.

Laut Geraldo »war Jon damals nicht zu bändigen … Ich sah einmal, wie er einen entfesselten Fan zu Boden schlug, der Barbra auf der Ranch nachsetzte. Jon streckte ihn mit einem linken Haken nieder. Ich half ihm aus der Patsche, denn ich erklärte den Hilfssheriffs, daß er in Notwehr gehandelt habe ...«

Jons Jähzorn beschied ihm noch andere Probleme. 1977 mußte er vor Gericht aussagen, nachdem Philip Mariott, ein Autoverkäufer, ihn wegen tätlicher Beleidigung belangt hatte. Laut Jon hatten Barbra und er sich am 1. Dezember 1974 in einem Autosalon in Encino nach einem Wagen umgesehen, als Mariott auf sie zukam, seine Hilfe anbot und »meiner Begleiterin [Barbra] erklärte, sie sehe aus wie Barbra Streisand. Meine Begleiterin erwiderte, das habe sie schon öfters gehört. Der Verkäufer redete dann hartnäckig auf uns ein, obwohl wir Wert darauf legten, uns die Autos ohne seine Hilfe anzusehen.

Er bestand darauf, uns seine persönliche Abneigung gegen Barbra Streisands Filme und Schallplatten zu erläutern, und seine Kommentare wurden immer beleidigender, bis wir schließlich hinausgehen mußten. Er benahm sich feindselig und aggressiv gegenüber Barbra Streisand und erklärte, daß er ihre Filme und Schallplatten hasse; er könne sie einfach nicht leiden, sie sei nicht attraktiv, und er halte ihren Gesang für schrecklich.« Dann, behauptete Jon, habe sich Mariott »so dicht neben Barbra gestellt, daß sie sich belästigt fühlen mußte«. Zu diesem Zeitpunkt, behauptete Mariott, habe Jon ihn angegriffen und ihn so schwer verletzt, daß er nicht mehr arbeiten könne. Die Angelegenheit wurde am 12. Dezember 1977 außergerichtlich beigelegt.

Auch Barbras Koch Bing Fong hatte unter Jons Wutausbrüchen zu leiden. Zu Barbras Geburtstag im Jahre 1977 backte Bing Fong einen Kuchen, doch als die Party begann, war der Zuckerguß für Jons Geschmack zu hart geworden. Er befahl Fong, den Zuckerguß zu erneuern, doch der Koch wandte ein, daß ein solcher Versuch den Kuchen ruinieren werde. Laut Fongs Anwalt Leonard Kohn stieß Jon den Koch daraufhin so heftig gegen das Spülbecken, daß er sich ernstlich am Rückgrat verletzte. »Man einigte sich auf einen Schadenersatz von 5000 Dollar, aber ich glaube, daß wir durch das Gutachten und die Aussage des Arztes viel mehr hätten bekommen können«, sagte Kohn. »Doch Bing Fong wollte die Sache unbedingt beilegen und sie nicht vor Gericht bringen. Er hatte große Angst vor Peters.«

Ein paar Jahre später kam Geraldo Rivera in Aspen Jon wiederum zu Hilfe, als dieser, laut Rivera, »einer möglichen Anklage wegen eines Kapitaldelikts« entgegensah, »denn er hatte seinen antiken Colt in das Ohr seines Gärtners gesteckt, der wegen einer unbezahlten Rechnung ausfallend geworden war«.

* * *

Jason Gould, 1978 elf Jahre alt, und Christopher Peters, zwei Jahre jünger, hatten einander zunächst argwöhnisch betrachtet, dann jedoch bald enge Freundschaft geschlossen. Bei Chris' Wochenendbesuchen rasten die beiden zuerst auf Fahrrädern, dann auf Mopeds und schließlich, als sie älter wurden, auf Motorrädern durch die Canyons. Ihre Nachbarin Trude Coleman nannte Jason »einen lieben Jungen, aber Christopher war ein richtiger Rabauke. Er kam nach seinem Vater. Ich würde nicht sagen, daß er ein Unruhestifter war, aber er machte ganz schönen Lärm im Canyon, einem perfekten Ort für Motorradfahrten. Es ist eine prächtige Gegend für heranwachsende Jungen – herrlich. Da gibt's eine Menge Pfade und Wälder und Stellen, an denen man spielen und Festungen bauen kann, und genau das taten die beiden. Sie trieben sich manchmal stundenlang auf den Pfaden herum.«

Lesley Ann Warren und Elliott Gould machten sich Sorgen über den Einfluß, den Barbras und Jons Luxusparadies auf die Kinder haben konnte. »Ich fürchte, daß Christopher nicht mehr zu mir nach Hause kommen will, wenn er einige Zeit dort gewesen ist«, meinte Lesley Ann. Und Elliott nörgelte: »Barbra lebt in einer Traumwelt. Das ist einer der Gründe dafür, daß ich Jason zurückhaben möchte. Ich will einfach verhindern, daß er die Orientierung verliert … Ich möchte nicht, daß er in einer Traumwelt aufwächst. Wenn er bei mir ist, verhält er sich ganz natürlich. Ich möchte, daß er so bleibt.« (Barbra hätte einwenden können, daß ihr Leben in Malibu eine stabilere Umgebung für Jason sei als das Leben seines Vaters mit Jenny Bogart, die ihm ein Kind geboren, ihn dann verlassen hatte, zurückgekommen war, ein weiteres Kind geboren und ihn schließlich im Dezember 1973 geheiratet hatte.)

Warum heirateten Barbra und Jon nicht?

»Ich habe sie ungefähr dreimal darum gebeten, aber sie hat abgelehnt«, berichtete Jon. »Nun warte ich, daß sie mich darum bittet.« Für Barbra war die Ehe keine Institution, sondern »eine endgültige Verpflichtung, eine schöne, romantische Geste … Aber es ist auch irgendwie aufregend, nicht verheiratet zu sein – man kann die Beziehung nie als selbstverständlich betrachten.« Keiner der beiden verspürte irgendeinen Zwang, das Verhältnis um ihrer Söhne willen zu

403

legitimieren. »Die Kinder wollen wissen, welche Gefühle man füreinander hat«, sagte Barbra. »Das Stück Papier interessiert sie nicht. Ich hoffe, daß wir für den Rest meines Lebens zusammen sein werden«, erklärte Jon damals. »Meistens wache ich hier morgens neben ihr auf und lache vor Freude – so gut ist es.«

***

Im Juli 1977 kehrte Roslyn Kind mit Engagements im *Grand Finale* in New York und im *Backlot* im Studio One in West-Hollywood in die Clubszene zurück. Sie hatte ihre Gesangskarriere Anfang der siebziger Jahre aufgegeben und seit 1976 als Einkäuferin für Hollywood General Pictures gearbeitet. Nachdem sie arbeitslos geworden war, beschloß sie, sich noch einmal als Entertainerin zu versuchen. Darin wurde sie von Richard Gordon bestärkt, einem Streisand-Fan, der sich mit Mrs. Kind angefreundet hatte. »Ich verschaffte Roslyn das Engagement im *Grand Finale*«, erinnerte sich Gordon. »Sie war ein Hit. Man wurde auf sie aufmerksam, sie trat in Fernsehshows und so weiter auf. Für zwei oder drei Wochen stand sie im Mittelpunkt des Interesses.«

Im *Backlot* stellte Elliott Gould seine frühere Schwägerin mit den Worten vor: »Jetzt werden wir jemanden hören, der *wirklich* singen kann.« Barbra traf verspätet und ohne Begleitung ein; sie hatte sich in einen Schal gewickelt und sah aus wie eine zerbrechliche Porzellanpuppe.

Roslyn erhielt ausgezeichnete Kritiken, aber aus ihrem Comeback wurde nichts. In den nächsten Jahren trat sie hin und wieder in Clubs auf, aber sie hatte immer noch mit dem Problem zu kämpfen, daß sie mit Barbra verglichen wurde. Sie schien solche Vergleiche dadurch zu provozieren, daß sie eine ähnliche Frisur wie Barbra trug und ähnliche Lieder sang. Dazu Richard Gordon: »Wenn Barbra blond war, besorgte sich Roslyn eine blonde Perücke. Wenn Barbras Haar rot war, besorgte sie sich eine rote Perücke.« Roslyn behauptete immer noch, sie wolle nicht mit Barbra verglichen werden, aber ihr Verhalten strafte ihre Worte Lügen.

Gordon war der Ansicht, daß Roslyns Unvermögen, eine Gesangskarriere zu machen, weitgehend ihre eigene Schuld sei. »Barbra hätte Roslyn tatkräftiger helfen können, aber man kann nicht leugnen, daß Roslyn faul ist. Sie hat nicht den gleichen Ehrgeiz wie Barbra in ihrem Alter. Das war nie der Fall. Außerdem erwartete sie, daß ihre Verwandtschaft mit Barbra ihr Chancen ver-

404

schaffen würde. Schließlich wurde ihr klar, daß sie sich geirrt hatte.«

Anfang der achtziger Jahre arbeitete Roslyn in einer Bäckerei in Westwood, die ihrem Manager und dessen Frau gehörte. Sie wohnte bei den beiden und war hauptsächlich im Hintergrund tätig, weil sie es angeblich für unter ihrer Würde hielt, Kunden zu bedienen. Der Name der Bäckerei war »Butterfly«.

***

Barbra unterbrach ihr idyllisches Leben in Malibu, um ins Aufnahmestudio zurückzukehren. Columbia wollte das alljährliche Streisand-Album so früh wie möglich produzieren, um den enormen Erfolg des *A Star Is Born*-Soundtracks auszuschlachten. Der Produzent der Platte, die den Titel *Streisand Superman* trug, war Gary Klein. Anscheinend machte ihm niemand Vorwürfe wegen seiner Kritik an dem *ButterFly*-Album. »Wir planten, Barbra Streisand nicht aus den Pop-Charts verschwinden zu lassen, damit das Publikum nicht dachte, sie sei nur eine im Mainstream schwimmende Künstlerin.«

Klein schlug eine eklektische Songmischung vor: von Billy Joels bluesartigem »New York State of Mind« und Kim Carnes' und Dave Ellingtons »Love Comes from Unexpected Places« bis hin zu Hard-Rock-Stücken wie »Cabin Fever« und »Don't Believe What You Read«. Barbra schrieb den Text des letzteren, nachdem sie sich über eine Klatschmeldung in der Zeitschrift *Los Angeles* aufgeregt hatte. In dem wenig logischen Bericht hieß es, sie habe eine Bazillenphobie, doch in ihrem Haus flögen zahme Vögel herum und hinterließen überall ihre Exkremente.

Das Cover und die Innenseite von *Streisand Superman* zeigen Barbra in knappen weißen Shorts und einem T-Shirt mit dem Superman-Emblem auf der Brust – es war ein Kostüm, das sie ganz kurz in *A Star Is Born* getragen hatte. Peter Reilly schrieb in *Stereo Review*: »Streisands neuestes Werk enthält, neben anderen Köstlichkeiten, mehrere Rückenansichten von ihr in knapper Trainingsbekleidung, durch die ihr Hinterteil großzügig zur Schau gestellt wird. Es ist ein sehr hübsches und faszinierendes Hinterteil. Außerdem dürfte es zu Kußzwecken direkt auf die Kritiker abzielen ...«

Diese Kritiker äußerten sich freundlich über *Streisand Superman*, als das Album im Juni 1977 herauskam. Stephen Holden bezeichnete es als »eine der besten von Streisands mehr als dreißig LPs«. Das Album erreichte Platz drei und die Single »My Heart Belongs to Me« Platz vier in den Pop-Charts.

Die spielerisch-sinnlichen Fotos von Barbra in dem Album veranlaßten *Playboy*, die Streisand im Oktober zur Illustration eines ausführlichen Interviews mit ihr auf dem Cover zu zeigen. Sie hatte auch in einem Bunny-Kostüm posiert, aber man entschied sich für das Superman-Kostüm mit dem *Playboy*-Emblem auf der Brust. Barbra war der erste weibliche Filmstar auf dem Titelblatt der Zeitschrift seit Marilyn Monroe mehr als zwanzig Jahre zuvor.

Larry Grobel verbrachte Monate damit, die Streisand zu interviewen, und danach fühlte er sich wie »ausgelaugt«: »Barbra Streisand ist die angespannteste Frau, der ich je begegnet bin. Immer wenn ich ihr eine Frage stellte, die auch nur einen Anschein von Kritik enthielt, nahm sie die Frage auseinander und überprüfte ihre Fairneß ... Sowie ich von ›Macht‹ und ›Kontrolle‹ sprach, analysierte sie die Begriffe gründlich. Sie war der Ansicht ›Kontrolle‹ habe einen ›negativen Beiklang‹ und sei ein zu weiter Begriff. Deshalb verengte sie ihn auf ›künstlerische Verantwortung‹ und führte aus: ›Wenn Sie meinen, daß ich völlig engagiert bin und intensiv darauf achte, die Möglichkeit eines Projekts total zu verwirklichen – ja, dann haben Sie recht.‹«

***

Im Oktober 1977 unterzeichnete Barbra einen neuen Fünfjahresvertrag mit Columbia Records. Der von Jon ausgehandelte Kontrakt sah im Laufe der nächsten fünf Jahre fünf Alben sowie eine »Greatest Hits«-Platte vor und garantierte Barbra einen verrechenbaren Vorschuß von 1,5 Millionen Dollar für jedes Album bei einem Tantiemensatz von ungefähr zwanzig Prozent des Nettoladenpreises, also etwa 1,50 Dollar pro Album. Das Budget für jede Platte wurde auf 250 000 Dollar angesetzt – eine erhebliche Verbesserung gegenüber den 80 000 Dollar, die man für Barbras erste Aufnahme bei Columbia ausgegeben hatte. Bruce Lundvall, der Präsident der Firma, schätzte Jon als »sehr clever« ein und bescheinigte ihm »einen guten Realitätssinn. Ich empfand ihn nie als Gegner.« Einige andere Labels hatten ebenfalls Interesse gezeigt, doch Lundvall bezweifelte, daß Jon irgendeines der Angebote ernstlich in Erwägung gezogen hatte. »Es wurde zu einem dieser Dinge, bei denen sie sagte: ›He, das hier ist meine Familie‹«, meinte Lundvall. »Sie zeigte sehr viel Loyalität.«

Seit Oktober war Jon in New York gewesen, um *Eyes of Laura Mars* (Die Augen der Laura Mars) zu produzieren – einen Thriller mit Faye Dunaway und Tommy Lee Jones in den Hauptrollen. Nach *A Star Is Born*, den Jon und Barbra rechtzeitig und unter Budget fertiggestellt hatten, war Peters in Hollywood zu einem begehrten Produzenten geworden. Und er wollte sowohl der Öffentlichkeit als auch ihr beweisen, daß er nicht nur Barbra Streisands Freund war. »Es gibt einen starken Wettbewerb zwischen uns«, räumte Jon ein.

1978 betreute Jon, der sieben Tage pro Woche und sechzehn Stunden am Tag arbeitete, fünfzehn Filme in verschiedenen Entwicklungsstadien, hielt überall im Land für Columbia Records nach Musikern Ausschau und war nicht nur als Barbras, sondern auch als Geraldo Riveras Manager tätig. Nach fünfzehn Jahren hatte Marty Erlichman vor Jons umfassendem Einfluß auf Barbras Leben kapituliert und den Streisand-Kreis verlassen. Er verspürte einigen Groll Jon gegenüber. »Vielleicht mußte sie eine neue Richtung einschlagen. Barbra und ich stehen uns immer noch nahe. Wir telefonieren einmal pro Woche miteinander. Und Jon Peters? Noch bevor ich zurücktrat, bezeichnete er sich als ihren Manager. Meine Gedanken darüber, was er tut und wie er es tut, tja, die können nicht veröffentlicht werden.«

***

Barbras erstes Album für Columbia nach ihrem neuen Vertragsabschluß kam 1978 unter dem Titel *Songbird* heraus. Laut Stephen Holden handelte es sich dabei um eine enttäuschende Kollektion »hauptsächlich zweitklassiger Songs, die sie mit einigen der schrillsten und gleichgültigsten Interpretationen ihrer gesamten Karriere runtersingt«. Trotzdem erreichte das Album Platz zwölf in den Charts.

Eines der besten Stücke von *Songbird* war Barbras Version von Neil Diamonds »You Don't Bring Me Flowers« mit einem Text der Bergmans. Gary Guthrie, ein Diskjockey in Louisville, Kentucky, hörte Diamonds eigene Fassung und stellte fest, daß sie in derselben Tonart gehalten war wie Barbras Version. Durch einen schnitttechnischen Trick montierte er ein »Duett« und strahlte es an jenem Abend aus. Zur Verblüffung der Plattengeschäftsbesitzer erkundigten sich Hunderte interessierter Kunden nach der nicht existierenden Single. Guthrie wurde im Sender so oft angerufen und gebeten, den Song noch einmal zu spielen, daß er ihn in seine Top Forty aufnahm.

Guthrie schickte Columbia eine Kopie des Bandes, und nachdem die Firma ihm durch eine einstweilige Verfügung untersagt hatte, die illegale Aufnahme weiterhin zu spielen, überredete Bruce Lundvall sowohl Diamond als auch Streisand, sich zusammenzutun und eine »echte« Single herzustellen. Sie erschien Ende Oktober und wurde zu einer landesweiten Sensation. Fünfundachtzig Prozent der Rundfunksender setzten sie innerhalb der ersten zehn Tage auf ihr Programm – eine beispiellose Anerkennung für eine Streisand-Single. In dem Rundschreiben eines Programmgestalters hieß es: »Die Frauen werden wild und warten den ganzen Tag darauf, das zu hören.«

»You Don't Bring Me Flowers« gelangte innerhalb von sechs Wochen auf Platz eins und wurde zu Barbras größtem Hit als Single. Der Song wurde in ihr nächstes Album, *Barbra Streisand's Greatest Hits* aufgenommen, und seine Popularität sorgte dafür, daß das Album, von dem mehr als vier Millionen Exemplare verkauft wurden, ebenfalls Platz eins erreichte. Dank ihres neuen Vertrags brachte dieses Album, für das sie nichts Neues aufgenommen hatten, Barbra über sechs Millionen Dollar an Tantiemen ein.

Das Stück wurde als beste Schallplatte des Jahres und als bester Popsong eines Duos, einer Gruppe oder eines Chores für die Grammy Awards nominiert. Am 27. Februar 1980 trugen Barbra und Neil das Lied bei der Live-Übertragung der Grammy-Awards-Verleihung im Shrine Auditorium in Los Angeles vor. Es war das erste Mal in ihrer Karriere, daß sich Barbra bereit erklärte, bei der Grammy-Verleihung zu singen. Streisand und Diamond erschienen ohne Ankündigung effektvoll in zwei gleißenden Lichtkegeln an entgegengesetzten Enden der Bühne und gingen langsam aufeinander zu, während sie das Lied sangen, bis sie einander schließlich in der Mitte der Bühne umarmten. Das Publikum tobte vor Begeisterung. Zu Anfang ließ Barbras zitternde Stimme ihre Nervosität erkennen, aber während sie sich Neil näherte, gewann sie die Beherrschung zurück und beendete das Lied ohne jeden Makel.

Die Auszeichnung für die Schallplatte des Jahres wurde zwar den Doobie Brothers für »What a Fool Believes« verliehen, doch das Diamond-Streisand-Duett löste eine nicht enden wollende stehende Ovation aus und wurde zu einem der Höhepunkte der gesamten Fernsehsaison gewählt.

KAPITEL 29

»Warum arbeite ich nicht?« erkundigte sich Barbra Anfang 1978 bei Sydney Pollack. »Wofür schone ich meine Kräfte? Das ist doch Unsinn. Ich sollte etwas tun. Klar, nicht jeder Film wird großartig werden. Aber ich sitze hier und warte und warte – worauf? auf Tschechow? Oder auf Shakespeare?«

Der französische Regisseur François Truffaut hatte Barbra einmal erklärt: »Du machst deine Arbeit, und am Ende [deiner Karriere] hast du ein Gesamtwerk. Einiges davon ist gut, anderes schlechter, aber das Gute wird das Schlechtere verdrängen – das meine ich mit einem Gesamtwerk. Du kannst einfach nicht herumsitzen und nur auf vollkommene Dinge warten.«

Vielleicht klangen ihr Truffauts Worte in den Ohren, als sie sich für ein sehr unvollkommenes Ausdrucksmittel entschied, um nach zweieinhalb Jahren auf die Leinwand zurückzukehren: für ein Drehbuch, das kaum weiter von Shakespeare hätte entfernt sein können.

The Main Event (Was, du willst nicht?) beruhte auf einer Idee von Renee Missel, die später mit ihrem Partner Howard Rosenman die Produktionsleitung des Films übernahm. Die Story wurde von Gail Parent und Andrew Smith zu einem Script mit dem Titel *Knockout* entwickelt. Es handelte von Hillary Kramer, der Besitzerin einer Parfümfirma, deren Geschäftsführer mit all ihrem Geld das Weite sucht. Das einzige, was ihr bleibt, ist Eddie »Kid Natural« Scanlon, ein ehemaliger Boxer, der inzwischen als Fahrlehrer arbeitet und dessen Vertrag Hillarys Geschäftsführer aus Steuerabschreibungsgründen gekauft hatte. Hillary droht Scanlon mit juristischen Schritten, bis er widerwillig in den Ring zurückkehrt und sie vertragsgemäß an seinen Einnahmen beteiligt. Nach mehreren Gefechten (romantischer wie faustkämpferischer Art) verlieben sie sich ineinander.

Barbra betrachtete das Projekt als Möglichkeit, zusammen mit Jon ihren letzten noch ausstehenden Film für First Artists zu produzieren und damit ihre vertraglichen Pflichten zu erfüllen. »Ich war an *The Main Event* schuld«, gab Jon zu. »Ich drängte sie zu der Sache. Es war Zeit, einen Film zu machen; ich wollte, daß sie eine Komödie drehte, und es war ein Stoff, der ihr im Grunde nicht zusagte. Es dürfte das letzte Mal gewesen sein, daß Barbra sich etwas aufdrängen ließ.«

Barbra hoffte, das Drehbuch könne zu einer zeitgenössischen Version der übermütigen romantischen Geschlechterkampf-Komödien umgearbeitet werden, die seit der Stummfilmzeit zu den Haupterzeugnissen Hollywoods gehörten. Außerdem schien die Story die Möglichkeit zu bieten, ein verwirrendes modernes Problem zu untersuchen: die sich wandelnde gesellschaftliche Rolle von Männern und Frauen. Wie zum Beispiel würde der Boxer, ein Supermacho, auf einen weiblichen Boß reagieren?

Wie immer hatte sie eine Fülle von Ideen und scheute sich nicht, diese an die Drehbuchautoren weiterzugeben, die sich über die Anregungen freuten. »Barbra lungerte nicht einfach herum wie ein traditioneller Filmstar und sagte: ›Nun schreibt mal was Schlaues‹«, kommentierte Gail Parent, »sie war *an unserer Seite*, improvisierte und machte Textvorschläge.«

Barbra hatte für die Rolle des »Kid Scanlon« nur einen Schauspieler im Sinn. Am Telefon versicherte sie ihm: »Ryan, wenn du nicht zusagst, möchte ich den Film nicht drehen.« Ryan O'Neal, ein ehemaliger Amateurboxer, hatte nach einer Reihe enttäuschender Filme gerade die Hauptrolle in zwei anderen Boxfilmen – in *Flesh and Blood* und einem Remake von *The Champ* (Der Champ) – eingebüßt und war so deprimiert, daß er daran dachte, sich völlig aus dem Filmgeschäft zurückzuziehen. Barbra umschmeichelte ihn, bat und flehte ihn an, den Part zu übernehmen. Schließlich erwiderte er: »Wenn du dabei bist, werde ich's machen.« Zweifellos wurde ihm die Zustimmung dadurch erleichtert, daß Barbra ihm eine Gage von einer Million Dollar anbot.

Als Showman wußte Jon Peters, daß Ryan den perfekten Co-Star für *The Main Event* abgab. Das Publikum brannte wahrscheinlich darauf, die beiden Stars von *What's Up, Doc?* in einem neuen Film zu sehen. Aber es behagte Jon nicht, Barbra wieder so eng mit einem ihrer berühmtesten früheren Liebhaber zusammenzubringen. Steve Jaffe war überrascht, als er hörte, daß Jon mit O'Neals Verpflichtung einverstanden war. »Früher wollte Jon nicht einmal, daß jemand Ryans Namen erwähnte. Es war sehr schwierig für mich, weil ich damals beide als Agent vertrat. Manchmal rief Ryan mich in Jons Büro an, und Jon sagte: ›*Hier* sprichst du nicht mit ihm.‹ Was ihren extremen Machismo betraf, waren Jon und Ryan, ob zu Recht oder nicht, immer noch Rivalen. Ich konnte sehen, wie sie die Muskeln spielen ließen. Barbra fühlte sich bei *The Main Event* wahrscheinlich jeden Tag in einer beneidenswerten Lage, denn sie hatte es mit zwei Männern zu tun, die beide in sie verliebt waren und in ihrem Schatten standen.«

Laut Andrew Smith machte es Ryan Spaß, Jon zu reizen, wann immer er eine romantische Szene mit Barbra drehte. »Ryan brachte immer ›ein bißchen mehr‹ in die Szene ein, wenn er wußte, daß Jon zusah. Er kniff sie in den Hintern oder biß sie ins Ohrläppchen. Es trieb Jon zum Wahnsinn. Schließlich tauchte er nicht mehr auf, wenn Liebesszenen gedreht wurden. Er drohte Ryan, daß er am Ende des Films in den Ring steigen und ihn kurz und klein schlagen werde.«

***

Während der Vorproduktionsphase des Films hatte Barbra dem Regieassistenten Patrick Kehoe mitgeteilt, daß sie den Film vielleicht selbst inszenieren werde. Nach Kehoes Meinung entschied sie sich dagegen, weil »sie sich in der verfügbaren Zeit nicht als Schauspielerin und auch noch als Regisseurin vorbereiten konnte«. Barbra machte das Debakel mit Frank Pierson immer noch zu schaffen, und sie wünschte sich einen Regisseur, der sie als ständige, hautnahe und häufig lästige Mitarbeiterin akzeptieren würde.

Nachdem der sechsunddreißigjährige Regisseur Howard Zieff, der 1975 durch das schrullige *Hearts of the West* (Im Herz des Wilden Westens), ein Jahr später durch *Slither* (Schleuderpartie) und 1978 durch *House Calls* (Hausbesuche) Aufmerksamkeit erregt hatte, mit Barbra und Jon zusammengekommen war, unterschrieb er einen Vertrag und schloß sich dem Team an. (Durch eine der Vertragsklauseln wurde ihm für den Rest seines Lebens verboten, etwas Negatives über Barbra und Jon zu schreiben oder zu äußern.)

Die Nebenrollen wurden mit Patti D'Arbanville als der heruntergekommenen Freundin des Boxers, mit Whitman Mayo als seinem Trainer und James Gregory als einem barschen Boxmanager besetzt. Howard Zieff hatte Allan Miller, Barbras ehemaligen Schauspiellehrer, für die Rolle von Hillarys Ex-Ehemann im Auge. Erst nachdem Miller dem Regisseur mit Erfolg vorgelesen hatte, erfuhr er, daß es sich um einen Streisand-Film handelte. »Sie wird mich niemals akzeptieren« versicherte er Zieff.

»Wovon reden Sie?«

»Tja, ich brauche Ihnen nicht die ganze Geschichte zu erzählen«, antwortete Miller. »Aber meine Mitwirkung würde sie an Dinge erinnern, die sie zu diesem Zeitpunkt vergessen möchte. Sie könnte mich immer noch als einen Lehrer oder Regisseur betrachten, der ihre Arbeit beurteilt.«

Zieff setzte sich lachend über Millers Prophezeiung hinweg, aber kurz darauf, als er mit dem Vorschlag an Barbra herantrat, mußte er zugeben, daß Miller recht gehabt hatte. »Oh, er ist ein sehr guter Schauspieler«, sagte Barbra zu Zieff, »aber als mein Ehemann kommt er nicht in Frage.« Statt dessen erhielt der mürrisch wirkende Komiker Paul Sand (der einige Beobachter an Elliott Gould erinnerte) die Rolle.

Mit einem Budget von fast sieben Millionen Dollar wurde die Produktion von *The Main Event* in der ersten Oktoberwoche für First Artists/Warner Brothers aufgenommen. Barbra und Zieff waren sich darin einig, daß die kraftvolle Komik des Films durch möglichst viele Außenaufnahmen verstärkt werden würde, aber lärmende Zuschauer an jedem Drehort sorgten häufig dafür, daß Zieff sich wünschte, in einem geschlossenen Studio zu sein. Eine kurze Szene zwischen Barbra und Ryan, die an einem Hot-dog-Verkaufsstand an der verkehrsreichen Ecke von Beverly und La Cienega in West-Hollywood spielte, mußte unterbrochen werden, als zwei junge Frauen in einem vorbeifahrenden Auto kreischten: »O mein Gott! Das ist Barbra Streisand!« Drei Stunden später stellte man die Dreharbeiten nach zwei weiteren Zusammenstößen an der Kreuzung ein. »Man begreift, was für ein großer Star sie ist, wenn man einen Hamburger mit ihr essen geht«, seufzte Howard Zieff. »Die Fans stürmen auf sie ein wie früher auf Valentino oder Garbo – so populär ist sie.«

***

Sofort nach dem Ende der Dreharbeiten zu *The Main Event* Anfang 1979 begann Howard Zieff, seinen Rohschnitt herzustellen, wobei er wußte, daß Barbra die endgültige Fassung anfertigen würde. Unterdessen arbeitete man an den musikalischen Elementen des Films. Der Produzent Gary LeMel, der geholfen hatte, Barbras *Superman*-Album an die Spitze der Charts zu bugsieren, beauftragte den langjährigen Streisand-Fan Paul Jabara (der gerade für »Last Dance« einen Oscar erhalten hatte), einen Titelsong im Disko-Stil für *The Main Event* zu komponieren. Damit wollte man das beliebteste musikalische Genre der siebziger Jahre für den Film ausschlachten.

Der Song, unter Mitarbeit von Bruce Roberts geschrieben, machte zunächst wenig Eindruck auf Barbra, da sie meinte, daß der Text die Boxmotive des Films widerspiegeln solle. Bob Esty, der den Hit »Last Dance« der Disko-Königin Donna Summers produziert hatte, schlug vor, den Song mit »Fight« zu kombinieren. Dies war ein Stück, das Jabara und er als Parodie auf die schwule Disko-Gruppe The Village People aufgenommen hatten. Barbra war von der Idee eines Medleys angetan, aber sie zögerte, sich zum erstenmal seit »Shake Me, Wake Me« in die tanzorientierte Popmusik vorzuwagen – bis der zwölfjährige Jason begeistert auf den Song reagierte. »Er war derjenige, der sie überzeugte«, entsann sich Esty. »Er fand den Song toll, und [Barbra] hörte auf ihn.«

Warner Brothers zeigte *The Main Event* am 22. Juni 1979 landesweit in elfhundert Kinos. Die Grundlage der Werbekampagne bildete ein freizügiges Foto von Barbra (ohne Büstenhalter in einem T-Shirt und engen Satinshorts) und Ryan (mit nackter Brust in einer Sporthose) in einer klassischen Boxerpose Nase an Nase. Trotz überwiegend negativer Rezensionen bewirkten Barbras Popularität und die Neugier vieler Filmbesucher darauf, ob Ryan und sie den Zauber von *What's Up, Doc?* noch einmal heraufbeschwören konnten, daß der Film glänzende 66 Millionen Dollar einspielte. Damit wurde er nach *A Star Is Born* und *What's Up, Doc?* zu Barbras bis dahin erfolgreichstem Film.

The Main Event, in dem es von ärgerlichen Ungereimtheiten wimmelt, enttäuschte sogar eingefleischte Streisand-Bewunderer, die gehofft hatten, daß sich das fast dreijährige Warten auf Barbras Anschlußfilm an *A Star Is Born* lohnen würde. Sie hat amüsante Momente, aber ihre Hillary Kramer ist eine verwirrend schizophrene Gestalt. Als Chefin der Parfümfirma »Le Nez« (Die Nase) ist sie die Verkörperung von Kompetenz und Geschäftstüchtigkeit, aber in ihrem Privatleben oder wenn sie sich der fremdartigen Welt des Berufsboxens gegenübersieht, wirkt sie über die Maßen albern. O'Neals unbeholfener, jungenhafter Charme und die Konsequenz seiner Darstellung sind ansprechender, aber auch er leidet unter dem dummen, zuweilen schwülstigen Drehbuch.

Ungeachtet dieser Mängel hatte *The Main Event* den ganzen Sommer hindurch hohe Zuschauerzahlen zu verzeichnen – teilweise durch den Erfolg des übersprudelnden, von Barbra vorgetragenen Titelsongs, der Platz drei der Singles-Charts erklomm.

***

413

Kurz nach Erscheinen des Films wurde Howard Zieff in mehreren Presseberichten als Regisseur geschildert, der von einem aufdringlichen Superstar gequält worden sei. In einem Porträt in den *Fort Lauderdale News* (unter dem Titel »Wie ein unterschätzter Regisseur alles aufs Spiel setzt, um sich auf einen Kampf mit ›La Barbra‹ einzulassen«) bezeichnete man Zieff als einen »Streisand-Überlebenden«.

»Die Leute schauen einen verblüfft an, wenn man sagt, daß man gerade einen Streisand-Film inszeniert hat«, wurde Zieff zitiert, der seine Worte sorgfältig wählen mußte, um nicht gegen seine Vertragsklausel, die ihm verbot, sich abfällig über Barbra zu äußern, zu verstoßen. »Es heißt vielleicht: ›Er kann mit Stars umgehen und Filme trotzdem rechtzeitig und innerhalb des Budgets herstellen‹ …, aber Barbra hat bei ihren Filmen immer das letzte Wort.« In einem anderen Interview sagte er: »Sie übernahm einfach den Schnitt und gestaltete den Film nach ihren eigenen Vorstellungen … Als Produzentin übte sie umfassende Kontrolle aus.«

Ryan O'Neal erklärte Rex Reed: »In *What's Up, Doc?* taten wir, was uns befohlen wurde. Peter Bogdanovich hatte die Leitung. Diesmal versuchten wir alles mögliche. [Barbra] schlüpfte in die Rolle von Bogdanovich. Howard Zieff stand unter großem Druck. Ich finde, er hat sich ziemlich gut gehalten.«

Barbra vermied öffentliche Gespräche über ihre Beziehung zu Zieff, aber privat gab sie zu, daß die Erfahrung kaum weniger schmerzlich gewesen sei als ihre »Zusammenarbeit« mit Frank Pierson. Beide Männer hätten sie durch ihre Unfähigkeit, Entscheidungen zu treffen, zur Raserei getrieben. Für sie »ist Regieführen eine gute Aufgabe für jemanden, der Meinungen hat«.

Allerdings wußte Barbra nicht, daß man ihr einen Streich gespielt hatte, um sie zu Zieffs Engagement zu veranlassen. Der Produzent Jennings Lang, in dessen Haus Barbra gesungen hatte, um Gelder für den Pentagon Papers Defense Fund zu sammeln, berichtete, daß er Anfang 1978 die Abschiedsvorstellung von Zubin Mehta als Dirigent des Los Angeles Philharmonic Orchestra besucht habe. »Jeder, der Rang und Namen hatte, war dort. [Walter] Matthau saß mit seiner Frau Carol in einer Reihe; Barbra Streisand und Sue Mengers waren in der Reihe vor ihnen. [Walter und ich] hatten gerade den Film *House Calls* beendet und eine Menge Probleme mit unserem Regisseur Howard Zieff gehabt – dem Mann, der keine Entscheidungen treffen kann. Er ist sehr begabt, aber Schwarz wird bei ihm innerhalb von zehn Sekunden zu Weiß. Denn im Grunde hat er keine Ahnung, was er will. Er machte alle auf dem Set verrückt, auch Matthau.«

In der Pause standen Barbra und Sue Mengers auf, und Sue bemerkte Walter Matthau. »Walter, du kennst doch Barbra«, sagte sie. Matthau umarmte Barbra, küßte sie und blödelte: »Ich bin schon immer in sie verliebt gewesen. Ich habe sie immer geliebt. Und ich vermisse sie so sehr.«

Barbra kam sofort zur Sache: »Was ist mit Howie Zieff?«

»Er ist der beste Regisseur der Welt!« rief Matthau.«Du *darfst* keinen anderen einsetzen. Er kennt jede Einstellung, schon eine Woche bevor er im Studio ist. Du wirst dir überhaupt keine Gedanken machen müssen. Er ist wunderbar!«

***

»Hol meinen Anwalt ans Telefon!« schrie Barbra und schleuderte die Zeitschrift durch das Zimmer. »Das darf nicht mehr verkauft werden.« Was sie so sehr erboste, war die Ausgabe des Porno-Magazins *High Society* vom November 1979. Auf dem Cover prangten, neben einem Foto von Barbra in ihrem »Model-Kostüm« aus *The Owl and the Pussycat* zwei identische Schlagzeilen: »BARBRA STREISAND NACKT!« Die Redaktion der Zeitschrift hatte sich in den Besitz mehrerer unbearbeiteter Aufnahmen von Barbras Obenohne-Szene in dem Film gebracht und sie unter großem Trara veröffentlicht.

Barbra klagte auf Schadenersatz in Höhe von fünf Millionen Dollar und beantragte eine einstweilige Verfügung. Dazu kam es nicht. Die Chefredakteurin Gloria Leonard sagte: »Wir erklärten uns bereit, unseren fast fünfhundert Großhändlern Telegramme zu schicken, damit sie aus den Exemplaren, die noch nicht an die Kioske verteilt worden waren, die Bilder herausrissen und das Wort ›nackt‹ hinter Streisands Namen auf dem Cover überklebten … Natürlich sagen manche Großhändler einfach: ›Zum Teufel mit dem Telegramm‹, und halten sich nicht an die Anweisung.«

Die Fotos zeigten, daß Barbra einen sehr hübschen Busen hat, und die Ausgabe wurde rasch zum Sammlerobjekt. Barbra konnte keinen Schadenersatz von der Zeitschrift erwirken. Aber sogar die abgeblendeten Nacktbilder waren im nachhinein herausgeschnitten worden, als das Video von *The Owl and the Pussycat* 1978 auf den Markt kam.

***

Der Erfolg von »The Main Event/Fight« veranlaßte die Komponisten Paul Jabara und Bruce Roberts, Barbra einen weiteren Song anzubieten. Denn sie hatten erfahren, daß Streisand ein Album mit dem Titel *Wet* plante, in dem sämtliche Lieder auf irgendeine Weise mit Wasser zu tun haben sollten. Aber »Enough Is Enough«, der neue Disko-Song der beiden, gefiel Charles Koppelman nicht, der Columbia verlassen hatte, um The Entertainment Company zu gründen, und als Produktionschef für Barbras letzte Alben zuständig war. Jabara und Roberts ließen sich nicht abschrecken und verbanden »Enough Is Enough« mit dem ebenfalls von ihnen komponierten »No More Tears« zu einem Medley.

Da Koppelman sich immer noch sträubte, Barbra den Song vorzulegen, wandte sich Jabara direkt an Streisand. Es gelang ihm, sich nach Malibu einladen zu lassen, wo er ihr »Enough is Enough/No More Tears« schmackhaft machen wollte. In seiner Begleitung war Donna Summer, die, wie er hoffte, den Song zusammen mit Barbra aufnehmen würde. »Das wäre nicht zu übertreffen«, meinte Jabara. Durch Chuzpe schaffte er es, Barbra, Donna und Jason, einen großen Summer-Fan, auf der Ranch gemeinsam in ein Zimmer zu manövrieren. Während Jon vor der Tür lauschte, sang Jabara »ihnen das Lied vor, wobei ich beide Stimmen übernahm. Dann kniete ich mich hin und bat sie, es wenigstens einmal zu zweit zu versuchen.«

Barbra gab ihr Einverständnis zu einer Aufnahme mit Summer teilweise deshalb, weil Jason so überwältigt von der Idee war. »Mein Sohn mag Donna sehr gern«, sagte Barbra. »Meine Sachen spielt er nie.«

Streisand und Summer waren laut Jabara »wie zwei High-School-Mädchen, nicht wie zwei große Künstlerinnen. Wenn sie allein zu Hause am Klavier probten, waren sie einmalig. Aber sobald zwanzig Leute hinzukamen, veränderte sich die Atmosphäre.«

Eine gewisse Rivalität zwischen den beiden Superstars war unvermeidlich, und obwohl Streisand und Summer das Lied gemeinsam aufnahmen, kehrten sie einzeln ins Studio zurück, um ein paar Noten zu verbessern. Barbra erkannte Donna als führende Disko-Sängerin an und bat sie um Rat. Aber Summer war entgeistert. »Du bist Barbra Streisand, und du fragst *mich*, wie du singen sollst?«

John Arrias, Barbras Tonmeister, konnte ihre Unsicherheit verstehen. »Sie singt gewöhnlich nicht mit dem, sondern nach dem ersten Schlag. Doch bei Disko-Musik muß man in den Beat einfallen, und das versuchte Donna ihr klarzumachen.«

»Enough Is Enough/No More Tears« wurde im Oktober von Columbia im üblichen Single-Format von viereinhalb Minuten Länge herausgebracht, während Donnas Firma Casablanca ein elfeinhalb Minuten langes Tanzclub-Remix vorlegte. Das gespannt erwartete, ungestüme Duett mit dem wimmernden Gesang erreichte innerhalb von Wochen Platz eins in der Singles-Charts. Von beiden Versionen wurden mehr als eine Million Exemplare verkauft, und sie standen an der Spitze der Hitlisten in England, Spanien und Australien.

Das Album *Wet*, das zwei Wochen nach »Enough Is Enough« herauskam, konnte nur einen Teilerfolg verzeichnen. Das aufregende Duett mit Summer ist von verträumt-romantischen Balladen umgeben, und Barbra, begleitet von Mitgliedern der Gruppe Toto, trägt eine ironische Version von »Splish Splash« vor. Zu den hervorragenden Stücken gehören »Niagara« und »Kiss Me in the Rain«, zwei herrliche, überzeugend gesungene neue Balladen. Doch insgesamt verlieh das Wassermotiv dem Album nur einen recht unnatürlichen Zusammenhalt.

Wet gelangte auf Platz sieben der Album-Charts, und sogar Kritiker, denen einige der Stücke nicht zusagten, mußten einräumen, daß Streisand nun zu einer einflußreichen Gestalt in der Popszene geworden war. Ein ganzes Jahrzehnt war vergangen, seit *What About Today?* den Anschein erweckt hatte, daß sie wenig mit zeitgenössischen Songs anzufangen wußte. Seit 1971 hatte Barbra kein Studio-Album (im Unterschied zu Soundtrack- oder Live-Alben) produziert, das nicht wenigstens auf Platz dreizehn der Charts gelangt war. Noch erstaunlicher schien, daß es ihr während ihres kometenhaften Aufstiegs in den Sechzigern nicht gelungen war, eine nennenswerte Zahl von Singles zu verkaufen, während sie in den Siebzigern mit nicht weniger als vier Singles auf Platz eins vorrückte (damit zog sie mit Donna Summer gleich und übertraf jeden anderen Columbia-Künstler).

Fast zwanzig Jahre nach ihrem Beginn im Showgeschäft hatte Barbra Streisand all ihre frühen Rivalinnen weit hinter sich gelassen und befand sich trotz des Wandels, den die Disko-Manie in der Popmusik bewirkte, immer noch auf dem Gipfel des Erfolgs. Es war eine Leistung von unglaublicher Beständigkeit. Im Anschluß an »Enough Is Enough/No More Tears« wählte man Streisand und Summer zu den Spitzensängerinnen der siebziger Jahre.

***

Barbra war nach den *The Main Event*-Dreharbeiten nach Hause zurückgekehrt und focht nun häufig echte, entkräftende Schlachten mit Jon aus. Sie hatten sich immer hemmungslos gestritten, und am Anfang ihrer Beziehung waren die Scharmützel emotional und sexuell erregend gewesen. »Ich glaube nicht, daß unsere Kämpfe jemals aufgehört haben«, sagte Barbra. »Je stärker die Konflikte sind, desto näher scheinen wir einander zu sein. Wir verstellen uns nicht. Keiner von uns lügt, und das macht uns beide an.«

»Wir führen Kriege und schlagen Schlachten«, bestätigte Jon. »Manchmal schnappt sie völlig über. Aber Barbra ist ein sehr sanfter, verständnisvoller, großzügiger Mensch, der mir durch viele Krisen hindurchgeholfen hat … Barbra ist die erste Person, die ich in jeder Hinsicht respektiere. In gewisser Weise ähnelt sie einem Mann. Sie ist stark, erfolgreich, und sie übernimmt Verantwortung.«

Das Leben mit Barbra war für Jon besonders schwierig, weil sie – nach ihrem anfänglichen Entzücken über die Küchenarbeit – seine männlichen Vorrechte selten anerkannte. »Sie tut nicht das, worum sie gebeten wird, sondern das, was sie will. Sage ich zum Beispiel: ›Ich bin müde, massierst du mir den Kopf?‹, dann antwortet sie: ›Wieso massierst du mir nicht den Kopf? Ich bin auch müde.‹«

Eine Methode zur Beilegung ihrer Streitigkeiten bestand laut Jon darin, ihre Jugenderlebnisse miteinander zu vergleichen. »Wir diskutieren darüber, wer es am schlimmsten hatte. Und wer überzeugender ist, kriegt eine Kopfmassage.«

Aber Ende der siebziger Jahre verschärften sich die Kämpfe, was ihre Beziehung immer stärker belastete. Nach einem besonders üblen Streit »sagt einer von uns – meistens ich – gewöhnlich: ›Setzen wir uns hin und reden wir miteinander‹«, berichtete Jon. »Wollen wir uns trennen? Wollen wir nicht mehr zusammen sein? Das ist das Allerschlimmste. Wir kommen zu dem Schluß, daß wir uns nicht trennen wollen. Dann sage ich: ›Also was sollen wir tun? Eine Woche lang nicht miteinander sprechen? Wäre das nicht albern? Dadurch würden wir eine ganze Woche unseres Lebens verschwenden.‹ Also bleiben wir sitzen und reden weiter.

Die schlimmsten Streitigkeiten sind die ganz stillen. Dann fühle ich mich krank, physisch krank. Wir wechseln kein Wort und sind wütend über etwas, aber die eigentliche Ursache liegt tiefer, und wir kommen nicht an sie heran. In solchen Fällen gehen wir zu unserem Therapeuten, und er hilft uns, die Dinge ins Lot zu bringen.«

Das Paar suchte wenigstens einmal pro Woche (für 100 Dollar pro Stunde) »einen wirklich wunderbaren Therapeuten« auf. »Es ist teuer«, meinte Jon, »aber jeden Cent wert. Es bringt tatsächlich etwas. Unsere beiden Söhne gehen auch zu ihm.«

Die Therapie konnte Barbras und Jons Beziehung letztlich nicht kitten. Sie hatte Mühe, seine unberechenbaren Launen zu ertragen, und konnte es nicht ausstehen, ihn manchmal fürchten zu müssen – genau wie ihre Mutter und sie Louis Kind gefürchtet hatten. Außerdem hieß es, daß sich Jon mit anderen Frauen traf, was Barbras Zweifel untermauert haben dürfte.

Ende 1979 geschah »das Allerschlimmste«, und die beiden trennten sich voneinander. Jon zog in eines seiner Häuser in Encino, und nach der Bar-Mizwa des dreizehnjährigen Jason am 5. Januar (Jon war nicht anwesend) wechselte Barbra nach Manhattan – in ihre Wohnung am Central Park West – über. Binnen weniger Tage nach ihrer Ankunft meldete die Kolumnistin Liz Smith atemlos, daß Barbra »eine kleine Romanze außerhalb Kaliforniens« mit einem Mann angeknüpft habe, den Smith nicht identifizieren konnte: »Ein Besucher mit einem Strauß Blumen betrat gestern abend ihr Apartment im zwanzigsten Stockwerk …, und nach mehr als zwei Stunden kamen der Superstar und Mr. X gemeinsam heraus.«

»Mr. X« war Arnon Milchan, ein ungefähr vierzigjähriger israelischer Millionär, der gerade dabei war, eine Karriere als Hollywood-Produzent einzuschlagen. Er sollte für viele Erfolge verantwortlich werden, darunter 1983 *The King of Comedy*, 1990 *Pretty Woman* und 1991 *JFK* (John F. Kennedy – Tatort Dallas). Milchan begleitete Barbra überall in Manhattan, ging fast jeden Abend mit ihr ins Theater und versetzte Liz Smith in helle Aufregung.

Barbra bestritt, daß Milchan mehr als ein Freund sei. Wahrscheinlich drehten sich die Gespräche um die Finanzierung von *Yentl*, einem schwierigen Projekt, das sie unbedingt inszenieren wollte. Wie auch immer, Barbras Rendezvous mit Milchan endeten sehr bald, und es war weder zu einer romantischen noch zu einer finanziellen Beziehung gekommen.

Die Nachricht von Barbras Treffen mit Milchan erschreckte Jon. Er hoffte weiterhin, daß sie ihre Probleme ausräumen konnten, doch nun mußte er sich der entsetzlichen Möglichkeit stellen, Barbra für immer zu verlieren. Er flehte sie an, ihn zurückkehren zu lassen, und schließlich gab sie nach. Barbra liebte ihn allen Schwierigkeiten zum Trotz weiterhin, und an ihren guten Tagen konnten sie, wie es Jon formuliert hatte, immer noch »durch das Universum fliegen«.

1976 fragte Barbara Walters die beiden, ob sie sich vorstellen könnten, zusammen alt zu werden. »Ja«, erwiderte Jon rasch.

»Kein anderer würde uns haben wollen«, setzte Barbra hinzu.

KAPITEL 30

Am 13. Mai 1980 wurde in Hollywood manche Augenbraue hochgezogen, als Universal Studios verkündeten, daß Barbra Lisa Eichhorn als Gene Hackmans Co-Star in der schlichten romantischen Komödie *All Night Long* (Jede Nacht zählt) ersetzen werde, zu der die Dreharbeiten bereits seit drei Wochen liefen. Noch überraschender hörten sich die Einzelheiten an: Streisand hatte eine Art Nebenrolle und sogar die Namensnennung an zweiter Stelle nach Hackman akzeptiert.

Es hieß, die Spannung zwischen Eichhorn und dem französischen Regisseur Jean-Claude Tramont habe zur Entlassung der Schauspielerin geführt. Aber Zyniker hatten Zweifel an dem Klischee von den »künstlerischen Differenzen« und richteten ihr Augenmerk statt dessen auf Sue Mengers von ICM, Barbras langjährige Agentin und Vertraute, die mit Tramont verheiratet war. Viele waren der Meinung, daß die einflußreiche Mengers eine meisterhafte Kampagne eingeleitet hatte, um den von Problemen geplagten Film ihres Mannes zu retten. Zu diesem Zweck mußte sie Streisand überredet haben, ihr einen persönlichen Gefallen zu tun und in dem Film mitzuwirken. Warum sonst sollte ein Star von Barbras Bedeutung eine so unergründliche Entscheidung treffen?

Im Laufe der nächsten Wochen kamen Einzelheiten des Arrangements ans Tageslicht, und die Antwort wurde klarer: Barbras Gage für voraussichtlich vierundzwanzig Arbeitstage würde *vier Millionen Dollar* plus fünfzehn Prozent der Bruttoeinnahmen betragen.

***

All Night Long erzählt die Geschichte von George Dupler, einem Familienvater, der seinen unausstehlichen Chef angreift und zur Strafe in der Neonhölle eines allnächtlich geöffneten Drugstores arbeiten muß. Dabei verliebt er sich in Cheryl Gibbons, die ältere Freundin seines muskulösen und einfältigen Sohnes, die, um die Sache noch weiter zu komplizieren, mit einem männlich-chauvinistischen Feuerwehrmann aus dem San Fernando Valley verheiratet ist. Cheryl, freundlich, sexy und unterwürfig, scheint Marilyn Monroe nachempfunden zu sein; diese ultrafeminine Gestalt mit blondgefärbtem Haar und lavendelfarbenem Kopftuch träumt davon, zu einem Gesangsstar der Country-and-Western-Szene zu werden.

Dupler überwindet eine Reihe von Hindernissen, beendet seine zur Routine gewordene Ehe, gibt seinen Posten auf, um Erfinder zu werden, und tut sich schließlich mit der flatterhaften Gibbons zusammen. Dieses »realistische Märchen«, wie Tramont es nannte, war auf eine starke Besetzung angewiesen, und Sue Mengers glaubte, genau die richtige Schauspielerin zu haben, die in Cheryls vorstädtische Pantoffeln schlüpfen konnte: Barbra Streisand, ihre bedeutendste Klientin.

Als Barbra *All Night Long* las, soll sie »sich kaputtgelacht haben«. Cheryl Gibbons, die keinem ihrer bisherigen Leinwandcharaktere glich, stellte eine seltene schauspielerische Herausforderung dar. Barbra erwog zuzusagen, aber sie wurde von der Vorproduktionsarbeit für *Yentl* in Anspruch genommen, und zudem war sie mit Cheryls untergeordneter Rolle nicht zufrieden. Sie hatte in all ihren Filmen im Mittelpunkt gestanden; die anderen Schauspieler mußten sich nach ihr richten, nicht umgekehrt. Deshalb schlug sie die Rolle mit einem Anflug des Bedauerns aus, kehrte zu ihrer Arbeit an *Yentl* zurück und erwartete, bis zur Premiere nicht mehr viel von Tramonts Film zu hören.

Nach Barbras Absage stellten Tramont und Casting Director Anita Dann das Ensemble rasch zusammen. Lisa Eichhorn, die sich neben Richard Gere in *Yanks* (Yanks – Gestern waren wir noch Fremde) glänzend bewährt hatte, wurde als Cheryl, Diane Ladd als die ausgenutzte Ehefrau von George, Dennis Quaid als sein vertrottelter Sohn und Kevin Dobson als Cheryls gleichgültiger Mann engagiert.

Die Produktion des Films, für den ein Budget von sieben Millionen Dollar veranschlagt war, begann am 14. April im San Fernando Valley. Eine Woche später erschien Lisa Eichhorn – angeblich mit klaren Vorstellungen, Energie und Starrsinn ausgerüstet – auf dem Set. Nach siebentägigen Dreharbeiten befand der Regisseur, daß Eichhorn ungeeignet sei. Laut Tramont war »die Rolle zu strapaziös für Lisa«; er fügte galant hinzu: »Damit sollen ihre schauspielerischen Fähigkeiten nicht geschmälert werden.«

Die *Los Angeles Times* berichtete, daß »Beobachter auf dem Set andeuteten, die Spannung zwischen der Schauspielerin und Hackman sowie Tramont habe zu ihrer Entlassung beigetragen«, doch Hackman ließ sich nicht in die öffentliche Auseinandersetzung hineinziehen. »Sie hat genug Probleme«, sagte er, »und ich bin auch schon mal gefeuert worden. Ich weiß, wie verletzend das ist.« Ein Gewährsmann aus dem Produktionsteam bestätigte, daß Eichhorn sich wie eine Diva aufgeführt habe: Sie »machte große Schwierigkeiten auf dem Set und protestierte gegen Kameraeinstellungen, als wäre sie … ein Star wie Streisand«.

Sobald Mengers erfahren hatte, daß ihr Mann mit Eichhorn nicht zufrieden war, sprach sie Barbra von neuem auf die Rolle an. Diesmal war der Einsatz viel höher. Nach einigen Verhandlungen hinter den Kulissen akzeptierte Streisand die Rolle, als man ihr vier Millionen Dollar anbot – eine Gage, die neue Maßstäbe für weibliche Stars setzte. Die Presse stürzte sich auf den finanziellen Aspekt und nannte Cheryl Gibbons die teuerste Nebenrolle der Filmgeschichte.

Aber Mengers' Multimillionenangebot war nicht der einzige Grund für Streisands Zusage. Barbra litt immer noch unter der Kritik an ihrer Darstellung in *The Main Event* und wollte der zunehmend mißtrauischen Schauspielergemeinschaft unbedingt ihre Fähigkeiten beweisen. *All Night Long* mit seiner ungewöhnlichen, fast satirischen Betrachtung des Lebens, der Liebe und der sinnlichen Begierde faszinierte sie, ebenso wie die Rolle der konfusen, albernen, köstlichen Cheryl, die mißhandelt wird und kaum Selbstbewußtsein besitzt – womit sie in vieler Hinsicht einen Gegensatz zu Barbra bildete. In den Tagen nach Streisands sensationeller Verpflichtung wuchs das Geflüster zu einem Crescendo an. Hackman könne den Film nicht allein bewältigen, Tramonts Regie sei glanzlos, das Script müsse umgeschrieben werden, Eichhorn sei zum Sündenbock gemacht worden, und Streisand versuche tapfer, das sinkende Schiff einer Freundin zu retten. Aber die Person im Mittelpunkt des Klatsches hatte keine Gelegenheit, die neuesten Theorien zu hören. Barbra hatte sich ins Ashram in Calabasas, Kalifornien, zurückgezogen, wo sie mit Hilfe strenger körperlicher Übungen und einer spartanischen Küche fünfzehn Pfund abspeckte. Bevor sie Cheryl die Verführerin spielte, sollte Streisands Figur so verführerisch wie möglich aussehen.

***

Durch Barbras Engagement kam es bei Universal sofort zu einer weitaus höheren Einschätzung des Projekts. Auch Robert Brown, der Aufnahmeleiter von *All Night Long*, war begeistert, obwohl sich das Budget durch Streisands Verpflichtung von sicbcn auf 14 Millionen Dollar erhöht hatte. »Es lag nicht nur an ihrer Gage, sondern auch an ihrem Personal und den Dingen, die man für einen Star ihrer Größenordnung tun muß.«

Brown hatte Gerüchte darüber gehört, daß Eichhorn erst entlassen worden sei, *nachdem* Streisand zugesagt hatte, aber er mochte darüber kein Urteil abgeben: »Am Anfang hieß es hin und wieder, daß man plane, Lisa Eichhorn zu ersetzen. Dann wurde mir plötzlich mitgeteilt, daß Barbra Streisand ihre Rolle übernehmen werde und daß ich ein neues Budget aufstellen müsse.«

Die Mehrausgaben wurden laut Brown zum Beispiel durch »ein spezielles Wohnmobil [für Streisand], einen persönlichen Chauffeur, eine Limousine und ihr eigenes Make-up-, Frisier- und Garderobenpersonal« verursacht. »Oft muß man eine Privatsekretärin oder irgendeine Assistentin bezahlen, die dauernd an ihrer Seite ist. Man muß viele zusätzliche Maßnahmen ergreifen, um jemanden wie sie zu unterstützen.«

Die »zusätzlichen Maßnahmen« für Streisand schienen Gene Hackman nicht zu beunruhigen. »Klar, das Drehbuch wird für sie umgeschrieben«, räumte er ein. »Die ursprüngliche Rolle war nicht allzu groß, und damit hätte man ihre Zeit und ihre Begabung verschwendet. Aber ich habe keine Angst, daß sie den Film ›an sich reißen‹ wird. Ja, sie kann schwierig sein. Aber ich auch. Zeigen Sie mir einen Schauspieler, der nicht schwierig ist, und ich zeige Ihnen einen mittelmäßigen Schauspieler … Ich bin sicher, daß alles klappen wird.« Hackman wiegelte ab, wenn er hörte, daß ihm Barbra, ob sie es wolle oder nicht, die Schau stehlen werde. »Es ist hauptsächlich mein Film. Sie hat fünf oder sechs gute Szenen und das ist alles … Es geht um meine Gestalt, nicht um ihre.«

***

Der Kostümbildner Albert Wolsky stand vor dem Problem, Cheryls geschmacklose Garderobe kreieren zu müssen. »Cheryl ist eine Frau mit erdbeerblondem Haar, das immer übertrieben frisiert ist, mit Fingernägeln, die immer ein bißchen zu stark lackiert sind, mit Kleidern, die immer ein wenig zu eng, ein wenig zu jung wirken. Ob sie einen lavendelfarbenen Hosenanzug, einen pfirsichfarbenen Pullover und genauso eine Hose oder ein völlig schwarzes Trauerensemble mit offenherzigen Details anhatte, sie sah immer protzig, verführerisch und aufreizend aus. Solche Sachen sind nicht teuer, aber das ist Barbra egal. Wenn ihr etwas gefällt, ist es ihr gleichgültig, ob es zwei oder 2000 Dollar kostet.«

Streisands Ruhm wurde zum Problem, als sie eine Country-and-Western-Bar aufsuchte, um sich in Cheryl einfühlen zu können. »Ich setzte eine blonde Perücke auf und ging in eine Bar, um mir die Leute anzusehen. Dazu trug ich lächerliche Kleidung mit viel Schmuck und so weiter. Aber sobald ich eintrat, sagte jemand: ›Oh, hi, Barbra!‹ Ich dachte: ›Ich kann's nicht fassen! Nun glauben alle, daß ich solch einen lausigen Geschmack habe!‹«

***

Nach einer dreiwöchigen Produktionspause, in der sich Barbra auf die Rolle vorbereitete, wurden die von ausführlichen Presseberichten begleiteten Dreharbeiten zu *All Night Long* in South Pasadena fortgesetzt. Alle Beteiligten meinten, daß die Pechsträhne durch Streisands Mitwirkung endlich beendet sei. *All Night Long* würde bestimmt ein Kassenschlager werden.

»Mir graute bei dem Gedanken, mit ihr zu arbeiten, denn ich hatte allerlei Geschichten gehört«, gab Dennis Quaid zu, bevor Barbra auf dem Set erschien. Doch seine Befürchtungen lösten sich fast sofort auf. »Ich war wirklich überrascht, weil sie so hilfsbereit war. Sie hat bestimmte Ideen und gibt sich große Mühe. Wer nicht mit ihr mithalten kann, hat Pech gehabt.« Jahre später war Quaid von seiner kurzen Zusammenarbeit mit Streisand begeistert. »Sie war wunderbar. Sie ist sehr großzügig und wirklich klug. Von ihr scheint eine Art Glanz auszugehen. Eine schöne Frau. Unvergleichlich.«

Streisand kam jeden Morgen in ihrer vom Studio gemieteten Limousine zur Arbeit, bis sie einen schlauen Einfall hatte, wie sie noch mehr Geld verdienen konnte: Sie entschloß sich, ihren eigenen Bentley zu benutzen. Robert Brown erzählte: »Laut Vertrag waren wir verpflichtet, eine Limousine zu mieten, die sie zur Arbeit und wieder nach Hause brachte. Eines Tages fragte sie mich, ob ich statt der Limousine ihren eigenen Bentley von ihr mieten könne. Ich war einverstanden. Warum sollten wir das Geld nicht ihr geben? Wir zahlten ihr genau das gleiche wie vorher dem Autoverleih.« Typischerweise überlegte Barbra es sich kurz darauf anders. »Nachdem sie ein paarmal mit dem Bentley gefahren war, bat sie uns, alles wieder rückgängig zu machen. Denn in der Limousine konnte sie sich ausstrecken und ihre Sekretärin mitnehmen, um geschäftliche Angelegenheiten zu erledigen. Im Bentley hatte sie dazu nicht genug Platz.«

***

In einer der lustigsten Szenen von *All Night Long* komponiert Cheryl auf dem Klavier ein »Country/Hawaii«-Liedchen mit dem Titel »Carelessly Tossed«. Robert Brown erinnerte sich: »Ihr Filmehemann sollte sehr wütend werden und sie auffordern, nicht mehr herumzualbern und sich um die Hausarbeit zu kümmern. Aber als wir anfingen, die Szene zu drehen, öffnete sie den Mund, und diese unglaubliche Stimme ertönte. Alle blieben verblüfft stehen und hörten zu. Dann brach sie ab, weil sie *schlecht* singen sollte. Sie mußte sich wirklich konzentrieren, um schlecht zu singen. Aber es war verblüffend, im selben Raum zu sein und ihre Stimme zu hören. Natürlich kannte ich sie von vielen Schallplatten, aber es war denkwürdig, dabei zu sein, während sie sang.«

Brown merkte nichts von irgendwelchen Launen. »Sie behandelte Tramont respektvoll. Ich dachte, sie würde vielleicht versuchen, die Regie zu übernehmen, aber das tat sie nicht. Manchmal machte sie Vorschläge. Einige griff er auf, andere nicht.« Barbras einzige »Forderung« während der Dreharbeiten hatte mit ihrer schlankeren Figur zu tun. »Eine Einstellung wurde auf ihren besonderen Wunsch hin gedreht. Sie war sehr stolz darauf, so viele Pfunde abgenommen zu haben. In der Story wird sie einmal von unten aufgenommen, während sie die Treppe hinaufgeht. Daran lag ihr sehr, weil es zeigte, wie schlank sie geworden war.«

Am 20. Juli – nur vier Tage vor Ende der Dreharbeiten – begann ein seit langem angedrohter Schauspielerstreik. »Besonders schwer werden Universal Films und Barbra Streisand von dem Streik betroffen«, meldete *Daily Variety*. Barbra widmete sich wieder *Yentl* und wartete auf die Beilegung des Arbeitskampfes. Das Pech war zu *All Night Long* zurückgekehrt.

***

Während die Schauspielerin Barbra zu Hause saß und streikte, kam ein neues Album der Sängerin Barbra heraus, das die höchsten Verkaufszahlen ihrer Karriere erreichen sollte. Sie hatte nach einem neuen Produzenten Ausschau gehalten – nach jemandem, der ihren Songs Zusammenhalt und einen ausgeprägten Stil verleihen konnte. Dabei dachte sie an die Bee Gees (Barry, Robin und Maurice Gibb), deren schwungvoller Pop-Sound sechs Singles nacheinander auf Platz eins beförderte und dem Soundtrack von *Saturday Night Fever* (Nur Samstag Nacht) 1977 zum Verkauf von elf Millionen Exemplaren verholfen hatte. »Ich halte ihre Musik wirklich für großartig«, sagte Barbra.

»Ich war zuerst sehr nervös«, meinte Barry Gibb. »Wir alle hatten gehört, wie aggressiv sie sein soll, und schließlich ist sie ein Riesenstar. Das würde jeden einschüchtern. Ich wollte mich zuerst nicht darauf einlassen, aber meine Frau drängte mich dazu – sonst würde sie sich von mir scheiden lassen.« Immer noch unsicher, rief er Neil Diamond an, um sich über die Arbeit mit Streisand zu informieren. »Er hatte nichts als Lob für sie, und danach war ich nicht mehr ganz so ängstlich.«

Charles Koppelman, der das vierte Projekt in Folge für Barbra vorbereitete, schickte Barry, dem wohlgefönten Komponisten und Leadsänger der Gruppe, fünf Songs, die Barbra für eine Seite der neuen Platte vorgesehen hatte. »Mein Bruder Robin und ich fanden, daß keiner davon das gewisse Etwas für einen Hit hatte«, sagte Barry. »Das teilten wir ihren [Mitarbeitern] mit, und sie forderten *uns* auf, fünf Songs zu schreiben.« Zwei Wochen später spielte Barry ihr die Melodien auf der Ranch vor. »Sie gefielen ihr. So einfach war das. Wir waren sofort auf einer Wellenlänge, und Barbra wollte, daß wir auch die andere Seite der Platte schrieben.«

Danach wurde die Sache heikel. Der dynamische Robert Stigwood, der Manager der Gruppe, verlangte neben Barrys Honorar auch drei Viertel der Tantiemen für die Brüder, da sie drei Stimmen beisteuerten und Barbra nur eine. »Aber sie klingen alle gleich«, gab Barbra angeblich zurück. »Wieviel für einen einzigen?« Man schloß einen Kompromiß: Nur Barry sollte zusammen mit Barbra singen und dafür fünfzig Prozent der Tantiemen erhalten.

Nachdem die finanziellen Fragen geregelt waren, kam es zu »schöpferischen Differenzen«, die der Zusammenarbeit fast ein Ende bereitet hätten. »Dieses Projekt hätte eine Katastrophe werden können«, sagte Koppelman. »Wir hatten es mit einer Menge Egos zu tun … Ich bin sicher, Barry machte sich dann und wann Sorgen, daß seine Musik Barbra nicht gefallen würde oder daß sie ihre eigene Stimme allzusehr in den Vordergrund stellen wollte. Und Barbra muß manchmal befürchtet haben, daß ihr Album zuviel Ähnlichkeit mit einem der Bee Gees haben könnte.«

»Sie wußte, was sie wollte«, erinnerte sich Barry, »und ich wußte, was ich wollte. Wir führten einen Eiertanz auf, bis wir uns besser kennengelernt hatten.« Er behauptete, er sei »ganz nahe« daran gewesen, den Vertrag zu kündigen. Aber dann bat er um ein Treffen mit Barbra, »um die Differenzen zu überwinden und ein für beide Seiten annehmbares Arrangement zu treffen. Es kam nie zu irgendeiner Feindseligkeit.« Nachdem Barry sich Barbras uneingeschränktes

Vertrauen erworben hatte, sagte sie: »Ruf mich einfach an, wenn du soweit bist und möchtest, daß ich singe.«

Guilty – benannt nach einem Song, den Barry in letzter Minute geschrieben hatte, um ein von Barbra abgelehntes Stück zu ersetzen – kam im September 1980 auf den Markt. Unterdessen nahm die erste Single zur LP, »Woman in Love«, bereits Platz eins ein, und *Guilty* tat es ihr in den Album-Charts gleich. Zwei weitere Singles gelangten in die Top Ten, man verkaufte weltweit über *zehn Millionen* Exemplare des Albums, und es kam in zwölf Ländern auf Platz eins. *Guilty* ist bis heute Barbras erfolgreichstes Album und ein hervorragendes Beispiel für die Popmusik der achtziger Jahre.

Barbra Streisand und die Bee Gees waren wie geschaffen füreinander. Durch die Zusammenarbeit mit Streisand sprengten die Brüder Gibb die engen Grenzen ihrer Popmusik; für dieses Album schufen sie komplexe Melodien und vielschichtige – manche würden sagen: unergründliche – Texte. Und vor allem verlieh der einzigartige Bee-Gees-Sound der Sammlung den Zusammenhalt, den sich Barbra erhofft hatte.

Fast alle Kritiker waren hingerissen. Stephen Holden schrieb in der *New York Times*: »[*Guilty*] erweist sich als eine sensationelle Mischung von Talenten, denn die beiden gleichen ihre Schwächen aus und fördern ihre Stärken ... Da der Rhythmus eine weniger wichtige Rolle spielt, kann sich Mr. Gibb noch mehr auf die Melodie, seine größte Stärke, konzentrieren. Er serviert gleichsam einen Eisbecher voll schöner Klänge ... Sogar die zornigeren Liebeslieder haben einen himmlischen Schwung. Denn in Miss Streisands Stimme sind Begriffe wie Liebe, Glamour und Ruhm praktisch untrennbar miteinander verbunden ... Als Popkonfekt, das den schwindelerregendsten Extremen des Star-Ethos gewidmet ist, dürfte *Guilty* kaum zu übertreffen sein.«

∗∗∗

Nach drei Monaten wurde der Schauspielerstreik beigelegt, und Barbra kehrte von einer Reise nach Paris zurück, um die letzten Szenen von *All Night Long* zu drehen: Die triumphierende, wenn auch insgeheim verängstigte Cheryl rutscht die Stange in der Feuerwache hinunter und fällt George Dupler in die Arme. Als symbolisches Ende von Cheryls Ehe mit dem sexistischen Feuerwehrmann wurde der Sturz in die Freiheit zu einer Tortur für Barbra, die während der Pause wieder fünfzehn Pfund zugenommen hatte. Aber die Szene

427

wurde ohne Zwischenfälle gedreht, und *All Night Long* war endlich im Kasten.

Gerade als Jean-Claude Tramont und Sue Mengers die lange Zerreißprobe für beendet hielten, kam es während der Arbeiten am Rohschnitt zu einer Kontroverse: Barbra und Sue Mengers lösten ihre langjährige private und berufliche Beziehung auf. Man sprach davon, daß Barbra sich weigere, Mengers und ICM die übliche Provision von zehn Prozent zu zahlen, weil sie das Engagement nur angenommen habe, um Mengers einen Gefallen zu tun. Aber Barbra hatte einen Vertrag mit ICM, und sämtliche Gagenschecks wurden an die Agentur geschickt, die ihre Provision abzog und den Rest an Barbras Finanzmanager weiterleitete. Ein wahrscheinlicherer Grund für den Zwist dürfte allerdings gewesen sein, daß Mengers den besessenen Wunsch ihrer Klientin, *Yentl* zu drehen, nicht unterstützte. Wie auch immer, die Zeiten, in denen Barbra eine einmalige Sammlung französischer Liebeslieder als Hochzeitsgeschenk für Tramont und Mengers aufnahm, waren endgültig vorbei.

***

Nachdem es etliche Zuschauer bei Vorführungen von *All Night Long* nicht auf ihren Plätzen ausgehalten hatten, entzog Universal Tramont den Film und ließ ihn neu schneiden, um die Streisand stärker in den Vordergrund zu stellen. Ohne Erfolg: *All Night Long* schien immer noch endlos zu sein. Dennis Quaid im Rückblick: »Ich glaube, der Film war auf mehreren Ebenen mißlungen, zum Beispiel was das Timing oder die Beziehungen betraf. Er kam mir lang vor. Zwar lief er nur anderthalb Stunden, aber es war, als säße man in einem Film von zwei Stunden und zehn Minuten Länge.«

In der Werbeabteilung von Universal beschloß man, den Film als eine spleenige Komödie nach Art von *What's Up, Doc?* und *For Pete's Sake* zu vermarkten. Die Anzeigen zeigten eine schlüpfrige Skizze von Streisand, die eine phallische Feuerwehrstange hinunterrutscht und deren Rock à la Marilyn Monroe hochgeweht wird, während Hackman, Quaid und Dobson lüstern zu ihr hinaufschielen. »Sie kann mit Männern umgehen«, lautete der Text, »und sie geht mit ihnen um, denn JEDE NACHT ZÄHLT.«

Zur offiziellen Premiere des Films am 6. März 1981 besuchte Barbra, in einen weißen Nerz gehüllt, eine Privatparty von Tramont und Mengers in New York. Nach einem Bericht der Zeitschrift *People* behandelte sie alle außer Hackman und Tramont »kühl«. Barbra wechselte kein Wort mit Mengers und gab damit Anlaß zu der Vermutung, daß die beiden sich in naher Zukunft nicht versöhnen würden.

Die Mehrheit der amerikanischen Rezensenten lehnte *All Night Long* ab, doch der Film hatte eine kleine und lautstarke Gruppe von Fans, darunter Pauline Kael vom *New Yorker*. Sie schwärmte von Tramonts »beispielloser Märchenkomödie über Menschen, die ihre falschen Verpflichtungen aufgeben und zu tun versuchen, was ihnen gefällt«. Während einige Kritiker Barbras zurückhaltende Darstellung lobten, hatte Kael manches an ihrer Interpretation auszusetzen: »Aber wir wissen nicht, wer Streisand ist. Sie verzichtet in diesem Film auf ihre rhythmische New Yorker Schnellfeuerstimme, und eine gedämpfte Streisand scheint nicht die richtige Streisand zu sein … Sie ist ein schmalgesichtiges, verlassenes Fragezeichen, das durch den Film wandert.«

Leider gab es keine Fragezeichen, was die Kasseneinnahmen anging. Trotz der Werbekampagne, die Kinobesuchern eine Streisand-Komödie der bewährten Art versprochen hatte, waren die Einnahmen sogar am Premierenwochenende niederschmetternd. Insgesamt spielte der Film nur zehn Millionen Dollar ein und war damit neben *Up the Sandbox* Barbras größter Mißerfolg. Die Mundpropaganda über den Streifen war so jämmerlich, daß sich die *New York Times* zu einem Artikel hierüber veranlaßt sah: »Die meisten Filme, die kommerziell scheitern, werden durch die Gleichgültigkeit des Publikums zu Mißerfolgen. *All Night Long*, eine Komödie mit Gene Hackman und Barbra Streisand in den Hauptrollen, ist zu der exklusiven Gruppe von Filmen gestoßen, die das Publikum ganz bewußt ablehnt … Der Film ist offensichtlich eine Enttäuschung für die Fans von Miss Streisand, und das geeignete Publikum für eine schräge Komödie französischen Stils ist nicht in Versuchung geraten, einen Blick auf den Film zu werfen.«

1985 dachte Gene Hackman voller Bedauern an den Mißerfolg von *All Night Long* zurück. »Universal kündigte [den Film] im Theaterteil der *New York Times* in einem winzigen Kästchen an … Offensichtlich hielt man wenig von dem Film … und wußte nicht, wie man ihn verkaufen sollte. Er fiel in keine der Kategorien, mit denen man sich bei Universal auskannte.«

Barbras Meinung über *All Night Long* läßt sich aus einer Bemerkung ableiten, die sie kurz nach der Premiere Lisa Eichhorn gegenüber am Telefon machte: »Du bist noch mal davongekommen, Kindchen.«

KAPITEL 31

Barbra bemühte sich, ihre Nervosität zu verbergen, während sie, mit einem Super-8-Film und einer Tonbandkassette unter dem Arm, Sherry Lansings Büro bei 20th Century-Fox betrat. United Artists hatte ihr gerade die finanzielle Unterstützung für *Yentl* entzogen – das Projekt, das sie als Star, Regisseurin, Co-Autorin und Produzentin auf die Leinwand bringen wollte. Seit Jahren hatte sie für die Realisierung des Films gekämpft; er war zu ihrem »Leben«, ihrer »Leidenschaft«, ihrem »Traum« geworden.

Jedes Studio in Hollywood hatte das Projekt mindestens einmal abgelehnt, darunter auch Fox. Aber Barbra war sich sicher, daß Lansing, die gerade zur ersten Präsidentin des Filmkonzerns ernannt worden war, bereit sein würde, das Vorhaben zu finanzieren. Es handelte sich um die im Polen des Jahres 1904 spielende Geschichte einer Jüdin, die gezwungen ist, sich als Mann zu verkleiden, damit sie sich ihren Traum, Religionswissenschaft und Philosophie zu studieren, erfüllen kann. Barbra hatte eine kurze Filmsequenz herstellen lassen, in dem sie in ihrer männlichen Verkleidung durch Prag ging, und die Tonbandaufnahme enthielt viele der Songs, die Michel Legrand und die Bergmans für sie geschrieben hatten.

»Es war, als wäre ich wieder achtzehn Jahre alt und müßte für eine Broadway-Show vorsprechen«, erinnerte sich Barbra. Sie zeigte Lansing den Film, um zu beweisen, daß sie als Mann überzeugen konnte, und sie spielte das Band, um zu unterstreichen, daß von einem *Streisand-Musical* die Rede war. Dann beschrieb sie aufgeregt die Filmhandlung, wobei sie manchmal zwei oder drei Rollen übernahm, um eine Szene heraufzubeschwören.

Lansing hörte höflich zu – und erteilte Barbra eine Absage. Ihre Gründe waren die gleichen wie die aller anderen Manager in Hollywood: »Die Story ist zu ethnisch, zu esoterisch. Wir können uns einfach nicht vorstellen, daß das mittelständische Amerika Eintrittsgeld für diesen Film bezahlt. Und wir glauben nicht, daß Ihnen das Publikum den Jungen abnehmen wird, Barbra. Sie sind phantastisch, Sie sind der Kassenstar Nummer eins. Warum wollen Sie das alles aufs Spiel setzen? Wenn Sie eine Idee für eine Komödie haben, können wir weiterreden!«

»Ich verließ das Büro unter Tränen«, sagte Barbra. »Ich konnte einfach nicht glauben, daß eine Frau nicht begriff, wie allgemeingültig die Geschichte war. Mir erschien sie immer als eine sehr moderne Story, eine Liebesgeschichte, die Menschen überall auf der Welt ansprechen würde.« Niedergeschmettert kehrte sie nach Malibu zurück und legte sich ins Bett. Aber nicht lange. Je mehr Absagen sie erhielt, desto entschlossener wurde sie, die Zweifler eines Besseren zu belehren. »Wenn man Barbra erklärt, daß etwas nicht möglich ist«, meinte Marilyn Bergman, »dann bringt man sie erst richtig auf Touren.«

**

Barbras ehemalige Mitbewohnerin Elaine Sobel war der Meinung, sie habe Streisand Anfang der sechziger Jahre von Isaac Bashevis Singers Kurzgeschichte »Yentl, the Yeshiva Boy« erzählt. Aber Barbra entsinnt sich, die Geschichte zum erstenmal 1969 gelesen zu haben, als die Produzentin Valentine Sherry ihr den Text schickte. David Begelman, Barbras damaliger Agent, hatte das Projekt abgelehnt, ohne sie zu befragen. »Man war klug genug, die Story direkt an meine Adresse zu schicken«, sagte Barbra. »Sie war nur fünfundzwanzig Seiten lang und mit großen Lettern gedruckt. Deshalb dachte ich: ›Das kann ich an einem einzigen Nachmittag durchlesen.‹«

Nach der Lektüre rief sie Begelman an und verkündete: »Ich habe gerade meinen nächsten Film gefunden: ›Yentl, the Yeshiva Boy‹.«

»O Gott«, erwiderte Begelman. »Wir haben denen gerade mitgeteilt, du seist nicht interessiert.«

»Was soll das heißen? Ich *bin* interessiert.«

»Barbra«, seufzte Begelman, »seit einem Jahr schärfst du uns ein, daß du dein Leinwand-Image ändern möchtest, daß du keine Lust mehr hast, jüdische Mädchen aus Brooklyn zu spielen. Und nun möchtest du einen jüdischen *Jungen* spielen?«

Ja, das wollte sie, obwohl Begelman ihr heftig abriet, da sie ihre Karriere gefährden könne. Doch schon die ersten Worte der Story hatten sie zutiefst gerührt. »Nach dem Tod ihres Vaters ...« Sie betrachtete das Werk als ein Kaddisch für Emanuel Streisand.

»Er war Lehrer und Forscher genau wie Yentls Vater. Ich wollte meinen Vater wissen lassen, daß ich stolz auf ihn bin, und stolz darauf, seinen Namen – Streisand – zu tragen.«

Außerdem verspürte sie eine Seelenverwandtschaft mit Yentl, dem stets wißbegierigen Mädchen, dessen Scheinwelt auf den Kopf gestellt wird, als sie sich in einen anderen Jeschiwa-Studenten verliebt, der sie für einen Mann hält. »Ich konnte mich auf vielen Ebenen mit dieser Geschichte identifizieren. Yentl möchte lernen, genau wie ich immer lernen wollte. Ich war immer neugierig ... Die vielen Ähnlichkeiten zwischen Yentl und mir verblüfften mich. Und ich hätte das gleiche getan wie sie. Ich hätte die Kleidung meines Vaters angezogen und wäre als Junge hinausgegangen, um meinen Traum zu verwirklichen.«

Barbra erwarb 1969 die Option auf die Filmrechte der Story. Sie hatte vor, nur die Hauptrolle in dem Film zu übernehmen, den sie sich nicht als Musical vorstellte. Zwei Jahre später gab Barbras Gesellschaft First Artists bekannt, daß der Film – unter dem Titel *Masquerade* – von Valentine Sherry produziert und von dem Tschechen Ivan Passer inszeniert werden sollte; Passer und Isaac Singer würden das Drehbuch schreiben. Das Budget wurde auf nur zwei Millionen Dollar angesetzt. Sofort nach der Bekanntmachung begann man zu witzeln. Die *New York Times* brachte ihren Artikel unter der Schlagzeile: »Ein neuer Film für Barbra: ›Funny Boy‹.«

Das Projekt zerschlug sich bald: hauptsächlich, weil Barbra mit keinem der drei Entwürfe zufrieden war, die Passer – zuerst mit Singer und dann mit Jerome Kass – geschrieben hatte. Sie sprach mit Milos Forman, einem anderen tschechischen Regisseur, über den Film, aber er zeigte kein Interesse.

Doch Barbra gab nicht auf. An dem ersten Wochenende, das sie 1973 mit Jon Peters verbrachte, las sie ihm die Story vor. Nach *A Star Is Born* kam sie zu dem Entschluß, daß sie den Film selbst inszenieren mußte, um ihre Vorstellungen exakt verwirklichen zu können. »Ich hatte Angst vor der Regie, denn ich wußte nicht, ob ich dazu imstande war. Aber ich war fast vierzig Jahre alt und dachte, daß ich als Künstlerin und Mensch mehr Risiken eingehen mußte ... Mich schreckte der Gedanke, später als alte Frau über diesen Film zu sprechen, den ich hätte drehen sollen.«

Barbra trug die Idee allen bedeutenden Studios in Hollywood vor, doch nun hatten die Direktoren einen anderen Grund für ihre Ablehnung: Sie glaubten, einem neuen Regisseur – zumal einer Frau – nicht trauen zu können. Regisseurinnen waren selten in Hollywood, und in der Branche vertrat man die männlich-chauvinistische Haltung, daß Frauen nicht mit einem Budget in Höhe von vielen Millionen Dollar umgehen könnten. Warner Brothers, dem Barbras Filme

Chris Nickens Collection

Barbra 1970 als elegante Kurtisane der Regency-Zeit, Melinda Tentrees, eine ihrer Doppelrollen in On a Clear Day You Can See Forever *(An einem Sonntag ohne Wolken/Einst kommt der Tag …).*

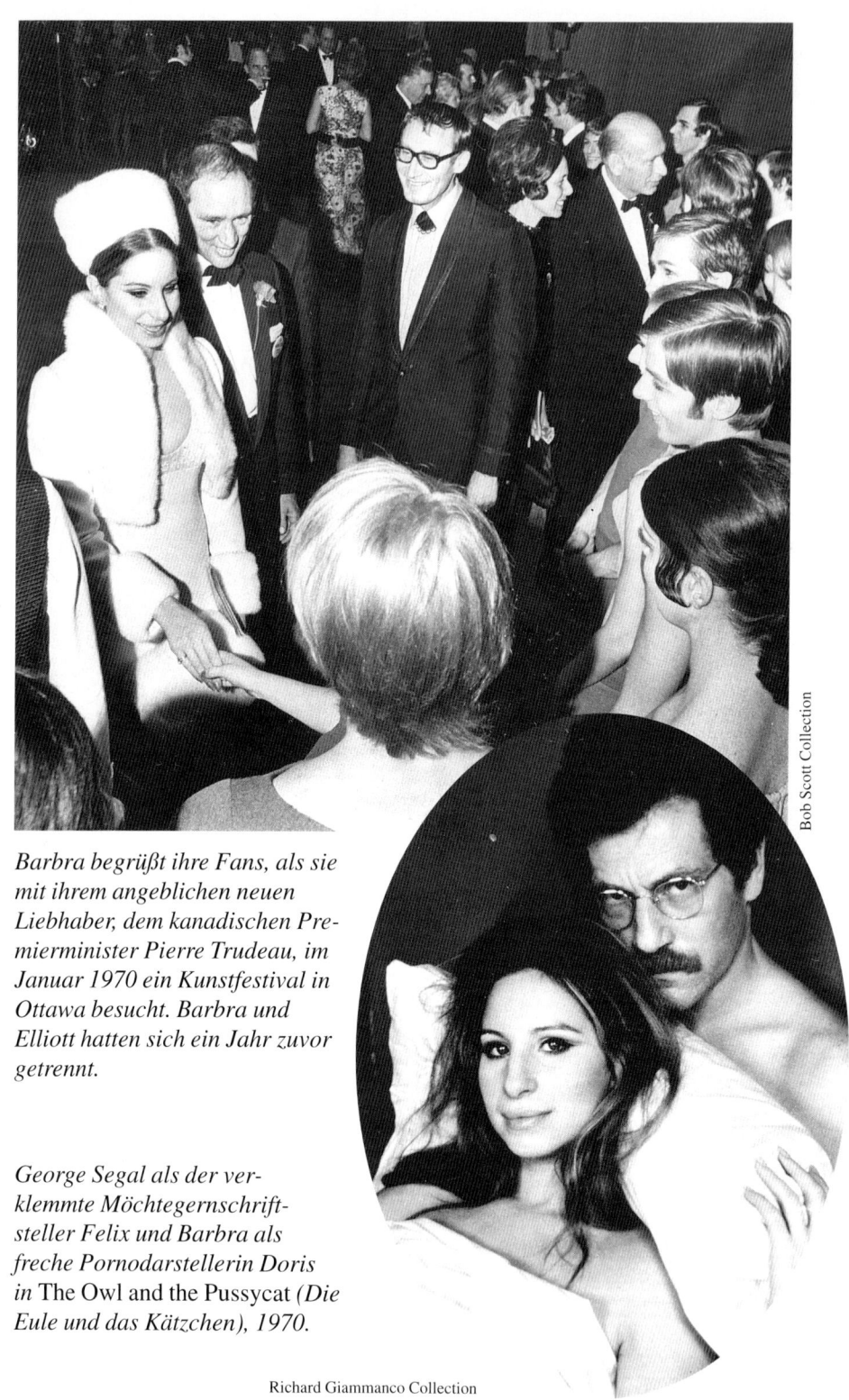

Bob Scott Collection

Barbra begrüßt ihre Fans, als sie mit ihrem angeblichen neuen Liebhaber, dem kanadischen Premierminister Pierre Trudeau, im Januar 1970 ein Kunstfestival in Ottawa besucht. Barbra und Elliott hatten sich ein Jahr zuvor getrennt.

George Segal als der verklemmte Möchtegernschriftsteller Felix und Barbra als freche Pornodarstellerin Doris in The Owl and the Pussycat *(Die Eule und das Kätzchen), 1970.*

Richard Giammanco Collection

Ryan O'Neal und Barbra albern während der Aufnahmen zu Peter Bogdanovichs Slapstick-Komödie What's Up, Doc? *(Is' was, Doc?) herum. 1971.*

Photofest

Archive Photos/Fotos International

Nachdem Barbra sich schließlich von Elliott hat scheiden lassen, machen Streisand und O'Neal ihre Affäre während der Premiere zu O'Neals Film The Wild Rovers *(Missouri) publik.*

*Während ihrer Dreh-
arbeiten zu den
phantastischen, in
Afrika spielenden
Szenen für die
Emanzipations-
komödie* Up the
Sandbox *(Sandka-
stenspiele) dirigierte
Barbra 1972 die
Eingeborenen beim
Singen.*

*Flankiert von Barbra
und James Taylor,
spricht der Präsi-
dentschaftskandidat
der Demokraten,
George McGovern,
einige Worte nach
einem Konzert zur
Finanzierung seines
Wahlkampfes, das
im April 1972 im
Forum in Los Ange-
les stattfand.*

Steve Schapiro

Steve Schapiro

*Barbras seliger Gesichtsausdruck spiegelt die romantischen Gefühle wider,
die sie für Robert Redford, ihren Filmpartner in* The Way We Were *(Cherie
Bitter/So, wie wir waren), 1973 empfunden haben soll.*

Sammlung des Autors

Globe Photos

Barbras Kleid scheint sich während einer 1973 aufgenommenen Nummer für ihr TV-Special Barbra Streisand … and Other Musical Instruments *in der Waschmaschine verfangen zu haben. Marty Erlichman hilft ihr.*

Rechts, unten: Barbra erregte großes Aufsehen, als sie sich im Januar 1974 während eines Boxkampfes im Madison Square Garden mit ihrem neuen Liebhaber, dem Friseur Jon Peters, zeigte.

Wieder in Brooklyn, zeigt Barbra ihre Ungehaltenheit über die tobenden Fans, die 1973 die Dreharbeiten zu For Pete's Sake *(Bei mir liegst du richtig) stören.*

Bob Scott

Globe Photos/Sylvia Morris

Prinz Charles stattet Barbra 1974 in Hollywood einen Besuch ab. Streisand war »mein einziges Pin-up ... Sie ist umwerfend attraktiv und hat eine Menge Sex-Appeal.«

Foto: *New York Daily News*

Archive Photos/Express Newspapers

*James Caan nimmt Barbra 1975 während einer Publicity-Reise für ihren Film
Funny Lady spielerisch in den Würgegriff. Der Produzent des Films, Ray Stark,
hätte oft am liebsten das gleiche ernsthaft mit Barbra gemacht.*

*Nach einem Jahr voller Kämpfe und Streitereien während der Dreh-
arbeiten zu A Star Is Born lacht Barbra im Dezember 1976 gemeinsam mit Jon Peters und ihrem Filmpartner Kris Kristofferson angesichts des sensationellen Kassenerfolgs, zu dem der Film wurde.*

Archive Photos/Fotos International

Barbra und Jon feiern im März 1977 die fünf Golden Globe Awards für A Star Is Born, *unter anderem für den besten Film, die beste Schauspielerin, den besten Schauspieler und den besten Song.*

Barbra im August 1977 mit ihrer Schwester Roslyn Kind und ihrer Mutter Diana Kind nach Roslyns Eröffnungsabend im Studio One *in West-Hollywood.*

Bob Scott

Bob Scott

Sammlung des Autors

O'Neal und Streisand kommen 1979 noch einmal für eine weitere erfolgreiche Filmkomödie, The Main Event *(Was, du willst nicht?), zusammen. Barbras Nähe zu ihrem ehemaligen Liebhaber machte Jon Peters eifersüchtig.*

Gene Hackman als geplagter Drugstore-Geschäftsführer George Dupler und Barbra als konfuse Cheryl Gibbons in dem Kassenflop All Night Long *(Jede Nacht zählt), 1981.*

Richard Giammanco Collection

Photofest

Richarc Giammanco Collection

Die Streisand 1982 bei Außenaufnahmen für Yentl, *den ersten Film, in dem sie auch Regie führte, in einer Besprechung mit Mandy Patinkin und Amy Irving. »Ich weiß nicht, wie ich das überstanden habe«, gestand Barbra.*

Amy Irving als Hadass und Barbra als Yentl, die sich in Yentl *als Anshel verkleidet hat. Der Film kam 1983 unter großem Beifall der Kritik heraus. Von den drei Stars wurde nur Amy für den Oscar nominiert, was große Empörung auslöste.*

*Der Musiker und
Komponist Richard
Baskin, einer der
Erben des Eiscreme-
Imperiums Baskin,
wurde 1984 Barbras
neuer Lebensge-
fährte, nachdem sie
ihre Beziehung zu Jon
Peters beendet hatte.
Sie trennten sich
1987, blieben aber
weiterhin befreundet.*

Kevin Winter/DMJ

*Madonna besucht
Barbra und ihren Co-
Star Richard Dreyfuss
1986 bei den Drehar-
beiten zu* Nuts
*(*Nuts … durchge-
dreht*). Die Streisand
spielte eine des Mor-
des angeklagte Pro-
stituierte.*

Chris Nickens Collection

Bob Scott

Barbras Affäre mit dem Miami Vice-*Star Don Johnson
versetzte die Presse und die Fans in helle Aufregung.
Dies Bild entstand bei der Premiere von Johnsons Film*
Sweet Heart's Dance *(Sweethearts Dance – Liebe ist
mehr als ein Wort), die im September 1988 stattfand.*

Als Regisseurin von The Prince of Tides *(Herr der Gezeiten) verhalf Barbra ihrem Co-Star Nick Nolte 1991 zu seiner ersten Oscar-Nominierung.*

Sammlung des Autors

Jason Gould begleitet seine Mutter 1992 zu den Feierlichkeiten anläßlich der Verleihung der Academy Awards. Obwohl The Prince of Tides *für sieben Oscars nominiert worden war, wurde die Streisand erneut als Kandidatin für die beste Regie übergangen.*

Bob Scott

Adam Scull/Globe

Barbra Streisand wehrt einen Fotografen ab, der im September 1992 einen Schnappschuß von ihr und ihrem angeblichen neuen Liebhaber, dem von Frauen umschwärmten Tennisstar Andre Agassi, nach dem U.S. Open Tennis Tournament in Forest Hills, New York, machen will.

Sarah Partridge – Reuters/Bettmann.

Der gerade zum Präsidenten gewählte Bill Clinton umarmt Barbra im Januar 1993 nach ihrem Auftritt auf seiner Amtseinführungs-Gala.

Barbra nimmt erfreut die Jubelrufe der Fans aus ihrer Heimatstadt entgegen, die ihr bei ihrem Zwischenstopp während ihrer Konzerttournee im Madison Square Garden entgegenschallen. Angeblich war Geldmangel einer der Gründe für ihre Tournee.

Osamu Honda/AP

Aufgeregt und nervös hält Barbra im Februar 1995 in der John F. Kennedy School of Government der Harvard University vor Studenten einen Vortrag zum Thema »Der Künstler als Staatsbürger«.

HARVARD UNIVERSITY

JOHN F. KENNEDY
SCHOOL OF GOVERNMENT

THE FORUM
INSTITUTE OF POLITICS

VE RI TAS

Arthur Pollock/Boston Herald

162 Millionen Dollar brutto eingebracht hatten, ließ sich nicht überzeugen – genausowenig wie Columbia, für die ihre Filme 226 Millionen Dollar eingespielt hatten. Auch Fox, MGM und United Artists
lehnten ab. Die Studioleiter machten Barbra nur eine einzige Hoffnung: Falls sie den Film in ein Musical verwandele, hätte man *vielleicht* Interesse. Aber zu diesem Zeitpunkt schwebte ihr nichts anderes als ein kleines Drama vor.

Sie legte die Idee zunächst zu den Akten, aber im Frühjahr 1979,
während der Dreharbeiten zu *The Main Event*, beschloß sie, alles zu
tun, um *Yentl* Realität werden zu lassen. Fast alle in ihrer näheren
Umgebung, auch Sue Mengers und Jon Peters, hatten ihr geraten, das
Projekt fallenzulassen. Und da Barbra nun Ende Dreißig war, wurde
die Wahrscheinlichkeit, daß sie als Jeschiwa-Student von weniger als
dreißig Jahren überzeugen konnte, immer geringer.

Jon beschrieb den Moment, in dem sich Barbras Vorsatz bei
Außenaufnahmen zu *The Main Event* in den Bergen von San Bernardino herauskristallisierte. »Wir standen im Schnee, und sie sagte:
›Ich hasse diesen Film! Ich werde *Yentl* drehen!‹ Ich antwortete: ›Auf
keinen Fall!‹ Ich hatte Angebote aus Las Vegas, wo sie für 20 oder
30 Millionen Dollar in Shows auftreten konnte. Sie schlug alles aus.
Ich brüllte: ›Du darfst dein und mein Leben nicht ruinieren! Du
kannst keinen Jungen spielen! Wir werden zusammen etwas anderes
machen.‹ ... Ich muß wohl ein wenig anmaßend gewesen sein, denn
sie sah mich an und erklärte: ›Schon weil du das gesagt hast, werde
ich den Film drehen – *um jeden Preis*!‹«

***

Barbra und ihr Bruder Sheldon standen im Herbst 1979 am Grab ihres Vaters auf dem Mount Hebron Cemetery in Queens. Barbra hatte
die letzte Ruhestätte ihres Vaters nicht besucht, seit sie sieben Jahre
alt gewesen war. Damals hatte sie darauf bestanden, daß ihre Mutter
sie mitnahm. »Meine Mutter sprach nie von meinem Vater, weil sie
nicht wollte, daß ich ihn vermißte. Ich hatte kein Bild von mir und
meinem Vater. Ich dachte, ich sei durch unbefleckte Empfängnis geboren worden, da ich ihn nie kannte.«

Sie bat Sheldon, sie neben dem Grabstein ihres Vaters zu fotografieren, denn »das zeigt wenigstens, daß er existiert hat«. Als sich
Barbra das Foto später ansah, bemerkte sie, daß der neben ihrem Vater begrabene Mann Anshel hieß. »Ich konnte es nicht glauben. Das
ist ein sehr ungewöhnlicher Name. Nicht so wie zum Beispiel Irving.

Und dort, direkt neben dem Grab meines Vaters, lag ein Mann namens Anshel. So hieß Yentls toter Bruder, deren Namen sie annimmt, als sie sich als Junge verkleidet. Für mich war das ein Zeichen von meinem Vater, daß ich den Film drehen sollte.«

Später am selben Abend entdeckte Barbra ein weiteres Zeichen von Emanuel Streisand. Sheldon, nun vierundvierzig Jahre alt und Grundstücksmakler, berichtete seiner Schwester von einem Medium, das er aufgesucht hatte. Es handelte sich um »eine nette jüdische Dame mit blondem Haar«, der mit dreizehn Jahren ein Geist erschienen sei und die seitdem übersinnliche Kräfte besitze. »Du wirst nicht glauben, was ich gestern abend erlebt habe«, sagte Sheldon. »Ich sprach mit Daddy. Wir legten die Hände auf einen Tisch, und der Tisch bewegte die Beine und fing an, Daddys Namen zu buchstabieren. Dann folgte mir der Tisch durch das Zimmer.«

Da diese Worte von ihrem Bruder – dem vernünftigen, bürgerlichen Familienvater Sheldon – kamen, schenkte Barbra ihnen Glauben. Sie bat ihn, das Medium in sein Haus einzuladen. Sheldon und sie setzten sich mit der Frau an einen Tisch und legten die Hände mit den Flächen nach unten auf die Platte. Plötzlich bewegte sich der Tisch, und Barbra wurde mißtrauisch; sie nahm an, daß es irgendwo eine elektrische Vorrichtung gab. Dann »buchstabierte der Tisch Buchstaben mit den Beinen«. Ein einmaliges Pochen bedeutete A, ein zweimaliges B und so weiter. »Ich war sehr erschrocken. Der Tisch hämmerte vor sich hin. Bum, bum, bum! Er buchstabierte MANNY und dann BARBRA. Ich hatte solche Angst, daß ich weglief. Denn ich spürte die Anwesenheit meines Vaters im Zimmer! Ich rannte ins Bad und schloß mich ein.«

Als Barbra Mut geschöpft hatte und zurückgekehrt war, fragte das Medium den Geist von Emanuel Streisand: »Was für eine Botschaft hast du?« Der Tisch pochte SORRY. »Möchtest du uns noch etwas anderes mitteilen?« SING STOLZ lautete die Antwort. »Es klingt verrückt«, gab Barbra zu, »aber ich weiß, es war mein Vater, der mich aufforderte, mutig zu sein und zu meinen Überzeugungen zu stehen – *stolz zu singen*!«

***

»Das muß ein Musical werden!« riefen Marilyn und Alan Bergman, als Barbra ihnen das Drehbuch zeigte, das sie gerade beendet hatte. Sie waren seit einiger Zeit dieser Meinung gewesen, hatten sie jedoch für sich behalten, da sie wußten, daß Streisand an ein intimes

Drama ohne Musik dachte. Aber schließlich machten sie den Versuch, Barbra umzustimmen. »Wir glaubten, es sei eine wunderbare Story für ein Musical, weil es darin um eine Gestalt mit einem Geheimnis geht«, erklärte Marilyn. »Nachdem ihr Vater stirbt, gibt es während des ganzen Films niemanden, mit dem sie reden, dem sie ihre wirkliche Persönlichkeit enthüllen kann. Und dieses reiche Innenleben wird zu der Filmmusik.«

Barbra war sich darüber im klaren, daß die Studios eher geneigt sein würden, ein Musical zu finanzieren, weil die Aussicht auf einen Kassenschlager größer war, wenn sie sang. Darum dachte sie ernsthaft über den Vorschlag der Bergmans nach. Es dauerte nicht lange, bis sie sich ihrer Meinung anschloß. Plötzlich hatte sie den Eindruck, daß Musik »den Film zu etwas Zauberhaftem, zu einem Märchen erhöhen« werde.

Es stand außer Frage, daß die Musik schwelgend, romantisch und in der europäischen Tradition verwurzelt sein mußte, weshalb sich Michel Legrand als Komponist anbot. »Die Art Musik, die Michel komponiert, ist zeitlos«, kommentierte Alan Bergman. »Sie könnte aus dem achtzehnten, dem neunzehnten oder dem zwanzigsten Jahrhundert stammen.« Marilyn fügte hinzu: »Die Aufgabe bestand darin, die Musik exotisch und bunt, aber nicht so speziell wirken zu lassen, daß sie keine Allgemeingültigkeit hat. Genau das gelang Michel.«

Nachdem Barbra den Entschluß gefaßt hatte, *Yentl* zu einem Musical zu machen, stürzte sie sich mit ihrer üblichen Energie in die Vorbereitungen. Legrand und sie fuhren häufig zum Haus der Bergmans in Beverly Hills und verbrachten den ganzen Tag damit, im Musikzimmer im Obergeschoß zu arbeiten. »Unsere Haushälterin brachte uns Tabletts mit den Mahlzeiten, und wir aßen dort oben«, erinnerte sich Alan. »Es war, als gäbe es keine Außenwelt mehr ... Und das Allerbeste an der Arbeit war: Wo sonst auf der Welt konnte man seinen Regisseur anrufen und sagen: ›Kommst du rüber und singst uns dieses Lied vor?‹«

Bei der Arbeit stellten sich Legrand und die Bergmans einer Erkenntnis, die Barbra in Verlegenheit brachte: Wenn die Lieder Yentls Gedanken wiedergaben, dann konnte sie kein anderer in dem Film singen. »Das war eine schwere Entscheidung«, bemerkte Alan. »Barbra fürchtete, daß man es falsch auffassen könne, aber es wurde immer zwingender. Sie ist die Erzählerin der Story, und kein anderer hat etwas mit der inneren Musik zu tun.«

Marilyn erläuterte: »Es war fast genauso, als Barbra versuchte,

Szenen ohne Yentl zu konstruieren, damit sie nur als Regisseurin hinter der Kamera bleiben konnte. Aber wir hatten jedesmal das Gefühl, daß das Publikum nicht verstehen würde, wieso es an solchen Momenten teilhatte, wenn Yentl nicht dabei war. Der Film erzählt von ihren Wahrnehmungen und sieht mit ihren Augen.«

Barbra stellte ein Video von »Tomorrow Night« her, einer der musikalischen Einlagen, die sie zusammen mit den Bergmans und Legrand ersonnen hatte. »Wir waren wie spielende Kinder«, sagte Marilyn. »Wir machten in unserem Wohnzimmer eine Videoaufnahme der ersten Musiknummer.« Marilyn und Alan spielten zwei Schneider, die versuchten, Anshel in seinen »Bräutigamsanzug« zu zwängen. »Es war zum Schießen! Solche Schneider wie uns gibt's nicht noch einmal!«

$$***$$

Da Barbra das Projekt nun durch eindrucksvolle Originalfilmmusik schmackhaft machen konnte, bemühte sie sich Ende 1979 von neuem um die Gunst der Studios. Nach mehreren Absagen schien sich ihr Traum endlich zu erfüllen. Eric Peskow und Mike Medavoy, Partner bei Orion Pictures, gaben ihr grünes Licht, nicht nur die Hauptrolle zu spielen, sondern den Film auch zu inszenieren und zu produzieren – vorausgesetzt, daß die Kosten 13 Millionen Dollar nicht überstiegen. Sie engagierte Rusty Lemorande als Produktionsassistenten und beauftragte ihn, gesonderte Kostenvoranschläge für die Herstellung des Films in Los Angeles und im Ausland zu machen.

Ihre größte Sorge galt nun dem Script, das sie für alles andere als abgeschlossen hielt. Medavoy, der sie ohnehin bevollmächtigt hatte, fast alle anderen Aufgaben zu übernehmen, riet ihr, auch das Drehbuch zu schreiben. »Sie scheinen so genau zu wissen, was Sie wollen«, erklärte er.

»Ihr blieb nichts anderes übrig«, berichtete Lemorande. »Es war eine herrliche Erfahrung für mich, denn ich erlebte den Prozeß aus nächster Nähe mit. Wir beide stellten einen Entwurf her, der dann von Leuten wie [dem berühmten Drehbuchautor] Paddy Chayefsky, Elaine May, David Rayfiel oder Bo Goldman unter die Lupe genommen wurde … Viele Experten äußerten immer wieder ihre Meinung, wenn Barbra sie darum bat.«

Um das bestmögliche Drehbuch schreiben zu können, vertiefte sich Barbra – genau wie Yentl – in den Judaismus. Sie studierte die Thora, nahm am Bibelunterricht teil und besuchte chassidische Trauungen. Außerdem wirkte sie aktiv in einer kleinen orthodoxen Synagoge in Venice, Kalifornien, mit und half Jason, sich auf seine Bar-Mizwa-Feier vorzubereiten. Wahrscheinlich hätte der Junge auf diese Zeremonie verzichtet, wenn seine Mutter nicht so besessen von Yentls Welt gewesen wäre. Rabbi Daniel Lapin amtierte bei der Feier, und Barbra ließ sich danach monatelang von ihm unterrichten. Zum Dank bedachte sie die Jewish Day School des Rabbiners, die in Emanuel Streisand School umbenannt wurde, mit einer großzügigen Spende.

Die Arbeit an dem Script verzehrte Barbra, denn sie versuchte, sämtlichen Einwänden zu begegnen. Sie erhöhte Yentls Alter, um sie überzeugender spielen zu können. »Ich machte sie irgendwie alterslos. Sie muß um die achtundzwanzig Jahre alt gewesen sein. Eine alte Jungfer für die damalige Zeit. Jemand, der in ihrem Alter [zu Yentls Zeit und in ihrem Milieu] noch nicht verheiratet war, dürfte eine ganz seltene Ausnahme gewesen sein.« Sie rackerte sich ab, um die Welt leidenschaftlicher Talmudgelehrter nachzuschöpfen, ohne daß der Film »zu ethnisch« wurde und den Reiz für das allgemeine Publikum verlor.

Dabei war sie für jede Hilfe dankbar. Als der Romancier und Rabbiner Chaim Potok ihr mitteilte, daß er sie für die Zeitschrift *Esquire* interviewen solle, erwiderte Barbra: »Ich gebe keine Interviews.« Aber sie erklärte sich zu einem Treffen bereit, damit man einander kennenlernen könne, und bat ihn, sich das Drehbuch von *Yentl* anzusehen. Potok erahnte ein unausgesprochenes Angebot: Wenn Sie mir bei diesem Drehbuch helfen, bekommen Sie ein Interview von mir. Später machte Barbra kein Hehl daraus: »Warum gebe ich dieses Interview? ... Ich möchte, daß Sie mir unter die Arme greifen. Ich möchte herausfinden, was Sie als Schriftsteller und als Rabbiner wissen.«

Potok gelangte zu dem Schluß, daß Barbras Kenntnisse der jüdischen Kultur »verworren und wenig ausgeprägt« seien. »Aber sie stellt ihre Fragen offen, ungehemmt und ohne jeden Anflug von Verlegenheit und macht sich Notizen mit der beharrlichen Aufmerksamkeit eines Menschen, der sich seit langem mit einem Lehrstoff befaßt. Ich kann ihr Verständnis nicht einschätzen. Ihr Geist springt ruhelos, unruhig von einem Thema zum anderen; sie möchte alles wissen, und zwar rasch. Wenn der eine oder andere von uns plötzlich eine gute Idee hat, bemerke ich ein erstauntes Lächeln auf ihren Lippen, eine fast sinnliche Freude, und ihre Augen blitzen.«

Die Recherchen zu *Yentl* drückten Barbra ihren Stempel auf. »Ich war nun stolzer, Jüdin zu sein.« Auch seien ihr die Augen für etliche philosophische Fragen geöffnet worden. »Ich glaube nicht, daß Gott ein männlicher Chauvinist ist. Im Buch Genesis gibt es zwei Kapitel mit unterschiedlichen Interpretationen über die Schöpfung der Frau ... Ich glaube nicht, daß die Frau aus einer Rippe erschaffen wurde, sondern daß sie als Partnerin des Mannes entstand, wie es in einem der Kapitel heißt: Gott schuf Adam und teilte ihn, so daß beide Seiten männliche und weibliche Eigenschaften haben. Sie sind verschieden, aber gleichberechtigt.«

Barbra entdeckte auch, daß der Talmud Frauen das Studium nicht verbietet, sondern nur betont, daß sie nicht zum Studium *verpflichtet* seien. »Wo steht geschrieben, daß Frauen untergeordnet zu sein hätten? Die Männer haben das Gesetz einfach zu ihrem Vorteil und für die Bedürfnisse der Gesellschaft interpretiert. Mit anderen Worten: Es steht *nicht* geschrieben!«

***

Barbra ging durch die alten, düsteren Pflasterstraßen von Prag und fühlte sich in Yentls Zeit zurückversetzt. Es war Herbst 1980. Sie war mit Rusty Lemorande in die Tschechoslowakei gereist, um nach Drehorten Ausschau zu halten. Denn Barbra hatte beschlossen, *Yentl* der Echtheit halber in Prag zu drehen. »Ich zog meine *Yentl*-Kleidung an und schlenderte durch die Straßen. Ich wollte alles ausprobieren und mich überzeugen, wie die schwarze Kleidung vor der Farbe der Wände aussah, vor den Materialien, den Pflastersteinen, der Luft und dem Licht der Tschechoslowakei. Jedes Land hat eigene Nebel, ein eigenes Licht. Der Film sollte sein »wie ein holländisches Gemälde«: »Ich liebe Rembrandt. Als ich sechzehn Jahre alt war, zahlte ich zehn Dollar für den Rembrandt-Stich einer badenden Frau, und er hing in meiner Wohnung, als ich von zu Hause ausgezogen war.«

Als nächstes flog sie nach Amsterdam, wo Regisseur Paul Verhoeven ihr das Rijks-Museum zeigte. »Ich wollte mir die Rembrandts aus nächster Nähe ansehen, nicht nur in Büchern, denn [in Wirklichkeit] sind seine Gemälde nicht schwarz, sondern von tiefem Dunkelbraun, und die Konturen der Gesichter sind weich, nicht hart ... Es ist sehr interessant, denn die Lichtquelle ist in Rembrandt-Gemälden nie zu erkennen. Ein Teil des Lichtes kam sozusagen von innen.«

Einen Monat nach ihrer Rückkehr aus Europa erarbeiteten Barbra und Lemorande einen Kostenplan, der die Grenze von 13 Millionen Dollar nicht überschritt. An dem Tag – dem 19. November 1980 –, als Barbra Orion Pictures das Budget vorlegte, hatte Michael Cimi- nos Film *Heaven's Gate* in New York Premiere. Cimino, der hochge- lobte Regisseur von *The Deer Hunter* (Die durch die Hölle gehen), den man 1978 als besten Film mit dem Oscar ausgezeichnet hatte, hatte von United Artists für *Heaven's Gate* Carte blanche bekom- men. Das Budget schnellte von 7 auf 38 Millionen Dollar hoch, und, schlimmer noch, der Streifen wurde von den Kritikern als hand- lungsloser Mischmasch und als Ausdruck der schwelgerischen Selbstsucht von Cimino angegriffen. Das Studio zog den dreieinhalb Stunden langen Film zurück und kürzte ihn um siebzig Minuten, aber er wurde trotzdem zu einem kläglichen Flop und zu einem der teuer- sten Mißerfolge der Filmgeschichte.

Die Schockwellen des Fiaskos erschütterten Hollywood und mach- ten Barbras Absprache mit Orion zunichte. Sie mußte einsehen, daß *Heaven's Gate* »die Filmindustrie radikal verändert« hatte. Plötzlich wollte man in den Studios nichts mehr von Projekten hören, die über zehn Millionen Dollar kosteten. Außerdem wollte Orion kein Risiko mit einer Regie-Novizin eingehen, die an ausländischen Drehorten an einem esoterischen Stoff arbeitete. Man machte die Zusage rückgän- gig, und Barbra war mit *Yentl* wieder da, wo sie angefangen hatte.

Nachdem Barbra weitere erniedrigende Absagen erhalten hatte, darunter die von Sherry Lansing, kam ihr Jon Peters zu Hilfe. Ihre Entschlossenheit, *Yentl* zu drehen, hatte ihn beeindruckt und gerührt, und da der Film nun ein Musical werden sollte, sah Jon gewisse Er- folgschancen. Er hatte zusammen mit seinem Partner Peter Guber Polygram Pictures gegründet, und die beiden gaben Barbra grünes Licht. »Manchmal sind Freunde doch ganz nützlich«, lachte Barbra.

Aber die Verbindung mit Polygram sollte nicht von Dauer sein. Barbra konnte viele der Ideen, die Jon und seine Kollegen für den Film vorbrachten, nicht akzeptieren. »Wir stießen dauernd mit den Köpfen zusammen«, sagte er. Dadurch wurde ihre Beziehung von neuem belastet. Barbra erläuterte: »Aus persönlichen Gründen be- schlossen wir, bei diesem Film nicht zusammenzuarbeiten. Es war eine Zeit in meinem Leben, in der ich wirklich unabhängig sein mußte – in privater wie in beruflicher Hinsicht.«

Dann schien *Yentl* endlich bei United Artists zu landen, also para- doxerweise bei dem Studio, das *Heaven's Gate* produziert hatte. Aber durch etliche Veränderungen in der Führungsetage des Studios blieb die Finanzierung ungewiß. »Jedesmal wenn jemand den Film machen wollte, wurde er gefeuert«, sagte Barbra. Schließlich über- nahm David Begelman, Barbras früherer Agent, die Leitung von

United Artists. Er spottete zwar über Barbras Wunsch, einen jüdischen Jungen zu spielen, aber im Juli 1981 stellte er sich hinter das Projekt – wenn auch unter etlichen Bedingungen.

Bevor United Artists ein Budget von 14 Millionen Dollar absegnete, mußte Barbra das von der Directors Guild festgelegte Minimum von 80 000 Dollar für die Regie und drei Millionen Dollar für die Darstellung akzeptieren – erheblich weniger, als sie für *All Night Long* erhalten hatte. Falls sie das Budget überschritt, würde sie die Hälfte ihrer Gage zurückzahlen müssen. Außerdem verlor sie fast die gesamte Kontrolle über den Film, denn das Studio hatte das Drehbuch und ihre Co-Stars zu billigen. Was Barbra am meisten empörte, war die Tatsache, daß die Studioleitung das Recht beanspruchte, auch ihre endgültige Fassung des Films zu prüfen und gegebenenfalls zu ändern.

Ihr blieb nichts anderes übrig, als sämtlichen Klauseln zuzustimmen. »Ich mußte klein beigeben. So ist es eben, wenn man etwas unbedingt um jeden Preis verwirklichen möchte … Für mich kam es nur darauf an, daß der Film gedreht wurde.«

***

Barbra machte sich eilig an die Arbeit, um nicht erneut zum Opfer von Veränderungen bei United Artists zu werden. Gemeinsam mit dem britischen Schriftsteller Jack Rosenthal, der neben Barbra als Drehbuchautor genannt werden sollte, feilte sie das Script aus. Danach wandte sic sich einem der wichtigsten Aspekte des Films zu: ihren Co-Stars.

Für Avigdor, den gutaussehenden, grüblerischen Rabbiner-Aspiranten, der mit Anshel (Yentl in Verkleidung) Freundschaft schließt und in den sich Yentl verliebt, wünschte sich Barbra keinen anderen als Richard Gere, der das Publikum in *Days of Heaven* (In der Glut des Südens) und *American Gigolo* (Ein Mann für gewisse Stunden) so sehr beeindruckt hatte. Er traf sich mit Barbra und bekundete Interesse, doch nur, wenn sie weniger Aufgaben übernahm. »Er war mit dem Part einverstanden, falls ich nicht Regie führte. Wenn doch, sollte ich auf die Rolle verzichten«, erzählte Barbra.

Damit konnte sie sich natürlich nicht abfinden, genausowenig wie mit Geres angeblicher Gagenforderung von fünf Millionen Dollar. Sie zog etliche Schauspieler – von Michael Douglas bis hin zu John Shea und Kevin Kline – in Betracht, bevor sie sich für Mandy Patinkin entschied, der am Broadway Che Guevera in *Evita* gespielt und in dem

Film *Ragtime* Aufsehen erregt hatte. Patinkins »Leidenschaftlichkeit« gefiel ihr, und sie war beeindruckt, als er erklärte, Avigdor sei im Script nicht ernst genug. »Es fehlte ihm an Gewicht«, meinte Patinkin. »Wir diskutierten hin und her, aber entscheidend war, daß [Barbra] sich absolut offen für meine Ansichten zeigte. Fast jede Kleinigkeit, an der ich bei unserem ersten Treffen Zweifel angemeldet hatte, war bis zu den Dreharbeiten zufriedenstellend geändert worden. Ich war sehr angenehm überrascht, wie zugänglich sie war und mit welcher Fürsorge sie jeden Aspekt des Films und des Stoffes behandelte.«

Barbra hatte ihren Avigdor, und bald sollte sie auch ihre Hadass, seine schöne, unterwürfige Verlobte, finden. Ihre erste Wahl, Carol Kane, stand nicht zur Verfügung, und sie wandte sich Amy Irving zu, dem bezaubernden Star von *The Competition* (Das Große Finale). Barbra hatte Amy kennengelernt, als deren damaliger Partner Steven Spielberg 1979 zusammen mit ihr die Ranch in Malibu besuchte. »Wir verbrachten den ganzen Tag auf der Ranch, und sie versuchte, ihm *Yentl* aufzuschwatzen«, berichtete Amy. Sie sei an jenem Tag etwas erzürnt gewesen, weil Barbra sich nicht an ihren Namen erinnern konnte. »Nun begreife ich, daß es mit Barbras Horizontverengung zu tun hatte. Wenn sie sich auf etwas konzentriert, kann sie an nichts anderes denken.«

Amy war nicht unbedingt fasziniert, als Barbra ihr die Rolle der Hadass anbot. »Meine erste Reaktion war, daß *Yentl* keine Herausforderung für mich sein würde. Ich wollte endlich keine jungen, süßen Dinger mehr spielen.« Sie teilte Barbra mit, daß der Part sie nicht interessiere. »Und dann setzte sie mir plötzlich zu. Mein Agent und alle anderen meinten, ich solle zumindest mit Barbra Streisand sprechen, denn das Projekt sei erstklassig.«

Irving befolgte den Rat. »Wir trafen uns sehr spät am Abend in ihrer Wohnung in New York, setzten uns hin und lasen das Script gemeinsam durch ... Sie beschrieb mir Details, die ich nicht gesehen hatte: das Wachsen von Hadass' Persönlichkeit, das ihren Verstand erkennen läßt. Barbra machte eine Reise mit mir, die ich später auch im Film zurücklegte ... Ich hatte das Drehbuch einfach nicht aufmerksam genug gelesen.«

Außerdem engagierte Barbra den erfahrenen Nehemiah Persoff für die Rolle des Vaters, die in der Kurzgeschichte nicht vorkommt. »Nun habe ich einen Vater – ich habe ihn erschaffen«, erklärte sie entzückt. »Ist er nicht wunderbar?«

***

Nach der Verpflichtung ihrer drei wichtigsten Co-Stars und des Kameramanns von *Chariots of Fire* (Die Stunde des Siegers), David Watkin, schickte sich Barbra an, nach London und Prag zu reisen, um die Vorproduktion in Angriff zu nehmen. Während der erste Drehtag näherrückte, kamen ihr Bedenken. Die Inszenierung von *Yentl* stellte nicht nur einen Scheideweg in ihrer Karriere dar, sondern war auch dazu angetan, ihr Privatleben für immer zu verändern. Ihre Beziehung zu Jon war bestenfalls wacklig, und nun würden sie fast ein Jahr lang getrennt sein. Barbra deutete an, sie habe sich auch deshalb dafür entschieden, den Film in Europa zu drehen, weil sie dadurch für eine Weile von Jon entfernt sein würde. »Ich mußte fort. Natürlich gab es Probleme. Ich mußte weg.«

»Wir hatten einen Punkt erreicht, an dem wir beide in verschiedene Richtungen strebten«, erläuterte Jon. »[*Yentl*] war Barbras Statement und gab ihr die Möglichkeit, absolut unabhängig zu sein und ihre eigenen Entscheidungen zu treffen.«

Die Verantwortung lastete schwer auf ihr. »Ich hatte jahrelang Angst«, gab sie zu. »Angst vor dem Scheitern. Es war, als könnte ich es nie schaffen.« Aber sie redete sich immer wieder ein, daß sie es schaffen *konnte* und *würde*. »Meine Mutter erzählte mir immer, daß mein Vater an Überarbeitung gestorben sei. Deshalb dachte ich, daß man umkommt, wenn man zu schwer arbeitet. Die Herstellung von *Yentl* war also eine Art Test, ein Überlebenstest. Konnte ich diese Erfahrung überleben? Psychisch? Körperlich?«

KAPITEL 32

»Am ersten Tag der Proben zu *Yentl* schüttelte ich einem Requisi-
teur die Hand, und sie war feucht vor Schweiß«, sagte Barbra.
»Also fragte ich ihn, ob er nervös sei. Er bejahte, und ich fuhr fort:
Dann fühlen Sie sich mal meine Hand an – ich bin noch nervöser als
Sie. Wir alle werden Fehler machen, und ich die meisten. Das heißt,
wir sitzen im selben Boot.«

Und sie bewies, daß sie es ernst meinte. »Ich schämte mich nicht,
meine Unkenntnis zuzugeben. Zum Beispiel sagte ich: ›Ich möchte
dies oder das tun, aber ich weiß nicht, ob es möglich ist. Können wir
es versuchen?‹ Und dann unterstützten mich alle, weil ich ihnen
meine sogenannte Macht nie unter die Nase rieb. Ich wollte, daß wir
uns wie eine Familie fühlten und alle auf dasselbe Ziel hinarbeite-
ten.«

Amy Irving hatte ihre eigene Ansicht darüber, weshalb sich kaum
Zusammenstöße zwischen Barbra und den Mitgliedern des *Yentl*-
Teams ereigneten. »Ich glaube, solange sie inszeniert, nimmt sie keinem anderen die Arbeit weg [indem sie Vorschläge macht]. Wenn sie
etwas besser weiß als der Regisseur, ist es frustrierend für sie, den
Mund zu halten. Deshalb hält sie ihn nicht, und mancher fühlt sich
dadurch beleidigt. Wenn sie ihre eigenen Filme inszeniert und produziert, ist es eine Freude, mit ihr zu arbeiten.«

Barbra bestätigte Amys Theorie. »Es ist überwältigend, eine solche Macht zu haben. Ich merkte, daß ich sehr leise sprach und mich
weiblicher als je zuvor fühlte – mütterlicher, fürsorglicher, liebevol-
ler. Ich war so geduldig, wie ich es mir nie erträumt hätte.«

✳✳✳

Bevor Barbra beschloß, David Watkin als Kameramann zu engagieren, hatte sie das gewünschte Erscheinungsbild des Films mit ihm
durchgesprochen. Sie stimmten darin überein, daß holländische
Gemälde eine gute Inspiration seien. Danach begann Barbra zu erklären, daß sie nur von links aufgenommen werden wolle.

»Einen Moment, Barbra«, unterbrach Watkin. »Ich glaube, hier irren Sie sich. Sie müssen an die Szene denken und daran, wie sie aussehen wird. Wenn Sie im ganzen Film immer das gleiche Rezept verwenden, was kommt dann dabei heraus? Sie gehen wie mit einer Maske durch den Film, und alle Szenen wirken gleich. Das wollen wir nicht. Wenn wir die richtige Atmosphäre für die Szene hergestellt haben, können wir einen Schritt zurückmachen und dafür sorgen, daß Sie gut aussehen.«

Watkins Ideen gefielen ihr. »Wenn Barbra mit meiner Einstellung nicht zufrieden gewesen wäre, hätte sie einen anderen engagiert. Aber da sie intelligent und vernünftig war und begriff, daß ich mein Handwerk verstand, gab sie mir den Auftrag.«

Damit nicht genug, Streisand schöpfte Watkins Ratschlag noch gründlicher aus: »Ich dachte, es sei die perfekte Gelegenheit, meine rechte Gesichtshälfte für Anshel, für mich als Jungen, zu benutzen, so daß ich eine stärkere, männlichere Seite und eine sanftere Seite haben würde.« Über Watkin äußerte sie: »Er weiß wirklich, wie man einen ganzen Set ausleuchtet. Die Schauspieler können überall hingehen, trotzdem wirkt alles echt.« Sie räumte ein, daß sich Watkin gegen einige ihrer Vorschläge sträubte. »Ich sagte zum Beispiel: ›David, laß uns die Kamera erhöhen, dort drüben noch einen Scheinwerfer hinstellen und ein bißchen Rauch oder so was hinzufügen.‹ Und die Crew mahnte ihn dann: ›David, sie versucht, dir einen Oscar zu verschaffen. Mach keine Schwierigkeiten!‹«

Ein Punkt, der die vierzigjährige Barbra besonders beunruhigte, war ihre Fähigkeit (oder Unfähigkeit), im Film wie eine Achtundzwanzigjährige auszusehen. Aber laut Watkin gab es hier keine großen Probleme. »Ich habe es mit einer Reihe von Leuten zu tun gehabt, die jüngere Menschen spielten, und ich mußte mich bei ihnen viel mehr anstrengen als bei Barbra. Wenn man sie sorgfältig und vernünftig beleuchtet, ist alles in Ordnung.

Schwieriger wurde es nur, wenn Barbra müde oder gestreßt war. Das ist das schlimmste. An ein oder zwei Tagen war sie durcheinander oder sauer über irgendwas, und das zeigte sich an ihrem Äußeren. Sie bemerkte es auf dem Videoschirm und fragte Peter MacDonald: ›Was kann ich dagegen tun?‹ Er antwortete: ›Leg dir eine bessere Laune zu.‹ Und danach wurde ihre Stimmung tatsächlich besser.«

Nehemiah Persoff war der Ansicht, daß Watkin Barbra in *Yentl* zu unbekümmert aufgenommen habe. »Seine Arbeit war brillant, aber er mißachtete den Umstand, daß sie eine soviel jüngere Person spielte. Das ist für jeden ein Problem, weil das Gesicht Falten hat, die getarnt werden müssen. Und manchmal war es sehr schmerzlich mitzuerleben, daß er das Problem nicht erkannte. Sie war sich dessen sehr bewußt und forderte ihn häufig auf, bestimmte Lichter umzustellen, um diese oder jene Linie zu verbergen.«

***

Amy Irving und Barbra kamen prächtig miteinander aus – wahrscheinlich deshalb, weil Amy einen sehr klaren Standpunkt bezog. »Ich wußte, daß es ihr Film, ihr ein und alles war. Ich mußte mein Ego in Amerika zurücklassen, nach England fliegen und genau das tun, was sie wollte. Deshalb gab es zwischen uns keine Reibereien. Ich finde, das hatte sie verdient.«

Ihre Entscheidung, Barbra zu vertrauen, sei bestätigt worden, als sie merkte, wie sehr sich Barbra in jeden Aspekt des Films vertiefte. »Sie hat einen erstaunlichen Blick für Details und kümmerte sich um alles. Wenn sie zum Beispiel meinen Lippenstift auswählte, paßte die Farbe gewöhnlich zu dem Obst auf dem Set oder zu der Tapete. Sie achtete gewissenhaft auf jede Kleinigkeit … Ich war für sie wie eine Puppe, und sie sorgte dafür, daß ich immer so gut wie möglich aussah.«

Der Tag näherte sich, an dem die Szene gedreht werden sollte, in der Hadass ihren Mann Anshel (der nach der Trauung wochenlang jeden körperlichen Kontakt mit »seiner« Braut vermieden hat) unbedingt küssen will. Amy bemerkte, daß Barbra nervös war. »Wir probten eine ganze Woche vor der Aufnahme. Es ist komisch, bei den romantischen Sachen war sie nervöser als ich. Wir gingen oft in ihre Garderobe, um dort zu proben, aber sie küßte mich nie. Und als wir es schließlich taten, meinte sie, es sei gar nicht so schlimm – ungefähr so, als küsse man einen Arm. Denn es war ja im Grunde nicht leidenschaftlich. Aber sie brach den Kuß viel schneller ab, als ich es getan hätte.«

Barbras Beziehung zu Mandy Patinkin, der weniger als Amy geneigt war, sich Barbra völlig zu überantworten, erwies sich als schwieriger. Patinkin war enttäuscht, weil er im Film nicht singen durfte, und es bereitete ihm Mühe, mit Barbras vielen Funktionen fertig zu werden. »Wenn ich etwas von der Produzentin wollte, sprach ich anders mit ihr, als wenn ich mich mit der Regisseurin über eine Szene unterhalten hätte. Manchmal glaubte ich, mit der Regisseurin zu reden, aber in Wirklichkeit sprach ich mit der Schauspielerin. Dabei wollte ich nicht mit der Schauspielerin, sondern mit der

Regisseurin reden, und die *Produzentin* sollte auf keinen Fall zuhören. Dann wünschte ich mir, daß die Autorin an einer Diskussion teilnahm, und siehe da – die Autorin war schon an Ort und Stelle. Wahnsinnig.«

Patinkin hat nie ein schlechtes Wort über Barbra gesagt, wahrscheinlich weil es ihm durch eine Vertragsklausel verboten war, aber aus Barbras Umgebung verlautet, daß die *Yentl*-Dreharbeiten keine erfreuliche Erfahrung für den Schauspieler gewesen seien. David Watkin etwa nannte ihn zwar nicht beim Namen, doch er dürfte von Patinkin gesprochen haben, da dieser als einziges Ensemblemitglied leichte Differenzen mit Barbra hatte: »Jemand wollte sich der Regie nicht fügen, und Barbras Verhalten war beispielhaft. Sie blieb geduldig. Der Betreffende weigerte sich, ihre Anweisungen zu befolgen, und sie sagte sehr sanft: ›Wenn wir genug Takes drehen, vergißt er es vielleicht und tut, was ich möchte.‹«

***

Im Juli machte sich die *Yentl*-Truppe zu Außenaufnahmen in das winzige tschechische Städtchen Roztyly auf, das zweieinhalb Stunden von Prag entfernt ist. Barbras Mutter hatte sie angefleht, auf keinen Fall Dreharbeiten hinter dem Eisernen Vorhang zu machen. »Dort werden Kriege geführt und Bomben geworfen«, jammerte Diana. »Und es gibt kein frisches Gemüse!« Aber Barbra hatte nichts anderes im Sinn als den Film. Jon Peters war bei einem Besuch entsetzt über den Gestank von ungeklärten Abwässern. »Barbra nahm das überhaupt nicht zur Kenntnis. Es gab Fliegen, die so groß wie Käfer waren, aber das machte ihr nichts aus. Sie schlug die Viecher einfach tot.«

Mittlerweile war Barbra der Erschöpfung nahe. Sie stand um sechs Uhr morgens auf, war um zehn geschminkt und kostümiert, filmte von zehn bis neunzehn Uhr, kehrte in ihr Hotel zurück, aß rasch zu Abend und konzentrierte sich dann auf ihren Text und die Einstellungen für den nächsten Tag. Laut David Watkin »rief Barbra den Kameraassistenten oft morgens um halb vier an, um eine Stunde lang mit ihm über die Arbeit des nächsten Tages zu reden. Er wurde fast jede Nacht geweckt … Barbra ist jemand, der sich ständig Sorgen macht. Das ist wohl die beste Beschreibung für sie.«

Aber so viele Sorgen hatte sie sich noch nie gemacht. »Ich weiß nicht, wie ich es überlebt habe«, sagte sie gegen Ende der Dreharbeiten. »Es war so anstrengend. Jeden Morgen auf dem Weg zur Arbeit wurde mir schlecht, einfach schlecht.« Sie fürchtete, daß der Film kein Erfolg werden würde. »Ich dachte: ›Es wird eine Erniedrigung, man wird mich als Närrin bezeichnen, und ich werde nach China flüchten müssen.‹ Es ist eine schreckliche, schreckliche Angst, daß man seiner Arbeit nicht gewachsen sein könnte.« Aber ihr war klar, daß sie stark sein mußte. »Ich durfte nicht krank oder zu müde werden … Wenn ich zusammenbrach, würde alles um mich herum zusammenbrechen.«

***

Barbra schloß die Dreharbeiten für *Yentl* im Oktober 1982 ab. Am folgenden 1. April stand im Filmteil der *Los Angeles Times* die Schlagzeile: »Streisand als Produzentin ausgebootet.« Aus dem Artikel ging hervor, daß eine Bürgschaftsgesellschaft, bei der der Film gegen Kostenüberziehungen versichert worden war, ihr Recht zur Kontrolle über die Fertigstellung des Films ausüben wolle, denn Barbra habe das Budget um elf Prozent überzogen – nicht besonders ungewöhnlich für eine Auslandsproduktion. Das Studio hatte Barbra am Tag vor Beginn der Dreharbeiten mit der Bürgschaft überrascht. »Es war lächerlich, denn man zahlte der Gesellschaft 700 000 Dollar, die ich für den Film gebraucht hätte. Man hatte also kein Vertrauen zu mir.«

Die Bürgschaftsgesellschaft verlangte, daß Barbra die Nullkopie des Films innerhalb von sechs Wochen vorlegte. Andernfalls werde man ihn von einem anderen Filmemacher vollenden lassen. Barbra bat um zehn Wochen: »Sonst wird mich der Druck umbringen.« Die Gesellschaft beharrte jedoch auf sechs Wochen, und Barbra arbeitete Tag und Nacht am Schnitt und an der Musik, um die Frist einzuhalten. »Ich tat, was ich konnte, damit mir keiner den Film wegnahm.«

Die letzte Hürde bestand darin, daß United Artists die Endfassung zu billigen hatte. »Aber das Studio rührte meinen Film nicht an – nicht ein Bild.«

✦✦✦

Die Premiere von *Yentl* fand am 16. November in Hollywood statt. Barbra, die vor Unruhe zitterte, überprüfte noch einmal die Klang- und Bildqualität im Kino. »Dann ging ich in den nächsten Süßwarenladen, kaufte alle möglichen Süßigkeiten und Kekse und ein Croissant mit Schinken und Käse und alles mögliche, was sonst noch dick macht, und stopfte mich damit voll. Ich mußte die Furcht unterdrücken, daß niemand käme.«

Ihre Sorge war natürlich unbegründet. Die Premiere des Films wurde von einer gewaltigen PR-Kampagne begleitet, durch die Barbra auf den Titelseiten eines halben Dutzends überregionaler Zeitschriften erschien. Und die Rezensenten waren überwiegend hingerissen. Von neun Großstadtzeitungen und neun überregionalen Zeitschriften bedachten fünfzehn den Film mit sehr positiven Artikeln; eine Rezension war gemischt, und nur zwei, darunter die der *New York Times*, waren ungnädig. Sogar *Time* und *Newsweek*, die Barbra oft feindselig behandelten, äußerten sich enthusiastisch über *Yentl*.

»Es ist selten, daß man soviel liebevolle Arbeit, so viele Emotionen in fast jeder Einstellung eines Films entdecken kann«, schrieb David Ansen in *Newsweek*. »*Yentl* bedeutet Barbra Streisand sehr viel, und genau das vermittelt sie in einem Film, dessen wesentliches Qualitätsmerkmal in seiner leidenschaftlichen Menschlichkeit besteht. Die Regisseurin Streisand hat dem Star Streisand ihren besten Film seit *Funny Girl* geschenkt.«

David Denby meinte in *New York*: »Als erstes muß man nun, da sie alle Zügel in der Hand hat, über sie sagen, daß die Frische und sogar die Zartheit ihrer schönsten Momente als junge Darstellerin zurückgekehrt sind, neu Wurzel gefaßt und wiederum Blüten getrieben haben. Als zweites muß man sagen, daß Barbra Streisand eine gute Regisseurin ist.«

»Streisand hat einen handwerklich bewundernswerten Film mit herrlich diffuser, lyrischer Lichtführung und mit seidenweicher Montage gemacht«, schrieb Pauline Kael. »Und sie arbeitete die anziehendsten Eigenschaften der Darsteller heraus. Es ist ein Film voll sympathischer Menschen.«

Besonders aufregend für Barbra waren die Kasseneinnahmen. Der Film spielte in den Vereinigten Staaten 70 Millionen Dollar (fast so viel wie *The Way We Were*) und den gleichen Betrag im Ausland ein. Von dem Soundtrack-Album wurden weltweit drei Millionen Exemplare verkauft, und Barbra erhielt eine stattliche Tantieme von zwei Dollar pro Album. Sie hatte bewiesen, daß sie eine verantwortungsvolle Produzentin und eine von Inspiration erfüllte Regisseurin sein konnte. Aber typischerweise nahm sie die wenigen Angriffe auf den Film viel stärker zur Kenntnis als das allgemeine Lob.

Im Februar veröffentlichte Isaac Singer ein »Interview mit mir selbst«, in dem er Barbra herunterputzte und den Film verriß. Yentl sei nicht als Feministin gedacht gewesen, singe nie und sei nicht in jeder Szene seiner Erzählung zu finden. »Ich muß sagen, daß Miss Streisand [in dem Film] über die Maßen freundlich sich selbst gegenüber war«, schrieb Singer. »Infolgedessen ist Miss Streisand stets anwesend, während die arme Yentl abwesend ist.«

So gekränkt Barbra auch war, ihre schlimmste Reaktion ereignete sich erst nach einem Interview mit der *Los Angeles Times*. Sie hatte dem Journalisten eine Anekdote darüber erzählt, wie sie ihrem Freund Steven Spielberg den Film gezeigt habe, um möglicherweise einen Ratschlag von ihm zu erhalten. »Ändere kein einziges Bild«, hatte er empfohlen. Als das Interview erschien, hatte man Spielbergs Antwort weggelassen, so daß der Eindruck entstand, Barbra habe einen der erfolgreichsten Regisseure Hollywoods um Hilfe bitten müssen. Sie war fassungslos. »Das klingt so, als sei diese Frau, diese Schauspielerin, nicht in der Lage gewesen, den Film ohne die Hilfe eines Mannes zu drehen … Dabei hatte ich vielen Leuten den Film gezeigt.«

Dieser journalistische Verrat, ob beabsichtigt oder nicht, war laut Barbra der Grund dafür, daß sie der amerikanischen Presse acht Jahre lang kein Interview mehr gab und fast genauso lange keinen Film mehr inszenierte.

***

Barbra fiel bei der Verleihungszeremonie der Golden Globe Awards am 28. Januar fast vom Stuhl, als ihr Name für den Preis des besten Regisseurs genannt wurde. *Yentl* hatte in der Kategorie Musical oder Komödie fünf Nominierungen erhalten, darunter für den besten Film und für die beste Schauspielerin (er siegte im ersten, jedoch nicht im zweiten Fall). Die meisten Beobachter erwarteten, daß der Preis für den besten Regisseur (für den nur fünf Vertreter aus den Genres Drama und Musical oder Komödie nominiert werden) James L. Brooks zufallen würde, der den eigenwilligen Film *Terms of Endearment* (Zeit der Zärtlichkeit) mit Shirley MacLaine und Debra Winger inszeniert hatte. An jenem Morgen war Streisand von der Directors Guild of America, die ihren alljährlichen Preis verlieh, übergangen worden. Um so verblüffter war sie, als erste Regisseurin einen Golden Globe zu erhalten.

»Regie zu führen war die totale Erfahrung für mich«, erklärte sie dem Publikum auf der Gala im Beverly Hilton Hotel. »Es verlangt einem alles ab, was man jemals gesehen oder gefühlt oder gewußt oder gehört hat. Es war wirklich der Höhepunkt meines Lebens –

meines Berufslebens. Diese Auszeichnung bedeutet mir sehr, sehr viel, und ich bin stolz darauf, weil ich hoffe, daß sie zahlreichen begabten Frauen den Weg öffnen wird, ihre Träume wie ich zu verwirklichen.«

Barbras Euphorie hielt jedoch nicht lange an. Am 8. Februar wurden die Nominierungen für die Academy Awards bekanntgegeben, und *Yentl* war für die Spitzenpreise aus dem Rennen: für den besten Film, den besten Hauptdarsteller, die beste Hauptdarstellerin, den besten Regisseur und die beste Kameraführung. Der Film erhielt nur drei Nominierungen für seine Musik, eine für die Ausstattung sowie eine für Amy Irving als beste Nebendarstellerin.

Die meisten Beobachter waren empört über die Brüskierung. Gregg Kilday schrieb im *Los Angeles Herald Examiner*: »Man braucht kein rasender Fan von *Yentl* oder von Streisand zu sein, um der Academy eine schwere Unterlassungssünde vorzuwerfen, weil sie *Yentl* aus allen wichtigen Preiskategorien ausgeschlossen hat ... Statt dessen sprach die Academy – als wolle sie Streisand in ihre Schranken weisen – eine symbolische Nominierung für Amy Irving aus, die in dem Film bezeichnenderweise eine konventionelle Jüdin spielt.«

Die Zeitschrift *People* begründete den Affront folgendermaßen: Hollywood haßte Barbra; Hollywood war eifersüchtig auf Barbras Erfolg, zumal man das Projekt so viele Jahre lang verspottet hatte; Hollywood war sexistisch (unter den hundertvierundzwanzig Mitgliedern der Regisseurabteilung der Academy, die für die Nominierung der besten Regisseure verantwortlich zeichnete, befanden sich nur »ein oder zwei« Frauen); Hollywood hielt den Film einfach nicht für gut genug.

Aber der Film war gut genug. Was gegen Barbra sprach, war eine komplexe Mischung aus Gefühlen und Vorurteilen in Hollywood, von denen einige, wenn auch nicht alle, mit ihr zu tun hatten. »Wir sind immer noch sehr primitive männliche Chauvinisten«, kommentierte Nehemiah Persoff. »Wenn Warren Beatty diesen Film gedreht hätte, wäre er wieder angebetet worden.«

Die einzige Frau, die man in der sechsundvierzigjährigen Geschichte der Academy jemals als besten Regisseur nominiert hatte, war die Italienerin Lina Wertmüller. Mithin hatte jede Frau, die von dem ältesten Old-Boy-System in Amerika akzeptiert werden wollte, stets einen mühseligen Kampf vor sich. Wenn diese Frau auch noch Barbra Streisand hieß, die von vielen Hollywood-Insidern abgelehnt wurde, bestand kaum eine Chance, für einen Oscar nominiert zu werden.

Am Abend der Oscar-Verleihung veranstaltete die Gruppe »Prinzipien, Gleichberechtigung und Professionalismus im Film« eine lautstarke Demonstration gegen Barbras Ausschluß, was die Stars und Manager der Filmindustrie, die sich in den Dorothy Chandler Pavilion begaben, aus der Fassung brachte. Die Demonstranten schwenkten Schilder mit den Aufschriften »Oscar mit 56 – ist er immer noch ein heimlicher Chauvinist?« und »Oscar, hörst du mich?«. Letztlich konnte *Yentl* eine einzige Statuette erringen: für die beste Originalfilmmusik.

Trotz des Mangels an Anerkennung platzte Barbra geradezu vor Stolz darüber, daß sie *Yentl* überhaupt gedreht hatte und daß das Ergebnis so vortrefflich ausgefallen war. Die Jahre, in denen sie sich mit dem Film abmühte, hatten sie stärker als alles andere in ihrer Karriere verändert. »Es war eine wunderbare Erfahrung.«

***

Am Ende von *Yentl* erscheint folgende Widmung: »Für meinen Vater ... und für alle unsere Väter.« Daraufhin fragte Diana Kind: »Warum hast du den Film nicht auch mir gewidmet?«

»Weil du *am Leben* bist, Mama!« erwiderte Barbra. »Du hast die Gabe des *Lebens*!«

Als Mrs. Kind nicht versöhnt zu sein schien, fügte Barbra hinzu: »Keine Sorge, Mama. Ich werde dir meinen nächsten Film widmen.«

KAPITEL 33

»Ich denke zur Zeit nicht an Männer«, sagte Barbra, während sie die Endfassung von *Yentl* vorbereitete. »Es gibt niemanden. Ich bin mit *Yentl* verheiratet.« In den mehr als achtzehn Monaten, die Barbra in Europa verbrachte, hatte sich ihre Beziehung zu Jon Peters aufgelöst. »Ich glaube nicht, daß sie zwischen mir und dem Film wählte«, meinte Jon. »Sie drehte den Film, und dann wurde es Zeit für uns auseinanderzugehen.«

Während ihrer Abwesenheit hatte Barbra Gerüchte gehört, daß Jon Frauen auf die Ranch mitbrachte. Er wurde händchenhaltend mit dem Model Lisa Taylor in einem New Yorker Nachtclub gesehen. Als Barbra im Herbst 1983, nachdem sie den Schnitt und die Musik des Films in London fertiggestellt hatte, nach Malibu zurückkehrte, blieben Jon und sie zumeist in ihren eigenen Häusern auf dem Gelände. Dann kam Barbra ein neues Gerücht zu Ohren: Jon habe ein Verhältnis mit einer Grundstücksmaklerin aus der Umgebung. Angeblich war sie so wütend, daß sie Jons Auto abschleppen ließ, als er es einmal spät abends auf ihrem Teil der Ranch parkte.

Jon sollte noch mehrere Jahre als Manager für Barbra arbeiten, aber im Februar 1984 verkaufte er ihr seinen gesamten Grundbesitz in Malibu, wodurch der Bruch zwischen ihnen offiziell wurde. Barbra hatte die Entscheidung getroffen, und Jon war entgeistert über die schreckliche Endgültigkeit der Geschehnisse. »Es ist schwierig für mich, darüber zu sprechen, denn ich liebe sie und fühle mich ihr so nahe. Ich weiß immer noch nicht genau, warum wir uns getrennt haben.«

Barbra drückte sich europäischen Journalisten gegenüber sehr vorsichtig über das Ende der Beziehung aus. »Früher hatte ich Angst, allein zu sein. Es gab eine Leere in meinem Inneren. Nun habe ich mich selbst. Ich fühle mich erfüllt. Jon und ich leben nicht mehr zusammen, aber wir sind nun bessere Freunde. Wir konkurrieren nicht mehr so stark und gehen respektvoller miteinander um ... Unser Verhältnis war zur Routine geworden – wie sooft bei Menschen, die lange zusammenleben. Das ist nicht mehr der Fall. Nun wünsche ich mir eine Beziehung zwischen gleichberechtigten Partnern.«

Am Anfang ihres Lebens mit Jon hatte Barbra es wunderbar gefunden, jemanden zu lieben, der ihr ähnlich war. Mittlerweile schien
sie ihre Meinung geändert zu haben. »Elliott war freundlich und
sanft, Jon dagegen aggressiv und unberechenbar. Vielleicht brauche
ich jemanden zwischen diesen beiden Extremen … Vielleicht
braucht man einen Partner mit einer unterschiedlichen Persönlichkeit.«

Barbra wartete nicht lange, bevor sie sich nach einem neuen Ge-
fährten umsah. Sie plauderte vertraulich mit Richard Gere beim Dinner in einem intimen Restaurant in Los Angeles und tauchte dann auf
einer Party in Brentwood an seiner Seite auf. Ein Beobachter sprach
atemlos davon, daß sie auf der Party »herumknutschten wie die
Wilden«. Aber das klingt unwahrscheinlich, wenn man bedenkt, mit
welcher Vorsicht Barbra in der Öffentlichkeit agiert. Jedenfalls ließ
die Anziehungskraft zwischen den beiden Stars rasch nach. Barbra
wurde bald mit Tina Sinatras früherem Ehemann, dem millionen-
schweren Unternehmer Richard Cohen, und dem arabischen Playboy
und Produzenten Dodi Fayed gesehen. Sie erneuerte ihre Bekanntschaft mit Arnon Milchan, und Pierre Trudeau begleitete sie zu
einem Empfang in New York, den der United Jewish Appeal ihr zu
Ehren veranstaltete.

Auf einer Weihnachtsparty begegnete Barbra 1983 dem Mann, der
ihr nächster Liebhaber – und fast auch ihr Ehemann – werden sollte.
Sie konnte ihn schwerlich übersehen. Er war hochgewachsen (über
einen Meter neunzig), sah sehr gut aus, war kräftig gebaut, hatte
Schlafzimmeraugen, ein charmantes Lächeln und einen dunklen
Lockenkopf. Er kam ihr sympathisch und freundlich vor wie Elliott,
aber er war aggressiv genug, am Ende des Abends auf sie zuzugehen.
»Die meisten Männer fühlen sich durch mich so eingeschüchtert«,
erklärte Barbra, »daß jemand, der es wagt, mich zu begrüßen, schon
einen Stein bei mir im Brett hat.«

Er stellte sich als Richard Baskin vor. »Ich wollte Ihnen nur sagen,
wie sehr mir *Yentl* gefallen hat. Sie müssen sehr stolz darauf sein.«

»Vielen Dank«, erwiderte Barbra. »Sind Sie vielleicht mit den
Leuten von der Eiscremefirma Baskin-Robbin verwandt?«

»Allerdings. Das ist meine Familie.«

»Wow! Ich liebe Ihr Kaffee-Eis!«

Baskin, der einen Teil des Riesenvermögens seiner Familie erben
würde, hatte in Hollywood als musikalischer Leiter in Filmen wie
Nashville, Robert Altmans Satire auf die Welt der Country-music,
Buffalo Bill and the Indians (Buffalo Bill und die Indianer) und

Honeysuckle Rose/On the Road Again (On the Road Again) Karriere gemacht. Außerdem hatte er mehrere Lieder für *Nashville* komponiert und eines davon 1975 in *Saturday Night Live* zur Gitarre gesungen.

Barbra traf sich am Frühlingsanfang 1984 hin und wieder mit Baskin, nachdem sie von einer Werbereise für *Yentl* aus Europa zurückgekehrt war. Sie fühlte sich schon durch seine schiere Größe beschützt, hatte Gefallen an seinem Humor und bewunderte seinen Musikgeschmack. Die beiden konnten sich mit Hilfe von Musikkürzeln verständigen und dachten auf derselben Wellenlänge. Im Sommer 1984 war die Beziehung so eng geworden, daß sie ihn typischerweise in ihr neuestes Projekt, ein Pop-Album mit dem Titel *Emotion*, einbezog. Es war ihr erstes neues Studio-Album seit *Guilty*. (Eine LP von 1981 mit dem Titel *Memories* enthielt nur zwei neue Songs, darunter ihre phantastische Version von Andrew Lloyd Webbers »Memory« aus *Cats*. Von dieser Platte wurden drei Millionen Exemplare verkauft.)

Barbra wollte sich mit ihrem neuen Album deutlich von der äußerst traditionellen Musik in *Yentl* abgrenzen. Aber sie zog anscheinend keine Lehren aus der straffen Produktion von *Guilty* mit den Bee Gees und stellte wiederum einen Mischmasch aus Liedern von Songschreibern zusammen, die ihren Höhepunkt seit ungefähr zwei Jahren überschritten hatten. Das Album hatte *neun* offiziell genannte Produzenten, darunter Barbra und Baskin, sowie elf Arrangeure.

Die Kritiker verrissen *Emotion* wegen seiner Uneinheitlichkeit – ein sehr häufiges Problem bei Streisands »Pop«-Versuchen. Das Album gelangte nur auf Platz neunzehn, Barbras niedrigste Position für ein Studio-Album seit *What About today?*, aber man verkaufte immerhin zwei Millionen Exemplare. Die erste Single, »Left in the Dark«, blieb auf Platz fünfzig stecken, obwohl Barbra dazu ihr erstes Musikvideo drehte – einen stilvollen sechsminütigen Streifen nach Art eines Film noir in Schwarzweiß und Farbe –, das MTV unter großem Reklamerummel vorstellte.

Joel Selvin vom *San Francisco Chronicle* nahm bei der Rezension von *Emotion* kein Blatt vor den Mund: »Es gibt tatsächlich Leute, die Streisand als Künstlerin hochschätzen, aber dies dürfte sie kurieren.« John Milward schrieb in *USA Today*: »*Emotion* ist Streisands neuester Versuch, cool zu erscheinen, und man fragt sich, warum sie sich die Mühe macht. Ihr Talent wurde in der Welt des Broadway und Hollywoods herangezogen. Ihre Kunst ist in einer Stimme verwurzelt, deren Schönheit über alles Coole hinausgeht.«

Mit ihrem nächsten Album zeigte Barbra, daß sie derselben Meinung war.

***

Bekleidet mit einer zerknitterten grauen Sportjacke und hautengen Jeans, die sie in schwarze Stiefel mit niedrigen Absätzen gesteckt hatte, stand Barbra in der Aufnahmekabine. Sie hatte die Arme über der Brust gekreuzt und schwankte geistesabwesend hin und her. Ihr Haar war zu einem unordentlichen Knoten zurückgebunden, um Platz für die Kopfhörer zu machen. Sie kaute unzufrieden auf der Unterlippe und starrte konzentriert zu Boden. Plötzlich verzog sie das völlig ungeschminkte Gesicht, schüttelte den Kopf, riß die Kopfhörer herunter und stöhnte: »Ich hasse es. Ich *hasse* es!«

Sie hatte sich ein Playback von »Can't Help Lovin' That Man«, dem klassischen Klagelied aus *Show Boat* (Mississippi-Melodie), angehört, das gerade zu einer bluesartigen, von Blasinstrumenten überfrachteten Orchestrierung aufgenommen worden war. »Ich dachte, daß die Trompete es ein bißchen zu jazzig wirken ließ«, sagte Barbra über das Arrangement, das ihr so mißfallen hatte. »Es klang einfach nicht richtig.« Sie hatte die 1951 entstandene MGM-Verfilmung von *Show Boat* gesehen und war »gerührt« von Ava Gardners schleppendem Vortrag des Songs gewesen. Nun wollte sie »dieses herrliche Arrangement« wiedererschaffen. »Es war so einfach und hatte wundervolle Harmonien.«

Man schrieb das Frühjahr 1985, und Barbra war gerade dabei, eine Songsammlung aus dem amerikanischen Musical-Theater aufzunehmen, die den Titel *The Broadway Album* tragen sollte. Nach der Enttäuschung mit *Emotion* hatte Barbra beschlossen, zu ihren musikalischen Wurzeln zurückzukehren und Show-Melodien zu singen. Es war ein Projekt, das sie seit Mitte der siebziger Jahre hin und wieder in Erwägung gezogen hatte, und es entsprach genau den Wünschen, die seit Jahren von Barbras Kritikern und Bewunderern zu hören waren.

»Jeder andere hätte die Songs in *Emotion* genauso gut oder besser als ich singen können«, sagte Barbra mit typischer Aufrichtigkeit. »Es wurde Zeit, etwas zu machen, woran ich wirklich glauben konnte.« Doch trotz der Tatsache, daß *Emotion* keinen der geplanten Single-Hits hervorgebracht hatte, erhob Columbia zunächst heftige Einwände gegen das neue Album. Man war sicher, daß es nur eine relativ kleine Zahl von Broadway-Fans ansprechen würde. Wie im Fall

455

von *Classical Barbra* machte Columbia eine Klausel im Vertrag mit Streisand geltend; darin hieß es, daß sie ihre Vertragsverpflichtungen nur dann erfüllt hatte, wenn von einem Album, das sie gegen den Rat der Firma aufnahm, mehr als zweieinhalb Millionen Exemplare verkauft wurden. Das mangelnde Vertrauen der Firma zu Barbras Projekt verstärkte natürlich nur ihre Entschlossenheit, die Unkenrufer eines Besseren zu belehren.

Im Rahmen dieser Arbeit, mit der sie auf ihre frühesten musikalischen Bemühungen zurückgriff, wandte sich Barbra verständlicherweise an den Mann, der ihr allererstes Album arrangiert und dirigiert hatte. Peter Matz hatte seit mehr als einem Jahrzehnt nicht mit Streisand zusammengearbeitet, und er erinnerte sich, daß sie mit ihrem alten Enthusiasmus an das Vorhaben heranging. Matz stellte ein 50-Mann-Orchester aus den begabtesten Studiomusikern zusammen, die Streisand begleiten sollten. Es war ein Luxus für Barbra, zu einem vollständigen Orchester zu singen, denn sie hatte sich für ihre Popsongs weitgehend ans Playback gewöhnt.

Zu einem gewissen Zeitpunkt schien das Projekt zu einer Widmung an Stephen Sondheim zu werden, denn Barbra hatte beschlossen, acht seiner Songs in das Album aufzunehmen. Zuerst diskutierten Streisand und Sondheim stundenlang telefonisch über die einzigartige Art, wie Barbra seine Kompositionen verwenden wollte. Barbra bat Sondheim, den Text seines berühmtesten Songs, »Send in the Clowns«, umzuschreiben, eine Überleitung für ein Medley aus dem flotten »Pretty Women« aus *Sweeny Todd* und »The Ladies Who Lunch« aus *Company* herzustellen sowie einen neuen Text für »Putting It Together« von *Sunday in the Park with George* zu schreiben. Der Text sollte einen Kommentar über die nie endende Schlacht zwischen Kreativität und Kommerz innerhalb der Schallplattenindustrie und nicht innerhalb der Welt der schönen Künste abgeben.

Obwohl beide Künstler einen legendären Ruf hatten, verhielten sich Sondheim und Streisand im Umgang miteinander wie halbwüchsige Fans. Sondheim fragte schüchtern, ob er sich Barbra im Aufnahmestudio anschließen dürfe: »Ich war überrascht und entzückt, als sie sich einverstanden erklärte. Ich war wie elektrisiert.«

»Kann man sich das vorstellen?« rief Barbra. »Er hat Texte für *mich* umgeschrieben!«

The Broadway Album erschien im November 1985 unter ekstatischen Rezensionen (»Streisand ist wieder dort, wo sie hingehört!«) und brach sämtliche Verkaufsrekorde: Die Platte stieg innerhalb von Wochen auf Platz eins der *Billboard*-Album-Chart (»Die Kunden raffen immer gleich drei oder vier Scheiben an sich«, jubelte ein Geschäftsführer.) Um ihrer neuesten Schöpfung zu einem erfolgreichen Start zu verhelfen, gab Streisand ausnahmsweise zwei Journalisten Interviews: Stephen Holden von der *New York Times* und Rod McKuen, der das Album für die Zeitschrift *Digital Audio* rezensierte. Holdens Artikel konzentrierte sich auf Barbras Rückkehr »zu ihren Wurzeln« und auf die jugendliche Vitalität ihrer Stimme.

Insgesamt wurden von *The Broadway Album* drei Millionen Exemplare verkauft, und es erhielt drei Grammy-Nominierungen. Barbra mußte auf die Auszeichnung für das Album des Jahres verzichten, aber sie empfing ihr achtes Miniaturgrammophon als beste Popsängerin. Bei der Annahme des Preises wies Barbra darauf hin, daß sie genau vierundzwanzig Jahre zuvor ihren ersten Grammy gewonnen hatte. Sie rief dem begeisterten Publikum im Shrine Auditorium zu: »Mit ein wenig Glück und Ihrer fortdauernden Unterstützung werde ich Sie also in vierundzwanzig Jahren wiedersehen.«

***

Inzwischen war Richard Baskin mit Barbra zusammengezogen und nach Elliott und Jon zum dritten wichtigen Mann in ihrem Leben geworden. Peters vertraute Freunden an, er rechne mit einer baldigen Eheschließung der beiden; kurz darauf heiratete er selbst seine damalige Lebensgefährtin. Aber Barbra schien – genau wie in ihrer Partnerschaft mit Jon – mit dem Status quo der Beziehung zufrieden zu sein. Baskin war nicht nur Barbras Begleiter, sondern betätigte sich auch als ihr Leibwächter, wobei er manchmal über die Stränge schlug. Während sie in London das »Emotion«-Video drehten, berichtete die britische Presse, daß Baskin »die Beherrschung verlor, als das Paar ein Restaurant verließ«, ein Glas Ale nach den Vertretern der Fleet Street schleuderte und »ihnen eine Tracht Prügel anzubieten schien«.

***

1985 verbrachte Barbra die Weihnachtsfeiertage in Aspen und erfuhr, daß Marty Erlichman ebenfalls dort Urlaub machte. Marty und sie hatten wenig voneinander gehört, seit er 1977 Barbras Management aufgegeben hatte, und sie hielt es für geboten, die Geschäftsbeziehung wieder aufzunehmen. Ihr Vertrag mit Jon war abgelaufen, und sie beabsichtigte nicht, ihn zu erneuern. *The Broadway Album* ließ sie voll Dankbarkeit an ihre musikalischen Ursprünge denken, und niemand war stärker mit Barbras Anfängen verknüpft als Marty Erlichman.

Er war im Laufe der Jahre zu einer Art Filmmogul geworden und hatte erfolgreiche Streifen wie *Coma* und *Breathless* (Atemlos) produziert. Aber seine tiefste Loyalität galt immer noch Barbra, und als sie ihm von neuem anbot, als Manager für sie zu arbeiten, zögerte er nicht lange. »Es war, als wären wir sechzehn Jahre lang verheiratet gewesen und hätten uns dann getrennt«, sagte er. »Wenn man sich dann wieder zusammentut, weiß man mehr oder weniger übereinander Bescheid. Die Jahre haben uns in gewissem Sinne geholfen, denn wir können uns nun leichter miteinander verständigen als früher.«

Einer von Martys ersten Vorschlägen war eine Konzertreise. Das schulde sie ihren Fans; außerdem werde eine Tournee die Verkaufszahlen ihrer Platten hochschnellen lassen und das Interesse an ihrem neuesten Filmprojekt, *Nuts* (Nuts ... durchgedreht), fördern. Auf diese Weise könne sie *wirklich* zu ihren Wurzeln zurückkehren.

Barbra sagte nein. Sie habe zu große Angst, live aufzutreten, und eine Tournee erfordere zuviel Mühe. Doch Marty drängte sie weiterhin, da sie seit einem Jahrzehnt kaum live zu sehen gewesen war.

Sie behauptete, unter lähmendem Lampenfieber zu leiden, was, obwohl manche darüber spöttelten, der Wahrheit entsprach. (Rusty Lemorande bezeugte, sie sei 1980 bei der Grammy-Verleihung, als sie hinter der Bühne auf ihren Auftritt mit Neil Diamond wartete, so nervös gewesen, daß sie ihm ihre Fingernägel fast bis aufs Blut in den Handballen getrieben habe.)

In den neun Jahren, seit Barbra 1977 bei den Academy Awards »Evergreen« gesungen hatte, war sie nur noch dreimal öffentlich aufgetreten. Am 8. Mai 1978 krönte sie das ABC-TV-Special *The Stars Salute Israel at 30*, indem sie über Satellit mit Golda Meir in Tel Aviv plauderte und vier Lieder vortrug, darunter »Hatikwa«, die israelische Nationalhymne.

Am 1. Juni 1980 veranstaltete die American Civil Liberties Union im Music Center von Los Angeles ein Benefizkonzert zu Ehren von Marilyn und Alan Bergman. Barbra, von Michel Legrand begleitet, sang ausschließlich von den Bergmans verfaßte Songs: »Summer Me, Winter Me«, »What Are You Doing the Rest of Your Life«, »After the Rain«, »The Way We Were« sowie eine 1973 fallengelassene Version des letzteren, die sie »The Way We Weren't« taufte. Danach erschien Neil Diamond überraschend aus dem Publikum und sang zusammen mit Streisand ein lockeres »You Don't Bring Me Flowers«. Barbra gab später zu, daß ihr ein Yogi hinter der Bühne geholfen hatte, »mich zu beruhigen«.

Zu Beginn eines Songs rief eine lautstarke Gruppe von Fans auf dem Balkon: »Wir lieben dich, Barbra!«

»Ich liebe euch auch«, antwortete sie, »aber ich kann meinen Einsatz nicht hören.«

Viele Jahre lang bereitete es Barbara Mühe, diese Massenanbetung zu akzeptieren. »Ich weiß einfach nicht, was diese Liebe bedeutet. Ich bin ungeheuer dankbar für ihre Unterstützung, [aber] es ist eine seltsame Liebe – all der Applaus. Ich würde lieber nur von ein paar Menschen geliebt werden – wirklich geliebt. Das andere ist eine irgendwie verrückte Liebe – die Liebe zu einer Stimme, zu einem Star.« Nach dem Tribut an die Bergmans sang Barbra – ungeachtet der Gerüchte, daß sie Konzertreisen machen würde, um für *Yentl* und später für *The Broadway Album* zu werben – mehr als sechs Jahre lang keine einzige Note mehr in der Öffentlichkeit.

Deshalb reagierten die meisten bedeutenden Vertreter von Politik, Film- und Musikindustrie im August 1986 überrascht und entzückt, als sie von Barbra raffinierte, auf Kassette gesprochene Einladungen zu einem Benefizkonzert auf der Ranch erhielten. »Ich hätte mir niemals vorstellen können, wieder in der Öffentlichkeit singen zu wollen«, sagte sie auf der Kassette. »Aber andererseits hätte ich mir auch Star Wars, die Contras, Apartheid und nukleare Winter nicht vorstellen können.« Die Gäste wurden aufgefordert, »sich mir auf meiner Ranch unter den Sternen anzuschließen«. Das Konzert, auf den folgenden Monat angesetzt, werde vom neugegründeten Hollywood Women's Political Committee gesponsert und solle dazu beitragen, den Senatswahlkampf von fünf Kandidaten der Demokratischen Partei zu finanzieren. So bemerkenswert wie die Tatsache, daß Barbra wieder live singen würde, war der Preis der Eintrittskarten: 5000 Dollar pro Paar, wobei sich die Zahl der Gäste auf vierhundert beschränkte.

Viele Jahre lang hatte Barbra ihre politischen Ansichten für sich behalten. Sie war auf keinem der Finanzierungskonzerte für Jimmy Carter aufgetreten, der 1976 in der von Watergate beeinflußten Atmosphäre zum Präsidenten gewählt wurde, da er einen zu konservativen Eindruck auf sie machte. Aber sie verzichtete auch darauf, Ted Kennedy 1980 bei den Vorwahlen gegen Carter oder 1984 Walter Mondales Kampagne gegen Ronald Reagan öffentlich zu unterstützen.

Doch Barbras Entsetzen über die katastrophale Kernschmelze eines Reaktorblocks, die sich am 26. April 1986 im ukrainischen Kernkraftwerk Tschernobyl ereignete, ließ sie ihre Reserve aufgeben. Sie machte die Rüstungspolitik der Regierung Reagan mit dafür verantwortlich, daß sich die Zahl von Kernkraftwerken und Atomraketen überall auf der Welt erhöht hatte. Nun wollte sie ihre berühmte Stimme in einem Live-Konzert einsetzen, um Spenden zu sammeln und möglichst vielen liberalen Demokraten zu einer Mehrheit im Senat zu verhelfen.

Am 6. September, einem milden Samstagabend, wurden Busse mit prominenten Persönlichkeiten, die ihre Autos am Fuß des Ramirez Canyon geparkt hatten, an aufmerksamen Sicherheitsposten vorbei zu einem kleinen Amphitheater geleitet, das Streisand auf ihrem Grundstück in Malibu hatte errichten lassen. Robin Williams – komisch wie immer – hielt eine Eröffnungsrede, in der er sich über den Preis der Tickets lustig machte. Nach einer kurzen Pause erschien Barbra wie eine Vision aus den Kulissen; sie trug ein langes, an der Seite geschlitztes Kleid, das auf beiden Schultern mit Straß bestickt war. Sie sang »Somewhere«, und ihr von Stars durchsetztes Publikum begrüßte sie mit einer stehenden Ovation. Auch Jason, Chris Peters und die Bergmans waren unter den Zuschauern.

Da Barbra nur ein paar Musiker mit elektronischen Instrumenten hinter sich hatte, trug sie ihre Standards auf stimmlich weniger anspruchsvolle Art vor und sang zusammen mit Barry Gibb »Guilty« und »What Kind of Fool«. Ohne die Unterstützung durch ein vollständiges Orchester verzichtete Barbra auf ihre bewährten Crescendi. Statt dessen machte sie ruhige, exquisit gesungene Balladen zu den Höhepunkten des Programms: »Send in the Clowns«, »It's a New World«, »Papa, Can You Hear Me?« und »Over the Rainbow«, eine bewegende Hommage an Judy Garland.

Barbras »One Voice«-Konzert brachte 1,5 Millionen Dollar ein – sehr viel mehr, wie die Presse hervorhob, als eine Spendenveranstaltung für Reagan, die am selben Abend in Beverly Hills stattfand. Barbra verwendete allerdings einen Teil der Einnahmen für die Gründung der gemeinnützigen Streisand Foundation; diese diente zur Förderung »geeigneter Wohltätigkeitsorganisationen, die antinuklearen Aktivitäten sowie der Bewahrung unserer Umwelt, der Bürgerfreiheiten und der Menschenrechte verpflichtet sind«. Vier der fünf Kandidaten, die Barbra mit Hilfe des Konzerts unterstützt hatte, wurden im November gewählt, so daß die Demokraten wieder die Senatsmehrheit hatten.

Die Stiftung zog weitere Gewinne aus dem Konzert, als es am Jahresende von HBO als Sondersendung ausgestrahlt wurde. Sogar Kritiker, die Streisands politische Bemerkungen abtaten, waren voll des Lobes über ihren Auftritt. »Streisands Stimme ist immer noch die beste«, hieß es im *Los Angeles Herald Examiner.* »Ihre Bühnenpräsenz, ihre herrlich selbstbewußte Aura und ihre Beherrschung des Publikums sind weiterhin von meisterhafter Schönheit.«

***

Da Barbra nach sechs Jahren zu einem Live-Auftritt auf die Bühne zurückgekehrt war, sah sie sich nun auch imstande, nach vier Jahren auf die Leinwand zurückzukehren. Das Projekt, das sie wählte, sollte ihre bisher größte schauspielerische Herausforderung darstellen. Es war – unter anderem – einem Problem gewidmet, das Barbra seit der Ehe ihrer Mutter mit Louis Kind zu schaffen gemacht hatte: der Kindesmißhandlung.

»Keine Sorge, Mama, ich werde dir meinen nächsten Film widmen«, hatte Barbra 1983 gesagt. Sie tat es nicht, aber *Nuts* war indirekt trotzdem ihrer Mutter gewidmet.

KAPITEL 34

Barbra saß im heißen Scheinwerferlicht der Sendung *60 Minutes* und beantwortete die Fragen von Mike Wallace. Das Gespräch kam auf Barbras Stiefvater, und das Bild ihrer sorgfältig gepflegten öffentlichen Beherrschtheit zersplitterte. Sie verlor die Fassung vor der Kamera, und ein eingeschüchtertes, unsicheres und unglückliches Kind gab sich zu erkennen. »Das gefällt Ihnen wohl …, daß vierzig Millionen Menschen mich so sehen«, schniefte sie. Für einen Moment waren Wahrheit und Dichtung für Streisand im gleißenden Licht der Öffentlichkeit miteinander verschmolzen. Barbra erinnerte auf erstaunliche Weise an ein anderes mißhandeltes Kind: an Claudia Draper, die in *Nuts* von ihr gespielt wurde.

In *Nuts*, einer bissigen Darstellung sinnlos gewordener Familienwerte, erhob Barbra symbolisch Anklage wegen der Mißhandlung, die sie als Kind durch Louis Kind erlitten hatte. Und der wütende Ton des Films ließ ihre auch immer noch bitteren Gefühle ihrer Mutter gegenüber deutlich werden. »Mein Stiefvater mißhandelte mich nicht physisch«, erklärte Barbra, »aber er mißhandelte mich psychisch, und meine Mutter ließ es zu.«

Tom Topors sarkastisches Drama über Claudia Draper und ihren Abstieg in Prostitution, Mord und möglichen Wahnsinn kreist um finstere Familiengeheimnisse, unterdrückten Haß, gesellschaftliche Heuchelei und die wichtige Frage: Was ist normal? »Ich fühlte mich von der Gestalt in diesem Film sehr angesprochen«, meinte Barbra. »Die Menschen sind nicht immer das, was sie zu sein scheinen. Claudia ist nicht irre, sondern nur schockierend ehrlich.«

Es ist leicht zu verstehen, daß die vielschichtige Heldin von Topors bejubeltem Drama Streisand fesselte. Claudia ist eine faszinierende Mischung aus widersprüchlichen Charakterzügen: eine labile, heldenhafte, unsichere, eitle, verängstigte und hartnäckige Edelnutte, die nach der Ermordung eines brutalen Kunden den Vorwand der Geisteskrankheit zurückweist und ihr Recht auf eine Gerichtsverhandlung einfordert. Sie ist nicht bereit, sich weiterhin zum Opfer machen zu lassen, indem sie behauptet, »durchgedreht« zu sein, obwohl ihre Eltern mit aller Macht darauf hinwirken. Sie will ihren Tag im Gerichtssaal.

Später räumte Barbra ein, daß die Rolle der Claudia ihr gestattet habe, »all meinen Zorn abzureagieren … Ich brauchte nicht mehr nett, sanft und höflich zu sein.«

***

Bereits Anfang Dezember 1981 sickerte durch, daß Barbra in der Filmfassung von *Nuts* mitspielen wollte. Ihr Interesse an der Rolle der Claudia war schmeichelhaft für Regisseur Mark Rydell, aber er erteilte ihr eine Absage. »Sie möchte, daß ich den Film aufschiebe, bis sie *Yentl* beendet hat. Das dürfte noch über ein Jahr dauern, aber ich beabsichtige, *Nuts* in diesem Sommer zu drehen.«

Rydell hatte *The Rose*, Bette Midlers überwältigendes Filmdebüt, inszeniert sowie Henry Fonda und Katharine Hepburn durch *On Golden Pond* (Am Goldenen See) zu Oscars verholfen. Für die Hauptrolle in *Nuts* hatte er bereits Debra Winger vorgesehen, die durch ihre Leistung in *Urban Cowboy* in die vorderen Reihen der weiblichen Hollywood-Stars gerückt war.

Was Rydell vorschwebte, war ein nicht allzu teurer Film mit grober Sprache, rauhen Situationen und zahlreichen explosiven Themen, zu denen auch Claudias verborgenstes Geheimnis gehören sollte: die schmachvolle sexuelle Beziehung, zu der sie als Kind von ihrem Stiefvater gezwungen und für die sie von ihm bezahlt worden war. Aber es kam – durch Verzögerungen beim Script sowie durch Probleme mit dem Budget und mit den Außenaufnahmen – nicht zu dem von Rydell für Sommer 1982 geplanten Produktionsbeginn. Kurz darauf trat Debra Winger von dem Projekt zurück, und man wandte sich nun doch an Barbra.

***

Der Film schien bei Rydell in guten Händen zu sein, doch bald hieß es in den Burbank Studios, der Regisseur sei »schwierig«. Er weigere sich, das hochschnellende Budget einzuschränken, die umstrittene Inzestthematik abzumildern oder über seine künstlerische Konzeption mit sich reden zu lassen.

Streisand bemühte sich vergeblich um eine Lösung. Daraufhin gab das Studio am 18. März 1986 in einer typisch nichtssagenden Presseerklärung bekannt: »Zu unserem großen Bedauern haben sich bei diesem Film mehrere Faktoren miteinander verknüpft und eine Trennung zwischen Warner Brothers und Rydell Productions bewirkt. Unser Respekt vor Marks Begabung und seinem Erfolg als Filmemacher bleibt unvermindert. Wir wünschen ihm auch in Zukunft viel Erfolg.«

Rydell gab sich ebenfalls als lächelnder Diplomat. Dem *Hollywood Reporter* zufolge machte er »Termin-, Budgetprobleme und künstlerische Differenzen« für die Vertragsauflösung verantwortlich: »Ich lasse dieses Projekt ohne die geringsten feindseligen Gefühle hinter mir. Wenn ich etwas bedauere, so ist es die Tatsache, daß ich die Arbeit mit Barbra Streisand nicht fortsetzen kann. Sie ist eine Künstlerin von ungeheurem Talent, und zwischen uns bestand ein ausgezeichnetes Arbeitsverhältnis ...«

Gewundene Heucheleien dieser Art sind Barbra stets ein Ärgernis gewesen. Sie hatte das Gefühl, daß Rydells Abgang ihrem Ansehen schade, und versuchte erneut, die verfeindeten Seiten miteinander zu versöhnen. »Sie bemühte sich, zwischen Mark und Warner Brothers zu vermitteln«, bestätigte Marty Erlichman. »Als ihr klar wurde, daß Warners seiner Rückkehr auf keinen Fall zustimmen würde ..., verlangte sie einen [neuen] Regisseur mit besonderem Gespür für die Schauspieler. Man entschied sich für Marty Ritt.«

Doch Studio-Insidern zufolge war der Auswahlprozeß nicht ganz einfach. Nach Rydells Rücktritt wurden mehrere Namen ins Gespräch gebracht. Warners bot Barbra an, selbst die Regie zu übernehmen, aber sie war so kurz nach *Yentl* nicht bereit, sich mit dieser Verantwortung zu belasten. Außerdem wollte sie keine Gerüchte auslösen, daß sie selbst Rydells Weggang herbeigeführt habe, um das Projekt an sich zu reißen. Dafür wurde Barbra zur Produzentin des Films.

Warners bot Alan Pakula die Regie an, ohne Barbra mitzuteilen, daß seine übliche Gage zwei Millionen Dollar betrug. Sie war außer sich, denn als Produzentin von *Nuts* hätte sie konsultiert werden müssen, und sie weigerte sich, eine solche Summe für einen Regisseur zu zahlen. Ihr Zorn auf Warners verstärkte sich, als sie erfuhr, daß eine Crew für täglich Zehntausende von Dollars in Bereitschaft gehalten wurde, obwohl der Beginn der Dreharbeiten noch weit entfernt war.

Gestreßt und desillusioniert mußte Streisand mit ansehen, wie das Budget in bedrohliche Höhen stieg. Sie machte sich Sorgen über jeden Aspekt der Produktion, auch über ihre eigene Rolle. War Claudia Draper zu kontrovers? Zu verbittert? Zu einseitig? Bevor sie einen Regisseur fand, dem sie vertrauen und mit dem sie diese Probleme erörtern konnte, wurden ihr die Sorgen von niemandem abgenommen. »Ich fühle mich eingeschüchtert und unsicher«, ließ sie einen Freund wissen. »Ich möchte so sehr, daß man mich mag und Verständnis für mich hat, aber ich muß die Kontrolle haben, denn die meisten Leute sind schrecklich dumm!«

Zuerst dachte Barbra, daß Marty Ritt ein Regisseur sei, der ihr Sicherheit vermitteln und von dem sie etwas lernen könne. Ritt hatte eine Reihe klassischer Dramen inszeniert, darunter *Hud* (Der Wildeste unter Tausend) und *Norma Rae*; und er besaß eine erstaunliche Fähigkeit, persönliche Fragen mit größeren gesellschaftlichen Themen zu verknüpfen. Am 2. April hatte Streisand mit Ritt über die Aufgabe gesprochen. In der Öffentlichkeit erklärte er, er halte Barbra für »großartig«, doch unter vier Augen meldete er eher Zweifel an ihrer Eignung für die Rolle der Claudia Draper an. Barbra fühlte sich durch Ritts unverblümtes Urteil herausgefordert und glaubte, ihren Regisseur gefunden zu haben. »Er brachte mich auf die Palme, und ich sagte: ›Gut. Sie sind der Richtige. Wir passen zueinander.‹«

Barbra meinte, Claudia Draper in- und auswendig zu kennen. »Sie sagt immer genau das, was sie empfindet, und ich identifiziere mich mit ihr, weil ich schon als kleines Kind nicht lernen konnte, wie man sich vorschriftsmäßig benimmt.« Ihre nächsten Worte enthielten einen unausgesprochenen Kommentar über ihre Mutter. »Mir wurde nie etwas beigebracht. Zum Beispiel zog ich die Füße hoch, während ich am Tisch saß, und ich wußte nicht, daß man sich beim Essen eine Serviette auf den Schoß legen soll. Meine Mutter aß am Küchenherd aus einem Topf. Wir hatten nie festgelegte Essenszeiten wie alle anderen Kinder.«

Um jede Facette von Claudias unberechenbarem Verhalten zu ergründen, sprach Streisand mit Ärzten, Juristen und Patienten von Nervenkliniken. Außerdem heuerte sie einen Rechtshilfeanwalt als Berater für den Film an und besuchte im Frühjahr mehrere staatliche Krankenhäuser in New York und Los Angeles. »Ich unterhielt mich mit schizophrenen Patienten. Ihr Mangel an Umgangsformen machte mir nicht das geringste aus – ihre Ehrlichkeit hatte etwas Gewinnendes und Erfrischendes an sich. Auch ich sage am liebsten genau das, was ich denke, und werde dafür verurteilt – genau wie [Claudia] in diesem Film.«

***

465

Barbra zog Schauspieler von Richard Gere bis Robert Duvall für die wichtige, doch wesentlich kleinere Rolle von Claudias Verteidiger Aaron Levinsky in Betracht. Am 16. Juni einigten sich Streisand und Ritt auf Richard Dreyfuss, der in Los Angeles in der Bühnenfassung von Larry Kramers *The Normal Heart* aufgetreten war und Barbra hingerissen hatte. Dreyfuss machte sich anderslautenden Gerüchten zum Trotz keine Sorgen über Barbras Neigung, jeden Aspekt ihrer Filme zu beeinflussen. »Nein, das machte mir nicht im geringsten zu schaffen. Ich wußte, daß es der Fall sein würde. Wem war das nicht bekannt? Sie wußte es, und ich wußte es.«

***

Während des Ringens um die Einzelheiten von *Nuts* hatte Streisand ihr »One Voice«-Konzert gegeben, und Marty Ritt konnte sich nicht damit abfinden, daß sie soviel Zeit und Energie für ein anderes Projekt aufwandte. Anscheinend war er der Meinung, daß die seriöse Schauspielerin Streisand durch den Konzern Streisand behindert werde. Später, nachdem die Dreharbeiten begonnen hatten und Streisand ihre Zeit zwischen dem Film und ihrem *One Voice Special* für HBO aufteilte, wurde das Verhältnis zwischen dem Regisseur und dem Star noch gespannter.

Durch die glänzende Besetzung, für die sich Ritt und Streisand entschieden hatten, wurde das *Nuts*-Budget auf fast 30 Millionen Dollar aufgebläht – eine größere Summe, als sieben von Barbras dreizehn Filmen *insgesamt* eingespielt hatten. Die technische Crew war genauso eindrucksvoll: Andrzej Bartkowiak wurde als Kameramann und Jeremy Lubbock als Arrangeur und Dirigent verpflichtet. Streisand selbst wollte die Filmmusik komponieren. »Wer sonst würde mich schließlich anheuern … oder feuern?«

Barbra flog nach New York, um am 1. Oktober mit den Außenaufnahmen zu beginnen. Nachdem man die kurzen Szenen gedreht hatte, in denen die freigelassene Claudia durch die Straßen von New York geht, kehrte die *Nuts*-Truppe nach Los Angeles zurück, wo die Arbeit in den Burbank Studios fortgesetzt wurde.

***

Laut Streisand nahestehenden Gewährsleuten vermutete sie fast von Anfang an, daß es ein Fehler gewesen war, Marty Ritt zu verpflichten. Zwar war er ein geachteter Hollywood-Veteran, doch er hatte keine Lust, seine persönlichen Gewohnheiten zu ändern und sich auf Barbras chaotische Planung einzustellen. Während viele ihrer anderen Regisseure bereit waren, sich mit Barbras ständigen nächtlichen Anrufen abzufinden, machte ihr Ritt – achtundsechzig Jahre alt und nicht bei bester Gesundheit – sofort klar, daß er die Telefonate nicht dulden werde. Im Verlauf der Dreharbeiten nahm die Frustration auf beiden Seiten zu. Ritt bezeichnete seinen Star angeblich als »Nervensäge«.

Trotzdem sickerte durch, daß Barbra eine Glanzleistung als Claudia Draper biete, daß der Film ein Kassenschlager sein und Streisand eine Oscar-Nominierung als beste Hauptdarstellerin erhalten werde. Karl Malden, der Claudias Stiefvater spielte, zeigte sich begeistert von dem Film und seinem Star. Die Oscar-Gewinnerin Maureen Stapleton, die Claudias Mutter verkörperte, hielt Barbra für »anbetungswürdig« und schien von der Zusammenarbeit mit ihr fasziniert zu sein. »Ich bin [Barbra] vor Jahren ein paarmal in New York begegnet«, erzählte Stapleton. »Ich stand nie auf vertrautem Fuß mit ihr, aber sie war vom ersten Tag an offen und zugänglich. Bei Streisand gibt es keine Verstellung und nichts Hinterhältiges. Es war eine Freude, mit ihr zu arbeiten. Man braucht bei ihr kein Blatt vor den Mund zu nehmen.«

Die *Nuts*-Aufnahmen endeten am 3. Februar 1987, und dann begann die eigentliche Arbeit. Ritt ruhte sich ein paar Wochen aus und machte sich an das mühsame Werk, seine »Rohkopie« für Barbra herzustellen. Er wurde kurz vor dem 22. Mai fertig und führte ihr den Film vor. Barbra wollte Änderungen in Ritts Kopie vornehmen und fing am 1. Juni an, den Film ihrerseits zu schneiden. Ritt war nicht gerade erfreut. »Ich weiß nicht, was sie mit dem Film macht. Ich habe meine Kopie angefertigt, wir hatten eine Voraufführung, und nun ist sie an der Arbeit.« Immerhin bemühte er sich, fair zu sein, und fügte hinzu, daß nicht er die Verantwortung für die endgültige Version trage. Als Produzentin habe Barbra »das Recht, Schnitte vorzunehmen«.

Wie immer blieb Barbra während der Nachproduktionsphase von der Außenwelt abgeschottet. Später erklärte sie: »Bei manchen Streitigkeiten, die Marty und ich wegen der Endfassung hatten, sagte ich zum Beispiel: ›Nehmen wir das Close-up von mir raus.‹ Aber dann widersprach er: ›Das ist ein gutes Close-up von dir.‹ Niemand kann sich solche Auseinandersetzungen vorstellen. Man sollte glauben, daß sich eine Schauspielerin möglichst viele Close-ups wünscht. Das Ganze ist lächerlich. Ich bin sehr wütend über viele Dinge, die dauernd falsch interpretiert werden.«

Während des Schnitts von *Nuts* komponierte Barbra auch die Filmmusik. »Als Gerichtsdrama benötigt *Nuts* sehr wenig Musik, deshalb beschloß ich, einen Versuch zu machen. Die Melodie während des Nachspanns sollte ein Gefühl von Freiheit und persönlichem Triumph vermitteln. Später schrieben Alan und Marilyn Bergman den Text dazu, und der Song wurde zu ›Two People‹, [den ich] für das *Till I Loved You*-Album aufnahm.« Für eine Szenenfolge in einer Bar wählte Streisand »Here We Are at Last« – einen Song, den sie für *The Main Event* komponiert und dann verworfen hatte, bis er in *Emotion* auftauchte.

***

Die Voraufführungen von *Nuts* fanden im Spätsommer und Frühherbst 1987 statt, und die Warner-Brothers-Leitung war von den Publikumsumfragen entzückt. Böse Zungen in Hollywood hatten bezweifelt, daß Streisand in der Lage sei, ein fünfhundert Dollar pro Stunde kostendes Callgirl zu porträtieren, doch keiner der faszinierten Zuschauer schloß sich ihrer Meinung an. Sie wußten, daß die meisten Prostituierten nicht so aussehen wie Elizabeth Taylor in *Butterfield 8* (Telefon Butterfield 8). Tom Topor war zufrieden. »Ich halte *Nuts* für einen guten Film, einen *sehr* guten Film. Es ist nicht das, was ich gedreht hätte. Es ist der Film von Barbra Streisand und Marty Ritt.«

Nuts feierte am 20. November 1987 Premiere, und die Publicity war gewaltig. Trotz der positiven Reaktionen nach den Voraufführungen kam es zu einem gemischten Presse-Echo. Viele Kritiker waren der Ansicht, Barbra habe eine überraschend kontrastreiche mutige Gestalt – Lichtjahre von Yentl entfernt – geschaffen und ihr Können als dramatische Schauspielerin endgültig unter Beweis gestellt. Andere warfen ihr vor, sie habe großen Gesten den Vorzug vor echter Schauspielerei gegeben. Der Rezensent der Zeitschrift *People* schrieb: »Ihre Energie schlägt den Zuschauer in ihren Bann. Ob sie den Familienanwalt umhaut oder das Gericht durch ihre Sexpreise schockiert, Streisand läßt eine solide komische Konsequenz erkennen … Mit Witz und entwaffnender Aufrichtigkeit ist es ihr gelungen, sich selbst ein Denkmal als Nervensäge zu setzen.«

Noch andere allerdings fühlten sich durch den Film nur abgestoßen. David Ansen von *Newsweek* nannte *Nuts* »ein klassisches Beispiel für das, was das einflußreiche liberale Hollywood als wichtige Unterhaltung ausgibt«. Bei Warners sah man sich durch Umfragen nach der Premiere ermutigt, denn *Nuts* hatte sechundneunzig Prozent der Zuschauer sehr gut gefallen; deshalb würden die Einwände der Kritiker durch vorzügliche Mundpropaganda verdrängt werden. Doch die Kasseneinnahmen wurden durch eine Reihe von Faktoren geschmälert, angefangen mit der allgemeinen Atmosphäre im Land. In Zeiten des Konjunkturrückgangs wollte kaum jemand eine vermutlich deprimierende Story über eine verrückte Prostituierte sehen – schon gar nicht während der Ferien. Zwar spielte der Film in den ersten zehn Tagen in nur 536 Kinos fast zwölf Millionen Dollar ein, doch die katastrophale Werbekampagne – mit dem Foto einer mürrischen Streisand, deren Gesicht an das Biest in der Fernsehserie *Beauty and the Beast* erinnerte – schreckte die Besucher ab. Nichts von dem Humor, dem Happy-End und der Hoffnung des Films wurde in der Werbung aufgegriffen, was *Nuts* teuer zu stehen kam.

Die Kasseneinnahmen gingen rasch zurück, und der Film spielte letztlich nur 35 Millionen Dollar in den USA ein – kaum genug, um die Produktionskosten zu decken, nicht zu reden von den Millionen für die Werbekampagne. Da *Nuts* am Jahresende bei den New York and Los Angeles Film Critics' Awards übergangen wurde und auch bei den Golden Globe Awards keine Nominierung für den besten Film oder die beste Hauptdarstellerin erhielt, konzentrierte sich jetzt alle Hoffnung auf die Oscars. Die meisten Beobachter waren sich einig, daß Barbra eine Nominierung verdient hatte.

Viele Hollywood-Insider hatten *Nuts* sogar monatelang als Oscar-Favoriten bezeichnet; man prophezeite, Streisand werde nicht nur nominiert werden, sondern auch ihre dritte Statuette empfangen. Aber als die Nominierungen bekanntgegeben wurden, ging *Nuts* in sämtlichen Kategorien leer aus. Cher gewann mit einer runden, doch keineswegs so vielschichtigen Leistung den Oscar als beste Hauptdarstellerin.

∗∗∗

Durch *Nuts* kam Barbra ihrer Mutter ein wenig näher. »Ich liebe sie nun mehr als je zuvor in meinem Leben. Und sie liebt mich, glaube ich, auch. Ich begreife sogar ihre Eifersucht. Warum sollte sie nicht eifersüchtig sein? Sie ist eine Frau, die sich eine eigene Karriere wünschte, aber sie war zu verängstigt, zu scheu.«

Diana verteidigte sich gegen den Vorwurf, Barbra als kleines Mädchen nie ermutigt zu haben. »Was immer sie [ihre drei Kinder] zu tun versuchten, ich gab mir Mühe, sie zu unterstützen.« Aber Diana räumte ein: »Vielleicht dachten sie, daß ich sie nicht vollkommen unterstütze.«

Barbra und ihre Mutter haben kaum Kontakt miteinander. »Ich höre nicht sehr oft von ihr«, gab Mrs. Kind zu. »Wir sind nicht zerstritten. Ich liebe meine Tochter sehr, aber Barbra ist ein sehr beschäftigtes Mädchen, und ich bin eine beschäftigte Mutter, die sich selbst versorgt und versucht, das Beste aus ihrem Leben zu machen.« Zu besonderen Anlässen lädt Barbra ihre Mutter zum Dinner ein – »wenn sie gerade Zeit hat«, wie Mrs. Kind sagt. Am Muttertag und am Geburtstag läßt Barbra ihr gewöhnlich durch ihre Sekretärin Blumen schicken, doch manchmal vergißt sie es.

Aber Diana erklärte stolz: »Meine Tochter kümmert sich sehr gut um mich.« Barbra kaufte ihrer Mutter vor etwa zehn Jahren für eine Million Dollar eine Dreizimmerwohnung in Beverly Hills (Diana teilt sich die Wohnung häufig mit Roslyn, die 1983 eine kurze Ehe einging, doch seitdem unverheiratet ist) und schickt ihr pro Monat 1000 Dollar. Für eine einfache Frau in den Achtzigern führt Diana ein geradezu paradiesisches Leben. Ihr größtes Problem sei, daß ihre Privatsphäre durch die Berühmtheit ihrer Tochter gestört werde. »Ich hätte mir nie vorgestellt, daß es so schwer sein kann, die Mutter von jemandem wie ihr zu sein.«

Wie früher hat Diana Kind wenig Interesse an Barbras Karriere im Showgeschäft. Nachdem ein Streisand-Fan drei Stunden mit Diana verbracht hatte, meinte er verblüfft: »Sie hat keine Ahnung von Barbras Berühmtheit. Sie könnte die Mutter von Vicki Carr sein.« Diana macht sich hauptsächlich Sorgen um Barbras Gesundheit, ihr Glück im Privatleben, ihre Sicherheit und Ernährung, aber sie ist stolz auf die Leistungen ihrer Tochter, obwohl es ihr schwerfällt, Barbra solche Gefühle mitzuteilen.

»Es ist ganz klar, daß sie ihre Begabung von mir hat«, sagte Mrs. Kind einmal.

KAPITEL 35

Im Ring des Atlantic City Convention Center machte Schwerge-
wichtsweltmeister Mike Tyson seinen Herausforderer Larry
Holmes im Januar 1988 zu Hackfleisch, aber die eigentliche Show
fand ein wenig nördlich des Ringes statt. Die Zuschauer blickten, als
wären sie nicht bei einem Boxkampf, sondern bei einem Tischten-
nisspiel, zwischen dem Blutbad und einem elegant gekleideten blonden Paar, das Knie an Knie in einer der vorderen Reihen saß, hin und
her. In einem Publikum, dem auch Jack Nicholson, Kirk Douglas,
Barbara Walters, Bruce Willis, Norman Mailer, Sugar Ray Leonard
und Muhammad Ali angehörten, konzentrierte sich alles auf die händ-
chenhaltenden Barbra Streisand und Don Johnson. Ein Raunen ging
durch die Arena, während immer mehr Zuschauer Barbra an der
Seite eines der begehrtesten amerikanischen Sexsymbole entdeck-
ten: »Ist das nicht Barbra Streisand mit *Don Johnson*? Wow! Sind die
beiden nun ein *Paar*?«

Nach dem kurzen Fight (Tyson schlug Holmes in der vierten
Runde k. o., wie er vorausgesagt hatte), begaben sich die Prominenten zu einer feudalen Abendgesellschaft in den Imperial Ball-
room des Trump Plaza Hotels. »Don und Barbra kamen Hand
in Hand auf die Party«, berichtete einer der Gäste. »Sie mischten
sich – gemeinsam und einzeln – unter die Menge. Alle waren begeistert, Barbra zu sehen, aber niemand hatte erwartet, daß sie mit
Don Johnson erscheinen würde. Sie waren wirklich rührend. Sogar
wenn sie mit anderen sprachen, lächelten sie einander durch den
Saal zu.«

Für eine Presse, die ständig nach neuen Superstar-Verbindungen
lechzte, war der Verdacht, daß Streisand und Johnson eine Affäre
hatten, unwiderstehlich. »Barbra und Jon sind ein Paar – es steht
fest!« lautete die Schlagzeile von Liz Smith' Kolumne am folgenden
Montag. »Sie tauschen anscheinend so honigsüße Blicke aus, daß
man Waffeln damit belegen könnte«, schrieb Smith. In einem späteren Artikel schilderte sie ein Dinner der beiden im Mayflower Hotel
in Manhattan: »Sie … kamen sich, wie man hört, so nahe, daß sie am

Ende fast aus dem Blickfeld der wenigen anderen Gäste nach unten weggerutscht wären. [Die Romanze] ist etwas Großartiges und Elektrisierendes ...«

Innerhalb von Tagen brachten Kolumnisten überall im Land die wenigen Kleinigkeiten, die sie über das »neueste seltsamste Paar von Hollywood« ausfindig machen konnten. Erfahrenen Streisand-Beobachtern entging nicht, daß Barbra, der angeblich nichts teurer war als eine unversehrte Privatsphäre, wiederum einen von Reklamerummel umgebenen Boxkampf gewählt hatte, um der Öffentlichkeit einen neuen Liebhaber vorzustellen – genau wie vierzehn Jahre zuvor im Fall von Jon Peters, mit dem Don Johnson etliche Gemeinsamkeiten hatte.

Barbra hatte den achtunddreißigjährigen verwegen wirkenden Star der aus dem Rahmen fallenden Fernseh-Polizeiserie *Miami Vice* (Miami Vice – Heißes Pflaster Florida) 1987 bei den Grammy-Verleihungen in Los Angeles hinter der Bühne kennengelernt. Johnson und Whoopi Goldberg hatten die Nominierungen (darunter *The Broadway Album*) für das Album des Jahres bekanntgegeben. Ihre Begegnung bei der Zeremonie war sehr kurz. Johnson hatte kaum Zeit, Barbra, die von Richard Baskin begleitet wurde, ein Kompliment über ihre Arbeit zu machen.

Barbras Beziehung zu Richard Baskin hatte sich im Laufe der Jahre zu einer herzlichen Freundschaft abgekühlt (die bis heute andauert), und sie verbrachte die Weihnachtstage 1987 allein in Aspen. Dort traf sie auf einer Party von Freunden wieder mit Johnson zusammen. Er war ebenfalls allein gekommen, und als er bemerkte, daß Barbra schweigend in einer Gruppe plaudernder Gäste saß, stellte er sich ihr von neuem vor. Kurz darauf führte er sie an der Hand auf einen gemütlichen Balkon, wo sich die beiden für den Rest des Abends lachend im Mondlicht unterhielten, während die anderen Partyteilnehmer Desinteresse vortäuschten.

Ein paar Tage später erschien Johnson überraschend auf einer Feier, die Barbra in ihrem gemieteten Chalet im exklusiven Red-Mountain-Bereich von Aspen veranstaltete. Außerdem dinierten die beiden allein in Johnsons Hotel. Die Fernsehserie machte es erforderlich, daß Johnson in Miami wohnte, und nachdem Barbra und er aus Aspen heimgekehrt waren, telefonierten sie stundenlang, um ihre Bekanntschaft zu vertiefen. Johnson (der Presse als Frauenheld bekannt), war intelligent, witzig, ehrgeizig und der fürsorgliche Vater eines fünfjährigen Sohnes – Eigenschaften, die Barbra anzogen. Außerdem dürfte ihr nicht entgangen sein, daß er kurz zuvor zum »aufregendsten Mann der Welt« gewählt worden war.

***

Don Johnson sagte von sich selbst, er sei als Junge in Missouri ein »Rabauke« gewesen und habe seine Unschuld bereits mit zwölf Jahren an eine siebzehnjährige Babysitterin verloren. Er erregte zum erstenmal Aufsehen, als das frühere Teenageridol Sal Mineo ihn für die Bühnenproduktion des umstrittenen Gefängnisdramas *Fortune and Men's Eyes* (Menschen hinter Gittern) in Los Angeles verpflichtete. Für die Rolle eines »hübschen Jungen«, der im Gefängnis vergewaltigt wird, erhielt der Neunzehnjährige überschwengliche Rezensionen, was das Interesse der Filmindustrie weckte. Aber er drehte in den Siebzigern nur wenige Filme, darunter den Kultstreifen *The Harrad Experiment*, in dem er eine Nacktszene hatte.

Während der Dreharbeiten verliebte sich Johnson in Melanie Griffith, die frühreife, flachsblonde vierzehnjährige Tochter seines Co-Stars Tippi Hedren. Don und Melanie heirateten vier Jahre später. Es war die dritte Ehe des nun siebenundzwanzigjährigen Johnson, und auch sie dauerte nur zwei Jahre. Nach der Scheidung knüpfte er eine lange Beziehung zu Barbras Co-Star aus *The Main Event*, Patti D'Arbanville, an; sie brachte 1982 seinen Sohn Jesse zur Welt.

Anfang der achtziger Jahre mußte sich Johnson mit undankbaren Rollen in Fernsehfilmen wie *Elvis and the Beauty Queen* und *Katie: Portrait of a Centerfold* (Playmate des Monats) begnügen.

Man wußte in Hollywood sehr gut, daß seine Karriereprobleme seit Jahren durch Alkohol und Drogenabhängigkeit verstärkt worden waren. In einem Interview gab er zu, daß sein Alkoholkonsum jeden Tag »einen Kasten Bier, ein paar Cocktails, mehrere Flaschen vom besten Wein und einen guten Napoleon-Cognac nach dem Dinner umfaßte«. 1982, kurz nach Jesses Geburt, schloß sich Johnson den Anonymen Alkoholikern an. Im folgenden Jahr wurde er für die Rolle von Sonny Crockett in *Miami Vice* engagiert.

Die schwungvoll gedrehte Show, die in der Art-déco-Welt von Miami Beach vor einem Soundtrack aus dröhnendem Techno-Rock spielt, wurde über Nacht zu einem Erfolg und in der zweiten Saison zu einem Phänomen der Popkultur. Johnson und sein Co-Star Philip Michael Thomas mit ihren seidenen Armani-Anzügen und lockeren, pastellfarbenen Sportjacken über engen T-Shirts wurden zu unrasierten Sinnbildern coolen, männlichen Sex-Appeals. Innerhalb von Monaten gelangte Don Johnson zu dem Ruhm, um den er sich seit fünfzehn Jahren vergeblich bemüht hatte, und er genoß ihn in vollen Zügen.

Während Johnson zu nationaler Prominenz aufstieg, nahm seine fünfjährige Partnerschaft mit D'Arbanville ein Ende. Und da die Jahre seine sexuelle Anziehungskraft nur erhöht hatten, überraschte es niemanden, daß »Don Juan-son«, wie die Fan-Zeitschriften ihn nannten, die *Miami Vice*-Groupies, die ihm auf Schritt und Tritt folgten, keineswegs verschmähte.

Johnson war der seit vielen Jahren berühmteste, glanzvollste und überraschendste Liebhaber für Barbra, und die Massenblätter brachten einen Sensationsbericht nach dem anderen. In den ersten Monaten des Jahres 1988 verging kaum eine Woche ohne neue »Exklusivmeldungen« über Barbra und Don: Sie habe ihn »nach Brooklyn geschleppt«, um ihn ihrer Familie vorzustellen (dabei wohnte kaum noch jemand aus ihrer Familie dort!). Er habe Gianni Versace beauftragt, ein Hochzeitskleid für sie zu entwerfen. Sie »könne es nicht erwarten«, ein Kind von ihm zu bekommen, und bestehe darauf, daß er sich vor der Ehe beschneiden lasse. Er habe eine Anzahlung auf ein »Liebesnest« mit vier Schlafzimmern in Aspen geleistet. Sie habe fünfzehn Pfund abgenommen, da sie zu verliebt sei, um regelmäßig essen zu können. Er habe ihr einen Verlobungsring, besetzt mit Brillanten und Smaragden, verehrt. Die beiden planten, sich eine eigene Insel vor der mexikanischen Küste zu kaufen, als Co-Stars ein Remake von *The Thin Man* (Der dünne Mann) zu drehen, den Klassiker »Get Off My Cloud« der Rolling Stones als Duett sowie ein Album mit Weihnachtsliedern, komponiert von Stevie Wonder und Lionel Richie, aufzunehmen.

Der Klatsch wurde teilweise deshalb immer alberner, weil die beiden kaum ein Wort über ihre Affäre verloren. Wenn sich Barbra und Don überhaupt über »die große Romanze« äußerten, dann nur britischen Reportern gegenüber, mit denen Barbra stets offener sprach als mit amerikanischen Journalisten. »Ich bin mit Tausenden von Frauen zusammen gewesen«, erklärte Johnson der Zeitschrift *London Today*, »aber Streisand ist einmalig in allen Bereichen, auf die es ankommt. Ich liebe ihre Stärken, ihre spontane Einstellung zur Musik, zur Schauspielerei, zu den Menschen und ja, zum Sex. In meinen Augen ist sie schön. Ich weiß, es gibt Leute, die sich über ihre Nase lustig machen, aber keine Sorge, sie kann Falschheit aus einem Kilometer Entfernung riechen. Barbra bringt mich zum Lachen und zum Nachdenken.«

»Es gefällt mir, mein Leben mit einem männlichen Pendant zu teilen«, wurde Barbra von der *Daily Mail* zitiert, während sie in London Werbung für *Nuts* machte. »Nun habe ich in Don Johnson eines gefunden, und alles läuft sehr gut. Wie ich wird er häufig falsch interpretiert; man nennt ihn manchmal grob und schwierig, aber davon kann keine Rede sein. Das ist eine unserer Gemeinsamkeiten. Er ist sehr sanft, sensibel und fürsorglich. Er hat wunderbare Manieren und bringt mich zum Lachen. Ob es von Dauer sein wird? Woher soll ich das wissen? Ich denke nur an diesen Moment. Ob ich wieder heiraten würde? Ja. Aber fragen Sie mich nicht, ob ich ihn heiraten würde. Ich weiß es nicht. Er macht mich glücklich. So glücklich bin ich noch nie gewesen, und ich muß es lernen wie ein Kind. Es ist etwas Neues, und ich muß mich daran gewöhnen.«

Einem anderen Journalisten vertraute sie an: »Wenn ich von Don begleitet werde, macht mir meine Berühmtheit nichts aus, denn ich brauche mich nicht dauernd bei dem Mann an meiner Seite zu entschuldigen, weil mir die ganze Aufmerksamkeit gilt. Don erhält genauso viel Aufmerksamkeit wie ich.«

Die Londoner Wochenzeitschrift *Chat* – bemüht, der Streisand-Johnson-Affäre soviel »Neuigkeiten« wie möglich abzugewinnen – brachte ein Interview mit Elliott Gould, in dem er Johnson vor einer Ehe mit Barbra »warnte«. Gleichzeitig lud er seine Klagen über seine Exfrau ab. »Ich weiß nicht, warum ich loyal dir gegenüber bin«, wollte er ihr ein paar Wochen zuvor mitgeteilt haben. »Du bist nicht nett zu mir. Du magst mich nicht. Du bist gemein zu mir. Du hilfst mir nicht. Du bist unhöflich zu mir.«

***

In die USA zurückgekehrt, wurde Barbra am 23. Februar 1988 von der National Association of Theater Owners bei deren alljährlicher Zusammenkunft in Las Vegas zum »Weiblichen Star des Jahrzehnts« erkoren. Man hatte erwartet, daß sie am Mittag allein zur Zeremonie im Bally's Hotel erscheinen werde, doch als Barbra um eine Stunde verspätet Hand in Hand mit Don hereinschwebte, löste sie »fast einen Tumult« aus. Das Paar der Stunde wurde am VIP-Tisch ausgerechnet von Jon Peters »herzlich umarmt«, und Barbra löste eine Lachsalve mit der Bemerkung aus: »Tut mir leid, daß ich mich ein bißchen verspätet habe. Ich bin für eine Rolle in *Miami Vice* getestet worden.«

Ein paar Tage später wurde Barbra tatsächlich als schweigende

Statistin für eine Episode der Show (ausgestrahlt am 18. März) aufgenommen, während sie Johnson in Florida besuchte. Seine Co-Stars wurden von der Presse bedrängt, Einzelheiten über »den Besuch« preiszugeben, aber keiner war zu einem Kommentar bereit. Es kam zu einem weniger bedeutenden Zwischenfall, als Johnson den Film eines Zeitungsfotografen beschlagnahmte, der sich ins Studio geschlichen hatte. Ein Beobachter bemerkte, daß Barbra »geradezu schwindelig« zu werden schien, wann immer sich Don näherte.

Ein paar Wochen später meldete der geachtete Showbuseß-Reporter Hank Grant beiläufig in seiner Kolumne im *Hollywood Reporter*, Barbra und Don hätten am 14. März an einer überraschenden Geburtstagsparty für Quincy Jones teilgenommen und ein paar Freunden anvertraut, daß sie für September ihre Trauung planten. Diese pikante Nachricht, die schließlich von dem angesehenen Journalisten einer Fachzeitschrift ausging, wurde ernst genommen, und die Presse verstärkte ihre Nachforschungen. Nach der Möglichkeit einer Ehe zwischen ihrer Tochter und Johnson befragt, erwiderte Diana Kind: »Ich habe ihn nur einmal getroffen. Was soll ich davon halten? Ich werde es wissen, wenn sie mir eine Einladung schickt.«

Ende April wurde gemeldet, Barbra sei niedergeschmettert gewesen, als Don nicht zur Feier ihres sechsundvierzigsten Geburtstags erschien, weil er in Kanada einen neuen Film, *Dead Bang* (Kurzer Prozeß), drehen mußte. Don sandte Blumen und eine schriftliche Entschuldigung, doch Barbras Laune verfinsterte sich noch mehr, als sie Gerüchte hörte, daß Johnson seinem schönen jungen Co-Star Penelope Ann Miller den Hofe mache. (Klatschmäuler behaupteten, Johnson habe nicht an Barbras Geburtstagsfeier teilnehmen wollen, weil die Party von Jon Peters veranstaltet wurde und Dons ehemalige Geliebte Patti D'Arbanville, eine Nachbarin von Barbra in Malibu, ebenfalls eingeladen war.)

Jedenfalls flog Barbra in der ersten Maiwoche zu Don nach Calgary. Es sei ein romantischer Besuch gewesen, erzählte sie Freunden. Don und sie hätten einander die ganze Nacht in den Armen gehalten und bei einer privaten Filmvorführung geschmust wie Teenager. »Es war so leidenschaftlich und liebevoll.« Im Laufe des Monats kehrte das Paar zum letzten Skiwochenende der Saison nach Aspen zurück, und im Juli wurden die beiden zusammen mit Dons Sohn Jesse bei einem Spiel der L. A. Dodgers entdeckt. Eine Woche später feuerten sie die L. A. Lakers im Forum an. (Barbra war entzückt von Jesse, der an mehreren Wochenenden mit seinem Vater nach Malibu kam, um sich auf der Ranch zu vergnügen.) Wenn es eine Entzweiung gegeben hatte, so war sie offensichtlich überwunden. Die Turteltauben schnäbelten wieder.

***

Wie sooft, wenn sie in einen Mann verliebt war, wollte Barbra auch Don in ihre Arbeit mit einbeziehen. Sie plante ein Album, das den Beginn, die Mitte und das Ende einer Liebesgeschichte schildern würde, und beschloß, das Duett »Till I Loved You« für die Platte zu verwenden. Es entstammte der unaufgeführten Pop-Oper *Goya ... A Life*, die Placido Domingo auf den Broadway zu bringen hoffte. Barbra sah den Song als perfektes Ausdrucksmittel für sich und Johnson, der unbedingt beweisen wollte, daß seine Top-Ten-Single »Heartbeat« keine Eintagsfliege gewesen war.

An dem Tag, als Don Barbra im B&J-Studio in West-Hollywood besuchen sollte, wo sie das Album herstellte, konnte sie einem Drang zur Prahlerei nicht widerstehen. Einer der Ingenieure erinnerte sich: »Ein paar ihrer eingerahmten goldenen Schallplatten hingen an den Wänden, aber ich hörte, wie sie einen Helfer aufforderte, *all* ihre goldenen Alben und auch einige ihrer berühmtesten Zeitschriften-Covers zur Schau zu stellen. Es war irgendwie rührend, daß sie meinte, Don Johnson – der ums Verrecken nicht singen konnte – mit ihren Leistungen beeindrucken zu müssen.«

Über die »Till I Loved You«-Session äußerte Barbra: »Es machte Spaß, zusammen mit Don zu singen, denn er ist sehr musikalisch und hat eine einzigartig klingende Stimme. Wenn er singt, ist er Schauspieler – und ein wirklich guter –, deshalb weiß er, wie man sich auf immer neue und unterschiedliche Momente einstellt. Das ist die Art, wie auch ich gern arbeite.«

Johnsons neuester Film, *Sweet Heart's Dance* (Sweethearts Dance – Liebe ist mehr als ein Wort), wurde für die Premiere im Herbst 1988 vorbereitet. Bei einer Vorauffführung der romantischen Komödie – Susan Sarandon war Johnsons Co-Star – konnte Barbra sich nicht enthalten, drei Änderungsvorschläge zu machen. Robert Greenwald, der Regisseur des Films, war ungewöhnlich aufgeschlossen. »[Sie hatte] ein paar sehr, sehr gute Anregungen«, sagte er. »Nichts Gravierendes. Ein Lachen, das unangemessen schien, [oder] ›dieser Moment hier kommt mir ein bißchen holprig vor‹ – und sie hatte recht.«

Das angebliche Trauungsdatum im September verstrich, und in

immer mehr Artikeln wurde angedeutet, daß Barbras neue Romanze langsam verpuffte. Man sah Johnson mit einer anonym bleibenden Blondine in New York und mit einer »faszinierenden« Brünetten in Miami, während Barbra zusammen mit Richard Baskin eine Party in Hollywood besuchte. Aber am 14. September nahm Don mit Barbra in New York an einer Konzert-Party teil, die Stevie Wonder im berühmten Apollo Theater in Harlem gab. Wonder war dort drei Tage lang live für sein neuestes Musikvideo vor Zuschauern aufgetreten, und am letzten Abend schlossen sich ihm Barbra, Don, Jesse Jackson, Quincy Jones und Time-Warner-Chef Steve Ross auf der Bühne an. Zur Freude des Publikums improvisierten Barbra und Stevie ein Duett.

Ein paar Tage später wurde Don mit der hinreißenden achtzehnjährigen Schauspielerin Uma Thurman in verschiedenen Clubs gesehen. Laut einigen Presseberichten war die Streisand-Johnson-Affäre zerbrochen, laut anderen war von einem »intimen Freund des Paares« zu hören, daß die Eheschließung auf Dezember vertagt worden sei. In Wirklichkeit war die Affäre so gut wie beendet – weil Don, wie es hieß, Barbras zu deren Entsetzen eine polygame, »offene« Ehe vorgeschlagen habe.

Immerhin besuchten die beiden am 18. September die Premiere von *Sweet Heart's Dance* in Hollywood. Ihre Ankunft löste ein Chaos aus. Ein Reporter des *Los Angeles Herald Examiner* schrieb: »Der Schlag der schwarzen Limousine wird aufgerissen, die Paparazzi drängen sich vor und trampeln über die roten Samttaue hinweg, lassen aber trotzdem weiterhin die Blitzlichter aufflammen, während sie übereinander stolpern. Fans kreischen, Leibwächter tauchen aus heiterem Himmel auf, sogar uniformierte Beamte der Polizei von Los Angeles sind in dem menschlichen Keil, der sich um die Ankömmlinge bildet.« Nach der Premiere zogen sich Barbra und Don zu einer kleinen Party zurück, wo sie sich einen Tisch mit Patti D'Arbanville teilten.

Drei Wochen später veröffentlichte Columbia eine Single des »Till I Loved You«-Duetts unter gemischten Rezensionen, doch unter heftigem Zuspruch der Rundfunkhörer. *Time* schrieb über Johnson, in dem Song habe er sich »eher wie ein Cop angehört als im Fernsehen«. Viele Diskjockeys machten sich über Dons heisere Stimme lustig; einer kritisierte ihn so beharrlich, daß Johnson sich telefonisch bei ihm beschwerte: »*So* schlecht singe ich doch gar nicht!« Die Platte erreichte zwar Platz eins in der Kategorie »Gegenwartsmusik für Erwachsene«, doch in der Pop-Hitparade gelangte sie nur auf

Platz fünfundzwanzig, weil das Publikum mittlerweile von Barbra und Dons Trennung gehört hatte – was die Wirkung des Songs stark beeinträchtigte.

Barbras Vertraute meinen, der Zusammenbruch der Romanze habe sie zutiefst verletzt, doch sie selbst ließ typischerweise kein Wort zu dem Thema verlauten. Johnson allerdings erklärte der Zeitschrift *Life*: »Barbra war eher geneigt, [die Beziehung] fortzusetzen. Sie ist eine unglaublich intelligente Frau, und sie hat sehr viel Therapie hinter sich. Ich glaube nicht, daß ich etwas ausplaudere, wenn ich das sage. Wir haben uns aufrichtig darum bemüht, die Sache ins Lot zu bringen, aber wir hatten einen Punkt erreicht, an dem wir uns zueinander bekennen oder auseinandergehen mußten.«

Das *Till I Loved You*-Album erschien am 6. Oktober 1988 auf dem Markt, gelangte auf Platz zehn der *Billboard*-Chart und wurde innerhalb von Wochen mit einer Platin-Schallplatte ausgezeichnet. Es erwies sich als uneinheitliche Sammlung von Liebesliedern. Gerüchten in der Plattenindustrie zufolge war Barbra so bekümmert über das Ende ihrer Beziehung zu Johnson, daß sie sich den Anstrengungen eines weiteren Albums mit Theatersongs nach *The Broadway Album* nicht gewachsen fühlte; deshalb habe sie sich für diese weniger anspruchsvolle Pop-Schallplatte entschieden. *Till I Loved You* ließ wieder einmal Zweifel an Streisands Urteilsvermögen aufkommen, wenn es galt, geeignetes Material jenseits der Broadway-Bühne auszuwählen.

***

Ende 1988 knüpfte Johnson eine neue Beziehung zu Melanie Griffith an, nachdem die beiden in *Miami Vice*, wo Melanie einen Gastauftritt gab, stürmische Liebesszenen gespielt hatten. Bald verkündeten Johnson und Griffith ihre Absicht, zum zweitenmal zu heiraten. Laut Presseberichten hatte Barbra die beiden zur Versöhnung gedrängt, während ihre eigene Romanze mit Johnson abflaute. »Es war zu dem Zeitpunkt, als Barbra und ich uns immer seltener sahen«, teilte Johnson den New Yorker *Daily News* mit. »Ich habe Barbra einmal von der Zuneigung erzählt, die ich immer noch für Melanie empfand. Barbra sagte zu mir: ›Don, du hast zwar einen ganz anderen Ruf, aber im Grunde bist du ein Familienvater. Du brauchst einen Stützpunkt und ein Familienleben. Vielleicht hast du nie aufgehört, Melanie zu lieben.‹« Nach der Wiederverheiratung des Paares am 26. Juli 1989 blieb Barbra weiterhin in Kontakt mit Johnson. »Sie ist wirklich lieb«, sagte Griffith in einem Interview mit der Zeitschrift *Life*. »Sie hat Alexander [Griffith' Sohn von dem Schauspieler Steven Bauer] und Jesse sehr niedliche Karten zum Valentinstag geschickt.«

»Barbra ist ein Teil der Familie«, setzte Johnson hinzu.

Die vielleicht dauerhafteste Folge der Romanze zwischen Streisand und Johnson bestand darin, daß Barbra *The Prince of Tides* (Herr der Gezeiten) entdeckte. Ein Freund aus dem Musikgeschäft hatte Barbra zuerst von Pat Conroys lyrischem Roman über die verborgenen Geheimnisse einer zerrütteten Südstaatenfamilie vorgeschwärmt, aber es war Johnson, der ihr zuredete, das Buch tatsächlich auch zu lesen. Don hoffte offensichtlich, daß Barbra und er gemeinsam in einer Filmversion des emotionsstarken Dramas auftreten könnten. Aber nach dem Ende ihrer Romanze – und nachdem Robert Redford die Filmrechte an dem Buch erworben hatte – wurde Johnson nie ernsthaft für die männliche Hauptrolle in dem Film, der Barbras zweiten Regieversuch darstellte, in Erwägung gezogen.

KAPITEL 36

Der amerikanische Süden ist ein Land der Geheimnisse – eine Gegend, in der man Schmerz hinter Gelächter verbirgt, in der Zorn durch Umgangsformen gezügelt wird und in der nichts wichtiger ist als der äußere Schein. Der Süden kann sich nicht mit seiner Vergangenheit, seiner Gegenwart und seiner Unfähigkeit abfinden, die Zukunft zu gestalten. Hinter den verschlossenen schmiedeeisernen Toren und den efeuüberzogenen Wänden seiner majestätischen, stillen Herrenhäuser schwelgt man in der undurchdringlichen Rätselhaftigkeit der Landschaft und in der trotzigen Exzentrizität ihrer Menschen. Dies ist die perfekte Kulisse für *The Prince of Tides*, eine epische Geschichte über das Ringen eines Mannes, der seine Zukunft nur retten kann, wenn er endlich seine Vergangenheit bewältigt.

Barbra, obwohl alles andere als eine ländliche Südstaatlerin, fühlte sich sofort von Pat Conroys melodramatischem Roman angesprochen, denn *The Prince of Tides* wirft ungeachtet seines Schauplatzes im Küstengebiet von South Carolina eine Vielzahl von universalen Fragen auf: nach dem Schaden, der Individuen von ihrer Familie zugefügt wird, nach der Frustration, die von unerfüllten Träumen herrührt, und nach der außerordentlichen Freiheit und Selbsterkenntnis, die man durch die Konfrontation mit seinen eigenen inneren Dämonen erleben kann. Wie *Yentl* und *Nuts* erforschte *The Prince of Tides* die Konsequenzen des Familienzerfalls, die soziale Ungerechtigkeit und die gestaltende Kraft der Vergebung. Doch im Gegensatz zu den beiden früheren Filmen untersuchte *The Prince of Tides* diese Themen von einem männlichen Standpunkt aus. Die Botschaft war Barbra klar: Männer sind nicht unbedingt nur »physisch orientiert, stark, maskulin ..., [sie] können auch fürsorglich, sanft sein und brauchen keine Angst vor Gefühlen zu haben«. Während Yentl ihre männlichen Aspekte ofenbarte, ist Conroys Held Tom Wingo gezwungen, sich mit seinen weiblichen Zügen auseinanderzusetzen und sie letztlich anzuerkennen. »Die Lebensweise des Südens« und das dortige »Nebeneinander von Scheinbildern« waren weitere Themen, mit denen sich Barbra auseinandersetzen wollte. Um *The*

Prince of Tides verfilmen zu können, arbeitete sie mühsam darauf hin, das umfangreiche Werk auf sein »Wesen ... seinen reinsten, einfachsten Kern« zurückzuführen. Wie alle schöpferischen Odysseen war es eine Reise voller Dramatik und Leidenschaft, die auch das Buch auszeichneten – eine Reise, die wenige Künstler außer der zielstrebigen Streisand mit einer derart grenzenlosen Energie und Eleganz hätten unternehmen können.

Barbra hatte Don Johnson hingerissen zugehört, als er am Anfang ihrer Beziehung ganze Passagen aus dem Buch laut vorlas, die sie später – im Bestreben, die Essenz des Romans einzufangen – auswendig lernte. »Ich war einfach fasziniert von der Poesie des Buches, von der Schönheit der Darstellung. Also besorgte ich mir den Roman, las ihn und dachte: *Ich muß diesen Film machen.*«

***

The Prince of Tides, 1986 veröffentlicht, erzählt die Geschichte Henry Wingos, eines barschen, oft ausfällig werdenden Garnelenfischers, seiner Frau Lila und ihrer drei Kinder: Tom, seiner Zwillingsschwester Savannah und ihres älteren Bruders Luke. Ihre in Rückblenden geschilderte exzentrische, auf klassische Weise gestörte Kindheit im Süden der USA erhellt den Hauptstrang von Conroys Erzählung: Toms Kampf darum, die selbstmörderische Savannah zu retten, die als Dichterin im New Yorker Exil lebt.

Gedrängt von seiner unerträglich manipulativen, nach sozialem Aufstieg strebenden Mutter, fliegt Tom zu Savannah nach New York. Dort lernt er die Psychotherapeutin seiner Schwester, Dr. Susan Lowenstein, kennen und verliebt sich schließlich in sie. Durch eine Reihe qualvoller und enthüllender Gespräche versucht Lowenstein die Geheimnisse von Toms Vergangenheit freizulegen – Geheimnisse, die den Schlüssel zu Savannahs Genesung und, wie zunehmend klar wird, auch zu Toms Überleben bilden.

Tom – mit einer zerbrechenden Ehe, geplagt von Schuldgefühlen über die Vergangenheit und mit einer wenig verheißungsvollen Zukunft als Footballcoach – ist in einem Leben ohne viel Sinn gefangen. Das gleiche gilt für Lowenstein, hinter deren hübscher Fassade sich eine unglückliche Frau verbirgt, die sich ihrem Ehemann, einem berühmten Geiger, und ihrem verwöhnten Sohn Bernard entfremdet hat. Die beiden lernen, einander auf vielfache Art zu helfen: Tom macht Bernard zu einem brauchbaren High-School-Footballspieler, während Lowenstein Tom dazu bringt, die entsetzliche Wahrheit über seine Vergangenheit zu akzeptieren: Als Kind wurde er von einem geflohenen Häftling brutal vergewaltigt, während dessen zwei Kumpane über Savannah und Lila herfielen. Mit Hilfe Lukes und seines bengalischen Tigers Caesar töten sie die Eindringlinge, vergraben deren Leichen und werden von ihrer niedergeschmetterten Mutter zur Verschwiegenheit verpflichtet. Wie Lila in dem Buch sagt: »Das alles ist nicht geschehen. Euer Vater würde mich nie wieder anrühren, wenn er dächte, daß ich Geschlechtsverkehr mit einem anderen Mann gehabt hätte. Kein angesehener junger Mann würde Savannah jemals heiraten, wenn es herauskäme, daß sie keine Jungfrau mehr ist.«

Schließlich wird Savannah gesund, Lowenstein und Tom beenden ihre leidenschaftliche Affäre, und er kehrt zu seiner Frau und seinen Kindern im Süden zurück – in das Land der Sümpfe und Gezeiten, der Tradition und Zeitlosigkeit, der Magie und der Erinnerungen, wo Tom Wingos Seele zu Hause ist.

Obwohl sich *The Prince of Tides* für eine Verfilmung geradezu anbot, hatte Pat Conroy Zweifel daran, daß sein autobiographisches Meisterwerk jemals auf der Leinwand zu sehen sein würde. »Ich weiß nicht, wie Barbra die Rechte für *The Prince of Tides* bekommen hat. Aber ich bin sicher, daß das Schicksal dabei eine Rolle spielte. Ich höre beim Schreiben immer Musik. Und während ich *The Prince of Tides* schrieb, liefen Barbras Songs im Hintergrund.«

Bevor Streisand die Arbeit an dem Film übernahm, hatte sich Robert Redford dem MGM/UA-gestützten Projekt gewidmet. Andrew Karsch, ein Geschäftspartner von Conroy, sollte den Film produzieren, und Redford hoffte, im Anschluß an seinen enttäuschenden Streifen *Legal Eagles* (Staatsanwälte küßt man nicht) von 1986 die vielschichtige Rolle Tom Wingos zu spielen. Aber das Drehbuch war noch nicht filmreif.

Im Herbst 1988 liefen Gerüchte um, daß sich Streisand und Redford mit Sydney Pollack getroffen hätten, um über eine Fortsetzung von *The Way We Were* zu diskutieren, doch mittlerweile war Barbra bereits mit *The Prince of Tides* beschäftigt. Als Redford begriff, daß sie den Film unbedingt drehen wollte, stellte sich nur noch eine Frage: Würde Redford die männliche Hauptrolle in einem Film spielen, den Streisand zu inszenieren beabsichtigte?

Am 9. April 1989 gab man offiziell bekannt, daß Streisand in *The Prince of Tides* nicht nur Regie führen, sondern auch die Rolle der Susan Lowenstein übernehmen werde. »Ich hätte den Film nicht machen können, wenn ich nicht selbst darin mitgewirkt hätte«, verriet

sie später. »Auf keinen Fall wäre mir die Regie übertragen worden.«
Andrew Karsch sollte gemeinsam mit Streisand als Produzent fungieren, und der Drehbeginn wurde auf Spätsommer 1989 angesetzt.
Aber Robert Redford war nicht mehr dabei. Offenbar abgeneigt, unter Barbras Regie zu arbeiten, hatte er sich statt dessen für die Hauptrolle in Sydney Pollacks *Havana* (Havanna) entschieden, was sich
als schwere berufliche Fehlkalkulation erweisen sollte.

✳✳✳

Barbra konnte Pat Conroy nicht dazu bringen, sie zurückzurufen.
»Ich hatte Gerüchte gehört, daß Streisand dabei sein würde, aber ich
war mir nicht sicher«, erklärte Conroy. »Auf meinem Anrufbeantworter wurde ich mehrere Male gebeten, Kontakt mit ihr aufzunehmen, aber ich hielt es für einen Witz. Meine Freunde hatten mir schon
öfters solche Streiche gespielt. Deshalb reagierte ich nicht auf ihre
Telefonate.«

»Zwar fühlte ich mich nicht beleidigt, aber ich war beunruhigt und
verletzt«, gab Barbra zu. »Ich dachte: ›Warum ruft er nicht zurück?‹«
Ihre Begeisterung für das Projekt wuchs mit jedem Tag, und sie
sehnte sich danach, mit Conroy über den Roman zu sprechen. »Als
ich das Buch las, konnte ich den Film vor mir sehen. Ich spürte den
Film. Mir schwebte das wichtigste Motiv vor: wie sich sämtliche persönliche Beziehungen durch Mitgefühl und Liebe ändern.«

Aber sie ließ sich von der scheinbaren Brüskierung durch Conroy
nicht abschrecken, sondern setzte sich im Sommer mit der Drehbuchautorin Becky Johnston zusammen und arbeitete – getrieben
von einem Ansturm schöpferischer Energie – das Script völlig um.
»Der erste Entwurf nahm nur drei Wochen in Anspruch, aber dann
mußten sechs Monate lang Gespräche mit Psychotherapeuten und
Ärzten geführt werden. Und es dauerte noch einmal zweieinhalb Monate, über eine neue Version des Drehbuchs zu diskutieren. Dann
brach alles zusammen: Das Studio hatte kein Geld mehr.«

Die Nachricht, daß MGM/UA *The Prince of Tides* aus finanziellen
Gründen hatte fallenlassen müssen, war ein schwerer Schlag für Barbra. Sie wies ihre Agenten an, mit dem Projekt bei anderen Studios
vorstellig zu werden, während sie ihre Arbeit an dem Film fortsetzte.
Genau wie vorher bei *Yentl* war sie nicht bereit aufzugeben.

✳✳✳

Barbras Suche nach ihrem idealen Hauptdarsteller begann in dem Moment, als Redford absagte. Sie wußte, daß es sehr wenige Schauspieler gab, die der facettenreichen Tiefe von Tom Wingo gerecht werden konnten, weshalb die Besetzung dieser Rolle zu ihrer Priorität wurde. Obwohl einige puristische Fans des Buches protestierten, daß Streisand nicht schön genug für den Part der Lowenstein sei, hatte Barbra in diesem Punkt keine Bedenken. »Als ich das Buch zum erstenmal las, war ich überzeugt: Herrgott, ich bin ideal für diese Rolle. Ich kann mich völlig mit dieser Frau identifizieren – bis hin zu einer Stelle in dem Buch, wo es heißt, sie sei dabei, überaus elegant älter zu werden«, kommentierte sie lachend.

Nach fruchtlosen Gesprächen mit Tom Berenger, Dennis Quaid und Kevin Costner strich Barbra die ohnehin kurze Liste noch weiter zusammen. Jeff Bridges und sein Vater Lloyd erhielten das Angebot, Tom und dessen Vater zu spielen – eine interessante Besetzungsidee. Jeff lehnte ab – ein Fehler, den Lloyd ihn nicht vergessen läßt. Dann, nachdem sich Barbra eine Videokassette der 1976 von Jon Epstein produzierten Fernseh-Miniserie *Rich Man, Poor Man* angesehen hatte, wußte sie, wer der Richtige war: Nick Nolte.

Nolte war als der blonde Rowdy Tom Jordache eine Sensation in Epsteins bahnbrechender Fernsehserie gewesen. Die Presse bezeichnete ihn als den neuen Redford, aber Nolte, dem das Etikett des Matinee-Idols keineswegs behagte, verbrachte den Rest seiner wechselvollen Karriere damit, die Journalisten eines Besseren zu belehren. In einer Charakterrolle nach der anderen versteckte er seine attraktiven Gesichtszüge hinter Tarnungen, die meist viel weniger schneidig waren als Tom Jordache in *Rich Man, Poor Man*. Nachdem Nolte einen schmutzigen Streuner in *Down and Out in Beverly Hills* (Zoff in Beverly Hills) verkörpert hatte, bemerkte sein Regisseur Paul Mazursky: »Bei Nick spielt sich unter der Oberfläche und im Innern eine ganze Menge ab, worüber er keine Worte macht.« Streisand erkannte diese seltene Eigenschaft ebenfalls – und sie hatte vor, Noltes Dualität zum erstenmal auf der Leinwand zu zeigen.

Während Nolte *Q & A* (Tödliche Fragen) unter Sidney Lumets Regie drehte, erfuhr er von Burt Harris, dem Produzenten des Films, daß Barbra *The Prince of Tides* inszenieren werde und mit ihm über Toms Part sprechen wolle. »Es war seltsam«, erinnerte sich Nolte, »[denn] damals spielte ich in *Q & A* und wog vielleicht hundertzehn Kilo. Ich hatte einen Schnurrbart, der beide Lippen bedeckte, und schwarzes Haar. Deshalb weiß ich nicht, wie sie auf den Gedanken kam, daß ich die Rolle übernehmen konnte.«

485

Als sich Barbra mit Nolte traf, sah sie sofort, daß ihr Instinkt sie nicht getrogen hatte. »Ich erkannte sehr viel Schmerz in seiner Arbeit, in seinen Augen. Und dann, im Gespräch mit ihm, erschien er mir verletzlich – bereit, Gefühle auszuloten: romantische Gefühle, sexuelle Gefühle und tiefsitzende, verborgene Gefühle.« Nolte stimmte ihr zu: »Ich hatte seit vielleicht fünf Jahren mit einer Regisseurin zusammenarbeiten wollen. Ich wußte, daß ich Einblicke anderer Art erhalten würde. Mit einem männlichen Regisseur gibt es immer eine Übereinkunft darüber, wie weit ein Gespräch über Emotionen gehen kann. Es ist analytisch. Man schildert die Emotionen, die eine Gestalt empfinden würde, und die beiden Männer sitzen da und sagen: ›Ja, so ist das. In Ordnung.‹ Einer Frau genügt das nicht.«

Barbra und Nick unterhielten sich ausführlich darüber, wie der mißhandelte Junge, der sich in dem erwachsenen Tom Wingo verbarg, am besten ans Licht befördert werden könne. »Barbra war die ideale Person dafür, diese Story auf die Leinwand zu bringen«, sagte Nolte später. »Es gibt offensichtliche Gründe, zum Beispiel das wunderbar Jüdische, das sie mit Lowenstein gemeinsam hat … Aber im Laufe des Gesprächs merkten wir, daß wir beide sehr viel über zerrüttete Familien und gegenseitige Abhängigkeit wußten … Und darum geht es in diesem Film großenteils.«

Nicks und Barbras Diskussionen dauerten oft Stunden. »Eines muß man Barbra lassen«, meinte Nolte, »sie läßt nichts unversucht. Bevor wir drehten, verbrachten wir viele Tage damit, über Männlichkeit, Weiblichkeit, Frauen, Männer, Beziehungen, Liebe, Mütter und Väter zu reden. Das war der Prozeß, den ich mir gewünscht hatte. Ich wollte die Sache weiterverfolgen und den weiblichen Aspekt untersuchen, denn hier liegt Tom Wingos Problem. Er versucht, die Frauen in seinem Leben zu verstehen.«

Tom Wingo mag ein Mann sein, der sich ins weibliche Denken einfühlen möchte, doch Streisand wollte ihn teilweise deshalb von Nolte spielen lassen, weil er äußerlich so durch und durch männlich wirkte. Nolte hatte Jahre des Alkoholkonsums und der Ausschweifungen sowie eine qualvolle Kindheit hinter sich, und Barbra gewann zunehmend den Eindruck, daß Nicks tatsächliches Leben in vieler Hinsicht mit Toms fiktiver Story übereinstimmte. Außerdem glaubte sie, daß Nick einen Hauch von Romantik benötige.

»Ich sah mir all seine Filme an«, erklärte Barbra, »und die Liebesszenen waren immer verkürzt. Es gibt nicht eine einzige Schlafzimmerszene. Er fühlt sich viel wohler in Charakterrollen … Ich weiß, daß er ein physisch orientierter Mann, ein sinnlicher Mann ist – und warum sollte das nicht in die Rolle einfließen?« Streisand wußte auch, daß Nolte die innere Stärke besaß, rasch für den Film in Form zu kommen, denn das war ihm schon früher gelungen. Nolte nahm mehr als dreizehn Kilo für *The Prince of Tides* ab und verwandelte sich durch reine Willenskraft wieder in einen goldenen Löwen.

***

Barbra hatte ein Gefühl des Déjà vu. Wie zuvor bei *Yentl* konnte sie kein Studio bewegen, *The Prince of Tides* zu finanzieren. Nachdem Warner Brothers den Film abgelehnt hatte, wandte sich Barbra von neuem an Jon Peters, der inzwischen zum Topmanagement von Columbia Pictures Entertainment gehörte. Jon erfüllte ihre Erwartungen und bot an, den Film zu finanzieren, doch das Studio war mit der von Barbra geforderten Gage von sieben Millionen Dollar für die weibliche Hauptrolle, die Regie und Produktion nicht einverstanden. Da man nur sechs Millionen Dollar zahlen wollte, wies Barbra das Angebot zurück.

»Sie wollten von mir, daß ich fast eine Million Dollar weniger für *The Prince of Tides* akzeptierte«, berichtete Barbra. »Das hielt ich für übertrieben, und ich bot an, auf eine halbe Million zu verzichten. Aber sie wollten sich nicht darauf einlassen, und ich konnte den Film nicht drehen.« Wie im Fall von *Yentl* erhielt Barbra bald ein Zeichen aus einer anderen Sphäre. »Ich ging ins Bett, und dort hängt ein Bild von einer schönen Dame in Rosa. Über dem Gemälde ist eine Lampe. Mitten in der Nacht wurde ich durch ein Klicken geweckt. Die Lampe über dem Gemälde war angegangen. Ich setzte mich im Bett auf und dachte: ›Beleuchte deine Kunst.‹ Völlig visuell und real. Aber ich war zynisch, knipste das Licht aus und legte mich wieder hin. Ein paar Stunden später ging die Lampe von neuem an, als wolle sie sagen: ›Hast du mir etwa nicht geglaubt?‹ Am nächsten Morgen rief [Columbia] zurück, und ich hörte, daß ich nur auf eine halbe Million Dollar zu verzichten brauchte. Wer weiß? Für mich war es ein Zeichen.«

Jon Peters sorgte dafür, daß man Barbra bei Columbia den gebührenden Respekt entgegenbrachte. Da sie Jon geholfen hatte, zu einem der mächtigsten Produzenten und Studioleiter in Hollywood aufzusteigen, sprachen Zyniker davon, es sei nun »Zeit für Peters, seine Schuld zu begleichen«. Barbra konterte ironisch: »Manchmal sind *Ex*freunde doch ganz nützlich.«

Sie bemühte sich von neuem, mit Pat Conroy zu telefonieren – im-

487

mer noch vergeblich. »Schließlich erwischte sie mich in einem Hotel in Los Angeles«, erzählte Conroy, »und fragte, wieso ich nicht angerufen hätte. Es war wirklich unhöflich von mir. Danach erklärte ich mich bereit, nach New York zu fliegen und zwei Wochen lang das Drehbuch zusammen mit ihr auf Hochglanz zu bringen.«

Zwar ist ein großer Teil von Conroys Buch Luke Wingo gewidmet – Luke, nicht Tom ist der »Herr der Gezeiten« –, aber Barbra war der Ansicht, daß sich die Handlung in erster Linie um Toms innere Reise drehen solle. Außerdem wollte sie die Liebesgeschichte zwischen Tom und Susan Lowenstein hervorheben, weil es ihr in erster Linie um einen romantischen Film ging.

Da also Toms gegenwärtige Probleme im Zentrum des Interesses standen, fühlte sich Streisand gerechtfertigt, Lowenstein stärker in den Mittelpunkt der Handlung zu rücken. Letzten Endes wird die gesamte Familie Wingo von Dr. Lowenstein gerettet: Sie verändert Toms Leben und bewahrt Savannah vor dem Tod; ihren Namen spricht Tom in den letzten Zeilen des Buches aus, und die Erinnerung an Lowenstein wird ihn in den kommenden Jahren stärken. Aber keine von Streisands zahlreichen Drehbuchfassungen wich davon ab, das Hauptgewicht auf Tom zu legen. »Die Story handelt nicht von mir«, sagte Streisand.

***

Das erste Treffen zwischen Barbra und Pat Conroy fand im Frühjahr 1990 in ihrem Haus in Carolwood statt, und es sollte zu einem denkwürdigen Erlebnis für beide werden. »Bei unserer ersten Begegnung fragte Barbra mich, ob sie wie die Ärztin aussehe, und ich sagte nein. Also fragte sie: ›Sieht das wie Lowenstein aus?‹ Sie legte einen Schalter um, und ein riesiges Bild von ihr erschien auf der Leinwand. Sie war natürlich nicht für die Rolle getestet worden, aber sie hatte sich umgezogen und entsprach in der Szene genau meiner Gestalt. Ich antwortete: ›Ja, das ist Lowenstein.‹«

Da Conroy erkannte, daß »dieser Film nur ihrer Entschlossenheit wegen gedreht wird«, fühlte er sich Barbra verpflichtet. »Sie gab mir immer Hausaufgaben – ich mußte mir pro Abend fünf oder sechs Szenen ansehen. Mir wäre mulmig geworden, wenn ich es nicht bis zum nächsten Tag geschafft hätte. Ich konnte mir nicht vorstellen, das Haus zu betreten und zu sagen: ›Barbra, ich hab's nicht gemacht. Ich konnte es nicht. Mir ist nichts eingefallen.‹

Am besten gefiel es mir, wenn wir beisammen saßen und sie die

Rolle der Psychiaterin und ich die Rolle von Tom Wingo las. Für zwei Wochen war ich ihr Co-Star. Für wie viele Autoren wird ein solcher Traum Wirklichkeit?«

Nach zweiwöchiger Arbeit waren Streisand und Conroy mit dem Ergebnis zufrieden. »Ich habe nie erlebt, daß sich jemand so total in ein Projekt versenkte wie sie. Sie ist völlig besessen davon, und es belegt ihr Leben mit Beschlag. Um klarzumachen, wieviel ich mit dem Drehbuch zu tun hatte: Es kommt mir vor, als wäre sie die eigentliche Autorin gewesen. Jedenfalls schrieb sie mehr als ich. Sie gab dem Text die gewünschte Gestalt, und ich half nur, ihn zu glätten!«

Während Streisand und Conroy am Drehbuch arbeiteten, kümmerte sie sich auch um die letzten Rollenbesetzungen für den Film, der auf 25 Millionen Dollar budgetiert war. Die Dreharbeiten sollten im Juli 1990 beginnen, und am Anfang des Jahres hatte Barbra außerdem überall an der südlichen Atlantikküste nach Drehorten Ausschau gehalten und sich für Beaufort, South Carolina, entschieden. In diesem Städtchen hatte Conroy als Jugendlicher gelebt, und es war das reale Gegenstück zu Colleton, dem fiktiven Ort, in dem die Kinder der Wingos aufwachsen.

Barbra verpflichtete nur erstklassige Schauspieler, neben Nolte etwa Blythe Danner als Toms Ehefrau Sallie. Kate Nelligan war ursprünglich für die Rolle der Sallie vorgesehen, aber nachdem Barbra mit der vierzigjährigen, in Kanada geborenen Schauspielerin gesprochen hatte, änderte sie ihre Meinung. Nelligan kam ihr so schön und charismatisch vor, daß sie sich als die junge Lila Wingo aufdrängte. Als Nelligan ihren Part gelesen hatte, überlegte Barbra es sich wiederum anders: Nun wollte sie, daß Kate sowohl die jüngere als auch die ältere Lila spielte. Es war die Art künstlerischer Tour de force, die Nelligan liebte. »Sie ist wirklich die einzige, die es schaffen konnte«, sagte Barbra voll Bewunderung.

Für die Rolle von Lowensteins tyrannischem Ehemann, dem Geiger Herbert Woodruff, wählte sie Jeroen Krabbé. Als Barbra ihn in *Crossing Delancy* (Sarah und Sam) sah, rief sie unwillkürlich: »Das ist er!« Für die kleine, doch wichtige Rolle der Savannah engagierte sie Melinda Dillon, und zuletzt entschied sie sich für den Komiker George Carlin als Savannahs schwulen Nachbarn Eddie in Greenwich Village.

Barbra hat bekanntlich immer das gesagt und getan, was sie für richtig hielt, und die Besetzung von Bernard, Lowensteins feindseligem heranwachsenden Sohn, liefert ein gutes Beispiel. Die Mutter-

Sohn-Beziehung in *The Prince of Tides*, so dynamisch zwischen Lila und Tom, wird auch in der Nebenhandlung zwischen Susan und Bernard untersucht. Zornig, desillusioniert und einsam, fühlt sich Bernard eingeengt durch die detaillierten Zukunftspläne, die seine Eltern für ihn machen. Sein Vater erwartet, daß er Geige spielt, aber Bernard möchte auch Football spielen. Mit Toms Hilfe erreicht er dieses Ziel und schafft es gleichzeitig, sich aus der Umklammerung seiner Eltern zu befreien.

Als Jason Gould das Script las, interessierte er sich sofort für die Rolle des Bernard. Er hatte bereits, ganz unabhängig von seiner Mutter, erste Vorstöße – mit kurzen Auftritten in mehreren Filmen und Fernsehshows – in die Schauspielerei unternommen. Nun tat er etwas nie Dagewesenes: Er bat Barbra um die Rolle. Zuerst sagte sie nein, da sie den Vorwurf des Nepotismus fürchtete. »Ich sträubte mich, ihn zu verpflichten, obwohl er den Part bei der ersten Lesung des fertigen Drehbuchs übernahm und einfach brillant war. Aber ich hielt ihn für zu alt [Jason war vierundzwanzig, Bernard siebzehn Jahre alt]. Und ich machte mir Sorgen wegen der Schwierigkeiten, wenn ein Sohn unter der Regie seiner Mutter arbeitet.«

Diese »Schwierigkeiten« waren der Hauptgrund dafür, daß Barbra anfänglich solche Vorbehalte gegen Jasons Engagement hatte. Die beiden haben laut Streisand vieles gemeinsam, etwa eine Vorliebe für Abgeschiedenheit und eine Abneigung gegen »den Glamour des Showbusineß«, aber es gibt auch viele Unterschiede zwischen ihnen. Zum Beispiel ist Jason weit weniger ehrgeizig als Barbra. Dies liegt laut Streisand daran, daß ihr Sohn durch einen Kaiserschnitt geboren wurde. »Meine Wehen dauerten acht Stunden, aber er brauchte sich nicht durch den Geburtskanal hindurchzukämpfen. Da scheint es irgendeine Verbindung zu geben: Die Dinge wurden ihm zu leicht gemacht. Er ist sehr begabt in vielen Bereichen. Zum Beispiel setzt er sich hin und spielt einem etwas vor, ohne jemals Unterricht gehabt zu haben, oder er dreht einen Film, zeichnet, schreibt ein Drehbuch. Aber er ist nicht besessen wie ich.«

Barbra beschloß, Chris O'Donnell, der später neben Al Pacino in *Scent of a Woman* (Der Duft der Frauen) glänzen sollte, für die Rolle des Bernard zu verpflichten. Aber das Schicksal schaltete sich in Gestalt von Pat Conroy zu Jasons Gunsten ein. »Barbra zeigte mir ein Bild von einem Jungen, der ihren Sohn spielen sollte – ein sehr gutaussehender blonder Junge. In Hollywood sehen natürlich alle wunderbar aus, aber ich sagte, er sei nicht der Richtige. Barbara antwortete, sie habe ihn schon engagiert. Ich war trotzdem nicht überzeugt. Und sie sagte: ›Aber er ist ein guter Sportler.‹ Ich entgegnete: ›Bernard ist kein guter Sportler – darum geht es ja gerade.‹ Also zeigte sie mir ein paar Bilder von anderen Jungen, die sie getestet hatte. Schließlich kam sie zu einem, der etwas von einem wunderbar aufsässigen Teenager an sich hatte. Ich wußte nicht, daß es ihr Sohn war. Aber ich sagte: ›Genau das ist er.‹«

Barbra war verblüfft, doch dann begriff sie, daß ihr Sohn Conroys Beschreibung von Bernard fast völlig entsprach. »Im Buch sieht er genauso aus wie Jason: dunkles Lockenhaar, dunkle Augen, lange Beine, eine hervorstehende Nase und volle Lippen wie seine Mutter.« Aber sie zauderte immer noch. »Ich hielt ihn für zu dünn. Schließlich ist er mein Sohn, und ich finde immer, daß er nicht genug ißt. Und Pat meinte: ›Im Buch ist er auch dünn. Er wiegt 63 Kilo.‹ Ich sagte: ›Nein, ich glaube, Jason wiegt 56 Kilo.‹ Also rief ich Jason, fragte ihn nach seinem Gewicht, und er antwortete: ›63 Kilo. Warum?‹ Ich dachte, daß es vorherbestimmt war.«

Damit wurde Gould anstelle von O'Donnell engagiert, doch Barbra machte der Gedanke, daß ihr Sohn unter ihrer Regie arbeiten würde, immer noch zu schaffen. Er wollte nie, daß ich ihn kritisierte oder ihm Vorschriften machte, wie er sein Haar tragen sollte. Ich erklärte ihm: ›Als Regisseurin erwarte ich, daß du so etwas akzeptierst.‹« Außerdem warnte sie ihn davor, wie grausam Hollywood und die stets zynische Presse sein würden. »Stell dich darauf ein, daß man dich [wegen dieses Films] angreifen wird, weil du mein Sohn bist. Mit alledem mußt du rechnen.« Jason glaubte, damit fertig werden zu können.

Etwas, womit Jason nicht gerechnet hatte, wurde ihm jedoch am 15. Mai 1990 von dem Massenblatt *Star* beschert. Auf dem Cover prangte die Schlagzeile: »Barbra Streisand zutiefst betrübt – ihr einziger Sohn treibt sich in Schwulenbars herum.« Jason war natürlich entsetzt über diesen Eingriff in sein Privatleben, genau wie Barbra. »Ich habe mich mehr oder weniger an den Blödsinn gewöhnt, der seit Jahren über mich geschrieben wird, aber dies ist ein neuer Tiefpunkt im Schmutzjournalismus.«

Doch der Tiefpunkt war noch nicht erreicht. Im Juli 1991 brachte *Globe* unter der Überschrift »Barbra weint wegen Hochzeit ihres schwulen Sohnes« einen Artikel, in dem es hieß, Jason habe das männliche Model David Knight in einer feierlichen Zeremonie in West-Hollywood »geheiratet«. Das letztere war natürlich erfunden, aber Jason hatte in der Tat eine Beziehung zu dem außergewöhnlich attraktiven jungen Mann, der auf dem Cover von *International Male* erschienen war und mit dem Jason in The Sports Connection, einem Fitneß-Club in West-Hollywood, trainierte. Barbra war wütender als je zuvor darüber, daß ihr Sohn seine Privatsphäre verloren hatte.

Jasons »Outing« und der Schmerz, den es ihm bereitete, hatten zur Folge, daß das Verhältnis zu seiner Mutter noch herzlicher wurde; außerdem bekam sie Einblick in viele der Probleme, mit denen Homosexuelle in der heutigen Gesellschaft zu kämpfen haben. Wie jede Mutter wollte Barbra, daß ihr Sohn glücklich war, und sie sorgte sich um seine Gesundheit inmitten der Aids-Epidemie. Aber sie machte ihm nie Vorwürfe wegen seiner Sexualität, sondern ließ ihn wissen, daß sie ihn liebte und akzeptierte.

Auf die Behauptung von *Globe*, daß Barbra entsetzt über Jasons Homosexualität sei und sich »weigerte, an der Hochzeit teilzunehmen«, entgegnete Barbra: »Es ist mir egal, ob mein Sohn einen Schimpansen heiratet. Auf jeden Fall würde ich bei der Hochzeit dabei sein.«

Der »Macho« Elliott war zuerst weniger aufgeschlossen, aber später zeigte er Verständnis. »Das steht ihm frei, es ist seine Sache«, erklärte er einem britischen Journalisten. »Für mich ist es etwas Neues und ein sehr heikles Thema. Aber ich habe vollstes Verständnis für ihn. Ob es ein Problem für Barbra war, weiß ich nicht. Jedenfalls ist es wichtig, keine Vorurteile zu haben, und wir beide lieben ihn.«

***

Die Dreharbeiten zu *The Prince of Tides* sollten im Juni in Beaufort beginnen. Bereits Monate zuvor hatte Barbras Produktionsteam begonnen, die eleganten, detaillierten Studiosets aufzubauen, die Conroys beziehungsreiche Schauplätze wiedergeben sollten. Unter Aufsicht des Production Designers Paul Sylbert, eines Oscar-Gewinners, konstruierte man das Innere des Hauses der Familie Wingo in einer örtlichen Turnhalle; ein verstaubter ländlicher Speicher wurde zu Lowensteins schickem New Yorker Hochhausapartment, und die Rüstkammer der National Guard beherbergte sowohl Lowensteins holzgetäfeltes Büro als auch Savannahs Wohnung in Greenwich Village.

Alles war für die Ankunft von La Streisand vorbereitet. Bald sollte das schläfrige Städtchen Beaufort in South Carolina schlagartig aus seinem Vorkriegsschlummer geweckt werden. Wie es in der *News Press* von Savannah hieß: »Beaufort rastet aus wegen Barbra.«

KAPITEL 37

B arbras Personal rannte wie von einem Wespenschwarm verfolgt in Beaufort herum, um alle Einzelheiten vor der Ankunft des Stars herzurichten. Die dreistöckige Vorkriegsvilla aus weißem Holz, die Streisand für die Dauer der Dreharbeiten gemietet hatte, war im Hof mit einem weißen Sicherheitsschirm aus Leinwand ausgestattet worden, um Gaffer fernzuhalten. Die Angestellten ihres Oyster-Cove-Produktionsbüros boten den Einwohnern Jobs an, bedienten eine Reihe ständig klingelnder Telefone und kümmerten sich um die endlosen Details – von Speisen bis hin zu Blumen –, die für Barbras Film benötigt wurden.

Der Klatsch über Barbra blühte immer üppiger, während ihre Ankunft bevorstand. Als sie im vorherigen Februar nach Beaufort geflogen war, um nach Drehorten Ausschau zu halten, war das Städtchen bezaubert von ihr gewesen. Sie hatte im *Plums* in der Bay Street diniert, Geschmack am dortigen Diät-Buttersandwich gefunden und die Diät dann aufgegeben, um sich zum Nachtisch einer Portion Kaffee-Eis zu widmen. Sie trug kaum Make-up, zog sich unauffällig an, wirkte »schüchtern, aber lieb« und gab überall im Bezirk viel Geld in Antiquitätengeschäften aus. Vielleicht, dachten die Bewohner von Beaufort, ist sie nicht so unzugänglich, wie uns die Medien glauben machen.

Am 18. Juni begannen die Aufnahmen, und eine ganz andere Barbra erschien. Die Botschaft war klar: Sie war nicht gekommen, um sich zu vergnügen, sondern um zu arbeiten. Nun hatte man es wieder mit der distanzierten Diva zu tun, worunter ihre Beliebtheit litt. Streisand war unbeeindruckt. Sie mußte einen Film inszenieren, produzieren und darin die Hauptrolle spielen, und der Druck, *The Prince of Tides* fristgerecht und unter Einhaltung des Budgets abzuschließen, war gewaltig. Schließlich wurde sie von Hollywood beobachtet.

***

Das Hauptproblem, dem sich Barbra bei den Dreharbeiten zu *The Prince of Tides* gegenübersah, war ihr gespanntes Verhältnis zu Paul Sylbert, dem Production Designer des Films. Die Auseinandersetzungen zwischen diesen beiden eigenwilligen Künstlern begannen, bald nachdem Streisand in South Carolina eingetroffen war. Sie inspizierte Sylberts schwarzweißen Set für Dr. Lowensteins New Yorker Apartment und forderte ihn angeblich zu Änderungen auf. Sylbert weigerte sich, da er meinte, daß Lowensteins Wohnung eine intellektuelle europäische Kühle ausstrahlen solle. Beide brausten auf. Der Production Designer drohte, wie es hieß, seine Arbeit abzubrechen und mit seinen Mitarbeitern zu verschwinden. Streisand kochte vor Wut und ließ sich schließlich auf einen Kompromiß ein.

Später gab Barbra zu, daß Sylbert recht gehabt hatte, aber dadurch wurde er ihr nicht sympathischer. Ihre Zusammenarbeit endete, als Sylbert Barbra vorwarf, ihn überall in Hollywood schlechtgemacht zu haben. Barbra hat sich nie spezifisch zu der Fehde geäußert, aber sie erklärte dem Journalisten Michael Shnayerson kurz darauf: »Man behauptet, daß ich Leute rauswerfe, und das stimmt nicht. Aber wenn das sowieso über einen gesagt wird, weil man an der Spitze steht, dann kann man genausogut tun, was man tun muß. Die Arbeit ist so anstrengend, daß die Seele, der Geist und der Körper unbedingt verständnisvollen Beistand brauchen. Die Bühnenarbeiter, die Requisiteure und Beleuchter waren wunderbar hilfsbereit, aber es gab einen ›kleine-Jungen-Club‹, der mir meine Aufgabe besonders erschwerte. Ich möchte mit Leuten arbeiten, die sagen: ›Ja, das läßt sich machen.‹ Und ich habe keine Angst, Leute hinauszuwerfen, die dauernd sagen: ›Es ist unmöglich.‹«

* * *

Bald mußte sich Barbra mit viel ernsteren Problemen auseinandersetzen. Ihre Mutter, nun zweiundachtzig Jahre alt, hatte sich drei Wochen vor Beginn der Dreharbeiten einer Herz-Bypass-Operation in Los Angeles unterzogen, und Barbra mußte sich plötzlich dem ernüchternden Gedanken stellen, daß ihre Mutter sterblich war. »Als ich mich dem möglichen Verlust meiner Mutter gegenübersah, wurde der Film viel leichter. Er verlor seine Bedeutung und erhielt seinen angemessenen Platz – weit hinter dem Leben selbst. Davon handelt *The Prince of Tides* in gewisser Weise: wie man lernt, seine Mutter zu würdigen.«

Laut Streisand erforschte *The Prince of Tides* die schädlichen emotionalen Folgen des Umstandes, daß »wir als Kinder von unseren Eltern programmiert werden«, doch sie sagte über ihre eigene Mutter: »Ich sah ein, daß sie tat, was in ihren Kräften stand. Es ist eben eine andere Generation. Und sie ist natürlich verantwortlich für das, was ich heute bin. Denn ich wollte immer nur meiner Mutter beweisen, daß ich etwas erreichen, daß ich es schaffen konnte.«

Nach Dianas Genesung äußerte Barbra: »Nachdem meine Mutter die Operation überlebt hatte, dachte ich, welch ein Geschenk das war. Ich meine, der Film war nur ein Film, aber welch ein Glück, daß meine Mutter noch am Leben war – darauf kam es an: auf das *Leben*.« Streisand zufolge spielte ihre Mutter eine entscheidende Rolle bei Barbras Wunsch, Regisseurin zu werden. »Die Regieführung ist wahrscheinlich die beste Arbeit für mich, weil ich schon als Kind meiner Mutter dauernd Vorschriften machte. So wurde ich erzogen; meine Mutter hat mir soviel Macht eingeräumt.«

***

Die Schauspieler in *The Prince of Tides* empfanden Barbra als außerordentliche Regisseurin. Während der gesamten Produktion stellte sie ihre Schauspieler in den Vordergrund; ihr eigener Auftritt wurde fast nebensächlich. »Wenn ich einen Film inszeniere und produziere, kommt die Schauspielerin an letzter Stelle … Mit anderen Worten, ich diene zuerst dem Film. Und bei diesem drehte ich all meine Szenen zuletzt … Ich komme mir selbst als Schauspielerin nie entgegen.«

Nick Nolte war der Ansicht, daß Streisands musikalisches Gespür sie zu einer besseren Regisseurin mache. »Als Schauspielerin kennt sie unsere Probleme. Und sie denkt musikalisch, in Rhythmen – sie ist so sehr auf Klänge eingestimmt, und das kommt in den Szenen und deren Rhythmus zum Ausdruck.«

Barbra fühlte sich bei den Liebesszenen mit Nolte häufig verlegen. »Als wir die Liebesszenen zuerst drehten«, erinnerte er sich, »wurden wir gerade richtig warm, da ließ sie schon die Kameras ausstellen! Die Schauspielerin sprang auf und sagte: ›Moment, Moment, Moment‹, und die Schauspielerin befahl der Regisseurin, die Szene abzuschließen. Ich sagte dauernd: ›Barbra, was soll das? Wir kommen gerade erst in Fahrt.‹ Und sie antwortete: ›Na ja‹, und war verwirrt. Dann sah sie die Muster und meinte: ›Wenn ich Schluß mache, bevor die Szene wirklich gut wird, dann mußt du mich daran hindern.‹« Nolte kam ihrer Bitte nur zu gern nach.

»Ich bin überhaupt keine Exhibitionistin«, erklärte Barbra. »Ich mag solche Szenen nicht.« Sie ließ in dem Film keine Nacktheit zu, weil sie fürchtete, das Publikum könne von der Story abgelenkt werden. Für Toms und Susans erste Liebesszene beschloß sie, »unsere Kleidung nicht auszuziehen und es gegen die Wand zu tun«. In einer späteren Bettszene legte sie ihr Nachthemd nicht ab, aber das durchsichtige Oberteil ließ mehr als erwartet von ihren Brüsten erkennen. »Ich zeigte [die Szene] in einer Vorschau und hatte das Gefühl, daß die Leute nicht mehr bei der Sache waren. Plötzlich konzentrierte man sich auf Barbra Streisands Brust statt auf die Emotionen der Szene. Deshalb machte ich eine Two-Shot-Szene in Close-ups daraus.«

***

Barbras legendäre Aufmerksamkeit für Details wird überall in *The Prince of Tides* deutlich, angefangen bei ihrer eigenen Garderobe und ihren Frisuren. Streisand wollte, daß Lowenstein nach der Begegnung mit Tom langsam erblühte; ihre Garderobe, die die persönliche Erneuerung widerspiegelte, wurde weniger düster und nüchtern, während der romantische Gehalt der Beziehung zunahm. Anfänglich sehen wir Lowenstein in dunklen, strenggeschnittenen Kostümen, mit glattem, gestrafftem Haar und perfektem Make-up. Doch nachdem sie ihre Abkapselung überwunden hat, erscheint sie in weißen, rosa und geblümten Ensembles, mit gelocktem, im Wind wehenden Haar und fast ungeschminkt.

Für die bewegende Konfrontation zwischen Tom und Lila ließ Streisand ein Porträt von Lila malen, das hinter Tom hängen sollte. Dadurch würde er, wenn er sich in der Hitze des Streits von ihr abwandte, weiterhin in ihr abweisendes Gesicht blicken.

Barbra bereitete den emotionalen Höhepunkt des Films – die wichtige Katharsis-Szene, nachdem Tom der Ärztin seine Vergewaltigung als Kind enthüllt hat – sorgfältig vor, um den größtmöglichen Effekt zu erzielen. Sie achtete darauf, daß diese sehr schwierige Szene – die durch dramatische Close-ups und spannungsgeladene Dialoge intensiviert wurde – die letzte war, die Nolte drehen mußte. Um den Schauspieler völlig auf diesen Moment äußerster Verletzlichkeit einzustimmen, zeigte sie ihm auch die gesamte Sequenz von Toms Vergewaltigung.

Toms Zusammenbruch in Lowensteins Armen erwies sich natürlich als überaus anstrengend für Nolte – und für Streisand. Besonders von Nolte wurde ein enormes Maß an Vertrauen und Verständnis verlangt. In den Händen eines weniger geschickten Regisseurs hätte die Szene peinlich werden können. Aber Noltes innerste Emotionen wurden durch Streisands geduldige Regieführung so brillant freigelegt, daß viele Kritiker meinten, dieser Moment habe ihm eine Oscar-Nominierung eingebracht.

Die Szene weckte tiefsitzende Erinnerungen in Barbra. »Das gleiche geschah mit mir in der Therapie. Meine Therapeutin berührte meine Hand, und ich brach einfach zusammen. Damals dachte ich: ›So muß man sich fühlen, wenn man von seiner Mutter umarmt wird.‹«

***

Am 13. August verabschiedete sich Streisand von dem heißen, schwülen Beaufort; der größte Teil von *The Prince of Tides* war im Kasten, und sie flog zu Außenaufnahmen nach New York. In Manhattan hatte sie den Eindruck, sich von neuem in die Stadt und in ihre einzigartige Dynamik verliebt zu haben.

Streisand schreckte nicht davor zurück, ihren Starruhm einzusetzen, als sie für eine Szene in Greenwich Village mehr Hintergrundverkehr benötigte. Sie ging einfach auf nichtsahnende Autofahrer zu und bat sie, in der Szene mitzuwirken. »Ich marschiere also durch die Straße – was großartig ist, denn als Barbra Streisand die Schauspielerin wäre ich zu schüchtern gewesen, aber als Barbra Streisand die Regisseurin kann ich mir meine Bekanntheit zunutze machen. Ich trete also an irgendein Auto heran und sage: ›Hi, ich bin Barbra Streisand. Ich drehe hier einen Film. Würde es Ihnen etwas ausmachen, in dieser Szene mitzuspielen?‹« Den meisten machte es nicht das geringste aus – im Gegenteil.

Die Schwierigkeiten der persönlichen und beruflichen Beziehung zwischen Barbra und Jason wurden deutlich in einer Szene, die Jason mit Nick spielte. Barbra war nicht zufrieden mit der Textinterpretation ihres Sohnes, und sie kommentierte später: »Jason wurde wütend. Er fragte: ›Was ist los? Gefällt es dir nicht?‹ Ich sagte: ›Jason, du mußt die Dinge auseinanderhalten. Alles, was du machst, ist großartig, aber mit dieser Interpretation bin ich nicht einverstanden. Ich kann dich nicht belügen, also laß uns weiterarbeiten, und sei nicht wütend auf mich, weil ich deine verdammte Mutter bin.‹«

Von diesem Moment der Spannung abgesehen arbeiteten Mutter und Sohn sehr erfolgreich zusammen, besonders während der zweitägigen Aufnahme einer der schwierigsten Szenen des Films: Gould spielt mitten im Gewimmel der Central Station ein Geigensolo. Streisand war nicht nervös, sondern ließ sich durch die Belastung inspirieren. »Es waren die heißesten Tage, die spontansten. Es machte soviel Spaß. Es war so lebendig.« Jason war anderer Meinung: »O Gott, das war das Allerschlimmste. Es ist fürchterlich, wenn Hunderte von Menschen einen beobachten. Aber praktisch alle meine Szenen waren draußen in Parks und an der Öffentlichkeit, wo wir es mit Menschenmengen zu tun hatten.«

Die Truppe begab sich in den Norden des Staates New York, um die Sequenz zu drehen, in der sich die Liebesbeziehung zwischen Tom und Susan Lowenstein entwickelt. Kritiker höhnten später, daß die Szenen bestenfalls »Ralph-Lauren-Werbespots« und schlimmstenfalls einer »verschwommenen Kaffeereklame« ähnelten. Daraufhin erklärte Streisand, daß die Verschleierung der Außenaufnahmen auf einen technischen Fehler zurückzuführen sei: Auf dem Kameraobjektiv habe sich Kondenswasser gebildet und eine »pastorale, impressionistische« Wirkung hervorgebracht.

**

Die Dreharbeiten für *The Prince of Tides* wurden im September 1990 beendet. Nun machte sich Barbra daran, den Film zu schneiden, die Musik zusammenzustellen und die Vermarktung für die ein Jahr später anstehende Premiere zu planen. Für John Barry, der ursprünglich als Komponist verpflichtet wurde, sollte es eine anstrengende Erfahrung werden. Er geriet bereits am ersten Tag mit Streisand aneinander. Sein Widerwille, ihre Ideen in seine Kompositionen aufzunehmen, schuf eine alptraumhafte Situation. Er verließ das Projekt unter heftigen Vorwürfen, die Barbra nie vergessen hat.

»Sie ist die unmöglichste Person, mit der ich *jemals* arbeiten mußte«, erklärte Barry angeblich im Frühjahr 1991 gegenüber der *Sun.* »Alle hatten mich gewarnt, daß es verrückt sei, mit ihr zu arbeiten, aber ich dachte, alles werde in Ordnung gehen. Dann mischte sie sich in alles ein, was die anderen an dem Film Beteiligten oder ich taten. Sie ließ uns nie in Ruhe. Sie mußte immer alles unter Kontrolle haben, war rechthaberisch und führte sich als sprichwörtlicher Superstar auf.«

Barrys Nachfolger, der neununddreißigjährige James Newton Howard, war weit aufgeschlossener für Barbras umfassende Eingriffe in die Komposition. Mehr noch, er war so empfänglich für ihre

Vorschläge, daß sich zwischen ihnen kurz nach den Weihnachtsfeiertagen 1990 eine romantische Beziehung entwickelte. Die beiden machten Schlagzeilen, als er sie am 13. Januar zu einem von zahlreichen Stars besuchten Fest zu Ehren von Quincy Jones im Century Plaza in Los Angeles begleitete.

Howard kannte Barbra seit Jahren. Er hatte früher Keyboard für Elton John gespielt und mit Streisand an den Alben *Songbird* und *Emotion* gearbeitet, bevor er Ende 1990 die Bekanntschaft mit ihr erneuerte. Der begabte Exehemann von Rosanna Arquette hatte zuvor die Musik für *Pretty Woman* und *Flatliners* (Flatliners – Heute ist ein schöner Tag) komponiert. Die neue Zusammenarbeit mit Barbra war ein Karrierehöhepunkt für ihn. »Barbra ist ein Schatz, aber sie kann recht grob sein. Wenn man kein dickes Fell hat, ist es schwierig, mit ihr klarzukommen. Ich halte sie für ein Genie. Die Arbeit mit ihr ist schwierig, weil ihr Perfektionismus ohnegleichen ist. Sie stellt unglaubliche Ansprüche, aber ich kann ehrlich sagen, daß meine eigene Arbeit durch sie ein höheres Niveau erreicht hat.«

Howard komponierte auch »Places That Belong to You«, das Liebeslied des Films. Barbra nahm den Song – mit einem Text von Alan und Marilyn Bergman – als mögliche Begleitmusik zum Nachspann auf, aber sie wußte nicht, ob sie ihn im Film verwenden konnte, ohne das Publikum von Tom abzulenken. Was noch wichtiger war: Barbra vermutete, daß man sie ohne den Song als Regisseurin ernster nehmen würde. Obwohl sechsundachtzig Prozent der Zuschauer in Voraufführungen wünschten, daß das Lied in die endgültige Fassung aufgenommen wurde, entschied sich Streisand dagegen.

Wie sooft bei Barbras Werken wurde bereits vor der Premiere von *The Prince of Tides* ein Schatten auf den Film geworfen: Caryn James von der *New York Times* verglich ihn in einer Vorschau der für den Herbst anstehenden Streifen mit Bruce Willis' kläglichem Flop *Hudson Hawk* (Hudson Hawk – Der Meisterdieb) und bezeichnete ihn als »ein Produkt der Eitelkeit«. Zwei Wochen später veröffentlichte die Zeitung einen Leserbrief von Frank Yablans, dem Chairman von Columbia Pictures: »Kein Hollywood-Studio zeigt einen Film vier Monate, bevor er ins Kino kommt, wenn es eines nicht ganz genau weiß: Der Film ist hervorragend … Wir waren besonders erbittert darüber, daß dieser Film als ein Produkt der Eitelkeit abgetan wurde. Es ist nicht ungewöhnlich, daß talentierte Künstler – unter ihnen Woody Allen, Kevin Costner und Warren Beatty – Filme inszenieren und gleichzeitig die Hauptrolle spielen. Warum wird allein Barbra Streisand kritisiert, wenn sie das gleiche tut?«

Die *Los Angeles Times* schrieb: »Fast der einzige negative Aspekt ist der, daß der Film zahlreiche ›Glamour-Shots‹ von Streisands Körperteilen enthält, die anscheinend mit einem vaselineverschmierten Objektiv aufgenommen wurden.« Dies veranlaßte Stephen Goldblatt, den Kameramann des Films, ebenfalls zu einem Protestbrief: »Ihre Spione müssen kurzsichtig sein, denn es gibt keine derartigen Einstellungen in dem Film, und wir brauchten nie ein ›Vaseline-Objektiv‹ zu verwenden, um Streisand aufzunehmen. Sie ist in der glücklichen Lage, auf solch eine Hilfe verzichten zu können.«

***

Am 9. Dezember fand die Premiere von *The Prince of Tides* im regennassen New York statt. In Los Angeles hörte Streisand die überwältigend positiven Nachrichten: Ihr Liebeswerk war ein Publikumsschlager. Dazu Liz Smith: »Jeder, mit dem ich nach dieser Premiere sprach, reagierte überschwenglich auf den Nolte-Streisand-Film ... Nichts konnte den Jubel des Abends über den romantischen *Prince of Tides* dämpfen. Es ist zu schade, daß Streisand nicht hier war, um ihren Triumph zu genießen.«

Von Jon Peters begleitet, besuchte Barbra am 11. Dezember die Gala-Premiere in Los Angeles, und niemand in der jubelnden Menge beklagte sich über die Länge ihrer Fingernägel, die Aufnahmen ihrer Beine oder über verschmierte Kameraobjektive. Nach der gedämpften Rezeption von *Nuts* und *Yentl* herrschte nun allgemeine Übereinstimmung darüber, daß *The Prince of Tides* der größte Streisand-Film seit *A Star Is Born* war. Als der Film am 25. Dezember landesweit freigegeben wurde, erhielt er begeisterte Rezensionen und galt als sicherer Oscar-Kandidat.

In den meisten Rezensionen lobte man die außerordentlichen schauspielerischen Leistungen, besonders Noltes beste Darstellung in seiner Karriere, sowie Barbras geschmeidige Regieführung. Der Film spielte 90 Millionen Dollar in den USA ein und wurde damit zu Barbras erfolgreichstem Werk nach *A Star Is Born*. Da Hollywood nichts so innig liebt wie einen Gewinner, hatte es den Anschein, daß man Streisand endlich eine Oscar-Nominierung für die beste Regie zukommen lassen würde.

Die Chancen standen gut. Im Januar wurde Barbra als erst dritte Frau von der angesehenen Directors Guild of America für die beste Regie nominiert; die anderen Kandidaten waren Jonathan Demme mit *The Silence of the Lambs* (Das Schweigen der Lämmer), Barry

Levinson mit *Bugsy*, Ridley Scott mit *Thelma and Louise* (Thelma und Louise) sowie Oliver Stone mit *JFK* (John F. Kennedy – Tatort Dallas). *Daily Variety* schrieb, Barbras DGA-Nominierung mache »es nun sehr wahrscheinlich, daß sie als erste Amerikanerin auch für einen Regie-Oscar nominiert wird«.

Liz Smith, nach deren Meinung Barbra den Academy Award verdient hatte, schrieb: »Wird [Barbra Streisand] den Regie-Oscar für *The Prince of Tides* bekommen – für einen nach allgemeiner Auffassung erstaunlichen und wunderbaren, brillant inszenierten Film von hoher Qualität? ... Die Antwort scheint zu lauten: ›Nein, nein, tausendmal nein!‹ Kommentar: Hollywood wird Barbra keinen Oscar mehr geben. Man haßt sie. Die Filmgemeinde hält sie für egoistisch und unmöglich.«

Am 19. Februar ehrte die Motion Picture Academy *The Prince of Tides* durch sieben Oscar-Nominierungen, darunter für die Kategorien bester Film, bester Hauptdarsteller und beste Nebendarstellerin (Kate Nelligan). Barbras Name war nicht unter den Namen der Regie-Kandidaten; neben den von der DGA zitierten Männern nominierte die Academy auch John Singleton für *Boyz in the Hood* (Boyz in the Hood – Jungs im Viertel), der nicht als bester Film vorgeschlagen war. Die National Organization for Women protestierte gegen Barbras Brüskierung und sprach von einem »offensichtlichen Beispiel des Sexismus«. Aus London, wo sie an der Königlichen Gala-Premiere des Films teilgenommen hatte und Prinzessin Diana vorgestellt worden war, erklärte Barbra der Presse, sie sei »entzückt« über die sieben Nominierungen, doch »enttäuscht« darüber, daß man sie nicht in die engere Wahl der besten Regisseure gezogen habe. »Ich kann niemandem Vorwürfe machen. Durch Vorwürfe wird man zum Opfer, und ich bin kein Opfer.«

***

Am 22. Februar brachte *Saturday Night Live* einen lustigen »Kaffeeklatsch«-Sketch mit Mike Myers in Frauenkleidung als besessene Streisand-Fanatikerin und Talkshow-Moderatorin Linda Richman, mit Gaststar Roseanne und der nicht namentlich genannten Madonna. Barbra wurde auf herrliche Weise veralbert und gepriesen. Ihre Beine seien »wie Butter«, verkündete Linda. Auch *The Prince of Tides* sei »wie Butter«. Überhaupt alles an Streisand sei »wie Butter«. .

»Moment«, sagte Myers-Linda und schluckte gerührt. »Ich werd' ein bißchen *verklempt*. Ich brauche ein paar Sekunden. Unterhaltet euch so lange miteinander … Ich hab' *schpilkis* im *genecktege-zoink*.« Plötzlich schritt Barbra zur echten Verblüffung aller Beteiligten in einem schwarzen Kostüm und einem übergroßen schwarzen Hut auf die Bühne und verkündete: »All das Gerede über Essen macht mir Appetit, Mädchen!« Roseanne fiel von ihrem Stuhl, und das Publikum jubelte und trampelte, während Barbra nach rechts von der Bühne verschwand. Sogar die schärfsten Streisand-Kritiker hielten dies für ihren coolsten Auftritt seit Jahren.

***

Nick Nolte wurde als bester Schauspieler in einem Drama mit dem Golden Globe ausgezeichnet und galt danach als haushoher Favorit für den Oscar. Alle fünf Filmkritiker, die von der *Los Angeles Times* befragt wurden, sagten voraus, daß Nolte den Academy Award gewinnen werde. Aber dann erhielt *The Silence of the Lambs* die fünf Top-Oscars, und Anthony Hopkins wurde für seine beeindruckende Leistung als der kannibalische Mörder Hannibal Lecter zum besten Hauptdarsteller erklärt. *The Prince of Tides* ging leer aus.

***

Die vielleicht erfreulichste Folge von *The Prince of Tides* für Barbra war die wieder enger gewordene Beziehung zu ihrem Sohn, der den Bernard Woodruff natürlich und überzeugend gespielt hatte. Am Ende der Dreharbeiten sah Jason seine Mutter in einem ganz neuen Licht. »Das Schöne an der Erfahrung ist nicht nur, daß ich Selbstvertrauen gewonnen habe und als Schauspieler gewachsen bin, sondern auch, daß meine Beziehung zu meiner Mutter gewachsen ist – sie ging über das Vertrauen hinaus, das wir als Sohn und Mutter zueinander haben, und erweiterte sich zu dem Vertrauen zwischen Schauspieler und Regisseur.«

Barbra stimmte zu. »Ich hatte viel Mühe mit Jason, denn als Teenager war er aggressiv und reizbar.« Aber die Arbeit an dem Film »vertiefte unsere Beziehung, denn wir mußten als Mutter und Sohn, aber auch als Regisseurin und Schauspieler miteinander umgehen, und das war ziemlich aufreibend. Einmal kam er zu einer Vorführung, beugte sich zu mir und sagte: ›Ich bin sehr stolz auf dich, Mom.‹ Es war eine freudige Überraschung, weil er das noch nie gesagt hatte.«

***

Pat Conroy dachte an die Zeit zurück, in der er mit Barbra Streisand zusammenarbeitete, und beschrieb ihr Charisma in seiner poetischen Art: »Wenn Barbra ein Zimmer betritt, ändert sich die gesamte Atmosphäre. Sterne erscheinen im Osten. Weise bewegen sich wie Kamele auf das Zimmer zu. Frauen folgen ihr in die Toilette. Außerdem kann ich, seit Barbra in mein Leben getreten ist, Eindruck schinden wie nie zuvor. Und die Leute hören mir gern dabei zu. Ich kann beiläufig sagen: ›Und Barbra meint ...‹, und ich merke, wie sie alle die Ohren spitzen.«

Das wichtigste Lob für ihre Inszenierung von *The Prince of Tides* erhielt Barbra, nachdem Pat Conroy den Film gesehen hatte. Er schickte ihr ein Exemplar des Buches mit folgender Widmung:

»Für Barbra Streisand: Du bist so vieles, Barbra, aber Du bist auch eine großartige Lehrerin – eine der besten, die ich je erlebt habe. Ich ehre die großen Lehrer; sie leben in meiner Arbeit und tanzen unsichtbar an den Rändern meiner Prosa. Du hast mich zu einem besseren Schriftsteller gemacht, Du hast mein liebes Buch gerettet, und Du hast mir Ehre erwiesen, weil Du so ernst und zärtlich damit umgingst.

Mit herzlicher Liebe und herzlichem Dank, und ich werde nie vergessen, daß Du mir *The Prince of Tides* zurückgegeben hast, als Geschenk. Pat Conroy.«

VI.

»Diva«

»Es scheint ein Bedürfnis
nach dieser Diva-Sache zu geben.«

Barbra 1991

KAPITEL 38

Am Samstag, dem 25. April 1992, fanden sich dreihundert einflußreiche Gäste mit hundert Kindern auf dem zwölf Hektar großen Besitz von Jon Peters in Beverly Hills ein. Man feierte eine aufwendige Party für Barbra, die am Vortag fünfzig Jahre alt geworden war. Frank Sinatra war anwesend, ebenso wie Nick Nolte, Meryl Streep, Tom Hanks, Warren Beatty und Annette Bening mit ihrem neugeborenen Baby und viele andere. Mrs. Kind, Roslyn, Jason, Elliott und Richard Baskin waren gekommen und natürlich auch die Bergmans sowie Cis und Harvey Corman.

Für 200 000 Dollar hatte Jon sein Grundstück in »Barbras Zauberschloß« verwandelt. Clowns, Jongleure, Wahrsager und Stelzengänger streiften über das Gelände, während Zauberer und Feuerschlucker ihre Tricks vorführten. Begeisterte Kinder posierten für Fotos mit der Schönen und dem Biest, streichelten ein Pony und andere kleine Tiere im Baby-Zoo und bestaunten den Zirkuselefanten. Andere Kinder vergnügten sich in einem riesigen aufblasbaren Gummischloß und zogen sich Velcro-Hosen an, um eine Velcro-Mauer hinaufzuklettern.

Barbra – in einem beigen, schulterfreien Kleid – verbrachte die meiste Zeit in einem gewaltigen Zelt, wo sie sich an einem üppigen Büfett labte und zusammen mit ihrem dreieinhalbjährigen Patenkind Caleigh, Jons Adoptivtochter, Marionetten und Zauberkunststücke betrachtete.

Sie war von Kindern, Freunden und Liebe umgeben. Mit fünfzig Jahren befand sich Barbra nach drei Jahrzehnten beispiellos vielfältiger Erfolge auf dem Höhepunkt ihrer Karriere. Von ihren fünfzig Alben waren weltweit mehr als hundert Millionen Exemplare verkauft worden. Ihre fünfzehn Filme hatten international mehr als *eine Milliarde* Dollar eingespielt. Sie hatte Oscars als Schauspielerin und Komponistin erhalten, Emmys für ihre Fernsehshows, einen Tony als Star des Jahrzehnts, zehn Golden Globes für Schauspielerei, Regie, Produktion und Songkomposition sowie acht Grammys für Gesang. Ihr waren mehr Gold-, Platin- und Multi-Platinalben verliehen worden als jedem anderen Künstler. Und natürlich hatte man den letzten von ihr inszenierten Streifen für sieben Academy Awards, darunter für den besten Film, nominiert.

Ihre Karriere hatte in der Geschichte des Showbusineß nicht ihresgleichen, und im Februar zeichnete die Academy of Recording Arts and Sciences sie mit ihrem Grammy Legend Award aus. Im September 1991 hatte sie eine aus vier CDs bestehende Retrospektive ihrer musikalischen Karriere veröffentlicht: *Just for the Record*. Diese enthielt fünfundneunzig Songs, von denen siebenundsechzig zuvor nicht erschienen waren, beginnend mit der Acetataufnahme von »You'll Never Know«, die sie mit dreizehn Jahren im Nola Recording Studio hergestellt hatte. Obwohl die Sammlung rund 60 Dollar kostete, verkaufte man mehr als eine Million Exemplare.

Die Retrospektive bildete den Mittelpunkt von Stephen Sondheims Tribut an Barbra, als er sie bei den Grammy Awards ankündigte: »Die Dame, die wir heute abend ehren, hat vor kurzem eine erstaunliche Aufnahme herausgebracht. Es ist ein außerordentlicher musikalischer Überblick über eine Karriere, die den Neid jedes Künstlers erregen könnte, der jemals vor einem Mikrofon gestanden und Musik gemacht hat … Sie ist die Freude jedes Komponisten, der sich erhofft, daß sein Song besser vorgetragen wird, als er es sich in seiner eigenen Phantasie ausgemalt hat … Sie ist die Beste, die es gibt.«

»Ich fühle mich nicht wie eine Legende«, erklärte Barbra, als sie die Trophäe entgegennahm. »Ich fühle mich wie ein unvollendetes Werk.«

***

In vielerlei Hinsicht war sie tatsächlich ein unvollendetes Werk, besonders was die Politik und gesellschaftliche Probleme betraf. Erst 1992 wurde Barbra gesellschaftlich und politisch aktiv. Was hatte sie als Entertainerin noch zu beweisen? Nur, daß sie den Mut – und immer noch die Anziehungskraft – besaß, eine erfolgreiche Konzertreise zu veranstalten. Dazu sollte es noch kommen.

Aber nun wollte sie erst einmal gegen Diskriminierungen aller Art und gegen die Vernachlässigung so vieler sozialer Probleme durch die Regierungen von Ronald Reagan und George Bush antreten. Die erste Gelegenheit bot sich, als sie in die Hall of Fame of the Women in Film aufgenommen wurde. Ihre feministische Rede war entschieden und zugleich humorvoll.

»Wir haben eine weite Strecke zurückgelegt. Vor nicht sehr langer Zeit bezeichnete man uns als Puppen, Häschen, Frauenzimmer, Babes, Weibsbilder. Nun nennt man uns gerissene Biester, Luder und Hexen. Das ist wohl ein Fortschritt. Die Sprache verschafft uns einen Einblick in die Art und Weise, wie Frauen in einer männlich dominierten Gesellschaft eingestuft werden … Ein Mann ist gebieterisch, eine Frau ist zickig. Ein Mann ist energisch, eine Frau ist aufdringlich. Ein Mann ist kompromißlos, eine Frau ist eine Männerfresserin. Ein Mann ist ein Perfektionist, eine Frau ist eine Nervensäge …

Ich bin wütend darüber, wie man Anita Hill behandelt hat. Ich bin wütend über das, was Rodney King zugestoßen ist. Ich bin wütend darüber, daß das Recht einer Frau, über ihren eigenen Körper zu verfügen, auch nur in Frage gestellt wird …

Ich freue mich auf eine Gesellschaft, die farben- und geschlechtsblind ist, die uns nach dem Wert unserer Arbeit, nicht nach der Länge unserer Beine beurteilt. Die akzeptiert, daß eine Frau vielerlei sein kann: stark *und* verletzlich, intelligent *und* sexy, eigensinnig *und* flexibel, zornig *und* versöhnlich … Das alles gilt natürlich genauso für Männer.«

***

Im Februar erklärte Barbra in der Show *Larry King Live*, daß sie sich noch nicht entschieden habe, wen sie für die demokratische Präsidentschaftsnominierung unterstützen solle. Aber im Juni entschloß sie sich, für »den einzig denkbaren Kandidaten« Stellung zu beziehen: für Bill Clinton, den Gouverneur von Arkansas. Am 16. September 1992 trat sie als Star eines Benefizkonzerts in Beverly Hills auf, das Clinton, inzwischen zum Kandidaten seiner Partei nominiert, sowie Senator Al Gore aus Tennessee, dem Vizepräsidentschaftskandidaten, 1,5 Millionen Dollar einbrachte. Ein Teil des Geldes kam allerdings Dianne Feinstein und Barbara Boxer zugute, den beiden demokratischen Kandidatinnen aus Kalifornien für den Senat der Vereinigten Staaten.

Barbra, in Schwarz gekleidet und sehr gelöst wirkend, erschien zu den Klängen von »People« auf der Bühne. Ihr vierundzwanzig Minuten dauerndes Programm umfaßte »People«, »On a Clear Day«, »Come Rain or Come Shine«, »It's a New World«, »Children Will Listen«, »It Had to Be You«, »Happy Days Are Here Again« und »God Bless America«.

Nach einem faszinierenden Wahlkampf von drei Kandidaten schloß sich das Land am 3. November ihrer Meinung an: William Jefferson Clinton wurde mit dreiundvierzig Prozent der Stimmen zum Präsidenten gewählt. Präsident Bush erhielt achtunddreißig und der unabhängige Kandidat Ross Perot neunzehn Prozent.

Es war ein zusätzliches Bonbon für Barbra und alle anderen Liberalen, daß sich auch Dianne Feinstein und Barbara Boxer durchsetzten, womit Kalifornien zum ersten Staat der amerikanischen Geschichte wurde, der gleichzeitig zwei weibliche Senatoren nach Washington entsandte.

***

Nachdem Barbra dazu beigetragen hatte, daß zum erstenmal seit sechzehn Jahren ein demokratischer Präsident gewählt wurde, ruhte sie sich nicht auf ihren Lorbeeren aus. Am 18. November empfing sie, zusammen mit dem Plattenmagnaten David Geffen, den Preis »Engagement für das Leben« des AIDS Project Los Angeles. Das überraschte manchen, denn sie war zuvor kritisiert worden, weil sie nicht annähernd soviel zur Bekämpfung der Krankheit getan habe wie Bette Midler, Madonna und vor allem Elizabeth Taylor. Im September 1991 hatte sich Barbra in *Vanity Fair* zu der Kritik geäußert. »Das ist ihre Meinung«, sagte sie über jene, die ihr mangelnde Leidenschaft in der Aids-Bekämpfung vorwarfen. »Ich habe eine Menge Geld gespendet, zum Beispiel für die Behandlung Aids-kranker Kinder ..., und alle Einnahmen aus meiner Single ›Somewhere‹ gingen an AmFAR [American Foundation for AIDS Research]. Ich trete damit im Gegensatz zu Madonna und Bette Midler nicht an die Öffentlichkeit, und bei Elizabeth Taylor ist es die einzige Sache, für die sie sich einsetzt.«

Doch innerhalb eines Jahres schloß sich Barbra dem Vorstand von Hollywood Supports an, einer von den Hollywood-Größen Barry Diller und Sid Sheinberg gegründeten Organisation zur Aids-Bekämpfung, und spendete 350 000 Dollar für verschiedene Anti-Aids-Kampagnen.

Aber bei der Verleihung des Preises »Engagement für das Leben« durch das AIDS Project Los Angeles im Universal Amphitheater trat sie mit großem Einsatz an die Öffentlichkeit. Man veranstaltete eine Show, die sich um *West Side Story*-Motive rankte und in der Natalie Cole, Pattie LaBelle, Sheila E., Wynonna Judd, Kenny Loggins und Elton John Kompositionen von Bernstein und Sondheim sangen. Der perlengeschmückte Elton John bot »I Feel Pretty« dar, wozu er mit einem Fächer wedelte. Und Barbra sorgte für ein elektrisierendes Finale, indem sie zusammen mit Johnny Mathis ein Medley aus »One Hand, One Heart« und »I Have a Love« vortrug. Danach schlug Streisand das Publikum allein in ihren Bann. Nachdem Warren Beatty sie mit herzlichen, überschwenglichen Worten begrüßt hatte, hielt sie eine feurige Rede, woraufhin die Zuschauer »Barbra for President!« jubelten. Barbra sagte:

> »Nur wenige von uns haben entschieden genug auf diese Krise von katastrophalen Ausmaßen reagiert. Eine Krankheit, an der sich auf der ganzen Welt viel mehr Heterosexuelle als Homosexuelle infiziert haben, wurde von offizieller Seite mit einem Augenzwinkern als Schwulenkrankheit abgetan – als käme es auf diese Todesfälle im Grunde nicht an.
>
> Ich werde es meinem Schauspielerkollegen Ronald Reagan nie verzeihen, daß er die Existenz dieser Krankheit auf massenmörderische Weise leugnete; daß er sich sieben Jahre lang weigerte, das Wort ›Aids‹ auch nur auszusprechen, und daß er Mittel für Forschung und Aufklärung blockierte, die Hunderttausende von Leben hätten retten können … Ich glaube, daß wir nun in eine Zeit des Heilens eintreten. Wir sind dankbar, daß sich unser neuer Präsident für das Leben engagiert.«

Barbra beendete den Abend mit einer aufwühlenden Darbietung von »Somewhere«, einem für die Gelegenheit besonders angemessenen Song. Denn er bringt nicht nur Hoffnung auf Toleranz gegenüber den Homosexuellen in unserer Gesellschaft zum Ausdruck, sondern auch Hoffnung auf eine friedliche und von Liebe durchdrungene Ewigkeit für alle bisherigen und künftigen Aids-Opfer. Das Publikum brach in Tränen aus und applaudierte lange und heftig.

∗∗∗

Früher war Barbra umstritten wegen ihres emotionalen Gesangs, ihrer eigenwilligen Schauspielerei, ihrer Unverblümtheit, ihres Perfektionismus, ihrer gelegentlichen Grobheit und ihrer Wahl von Liebhabern. Nun wurde sie wegen ihrer politischen Überzeugungen angegriffen, und die Kontroversen verstärkten sich, weil sie mittlerweile zu einem F. O. B. (Friend of Bill) geworden war, einem Mitglied des erweiterten Zirkels von Vertrauten und Beratern, die der neue Präsident um sich geschart hatte. (Die Zeitschrift *People* nannte den Präsidenten »den ersten F. O. B. – Friend of Barbra«.)

Es begann am 19. Januar mit ihrem Auftritt bei der Amtseinführungs-Gala von Bill Clinton in der USAir Arena in Landover, Maryland. Nach einer Probe am Vorabend, die jeder besuchen konnte, der eine Tüte voller Lebensmittel für die Hungernden und Obdachlosen mitbrachte, schritt Barbra zum Abschluß des Abends selbstbewußt auf die Bühne (Michael Jackson hatte ihr die Starrolle überlassen). Sie trug ein elegantes dunkelgraues Donna-Karan-Kostüm mit Nadelstreifen und einem verwegenen Schlitz an der Seite. Ungeachtet ihrer Heiserkeit, die sie fast zu einer Absage gezwungen hätte, sang sie ein herrliches »Evergreen« (das Streisand-Lieblingslied des neuen Präsidenten) sowie »Children Will Listen« und »God Bless America«. Nach »Children Will Listen« erklärte sie dem Publikum und dem neuen Präsidenten: »Wir dürfen Kinder nicht mißhandeln – weder durch Worte noch durch Taten. Was ihnen angetan wird, werden sie der Gesellschaft antun.«

Als Barbra ihren zu Herzen gehenden fünfzehnminütigen Auftritt beendet hatte, kam Clinton auf die Bühne und umarmte sie. Es war ein überwältigendes, landesweit im Fernsehen übertragenes Ereignis unter Mitwirkung zahlreicher Stars, und Barbra Streisand stand im Mittelpunkt. Am nächsten Tag legten Bill Clinton und Al Gore in einer Atmosphäre hochgespannter Hoffnungen von Millionen Amerikanern den Amtseid ab.

Eine Woche später brachte die *New York Times* eine Kolumne von Anne Taylor Fleming, in der sie Barbra wegen ihres aufreizenden Kostüms bei der Amtseinführung angriff. Barbras »Aufzug« habe »die falsche Botschaft ausgesandt«, nämlich die, daß starke, unabhängige Frauen auch »Femmes fatales« zu sein hätten.

Die lesbische Gesellschaftskommentatorin Camille Paglia war jedoch anderer Ansicht. In einem ausführlichen biographischen Essay über Barbra, der in der Londoner *Sunday Times* unter dem Titel »Americas Second Lady« erschien, schrieb Paglia: »Einer der bedeutendsten Momente in der populären Unterhaltung der letzten Zeit ereignete sich, als Barbra Streisand für Bill Clinton bei seiner Amtseinführung ›Evergreen‹ sang ... Sie sah sensationell aus in einem Geschäftskostüm mit ausladenden, gepolsterten Schultern und einem langen, bis zum Oberschenkel geschlitzten Rock. Es war phantastisch. Sie war ganz Mann und ganz Frau.«

Bis Mai legten sich die Kontroversen um Barbra ein wenig, doch dann unternahm sie auf Einladung des Präsidenten eine überraschende, einwöchige Reise nach Washington. An ihrem ersten Abend in der Stadt – am Samstag, dem 1. Mai – besuchte sie das Dinner der White House Press Correspondents (wo sie 1963 für John F. Kennedy gesungen hatte) und plauderte mit General Colin Powell, dem Vorsitzenden der Vereinigten Stabschefs.

In einer Titelgeschichte beschrieb *People* die Aufregung, die Streisands Ankunft bei dem Dinner auslöste: »Und dann trat *sie* ein. Sie trug ein schulterfreies Ballkleid aus weißem Satin und strahlte ihr von einem leichten Silberblick geprägtes Charisma aus. Ruhig bahnte sie sich ihren Weg durch ein Meer von Videokameralampen und Blitzlichtern. Alle Gespräche verstummten. Gabeln wurden fallen gelassen, und Köpfe drehten sich. Es schien, daß alle – die Politiker, Zeitschriftenverleger und Berühmtheiten von New York City – unbedingt einen Blick auf sie erhaschen, sie berühren oder sogar (o Gott) ein paar Worte mit der einundfünfzigjährigen Frau aus Brooklyn wechseln wollten, die ach so lange Fingernägel und keinen einzigen Universitätsabschluß besitzt. Ladies and Gentlemen und Staatsmänner der Freien Welt ... Barbra Streisand!«

Es dauerte nicht lange, bis die Konservativen nervös reagierten, weil Streisand scheinbar solchen Einfluß auf die Washingtoner Drahtzieher ausübte – besonders als bekannt wurde, daß sie im März in aller Stille mehrere Nächte im Weißen Haus verbracht hatte. Rush Limbaugh machte sich in seiner Rundfunksendung über sie lustig. Gehässige Mitglieder der Opposition munkelten, sie habe eine Affäre mit dem Präsidenten; noch gehässigere Mitglieder der Opposition deuteten an, sie habe eine Affäre mit der First Lady.

Ernstzunehmende Kritik folgte, und Barbra fühlte sich schwer getroffen. Timothy Smith schrieb auf der Titelseite des *Wall Street Journal*: »[Streisand] sieht sich in der Rolle der mutmaßlichen Führerin eines Stoßkeils glamouröser Schwachköpfe, die von der Küste herandüsen, um ihre politische Glaubhaftigkeit untermauern zu lassen ... Sie hatte nie Zeit, eine Universität zu besuchen, und sie eignet sich ihre Kenntnisse über öffentliche Angelegenheiten aufs Geratewohl an.«

Der übelste Tiefschlag kam von dem Kolumnisten der *Washington Post*, Jonathan Yardley, der einen Artikel unter der Überschrift »Miss Marmelstein Goes to Washington« veröffentlichte. Yardley beschrieb Barbras ersten Broadway-Triumph und fuhr fort: »Die unscheinbare Miss Marmelstein hat sich in einen Konzern verwandelt, der fähig ist, alle in Schrecken zu versetzen, die ihr unglücklicherweise im Weg stehen. Im Moment reicht die Zahl derer, die sich in einer derart verletzlichen Position befinden, vom Vorsitzenden der Vereinigten Stabschefs bis hin zum Präsidenten der Vereinigten Staaten; die Möglichkeit, daß einer oder alle vom Hurrikan Barbra hinweggefegt werden, ist sehr ernst zu nehmen ... Es ist gut und schön, die Hände aus Anlaß der nuklearen Vernichtung und der Aids-Forschung und anderer Angelegenheiten zu ringen, denen La Barbra sich zu widmen beschlossen hat, aber es ist etwas anderes, diese Probleme vorurteilsfrei und objektiv zu durchdenken.«

Yardleys Kolumne, die in einer Reihe von Zeitungen überall im Land nachgedruckt wurde, löste einen Sturm der Empörung aus. In einem Leserbrief an die *Los Angeles Times* hieß es: »Was Yardleys ›Perspektive‹ in erster Linie verkündet, ist das Lied von den zu hoch hängenden Trauben: Die Demokraten sind nun an der Macht, und die Hollywood-Prominenz hat ihnen mit dazu verholfen. Aber könnte sich hinter diesem Angriff speziell auf Streisand ein finstereres Motiv verbergen? Es ist aufschlußreich, daß er beschloß, eine relativ unbekannte Bühnengestalt, die Barbra vor zweiunddreißig Jahren verkörperte, als Hauptperson seines Essays wiederaufleben zu lassen. Könnte es daran liegen, daß der Name Marmelstein so durch und durch jüdisch klingt? Ich hoffe nicht.«

In einem Interview mit Robert Scheer, das die *Los Angeles Times* am 23. Mai brachte, setzte sich Barbra zur Wehr. »Es ist so unfair. Und es verunglimpft die Hauptbranche in unserer Gemeinschaft. Denn man behauptet, niemand von uns habe eine Spur Verstand. Hat die Unterhaltungsindustrie die nationale Verschuldung verursacht? Wieso hat niemand das republikanische Weiße Haus angegriffen, weil Arnold Schwarzenegger, Charlton Heston und Bruce Willis Kontakte zu ihm hatten? Erinnern Sie sich an die Zeit, als der Schauspieler John Gavin zum Botschafter in Mexiko ernannt wurde? Ich weiß, weshalb die Konservativen uns angreifen – sie halten uns für eine sehr gefährliche Gruppe, besonders wegen der Summen, die manche von uns für die Demokraten beschaffen können.«

***

Im folgenden Monat geriet Barbra in einen Publicity-Wirbel ganz anderer Art, als sie nach England reiste, um sich die Tennismeisterschaften von Wimbledon anzusehen. Sie erschien nicht einfach als Tennis-Fan, sondern um den Titelverteidiger Andre Agassi anzufeuern, den neuesten langhaarigen Pin-up-Boy dieser Sportart. Agassi war, wie die Londoner Presse hechelnd meldete, Barbras »besonderer Freund«.

Ihre Beziehung zu dem dreiundzwanzigjährigen Sportler war im September ans Licht gekommen, als sie ihm auf der Tribüne der U. S. Open zujubelte. Sie hatten einander kennengelernt, kurz nachdem sich Agassi *The Prince of Tides* angeschaut und Barbra telefonisch mitgeteilt hatte, wie sehr der Film ihn gerührt habe. Die beiden unterhielten sich zwei Stunden lang, und bald darauf trafen sie sich zum Dinner.

Bei den U. S. Open verweilten die Fernsehkameras fast genauso lange auf Streisand wie auf dem Match. Ein Kommentator bemerkte, daß Barbra den gutaussehenden Andre so zu betrachten schien, als wäre er »eine Tüte Eiscreme mit einer Kirsche darauf«. Reporter, die sich nach der Freundschaft erkundigten, hörten von Barbra: »[Andre] ist sehr intelligent, sehr, sehr sensibel, sehr reif – über seine Jahre hinaus. Und er ist ein außerordentlicher Mensch. Er spielt wie ein Zen-Meister. Ganz am Puls der Zeit.«

Die »Zen-Meister«-Bemerkung sorgte weithin für Spott, ebenso wie der Altersunterschied von achtundzwanzig Jahren zwischen dem Paar. Barbra erschien zu einem weiteren Match von Andre in Los Angeles, und er gab ihr angeblich mehrere private Tennisstunden.

Im Juni 1993 in Wimbledon überschlug sich die britische Presse wegen Barbras Anwesenheit. Fotos von ihr, auf denen sie unruhig an den Nägeln kaute oder mit den Armen wedelte und Agassi bei seinem Match gegen Pete Sampras anfeuerte, waren auf der Titelseite fast jeder Zeitung des Landes zu finden. Barbra – sie trug eine Matrosenmütze und eine blauweiße Matrosenjacke (die sie später auszog, um ein weißes T-Shirt zu enthüllen) – sprang auf und nieder und rief Agassis Namen. Nachdem er das Match verloren hatte, brachte der *Daily Mirror* auf der Titelseite ein Foto von der niedergeschlagenen Streisand unter der Überschrift »Barbra Cry-Sand«. Sogar die *New York Times* berichtete ausführlich über die Aufregung, die Barbras Erscheinen bei dem Match erzeugt hatte. Maureen Dowd schrieb: »Seit Chris Evert Mitte der siebziger Jahre mit Burt Reynolds liiert war, hat es kein so scharf beobachtetes Duett zwischen Tennis- und Hollywood-Majestäten gegeben ... Auf die Frage, ob die Beziehung platonisch sei, erwiderte Agassi verschämt und kokett: ›Wenn man sagt, daß wir einfach nur Freunde sind – ich weiß nicht, wie die meisten den Begriff Freund definieren. Das Wort wird so locker verwendet. Also möchte ich sagen, daß sie für mich eine Freundin ist.‹«

In *London Today* klang er Zen-artiger: »Ich bin dabei, die süßen

Geheimnisse des Lebens zu lernen, und dies ist eines davon. Ich bin nicht sicher, daß ich es vollauf erklären kann. Vielleicht kann sie es auch nicht. Aber darauf kommt es nicht an. Wir stammen aus völlig verschiedenen Welten, und wir begegneten einander und wußten sofort, daß wir zusammen sein wollten.«

Nach Agassis bisheriger Haltung Frauen gegenüber zu urteilen, dürfte seine Freundschaft mit Barbra kaum über ein platonisches Stadium hinausgegangen sein. Der Londoner *Sunday Mirror* berichtete, Andre und seine Freundin Wendi Stewart hätten während ihrer langjährigen »Romanze« wegen »ihrer festen christlichen Überzeugungen« nie Sex miteinander gehabt; wann immer sie gemeinsam auf Reisen waren, belegten sie getrennte Schlafzimmer.

1987 mußte Wendi anscheinend wieder zusehen, wie Andre eine weitere »Freundschaft« einging, diesmal mit Amy Moss, die bei einem amerikanischen Tennisturnier als Chauffeurin arbeitete. Moss erklärte dem *Mirror*: »Wenn Sie etwas über Andres Sexualleben wissen wollen, sollten Sie in der Bibel nachschlagen. In der Bibel heißt es, Sex sei eine Sünde, und er hält sich daran.«

Was immer das Ausmaß von Barbras Beziehung zu Andre Agassi gewesen sein mag, sie dauerte nicht sehr lange – vielleicht weil sich dieser »sehr intelligente, sehr, sehr sensible, sehr reife« junge Mann als »Schwulenfeind« entpuppte. *The Village Boys* meldete, daß Agassi Reportern 1991 nach einem gewonnenen Match erklärt habe: »Ich bin so froh wie ein Homo in einem U-Boot.« Und die *New York Daily News* berichteten, Pete Sampras habe vor einem Spiel von Elton John einen Blumenstrauß erhalten, woraufhin Agassi gesagt habe: »Du kannst dir doch von so 'nem warmen Bruder nicht Blumen schenken lassen.«

Vorbei war's mit der Zen-Meisterschaft.

***

Am 29. Juli 1993 veröffentlichten Columbia Records Barbras fünfzigstes Album, *Back to Broadway*. Im Dezember 1992 hatte sie einen neuen Vertrag mit der Sony Corporation, der Muttergesellschaft von Columbia, unterzeichnet, und die Details waren auf die Titelseiten gelangt. Seit März 1991 hatte die Schallplattenindustrie den bedeutendsten Stars eine Reihe von Verträgen angeboten, die sämtliche Vorstellungen sprengten: 40 Millionen Dollar für Janet Jackson, 60 Millionen Dollar für ihren Bruder Michael, jeweils 60 Millionen Dollar für Madonna und Prince.

In den sechziger Jahren hatte Marty Erlichman immer die höchsten Summen für Barbra verlangt, selbst wenn der Unterschied zu dem am zweitbesten dotierten Star nur einen Dollar ausmachte. Und auch 1992 war er nicht bereit, Barbra einen Abschluß tätigen zu lassen, wenn ihre Gage nicht die der anderen Spitzenkünstler übertraf. Am 14. Dezember meldete die *Los Angeles Times*, daß Barbras neuer Vertrag – sowohl für Platten als auch für Filme – 60 Millionen Dollar wert sei.

In dem Artikel wurde ausgeführt, daß der Kontrakt Barbra einen Vorschuß von vier Millionen Dollar bei zehnprozentiger Beteiligung an den Gesamteinnahmen für jeden Film, in dem sie auftrat, garantiere; drei Millionen Dollar Vorschuß bei einem nicht festgelegten Anteil für jeden Film, den sie inszenierte; und einen Vorschuß von fünf Millionen Dollar für jedes Album bei einer Spitzentantieme von zweiundvierzig Prozent des Großhandelspreises – also fast drei Dollar für jede verkaufte CD. Es wäre ein erstaunlicher Vertrag für jeden Entertainer gewesen, aber für eine einundfünfzigjährige Frau, die ihr erstes Album dreißig Jahre zuvor aufgenommen, ihr Filmdebüt fünfundzwanzig Jahre zuvor gemacht und die nur zwei Filme inszeniert hatte, war es ein traumhaftes Angebot.

Back to Broadway, Barbras erstes Album unter den neuen Bedingungen, schien zu beweisen, daß das Vertrauen von Sony gerechtfertigt war. Die Scheibe, die nach dem Erfolg von *The Broadway Album* auf starkes Publikumsinteresse stieß, landete sofort auf Platz eins der *Billboard*-Chart – das erste Streisand-Album, das diese seltene Leistung schaffte.

Die Rezensionen waren jedoch gemischt. Stephen Holden von der *New York Times* schrieb: »Die Aufnahme enthält einige der faszinierendsten Gesangsleistungen in Ms. Streisands Karriere, aber auch einige der erdrückendsten.« David Patrick Stearns äußerte in *USA Today* eine andere Meinung über Barbras Stimme: »Obwohl Streisand wiederum betont, daß sie Broadway-Musik besser als jede andere singen kann, ist der stimmliche Verfall, der sich vor fünf Jahren in *One Voice* andeutete, nun unleugbar geworden. Ihre hohen Töne sind jetzt dünn, ihr Vibrato ist nervös, und ihre Stimme wirkt bei voller Lautstärke weniger frisch.«

Letztlich fehlte *Back to Broadway* die Durchschlagskraft der vorhergehenden LP; man verkaufte nur ein Drittel der Exemplare wie von *The Broadway Album*.

Ein paar Monate später kehrte Barbra zu einem ungewöhnlichen Projekt ins Aufnahmestudio zurück: einem Duett von »I've Got a

Crush on You« mit Frank Sinatra. Es sollte zu einem Teil seines neuesten Albums, *Duets*, werden, auf dem er auch mit Bono, Liza Minnelli, Kenny G., Gloria Estefan und anderen singen würde. Überaus ungewöhnlich war die Tatsache, daß sich der achtundsiebzigjährige Barde weigerte, mit irgendeinem seiner Partner im Studio zu erscheinen. Statt dessen ließ er seinen Gesang allein aufzeichnen, und die übrigen Künstler sollten ihren Beitrag gesondert aufnehmen.

Verblüffenderweise erklärte sich Barbra mit dieser bizarren Forderung einverstanden. Was noch überraschender war: Niemand hätte ahnen können, daß die beiden Sänger nie gemeinsam in einem Aufnahmestudio waren, da Barbra dem Duett eine ganz besondere Wärme und Intimität verlieh. Sie ist vorzüglich bei Stimme (besser als bei den meisten der *Back to Broadway*-Songs), was Sinatras zögernden und kratzenden Beitrag erträglicher werden läßt.

Die Rezensionen zum Album waren uneinheitlich; man bemängelte die Schwächen von Sinatras Stimme und die Unpersönlichkeit der Duettaufnahmen, doch die Neuheit und die Namen der Stars bewirkten, daß es auf Anhieb Platz zwei der *Billboard*-Chart erreichte.

***

»Barry, ich brauche Geld. Ich bin pleite.« Diese unglaublichen Worte hörte Barbras alter Freund Barry Dennen – der Mann, der ihr 1960 geholfen hatte, ihren musikalischen Stil zu finden – im Frühjahr 1993. Barbra hatte Dennen angerufen und nach einem langen Gespräch voller Reminiszenzen die sensationelle Bemerkung gemacht, daß sie trotz all ihrer Erfolge Finanzprobleme habe. »Mein ganzes Geld steckt fest in Investitionen und Grundstücken.«

Viele ihrer Investitionen waren anscheinend Fehlschläge gewesen, wobei Barbra gewaltige Unkosten zu tragen hatte. Sie mußte Personal in Carolwood, in ihren Barwood-Filialen in Hollywood und New York, auf der Ranch in Malibu und in ihrem Apartment am Central Park West bezahlen. Sie unterstützte ihre Mutter und half ihrer Schwester und ihrem Sohn häufig finanziell aus. Daneben spendete sie über ihre Streisand Foundation verschiedenen Wohltätigkeitsorganisationen oft zwischen 500 000 und einer Million Dollar pro Jahr, und allein die Grundsteuer im Ramirez Canyon lag bei jährlich fast 200 000 Dollar.

Jahrelang hatte sie versucht, das Gelände in Malibu zu verkaufen. Zuerst – 1987 – verlangte sie 16 Millionen Dollar; dann hob sie den Preis auf 19 Millionen Dollar an. 1992 senkte sie ihn auf 11,9 Millionen Dollar, aber der Besitz blieb – trotz angeblichen Interesses von Michael Jackson – unverkauft. Da sie sich den Unterhalt des ausgedehnten, neun Hektar großen Besitzes nicht mehr leisten konnte, beschloß sie, ihn der Santa Monica Mountains Conservancy, einer kalifornischen Behörde, zu schenken, was ihr eine Steuerabschreibung in Höhe von 15 Millionen Dollar ermöglichte.

»Wie komme ich rasch an Geld?« fragte Barbra.

»Warum machst du keine Konzertreise?« erwiderte Dennen. »Eine Tournee durch zehn oder zwanzig Städte. Du wirst ein Vermögen einnehmen.«

»Und die Sicherheitsmaßnahmen?«

»Was soll das heißen? Du mußt eben dafür sorgen, daß alle nötigen Sicherheitsmaßnahmen getroffen werden.«

Ein langes Schweigen am anderen Ende der Leitung. Dann sagte Barbra: »Tja ... vielleicht.«

KAPITEL 39

Der Vorhang öffnete sich, und Barbra trat vorsichtig auf den Balkon ihrer eleganten weißen Teestubenkulisse im MGM Grand Garden in Las Vegas hinaus; sie wurde von dem Geschrei von 15 000 stehenden Fans begrüßt. Sie zögerte an dem langen Treppengeländer vor sich und atmete tief durch. Die Menge verstummte. Barbra packte das Geländer so fest mit einer Hand, daß ihre Knöchel sichtbar weiß wurden, und begann, mit bebender, unsicherer Stimme »As If We Never Said Good-bye« aus *Sunset Boulevard* zu singen: »Ich weiß nicht, warum ich so verängstigt bin ..., ich kenne mich hier doch aus.«

Das Publikum brüllte von neuem und bejubelte Barbras Eingeständnis ihrer Furcht, zum erstenmal seit zweiundzwanzig Jahren vor einer so großen Zuschauermenge aufzutreten. Sie schien an Selbstvertrauen zu gewinnen, während sie die Treppe hinunterschritt, wobei sich ihr langes, schwarzes, trägerloses Ballkleid hinter ihr bauschte. Als sie ihren nächsten Song, eine für sie persönlich umgearbeitete Version von Stephen Sondheims »I'm Still Here«, beendet hatte, war die Spannung in dem riesigen Saal gewichen. Man war sich gewiß, daß Barbra Streisands langerwartete Rückkehr auf die Konzertbühne ein, wie alle gehofft hatten, unvergeßliches Ereignis sein würde.

***

Schon am frühen Morgen des 31. Dezember 1993 waren die Streisand-Fans nach Las Vegas geströmt. In den Händen hielten sie ihre übergroßen grünen Foto-Eintrittskarten. Sie kamen aus allen fünfzig Staaten sowie aus Kanada, England, Frankreich, Holland, Japan, Argentinien und anderen Ländern. Die Zuschauer drängten sich durch den dreißig Meter hohen Eingang in Form eines Stucklöwenkopfes in das nagelneue, für eine Milliarde Dollar errichtete MGM Grand Hotel. Sie stellten sich in langen Schlangen an, um sich neben einem gewaltigen Reklameposter für die Streisand-Shows fotogra-

520

fieren zu lassen, wobei ein Bild von Barbra sie schüchtern anlächelte. Dann eilten sie zu den Verkaufsständen, um Poster für 20, Programme für 25, Foto-T-Shirts für 25, Sweatshirts für 75, goldene Schlüsselringe für 100, Streisand-Erinnerungsbriefmarken, herausgegeben von St. Vincent auf den Westindischen Inseln, für 75, Champagnergläser für 85 und Wildleder- und Wolljacken für 400 Dollar zu erwerben. Ruth Davidson, ein Fan aus England, gab fast 5000 Dollar für die Konzerttickets, den Flug nach Amerika und alle möglichen Barbra-Memorabilien aus. »Ich hätte praktisch jede Summe bezahlt, um hierher zu kommen«, sagte Ruth. »Was wäre, wenn Barbra meint, daß es ihr nicht gefällt, und nie wieder live auftritt?«

Die gleiche Sorge veranlaßte Tausende von Fans, mehr, als sie sich eigentlich leisten konnten, für das Konzert auszugeben. »Es hat seit Jahren kein Ereignis dieser Art mit einer solchen Nachfrage gegeben, nicht einmal die Weltmeisterschaftskämpfe«, kommentierte Thomas Willer, Marketing-Vizepräsident des Las Vegas Hilton, wo Streisand Anfang 1972 das letzte Mal aufgetreten war.

Man begann am 7. November um acht Uhr morgens, Tickets zu Preisen zwischen 100 und 1000 Dollar zu verkaufen. Innerhalb von vierundzwanzig Stunden registrierte die Telefongesellschaft mehr als eine Million Anrufe. Nur ganz wenige kamen durch; die meisten Fans mußten es stundenlang versuchen. »Mein Telefon wurde buchstäblich heiß, weil ich dauernd auf die Wahlwiederholungstaste drücken mußte«, sagte einer. Ein anderer »hatte das Handy immer bei sich – sogar in der Badewanne«.

Als alles vorbei war, hatten die Streisand-Konzerte insgesamt über 13 Millionen Dollar an Kartenverkäufen eingebracht – es war das Doppelte des früheren Kassenrekords für zwei Shows. Streisands Einnahmen nach Abzug der Produktionskosten wurden auf fast acht Millionen Dollar geschätzt; weitere fünf bis zehn Millionen Dollar waren möglicherweise aus Lizenzverkäufen und künftigen Fernseh-, Platten- und Videoeinnahmen zu erwarten.

***

In den vorangegangenen Monaten des Jahres hatte sich der Unternehmer Kirk Kerkorian fieberhaft bemüht, sein MGM Grand Hotel, das größte der Welt, bis zum 18. Dezember zu eröffnen. Er wußte, daß er eine einmalige Attraktion benötigte, um weltweite Publicity für das Hotel zu erhalten und genug Gäste für die die 5005 Zimmer sowie die 15 000 Plätze des Grand Garden anzulocken. Kerkorian zog außer Streisand keinen Künstler ernsthaft in Betracht, denn sie hatte 1969 sein International Hotel (das heutige Las Vegas Hilton) eingeweiht. Aber würde sie dazu bereit sein? Ihm war klar, daß sie seit zwei Jahrzehnten Angebote in Millionenhöhe für Live-Auftritte abgelehnt hatte, aber ihm war auch zu Ohren gekommen, daß sie eine Konzerttournee ins Auge fasse. Deshalb glaubte er, sie überzeugen zu können – es galt nur, ihr eine lohnende Offerte zu machen.

Genau das tat er. Zuerst teilte er ihr mit – ohne einen Auftritt in seinem Hotel zu erwähnen –, daß seine Lincy Foundation den Wohltätigkeitsorganisationen ihrer Wahl drei Millionen Dollar spenden werde. »Daran waren keine Bedingungen geknüpft«, erinnerte sich Marty Erlichman. »Aber Kirks Großzügigkeit veranlaßte uns, die Einladung vom MGM Grand sehr sorgfältig zu erwägen.«

Dann verschlug die Gage, die Kerkorian ihr anbot – neunzig Prozent der Einnahmen, die er auf zehn Millionen Dollar schätzte – Barbra den Atem. »Wirklich?« keuchte sie. »Soviel würden Sie mir zahlen?« Auf den ersten Blick schien es unsinnig, einem Künstler einen derartigen Betrag für zwei Abende anzubieten, doch Kerkorian wußte, daß die Publicity und das Prestige eines Streisand-Auftritts für das neue Hotel unbezahlbar sein und nicht nur eine vollständige Zimmerbelegung, sondern auch Millionen Dollar an Glücksspieleinkünften garantieren würden.

Kerkorians Freigebigkeit, die in Anbetracht von Barbras Finanzproblemen wie gerufen kam, war nur einer der Gründe dafür, daß sie das MGM-Grand-Angebot akzeptierte. Sie hatte sich geschworen, nie wieder in einem Ballsaal von Las Vegas aufzutreten, wo sie gegen alles mögliche – vom Zigarrenrauch bis hin zum Besteckklirren – ankämpfen mußte. Aber der Grand Garden war ein Stadion, nicht bloß ein aufgemotzter Saal. Noch wichtiger war Barbras Wunsch, die Dämonen der Angst zu überwinden, die sie von der Konzertbühne – sporadische Wohltätigkeits- und politische Veranstaltungen nicht mitgerechnet – ferngehalten hatten.

Einen der ersten Anstöße gab eine Geburtstagsparty, die ihre Freundin Donna Karan 1991 für Barbra abhielt. »Liza Minnelli stand auf, um zu singen«, erzählte Barbra, »und ich saß da und dachte: ›Wie schafft sie das? Wie kann überhaupt jemand vor einem Publikum singen?‹ Ich war bei Partys nie dazu imstande …, weil mich die Leute angestarrt hätten. Ich kann auf der Bühne singen, weil vor mir nur ein schwarzer Vorhang zu sein scheint. Sogar die paar Menschen, die ich sehen kann, machen mich nervös … Ich wollte mich mit dieser Furcht nicht abfinden. Viele Dinge machen mir Angst, aber ich hoffe, es ist einer meiner Vorzüge, daß ich die Angst niederringe.«

Daran hatte sie seit fünfundzwanzig Jahren gearbeitet und sich einer intensiven Therapie unterzogen, um sich selbst zu verstehen und um als Mensch und Künstlerin zu wachsen. Auf etlichen Gebieten hatte sie große Fortschritte gemacht. Sie hatte sich ihrer Furcht, Regie zu führen, gestellt; sie reagierte nicht mehr ganz so mißtrauisch auf ihre Fans und vertrat weniger starre Ansichten. Die größte Hürde blieb ihre maßlose Sorge, einer Menschenmenge gegenüberzutreten. Kerkorians Angebot – an zwei Tagen vor 30 000 Menschen zu singen – stellte eine beispiellose und lukrative Gelegenheit dar, diese Furcht zu besiegen.

Trotzdem blieb sie bis zur letzten Minute unsicher. An dem Tag, bevor das MGM-Grand-Personal das Ereignis ankündigen mußte, um genug Zeit für sämtliche Vorbereitungen zu haben, hatte Barbra den Kontrakt noch immer nicht unterzeichnet. Als schließlich per Fax eine Vertragskopie mit ihrer Unterschrift eintraf, »klatschten alle in die Hände und umarmten sich«, sagte Thomas A. Bruny, der Werbe- und PR-Direktor des Hotels.

Nachdem Streisand sich einmal festgelegt hatte, war sie nicht mehr zu bremsen. Sie forderte einen Assistenten auf, ein Verzeichnis sämtlicher Songs – mehr als fünfhundert – anzufertigen, die sie jemals vorgetragen hatte. Typischerweise stützte sie sich auf ihre Freunde, um die Show zusammenstellen zu können. Sie entwarf zusammen mit Donna Karan zwei Kostüme. Die Production Designer Marc Brickman und David George wurden von ihr beauftragt, eine Teestube aus Thomas Jeffersons prächtigem Wohnsitz in Monticello nachzubauen, die sie bei einem Besuch in Washington und Virginia beeindruckt hatte. Sie engagierte ein vierundsechzigköpfiges Orchester zu ihrer Begleitung und bat Marvin Hamlisch, den Komponisten von »The Way We Were«, die Arrangements und den Dirigentenposten zu übernehmen. Barbra probte drei Wochen lang in New York, wobei sie sich für manche Songs entschied und andere verwarf. Marilyn und Alan Bergman schrieben die Show als Wanderung durch Barbras Leben und flochten ihre Erkennungsmelodien in ein Gewebe ein, das ihre Kindheit, ihre Jahre der Therapie, ihre Liebesaffären, ihre Familie und ihre politischen Aktivitäten umfaßte.

Mitte Dezember wurden die Proben nach Los Angeles, auf Tonbühne 24 der Sony Studios auf dem früheren MGM-Gelände, verlegt. Ein paar Tage bevor sie nach Las Vegas abreiste, lud Barbra 200 Gäste ein, denen sie den ersten Akt ihrer Show vortrug. Am nächsten Tag bezeichnete Robert Osborne die Show im *Hollywood Reporter* als »einfach sensationell«.

Aber einige Tage später, im Flugzeug nach Las Vegas, schienen Barbras Nerven zu versagen. »Was habe ich bloß getan?« fragte sie sich. »Was tue ich bloß?«

***

Julie Edler, eine einundvierzigjährige Armee-Produktionsassistentin aus Salt Lake City, traf am Silvesternachmittag um drei Uhr am Grand Garden ein, um sich für die um acht Uhr beginnende Show anzustellen. Wie sie gehofft hatte, war sie die erste in der Schlange. »In meinem ganzen Leben hätte ich nie gedacht, daß ich sie live sehen würde. Ich mußte einfach dabei sein.«

Sechs Stunden später – eine Stunde nach dem geplanten Beginn der Show – drängten sich immer noch Trauben von Fans an neun Metalldetektoren vorbei, die das Hotelsicherheitspersonal an den Haupteingängen aufgestellt hatte. Diese außergewöhnlichen Maßnahmen wurden ergänzt durch den Einsatz von Spürhunden, die auf die Entdeckung von Sprengstoff abgerichtet waren. Streisands eigene Sicherheittruppe, eine in Terrorismusbekämpfung ausgebildete israelische Eliteeinheit, hatte die Hunde mitgebracht. Wie es heißt, durften die Verkaufsstände keine Strohhalme aushändigen (für den Fall, daß jemand diese als Wurfgeschosse benutzte), und einem uniformierten Wächter, der Präsident Clintons Mutter Virginia Kelley begleitete, wurde der Zutritt verwehrt.

Im Innern begann die unruhige Menge mehrere Male rhythmisch zu klatschen. Außerdem amüsierte sie sich damit, ein Who's Who von Prominenten anzustarren und zu bejubeln, die an den beiden Abenden die vorderen Reihen belegten: Michael Jackson, Kim Basinger und Alec Baldwin, Gregory Peck, Coretta Scott King, Prince, Michael Crawford, Mel Gibson, Richard Gere und Cindy Crawford, Jay Leno, Steven Spielberg, Kathie Lee Gifford, Michael Douglas, Andre Agassi, Jon Peters, Elliott Gould und viele andere.

Die Ouvertüre erklang, die Menge brüllte, und die Aufregung erreichte ihren Höhepunkt. Endlich würde es Wahrheit werden: Barbra Streisand in einem Live-Konzert! Für die große Mehrheit der Zuschauer war dies das erste – und wahrscheinlich das letzte – Mal, daß sie Streisand höchstpersönlich bewundern konnten.

Das erste, was dem Publikum an Barbra auffiel, während sie aus den Seitenkulissen erschien, war ihr jugendliches Aussehen.

Schlank, strahlend, mit blondem, weich über ihre Schultern fallendem Haar, hätte sie eher fünfunddreißig als einundfünfzig Jahre alt sein können.

Streisands Nervosität wich wachsendem Selbstbewußtsein, und ihre Stimme wurde kräftiger. Im zweiten Teil war ihr Gesang so rein und kraftvoll wie eh und je. Zehnmal sprang das Publikum auf und brachte ihr stehende Ovationen dar. Während einer besonders langen Ovation trampelten die Fans in den hinteren Reihen mit den Füßen wie bei einem Rockkonzert. Die übrigen Zuschauer fielen ein, und eine fast greifbare Welle des Lärms und des Widerhalls schwappte vom Rand des Stadions auf die Bühne hinunter. Das Dröhnen verblüffte Barbra. »Wow! Ihr seid unglaublich!« rief sie über das Getöse hinweg.

Obwohl sie sich an ein straffes Script hielt – sämtliche Zeilen, darunter auch die »Stegreifbemerkungen« und ihre Reaktionen, glitten über Teleprompter vor ihr hinweg –, konnte die Schauspielerin Barbra das Publikum davon überzeugen, daß jedes Wort improvisiert war. Und die autobiographischen Elemente der Show waren maßgeschneidert für die Streisand-Fans, von denen viele nicht weniger Anteil an Barbras Triumphen und Prüfungen nahmen als an ihrem eigenen Schicksal.

Auf einem gewaltigen Videoschirm über der Bühne erschienen Bilder von Barbra als Baby und kleines Mädchen, während sie von ihren frühen Träumen über die Schauspielerei sprach. Der Besuch von *The Diary of Anne Frank* am Broadway habe ihr Leben verändert. Sie habe Ava Gardner in *Show Boat* – dem ersten Filmmusical, das sie je sah – bewundert und sich mit dreizehn Jahren in Marlon Brando verliebt, als sie sich den Film *Guys and Dolls* (Schwere Jungs und leichte Mädchen) anschaute. »Der Mann war wunderbar! Ich stellte mir vor, dort oben mit ihm auf der Leinwand zu sein.« Daraufhin wurde ein Ausschnitt aus dem Film gezeigt, in dem Brando »I'll Know« sang, und Barbra schloß sich ihm zu einem »Duett« an. Als sich die Einstellung auf Jean Simmons erweiterte, wurde ein Foto der halbwüchsigen Barbra anstelle von Brandos Co-Star eingeblendet. Das Publikum lachte, jubelte, applaudierte. Nun hatte Barbra es fraglos in der Hand.

Wie erfolgreich, vermögend und mächtig sie auch geworden ist, Barbra hat es immer verstanden, die Rolle der Benachteiligten zu spielen. Im Laufe der Show erinnerte sie das Publikum daran, wie sie ihrer engstirnigen Mutter und endlosen Unkenrufen zum Trotz von Anfang an um den Erfolg gerungen habe; dazu sang sie schwungvolle Versionen von »Everybody Says Don't« und »Don't Rain on My Parade«. Dann ging sie zu Episoden sehnsüchtiger erster Liebe (»Will He Like Me?« und »He Touched Me«) und später zu gescheiterten Romanzen über (»The Way We Were«, »You Don't Bring Me Flowers«).

Nach Ausschnitten aus zwei Filmen, in denen sie eine psychiatrische Patientin *(On a Clear Day You Can See Forever* und *Nuts)* spielte, und aus einem, in dem sie eine Psychotherapeutin *(The Prince of Tides)* darstellte, faßte Barbra ihre eigenen drei Jahrzehnte der Psychoanalyse in einem Sketch mit zwei Ärzten zusammen, die ihren Namen beide falsch aussprachen. Barbra jammerte: »Ich heiße Strei-*sand*!« (Dieses Ärgernis setzt ihr immer wieder zu, und die häufige falsche Aussprache ihres Namens ließ Barbra gereizt fragen: »Wie berühmt muß man denn sein?«)

Nach all dieser therapeutischen Behandlung, verkündete Barbra, habe sie endlich das Gefühl, »On a Clear Day« mit wirklicher Autorität singen zu können. Genau das tat sie. Ihre Stimme war ebenso kräftig wie in dem Film von 1970, und der erste Akt endete mit einem zündenden Höhepunkt.

Für den zweiten Akt schlüpfte Barbra in ein weißes Kostüm mit einem an der Seite geschlitzten langen Rock – eine Variante des Kostüms, das sie bei Clintons Amtseinführungs-Gala getragen hatte. Sie erinnerte die Zuschauer an die Kritik von Anne Fleming und begann zu protestieren, als eine Stimme aus dem Publikum ertönte: »Hör nicht auf die Frau, Barbra! Du siehst toll aus! Du bist wie *Butter*!«

Der Komiker Mike Myers, verkleidet als Linda Richman, rannte auf die Bühne. »Ich kann's einfach nicht glauben, daß ich hier neben *Barbra* bin!« rief Myers/Richman. »Ich bin *verklempt*.«

»DU BIST *verklempt*? Ich habe *schpilkis* im *genecktegezoink*«, erwiderte Barbra, die Myers' regelmäßigen *Saturday Night Live*-Sketch parodierte, und dann wandte sie sich den Zuschauern zu: »Ich brauche einen Moment, unterhaltet euch miteinander. Ich gebe euch ein Thema: ›Herr der Gezeiten‹ hatte weder etwas mit Herren noch mit Gezeiten zu tun. Bitte erörtern.«

Das Publikum war hingerissen.

Gegen Ende des Konzerts hüllte sich Barbra in die wärmende Zuneigung ihrer Familie und ihrer Freunde ein. Sie widmete ihrer fünfjährigen Patentochter Caleigh, die auf dem Schoß ihres Adoptivvaters Jon Peters saß, ein Medley von Disney-Songs. Während sie »Evergreen« anstimmte, schaute sie zu Peters hinunter und fragte: »Erinnerst du dich, Jon?« Sie fuhr fort: »Und dort ist Elliott, direkt hinter ihm!« Als sie zu dem Song zurückkehrte, fuhr sie nicht mit dem zweiten Vers fort, sondern wiederholte den ersten. »Ich habe den Text meines eigenen Liedes vergessen!« rief sie. Barbra faßte sich sofort wieder, aber es war die Furcht vor derartigen Irrtümern, die sie am meisten von einem Live-Auftritt abgeschreckt hatte. Für das Publikum war es ein rührender Ausrutscher im Rahmen fast übermenschlicher Perfektion, was die Begeisterung der Anwesenden nur noch verstärkte. Dann widmete sie Jason eine Darbietung von »Not While I'm Around«.

Bevor Barbra »Happy Days Are Here Again« sang, das letzte Stück des zweiten Aktes, stellte sie den Zuschauern Martin Luther Kings Witwe Coretta Scott King sowie Präsident Clintons Mutter Virginia Kelley vor. Am zweiten Abend erwähnte sie auch ihre eigene Mutter. Während sich die vierundachtzigjährige Mrs. Kind, die in einem Rollstuhl saß, auf die Jubelrufe der Menge hin erhob, erklärte Barbra ihr: »Ich liebe dich, Mama.« Es war der intimste Moment der beiden Abende.

Zur Einführung von »Happy Days« glitten Bilder von der Weltwirtschaftskrise über die Leinwand, gefolgt von einem Überblick über Präsident Clintons Erfolge in seinem ersten Amtsjahr. Barbra sang das Lied nicht als Klage wie seit dreißig Jahren, sondern auf traditionellere, schwungvolle Weise. Denn zum erstenmal seit Lyndon B. Johnson im Jahre 1965 gab es einen Demokraten im Weißen Haus, den sie unterstützen konnte.

Getrampel und stehende Ovationen veranlaßten Barbra zu zwei Zugaben: einem mitreißenden »My Man« und einem bewegenden »For All We Know«. Sie badete in der Verehrung der Menge – es war das aufregendste Comeback-Konzert seit Judy Garlands Triumph 1961 in der Carnegie Hall –, wandte sich Marvin Hamlisch zu und rief: »Ich hab's geschafft! Ich hab's geschafft! Ich hab's geschafft!«

Die Fans waren von Begeisterung und Ehrfurcht ergriffen, als sie den Grand Garden verließen. Für sie war der Abend den höchsten Erwartungen und der übertriebensten Reklame gerecht geworden. Aber würden die Kritiker ihnen zustimmen? Robert Hilburn, der Rock-Rezensent der *Los Angeles Times*, der Barbra seit einem Vierteljahrhundert mit mißgelaunten Kritiken verfolgt hatte, besann sich eines anderen: »Streisand verknüpfte in diesen beiden Stunden alles miteinander, was sie als Künstlerin gelernt hat. Gestützt auf ihre Erfahrung im Film- und Musikgeschäft, gestaltete sie die Produktion mit dem Gefühl einer Regisseurin für Atmosphäre und Festlichkeit, mit dem Empfinden einer Schauspielerin für Charakterdarstellung und

Intimität sowie mit der stimmlichen Schönheit und Meisterschaft einer Sängerin.«

Streisands Neujahrskonzerte markierten die Stationen ihrer langjährigen Metamorphose, von einer linkischen Brooklyner Halbwüchsigen über eine überspannte Nachtclub-Künstlerin bis hin zum internationalen Trendsetter und Filmsuperstar, von einer Komikerin zum Sexsymbol und zu einer umstrittenen Regisseurin, von einer traditionellen Balladensängerin bis hin zur Disko-Königin und wieder zurück, von der Zielscheibe journalistischer Witze bis hin zu einer Drahtzieherin in Hollywood und zu einer Vertrauten des Präsidenten.

Nun war sie mehr denn je eine Diva: Eine Pop-Diva, eine Film-Diva, sogar eine politische Diva. Nur eine Frage blieb noch: Würde sie sich überwinden und auf Tournee gehen können?

***

Am 17. Januar 1994 wurde die frühmorgendliche Stille von Los Angeles und Umgebung durch ein Erdbeben von 6,7 Punkten auf der Richter-Skala zerrissen. Das Beben, das siebenundfünfzig Menschen das Leben kostete, 8700 verletzte und Schäden in Höhe von 2,8 Milliarden Dollar anrichtete, »ließ Barbra überschnappen«, wie sich ein Mitarbeiter erinnerte. Nachdem sich das betäubende Grollen und das entsetzliche Zittern gelegt hatten, galt ihr erster Gedanke dem Welpen, den sie zwei Tage zuvor gekauft hatte. Sie rannte – mit einer Taschenlampe, da die Stromversorgung unterbrochen worden war – hinunter in die Küche von Carolwood und fand das Hündchen unverletzt vor.

Als die Sonne aufging, wurde deutlich, welchen Schaden Barbras Haus davongetragen hatte. Drei ihrer Schornsteine waren zusammengebrochen, und große Risse zogen sich durch die Decken und Wände. Die Gebäudeschäden hielten sich in Grenzen, doch einer ihrer Grammys und viele ihrer geliebten Antiquitäten waren zersplittert, darunter zehn seltene Tonkrüge, die auf dem Boden zerschmetterten, als ein Spiegel herunterkrachte.

Einige Wochen nach dem Erdbeben bot ein Memorabilien-Geschäft in Hollywood kleine Plastikbeutel mit Geröll an, das man aus Barbras Abfall geborgen hatte. Zementstücke wurden für zehn Dollar verkauft, während ein Blechdruckfoto aus den 1870ern, das von Glassplittern zerkratzt war, 500 Dollar kostete. Anscheinend war ein reger Umsatz zu verzeichnen.

***

Glücklicherweise hatte Streisand bereits vor dem Erdbeben viele Sammelobjekte zur Versteigerung im Auktionshaus Christie's abtransportieren lassen, wo sie im März 535 prächtige Kunstgegenstände, Möbel, Autos, Kleidungsstücke und Nippes zum Verkauf anbot. Unter den Schätzen waren Tiffany-Lampen, Gustav-Stickley-Büfetts, eine Skulptur von Jacques Lipchitz, Bleiglas-Flügelfenster von Frank Lloyd Wright und Lalique-Kristalle. »Es ist so schwer, mich von diesen schönen Dingen zu trennen, die ich viele Jahre lang geliebt habe, aber ich möchte mein Leben vereinfachen … Manchmal, wenn es mir schwerfiel, mit Menschen umzugehen, konnte ich eine Beziehung zu leblosen Objekten finden. Sie stritten sich nicht mit mir, sie hielten mich nicht für verrückt. Und deshalb hatten wir ein gutes Verhältnis zueinander … Das Erdbeben hat alles in die richtige Perspektive gerückt … Zwar liebe ich es noch immer, von schönen Dingen umgeben zu sein, aber es sind eben nur Dinge.«

Vor der Auktion am 3. und 4. März wurden drei Vorbesichtigungen in Tokio, Paris und West-Hollywood abgehalten. Am 17. Februar erschien Barbra in dem Art-déco-inspirierten St. James's Club auf dem Sunset Boulevard, wo fünfundzwanzig der kostbarsten Gegenstände ausgestellt waren. Wer sie besichtigen wollte, mußte eine Eintrittskarte für 250 Dollar lösen (die Ausstellung diente gleichzeitig als Spendensammelaktion für das UCLA Breast Cancer Center).

Streisand schien sich unbehaglich zu fühlen. »All das für meine Möbel?« fragte sie lachend, als sie mit Richard Baskin eintraf. Dreihundert Menschen verrenkten sich den Hals, um die Dinge in Augenschein zu nehmen, die in einem Vorraum neben dem Club-Speisezimmer gezeigt wurden. Aber als sie den Hauptsaal betrat, um dem Publikum Dr. Susan Love von der UCLA vorzustellen, starrte sie vor sich hin, ohne eine Miene zu verziehen, und begrüßte keinen der Anwesenden. Von einer kleinen Treppe aus, die vom Speisezimmer in den Salon führte, verlas sie eine kurze Würdigung von Dr. Loves und ihrer Arbeit; dabei benutzte sie Notizzettel und hob kein einziges Mal den Blick, um Augenkontakt mit dem Publikum aufzunehmen. Dr. Love dagegen sprach völlig aus dem Stegreif und ließ eine Aufrichtigkeit erkennen, die Barbra nicht hatte vermitteln können.

Als sie hinausging, wurde sie von einem Fan um ein Autogramm gebeten. Sie erfüllte seine Bitte widerwillig, ohne den jungen Mann anzusehen, und schrieb ihren Namen eilig auf dem Weg zu der draußen wartenden Limousine nieder. Viele der Anwesenden schüt-

telten erstaunt den Kopf darüber, daß Barbra Streisand nach dreißig-
jähriger Berühmtheit immer noch soviel Mühe hatte, mit Fremden
höflich umzugehen.

***

Die Auktion wurde zu einem spektakulären Erfolg. Barbras »Mobiliar« brachte 5,3 Millionen Dollar ein, darunter einen Höchstpreis
von zwei Millionen Dollar für das Gemälde *Adam und Eva* von
Tamara de Lempicka. Das Bild war im Dezember 1933 zusammen
mit Streisand auf dem Cover von *Architectural Digest* gezeigt worden, und man hatte mit einem Höchstgebot von 800 000 Dollar
gerechnet (die anonyme Käuferin war Madonna). Ein anderer Bieter
zahlte einen Rekordpreis von 717 500 Dollar für eine Tiffany-Spinn-
gewebelampe, die sich Barbra in den sechziger Jahren für 55 000
Dollar zugelegt hatte.

Barbra verfolgte die Auktion telefonisch von Carolwood aus. Sie
war »entzückt«, besonders da all diese Objekte nur deshalb unbe-
schädigt geblieben waren, weil man sie schon vor dem Erdbeben zu
Christie's geschickt hatte. Ein paar Tage später bereitete Marty Erlichman ihr eine Überraschung. Sie hatte Bedauern über den Verlust
eines Art-Nouveau-Notenständers ausgedrückt, deshalb bot Marty
6900 Dollar dafür und gab ihn ihr als Geschenk zurück.

Drei Monate danach hielt die kalifornische A. N. Abell's Auction
Company in Commerce eine Billigversion der Versteigerung bei
Christie's ab. Hunderte von Streisand-Fans kauften Dutzende von
Gebrauchsgegenständen, etwa Barbras Toaster (90 Dollar), ihr Waf-
feleisen (35 Dollar), ihren Fondant-Wärmer (99 Dollar) und ihr Kaf-
feeservice aus Chrom und Holz (100 Dollar). Tom Colwell erwarb
das Kaffeeservice und das Waffeleisen. »Wenn ich in Zukunft mein
Frühstück mache, werde ich an sie denken.«

KAPITEL 40

Am Sonntag, dem 27. März 1994, liefen die Telefondrähte in sämtlichen TicketMaster-Filialen des Landes heiß. Barbra hatte ihre erste Konzertreise seit achtundzwanzig Jahren mit Vorstellungen in Washington D. C., Detroit, San Jose, Anaheim und New York City angekündigt. Ihre Fans waren wie im Fieber. Obwohl für die Tickets Spitzenpreise von 350 Dollar verlangt wurden, registrierten die Telefongesellschaften am ersten Verkaufsmorgen fünf Millionen Anrufe. Zahlreiche eingefleischte Fans wählten die TicketMaster-Nummer zwei Tage lang hundertmal pro Stunde – in dem verzweifelten Wunsch, zu den dreihunderttausend Glücklichen zu gehören, die einen Platz ergattern konnten.

Viele derjenigen, die nicht durchkamen, zahlten Schwarzhändlern bis zu 5000 Dollar pro Karte. Sie hielten jegliche Summe für gerechtfertigt, um die größte Popstimme des Jahrhunderts in den wahrscheinlich letzten großen Konzerten von Barbras legendärer Karriere zu hören.

***

Schon bevor sich das volle Ausmaß der finanziellen und resonanzmäßigen Erfolge ihrer Las-Vegas-Konzerte abschätzen ließ, wurde weithin spekuliert, daß Barbra eine landesweite Konzerttournee unternehmen werde. Am 27. Januar brachte *Daily Variety* einen Artikel auf der Titelseite, der die Schlagzeile »Streisand faßt April für Tournee ins Auge« trug. Darin gab Marty Erlichman zu: »Wir haben eine Menge [Schauplätze in Reserve], eine Menge verschiedene Termine.« Aber er behauptete auch, daß noch »keine Entscheidung« hinsichtlich der Tournee getroffen worden sei. Eine Woche später veröffentlichte Polar Promotions aus Glasgow Anzeigen in acht britischen Zeitungen, in denen – zu einem Preis von 80 Dollar – Tickets für Streisand-Konzerte angeboten wurden, die im November in Glasgow und Manchester stattfinden sollten. Die britischen Fans gerieten in helle Aufregung, doch bald stellte sich heraus, daß es sich um einen Betrug handelte.

Nur Tage später gab Marty Erlichman offiziell bekannt, daß sich Barbra für eine »dreimonatige Tournee durch die Vereinigten Staaten und Europa« entschieden habe, die vielleicht »bereits im April« beginnen werde. »[Las Vegas] war ein so herrliches Erlebnis«, sagte Streisand in einem Statement, das die Bekanntmachung begleitete. »Ich habe mich für eine begrenzte Tournee entschieden, um meinen Dank für die Liebe und Unterstützung auszudrücken, die man mir seit so langer Zeit entgegenbringt.«

Marty verzichtete darauf, spezifische Daten oder Städte für die Route zu nennen, weil er weiteren Betrügereien und Spekulationen keine Nahrung geben wollte. Am Valentinstag enthüllte Streisands Pressechef Dick Guttman, daß Barbra ihre Tournee am 20. und 27. April mit Konzerten im Londoner Wembley-Stadion beginnen werde. Er fügte hinzu, daß Marty Erlichman zwar noch Verhandlungen mit Promotern in Paris, Kanada und Tokio führe, daß die Londoner Konzerte aber wahrscheinlich die einzigen Streisand-Auftritte außerhalb der Vereinigten Staaten sein würden.

Barbra war seit *Funny Girl* achtundzwanzig Jahre zuvor nicht mehr live in England aufgetreten. Tausende ihrer treuen britischen Fans rafften die Tickets (zu einem Spitzenpreis von umgerechnet fast 400 Dollar) mit so rasender Geschwindigkeit an sich, daß man zwei weitere Veranstaltungen (am 25. und 29.) folgen ließ. Die Karten waren ebenfalls in weniger als einer Stunde ausverkauft.

Von Anfang an konzentrierten sich viele Medienvertreter auf die finanziellen Aspekte der Tournee; dies schien der leichteste Ansatzpunkt für die Kontroverse zu sein, die anscheinend jede Streisand-Unternehmung begleiten muß. Warum hatte Barbra, die sich für die allgemeine Zugänglichkeit der Kultur einsetzte (und die sich kurz zuvor als lautstärkste Anhängerin der Demokratischen Partei außerhalb der politischen Arena geäußert hatte), Preise für ihre Konzerte festgesetzt, die sogar für betuchte Republikaner kaum erschwinglich waren? Und warum waren ihre Ticketpreise höher als die für die bevorstehenden, freudig erwarteten Tourneen der Rolling Stones, von Pink Floyd oder der wiedervereinigten Eagles?

Streisand-Verteidiger wiesen darauf hin, daß Barbras Show gewaltige Kosten verursachte. Sie mußte eine aufwendige Bühnenausstattung, eine teure Videoshow, vielköpfiges Sicherheitspersonal und mehr als sechzig Musiker von Stadt zu Stadt mitnehmen. Ganz zu schweigen von der fürstlichen Gage, die Marvin Hamlisch als ihr musikalischer Leiter und Dirigent erhielt. (Barbra verriet später, daß allein die Veranstaltung ihrer beiden Shows in Las Vegas vier Millionen Dollar gekostet hatte.) Wenn sie eine einfache Show für mittlere Konzertsäle in Dutzenden von Städten zusammengestellt hätte, wäre Barbra vielleicht in der Lage gewesen, die Preise zu senken. Aber ihre Fans begriffen, daß es sich um ein einmaliges Ereignis handelte, und die astronomischen Ticketpreise schienen ihnen gleichgültig zu sein.

Sogar die karitativen Elemente von Barbras Tournee gerieten unter Beschuß, denn einige Beobachter äußerten sich verärgert über die Art und Weise, wie die Tickets an verschiedene Wohltätigkeitsorganisationen gelangten. Die Karten wurden zum nominellen Preis an solche Organisationen – von einem Obdachlosenasyl in Michigan bis hin zu einer Vereinigung für Kinderrechte – abgetreten, und diese verkauften sie dann zu erhöhten Preisen weiter. Viele waren der Meinung, daß es angemessener gewesen wäre, den Organisationen die Tickets zu schenken. Die Presse meldete, daß nicht alle Wohltätigkeitskarten – mit Preisen bis zu 1000 Dollar – verkauft werden konnten. Weniger bekannt war jedoch die Tatsache, daß Barbra sämtliche übriggebliebenen Karten zurückerwarb und sie den Konzertkassen zum allgemeinen Verkauf überließ.

Die Kritteleien konnten die gewaltige Aufregung über Barbras Tournee nicht mindern. »Sie ist einer der größten, wenn nicht der größte Star der Welt«, sagte Promoter John Scher von Metropolitan Concerts. »Ihre Bedingungen – Ticketpreis, Daten, Schauplatzgröße – können beliebig von ihr festgelegt werden. Sie könnte jeden Preis erhalten, den sie verlangt.« Ein anderer Promoter im Mittelwesten meinte: »Sie könnte jahrelang auftreten und trotzdem nicht jeden Fan erreichen, der sie hören möchte.«

***

Die Herausgeber des *Guinness Buch der Rekorde* gaben bekannt, daß sie die Geschwindigkeit, mit der die Tickets für Barbras Konzerte im Wembley-Stadion ausverkauft worden waren, vielleicht in ihre nächste Ausgabe aufnehmen würden. Aber die Fleet-Street-Presse – deren Feindseligkeit der Begeisterung der britischen Fans gleichkam – lag bereits auf der Lauer, als La Streisand am Samstag, dem 16. April, in London eintraf. Gerüchte gingen um, daß sie hinter riesigen Scheiben aus kugelsicherem Glas auftreten und daß man den Boden von Wembley mit Teppichen bedecken werde, damit sie sich nicht erkältete (in Wirklichkeit wurde die Akustik durch den Belag verbessert). Mittlerweile bezog Barbra eine ganze Etage im Hotel Dorchester und verbrachte bis zum Nachmittag des 20. April drei Tage damit, ihre Show in aller Stille zu organisieren und zu proben.

An jenem Abend – vor einem Publikum, dem Elton John, Sean Connery, George Michael, Shirley Bassey und Michael Caine angehörten – bot Barbra eine Show, die sich kaum von ihren Konzerten in Las Vegas unterschied. »Man hat mich gefragt, weshalb ich beschlossen habe, nach so langer Zeit in Europa aufzutreten«, teilte sie der Menge mit. »Ich wohne in Los Angeles, und ich habe Erdbeben, Krawalle und Feuer hinter mir – glaubt mir, da würdet ihr auch auf Reisen gehen.« Obwohl das Riesenpublikum im Laufe der Show achtmal aufsprang und ihr stehende Ovationen darbrachte, waren die Rezensionen der häufig boshaften britischen Kritiker recht gemischt. Der *Daily Telegraph* schwärmte: »Unglaublich, ein echter Star. Sie ist die Unterhalterin par excellence.« Aber der *Guardian* mäkelte: »Das Streisand-Phänomen, gestelzt und zaudernd, wie sie ist, widerspricht jeder Logik.« Die *Times* war der Meinung, daß Barbra »ihren Fans ein Bravourstück« geboten habe. »Zauberhaft, eine Diva, die Begeisterung erzeugt.«

Viele Rezensenten bemängelten, Barbras Show sei zu wenig spontan und sie verlasse sich zu sehr auf Teleprompter. Barbra packte den Stier am nächsten Abend bei den Hörnern: »Ich ging hinaus und sagte den Leuten: ›Hört zu, ich benutze Teleprompter! Ich wäre nicht hier, wenn ich sie nicht benutzen könnte, denn ich habe Angst, den Text zu vergessen.‹ ... Wenn ich [wegen der Prompter] Hemmungen hatte, wurden sie [von der Presse] erwähnt. Wenn ich keine Hemmungen hatte, verlor die Presse kein Wort darüber.«

Für das Konzert des nächsten Abends überließ Barbra der Wohltätigkeitsstiftung von Prinz Charles mehr als zweihundert Tickets zum Verkauf. Zu Ehren des Prinzen, der mit Holly Hunter, Priscilla Presley und Joan Collins im Publikum saß, sang Barbra »Some Day My Prince Will Come«; außerdem zeigte sie eine Filmsequenz von einer kurzen öffentlichen Begegnung, die sie 1974 mit ihm gehabt hatte. Damals besuchte er die Burbank Studios, während sie den Soundtrack für *Funny Lady* aufnahm. (Sie erklärte irrtümlich, daß die Begegnung während einer Aufnahmesession für *What's Up, Doc?* stattgefunden habe.)

Barbra erzählte dem Publikum, daß sie an jenem Tag durch ihre Arbeit abgelenkt worden sei und den Prinzen unfreundlich behandelt habe. Dann scherzte sie: »Wer weiß? Wenn ich netter zu ihm gewesen wäre, hätte ich vielleicht die erste echte jüdische Prinzessin werden können!« Nach dem Konzert durchbrach Charles das Protokoll und ging hinter die Bühne, um mit Barbra zu sprechen. Als sie in ihrem tiefausgeschnittenen Ballkleid aus ihrer Garderobe trat, um ihn zu begrüßen, lächelte er anerkennend und sagte: »Sie sehen sehr gut aus nach all den Jahren.« Barbra lachte und erwiderte: »Sie sehen auch sehr gut aus.« Nur Tage später war zu hören, daß Charles in einer zur Veröffentlichung anstehenden Biographie, *The Prince of Wales*, erklärt habe, Streisand sei stets »mein einziges Pin-up« gewesen. »Sie ist umwerfend attraktiv und hat eine Menge Sex-Appeal.«

***

Am 10. Mai startete Barbra ihre Amerika-Tournee in der USAir Arena in Washington D. C., wo sie ein Jahr zuvor bei Clintons Amtseinführung gesungen hatte. Der Präsident und Mrs. Clinton waren wiederum zugegen, zusammen mit Hunderten anderer Washingtoner Größen aus beiden Parteien. Barbra erinnerte das Publikum daran, daß sie 1963 zum erstenmal nach Washington gereist sei, um für John F. Kennedy zu singen. Und sie konnte der Versuchung, die Presse wegen abträglicher Kritiken zu rüffeln, nicht widerstehen. Unter dem Gelächter des Publikums erklärte sie: »Ich habe einmal in einem Artikel gebeichtet, daß ich als Kind hin und wieder Bubble Gum aus einem Süßwarengeschäft stibitzte. Deshalb könnte ich niemals für die Präsidentschaft kandidieren – selbst wenn ich es wollte, was nicht der Fall ist. Hört genau zu, ich habe *nicht* die Absicht! Ich weiß, daß es herauskommen würde. Ich kann die Schlagzeile vor mir sehen: ›BUBBLEGATE!‹«

Barbra, die stets mit den Songs in ihrer Show experimentierte, trug nun ein von gewaltigem Applaus begleitetes Medley aus *Yentl* vor und ersetzte das verhaltenere »For All We Know« in ihrer letzten Zugabe durch ein zündendes »Somewhere«. Sämtliche Rezensionen waren ausgesprochen positiv. *Newsweek* schrieb: »Für zwei Stunden, ausgefüllt mit Videoerinnerungen, dreißig Songs und einer kräftigen Dosis liberaler Politik, herrschte die Erste Stimme des Landes über eine senatsgroße Ansammlung von Kongreßangehörigen, Kabinettsmitgliedern und Richtern.«

***

Die Streisand-Karawane zog weiter nach Michigan, wo Barbra drei Shows im Palace im Detroiter Vorort Auburn Hills gab. Sie gewann die Einheimischen für sich, als sie in ihrem ersten Konzert am

535

15. Mai verkündete, daß sie »eine sentimentale Reise« nach Detroit unternommen habe, weil ihr Engagement 1961 im *Caucus Club* ihr erster Nachtclub-Auftritt außerhalb New Yorks gewesen sei. »Ich erinnere mich an all die Freundschaften, die ich hier geschlossen habe, und daran, wie nett alle zu mir waren. Ich erinnere mich an meine Freunde, die jede Show besuchten und mich mit nach Hause nahmen und durchfütterten … Menschen, die mich füttern, vergesse ich *nie*.«

In Detroit begann die physische Belastung, jeden zweiten Abend für mehr als zwei Stunden live auftreten zu müssen, Barbra zuzusetzen. »Ich dachte: *Wie kann ich die nächsten fünfzehn Shows nur überstehen?*«, gab sie später zu. »Dafür braucht man viel Atem. Man muß in ziemlich guter Form sein. Und ich trainiere meine Stimme nicht, ich mache keine Übungen. Es ist das Langweiligste, was man sich vorstellen kann, Tonleitern zu singen. Deshalb sagte ich einfach: ›Scheiß drauf, ich kann's nicht.‹ Am Tag nach einem Konzert bin ich einfach zu müde.«

Die Anstrengungen der Tournee beeinträchtigten ihre Gesundheit. Das Publikum merkte nichts davon, aber Barbra trat bei ihrem letzten Konzert in Detroit mit knapp vierzig Grad Fieber auf. Nachdem ihr Arzt eine Virusinfektion des Kehlkopfes diagnostiziert hatte, gab sie die Verschiebung der ersten vier von sechs geplanten Shows in Anaheim (vom 25. bis zum 31. Mai) bekannt. »Sie fühlt sich erbärmlich«, sagte Ken Sunshine. »Ihr war nachdrücklich empfohlen worden, überhaupt nicht zu sprechen. Es tut ihr schrecklich leid, den Fans solche Unannehmlichkeiten zu bereiten. Die Leute sind aus der ganzen Welt angereist.« Während Barbra in Carolwood im Bett lag und sich nur durch Kritzeleien auf einen Notizblock verständlich machen konnte, wurden die vier abgesagten Shows neu auf die Zeit vom 18. bis zum 24. Juli angesetzt.

Weniger als zwei Wochen später eröffnete Barbra ihre Tournee wieder im Arrowhead Pond von Anaheim unter dem Jubel der Fans und begleitet von enthusiastischen Rezensionen. »In einem blendenden Multimedia-Kraftakt zeigte La Streisand dem Premierenpublikum, weshalb sie all den Rummel verdient hat«, stand im *Orange County Register*. »Auf diesem Gebiet«, schrieb der *Hollywood Reporter*, »kann sich niemand mit Barbra Streisand messen.«

***

San Jose war die nächste Station der Reise, und Barbra bezog im nahe gelegenen San Francisco im Fairmont Hotel auf dem Nob Hill

Quartier. Sie mietete eine ganze Etage – sowie aus Sicherheitsgründen das Stockwerk darunter – und ließ für 50 000 Dollar weiße Teppiche über die grauen in ihren Zimmern legen. Wegen einer plötzlichen (und kurzlebigen) Flugangst war sie mit einem Winnebago von Los Angeles nach San Francisco gefahren worden.

Die Konzerte in der San Jose Arena wurden vom Publikum mit Begeisterung aufgenommen. Nur der konservative *San Francisco Chronicle*, einer von Streisands Erbfeinden, brachte eine verletzende Rezension.

***

Nach einem Staatsbankett am 13. Juni im Weißen Haus, zu dem sie unter ungeheurer Publicity (und Gerüchten über eine Liebesbeziehung) von dem Fernsehmoderator Peter Jennings begleitet wurde, reiste Barbra weiter nach New York, um am 20. Juni das erste von vier Konzerten im Madison Square Garden zu geben. Da sie im Juli noch vier Shows in Anaheim nachholen mußte, ließ sich ihre Absicht, die Tournee in ihrer Heimatstadt zu beenden, nicht verwirklichen. Aber sie betrachtete die Auftritte in Manhattan als Höhepunkte der Reise, und genau das sollten sie auch werden. An ihrem Premierenabend erschien die übliche Gruppe von Berühmtheiten, darunter Liza Minnelli, Barbara Walters und Peter Jennings. Vor allem aber war es das letzte Mal, daß sich der gebrechliche, achtundachtzigjährige Jule Styne in der Öffentlichkeit zeigte; er starb genau drei Monate nach dem Konzert. Der zu Tränen gerührte Styne wurde mit einer stehenden Ovation bedacht, als Barbra ihm »People« widmete. »Das übersteigt jedes normale Maß an Begeisterung«, teilte er *USA Today* mit. »Ich habe keinen Zweifel, daß sie die größte Sängerin zu meinen Lebzeiten ist.«

Obwohl Barbra seit Beginn der Tournee in abendlicher Anbetung gebadet hatte, war sie von der Reaktion ihrer New Yorker Fans überwältigt. »Ich wußte, daß sie wahrscheinlich sehr nervös sein würde«, sagte Ellen Silver, die für die VIP-Plätze im Madison Square Garden verantwortlich war. »Und das stimmte. Aber sie war so glücklich über den rauschenden Empfang. Das Publikum geriet außer sich und brachte ihr soviel Liebe entgegen, daß sogar sie selbst einmal *verklempt* war! Man konnte sehen, daß ihr die Tränen kamen. Es war einfach phantastisch.« Liz Smith nannte das Konzert »erhebend und nicht zu übertreffen«. Sie fuhr fort: »Die Jahre haben Barbras erstaunliche Stimme womöglich noch verbessert. Als [sie] die abschließenden ergreifenden Töne des letzten Songs anschlug, dachte ich, daß meine Schädeldecke – und das Dach des Garden – explodieren würden! Alle um sie herum waren hysterisch, aber Barbra blieb auf brillante Weise völlig beherrscht – das ruhige, glänzende Auge des von ihr selbst geschaffenen Orkans.«

Unter einer ironischen Überschrift – »Einheimische arbeitet sich hoch und wird Sängerin« – bemerkte der Kritiker der *New York Times*: »Das Konzert war im Grunde keine Darbietung von Songs. Es war eine Art Staatsbesuch einer Frau, die sich als Sängerin, Schauspielerin, Regisseurin und Produzentin ausgezeichnet hat und die nun im Triumph zu ihrer am wenigsten umstrittenen Berufung zurückkehrt: zu jener der Schlagersängerin.« Die abschätzigste Rezension, die Barbra in New York erhielt, stammte von Rex Reed, der sich in erster Linie darüber beklagte, daß Streisand nicht Judy Garland sei: »Großer Gesang kommt aus der Seele, aber sie würde sich lieber ihre künstlichen Fingernägel (oder Krallen) abreißen lassen, als ihr Inneres zu enthüllen. Deshalb ist mir Judy an einem schlechten Tag lieber als Barbra in Höchstform. Babs errichtet eine Mauer. Judy riß die Mauer nieder, damit das Publikum sie berühren konnte. Die Zuschauer sprangen von den Balkons, um es zu tun.« (Offenbar wäre es Reed lieber gewesen, wenn Barbra ihre Texte vergessen, in der Mitte von Songs unzusammenhängend gelallt, ihre Stimme fast ganz eingebüßt und auf der Bühne das Bewußtsein verloren hätte, wie Judy es an einigen ihrer »schlechten Tage« tat.)

Bei ihrem letzten Konzert in New York beschloß Barbra, der Stadt »ein Geschenk« zu überreichen und ihre letzte Zugabe, »Somewhere«, auf dem gigantischen Videoschirm über dem Times Square zeigen zu lassen. Zehntausende von Menschen drängten sich fast wie am Silvesterabend in die 42nd Street und jubelten, als Barbra rief: »Hallo, Times Square!«

Die Zeitschrift *Billboard* verkündete, Barbras Konzerte im Madison Square Garden seien »die Veranstaltungen mit den höchsten Bruttoeinnahmen der amerikanischen Musikgeschichte« gewesen. Delsener/Slater Enterprises, die Promoter der sieben Shows, schätzten, daß man über 60 Millionen Dollar eingenommen hatte.

***

Nachdem Barbra zum Arrowhead Pond in Anaheim zurückgekehrt war, um dort das Finale der Tournee abzuhalten, ließ sie die letzten beiden Shows für ein TV-Special bei HBO und CBS aufzeichnen.

Das Abschlußkonzert am 24. Juli war eines der erregendsten der Tournee. Barbra, entspannt und strahlend, sang mit kräftiger, reiner Stimme, und das Publikum belohnte sie schon im ersten Akt mit sieben längeren stehenden Ovationen. »Wow!« rief Barbra. »Ich habe ein tolles Publikum für den letzten Abend!« (Einmal warnte Barbra die schwangere Annette Bening, daß es ihr schaden könne, wenn sie weiterhin dauernd aufsprang.) Keiner der Zuschauer rührte sich am Ende des Konzerts von seinem Platz, als Barbra sie fragte, ob sie bleiben wollten, während ein paar Songs von neuem für die Fernsehkameras aufgezeichnet wurden. Sie wiederholte mehrere Stücke, darunter »Somewhere«, »You Don't Bring Me Flowers« und »Evergreen«. Dann sang sie – zum erstenmal während der Tournee – eine Version von »What Are You Doing the Rest of Your Life?«, die ebenfalls in das CBS-Special aufgenommen wurde.

***

Am Ende verließen die Streisand-Fans den Arrowhead Pond in der freudigen Gewißheit, daß sie an einem ganz besonderen Abend einer ganz besonderen Tournee teilgenommen hatten, die sich laut Barbra nie mehr wiederholen würde. »Man muß Make-up auflegen und hohe Absätze tragen«, beschwerte sich Barbra. »Ich kriege Krämpfe in den Füßen.« Jedenfalls hatte sie sich selbst und der Welt einen wichtigen Beweis erbracht. »Alles hat geklappt, es war in Ordnung. Es war schön für mich, daß ich Selbstbewußtsein gewann, daß ich mich auf der Bühne absolut gelöst fühlte, daß ich dorthin gehörte und es verdient hatte, dort zu sein, daß ich all den Zuschauern Liebe spenden und sie von ihnen empfangen konnte. Ich bin diesen Leuten wirklich dankbar.«

***

Der verblüffendste Moment der gesamten Tournee (er wurde aus der HBO-Aufzeichnung herausgeschnitten) spielte sich bei Barbras letztem Auftritt im Arrowhead Pond ab. Dreihunderttausend Menschen hatten sich in den vorhergehenden vier Monaten heiser geschrien – sie war auf dem Höhepunkt ihrer außerordentlichen Leistungsfähigkeit; sie hatte bewiesen, daß sie zu den beliebtesten Entertainern ihrer Generation gehörte.

An diesem Abend – vielleicht weil das Publikum wußte, daß es Streisand zum letztenmal live sehen würde – kam es zu Getrampel und einer ohrenbetäubenden stehenden Ovation, sobald sie auf der Bühne erschien. Eine lange Minute nach der anderen verging, ohne daß die Wellen mißtönender Verehrung nachließen. Aber nichts davon war Barbra so wichtig wie die Reaktion einer gebrechlichen alten Frau, die in der zweiten Reihe saß. Während der Jubel von fünfzehntausend Menschen widerhallte, schaute Barbra Streisand hinunter zu der Frau, der aus einem Rollstuhl aufgeholfen wurde, und fragte leise: »Bist du jetzt stolz auf mich, Mama?«

»Der Künstler
als Staatsbürger«

»Ich habe Meinungen.
Niemand braucht ihnen zuzustimmen.«

Barbra 1995 in Harvard

THE FORUM
INSTITUTE OF POLITICS

Sie wünschte sich, daß der Mann endlich Schluß machte. Während Albert Carnesale, der einstweilige Präsident der Harvard University, eine ausführliche Lobrede auf Barbra vor den siebenhundert Studenten hielt, die sich in die Cafeteria der John F. Kennedy School of Government gezwängt hatten, zappelte Streisand auf ihrem Platz, atmete tief durch, verdrehte die Augen zum Himmel und wäre einmal fast aufgesprungen, um ihm das Wort abzuschneiden. Als die Unruhe Carnesale veranlaßte, sich zu ihr umzudrehen, fragte Barbra: »Haben Sie mal von *schpilkis* gehört?«

Sie war nervös – nervöser, als man sie jemals erlebt hatte –, weil sie einen Vortrag über das Thema »Der Künstler als Staatsbürger« vor den Studenten eines der besten Politikwissenschaft-Colleges der Welt halten sollte. Man würde die Rede aufzeichnen, um sie später über das C-Span-Fernsehnetz auszustrahlen. Barbra war ein Jahr zuvor gebeten worden, in dem College zu sprechen – in dem Außenminister Warren Christopher, der russische Präsident Michail S. Gorbatschow, Newt Gingrich, Al Gore und Dutzende weiterer Staatsmänner aufgetreten waren –, und sie hatte mit ihrer üblichen Besessenheit an ihrer Rede gearbeitet. Sie schrieb den Vortrag immer wieder um und bemühte sich um die Unterstützung von Freunden, von politischen Journalisten wie Robert Scheer von der *Los Angeles Times* und von Peter Jennings, mit dem sie sich zwei Wochen vor dem Termin in Beverly Hills zum Dinner traf, was erneut Gerüchte über eine Romanze auslöste.

La Streisands bevorstehende Ankunft hatte für beispiellose Aufregung in Cambridge gesorgt. So viele Studenten wollten sie hören, daß man ein Lotteriesystem für die Vergabe der Karten einführen mußte. Die *New York Times* berichtete: »Die einsiedlerische, doch allgegenwärtige Diva wurde mit Sicherheits- und PR-Vorkehrungen empfangen, die einem Staatsbesuch angemessen wären; man installierte Geräte, die gefälschte Tickets aussortieren konnten, und Polizeibeamte bewachten jeden Treppenaufgang.«

Sie flog am Mittwoch, dem 1. Februar – zwei Tage vor der Rede –, mit einer privaten Düsenmaschine nach Boston und zog in die 1500 Dollar pro Tag kostende Präsidentensuite in dem feudalen Hotel Charles am Harvard Square. Der *Boston Herald* meldete: »Ein paar Tage bevor Barbra eintraf, suchte man fieberhaft nach einem unerläßlichen Ausstattungsstück für die Suite der Diva: einem Ganzfigurspiegel nach Art von Hollywood. Er wurde gefunden.« Fans schickten so viele Blumen in ihre Zimmer, daß »Rosen, Tulpen, Zimmercallas, Flieder und Narzissen die Flächen von Wand zu Wand bedeckten«.

Am Donnerstag begleitete John F. Kennedy junior Barbra über das Gelände von Harvard. Sie besuchten die Bibliotheken und Museen der Universität und trafen sich dann in der Kennedy School zum Lunch mit Sharon Pratt Kelly, der früheren Bürgermeisterin von Washington D.C., Jim Sasser, dem ehemaligen Senator aus Tennessee, und einer ausgewählten Gruppe von Studenten. Unter den letzteren war Chris Garcia, ein Republikaner, mit dem sich Streisand in eine hitzige Debatte einließ. (Später erklärte sie, daß ihr die Auseinandersetzung großen Spaß gemacht habe.)

Am späten Abend übte sie in ihrer Suite den Vortrag ein, den sie am nächsten Nachmittag um fünf Uhr halten sollte. »Sie quälte sich sehr damit«, sagte ein Angehöriger des Charles-Personals. »Sie wollte unbedingt ernst genommen werden.«

***

Als Albert Carnesale seine Einführung beendet hatte, trat Barbra ans Podium; sie sah in einem dunkelgrauen Donna-Karan-Nadelstreifenkostüm und mit einer einfachen Perlenkette äußerst professionell aus. »Ich bin vor Tausenden von Menschen aufgetreten, aber dies ist viel schrecklicher«, sagte Barbra, um ihre offensichtliche Nervosität zu erklären. »Vielleicht liegt es daran, daß wir hier in der John F. Kennedy School of Government in Harvard sind. Und ich bin weder Politikerin noch Professorin. Ich betrachte mich gern als ewige Studentin.« Barbra erinnerte das Publikum an das Thema ihres Vortrags und fuhr fort:

»Es ist ein wichtiger Moment, sich mit diesem Thema zu befassen, denn soviel von dem, was der Künstler braucht, um zu gedeihen und zu überleben, ist heute bedroht. Als ich vor einem Jahr gebeten wurde, hier zu sprechen, war ich viel optimistischer, [denn] wir hatten einen Präsidenten, der unsere ethnische, kulturelle und künstlerische Vielfalt nicht als Schwäche, sondern als Stärke einschätzte.

Und dann kam die Kongreßwahl von 1994, und plötzlich schien der Fortschritt der jüngeren Vergangenheit von denen gefährdet zu werden, die sich nach ›den guten alten Tagen‹ sehnen, als Frauen und Minderheiten keine Ansprüche stellten. In dieser wiederauflebenden reaktionären Atmosphäre werden Künstler als ›kulturelle Elite‹ verhöhnt und zu bequemen Zielscheiben des Spottes gemacht. Jene Institutionen, die den Amerikanern Zugang zu künstlerischen Werken verschaffen, The National Endowment for the Arts und die Corporation for Public Broadcasting, laufen Gefahr, abgeschafft zu werden.

Alle großen Zivilisationen haben die Künste unterstützt. Aber der neue Sprecher des Repräsentantenhauses konzentriert sich auf die Notwendigkeit, den Haushalt auszugleichen, und verlangt, die Kunstprogramme als erste zu streichen. Dabei sind die Regierungsbeiträge zum National Endowment und zum Public Broadcasting Service ziemlich mager. Um es in die richtige Relation zu setzen: Das gesamte Budget des NEA entspricht den Kosten eines Kampfflugzeugs vom Typ F-22 – einer Maschine, die manche Experten nicht einmal für notwendig halten. Aber das Pentagon plant, 442 davon zu bauen. Ein Flugzeug weniger, und wir haben das gesamte Kunstbudget! … Vielleicht geht es also gar nicht darum, den Haushalt auszugleichen. Vielleicht geht es darum, Künstlern, die etwas Bedenkenswertes zu sagen haben könnten, den Mund zu stopfen.«

Es falle ihr schwer, den Zorn über die »Beschimpfungen« zu unterdrücken, die sie von konservativen Kommentatoren habe hinnehmen müssen. »In viktorianischen Zeiten gab es Schilder, auf denen stand, daß Schauspieler und Hunde in der Küche zu essen hätten. Und sogar noch im letzten Jahr wurden Künstler, die sich politisch geäußert hatten, als Hohlköpfe, Schwätzer und Trottel verhöhnt.

… Wie kommt es zu einer solchen Verachtung für einen Wirtschaftsbereich, dessen Exporterlöse nur dem Flugzeugbau nachstehen? Laut *Business Week* gaben die Amerikaner 1993 340 Milliarden Dollar für Unterhaltung aus. Vielleicht könnten die politischen Gestalter etwas von einer Industrie lernen, die Milliarden einbringt, während die Regierung in Billionenhöhe verschuldet ist!

… Ich weiß, daß ich mich beredter durch meine Arbeit als durch jeglichen Vortrag äußern könnte. Vorträge machen mich sehr nervös, wie Sie sehen. Deshalb habe ich als Künstlerin beschlossen, Filme über Themen und soziale Fragen zu drehen, die mir am Herzen liegen, etwa über die Ungleichheit der Frauen in *Yentl* oder über Grethe

Cammermeyer, die aus der Armee entlassen wurde, weil sie die Wahrheit über ihre Sexualität gesagt hatte.«

**

Barbra war tatsächlich die treibende Kraft hinter *Serving in Silence: The Margarethe Cammermeyer Story* gewesen, die am 6. Februar von NBC ausgestrahlt wurde und gute Einschaltquoten erzielte, wiewohl die Rezensionen differierten. Oberst Cammermeyer war nach Jahren mustergültiger Dienstausübung als Krankenschwester in der Armee und in der National Guard aus den Streitkräften ausgestoßen worden, weil sie zugegeben hatte, Lesbierin zu sein. Als Barbra Zeitungsartikel darüber las, rief sie ihrer Produktionspartnerin Cis Corman zu: »Wir müssen etwas unternehmen. Wir müssen diese Geschichte erzählen.«

In Barbras Augen war Cammermeyers Entlassung sinnbildlich für »Diskriminierung, Furcht, Vorurteil und Engstirnigkeit, und ich glaube nicht, daß es dafür einen Platz in einer gerechten Gesellschaft gibt ... Wenn wir dazu beitragen können, die Meinung einiger Menschen zu ändern, so daß sie weniger Angst vor ihnen unverständlichen Dingen haben; wenn sie sich diese Story anschauen und Mitgefühl und vielleicht wegen dieser Ungerechtigkeit sogar Zorn über das Militär verspüren können, dann hat sich die Sache gelohnt.«

Streisand bereitete das Projekt vor und verpflichtete Glenn Close – einen Filmstar, der selten im Fernsehen auftritt – für die Rolle von Oberst Cammermeyer. »Dem Himmel sei Dank für Barbra und Glenn«, sagte Craig Zadan, neben Streisand und Close einer der sechs Produzenten des Films. »Wir hören soviel über die negativen Aspekte der Macht von Stars, aber die Herstellung dieses Films ist ein perfektes Beispiel dafür, daß diese Macht auch ihre guten Seiten haben kann.«

**

Barbra, die immer noch häufig durchatmete und fast ununterbrochen herumzappelte, setzte ihre Rede fort: »Ich bin sehr stolz darauf, eine Liberale zu sein. Warum ist das heutzutage so entsetzlich? [Das Publikum jubelte.] Die Liberalen waren eine Kraft der Befreiung. Sie kämpften gegen Sklaverei, für das Stimmrecht der Frauen, für die Überwindung der Rassenschranken, für das Ende der Apartheid. Dank den Liberalen haben wir Sozialhilfe, ein öffentliches Erziehungswesen, Konsumenten- und Umweltschutz, Krankenversorgungssysteme wie Medicare und Medicaid, das Mindestlohngesetz und Arbeitslosengeld. Die Liberalen haben der Kinderarbeit ein Ende gesetzt. Mehr noch, sie haben uns die Fünftagewoche verschafft. Warum sollte man sich dessen schämen?

Ich habe Meinungen. Niemand braucht ihnen zuzustimmen. Ich möchte mich einfach engagieren, und nach vielen Jahren der Selbstprüfung habe ich erkannt, daß ich die größte Genugtuung aus Dingen außerhalb meiner eigenen Persönlichkeit beziehe.

… Bis Frauen gleichberechtigt mit Männern behandelt werden, bis man Schwule und Minderheiten nicht mehr diskriminiert, bis Kinder volle Rechte haben, müssen Künstler weiterhin das Wort ergreifen, und ich werde zu ihnen gehören. Tut mir leid, Rush, Newt, Jesse – der Künstler als Staatsbürger wird nicht abtreten.«

Die Studenten applaudierten, während Carnesale Barbra vom Podium half; kurz darauf begleitete er sie zurück ans Pult, wo sie Fragen beantwortete. »Was wollt ihr wissen?« rief sie dem Publikum zu. »Was wollt ihr wissen?« Während Barbra auf fast ein Dutzend Fragen einging, sprach sie genauso überzeugend wie mit ihrem vorbereitcten Text. Allerdings gab sie sofort zu, nicht allzuviel über komplizierte politische Probleme zu wissen. Als sich eine junge Frau erkundigte, wie man dafür sorgen könne, daß Programme wie Medicare und Medicaid nicht abgeschafft würden, erwiderte Barbra: »Stimmen Sie beim nächstenmal für die Demokraten.« Eine Studentin, Stacey Woolf, überhäufte Barbra mit Lob. »Ich weiß, Sie waren sehr nervös. Aber wir alle haben hier heute abend miterlebt, daß Sie eine hervorragende Rednerin sind. Sie sind eine so leidenschaftliche und mitreißende Rednerin, Sie sind reich, Sie sind intelligent, Sie sind enorm beliebt …«

Barbra unterbrach sie: »Haben Sie einen Mann für mich?«

***

Reich, intelligent, enorm beliebt – aber immer noch keinen Mann. Barbra hatte in ihrem Leben drei Männer – Elliott Gould, Jon Peters und Richard Baskin – besonders geliebt, aber alle waren nur noch Freunde, und Barbra sah dem mittleren Lebensabschnitt allein entgegen. Im Laufe der gerade vergangenen Jahre war sie mit Peter Jennings, dem australischen Schauspieler Peter Weller, mit Liam Neeson und zuletzt mit Jon Voight in Verbindung gebracht worden, aber diese »Romanzen« entstammten gewöhnlich der Phantasie der Massenzeitungen, die aus ein oder zwei Verabredungen zum Dinner vor-eilige Schlüsse zogen. »Ich stelle fest, daß die Medien Beziehungen zerstören, bevor sie beginnen können«, sagte Barbra. »Sie schreiben schreckliche Dinge, sie geben sich Spekulationen hin. Weil ich nach Wimbledon reise, um Andre Agassi spielen zu sehen, schreiben sie, ich sei seine Freundin. Dann heißt es, er habe mich wegen Brooke Shields ›verlassen‹. Es ist lächerlich.«

Jahre zuvor hatte Barbra eingeräumt: »Ich bin wahrscheinlich in der schlechtesten Position, um einen Mann zu finden.« Diese Aus-sage ist heute zutreffender denn je. Ihre Arbeit, ihre Freunde, Jason und ihre Patenkinder erfüllen sie zwar, aber es gibt trotzdem eine Leere in ihrem Leben, von der so viele legendäre Hollywood-Stars – von Joan Crawford und Bette Davis bis hin zu Ava Gardner und Lana Turner – heimgesucht wurden: Ihnen fehlte ein Mann, mit dem sie sich den Rest ihres Lebens teilen konnten.

»Sie schafft sich ihr eigenes Glück«, sagte Barbras Mutter 1994. »Sie hat eine Menge Freunde. Wenn ein netter Mann auftaucht und sie wirklich gut miteinander auskommen, dann könnten sich die Dinge ändern. Aber in diesem Stadium ist es wirklich traurig, daß sie sich ohne Ehemann durchschlagen muß.«

***

»Würden Sie in Erwägung ziehen, für ein öffentliches Amt zu kandi-dieren?« fragte ein Student unter heftigem Applaus.

»Nein, nein, nein«, erwiderte Barbra. »Ich bin leidenschaftlich an bestimmten Fragen interessiert, aber ich glaube, daß ich durch meine jetzige Arbeit mehr erreichen kann. Dadurch, daß ich einen Film über Oberst Cammermeyer mache oder darüber, daß jeder das Recht auf Liebe hat, wie in *The Normal Heart* …«

***

1986 hatte Barbra die Option für Larry Kramers anklagendes Off-Broadway-Drama über die Aids-Epidemic und über die schockie-rende Gleichgültigkeit der Regierung erworben. Neun Jahre später, nach einer Reihe von Verzögerungen und Schwierigkeiten, schien sie bereit zu sein, den Film zu produzieren, zu inszenieren und eine der Hauptrollen zu übernehmen. »Ich habe im Laufe der Jahre zwanzig Drehbuchentwürfe geschrieben«, berichtet Kramer. »Davon fünf für sie. Ich wollte, daß es perfekt ist, und sie sagte, das sei unmöglich …

[Dann fügte sie hinzu:] ›Ich versuche, es mir selbst nicht mehr anzutun.‹«

Barbra verbrachte Stunden mit dem an Aids leidenden Kramer in Carolwood und in seinem Apartment in Greenwich Village, um an dem Script zu arbeiten. »Ich bin begeistert«, meinte Kramer. »Dadurch bleibe ich am Leben … Sie stellt jedes Wort in Frage und spielt den Text vor … Wenn ich schon alle Entwürfe vergessen habe, erinnert sie sich noch an den vierten.«

Eine Meinungsverschiedenheit zwischen Barbra und Kramer ergab sich aus einer Zeile in dem Stück, wo der schwule Held seinem heterosexuellen Bruder erklärt: »Ich bin genauso wie du. Sag das doch!«

Barbra war nicht der Ansicht, daß die beiden Brüder identisch seien. Wie sie sich während ihrer Konzertreise ausdrückte: »Welch ein langweiliges Leben würden wir führen, wenn wir alle identisch wären. Ich stelle mir eine perfekte Welt vor, in der wir unsere Unterschiede – klein, groß, Demokrat, Republikaner, schwarz, weiß, schwul, heterosexuell – wirklich zu schätzen wissen. Eine Welt, in der wir alle gleich, aber auf keinen Fall identisch sind!«

Kramer versuchte, Barbra umzustimmen, aber er stieß auf Granit. »Das kann ich nicht in meinen Film aufnehmen, denn ich glaube nicht daran.«

Barbra wollte die Produktion von *The Normal Heart* im Frühjahr 1995 beginnen, doch Ralph Fiennes – der Schauspieler, den sie sich für die Hauptrolle wünschte – stand nicht zur Verfügung, weil er als Hamlet auf der Londoner und New Yorker Bühne erscheinen mußte. Während diese Zeilen geschrieben werden, hat Barbra *The Normal Heart* erneut verschoben und beschlossen, statt dessen *The Mirror Has Two Faces* zu inszenieren. Der Film handelt von einer altmodischen Professorin, die sich völlig umgestalten läßt, um Leidenschaft in ihre platonische Ehe zu bringen.

»Ich fühle mich immer zu Filmen über das Rätsel der äußeren Erscheinung hingezogen«, sagte Barbra. »*The Mirror Has Two Faces* ist eine wirklich bezaubernde Liebesgeschichte. Aber sie hat ernste Untertöne, die Eitelkeit und Schönheit, den Gegensatz von Äußerem und Innerem betreffen.«

***

Die Harvard-Studenten fragten Barbra nach Aids und danach, wie sie als Angehörige des »Mainstream« gegen die Mentalität der Mehrheit ankämpfen könne (»Ich sehe mich nicht als Angehörige des Main-stream«); danach, an welchen internationalen Problemen sie interessiert sei (»Ich weiß nicht viel über Bosnien«) und wie sich ihre Religion auf ihre Arbeit auswirke. Dann würdigte Albert Carnesale den Erfolg von Barbras Vortrag unter dem lauten Jubel der Studenten. Er scherzte, da sie nicht an einer Kandidatur für den Senat interessiert sei, solle sie die offene Stelle des Dekans des Kennedy Center akzeptieren.

Während sich Barbra lachend von der applaudierenden Menge verabschiedete, standen zwei Studenten auf und hoben ein Spruch-band mit der Inschrift: »Babs für 96.«

***

Isaac Streisand hatte stolz über seinen Sohn Emanuel gesagt: »Er ist so klug, er könnte Präsident werden.« Wie stolz wäre er wohl auf seine Enkelin gewesen, die im Juni 1995 den Ehrendoktortitel für Literatur von der Brandeis University erhielt? Sie ist eine der fähigsten, der vermögendsten und einflußreichsten Frauen ihrer Zeit, eine enge Vertraute des Präsidenten der Vereinigten Staaten, eine Künstlerin, die Millionen Freude geschenkt hat und denen, die eine Litanei von Kritikpunkten gegen sie vorbringen, unbeirrt die Stirn bietet. »Sie ist eine Streisand«, hätte Isaac vielleicht lobend erklärt.

Mit zweieinhalb Jahren war sie auf den Frisiertisch ihrer Mutter geklettert, hatte sich Lippenstift ins Gesicht geschmiert und wäre fast hinuntergestürzt, als sie ihr Werk im Spiegel bewunderte. Fünfzig Jahre später hat sich wenig verändert. Barbra tut immer noch das, wovon ihr viele abraten; sie ist immer noch ichbezogen, brennt immer noch darauf, sich zu verwandeln, und geht weiterhin das Risiko ein, vom Rand abzustürzen, um ihre künstlerischen Wünsche zu erfüllen.

Seit dreißig Jahren überrascht Barbra die Öffentlichkeit, erfreut, verärgert, polarisiert sie und schlägt sie in ihren Bann. Barbra Streisand ist stets von schöpferischer Unruhe durchdrungen, stets auf der Suche nach sich selbst, und sie stellt höchste künstlerische Anforderungen an sich und andere. Sie wird weiterhin Millionen von Menschen auf der ganzen Welt faszinieren, weil sie, wie sie stolz sagen würde, immer noch ein unvollendetes Werk ist.

DANKSAGUNG

Keine Biographie kann ohne die Hilfe zahlreicher anderer Personen geschrieben werden, und ich bin all denen, die mich dabei unterstützt haben, äußerst dankbar. Besonders verpflichtet bin ich Chris Nickens, der seine enzyklopädischen Kenntnisse über Barbra Streisands Karriere und die Geschichte Hollywoods in das vorliegende Buch eingebracht hat. Er stellte einen großen Teil der Recherchen an, führte etliche Interviews, überprüfte das Manuskript in jedem Stadium und hat dieses Buch ganz erheblich verbessert.

Mike Szymanski wirkte als Rechercheur wie immer Wunder; er durchforstete wichtige Aufzeichnungen, Gerichtsprotokolle, Grundstücks-, Steuerurkunden und Geschäftsunterlagen in Los Angeles, Las Vegas und New York nach Informationen über Barbra. Zudem hat er einige der in diesem Buch zitierten Personen ausfindig gemacht und interviewt.

Sehr dankbar bin ich auch dem inzwischen verstorbenen Larry Rowland, dessen eindrucksvolle Sammlung von Streisand-Tonbändern dieses Buch bereicherte. Larry nahm seit 1961 gewissenhaft Barbras früheste Fernsehauftritte und viele ihrer Live-Konzerte auf. Ich werde ihm stets dankbar für seine Bereitschaft sein, mich die Bänder anhören zu lassen.

Bill Doty, Carol Salvo, Patricia McNamee, Richard Gelbke und Helen Boyden von den National Archives und das Personal der Genealogie-Abteilung der New York Public Library halfen mir bei meinen Bemühungen, Barbras Familiengeschichte zu rekonstruieren. Auch die Angestellten der Academy of Motion Picture Arts and Sciences, der Bibliothek der University of Southern California, der Brooklyn Public Library, der Columbia University Archives und der Los Angeles Public Library zeigten sich sehr hilfsbereit.

Theresa Frank von der Erasmus Hall Alumni Association unterstützte mich dabei, Dutzende von Barbras Klassenkameraden aus der High-School aufzuspüren. Ich danke Ernest Lehmann, der mir Einblick in seine Unterlagen gewährte, die in Austin in der University of Texas verwahrt werden.

Meine Verlegerin Betty Prashker (die die Idee zu dem vorliegenden Buch hatte) hat ebenso wie David Groff, mein eigentlicher Lektor, dieses Buch gründlich redigiert und lektoriert. Ken Sansone und Julie Lovrinic von Crown haben mir ebenfalls in vielerlei Hinsicht bei der Umsetzung dieses Projekts geholfen.

Kathy Robbins, meine Agentin, hat mich wie immer äußerst hilfreich beraten und mir manche Anregung gegeben. Auch Elizabeth Mackey, Steve Ross, Larry Platt, Bill Clegg und Megan Sercombe von The Robbins Office erwiesen sich als stets bereitwillige Helfer.

Dankbar bin ich außerdem: J. B. Annegan, Brad Aul, Trevor Bandera, Joellen Bard, Jim Bloor, Richard Branson, Kevin Burns, Anthony Caldera, Rick Carl, Harvey Caspari, Emily Cobb, George Coleman, Maurice Tei Dunn, Ronnie Durrence, Joni Evans, Lydia Encinas, Mrs. Phyllis Farrand, Cindy Koren Gerstl, Richard Giamanco, Tom Gilbert, Phil Graham, Paul Grein, Cathy Griffin, Stacie Guy, Susan Kamil, George Maharis, Rick Miller, Michel Parenteau, Arlene Patlevic, Vernon Patterson, Lynne Pounder, Randall Reise, Gregory Rice, Eli Rill, John Sala, Patricia Scarborough, Dave Scheer, Bob Scott, Anne Sheehan vom *Chatham Courier*, Elaine Sobel, Lyle Spielman, Karen Swenson, Sam Teischer, Jan Van Willigen, Guy Vespoint, Allison Waldman, Faye Wallace, Lois Weinsaft und George Zeno.

Zum Schluß gelten meine Liebe und mein Dank meinen Verwandten und Freunden, deren Unterstützung mir soviel bedeutet: meinem Vater Joe Spada, meinen Brüdern Richard und Lewis sowie meinen teuren Freunden Glen Sookiazian, Laura Van Wormer, Dan Conlon, Mark Meltzer, John Figg, Michael Koegel, Kevin Scullin und Rick Diamond.

QUELLENANGABEN

Mehr als zweihundert Personen haben ihre Erinnerungen an Barbra Streisand zu diesem Buch beigesteuert. Die meisten werden im Text zitiert; die anderen haben mir sehr geholfen, Einblick in ihren Werdegang zu gewinnen. Ungefähr zwei Dutzend Menschen äußerten sich nur unter der Bedingung der Anonymität; sie werden hier nicht genannt. Der Verfasser dieses Buches sowie Chris Nickens und Mike Szymanski haben zwischen 1992 und 1995 Interviews geführt. Einige der genannten Personen schrieben ihre Erinnerungen in Briefen an den Autor nieder.

Charlie Abruzzo, Joe Albertson, Walter Alford, Irvin Arthur, Annabelle Atkins, Tom Atkins, Jonathon Axelrod, Alan Bagenski, Lansing Bailey, Kevin Bannon, Joseph Battaglia, Adrienne Behr, Ron Bergey, Charles Biasiny-Rivera, Gerry Blumenfeld, Abba Bogin, Laura Borenstein, Gary Bornstein, Irving Borokow, Ronnie Brahms, Carolyn Bernstein Brostoff, Robert Brown, Shawn Burns, Artie Butler, Albert Callin junior, Howard Cates, Cliff Chappell, Rafe Chase, Emily Cobb, Anita Cohen, Cee Cee Cohen, Ron Coleman, Shanna Coleman, Trude Coleman, Frank Comstock, Anita Miller Cooper, Gordon Cornish, William Corride, John Cotter, Alexander Courage, Wilma Curley, Bill Dager, Joe Darconte, Chico Day, Mrs. Roger De Koven, Jim Dickson.

Bradford Dillman, Bob DiNardi, Marion Disanto, Mark Discowitz, Phyllis Dorroshow, Michael Druxman, Maurice Tei Dunn, Maxine Eddelson, Minnie Eddelson, Fred Farber, Walter Finley, Iris Fisher, Ed Fishman, Connie Forslund, Anne Francis, David Frankel, Larry Fuller, Myer Galpern, Sam Galpern, Dick Gautier, George Gaynes, James Geller, Linda Gerard, Stefan Gierasch, Ron Girsch, Richard Gordon, Stewart Gorelick, Billy Gorson, Nancy Grashow, Peter Greenleaf, Eva Greenstein, Michael Greer, Paul Grein, Simon Gribben, Joyce Hannes, Maureen Harmon, Jim Hauser, Marta Heflin, Richard Heinrich, Milt Hinton, Arno Hirsch, Diane Hirschfeld, Gerald Hockberg, Alice Blacksin Horevitz, Ben Indick, Jan Ippolito,

552

Ed Isseks, Debbie Iwrey, Steve Jaffe, Judi James, Mike Johnson, Roberta Johnson, Marcia Mae Jones.

Lainie Kazan, Dave Kapralik, Herb Kessner, Guratma Khlasa, Merwyn Saul Kind, Raya King, Robert Klein, Bill Kling, Sylvia Kling, Howard Koch, Leonard Kohn, Ed Kramer, Bernie Kukoff, Don Lamond, Marie Lawrence, Phil Leeds, Ernest Lehman, Terry Leong, Jacqueline Goldstein Levine, Natalie Turner Levy, Richard Lewine, Viveca Lindfors, Anna Lopatton, Mike Lubell, Moss Mabry, Ceil Mack, Mary Manford, Jack Manning, Bob McDonald, Loya McDonald, Michael McGarry, Matt Michaels, Allyn Ann McLerie, Alan Miller, Carol Morgan, Harry Myers, Henya Novick, David Newman, Victor Nikaido, Richard O'Brien, Barbara Sgroi Oishi, David Parker, Debbie Parrish, Austin Pendleton, Bob Perry, Jerry Pomerantz, Dr. Peter Reddick, George Reeder, Eli Rill, Dennis Ritz.

Joan Rivers, Jack Roe, Eleanor Rosenbaum, Stan Rosenberg, Robert Rosenthal, Cynthia Roth, Helen Rothstein, Ted Rozar, Mary Ryan, Nick Salerno, Bob Samuels, Ralph Sandler, Rich Sandler, Arnold Scaasi, Hal Schaefer, Bob Schulenberg, Jerry Schatzberg, Robert Scheerer, Norm Schimmel, Ed Schreyer, Mike Schuman, Bob Scott, Roy Scott, Joseph Seley, Harriet Gellin Selverstone, Howard Senor, Bob Sherman, David Shire, Scott Siegel, Stanley Simmonds, Joy Simmons, Ron Simone, Whitey Snyder, Elaine Sobel, Jane Soifer, Warren Spencer, Judith Jacobsen Sperling, Arnold Stark, Marvin Stein, Adele Lowinson Stern, Emily Schottenfeld Stoper, Harry Stradling junior.

Beth Streisand, Molly Streisand, Anita Sussman, Todd Sussman, Rochelle Taboh, Linda Mantel Teischer, Gene Telpner, Jerry Vale, Terry Silver Vogel, Ingrid Meighan Waldron, Trudy Wallace, Glenn Walter, Ken Wannberg, Henry Warshaw, David Watkin, Esther Waxman, Ruth White, Harvey Wielstein, Les Wielstein, Vance Wilson, Neil Wolfe, James Wright.

***

Viele der Zitate von Barbra, Jon Peters und Elliott Gould in diesem Buch sind zahlreichen Interviews entnommen, die sie kanadischen, britischen und anderen europäischen Zeitungs- und Fernsehjournalisten im Laufe der Jahre gegeben haben. Alle drei sind viel offenherziger, wenn sie im Ausland mit Reportern sprechen, und das Material stellt eine Schatzkammer dar, die nie zuvor von einem Streisand-Biographen genutzt worden ist. Die Interviews werden im folgenden aufgeführt.

ERSTER TEIL

Die wichtigsten Interviews für diesen Teil wurden – in der Reihenfolge der Zitate – mit Barbras Tanten Molly Streisand Parker und Beth Streisand geführt; außerdem mit Irving Borokow; mit Louis Kinds Sohn Merwyn Saul Kind; mit Barbras Brooklyner Nachbarn und Klassenkameraden Maxine Eddleson, Carolyn Bernstein, Diane Hirschfeld, Trudy Wallace, Anita Sussman, Esther Waxman, Marvin Stein und Cee Cee Cohen; mit Emily Cobb, Allan Miller, Anita Miller Cooper, Roy Scott, Maurice Tei Dunn, Eli Rill, Bob Schulenberg, Michael Greer, Ted Rozar, Matt Michaels, Elaine Sobel und Abba Bogin.

Einzelheiten über die Lebensverhältnisse in Isaac Streisands Heimatort in Galizien entstammen zwei Artikeln; der eine erschien 1899 unter dem Titel »What Can Be Done for the Galician Jews?« in der Juli-Dezember-Ausgabe von *Menorah*, der andere unter dem Titel »Life in Eastern Galicia« in Band 104 der *Fortnightly Review* von 1915. Die New York City Municipal Archives haben uns in die Geburts- und Heiratsurkunden für Barbras Eltern und Großeltern Einblick nehmen lassen. Peter Carucci vom State of New York Department of Health lieferte das Datum und die Uhrzeit von Emanuel Streisands Tod. Die Volkszählungsunterlagen von 1910 und 1920 des Department of Commerce sowie die Schiffspapiere in der New York Public Library ermöglichten es, die Geburtsdaten, die Einwanderungstermine, das Alter und die Adressen von Barbras Vorfahren zu ermitteln.

Der biographische Eintrag für Emanuel Streisand im Handbuch *Leaders in Education* von 1941 lieferte Details über seine Schul- und Universitätsausbildung und seine beruflichen Leistungen.

Die Unterlagen über die Trennung von Diana Kind und Louis Kind, einschließlich der eidesstattlichen Aussagen von beiden Seiten, entstammen dem Archiv des Obersten Gerichtshofs des Staates New York in Brooklyn. Einige der Zitate von Diana Kind in diesem Teil sind einem Interview mit Rebecca Hardy in der Londoner *Daily Mail* entnommen.

Barbra enthüllte die Gefühle, die sie als Teenager über den Verlust ihres Vaters empfand, in einem Fernsehinterview mit Geraldo Rivera, das am 17. November 1983 ausgestrahlt wurde. Viele ihrer Kindheitserinnerungen teilte sie 1970 David Frost in einem Interview mit, das allerdings nie gesendet wurde. Larry Rowland saß im Publikum und zeichnete die Show auf.

Etliche Zitate von Menschen, die Barbra in Detroit kannten, sind in dem Artikel »Looking Back at the Compleat Detroit Streisand« in der *Detroit Free Press* vom 27. März 1966 sowie in dem Artikel »Barbra, when« in den *Detroit News* vom 24. Oktober 1968 zu finden. Und Karen Swensons fünfteiliger Beitrag »One More Look at the First Decade« in der britischen Fan-Zeitschrift *All About Barbra* lieferte vielerlei Informationen über Barbras frühe Jahre und ihre Karriere bis 1972.

Die Zitate von Jeff Harris entstammen einem Interview, das er dem Autor dieses Buches im Jahre 1980 gab.

ZWEITER TEIL

Wichtige Interviews für diesen Teil wurden mit Wilma Curley, Elaine Sobel, Dave Kapralik, Marvin Stein, Lainie Kazan, Allan Miller, George Reeder und Linda Gerard geführt.

Die meisten der Zitate von Arthur Laurents über *I Can Get It for You Wholesale* und von Garson Kanin über *Funny Girl* sind Interviews entnommen, die sie dem Autor dieses Buches 1980 gewährten. Jerome Weidman schrieb über seine Reminiszenzen an Barbra und an *I Can Get It for You Wholesale* 1963 in der Novemberausgabe von *Holiday*. Milton Rosenstocks Erinnerungen wurden am 8. September 1990 bei einem Symposium der New York Sheet Music Society vorgetragen.

Einige der Zitate Barbras über ihr Leben in diesem Zeitabschnitt entstammen einem Artikel in *Men's Digest* vom Oktober 1963. Die Elliott-Gould-Zitate wurden einer Reihe von Interviews entnommen, die er im Laufe der Jahre sowohl in den Vereinigten Staaten als auch in Großbritannien gegeben hat. Dazu gehören das Interview mit Diana Lurie im August 1969 im *Ladies Home Journal*, mit Judith Michaelson am 23. Mai 1970 in der *New York Post*, mit Trudi Proctor am 22. Januar 1984 im Londoner *Daily Mirror*, mit Jack Hicks am 1. Dezember 1984 im *TV Guide*, mit Corinna Horan am 1. Oktober 1994 in der *Courier Mail* sowie sein 1970 veröffentlichtes *Playboy*-Interview.

Der Artikel von Rafe Chase, »Barbra Streisand at the hungry i«, in *All About Barbra* liefert Einzelheiten über ihre dortigen Auftritte während ihrer Tournee von 1963.

Wichtige um diese Zeit veröffentlichte Artikel, denen Informationen und/oder Zitate entnommen wurden, erschienen am 10. April

1964 in *Time*, am 26. April 1964 in den New Yorker *Daily News*, am 22. Mai 1964 in *Life* und am 4. Juli 1965 im *New York Times Magazine*.

Karen Swensons Beitrag »Her Special Charms« in der Fan-Zeitschrift *Barbra Quarterly* enthielt interessante Einzelheiten über Barbras TV-Specials. Marty Erlichman teilte seine Erinnerungen mit dem Autor dieses Buches in einer *Billboard*-Sonderausgabe, »The Legend of Barbra Streisand«, die am 10. Dezember 1983 herauskam.

Einige der Zitate Barbras über ihre Schwangerschaft und über Jasons Geburt sind im *Ladies Home Journal* vom August 1966, im *Cameo Baby Magazine* vom Januar/Februar 1967 und in *Look* vom 25. Juli 1967 zu finden.

Die Michel-Legrand-Zitate entstammen dem Buch *Barbra Streisand: Une Femme Libre* von Guy Abitan; sie wurden von Michel Parenteau [ins Amerikanische] übersetzt.

Rex Reeds Artikel »Color Barbra Very Bright« erschien am 27. März 1966 in der *New York Times*. Einige Details über die Aufzeichnung von *Color Me Barbra* wurden einem Artikel in *Look* vom 18. März 1966 entnommen.

DRITTER TEIL

Wesentliche Interviews für diesen Teil wurden mit Jack Roe, David Shire, Robert Scheerer, Anne Francis, Harry Stradling junior, Ernest Lehman, Arnold Scaasi, Howard Koch, Don Lamond, Milt Hinton, Robert Klein und Ed Schreyer geführt.

Einige Details über die Produktion von *The Belle of 14th Street* entstammen der Zeitschrift *Monsanto* vom Oktober 1967 und der *Business Week* vom 20. Mai 1967.

Martha Weinman Lears Schilderung »A Happening in Central Park« erschien im Januar 1968 in *Redbook*. Karen Swensons Artikel »The Making of Funny Girl« in *Barbra Quarterly* steuerte etliche Einzelheiten bei, und Joyce Habers Artikel »Barbra's Directing Her First Movie« erschien am 15. April 1968 in der Zeitschrift *New York*. Einige der Zitate von Barbra in diesem Teil wurden dem Artikel »The Kosher Kid from Brooklyn« im Londoner *Sunday Times Magazine* vom 12. Januar 1969 entnommen.

Mehrere der Walter-Matthau-Zitate sind in dem Artikel »Matthau in Full Flower« zu finden, der 1968 in der Dezemberausgabe des *Esquire* herauskam.

VIERTER TEIL

Wichtige in diesem Teil zitierte Interviews wurden mit Steve Jaffe, Austin Pendleton, Stefan Gierasch, Jerry Schatzberg, Howard Koch junior, Moss Mabry, Harry Stradling junior, Bradford Dillman, Viveca Lindfors und Jack Roe geführt.

Die Zitate von Richard Perry, Buck Henry, Irvin Kershner, Billy Goldenberg und Peter Yates sowie einige Zitate von Arthur Laurents entstammen Interviews, die der Autor dieses Buches 1980 führte. Mehrere Zitate von Robert Redford und Sydney Pollack sind Interviews entnommen, die sie dem Autor 1976 gaben. Andere Zitate von Pollack sind in Donald Zecs und Anthony Fowles Biographie *Barbra* zu finden.

Die Umstände der Produktion von *Barbra Streisand ... and Other Musical Instruments* sind nachzulesen in Jerry Parkers *Newsday*-Artikel »She'd Rather Stay Home« vom 28. Oktober 1973 und in Peter Genowers Porträt in der Londoner *Sunday Times* vom 16. Dezember 1973.

Viele der Zitate von Jon Peters entstammen einem Interview mit Julia Orange, das 1974 in Australien veröffentlicht wurde, und einem weiteren mit Rosalie Shann, das 1975 in Großbritannien erschien. Mehrere von Barbras Zitaten findet man in *McCall's* vom April 1975.

Gary Kleins Äußerungen über *ButterFly* wurden in der Streisand-Sonderausgabe von *Billboard* veröffentlicht.

FÜNFTER UND SECHSTER TEIL

Die wichtigsten Personen, die für diesen Teil interviewt wurden, sind: Jerry Schatzberg, Jonathan Axelrod, Steve Jaffe, Marta Heflin, Ralph Sandler, Joe Kern, Trudy Coleman, Ruth White, Leonard Kohn, Richard Gordon, Robert Brown und David Watkin.

Die Einzelheiten der verschiedenen Gerichtsverfahren gegen Jon Peters sind im öffentlichen Archiv des Gerichtswesens von Los Angeles nachzulesen.

Marie Brenners Artikel »A Star Is Shorn« in der *New Times* erschien am 24. Januar 1975. Frank Piersons Artikel »My Battles with Barbra and Jon« kam am 15. November 1976 in den Zeitschriften *New West* und *New York* heraus. Barbras *Playboy*-Interview ist in der Ausgabe vom Oktober 1977 enthalten.

Einige der Äußerungen von Barbra und Jon über *A Star Is Born* wurden im Dezember 1976 auf einem UCLA-Symposium gemacht.

Die Zitate von Barry Gibb sind in der Streisand-Sonderausgabe von *Billboard* (1983) und in einem Interview mit Mikki Dorsey enthalten, das am 20. Oktober 1980 im *Toronto Star* erschien. Eine Reihe der Zitate von Marilyn und Alan Bergman wurde *Billboard* entnommen.

Barbras Bemerkungen über *Yentl* entstammen Interviews vom Herbst 1983 und Frühjahr 1984 mit Gene Shalit in der *Today Show*; mit Dale Pollack von der *Los Angeles Times*; mit Chaim Potok im *Esquire*; mit Geraldo Rivera von *20/20*; mit Brian Linehan von *City Lights* in Kanada; mit Ian Johnston von der Londoner BBC; sowie Interviews in der französischen Fernsehshow *A La Une* und in der niederländischen Fernsehshow *Coupe de Weijden*.

Barbras Zitate über Don Johnson sind in einem Interview mit David Lewin nachzulesen, das von der Londoner *Daily Mail* veröffentlicht wurde. Dons Äußerungen über Barbra entstammen einem Gespräch mit Terry Willows und wurden in *London Today* publiziert.

Die Bemerkungen von Barbra, Nick Nolte, Pat Conroy und Jason Gould über *The Prince of Tides* stammen aus verschiedenen Quellen: der Criterion-Laserdisk-Ausgabe des Films sowie Interviews in der *Los Angeles Times*, in *Vanity Fair*, *Cosmopolitan*, im *Ladies Home Journal*, in den Zeitschriften *Empire* und *Us* sowie Fernsehinterviews, die im Frühjahr 1992 in London und Amsterdam ausgestrahlt wurden.

Die Zitate von Amy Moss über ihre Beziehung zu Andre Agassi erschienen am 27. Juni 1993 im Londoner *Sunday Mirror*. Agassis Bemerkungen über Homosexuelle wurden am 16. November 1993 in *The Advocate* wiedergegeben.

Einige von Barbras Zitaten über die Konzerte in Las Vegas und ihre Tournee findet man in *Vanity Fair* vom November 1994. Robert Hilburns Interview mit Barbra in Detroit wurde am 23. Mai 1994 von der *Los Angeles Times* veröffentlicht.

Jonathan Yardleys Artikel »Miss Marmelstein Goes to Washington« erschien im Mai 1993 in der *Washington Post*, der *Los Angeles Times* und in anderen Zeitungen. Robert Scheers Interview mit Barbra kam am 23. Mai 1993 in der *Los Angeles Times* heraus.

Die Titelgeschichte der Zeitschrift *People*, »A Star Is Reborn«, wurde in der Ausgabe vom 31. Mai 1993 veröffentlicht.

FILMOGRAPHIE

*Funny Girl/*Funny Girl (Columbia Pictures 1968)
Regie William Wyler; Produktion Ray Stark; Drehbuch Isobel Lennart; Regie der musikalischen Einlagen Herbert Ross; Musik Jule Styne; Texte Bob Merrill; Kamera Harry Stradling. Darsteller: Barbra Streisand als Fanny Brice; Omar Sharif als Nick Arnstein; Kay Medford als Rose Brice; Anne Francis als Georgia James; Lee Allen als Eddie Ryan; Walter Pidgeon als Florenz Ziegfeld.

*Hello, Dolly!/*Hello,Dolly! (20th Century-Fox, 1969)
Regie Gene Kelly; Drehbuch und Produktion Ernest Lehman; Co-Produktion Roger Edens; Musik und Texte Jerry Herman; Kamera Harry Stradling. Darsteller: Barbra Streisand als Dolly Levi; Walter Matthau als Horace Vandergelder; Michael Crawford als Cornelius Hackl; Marianne McAndrew als Irene Molloy; E. J. Peaker als Minnie Fay; Danny Lockin als Barnaby Tucker.

*On a Clear Day You Can See Forever/*An einem Sonntag ohne Wolken/Einst kommt der Tag ... (Paramount Pictures, 1970)
Regie Vincente Minnelli; Produktion Howard W. Koch; Drehbuch und Texte Alan Jay Lerner; Musik Burton Lane; Kamera Harry Stradling. Darsteller: Barbra Streisand als Daisy Gamble/Melinda Tentrees; Yves Montand als Dr. Marc Chabot; Jack Nicholson als Tad Pringle; Larry Blyden als Warren Pratt; Bob Newhart als Dr. Mason Hume; John Richardson als Robert Tentrees.

*The Owl and the Pussycat/*Die Eule und das Kätzchen (Columbia Pictures, 1970)
Regie Herbert Ross; Produktion Ray Stark; Drehbuch Buck Henry, nach dem Theaterstück von Bill Manhoff; Musik Richard Halligan, gespielt von Blood, Sweat & Tears; Kamera Harry Stradling, Andrew Laszlo. Darsteller: Barbra Streisand als Doris Wilgus; George Segal als Felix Sherman; Robert Klein als Barney; Roz Kelly als Eleanor; Allen Garfield als Ladenbesitzer.

What's Up, Doc?/Is' was, Doc? (Warner Brothers, 1972)

Regie und Produktion Peter Bogdanovich; Drehbuch Buck Henry, David Newman und Robert Benton, nach einer Vorlage von Peter Bogdanovich; Kamera Laszlo Kovacs. Darsteller: Barbra Streisand als Judy Maxwell; Ryan O'Neal als Howard Bannister; Madeline Kahn als Eunice Burns; Austin Pendleton als Frederick Larrabee; Kenneth Mars als Hugh Simon; Mabel Albertson als Mrs. Van Hoskins.

Up the Sandbox/Sandkastenspiele (First Artists, 1972)

Regie Irvin Kershner; Produktion Irwin Winkler und Robert Chartoff; Drehbuch Paul Zindel, nach dem Roman von Anne Richardson Roiphe; Kamera Gordon Willis. Darsteller: Barbra Streisand als Margaret Reynolds; David Selby als Paul Reynolds; Ariane Heller als Elizabeth; Terry und Garry Smith als Peter; Paul Benedict als Dr. Beineke; Jane Hoffman als Mrs. Yussim.

The Way We Were/Cherie Bitter/So, wie wir waren (Columbia Pictures, 1973)

Regie Sydney Pollack; Produktion Ray Stark; Drehbuch Arthur Laurents, nach seinem eigenen Roman; Musik Marvin Hamlisch; Kamera Harry Stradling junior Darsteller: Barbra Streisand als Katie Morosky; Robert Redford als Hubbell Gardiner; Bradford Dillman als J. J. Jones; Patrick O'Neal als George Bissenger; Lois Chiles als Carol Ann; Viveca Lindfors als Paula Reisner.

For Pete's Sake/Bei mir liegst du richtig (Columbia Pictures, 1974)

Regie Peter Yates; Produktion Martin Erlichman und Stanley Shapiro; Drehbuch Stanley Shapiro und Maurice Richlin; Kamera Laszlo Kovacs. Darsteller: Barbra Streisand als Henrietta Robbins; Michael Sarrazin als Pete Robbins; Estelle Parsons als Helen Robbins; William Redfield als Fred Robbins; Molly Picon als Mrs. Cherry; Vivian Bonnell als Loretta.

Funny Lady/Funny Lady (Columbia Pictures, 1975)

Regie Herbert Ross; Produktion Ray Stark; Drehbuch Jay Presson Allen und Arnold Schulman; Musik John Kander und Fred Ebb; Kamera James Wong Howe. Darsteller: Barbra Streisand als Fanny Brice; James Caan als Billy Rose; Omar Sharif als Nick Arnstein; Roddy McDowall als Bobby; Ben Vereen als Bert Robbins.

A Star Is Born/A Star Is Born (Warner Brothers, 1976)

Regie Frank Pierson; Produktion Jon Peters; Drehbuch John Gregory Dunne, Joan Didion und Frank Pierson, nach einer Story von William Wellman und Robert Carson; musikalische Leitung Paul Williams; Kamera Robert Surtees. Darsteller: Barbra Streisand als Esther Hoffman; Kris Kristofferson als John Norman Howard; Paul Mazursky als Brian Wexler; Gary Busey als Bobby Ritchie; Joanne Linville als Freddie Lowenstein; M. G. Kelly als Bebe Jesus.

The Main Event/ Was, du willst nicht? (Warner Brothers, 1979)

Regie Howard Zieff; Produktion Jon Peters und Barbra Streisand; Drehbuch Gail Parent und Andrew Smith; Kamera Mario Tosi. Darsteller: Barbra Streisand als Hillary Kramer; Ryan O'Neal als Eddie »Kid Natural« Scanlon; Paul Sand als David; Whitman Mayo als Percy; Patti D'Arbanville als Donna Rochester; James Gregory als Leo Gough.

All Night Long/Jede Nacht zählt (Universal Pictures, 1981)

Regie Jean-Claude Tramont; Produktion Leonard Goldberg und Jerry Weintraub; Drehbuch W. D. Richter; Kamera Phillip Lathrop. Darsteller: Gene Hackman als George Dupler; Barbra Streisand als Cheryl Gibbons; Dennis Quaid als Freddie; Kevin Dobson als Bobby Gibbons; Diane Ladd als Helen Dupler.

Yentl/ Yentl (MGM/UA, 1983)

Produktion und Regie Barbra Streisand; Drehbuch Jack Rosenthal und Barbra Streisand, nach der Kurzgeschichte von Isaac Bashevis Singer; Musik Michel Legrand; Texte Marilyn und Alan Bergman; Kamera David Watkin. Darsteller: Barbra Streisand als Yentl/Anshel; Mandy Patinkin als Avigdor; Amy Irving als Hadass; Nehemiah Persoff als Papa; Steven Hill als Reb Alter Vishkower; Alan Corduner als Shimmele.

Nuts/Nuts ... durchgedreht (Warner Brothers, 1987)

Regie Martin Ritt, Produktion Barbra Streisand; Drehbuch Tom Topor, Darryl Ponicsan und Alvin Sargent, nach dem Theaterstück von Tom Topor; Musik Barbra Streisand; Kamera Andrzej Bartkowiak. Darsteller: Barbra Streisand als Claudia Draper; Richard Dreyfuss als Aaron Levinsky; Karl Malden als Arthur Kirk; Maureen Stapleton als Rose Kirk; James Whitmore als Richter Stanley Murdoch; Eli Wallach als Dr. Herbert Morrison.

The Prince of Tides/Herr der Gezeiten (Columbia Pictures, 1991)

Regie Barbra Streisand; Produktion Barbra Streisand und Andrew Karsch; Drehbuch Pat Conroy und Becky Johnston, nach dem Roman von Pat Conroy; Musik James Newton Howard; Kamera Stephen Goldblatt. Darsteller: Barbra Streisand als Dr. Susan Lowenstein; Nick Nolte als Tom Wingo; Kate Nelligan als Lila Wingo Newbury; Blythe Danner als Sallie Wingo; Jason Gould als Bernard Woodruff; Jeroen Krabbé als Herbert Woodruff; Melinda Dillon als Savannah Wingo; George Carlin als Eddie Detreville.

DISKOGRAPHIE MIT ERLÄUTERUNGEN

I Can Get It for You Wholesale. Broadway-Ensemble (Columbia, veröffentlicht im April 1962)

Produktion Goddard Lieberson; Barbra ist mit vier Songs zu hören: I'm Not a Well Man; Ballad of the Garment Trade; Miss Marmelstein und What Are They Doing to Us Now?

Höchste Platzierung in den Absatz-Charts: 125.

Pins and Needles. Aufnahme zum fünfundzwanzigsten Jubiläum der musikalischen Revue (Columbia, veröffentlicht im Mai 1962)

Produktion Elizabeth Lauer und Charles Burr; Barbra ist mit sechs Songs zu hören: Doing the Reactionary; Nobody Makes a Pass at Me; Not Cricket to Picket; Status Quo; Four Little Angels of Peace und What Good Is Love?

Diese Platte gelangte nicht in die Top 200 Album-Chart.

The Barbra Streisand Album (Columbia, veröffentlicht im Februar 1963)

Produktion Mike Berniker; Songs: Cry Me a River; My Honey's Loving Arms; I'll Tell the Man in the Street; A Taste of Honey; Who's Afraid of the Big, Bad Wolf?; Soon It's Gonna Rain; Happy Days Are Here Again; Keepin' Out of Mischief Now; Much More; Come to the Supermarket (in Old Peking); A Sleepin' Bee.

Höchste Platzierung in den Charts: 8; goldene Schallplatte; Grammy Awards: Album des Jahres; beste weibliche Gesangsleistung; bestes Album-Cover.

Nominierungen: Schallplatte des Jahres (Happy Days Are Here Again).

The Second Barbra Streisand Album (Columbia, veröffentlicht im August 1963)

Produktion Mike Berniker; Songs: Any Place I Hang My Hat Is Home; Right as the Rain; Down with Love; Who Will Buy?; When the Sun Comes Out; Gotta Move; My Coloring Book; I Don't Care

Much; Lover Come Back to Me; I Stayed Too Long at the Fair; Like a Straw in the Wind.

Höchste Platzierung in den Charts: 2; goldene Schallplatte.

The Third Barbra Streisand Album (Columbia, veröffentlicht im Februar 1964)

Produktion Mike Berniker; Songs: My Melancholy Baby; Just in Time; Taking a Chance on Love; Bewitched (Bothered and Bewildered); Never Will I Marry; As Time Goes By; Draw Me a Circle; It Had to Be You; Make Believe; I Had Myself a True Love.

Höchste Platzierung in den Charts: 5; goldene Schallplatte.

Funny Girl. Broadway-Ensemble (Capitol, veröffentlicht im April 1964)

Produktion Dick Jones; Songs: If a Girl Isn't Pretty; I'm the Greatest Star; Cornet Man; Who Taught Her Everything?; His Love Makes Me Beautiful; I Want to Be Seen with You Tonight; Henry Street; People; You Are Woman; Don't Rain on My Parade; Sadie, Sadie; Find Yourself a Man; Rat-tat-tat-tat; Who Are You Now?; The Music That Makes Me Dance; Don't Rain on My Parade (Reprise).

Höchste Platzierung in den Charts: 2; goldene Schallplatte; Grammy-Nominierung: bestes Broadway-Ensemble-Album.

People (Columbia, veröffentlicht im September 1964)

Produktion Robert Mersey; Songs: Absent-Minded Me; When in Rome; Fine and Dandy; Supper Time; Will He Like Me?; How Does the Wine Taste?; I'm All Smiles; Autumn; My Lord and Master; Love Is a Bore; Don't Like Goodbyes; People.

Höchste Platzierung in den Charts: 1; goldene Schallplatte; Grammy Awards: beste weibliche Gesangsleistung; bestes Album-Cover; Nominierungen: Album des Jahres; Schallplatte und Song des Jahres (People).

My Name Is Barbra (Columbia, veröffentlicht im Mai 1965)

Produktion Robert Mersey; Songs: My Name Is Barbra; A Kid Again/I'm Five; Jenny Rebecca; My Pa; Sweet Zoo; Where Is the Wonder?; I Can See It; Someone to Watch Over Me; I've Got No Strings; If You Were the Only Boy in the World; Why Did I Choose You? My Man.

Höchste Platzierung in den Charts: 2; goldene Schallplatte; Grammy Award: beste weibliche Gesangsleistung; Nominierungen: Album des Jahres; bestes Album-Cover.

My Name is Barbra ... Two (Columbia, veröffentlicht im Oktober 1965)

Produktion Robert Mersey; Songs: He Touched Me; The Shadow of Your Smile; Quiet Night; I Got Plenty of Nothin'; How Much of the Dream Comes True?; Second Hand Rose; The Kind of Man a Woman Needs; All That I Want; Where's That Rainbow?; No More Songs for Me; Medley: Second Hand Rose/Give Me the Simple Life/I Got Plenty of Nothin'/Brother Can You Spare a Dime?/Nobody Knows You When You're Down and Out/Second Hand Rose/The Best Things in Life Are Free.

Höchste Platzierung in den Charts: 2; Platin-Schallplatte.

Color Me Barbra (Columbia, veröffentlicht im März 1966)

Produktion Robert Mersey; Songs: Yesterdays; One Kiss; The Minute Waltz; Gotta Move; Non, c'est rien; Where or When; Medley: Animal Crackers in My Soup/Funny Face/That Face/They Didn't Believe Me/Were Thine That Special Face/I've Grown Accustomed to Her Face/Let's Face the Music and Dance/Sam, You Made the Pants Too Long/What's New Pussycat?/Small World/ I Love You/I Stayed Too Long at the Fair/Look at That Face; C'est si bon; Where Am I Going?; Starting Here, Starting Now.

Höchste Platzierung in den Charts: 3; goldene Schallplatte; Grammy-Nominierungen: Album des Jahres; beste weibliche Gesangsleistung; bestes Album-Cover.

Harold Sings Arlen (With Friend) (Columbia, veröffentlicht im März 1966)

Produktion Thomas Z. Shepard. Der Komponist singt seine eigenen Kompositionen. Barbra schließt sich ihm zu einem Duett mit Ding Dong the Witch is Dead an und singt ein Solo von House of Flowers.

Diese Platte gelangte nicht in die Top 200 Album-Chart.

Je m'appelle Barbra (Columbia, veröffentlicht im Oktober 1966)

Produktion Ettore Stratta; Songs: Free Again; Autumn Leaves; What Now, My Love?; Ma première chanson; Clopin Clopant; Le Mur; I Wish You Love; Speak to Me of Love; Love and Learn; Once Upon a Summertime; Martina; I've Been Here.

Höchste Platzierung in den Charts: 5.

Simply Streisand (Columbia, veröffentlicht im Oktober 1967)

Produktion Jack Gold und Howard A. Roberts; Songs: My Funny Valentine; The Nearness of You; When Sunny Gets Blue; Make the Man Love Me; Lover Man; More Than You Know; I'll Know; All the Things You Are; The Boy Next Door; Stout-Hearted Men.

Höchste Platzierung in den Charts: 12.

A Christmas Album (Columbia, veröffentlicht im Oktober 1967)

Produktion Jack Gold; Songs: Jingle Bells; Have Yourself a Merry Little Christmas; The Christmas Song; White Christmas; My Favorite Things; The Best Gift; Sleep in Heavenly Peace (Silent Night); Gounod's Ave Maria; O Little Town of Bethlehem; I Wonder as I Wander; The Lord's Prayer.

Höchste Platzierung in den Charts: 1 (Weihnachtsalbum-Chart); dreifache Platin-Schallplatte.

A Happening in Central Park (Columbia, veröffentlicht im September 1968)

Produktion Jack Gold; Songs: I Can See It; A New Love Is Like a Newborn Child; Folk Monologue/Value; Cry Me a River; People; He Touched Me; Marty the Martian; Natural Sounds; Second Hand Rose; Sleep in Heavenly Peace; Happy Days Are Here Again.

Höchste Platzierung in den Charts: 30; goldene Schallplatte.

Funny Girl, Soundtrack (Columbia, veröffentlicht im Juli 1968)

Produktion Jack Gold; Songs: I'm the Greatest Star; If a Girl Isn't Pretty; Roller Skate Rag; I'd Rather Be Blue; His Love Makes Me Beautiful; Don't Rain on My Parade; Sadie, Sadie; The Swan; Funny Girl; My Man.

Höchste Platzierung in den Charts: 12; Platin-Schallplatte; Grammy-Nominierung: beste weibliche Gesangsleistung in zeitgenössischer Popmusik.

What About Today? (Columbia, veröffentlicht im Juli 1969)

Produktion Wally Gold; Songs: What About Today?; Ask Yourself Why; Honey Pie; Punky's Dilemma; Until It's Time for You to Go; That's a Fine Kind of Freedom; Little Tin Soldier; With a Little Help from My Friends; Alfie; The Morning After; Goodnight

Höchste Platzierung in den Charts: 31.

Hello, Dolly!, Soundtrack (20th Century-Fox Records, veröffentlicht im Dezember 1969)

Produktion Lennie Hayton und Lionel Newman; Songs: Just Leave Everything to Me; It Takes a Woman; It Takes a Woman (Reprise); Put on Your Sunday Clothes; Ribbons Down My Back; Dancing; Before the Parade Passes By; Elegance; Love Is Only Love; Hello, Dolly!; It Only Takes a Moment; So Long Dearie; Finale.

Höchste Platzierung in den Charts: 49.

Barbra Streisand's Greatest Hits (Columbia, veröffentlicht im Dezember 1969)

Verschiedene Produzenten; Songs: People; Second Hand Rose; Why Did I Choose You?; He Touched Me; Free Again; Don't Rain on My Parade; My Coloring Book; Sam You Made the Pants Too Long; My Man; Gotta Move; Happy Days Are Here Again.

Höchste Platzierung in den Charts: 32; zweifache Platin-Schallplatte.

On a Clear Day You Can See Forever, Soundtrack (Columbia, veröffentlicht im Juli 1970)

Produktion Wally Gold; Songs: Hurry! It's Lovely Up Here!; Titelsong – On a Clear Day (Chor); Love With All the Trimmings; Melinda; Go to Sleep; He Isn't You; What Did I Have that I Don't Have?; Come Back to Me; On a Clear Day (Montand); On a Clear Day (Streisand).

Höchste Platzierung in den Charts: 108.

The Owl and the Pussycat. Dialog und Begleitmusik aus dem Film (Columbia, veröffentlicht Dezember 1970)

Produktion Thomas Z. Shepherd; gespielt von Blood, Sweat & Tears.

Höchste Platzierung in den Charts: 186.

Stoney End (Columbia, veröffentlicht im Februar 1971)

Produktion Richard Perry; Songs: I Don't Know Where I Stand; Hands Off the Man (Flim Flam Man); If You Could Read My Mind; Just a Little Lovin'; Let Me Go; Stoney End; No Easy Way Down; Time and Love; Maybe; Free the People; I'll Be Home.

Höchste Platzierung in den Charts: 10; Platin-Schallplatte.

Barbra Joan Streisand (Columbia, veröffentlicht im August 1970)

Produktion Richard Perry; Songs: Beautiful; Love; Where You

Lead; I Never Meant to Hurt You; One Less Bell to Answer/A House Is Not a Home; Space Captain; Since I Fell for You; Mother; The Summer Knows; I Mean to Shine; You've Got a Friend.

Höchste Platzierung in den Charts: 11; goldene Schallplatte.

Live Concert at the Forum (Columbia, veröffentlicht im Oktober 1972)

Produktion Richard Perry; Songs: Sing/Make Your Own Kind of Music; Starting Here, Starting Now; Don't Rain on My Parade; »Pot«-Monolog; On a Clear Day; Sweet Inspiration/Where You Lead; Didn't We; My Man; Stoney End; Sing/Happy Days Are Here Again; People.

Höchste Platzierung in den Charts: 19; Platin-Schallplatte; Grammy-Nominierung: beste weibliche Pop-Gesangsleistung (in Sweet Inspiration/Where You Lead).

Barbra Streisand ... and Other Musical Instruments (Columbia, veröffentlicht im Oktober 1973)

Produktion Martin Erlichman; Songs: Piano Practicing; I Got Rhythm; Johnny One Note/One Note Samba; Glad to Be Unhappy; Medley: People/Second Hand Rose/Don't Rain on My Parade; Don't Ever Leave Me; Monologue/By Myself; Come Back to Me; I Never Have Seen Snow; Auf dem Wasser zu singen; The World Is a Concerto/Make Your Own Kind of Music; The Sweetest Sounds.

Höchste Platzierung in den Charts: 64.

Barbra Streisand featuring »The Way We Were« and »All in Love Is Fair« (Columbia, veröffentlicht im Januar 1974)

Produktion Tommy LiPuma; Songs: Being at War with Each Other; Something So Right; The Best Thing You've Ever Done; The Way We Were; All in Love Is Fair; What Are You Doing the Rest of Your Life?; Summer Me, Winter Me; Pieces of Dreams; I've Never Been a Woman before; Medley: My Buddy/How about Me?

Höchste Platzierung in den Charts: 1; Platin-Schallplatte; Grammy Award: Song des Jahres (The Way We Were).

The Way We Were, Soundtrack (Columbia, veröffentlicht im Januar 1974)

Produktion Fred Salem; Begleitmusik aus dem Film. Barbra singt zwei Versionen des Titelsongs.

Höchste Platzierung in den Charts: 20; goldene Schallplatte; Grammy Awards: Song des Jahres; beste Original-Filmmusik.

ButterFly (Columbia, veröffentlicht im Oktober 1974)
Produktion Jon Peters; Songs: Love in the Afternoon; Guava Jelly; Grandma's Hands; I Won't Last a Day without You; Jubilation; Simple Man; Life on Mars; Since I Don't Have You; Crying Time; Let the Good Times Roll.
Höchste Platzierung in den Charts: 13; goldene Schallplatte.

Funny Lady, Soundtrack (Arista, veröffentlicht im März 1975)
Produktion Peter Matz; Songs: How Lucky Can You Get?; So Long, Honey Lamb; I Found a Million Dollar Baby in a Five and Ten Cent Store; Isn't This Better?; Me and My Shadow; If I Love Again; I Got a Code in My Doze; Great Day; Blind Date; Am I Blue; It's Only a Paper Moon/I Like Him/Her; More than You Know; Clap Hands; Here Comes Charley; Let's Hear It for Me.
Höchste Platzierung in den Charts: 6; goldene Schallplatte.

Lazy Afternoon (Columbia, veröffentlicht im Oktober 1975)
Produktion Rupert Holmes und Jeffrey Lesser; Songs: Lazy Afternoon; My Father's Song; By the Way; Shake Me, Wake Me; I Never Had it So Good; Letters that Cross in the Mail; You and I; Moanin' Low; A Child is Born; Widescreen.
Höchste Platzierung in den Charts: 12; goldene Schallplatte.

Classical Barbra (Columbia, veröffentlicht im Februar 1976)
Produktion Claus Ogerman; Songs: Beau Soir; Brezairola; Verschwiegene Liebe; Pavane; Après un rêve; In Trutina; Lascia ch'io pianga; Mondnacht; Dank sei Dir, Herr; I Loved you.
Höchste Platzierung in den Charts: 46; Grammy-Nominierung: beste klassische Solo-Gesangsleistung.

A Star Is Born, Soundtrack (Columbia, veröffentlicht im November 1976)
Produktion Barbra Streisand und Phil Ramone; Songs: Watch Closely Now; Queen Bee; Everything; Lost Inside of You; Hellacious Acres; Evergreen; Woman in the Moon; I Believe in Love; Crippled Crow; With One More Look at You/Watch Closely Now; Evergreen (Reprise).
Höchste Platzierung in den Charts: 1; Grammy Awards: Song des

Jahres und beste weibliche Pop-Gesangsleistung (Evergreen); Nominierungen: Schallplatte des Jahres (Evergreen); beste Original-Filmmusik.

Streisand Superman (Columbia, veröffentlicht im Juni 1977)
Produktion Gary Klein; Songs: Superman; Don't Believe What You Read; Baby Me Baby; I Found You Love; Answer Me; My Heart Belongs to Me; Cabin Fever; Love Comes from Unexpected Places; New York State of Mind; Lullaby for Myself.
Höchste Platzierung in den Charts: 3; Platin-Schallplatte.

Songbird (Columbia, veröffentlicht im Mai 1978)
Produktion Gary Klein; Songs: Tomorrow; A Man I Loved; I Don't Break Easily; Love Breakdown; You Don't Bring Me Flowers (Solo); Honey, Can I Put on Your Clothes?; One More Night; Deep in the Night; Songbird.
Höchste Platzierung in den Charts: 12; Platin-Schallplatte; Grammy-Nominierungen: beste weibliche Pop-Gesangsleistung; Song des Jahres (You Don't Bring Me Flowers).

Eyes of Laura Mars, Soundtrack (Columbia, veröffentlicht im Juli 1978)
Verschiedene Produzenten; enthält Songs von Odyssey, K.C. & The Sunshine Band, Michael Zager Band, Michalsky & Oosterveen; Barbra singt einen Song: Prisoner.
Höchste Platzierung in den Charts: 125.

Barbra Streisand's Greatest Hits Vol. 2 (Columbia, veröffentlicht im November 1978)
Verschiedene Produzenten; Songs: Evergreen; Prisoner; My Heart Belongs to Me; Songbird; You Don't Bring Me Flowers (Duett mit Neil Diamond); The Way We Were; Sweet Inspiration/Where You Lead; All in Love Is Fair; Superman; Stoney End.
Höchste Platzierung in den Charts: 1; vierfache Platin-Schallplatte; Grammy-Nominierungen: Schallplatte des Jahres; beste Pop-Gesangsleistung eines Duos oder einer Gruppe (You Don't Bring Me Flowers).

The Main Event, Soundtrack (Columbia, veröffentlicht im Juni 1979)
Verschiedene Produzenten; enthält Songs von Frankie Valli & the Four Seasons, Loggins & Messina; Barbra singt den Titelsong in

der kurzen Version (45 U/min), als längeres Tanz-Remix und als Ballade.

Höchste Platzierung in den Charts: 20; goldene Schallplatte.

Wet (Columbia, veröffentlicht im Oktober 1979)

Produktion Gary Klein; Songs: Wet; Come Rain or Come Shine; Splish Splash; On Rainy Afternoons; After the Rain; No More Tears/Enough Is Enough (Duett mit Donna Summer); Niagara; I Ain't Gonna' Cry Tonight; Kiss Me in the Rain.

Höchste Platzierung in den Charts: 7; Platin-Schallplatte.

Guilty (Columbia, veröffentlicht im September 1980)

Produktion Barry Gibb, Albhy Galuten und Karl Richardson; Songs: Guilty (Duett mit Barry Gibb); Woman in Love; Run Wild; Promises; The Love Inside; What Kind of Fool (Duett mit Barry Gibb); Life Story; Never Give Up; Make It Like a Memory.

Höchste Platzierung in den Charts: 1; fünffache Platin-Schallplatte; Grammy Award: beste Pop-Gesangsleistung eines Duos oder einer Gruppe (mit Barry Gibb); Grammy-Nominierungen: Album des Jahres; Schallplatte und Song des Jahres (Evergreen); beste weibliche Pop-Gesangsleistung (Woman in Love).

Memories (Columbia, veröffentlicht im November 1981)

Verschiedene Produzenten; Songs: Memory; You Don't Bring Me Flowers (Duett mit Neil Diamond); My Heart Belongs to Me; New York State of Mind; No More Tears/Enough Is Enough (Duett mit Donna Summer); Comin' In and Out of Your Life; Evergreen; Lost Inside of You; The Love Inside; The Way We Were.

Höchste Platzierung in den Charts: 6; vierfache Platin-Schallplatte.

Yentl, Soundtrack (Columbia, veröffentlicht im November 1983)

Produktion Barbra Streisand, Marilyn und Alan Bergman; Songs: Where Is It Written?; Papa, Can You Hear Me?; This is One of Those Moments; No Wonder; The Way He Makes Me Feel; No Wonder (Reprise); Tomorrow Night; Will Someone Ever Look at Me that Way?; No Matter What Happens; No Wonder (Reprise); A Piece of Sky; The Way He Makes Me Feel (Studioversion); No Matter What Happens (Studioversion).

Höchste Platzierung in den Charts: 9; Platin-Schallplatte; Grammy-Nominierung: beste Original-Filmmusik.

Emotion (Columbia, veröffentlicht im Oktober 1984)

Verschiedene Produzenten; Songs: Emotion; Make No Mistake; He's Mine (Duett mit Kim Carnes); Time Machine; Best I Could; Left in the Dark; Heart Don't Change My Mind; When I Dream; You're a Step in the Right Direction; Clear Sailing; Here We Are at Last.

Höchste Platzierung in den Charts: 19; Platin-Schallplatte.

The Broadway Album (Columbia, veröffentlicht im November 1985)

Verschiedene Produzenten; Songs: Putting It Together; If I Loved You; Something's Coming; Not While I'm Around; Being Alive; I Have Dreamed/We Kiss in a Shadow/Something Wonderful; Adelaide's Lament; Send in the Clowns; Pretty Woman/The Ladies Who Lunch; Can't Help Lovin' That Man; I Loves You Porgy/Bess You Is My Woman; Somewhere.

Höchste Platzierung in den Charts: 1; dreifache Platin-Schallplatte; Grammy Awards: beste weibliche Pop-Gesangsleistung; bestes Gesangsarrangement; Grammy-Nominierung: Album des Jahres.

One Voice (Columbia, veröffentlicht im April 1987)

Produktion Richard Baskin; Songs: Somewhere; Evergreen; Something's Coming; People; Send in the Clowns; Over the Rainbow; Guilty (Duett mit Barry Gibb); What Kind of Fool (Duett mit Barry Gibb); Papa, Can You Hear Me?; The Way We Were; It's a New World; Happy Days Are Here Again; America the Beautiful.

Höchste Platzierung in den Charts: 9; Platin-Schallplatte; Grammy-Nominierungen: beste weibliche Pop-Gesangsleistung; bestes Instrumental-Gesangsarrangement; bestes Musikvideo.

Till I Loved You (Columbia, veröffentlicht im November 1988)

Verschiedene Produzenten; Songs: The Places You Find Love; On My Way to You; Till I Loved You (Duett mit Don Johnson); Love Light; All I Ask of You; You and Me for Always; Why Let it Go?; Two People; What Were We Thinking of?; Some Good Things Never Last; One More Time Around.

Höchste Platzierung in den Charts: 10; Platin-Schallplatte.

A Collection ... Greatest Hits and More (Columbia, veröffentlicht im Oktober 1989)

Verschiedene Produzenten; Songs: We're Not Makin' Love Anymore; Woman in Love; All I Ask of You; Comin' In and Out of Your

Life; What Kind of Fool (Duett mit Barry Gibb); The Main Event/Fight; Someone That I Used to Love; By the Way; Guilty (Duett mit Barry Gibb); Memory; The Way He Makes Me Feel; Somewhere.

Höchste Platzierung in den Charts: 26; Platin-Schallplatte.

Just for the Record, Vier-CD-Box (Columbia, veröffentlicht im September 1991)

Produktion Barbra Streisand und Martin Erlichman; Songs: mehr als fünfundsechzig Stücke aus Barbras Gesangskarriere von 1955 bis 1988, darunter Duette mit Judy Garland, Ray Charles, Harold Arlen, Neil Diamond, Barry Gibb, Burt Bacharach und Louis Armstrong.

Höchste Platzierung in den Charts: 38; Platin-Schallplatte; Grammy-Nominierungen: beste traditionelle Pop-Gesangsleistung (Warm All Over); bestes Verpackungs-Design.

The Prince of Tides, Soundtrack (Columbia, veröffentlicht Dezember 1991)

Produktion Barbra Streisand und James Newton Howard; Barbra singt For All We Know und Places That Belong to You.

Höchste Platzierung in den Charts: 84.

Back to Broadway (Columbia, veröffentlicht im Juli 1993)

Verschiedene Produzenten; Songs: Some Enchanted Evening; Everybody Says Don't; The Music of the Night (Duett mit Michael Crawford); Speak Low; As If We Never Said Goodbye; Children Will Listen; I Have a Love/One Hand, One Heart (Duett mit Johnny Mathis); I've Never Been in Love Before; Luck Be a Lady; With One Look; The Man I Love; Move On.

Höchste Platzierung in den Charts: 1; zweifache Platin-Schallplatte; Grammy-Nominierungen: beste traditionelle Pop-Gesangsleistung; beste Pop-Gesangsleistung eines Duos oder einer Gruppe (Music of the Night [mit Michael Crawford]); bestes Gesangsarrangement (Luck Be a Lady und Some Enchanted Evening).

Barbra: The Concert, zwei CDs (Columbia, veröffentlicht im September 1994)

Produktion Barbra Streisand und Jay Landers; Songs: As If We Never Said Goodbye; I'm Still Here/Everybody Says Don't/Don't Rain on My Parade; Can't Help Lovin' That Man; I'll Know; People; Lover Man; Will He Like Me?; He Touched Me; Evergreen; The

Man That Got Away; On a Clear Day; The Way We Were; You Don't Bring Me Flowers; Lazy Afternoon; Disney-Medley: Once Upon a Dream/When You Wish Upon a Star/Someday My Prince Will Come; Not While I'm Around; Ordinary Miracles; *Yentl*-Medley: Where Is It Written?/Papa, Can You Hear Me?/Will Someone Ever Look at Me That Way?/A Piece of Sky; Happy Days Are Here Again; My Man; For All We Know; Somewhere.

Höchste Platzierung in den Charts: 10; Platin-Schallplatte; Grammy-Nominierungen: beste weibliche Pop-Gesangsleistung (Ordinary Miracles); beste traditionelle Pop-Gesangsleistung für das Album; besondere Auszeichnung: Lifetime Achievement Award für Streisand.

Sämtliche Alben von Barbra Streisand – außer *The Owl and the Pussycat* und *Eyes of Laura Mars* – sind auch als CDs veröffentlicht worden.

BIBLIOGRAPHIE

BACH, Steven: *Final Cut. Dreams and Disaster in the Making of Heaven's Gate.* William Morrow, New York 1985

BACON, James: *Hollywood Is a Four Letter Town.* Avon, New York 1977

CARRICK, Peter: *Barbra Streisand. A Biography.* Robert Hale, London 1991

CATTELL McKEEN, J.: *Leaders in Education* (Second Edition). The Science Press, New York 1941

CHEVALIER, Maurice: *I Remember It Well.* G. K. Hall, Boston 1972

CONROY, Pat: *Die Herren der Insel.* Bastei Lübbe, Bergisch Gladbach 1989

CONSIDINE, Shaun: *Barbra Streisand: the Woman, the Myth, the Music.* Delacorte, New York 1985

CHRIST, Judith: *Take 22. Moviemakers on Moviemaking.* Viking, New York 1984

DAVIS, Clive (mit James Willwerth): *Clive.* Ballantine, New York 1977

DUNNE, John Gregory: *Studio.* Simon & Schuster, New York 1968

ENGEL, Lehman: *This Bright Day.* Macmillan, New York 1974

GAVIN, James: *Intimate Nights. The Golden Age of New York Cabaret.* Grove Weidenfeld, New York 1991

GOLDMAN, Albert: *John Lennon. Ein Leben.* Rowohlt, Reinbek bei Hamburg 1992

GOLDMAN, Albert: *Elvis Presley.* McGraw-Hill, New York 1981

GOLDMAN, Albert: *Elvis. Die letzten 24 Stunden.* Bastei Lübbe, Bergisch Gladbach 1993

GRAHAM, Sheilah: *Confessions of a Hollywood Columnist.* William Morrow, New York 1969

GRIFFIN, Merv (mit Peter Barsocchini): *Merv.* Simon & Schuster, New York 1980

HARVEY, Stephen: *Directed by Vincente Minnelli.* Harper & Row, New York 1989

HIRSCHHORN, Clive: *Gene Kelly.* W. J. Allen, London 1974; St. Martins Press, New York 1984

HOLT, Georgia/QUINN, Phyllis (mit Sue Russell): *Star Mothers.* Simon & Schuster, New York 1988

JORDAN, Rene: *The Greatest Star.* Putnam, New York 1975

KATZ, Ephraim: *The Film Encyclopedia.* Harper Collins, New York 1994

KIMBRELL, James: *Barbra: An Actress Who Sings. An Unauthorized Biography*. Branden Publishing, Boston 1989

KIMBRELL, James (Hrsg. Kimbrell, Cherie): *Barbra: An Actress Who Sings, Bd. II*. Branden Publishing, Boston 1992

LIBERACE: *Liberace. An Autobiography*. Putnam, New York 1973

LIBERACE: *The Wonderful Private World of Liberace*. Harper & Row, New York 1986

MADSEN, Axel: *William Wyler*. T. Y. Crowell, New York 1973

McCULLOUGH, David: *Brooklyn ... And How It Got That Way*. Dial Press, New York 1983

MILLER, Allan: *A Passion for Acting*. Backstage Books, New York 1992

PREMINGER, Otto: *Preminger. An Autobiography*. Doubleday, New York 1977

REED, Rex: *Do You Sleep in the Nude?* New American Library, New York 1968

RIESE, Randall: *Barbra Streisand. Eine intime Biographie*. Langen Müller, München 1994

RIVERA, Geraldo (mit Daniel Paisner): *Exposing Myself*. Bantam, New York 1991

RIVERS, Joan: *Enter Talking*. Delacorte, New York 1986

SANDERS, Coyne Steven: *Rainbow's End: The Judy Garland Show*. William Morrow, New York 1990

SHARIF, Omar: *The Eternal Male*. Doubleday, New York 1976

SPADA, James (mit Christopher Nickens): *Streisand. The Woman and the Legend*. Doubleday, New York 1981

SUSKIN, Steven: *Opening Night on Broadway*. Schirmer/Macmillan, New York 1990

SWENSON, Karen: *Barbra – the Second Decade*. Citadel Press, Secaucus/New Jersey 1986

TETI, Frank/MOLINE, Karen: *Streisand Through the Lens*. Delilah, New York 1983

TORME, Mel: *Judy Garland: The Other Side of the Rainbow*. William Morrow, New York 1970

WALDMAN, Allison J.: *The Barbra Streisand Scrapbook*. Carol Publishing Group, New York 1995

WILSON, Earl: *The Showbusiness Nobody Knows*. Cowles, Chicago 1971

ZEC, Donald/FOWLES, Anthony: *Barbra*. St. Martin's Press, New York 1981

REGISTER

(Titel von Filmen, Plattenalben, Theaterstücken, Shows und
Zeitungen/Zeitschriften sind kursiv gesetzt.)

ABC-TV 458
Abitan, Guy 200
Academy Awards 247 f., 344, 398,
    450, 469, 501
Actors' Co-Op, The 74
Actors' Equity 113, 121, 175, 176
Adams, Kenny 104
Afrika, Dreharbeiten 315 f.
After Dark 328
Agassi, Andre 514 ff., 547
Aghayan, Ray 353
AIDS Project Los Angeles 510 f.
Albertson, Mabel 302
Alda, Alan 268
Alexander, Shana 169
All Night Long 420–425, 427 ff.
Allen, Dede 375
Allen, Jay Presson 351
Allen, Lee 226
American Civil Liberties Union 458
AmFAR 510
Anderson, Jack 136
Andrews, Julie 234
Ann-Margaret 236
Another Evening With Harry Stones
    103 f., 122, 131, 218, 269
Ansen, David 468
»Any Place I Hang My Hat Is
    Home« 218
Arlen, Harold 76, 126, 131
Armstrong, Louis »Satchmo« 236,
    240
Arnstein, Nick (Julius Arndstein)
    155 ff.; *siehe auch Funny Girl*
Arrias, John 416

Arthur, Irvin 88, 90, 97
»As If We Never Said Good-bye«
    520
»As Time Goes By« 308
Ascher, Kenny 380
Ashby, Hal 374
»Ask Yourself Why« 260
Associated Booking Company 88
Aston, Frank 75
Aubrey, James 149
»Ave Maria« 244
Axelrod, Jonathan 373 f.

Back to Broadway 516 ff.
Bacon, Jim 216
Bailey, Pearl 241
Ballard, Kaye 158
Bancroft, Anne 157 f., 159
Banducci, Enrico 137, 139
Barbour, John 356
Barbra Joan Streisand 290
Barbra Streisand Album, The 139,
    143, 179
*Barbra Streisand ... and Other Musi-
    cal Instruments* (TV-Special)
    330–333
Barbra Streisand/A Christmas Album
    244
Barbra Streisand/Third Album
    179
Barbra Streisands Greatest Hits 286,
    408
Barry, John 498
Bartkowiak, Andrzej 466
Barwood Films 311, 371, 518

Basin East Street (Nachtclub) 140, 141, 143
Baskin, Richard 453, 457, 472, 478, 508, 529, 546
Bean, Orson 92
Beatles, The 180, 220, 243, 244, 287
Beaton, Sir Cecil 250, 253, 284
Beatty, Warren 63, 312 f., 320, 507, 511
Beck, Stanley 52, 98, 170
Bee Gees 425 ff., 454
Begelman, David 147, 160, 183, 362, 370, 431, 439
Behn, Noel 55
Belle of 14th Street, The (TV-Special) 224–227, 330
Belling, Susan (Belink) 103
Benedict, Paul 316
Benny, Jack und Mary 147
Benton, Robert 297, 299, 301
Berghof, Herbert 70
Bergman, Alan und Marilyn 260, 287, 329, 407, 430 f., 434 ff., 458 f., 468, 499, 523
Bergman, Ingmar 295
Bergman, Ingrid 248
Berniker, Mike 134 f.
Bernstein, Carolyn 34, 40
Bernstein, Leonard 131, 136, 520
Bernstein, Marilyn 34
»Best Thing You've Ever Done, The« 270, 287
»Bewitched, Bothered and Bewildered« 150
Billboard 139, 180, 243, 262, 286, 329, 379, 456, 479, 518, 538
Bing Fong 402
Blue Angel (Nachtclub) 102, 105 f., 111, 126, 135
Blumenfeld, Gerry 201
Blyden, Larry 252
Bogart, Jenny 295, 403
Bogdanovich, Peter 296, 299 ff., 303–306, 414
Bogin, Abba 103
Bon Soir (Nachtclub) 80 f., 84 f., 86, 87, 88, 94, 96, 97, 124, 125, 130 f., 157 f.
Boothe, Margaret 327
Borokow, Abe 25
Borokow, Irving 25 f.,
Borokow, Tobey Wander 25, 27
Borsari, Peter 298
Bowie, David 350
Boxer, Barbara 509, 510
Brando, Marlon 49, 212, 225, 377, 525
Bregman, Marty 148
Brenner, Marie 370, 374 f.
Brice, Fanny (Borach) 73, 133, 155 ff.; siehe auch Funny Girl; Funny Lady
Brickman, Marc 523
Bridges, Lloyd 485
Broadway (Shows/Songs) 119, 133, 152, 161, 168, 236, 251, 286, 455 f., 479, 513, 516 f.
– Original-Ensemble-Aufnahme 124 f., 179
– Tony Awards 121, 180, 286
  siehe auch einzelne Shows
Broadway Album, The 455, 456 f., 472, 517
Brodsky, Jack 248, 293
Brooklyn 11, 15, 97, 141, 199, 285, 306, 341
Brown, David 241
Brown, Robert 422 f., 424 f.
Browning, Norma Lee 209
Bruny, Thomas A. 523
Bubbles, John 226
Burnett, Carol 158, 159, 174, 209
Burns, George 225
Burton, Richard 156, 225, 269
ButterFly 349 f.

Caan, James 351, 355 f., 359, 360
Calley, John 306 f., 383
Cammermeyer, Margarethe 545
»Can't Help Lovin' That Man« 455
Canby, Vincent 307 f., 342
Canby, Virginia 274
Čapek, Karel und Josef 74

Capote, Truman 76
»Carelessly Tossed« 425
Carlin, George 489
Cashbox 144
Caucus Club (Nachtclub) 90, 93, 97, 536
CBS-TV 180, 182, 183, 191, 217, 220, 224 f., 332, 538, 539
Cecilwood Theater 70
Central Park, Konzert 217 ff., 227
Champlin, Charles 259, 274
Channing, Carol 180, 233 f., 240, 241
Chaplin, Sydney 159 f., 163 f., 175 ff., 178, 236
Chapman, Ross 90
Charles, Prinz 534 f.
Charles, Ray 330 ff.
Charnin, Martin 270
Chartoff, Robert 310, 311
Chayefsky, Paddy 436
Cherry Lane Theater 53, 55
»Children Will Listen« 509, 512
Choy, Jimmy und Muriel 38, 46
Cimono, Michael 439
Classical Barbra 456
Clinton, Bill 510, 512, 527, 535
Close, Glenn 545
Cobb, Emily 51, 53
Cocoanut Grove (Nachtclub) 146, 148
Cohen, Cee Cee 47 f.
Cohen, Richard 276, 453
Coleman, Trude 403
Color me Barbra (TV-Special) 190–193
Columbia Pictures 210, 242, 270, 328, 362, 433, 487, 499
Columbia Records 124 f., 126, 127, 128–131, 134 f., 136, 143, 225, 244, 261, 289, 329, 348, 406, 407, 417, 455 f., 516 f.
Comden, Betty 136
»Come Rain or Come Shine« 509
»Come to the Supermarket in Old Peking« 105, 131
Conroy, Pat 480, 481, 483, 487 ff., 490 f., 503

Considine, Shaun 201, 313, 350
Conway, Curt 70
Coolidge, Rita 378, 398
Cooper, Marilyn 112, 115
Copelan, Sheila 104
Corman, Cis 198, 312, 507, 545
»Cornet Man« 197
Craig, Michael 195
Crawford, Michael 235, 239
Creative Management Association (CMA; International Creative Management) 147
Crist, Judith 356
Crosby, Bing 147
»Cry Me a River« 96, 131, 218
»Cryin' Times« 330
Crystal Palace (Nachtclub) 93
Cue 169, 262
Curley, Wilma 114, 117, 120
Curry, Virgil 104
Cuskelly, Richard 356

D'Arbanville, Patti 411, 473, 474, 476, 478
Daily News 175, 317
Daily Variety 394, 425, 501, 531
Daniels, Jimmy 84, 95
Daniels, Peter 109 f., 123, 134, 140, 142, 145, 179, 220
Dann, Anita 421
Dann, Michael 183, 185
Danner, Blythe 489
Darby, Kim 293
Darconte, Joe 89
Davidson, Grace 330 f.
Davis junior, Sammy 152
Davis, Clive 261, 287, 288 f.
Davis, Judy 138 f.
Dekker, Albert 93
DeLuise, Dom 103
Denby, David 448
Dennen, Barry 74 f., 77, 81, 82 f., 86, 95 ff., 518 f.
DePietto, Cosimo 39 f.
Desk Set, The 52
Desmond, Johnny 177
Diamond, Neil 407 f., 426, 458

Diary of Anne Frank, The 41, 525
Didion, Joan 369, 371
Digital Audio 457
Diller, Barry 510
Diller, Phyllis 85, 93
Dillman, Bradford 325
Dillon, Melinda 489
Directors Guild of America 440, 449, 500
Dobson, Kevin 421
»Don't Believe What You Read« 405
»Don't Rain on My Parade« 154, 158, 168, 182, 188, 224, 259, 526
Doroshow, Phyllis 198
Douglas, Mike 135
Dowd, Maureen 515
»Down with Love« 150
Downs, Hugh 93
Dreyfuss, Richard 466
Driftwood (Dunn) 66
DuBrow, Rick 185
Dunn, Maurice Ter 66
Dunne, John Gregory 369, 371
Dwaorkowitz, Susan 61, 67, 69
Dylan, Bob 376

Ebb, Fred 130, 353
Ed Sullivan Show 130, 134, 137, 139, 144, 226
Eddleson, Maxine 30 f., 33
Eichhorn, Elsa 420, 421 ff., 429
Elizabeth II., Königin 360
Elliott, Jack 149
Emmy Awards 151, 186
Emotion 454, 455, 468, 499
»Enough Is Enough/No More Tears« 416, 417
Entertainment Company, The 416
Erlichman, Marty 94 f., 101, 102, 103, 110, 111, 148, 180, 192, 198, 201, 208, 217, 220, 226, 272, 274, 292, 306, 312, 338 f., 361 f., 407
– und Barbras Einkommen 143, 181, 517, 522
– und Fernsehen 151, 183, 185, 224
– und *Funny Girl* 157, 188
– und Konzerte 134, 257, 531 f.

– und Nachtclubs 120 f.
– und Schallplattenaufnahmen 123 f., 128, 287, 457 f.
– und *Wholesale* 133
Esquire 437
Esser, Carl 73, 75
Esty, Bob 413
»Evergreen« 380, 389, 392, 396, 398, 458, 512, 526, 539
»Everybody Says Don't« 526

Fans 262, 459, 520 f., 523, 525 f., 527 f., 537; *siehe auch* Publikum
– Furcht vor 170 f., 195, 273 f., 341, 412
– Starkult 528 ff.
Fayed, Dodi 453
Feinstein, Dianne 509, 510
Fernsehsendungen 92, 125, 130, 134, 137, 139, 144, 149 ff., 226, 458, 466, 501 f.
– ABC 458
– CBS 180, 182, 183, 191, 217, 220, 224 f., 332, 538, 539
– Emmy Awards 151, 186
– HBO 461, 466, 538
– TV-Specials 182, 183 ff., 190–193, 217 ff., 220, 224–227, 330–333, 458, 538 f.
  siehe auch einzelne Sendungen und Specials
Fields, Freddie 147, 160, 235
Fields, Sidney 113
»Fight« 413
Filme
– Academy Awards 247 f., 344, 398, 450, 469, 501
– frühes Interesse 48 f.
– Golden Globe Awards 328, 396, 449
– Kritiken 307 f., 327 f., 448 f.
– Werbekampagnen 242, 367 f., 413, 448
  siehe auch einzelne Filme
First Artists 311, 312, 371, 409, 412, 432
Fisher, Max 91

Fleming, Ann Taylor 512
Fleming, Stu 341, 354
Fonda, Jane 398
»For All We Know« 527, 535
For Pete's Sake 338–342
Foreman, John 369 f., 373
Forman, Milos 306, 432
Fosse, Bob 159
Franchi, Sergio 136
Francis, Anne 214, 222, 224, 230
Frankovich, Mike 229
»Free Again« 219
Fried, Marilyn 69, 73
Fuller, Larry 176, 189
Funny Girl 133, 153–182, 188
– Arnstein-Rolle 159, 161, 168, 173, 175, 177 f., 194 f.
– Brice-Rolle 156–159, 161 f., 168
– Kritiken 160, 165, 170, 196
– London 188, 194, 197 f., 532
– Original-Ensemble-Aufnahme 179
– Probeaufführungen, auswärtige 160 f., 165
– Proben, 152, 154
– Regie 153, 157 f., 159, 162, 166 f.
– Tony Award 180
Funny Girl (Film) 210–216, 222 ff., 227–231
– Academy Award 247 f.
– Kritiken 243
– Musikszenen 211, 228 f
– Premiere 242 f.
– Soundtrack-Album 243 f., 262
– Werbekampagne 242
Funny Girl to Funny Lady 358 f.
Funny Lady 351–362, 534

Gallagher, Bill 129, 136
Galley, John 296
Galpern, Auby 99 f.
Galpern, Myer 100
Galpern, Sam 100
Garfunkel, Art 260
Garland, Judy 146, 147, 149 ff., 253, 461, 527, 538
Garry Moore Show 125
Geffen, David 510

George, David 523
Gerard, Linda 175, 179
Gere, Richard 440, 453
Gibb, Barry 425 f., 461
Gibb, Maurice 425
Gibb, Robin 425 f.
Glaser, Fredrick 218, 219, 260
»God Bless America« 509, 512
Goldblatt, Stephen 500
Golden Globe Awards 328, 396, 449
Goldman, Bo 436
Goldstein, Bernard und Lucille 115
Goldwyn junior, Sam 147
Goodman, Benny 140 f.
Gordon, Richard 404
Gordon, Ruth 153
Gormé, Eydie 158
Gosnell, Ray 305
Gould, Elliott 112, 114, 120 f., 131 f., 138, 145, 194, 208, 216, 242, 336, 345, 378, 507, 526, 546
– Barbras Karriere 170, 187 f., 191, 260, 404
– Drogen 293 ff.
– Ehe 148, 164, 200, 255, 475
– Karriere 115 f., 140, 173, 187, 293 ff.
– Scheidung 215, 244 ff., 295
– Spielleidenschaft 143, 174
– und Jason 295 f., 347, 403, 492
– *Wholesale*
Gould, Jason Emanuel 203, 225, 254, 283, 310, 330 f., 354, 392, 419, 437, 507, 527, 547
– als Schauspieler 312, 490 ff., 497 f., 502
– und Christopher Peters 403
– und Elliott 295 f., 347, 403, 492
– und Jon Peters 345
– und Musik 413
Graham, Bill 387, 389
Graham, Sheilah 195
Grammy Awards 129, 179, 180, 408, 457
Grammy Legend Award 508
»Grandma's Hands« 350
Grant, Hank 476

»Great Day« 353
Green, Adolph 136
Green, Stanley 135
Greene, Abel 102
Greene, Shecky 291 f.
Greer, Michael 79
Gregory, James 411
Gribben, Simon 59, 70
Griffin, Merv 142
Griffith, Melanie 473, 479 f.
Grobel, Larry 406
Gross, Ben 227
Grossman, Sam 332 f.
Gruber, Les 91, 92, 93
Gruber, Sam 91
»Guava Jelly« 350
Guber, Peter 439
Guest, Bud 92
Guilty 427, 454
»Guilty« 460
Guthrie, Gary 407
Guttman, Dick 532

Haber, Joyce 222, 231, 260, 278,
    348 f., 374
Hackman, Gene 420, 421 ff.
Hale, John 49, 52
Haley, Jack 344
Hall of Fame of the Women in Film
    508
Hamill, Pete 210
Hamlisch, Marvin 329, 344, 523,
    527, 532
Haney, Carol 167
»Happy Days Are Here Again« 126,
    129, 130, 131, 142, 151, 509, 527
Harris, Barbara 251
Harris, Jeff 103 ff., 122
Harris, Radie 286
Harrison, Hugh 350
»Have You Heard?« 33, 35
Hawks, Howard 300
HBO 461, 466, 538
»He Could Show Me« 261
»He Touched Me« 187, 526
Heller, Paul 293
Hello, Dolly! 180

Hello, Dolly! (Film) 232–241,
    272–277
– Academy Award 275
– Casting 234 ff.
– Kritiken 274 ff.
– Soundtrack-Album 286
Hemion, Dwight 330 f.
Henry, Buck 267, 269, 271, 301, 302
Hepburn, Katharine 156, 248
Herald Tribune 105
»Here We Are at Last« 468
Herman, Jerry 276
Hilburn, Robert 379, 527
Hiller, Arthur 374
Hines, Mimi 188
»His Love Makes Me Beautiful« 168
Hoffman, Dustin 71, 311
Holden, Stephen 290, 405, 407, 427,
    457, 517
Hollywood 209 ff., 230, 450
Hollywood Reporter, The 230, 317,
    464, 476, 524, 536
Holmes, Rupert 378
Hope, Bob 147
»How Does the Wine Taste?« 185
Howard, Alan 317
Howard, James Newton 498 f.
Howard, Ken 320
Howe, James Wong 354, 355
Hudson, Rock 209
hungry i (Nachtclub) 136–139

I Can Get It for You Wholesale 106,
    110, 111–120, 132 ff.
– Kritiken 119 f.
– Marmelstein-Rolle 110, 113, 117,
    119
– Original-Ensemble-Aufnahme
    124 f.
– *Playbill* 112
– Proben 112 ff., 124 f.
– Tony Award 121
»I Don't Know Where I Stand« 288
»I Hate Music (But I Like to Sing)«
    131
»I Have a Love« 511
»I Have Plenty of Nothin'« 258

»I Stayed Too Long at the Fair« 110, 123

»I Want to Be Bad« 85

»I Wish You Love« 219

»I Won't Last a Day Without You« 350, 380

»I'll Be Home« 288, 289

»I'll Tell the Man in the Street« 218

»I'm Always Chasing Rainbows« 219

»I'm Late« 184

»I'm Still Here« 520

»I'm the Greatest Star« 158, 168, 242

»I've Got a Crush on You« 517 f.

ICM 370, 420, 428

Inge, William 52

Insect Comedy, The (Čapek) 74

International/Hilton Hotel, *siehe* Las Vegas

Irving, Amy 441, 443, 445, 450

»It Had to Be You« 509

»It's a New World« 460, 509

Jabara, Paul 412, 416

Jack Harris Show 92

Jackson, Glenda 344

Jackson, Michael 512, 516

Jacobs, Judy 209

Jacoby, Herbert 102, 105

Jaffe, Steve 298, 303, 305, 335, 339, 358, 359, 374 f., 410

Jagger, Mick 376

James, Caryn 499

Jampol, Maurice 226

»Je m'appelle Barbra« 198, 199 ff.

Jeakins, Dorothy 323

Jeffrey, Leo 229

Jennings, Peter 537, 542

»Jersey« 104

John, Tom 218

Johnson, Don 471–480, 482

Johnson, Greer 262

Johnson, Roberta 62

Johnston, Becky 484

Jones, Quincey 313, 476, 478, 499

Jordan, G. Adam 103 f.

Judy Garland Show 149 ff.

»Just a Little Lovin'« 288

Just for the Record 508

Kael, Pauline 285, 307, 317, 356, 429, 448

Kahn, Madeline 302

Kander, John 130, 353

Kanin, Garson 41, 153 f., 161 ff., 165

Kaplan, Harry 341

Kapralik, David 126, 129, 130

Karan, Donna 512, 522, 523, 543

Karsch, Andrew 483 f.

Kass, Jerome 432

Kaye, Danny 151

Kaye, Nora 320

Kazan, Lainie 161, 178, 179

»Keepin' Out of Mischief Now« 96

Kehoe, Patrick 411

Keller, Ben 104

Kelly, Gene 232 f., 238 f.

Kelly, Roz 270

Kennedy, Edward (Ted) 459

Kennedy, John F. 141 f., 151 f., 513, 535

Kennedy junior, John F. 543

Kennedy, Robert 232, 313

Kerkorian, Kirk 256 f., 521 ff.

Kern, Joe 400

Kershner, Irvin 310 f., 312, 316, 318

Kidd, Michael 239, 241

Kilday, Gregg 450

Kind, Diana Rosen Streisand (Mutter) 11, 16 f., 19–24, 26, 28–31, 36, 44 ff., 50, 97, 141, 173, 249, 419, 446, 451, 461, 465, 469 f., 476, 494 f., 507, 527, 540, 547

– eigene Karriere 53, 470

– und Barbras Karriere 34, 43, 59, 68, 69, 120, 172, 268, 281

Kind, Ida 28

Kind, Louis (Stiefvater) 28–32, 36, 43 f., 46, 171 f., 249, 419, 462

Kind, Merwyn 28, 30

Kind, Rosalind »Roslyn« (Stief-
    schwester) 30, 35, 36, 44, 46 f.,
    172 f., 249, 280 ff., 404, 470, 507
King, Carole 313 f.
»Kiss Me In the Rain« 417
Klein, Doris 230 f.
Klein, Gary 348, 405
Klein, Robert 270
Knelman, Martin 243
Knight, David 491
Koch, Howard 251 f., 254, 255
Koerner, Henry 169
Kohn, Leonard 402
Konzerte 313, 509 f., 520–540
– Central Park 217 ff., 227
– Kritiken 534, 535, 538
– London 532, 533 ff.
– Madison Square Garden 537–540
– One Voice 460 f., 466, 517
Koppelman, Charles 348, 416, 426
Krabbé, Jeroen 489
Kramer, Larry 547 f.
Kristofferson, Kris 367 f., 371 ff.,
    375 f., 377 f., 383 f., 386, 387 ff.,
    390 f., 393, 395 f., 397 f.
Kroll, Jack 285
Kruschen, Jack 112

Ladd, Diane 421
Ladies Home Journal 260
»Ladies Who Lunch, The« 456
Laico, Frank 144
Lamond, Tom 257, 259
Landesman, Jay 93
Lane, Burton 251, 286
Lang, Jennings 414
Lansing, Sherry 430, 439
Lapin, Daniel 437
Larry King Live 509
Las Vegas 144 ff., 255–260, 283,
    291 f., 433, 520–523, 532
Laszlo, Andrew 271
Laurents, Arthur 109–114, 117, 118,
    124, 126, 213, 319 ff., 322 ff., 344
Lawrence, Marie 99
Layton, Joe 226
Lazenby, George 254 f.

Lazy Afternoon 378 f.
Lee, Peggy 259, 344
Leeds, Phil 94
»Left in the Dark« 454
Legrand, Michel 200 f., 287, 430,
    435, 458
Lehman, Ernest 233 ff., 237 ff., 241,
    276, 300
LeMel, Gary 412
Lemorande, Rusty 436, 438, 458
Lennart, Isobel 156, 160, 163
Leonard, Gloria 415
Leong, Terry 81
Lerner, Alan Jay 251, 286
Lewis, Emory 169
Lewis, Jerry 49
Liberace 145, 148
Lieberson, Goddard 124, 126, 130,
    156
Life 119, 168, 169, 190, 282, 479
»Life on Mars« 350
Limbaugh, Rush 513
Lindsay, Mort 219
Lion, The (Nachtclub) 76, 80, 84
Lipton, Peggy 305
Lockin, Danny 235
Loesser, Frank 103
London
– Funny Girl 188, 194, 197 f., 532
– Konzert 532, 533 ff.
»Long Ago and Far Away« 79
Look 190, 191, 204
Lopatton, Anna 25
»Love in the Afternoon« 350
»Love Is a Bore« 219
»Love with All the Trimmings« 250
»Lover Come Back to Me« 131
Lowinson, Adele 40
Lubbock, Jeremy 466
Lubell, Mike 61
»Lullaby of Birdland« 79
Lumet, Sidney 210
Lundvall, Bruce 406, 408

»Ma première chanson« 201
Mabry, Moss 319, 323 f.
MacDonald, Peter 444

Mack, Ceil 133, 164, 170, 172, 173
Mackie, Bob 353
MacLaine, Shirley 159, 210, 313
Mademoiselle 119
Madonna 501, 510, 516, 530
Maharischi Mahesch Yogi 220
Main Event, The 409–413
»Main Event, The/Fight« 412 f., 416
»Make Believe« 185
»Make Your Own Kind of Music«
  313
Malden Bridge Playhouse 49–53
Malden, Karl 467
Manhattan 146, 217, 419, 537
Manhoff, Bill 269
Mann, May 258
Mariott, Philip 402
Marnay, Eddie 201
Mars, Kenneth 302
Martin, Dean 291
Martin, Mary 156 f., 162
Matchmaker, The (Wilder) 235
Mathis, Johnny 511
Matthau, Walter 232 f., 236 f., 241,
  274, 276, 414 f.
Matz, Peter 134 f., 171, 192, 193,
  290, 456
May, Elaine 436
»Maybe« 288
Mayo, Whitman 411
McAndrew, Marianne 236
McCarthy, Eugene 232
McGovern, George 313 ff.
McHugh, Burke 76–80
McKinney, Joan 138
McKuen, Rod 457
McNaught, Peggy 231
McQueen, Steve 306, 311
Medavoy, Mike 436
Medford, Kay 159, 180
Meighan, Ingrid 50 f., 52
Meir, Golda 458
Memories 454
»Memories« 454
Mengers, Sue 297, 370, 373, 414 f.,
  420, 422, 428 f., 433
Merman, Ethel 151, 162, 241

Merrick, David
– und *Funny Girl* 156, 157, 159 f.
– und *Hello, Dolly!* 241, 272
– und *Wholesale* 111 ff., 118
Merrill, Bob 153
Miami Vice 473, 474, 475 f.
Michaels, Matt 90, 92
Middler, Bette 348, 510
Milchan, Arnold 419, 453
Miller, Allan 56 ff., 63, 67, 71, 165 f.
– und *Funny Girl* 158, 162 f.
– und *Main Event* 411 f.
Miller, Anita 55 ff., 59, 63
Miller, Glenn 177
Milward, John 454
Minnelli, Liza 253, 522, 537
Minnelli, Vincente 250–253,
  283 f.
Mirror Has Two Faces, The 548
Missel, Renee 409
Monroe, Marilyn 156, 195, 208, 274,
  283, 406
Montand, Yves 252, 254, 283
Moore, Joanna 297
Morgenstern, Joseph 243
Moss, Morton 332
»Mother« 290
»Much More« 131
Murray, Charles 181
»My Coloring Book« 130
»My Father's Song« 379
»My Funny Valentine« 258, 259
»My Heart Belongs to Me« 406
»My Honey's Lovin' Arms« 218,
  259
»My Man« 155, 189, 229, 527
»My Name Is Barbara« 131
My Name Is Barbra (TV-Special)
  182, 183–187, 210
Myers, Harry 62
Myers, Mike 501 f., 526

Nachtclubs 76, 80 f., 84 f., 86, 87, 88,
  89, 90, 93, 94, 96, 97, 99 f., 124,
  125, 126, 130 f., 136–139, 140,
  141, 143, 146, 148, 157 f., 271,
  536; *siehe auch* einzelne Clubs

National Association of Theater
Owners 475
»Nearness of You, The« 218
Neeson, Liam 546
Nelligan, Kate 489, 501
New Times 367, 374
New West 393
New York 231, 342, 393, 395, 448
New York Drama Critics' Circle
Award 121
New York Times 105, 178, 190, 192,
193, 227, 274, 307, 332, 342, 350,
427, 429, 448, 457, 499, 512, 515,
517, 538, 542
New Yorker, The 105, 119, 356,
429
Newcomb, Pat 274
Newman, David 297, 299 ff.
Newman, Paul 311
Newman, Phyllis 121
Newsweek 178, 190, 193, 243, 285,
327, 448, 468, 535
»Niagara« 417
Nichols, Mike 234
Nicholson, Jack 252, 283
Nolte, Nick 485 ff., 495 f., 500, 502,
507
Normal Heart, The 547 f.
North, Sheree 112
»Not While I'm Around« 527
Novick, Henya 62
Nuts 458, 462–469, 481, 526
Nyro, Laura 288 f.

O'Casey, Sean 55
O'Connor, John J. 332
O'Donnell, Chris 490
O'Neal, Kevin 298
O'Neal, Ryan 297 f., 300, 303–306,
320 f., 410, 413, 414
*On a Clear Day You Can See For-
ever* (Film) 250–256, 283 f., 286,
345, 526
»On a Clear Day« 509
»One Hand, One Heart« 511
»One Kiss« 39
One Voice 460 f., 466, 517

Orion Pictures 436, 439
Osborne, Robert 524
Oscar *siehe* Academy Awards
»Our Corner of the Night« 261
»Over the Rainbow« 460
Owl and the Pussycat, The 267–272,
285, 415

P. M. East (Nachtclub) 126
Pagano, Phil 84
Paglia, Camille 512
Pakula, Alan 46
Paley, William S. 149
»Papa, Can You Hear Me?« 460
Paramount Pictures 252, 256, 283
Parent, Gail 409 f.
Parker, Tom 257
Parsons, Estelle 340
Passer, Ivan 432
Patinkin, Mandy 440, 445, 446
Patrick, John 51
Paysner, Betty 92
Pendleton, Austin 302, 304
Pentagon Papers Defense Fund 414
People 180
»People« 163, 168, 175, 188, 259,
314, 389, 509, 537
Perry, Richard 287 ff.
Persoff, Nehemiah 441, 444, 450
Peskow, Eric 436
Peters, Caleigh 507, 526
Peters, Christopher 336, 345, 403
Peters, Jon (John Pagano Peters)
263 f., 334–337, 339 f., 342–350,
354, 358, 360 ff., 400 ff., 406 f.,
418–442, 452, 475, 476, 500, 507,
526, 546
– als Manager 407
– als Produzent 348, 367, 371 f.,
385, 394, 407, 487
– und *A Star Is Born* 367–398
– und *Main Event* 409–413
– und *Yentl* 433, 437, 439, 442, 446
Picnic (Inge) 52
Pierson, Frank 367 f., 376 f., 379,
382, 383–391, 393 f., 11, 414
Pins and Needles 112, 125

586

»Places That Belong to You« 499
Platt, Polly 306
Playboy 115, 245, 246, 280, 291, 343, 406
Poitier, Sidney 311
Pollack, Sydney 319 f., 323, 325 ff., 329, 344, 409, 483, 484
Polygram Pictures 437
Porter, Cole 105
Potok, Chaim 437
Powers, David 112
Preminger, Otto 42
Presley, Elvis 257, 263 f., 294, 376
»Pretty Woman« 456
Prince of Tides, The 480, 481–502, 515, 526
– Auszeichnungen 500 f., 502
– Casting 485, 489 f.
– Musik 498 f.
– Regie 483
Publikum 95, 131, 196, 316, 525, 539 f.; *siehe auch* Fans
– Ablehnung 258 f.
– Anerkennung 78, 79, 85 f., 105 f., 119, 131, 188, 259 f.
»Punky's Dilemma« 260
Purple Dust (O'Casey) 55
»Putting It Together« 456

Quaid, Dennis 421, 424, 428

Ramone, Phil 381, 387
»Rat-a-Tat-Tat« 197
Rayfiel, David 322, 436
Raystar 210
Rebell, Perry 86
Record Industry Association of America 143
Redford, Lola 326
Redford, Robert 286, 319–323, 325, 326 f., 480, 483 f., 485
Reed, Rex 190, 192 f., 243, 317, 356, 394, 397, 414, 538
Reeder, George 164, 175, 176, 179, 182
Reilly, Peter 350, 405
Richardson, John 250 f.

Richlin, Maurice 338
»Right as the Rain« 126, 131
Rill, Eli 70
Ritt, Marty 464 f., 467, 468
Ritz, Dennis 258, 292
Rivera, Geraldo 343, 394, 401, 402, 407
Rivers, Joan (Molinsky) 63
Robards, Jason 226
Robbins, Jerome 157, 158, 159, 167
Roberts, Bruce 412, 416
Roe, Jack 224, 227, 354 f.
Rogalla, Pat 303 f.
Rogers, Ginger 241
Roiphe, Anne Richardson 309
Rolling Stone 290, 313
Rome, Harold 109–113, 125, 126
Rose Tattoo, The (Williams) 58
Rose, Billy 156, 353
Roseanne 501 f.
Rosen, Ida 17
Rosen, Louis 17, 22, 23 f.
Rosenberg, Stan 91
Rosenman, Howard 409
Rosenstock, Milton 153 f., 163, 195
Rosenthal, Jack 440
Ross, Herb 211, 239, 267 ff., 320, 353, 355, 357
Ross, Steve 478
Roth, Cynthia 61
Roth, Lillian 112
Rothstein, Arnold 156
Rozar, Ted 88, 92, 95, 101
Rydell, Mark 370 f., 463

Saint Joan (Shaw) 42
Sand, Paul 412
Sandler, Ralph 391 f.
Sands, Diana 103, 269
Sargent, Alvin 322
Sarrazin, Michael 340
Saturday Night Live 501 f., 526
Scaasi, Arnold 242, 248, 253, 272, 284
Scarangella, Angelina (Pseud.) 70, 89, 203
Schaefer, Hal 137

Schallplatten 243 f., 261 f., 286 ff., 405, 407 f.
- Demoplatte 73, 75
- Disko-Stil 379, 416 f.
- goldene Schallplatte 143, 144, 179, 201, 329, 350, 379
- Grammy Awards 129, 179, 180, 408, 457, 508
- Kritiken 201, 262, 349 f., 405 f.
- künstlerische Kontrolle 184
- Original-Ensemble-Aufnahmen 124 f., 179
- Platin-Platte 479
- Popmusik 261, 287 f., 329, 427, 545
- Soundtracks 243 f., 262, 286, 329, 296, 299, 448
- Studioaufnahmen 131, 134, 180, 262, 378 f., 417
- Tantiemen 143, 244, 406, 408, 426, 448
- Verkäufe 143, 517 f.
- Verträge 123, 124 f., 126, 128 f., 517
  siehe auch einzelne Titel
Schapiro, Steve 348
Scharf, Walter 228
Schatzberg, Jerry 306, 370–373
Schauspielen
- beim Singen 76, 81, 95
- ernsthaftes Spielen 70 f., 75
- erste Rollen 66
- Karriereziel 26 f., 32, 33, 38, 42, 46, 70 f.
- Regisseure 153, 157 f., 159, 162, 166 f., 370 f., 374, 432, 439, 483
- Sommertheater 49–53, 70
- Unterricht 62
- Vorsprechen 42 f., 53, 62, 67 f., 70, 103
- Zweifel 162, 422
  siehe auch Filme
Scheer, Robert 514, 542
Scheerer, Robert 218, 220
Scher, John 533
Schmitt, Al 348 f.
Schreyer, Ed 279

Schulenberg, Bob 82 f., 86, 90, 93 f., 96
Scott, Roy 57–61, 70
Seberg, Jean 43
Second Barbra Streisand Album, The 144
Segal, George 267, 269 f.
Selby, David 310 f.
Selvin, Joel 454
»Send in the Clown« 456, 460
Seven Arts 269
Sgroi junior, Ernie 80
Sgroi senior, Ernie 84
»Shake Me, Wake Me« 379, 413
Shapiro, Stanley 338
Sharaff, Irene 212, 239
Sharif, Omar 213 f., 215, 216, 229, 231, 353, 354,
Shaw, George Bernard 42
Sheinberg, Sid 510
Shepard, Dick 369
Sherry, Valentine 431 f.
Shire, David 220, 225
Shnayerson, Michael 494
Shore, Dinah 140
Siegel, Joel E. 284
»Silent Night« 244
Simmons, Jean 525
Simmons, Joy 263
Simon, Carly 369 f.
Simon, John 301, 395, 397
Simon, Paul 260
Simply Streisand 243 f.
Sinatra, Frank 198, 212 f., 263, 299, 507, 518
»Sing« 314
Singen
- Beginn 27, 33
- Charaktere singen 76, 81, 95
- Marihuana-Szene 291 f., 299, 314
- Schulzeit 39 f.
- Stimme 17, 24, 34, 46, 75, 135, 138, 150, 226 f., 470, 517, 518, 536
- Talentwettbewerbe 35, 76
- Unterricht 35, 87, 226

- Vorsingen 73, 76, 106, 123 f.
  siehe auch Schallplatten
Singer, Isaac Bashevis 431, 432, 448 f.
Singer, The 287, 330
60 Minutes 462
»Sleepin' Bee, A« 76, 78, 84, 87, 93, 123, 126
Smith, Andrew 409, 411
Smith, Liz 419, 471, 500, 501, 537
Smith, Michael 105
Smith, Timothy 513
Smothers, Tommy 93
Sobel, Elaine 58, 97–101, 113, 120, 121 ff., 431
Soifer, Joan 62
»Some Day My Prince Will Come« 534
»Somewhere« 460, 511, 535, 539
Sondheim, Stephen 156 f., 456, 508, 510, 520
Songbird 407, 499
»Soon It's Gonna Rain« 131
Spielberg, Steven 441, 449
Spiro, Nathan 21
»Splish, Splash« 417
Springsteen, Bruce 368, 381
Stallone, Sylvester 400
Stapleton, Maureen 467
Star Is Born, A 362–399
– Auszeichnungen 396, 398
– Casting 375 ff.
– Kritiken 394 ff.
– Musik 380 ff., 386–389
– Regie 370 f., 374
– Soundtrack-Album 396, 399
– Werbekampagne 367 f.
Stark, Frances Arnstein 207 ff.
Stark, Ray 175 f., 188, 189, 207 ff., 351 ff., 355, 359 ff.
– und *Funny Girl* 153 ff., 156, 159 ff., 161, 162 f., 166
– und *Funny Girl* (Film) 210, 213 f., 225, 229, 231
– und *Owl and the Pussycat, The* 269, 270
– und *Way We Were, The* 319, 324

Stars Salute Israel at 30 (TV-Special) 458
Stearns, David Patrick 517
Stein, Marvin 45, 141
Steinem, Gloria 199
Stereo Review 405
Stigwood, Robert 426
Stone, Sly 129
Stone, Tom 176
Stoney End 289 f.
»Stoney End« 288, 289, 314
Stoop, Norma McLain 328
Storch, Larry 85
»Stout Hearted Men« 219
Stradling, Harry 211 f., 224, 227, 268, 270 f., 276
Stradling junior, Harry 228, 319, 324, 326
Strasberg, Susan 41
Stratta, Ettore 201
Streisand Foundation 461, 518
Streisand Superman 405
Streisand, Anna Kesten (Annie) 14, 15, 22, 172
Streisand, Barbra (Barbara Joan)
– Armut 46 ff., 71, 88
– äußere Erscheinung 24, 36, 60, 68, 76, 78, 82, 84, 88, 99, 111, 169, 186, 193
– Ehe 148, 164, 200, 255, 475
– Geburt und Herkunft 11–20
– Jugendzeit 36–72
– Kindheit 23–35
– Kleidung 81 ff., 169, 186, 249, 284
– Namensänderung 79 f.
– Politik 232, 313 ff., 414, 459, 508–514, 527, 532, 542–549
– Produzentin 371 f. 367, 445, 464
– Regisseurin 367, 398, 445, 449 f., 483, 495, 497
– Schauspielen, *siehe* dort
– Schulzeit 37–43, 61–67
– Schwangerschaft 197, 199 f., 202 f.
– Singen, *siehe* dort
– Unbeliebtheit 120, 230 f.

Streisand, Emanuel »Manny« (Vater) 11, 14–17,19–22, 431, 434, 549
Streisand, Herman (Hy) 14, 18
Streisand, Isaak/Isaac 12 ff., 22, 172, 549
Streisand, Maurice (Murray) 14, 18
Streisand, Molly (Parker) 14 f., 16 f.
Streisand, Sheldon Jay (Bruder) 19, 23 f., 30 ff., 97, 433 f.
Styne, Jule 153 f., 156 f., 161, 163, 177, 212, 537
»Summer Knows, The« 290
»Summer Me, Winter Me« 287, 458
Summer, Donna 416 f.
Sunshine, Kenny 536
Surtees, Robert 381 f., 383, 385
»Sweet Inspiration« 330 f.
Swenson, Karen 398
Sylbert, Pat 492, 494

Taylor, Elizabeth 234, 236, 238, 269, 274, 510
Taylor, James 297, 313 f., 369 f.
Taylor, Renee 94
Taylor, Rod 269
Taylor-Young, Leigh 297
Teahouse of the August Moon (Patrick) 51
Telpner, Gene 100
Theater Studio of New York 57 ff.
Theatre Arts 119
Thomas, Philip Michael 473
Thompson, Jack 140
Till I Loved You 468, 479
»Till I Loved You« 477, 478
Time 169, 172, 178, 193, 284, 448, 478
Tiny Tim 79
Today 375
»Tomorrow Night« 436
Tonight 135
Tony & Eddie 85
Tony Awards 121, 180, 286
Topor, Tom 462, 468
Toto 417

Tourneen 198, 358 ff., 531–540
Town & Country Club (Nachtclub) 97, 99 f.
Townhouse (Nachtclub) 89
Tramont, Jean-Claude 420 ff., 425, 428
Trudeau, Margaret Sinclair 280
Trudeau, Pierre Elliott 100, 278 ff., 304, 453
Truffaut, François 409
20th Century-Fox 234, 239, 272, 430, 433
»Two People« 468

United Artists 430, 433, 437, 447
Universal Studios 420, 422, 428, 429
Up the Sandbox 306, 309–312, 315–318
USA Today 517, 537

»Value« 104, 110, 131, 218
Vanity Fair 510
Variety 102, 105, 165, 262
Verhoeven, Paul 438
Vidal, Gore 93
Village Voice 105
Vogue 186
Voight, Jon 546

Wallace, Mike 126, 462
Wallace, Trudy 40
Walters, Barbara 375, 419, 537
Ward, Barney 141
Warner Brothers 293 f., 302, 367, 369, 393, 432, 464, 487
Warner Brothers Records 287
Warren, Leslie Ann 336, 345, 403
Washington Post 513
Watkin, David 442, 443 f., 446
Way We Were, The (Album) 329 f.
Way We Were, The (Film) 312 f., 319–344
– Auszeichnungen 328, 344
– Casting 320 ff.
– Kritiken 327 f.
– Soundtrack-Album 329

»Way We Were, The« 329, 344, 359, 389, 458, 523, 526
Weidman, Jerome 109–114
Weller, Peter 546
Wertmüller, Lina 450
West, Mae 306
Wet 417
What About Today? 261, 287, 286, 290, 417, 454
»What Are You Doing the Rest of Your Life?« 287, 458, 539
»What Kind of Fool« 460
»What Now My Love« 219
What's Up, Doc? 299, 301–307, 414
– Casting 302
– Kritiken 307 f.
– Proben 302–305
»When Sunny Gets Blue« 78
»When the Sun Comes Out« 93, 123, 126, 129, 131, 219
White, Ruth 401
»Who Can I Turn to Now?« 85
»Who's Afraid of the Big, Bad Wolf?« 81, 85, 134
»Why Try to Change Me Now?« 79
Wilder, Thornton 235
»Will He Like Me?« 526
Willer, Thomas 521
Williams, Joyce 306
Williams, Paul 380 f., 398
Williams, Robin 460
Williams, Tennessee 58
Willis, Gordon 310
Willoughby, Bob 148
Wilson, Earl 181, 272
Winchell, Walter 43
Winger, Debra 463
Winkler, Irvin 310, 311
»With One More Look at You/Watch Closely Now« 397
Wolsky, Albert 423

»Woman in Love« 427
»Woman in the Moon« 389, 397
Women's Wear Daily 105, 208 f., 243, 276
Wonder, Stevie 478
Wood, Lana 306
»World Is a Concerto, The« 331
World Telegram and Sun 75, 86
Wyler, William 208, 211, 213 f., 222, 230, 239, 243, 386

Yablans, Frank 499
Yardley, Jonathan 513 f.
Yates, Peter 340, 342
Yentl 419, 421, 425, 428, 430–451, 481, 535
– Auszeichnungen 449, 450 f.
– Casting 440 f.
– Kritiken 448 f.
– Musik 435 f.
– Premiere 447 f.
– Regie 432, 439
– Script 431, 432, 448 f.
– Soundtrack-Album 448
– Werbekampagne 448
»You Are Woman, I Am Man« 176
»You Don't Bring Me Flowers« 407 f., 458, 526, 539
»You'll Never Know« 40, 508
»You're the Top« 308

Zack, Phyllis 33
Zadan, Craig 545
Zanuck, Richard 234 f., 238, 241
Zec, Donald 194
Zieff, Howard 411 f., 414, 415
Zimmerman, Paul D. 327
Zindel, Paul 310, 312, 317
»Zing! Went the Strings on My Heart« 40
Zinner, Peter 385, 391
Zsigmond, Vilmos 353

»Katharina die Große…
Ronald Bergans opulente Bildbiographie
illustriert ihre große Karriere mit
über 170 hervorragend reproduzierten
Bildern, darunter auch selten
gesehenen Familienfotos.
Für Hepburn-Fans ist dieses Buch
unverzichtbar.« *CINEMA*

Ronald Bergan
Katharine Hepburn
Eine Bildbiographie
192 Seiten
ISBN 3-453-09753-X

Wilhelm Heyne Verlag